李晓智 著

检视与重构

刑民交叉案件的裁判进路及其适用规则

Adjudication Approaches And Applicable Rules For Handling Criminal Cases Involving Civil Matters

Review And Reconstruction

法律出版社
LAW PRESS · CHINA
北京

图书在版编目（CIP）数据

检视与重构：刑民交叉案件的裁判进路及其适用规则／李晓智著. -- 北京：法律出版社，2024. -- ISBN 978-7-5197-9311-1

Ⅰ. D925.218.4;D925.118.4

中国国家版本馆 CIP 数据核字第 2024909N7L 号

检视与重构：刑民交叉案件的裁判进路及其适用规则 **JIANSHI YU CHONGGOU：XINGMIN JIAOCHA ANJIAN DE CAIPAN JINLU JIQI SHIYONG GUIZE**	李晓智 著	责任编辑 李 群 陈 熙 装帧设计 鲍龙卉

出版发行 法律出版社
编辑统筹 法规出版分社
责任校对 裴 黎
责任印制 耿润瑜
经　　销 新华书店

开本 710 毫米×1000 毫米 1/16
印张 38.25 **字数** 511 千
版本 2024 年 9 月第 1 版
印次 2024 年 9 月第 1 次印刷
印刷 北京中科印刷有限公司

地址：北京市丰台区莲花池西里 7 号（100073）
网址：www.lawpress.com.cn
投稿邮箱：info@lawpress.com.cn
举报盗版邮箱：jbwq@lawpress.com.cn

销售电话：010-83938349
客服电话：010-83938350
咨询电话：010-63939796

书号：ISBN 978-7-5197-9311-1
定价：108.00 元

凡购买本社图书，如有印装错误，我社负责退换。电话：010-83938349

（司法）主要的问题并不是法律的起源，而是法律的目标。如果根本不知道路将导向何方，我们就不可能智慧地选择路径。

——［美］本杰明·卡多佐

序｜信条、实证主义与刑民交叉案件审判新视角

一

基于对法信条进行实证的主旨，本书追求的是案件判决结果的妥当性或适正性，而反对结论的唯一性或绝对正确性。

在法信条的主导下，本书注重审判方法的探究。法学方法论及法释义学、信条学系以法院裁判为研究对象，[①] 这是由审判活动作为一种行动中的法，即行为法学的天然性格所决定的，也是法信条学的应有之义。事实上，在我从事审判工作的整整三十年间，可以说始终是在贯穿经验这一主线。在具体办案过程中，我很少作所谓的程序（法）与实体（法）上的析分，而是根据诉求（公诉案件系指控），结合证据认定案件事实，然后再作出评判——尽管其中些许疑难的法律适用问题也会涉及对信条的探讨。其实，我只知道刑事法与民事法的界限，而非实体法与程序法之间的绝对区分。这种凭借经验与直觉的审判方式与思考方法，就是行动中的，其实质则是法律实证主义的，但归根结底是为了贯彻法的信条的。因为，法律实证主义的逻辑起点就是经验。这也是由信条学的第二层级，即思考并由此所决定的思考方法所决定的（信条学的第一层级是寻找到最基本的原理并从这一原理出发）。

① 参见王泽鉴：《民法总则》，北京大学出版社2009年版，第48页。

虽然经验往往包含理论一时难以说明的真理成分,[①] 但正如萨维尼所说,“学术研究不仅取决于天赋(个人智力的程度)与勤奋(对智力的一定运用),它更多地取决于第三种因素,那就是方法,即智力的运用方向”。法学的方法论不是法律的形式逻辑,亦非解题技巧的指示。方法论是对法学思考方式的自我反省,有利于法律工作者(包括法官、学者及律师等)自我认知、自我监督,提高批判的警惕性,借着增强的方法意识,协助法学达成其实践上的任务。[②] 在我看来,对于司法实务人员而言,过于经院式的学科分类模式极易导致审判逐步走向呆板的书卷气,从而失却其鲜活的生命力,也终会使年轻的法官们与原本蓬勃的现实生活渐行渐远,从而失去其与生俱来的朝气,这不利于对法信条的阐释。

二

刑民案件之间交叉的问题,原本只发生于刑事附带民事诉讼制度中,学界则多有回避。因为,该问题既不是一门独立的法律学科,也不是一种真正意义的法律制度。但是,现实生活就是如此,它按照既定的范式在运行,所以也就产生了很多问题。例如,在审理借贷或买卖合同纠纷等民事案件的法庭上,往往会突然出现一方当事人因涉嫌刑事诈骗而被警察带走,致使不得不中止审理该民事案件。但究竟是继续审判还是终结程序,实务部门为此争端不断。这就是现实生活给每一名司法实务者所带来的考问。相信每一个实务型法官都对之饶有兴趣。

三

科学始于问题。上述由审判实务所带来的法律适用衔接问题及其考问,是信条学下作为法律实证主义的行动所带来的思考。因此,从功能实

① 参见储槐植:《〈美国刑法〉第二版代前言》,载储槐植、江溯:《美国刑法》,北京大学出版社 2012 年版,第 2 页。

② 参见王泽鉴:《民法总则》,北京大学出版社 2009 年版,第 13 页。

用性上也可以理解为是行为法学或行动中的法。而作为实证主义的一种折射效果或价值目标，在哲学上或者理念上则是实用主义的。实用主义并不代表任何具体的结果，而是一种方法。这种方法是确定方向的态度。这种态度不是去看第一事物、原则、“范畴”和假定的必然性，而是要注意最后的事物、成果、结果、事实①。实用主义的实质是“就真理问题说有用的话，这些话不属理论的词汇，而是实践的词汇，不是沉思的词汇，而是行动的词汇”，实用主义“最为关注的东西是对话，实用主义怀疑任何宏大的和未加批判的对真理的主张，坚持在特定争论的语境中考虑问题，并且注重经验的重要性”②。因此，它既是一种审判立场，又是一种对审判实践的哲学（生活态度），并指引实证主义基于经验践行其信条（作为信条学的第三层含义：理性梳理）。

四

本书以经验的视角探讨法律适用问题，必然就要奠基于实证分析方法之上。因为，实证分析方法就是通过对经验事实的观察和分析来建立和检验各种理论命题。③ 而且，正如霍姆斯所说，“法律的生命从来不是逻辑，而是经验”，这越来越成为当下司法实务者的共同心声。

法律实证主义之所以会出现方兴未艾的局面，是由其后发优势所决定的，即利用理论法学的既有成果（逻辑），再加以一种社会生活综合性的思维方法（凭借感觉、经验、客观观察）去解决诸多的社会现实问题，霍姆斯、卡多佐、波斯纳等法官即是其典范。这也是信条学的第四层含义（体系塑造）。正如我的民法老师徐国栋教授所说：“谁能将法典作出合乎时代精神的解释，谁就是垂老的法典之继续生命之赋予者，谁就是伟大的

---

① 参见［美］威廉·詹姆士：《实用主义》，李步楼译，商务印书馆2012年版，第30页。

② 张文显：《法哲学通论》，辽宁人民出版社2009年版，第70页。

③ 参见张文显：《法哲学通论》，辽宁人民出版社2009年版，第131页。

法官!”[①] 是他们赋予了面容生硬的法律以鲜活的生命，使原本充满阳光与雨露的社会现实重现她最美好的容颜，而司法实践也必然会反哺法律实证主义日益走向充实。因为，“活生生的正义（具体案件）必须具体化、实证化”[②]。

五

本书立足于审判实践，并基于信条学，在法律实证主义的视角下，对于实务中日益增多的刑民交叉现象，从刑、民事法所能相互对应的权利边界（“权利止于他人的权利”[③]），即法益保护这一本原链接出发，进而得出：会出现这一现象，实则既是中国特色社会主义市场经济条件下的市民生活实践所致，也是现行不同法律对共同保护的法益在遭受同一不法行为侵害后，对之共同规范与作用的结果。换言之，所谓刑民交叉案件，是就同一不法行为在当前统一的市民法体系的时代背景下（法律秩序的统一性），在侵害不同（部门）法律后所受到的不同法律对之进行反射的结果（法谚“权利之所在即救济之所在”）。其本身源于法律目的，实则系规范“行为自由与权益保护”（《宪法》第51条）这一紧张关系。

刑民交叉案件也只会出现于司法实践之中。因为，作为案件首先必须是进入一个程序之中，而后被作为价值评价的实体。所以，它虽然是一个“理论中的伪命题”,[④] 但又是一个“实务中无法绕开的大问题”，究其本质无外乎是在司法实务中处理此类案件时所必须面对的一种审判对策（衔接方法）。因此，本书将其界定为刑民案件法律适用审判衔接问题，并在此基础上，将刑民交叉案件定位为刑民规范竞合案件。

---

① 徐国栋：《民法基本原则解释——成文法局限性之克服》，中国政法大学出版社1992年版，第30页。

② 张明楷：《诈骗罪与金融诈骗罪研究》，清华大学出版社2006年版，第322页。

③ 最高人民法院侵权责任法研究小组编著：《〈中华人民共和国侵权责任法〉条文理解与适用》，人民法院出版社2010年版，第165页。

④ 参见张明楷：《刑民“交叉”案件是个伪概念》，载《法商研究》2021年第1期。

六

本书对刑民交叉案件所提倡的探讨方法是“镜像透视考察法”。该方法有如对同一枚硬币的不同两面作镜像透视的考察。其中的“硬币”，即刑民交叉案件这一实体本身（包括实体法意义与程序法意义上的）；“透视”，既是对刑、民法律之间进行相互考察的一种路径，也是在搭建一座二者之间能够因此而相互沟通的桥梁。并根据这一思路，对刑、民事法可能竞合（聚拢汇合）或交互之处加以对应性考察，以衔接刑事法与民事法就同一案件事实的法律适用问题，并最终实现妥当地实证解决。

为更好地作出解释，基于践行信条的实证需要，本书除提及我所办理或曾参与讨论过的近100件案件，还援引了近400件最高人民法院在其《最高人民法院公报》《刑事审判参考》《人民司法》所发布的指导、典型案例，以使抽象的观念获得规范的生命。为便于思考，本书特针对审判实务中关注的节点提出61个问题，这多少借鉴了法律问答的形式，而作答却可能分散于各篇。因为，对于法官而言，最重要的并不是知道多少个具体案件的判决结果，而是应如何对其作出适正解释的思考方法。这也正是信条学的最后一层含义（最终形成知识化体系并以其进行指导）的应有之义。

由于自2003年6月以来我主要是从事刑事审判工作，所以本书更多表现的是对刑事审判问题的关注。也真诚希望本书能给予阅读者，特别是审判实务人员些许的启迪。虽然我们互不相识，但却因为同样一种精神而心有灵犀。①

---

① 参见［德］约翰·布劳恩：《〈法学导论〉修译版序》，载［德］拉德布鲁赫：《法学导论》，米健译，商务印书馆2013年版，第6页。

主要法律、司法解释缩略语表

一、主要法律及其缩略语表

简　　称	全　　称
《刑法》	《中华人民共和国刑法》
《刑法修正案（×）》	《中华人民共和国刑法修正案（×）》
《民法典》	《中华人民共和国民法典》
《民法通则》	《中华人民共和国民法通则》
《民法总则》	《中华人民共和国民法总则》
《合同法》	《中华人民共和国合同法》
《物权法》	《中华人民共和国物权法》
《侵权责任法》	《中华人民共和国侵权责任法》
《公司法》	《中华人民共和国公司法》
《证券法》	《中华人民共和国证券法》
《票据法》	《中华人民共和国票据法》
《刑事诉讼法》	《中华人民共和国刑事诉讼法》
《民事诉讼法》	《中华人民共和国民事诉讼法》

二、主要司法解释及其缩略语表

简　　称	全　　称	发文字号
《交通肇事解释》	《最高人民法院关于审理交通肇事刑事案件具体应用法律若干问题的解释》	法释〔2000〕33号

续表

简　　称	全　　称	发文字号
《伪劣商品解释》	《最高人民法院、最高人民检察院关于办理生产、销售伪劣商品刑事案件具体应用法律若干问题的解释》	法释〔2001〕10号
《金融犯罪座谈会纪要》	《全国法院审理金融犯罪案件工作座谈会纪要》	法〔2001〕8号
《经济犯罪若干规定》	《最高人民法院关于在审理经济纠纷案件中涉及经济犯罪嫌疑若干问题的规定》	法释〔2020〕17号
《经济犯罪座谈会纪要》	《全国法院审理经济犯罪案件工作座谈会纪要》	法发〔2003〕167号
2014年《集资案件意见》	《最高人民法院、最高人民检察院、公安部关于办理非法集资刑事案件适用法律若干问题的意见》	公通字〔2014〕16号
2019年《集资案件意见》	《最高人民法院、最高人民检察院、公安部关于办理非法集资刑事案件若干问题的意见》	高检会〔2019〕2号
2022年《集资案件解释》	《最高人民法院关于审理非法集资刑事案件具体应用法律若干问题的解释》	法释〔2022〕5号
《关于“国家规定”的通知》	《最高人民法院关于准确理解和适用刑法中“国家规定”的有关问题的通知》	法发〔2011〕155号
《知识产权解释（三）》	《最高人民法院、最高人民检察院关于办理侵犯知识产权刑事案件具体应用法律若干问题的解释（三）》	法释〔2020〕10号
《个人信息解释》	《最高人民法院、最高人民检察院关于办理侵犯公民个人信息刑事案件适用法律若干问题的解释》	法释〔2017〕10号

续表

简　　称	全　　称	发文字号
《职务犯罪意见》	《最高人民法院、最高人民检察院关于办理国家出资企业中职务犯罪案件具体应用法律若干问题的意见》	法发〔2010〕49 号
2022 年《立案标准规定（二）》	《最高人民检察院、公安部关于公安机关管辖的刑事案件立案追诉标准的规定（二）》	公通字〔2022〕12 号
《民通意见》	《最高人民法院关于贯彻执行〈中华人民共和国民法通则〉若干问题的意见（试行）》	法（办）发〔1988〕6 号
《人身损害赔偿解释》	《最高人民法院关于审理人身损害赔偿案件适用法律若干问题的解释》	法释〔2003〕20 号
《合同编通则解释》	《最高人民法院关于适用〈中华人民共和国民法典〉合同编通则若干问题的解释》	法释〔2023〕13 号
《合同法解释（二）》	《最高人民法院关于适用〈中华人民共和国合同法〉若干问题的解释（二）》	法释〔2009〕5 号
《九民会议纪要》	《全国法院民商事审判工作会议纪要》	法〔2019〕254 号
《商业秘密解释》	《最高人民法院关于审理侵犯商业秘密民事案件适用法律若干问题的规定》	法释〔2020〕7 号
《不正当竞争解释》	《最高人民法院关于审理不正当竞争民事案件应用法律若干问题的解释》	法释〔2007〕2 号
《修改民事司法解释决定》	最高人民法院关于修改《最高人民法院关于在民事审判工作中适用〈中华人民共和国工会法〉若干问题的解释》等二十七件民事类司法解释的决定	法释〔2020〕17 号

续表

简　　称	全　　称	发文字号
《修改商事司法解释决定》	最高人民法院2020年关于修改《最高人民法院关于破产企业国有划拨土地使用权应否列入破产财产等问题的批复》等二十九件商事类司法解释的决定	法释〔2020〕18号
2003年《虚假陈述规定》	《最高人民法院关于审理证券市场因虚假陈述引发的民事赔偿案件的若干规定》	法释〔2003〕2号
2022年《虚假陈述规定》	《最高人民法院关于审理证券市场虚假陈述侵权民事赔偿案件的若干规定》	法释〔2022〕2号
2021年《刑诉法解释》	《最高人民法院关于适用〈中华人民共和国刑事诉讼法〉的解释》	法释〔2021〕1号
2022年《民诉法解释》	《最高人民法院关于适用〈中华人民共和国民事诉讼法〉的解释》	法释〔2022〕11号

目　录

第一篇　刑民案件之间的对话

——刑民案件法律适用审判衔接之“镜像透视考察”

第二篇　刑民实体法之间的对话及审判衔接

第三篇　白领犯罪：刑商法律之间的对话及审判衔接

——经济犯罪案件的刑商法律适用

第四篇　刑民案件审判程序衔接及刑事附带民事案件审判

第一篇

刑民案件之间的对话

——刑民案件法律适用审判衔接之“镜像透视考察”

第一章 | 刑民交叉案件产生的法律、经济原因及其流变

引 论 刑民交叉案件论的疑问与刑民案件法律适用审判衔接的展开

刑民交叉案件，又称刑民交错案件或者刑民互涉案件，近年来，已近乎成为一个贯乎刑、民两界之间的热点问题。① 有人认为，刑民交叉案件是指既涉及刑事法律关系，又涉及民事法律关系，且相互之间存在交叉、牵连、影响的案件；② 也有人提出，刑民交叉案件是指民事案件与刑事案件在法律事实方面存在重合，从而导致案件的刑事、民事部分在程序处理、责任承担等诸多方面出现相互交叉和渗透。③

实际上，“刑民交叉案件是一个伪命题”④。该定论既是在学理上的揭示，也是实务中必须要首先承认的前提。刑民案件的“交叉”问题，究其实质不过是就具体案件应如何衔接适用刑事法与民事法的一种对话，是对实务中出现的相关法律适用问题的一种思考方法与解决方案（司法对策）。因此，出现在审

---

① 详见陈兴良、黄祥青、于同志等关于刑民交叉案件的文章，载中华人民共和国最高人民法院刑事审判第一、二、三、四、五庭主办：《刑事审判参考》（总第120集），法律出版社2020年版，第177~205页；《最高人民法院刑民交叉案件六大典型案例》，载最高人民法院民事审判第二庭编：《商事审判指导》（总第48辑），人民法院出版社2019年版，第44页以下。

② 参见何帆：《刑民交叉案件审理的基本思路》，中国法制出版社2007年版，第25页。

③ 参见张璇、王林清：《刑事判决与关联民事案件的审判监督程序》，载《人民司法（应用）》2016年第10期。

④ 张明楷：《刑民“交叉”案件是个伪概念》，载《法商研究》2021年第1期。

判实践中，基于具体刑事案件中所必须考量的某种民事法要素（如金店员工窃取柜台中的金饰品所涉民法的占有问题），以及具体民事案件中所必须面对的受刑事法界定与约束的要素（如在民间借贷案件审理中发现的非法吸收公众存款行为），亦即就同一案件中既存在刑事法要素又存在民事法要素，并由刑事法与民事法共同对其规范评价而产生的联结点，才是所谓的刑民交叉案件。而且，所涉案件必须是进入程序之中并被法律所评价的实体，所以刑民交叉案件有两个特点：一是其必须是来自审判实务之中（刑事附带民事诉讼制度或许例外），它不是一种理论的法学，并且也不会成为一门独立的法律学科。换言之，它只是一种由“活的法”或行动中的法所覆盖的对象。二是它是由刑事法与民事法两种不同法律对同一事实共同规范的法结果，这才决定了就同一案件事实在同时受到刑事法与民事法等两种不同法律规范作用下，应如何适正地解决其法律适用问题。换言之，它只是一种如何合理衔接刑事法与民事法之间法律适用的司法对策或审判方法。因此，本书对此提倡刑民规范竞合（聚拢汇合）衔接适用的信条，而反对“刑民交叉案件论”的极端教条化主张。

刑、民法律规范（包括程序法）之间因相互对冲而出现的应如何解释的问题，特别是在实务中由于案件的刑、民要素交互对冲所带来的罪与非罪、此罪与彼罪的争议，一直在激励学界予以热切关注。鉴于当前国内实务部门有关刑民案件交叉的问题在日益增多，而相关课题成果累积较少（多仅限于“先刑后民”与“先民后刑”或“刑民并举”等程序适用的争论之中），且缺乏整体切入性研判视角，对于实务指引裨益无多，因此有进一步检讨的必要。这也给本书带来第一个需要解答的问题，为什么会产生所谓的刑民交叉案件？

第一节　通行观念下刑民交叉案件产生原因及其检讨

一、问题的提起：刑民交叉案件何以产生

审判实践中，在审理故意杀人、故意伤害以及交通肇事等普通刑事犯罪案

件时，经常会一并处理民事赔偿问题。此即刑事附带民事诉讼案件，并适用民事法的有关规定。上述类型的案件，往往既涉及民事侵权责任（包括共同犯罪中的共同侵权责任）认定，又涉及雇主责任（多发生在机动车交通肇事犯罪）、监护责任（多涉未成年人犯罪）等纯正的民法适用问题。

此外，对于诈骗、盗窃、抢夺等侵犯财产犯罪案件，就被害人对被非法占有、处置的财物是否单独享有民事诉权的问题，实务中也引发很大争议。为此，2012 年《刑诉法解释》第 139 条曾明确规定，对此类案件不得提起附带民事诉讼（及另行提起民事诉讼），该条为 2021 年《刑诉法解释》所承继（第 176 条）。但是，最高人民法院在 2015 年《全国法院民事商事审判工作会议纪要》中质疑该规定，并要求对未经刑事立案，而受害人已提起民事诉讼的仍应受理（群体性纠纷案件除外）。虽然《九民会议纪要》对此规定的疑异有所消解，但在 2020 年 12 月修正的《经济犯罪若干规定》第 8 条中似乎又回到了最高人民法院（民事部类）初始立场上：被害人因单位合同诈骗犯罪以及行为人借用、盗用单位公章实施犯罪等犯罪行为造成经济损失的，可以根据《刑事诉讼法》第 101 条第 1 款的规定提起附带民事诉讼或单独提起民事诉讼。这种规范性文件之间的冲突，又应如何解决呢？（参见本书第 14 章第 4 节）。

针对合同诈骗案或贷款诈骗案中“非法占有目的”的认定，近年来实务也似乎倾向于更为谦抑化的主张。① 仅以属于民事欺诈就否定成立诈骗犯罪，并以“本身具有必须运用刑罚手段予以制裁的必要性”作为判断标准，将“如果通过民事诉讼方式可以获得司法救济，就应当让当事人双方通过民事诉讼中平等的举证、质证、辩论来实现权利、平衡利益，而不应动用刑罚这一最后救济手段”② 作为诈骗罪与民事纠纷的区分界限，虽然符合刑法是附属法的立场（如后所述，本书并不同意这一主张），但是否符合认定犯罪是从客观到主观、从形式到实质这一判断模式，是否有混淆立法与司法之间关系之嫌呢？

上述在刑事审判过程中所必须面对与研判的民事法律问题，以及在民事审

① 参见最高人民法院（2018）刑再字 6 号刑事判决书。

② 贾伟等：《货物交易型案件中经济纠纷与诈骗犯罪的界限》，载《人民司法（案例）》2019 年第 5 期。

判过程中所必须面对的刑事法律问题，就是所谓的刑民交叉案件。更确切地说，是在刑事法与民事法对同一事实均有适用的可能，从而产生规范竞合（聚拢汇合）之后，应如何合理衔接适用以解决二者冲突问题的一种法律适用方法或司法对策。因此，若将其定义为刑民规范竞合案件，或许才更为准确。

值得关注的是，何以这种刑民交叉现象会经常、反复地出现于审判实践之中，且呈扩张趋势？

为解释上述问题，有必要对刑民交叉案件产生的原因以及有关法律适用问题进行分析、探讨。

二、刑民交叉案件发生的具体原因：历史、法律等因素

当前审判实践中经常发生的刑民交叉或民刑交叉现象，是多种原因相互作用下所产生的法律效果。其中，最为重要的是历史、法律等原因。

（一）历史原因与程序法考察：刑、民事制度从分立到交叉的演进过程

从历史上考察，在古代社会，赔偿、血亲复仇都是刑罚手段，民刑一体，并无界限。由原始社会“以血还血、以牙还牙”的血亲复仇制度，逐步演化成专由国家控诉的制度（只有极个别的案件如忤逆等亲告罪，才允许私诉），从而将刑事与民事两者分开，才形成了近现代的刑事与民事两种不同的诉讼制度。其中，刑事制度主要解决构成犯罪的刑罚问题，而民事制度则主要解决侵权行为的损害赔偿问题。

为解决何种行为才构成刑罚所处罚的对象，并由此所建立的体系，就是刑法，亦即刑事实体法，罪刑法定原则是现代法治国家刑法的标志；而为解决何种行为得承担损害赔偿责任，并由此确立最基本的私法关系，就是民法，亦即民事实体法，平等、契约自由、私权神圣原则是其本质特征。为实现刑罚（积极的一般预防）而建立的程序，就是刑事诉讼（公诉）制度，人权（保障）、（程序）正义既是其最高位阶的价值，又是其基本原则，无罪推定原则不过是由二者所衍生的现代刑事诉讼制度的标志；为解决赔偿所建立的程序，就是民事诉讼（私诉）制度，虽然也是公法性的，但平等、意思自治等实体法的基本原则仍贯穿其始终。

随着近现代法制的发展，大陆法系又将公诉与私诉规范为公诉与私诉的竞合，也就是刑事附带民事诉讼制度，是为了实现指控犯罪与维护私权的便利。就外观上而言，刑事附带民事诉讼制度就是刑、民事法在程序上竞合的结果。

但是，刑事附带民事诉讼制度并不仅仅只是一种程序规范。该基础依据就是刑法与民法两个实体法中的责任及其法律后果，二者往往由于同一不法行为（刑法中的犯罪、民法中的侵权行为）在不同法律规范下发生不同的法律结果而发生法规竞合（聚拢与排斥）的现象，这就是刑民交叉案件现象的实体，其对刑事附带民事诉讼制度的产生与发展也产生了根本性的影响。

（二）法律原因与实体法考察：责任与法规聚合

1. 责任——刑事责任与民事责任：从分立走向聚合

“责任”一词在法律上有多重意义：其一为职责；其二为义务，如保证责任应为保证义务；其三即所谓法律责任、民事责任等，指不履行法律义务因而应受某种法律制裁。① 此外，责任还有结果归属于行为的第四层意味（归责）。

问题 1 在“药某鑫故意杀人案”中，在对药某鑫判处死刑的同时，为何还判决其对被害人的近亲属承担民事赔偿责任？

在第三种含义的基础上，现代法律责任有民事责任、刑事责任及行政责任之别。刑事责任是指行为人因其犯罪行为所应承受的，代表国家行使审判权的司法机关根据刑事法律对该行为所作的否定评价（非难性），以及对行为人进行惩罚的责任。其以处罚故意为原则（反对结果责任），以处罚过失为例外，讲求正义。民事责任则是民事违法者应承担的法律后果，是加害人向被害人承担的责任，其以过错为处罚原则（原则上不区分故意与过失），以无过错为处罚例外，注重结果责任，讲求利益兼顾（又称利益衡量）、追求公平。

认定法律责任的意义在于，刑事责任是认定犯罪与刑罚的连接点，民事责

① 参见梁慧星：《民法学说判例与立法研究》，中国政法大学出版社 1993 年版，第 246 页。

任是认定侵权行为与损害赔偿的连接点。[①] 实际上，这也是上述第四种关于责任的本意。正是由于法律责任的可能存在（至于是否存在，尚需司法机关最终判定），才产生了请求权（刑事法上为求刑权），而请求权或求刑权的存在，才能因此建立民事诉讼程序（当然，民事诉讼程序中还包括申请宣告失踪等非讼事件程序）以及刑事诉讼程序（包括自诉与公诉程序以及对犯罪嫌疑人或被告人违法所得没收、对精神病人强制治疗等特别程序）。

在法律发展史上，刑事、行政、民事责任系出一源，如上古社会之赔偿金制度既可以是民法上的损害赔偿，也可以是对犯罪行为的刑事制裁。其后由于法律发达，逐渐分化为属于民事责任之损害赔偿，属于刑事责任之罚金以及属于行政责任之罚款。[②] 虽然三者随着刑、民、行政分立而分化，并被不同的实体法（刑法、民法、行政法）而予以规范判断，但三者就同一行为引发违法性评价时，仍存在责任竞合问题（尽管三者的责任仍分属于不同的实体法所规范的领域）。例如，《民法典》第187条[③]规定："民事主体因同一行为应当承担民事责任、行政责任和刑事责任的，承担行政责任或者刑事责任不影响承担民事责任；民事主体的财产不足以支付的，优先用于承担民事责任。"因此，药某鑫持刀故意杀人，不但应承担故意杀人罪的刑事责任，还要承担致被害人死亡的民事损害赔偿责任。这种基于对同一不法行为所受不同法律（刑法与民法）规范的后果，即既要承担刑事责任又要承担民事责任，在责任上所发生的法律现象就是责任竞合（这里的竞合，是作为竞合的第一层含义即聚拢的意思）。

基于上述认识，有人提出，正是基于责任竞合的法规范原理（不同法律规范中的责任可以竞合），在刑法与民法的责任竞合下，才催生出刑事附带民事诉讼制度，亦即实体法才是产生该制度的实质原因。并且，近年来随着刑罚日益走向人道、谦抑（"去刑化"），对于有被害人的刑事案件而言，刑事责任已经开始注重被害人利益的实现（典型的是诈骗、非法吸收公众存款等侵犯财产

---

① 参见梁慧星：《民法学说判例与立法研究》，中国政法大学出版社1993年版，第246页。

② 参见梁慧星：《民法学说判例与立法研究》，中国政法大学出版社1993年版，第246页。

③ 《侵权责任法》第4条规定："侵权人因同一行为应当承担行政责任和刑事责任的，不影响依法承担侵权责任。因同一行为应当承担侵权责任和行政责任、刑事责任，侵权人的财产不足以支付的，先承担侵权责任。"

型犯罪案件的返赃对于量刑情节的影响，甚至可能成为考虑对被告人是否免予处罚或适用缓刑的关键性因素），2012 年《刑事诉讼法》规定的“当事人和解的公诉案件诉讼程序”（刑事和解制度）就充分体现了这一趋势。因此，无论是在立法还是司法实践中，刑事责任与民事责任已经不仅是聚合、重叠关系，在某种程度上甚至还出现了相互转换。①

2. 法律后果——刑罚与损害赔偿：从分立走向协调（调解、刑事和解）

上述观点进一步提出，近年来在审判实务中刑事责任与民事责任已经出现了某种相互转换的现象，而这种转化，特别体现在法律后果亦即刑罚与损害赔偿的关系上。例如，在处理死刑案件时，就涉及“民事赔偿与死刑适用的平衡问题”②。而在基层法院所处理的大量刑事案件中，积极赔偿被害人的经济损失，也已成为“可以减少基准刑的 20%以下”的量刑要素。③ 上述酌定的量刑情节，甚至有时在实务中已经超过了法定从轻情节的幅度权重，体现了刑罚与损害赔偿正从分立走向协调。

3. 针对同一不法行为所发生的法规竞合现象

上述观点还提出，法规竞合也是刑民交叉案件产生的法律原因之一。法规竞合也称规范竞合，是指同一法律事实引起两种以上法律关系的产生，并符合数个法律规范的构成要件，致使该数个规范皆可适用的现象。规范竞合包括两种情况：一是发生在不同的法律部门之间的规范竞合（在此意义的竞合，是作为竞合第一层含义即聚拢的意思）。如杀人、伤害、盗窃、诈骗、毁损财物的行为，既可构成民事侵权又可构成刑事犯罪；二是发生在同一法律部门内部的规范竞合（在此意义上的竞合，应是作为竞合的第二层含义即经排斥而适用其一的意思）。正是由于第一种法规竞合情况，才产生了刑民交叉案件。

4. 上述法律原因分析的检讨

上述关于责任竞合、法规竞合等法理分析在形式上或者说是就某一角度解

---

① 参见何帆：《刑民交叉案件审理的基本思路》，中国法制出版社 2007 年版，第 9 页以下。

② 中华人民共和国最高人民法院刑事审判第一、二、三、四、五庭主办：《刑事审判参考》（总第 53 集），法律出版社 2007 年版，第 35 页。

③ 参见 2017 年辽宁省高级人民法院《关于常见犯罪的量刑指导意见》实施细则。

释了刑民交叉现象所产生的原因，并在早前也一度成为有力的主张。[①] 但仅此还难以完全揭示该现象的本质。

首先，上述责任竞合说与法规竞合说只是在法理层面上对刑民交叉现象进行了形式上的解读，但这种解释立场对于很多法律问题均同样适用，仍难以从根本上解释何以会发生如此多的刑民规范竞合问题。

其次，刑罚与损害赔偿这两个实体问题体现在制度上的衔接，主要还体现于刑事附带民事诉讼制度。对二者竞合范围的限定，实则是由《刑事诉讼法》（第101条）所规定的，亦即被制度化了的。刑事附带民事诉讼制度本身既有刑民程序之间的竞合关系（公诉与私诉两种诉的竞合），又有刑、民实体之间相互竞合的问题（责任聚合、刑罚与损害赔偿之间关系的转换）；但都只不过是对由同一不法行为所产生的、在不同法律规范中所发生的反射效应，亦即法规竞合而已。“因此（刑罚和损害赔偿）二者存在着某种‘内在的’联系。”[②] 至于所谓的某种转化或“第三条道路”，其前提必须是要符合宽严相济的刑事政策。否则，即使黑社会性质组织的首要分子对被害人的经济损失给予巨额赔偿，并取得被害人或其近亲属谅解，也难以成为对其从轻处罚的理由。这一点却为上述观点的提出者所忽视。

最后，就同一不法行为可能会侵犯不同法律规范所保护的内容，并因此会产生不同的法律后果，这原本就是法律体系化的结果。例如，药某鑫持刀杀人的行为既被刑法规范所责难，又被民法规范所否定，此为典型的法规竞合现象。正是基于该行为分别违反了不同法律规范，才出现了这种责任竞合的法效果。此与发生刑、民事法律规范竞合后果从而导致法律适用问题似乎关系不大。对此，王泽鉴先生正确地指出，“现代法律均为抽象规定，并从各种不同角度规律社会生活，故常发生同一事实符合数个规范之要件，致该数个规范皆得适用的现象，学说上称为规范竞合。规范竞合有发生在不同法律领域者，例如毁损他人物品，一方面构成刑法上之毁损罪，另一方面依民法规定亦构成侵权行为。

① 参见何帆：《刑民交叉案件审理的基本思路》，中国法制出版社2007年版，第9页以下。

② ［德］卡尔·拉伦茨：《德国民法通论》（下册），王晓晔、谢怀栻等译，法律出版社2013年版，第548页。

在此种情形下，刑事法上之刑罚及民事法上之损害赔偿，皆得适用，互不排斥，可以并行不悖”①。而法治的意义在于，对法律所禁止的行为，是需要法律乃至不同的部门法对其作否定的价值评价的。此与一事不再理（针对同一事件而禁止以同一部门法重复评价，以最终实现保护法秩序的安定性）原则不同，是法治体系所使然：刑法作为保障法，与受其保障的其他基本法结合后共同构建以宪法为统帅的法律体系。

三、本书观点

就法律规范的层面上，由于法益保护的规范竞合、民法往往也是判定刑事犯罪的基础等原因（如正当化根据）、刑法对民事活动禁止等定在，才导致刑民规范竞合现象不断发生。因为，法律规范的目的就是调整《宪法》第51条规定的“行为自由与权益保护”这一紧张关系。作为救济途径，刑、民事法均不可避免地在对同一私法益进行救济时产生了彼此规范之间的竞合问题。这种竞合问题必须建立在法律效果基础之上。其中作为竞合第一层意思的是集中汇拢，其后才是作为竞合第二层意思的排斥适用。在此意义上，可以认为作为保障法的刑法因居于特别法，而规范私行为的民法作为一般法，当同一不法行为充任了两者之后，作为一般法的民法就会自然地退缩，而作为特别法的刑法就会主动地覆盖。但是，即使由此产生规范竞合的效果之后，民法规范的其他效果也未完全失去作用，并以赔偿经济损失（《刑法》第36条）、返还财产或责令退赔等非刑罚处罚方法（《刑法》第64条）的面目再次出现在同一程序的判决之中。这才是探讨刑民交叉案件的基本点，也是其定在的法原理。

由此可见，刑民交叉案件并不是一门“交叉法学”，而且也不会成为一门独立的法律学科，而只是在实务之中对于解决此类问题的一种规范适用的衔接方法与对策。因此，若将之定义为刑民规范竞合案件或刑民案件之间的审判衔接适用问题，才更为合适。

① 王泽鉴：《民法学说与判例研究》（第1册），中国政法大学出版社1998年版，第371页。

第二节 法益观念下刑民交叉案件的新定位：刑、民规范对同一法益的多维保护

一、法益的概念

所谓法益亦即保护客体，是指由法所保护的、客观上可能受到侵害或者威胁的人的生活利益。[①] 申言之，法益是在以个人及其自由发展为目标进行建设的社会整体制度范围之内，有益于个人及其自由发展的，或者是有益于这个制度本身功能的一种现实或者目标设定。[②] 而且，保护法益就是刑法的目的与任务。

法益不只是刑法概念，在民法中也是一种定在。《民法典》第1条即开篇明义，“为了保护民事主体的合法权益”，这与刑法目的是保护法益具同一旨趣。之所以是权益，是因为民事权益包括民事权利与民事利益，民事利益是指那些虽然受到法律保护但未被确定为权利的利益，包括人身法益（利益）与财产法益（利益）。[③] 由上述民法所确认的私利益之间的不同结合，才产生了公共利益与国家利益，并也为刑法所保护。正是由于该利益或法益的定在，刑法与民法才会产生交叉即竞合。如生命权益，若被他人故意非法剥夺，在成立民法上的侵权之债的同时，也会成立刑法规定的故意杀人罪。上述具体法律规定与判断，既是产生责任与法规竞合现象的法律原因，也是刑民交叉案件即刑民规范竞合案件不断发生的法定在。

刑法法益之所以与民事利益之间存在受不同法律保护的重合救济，并由此产生实务中的刑民交叉现象，其原因在于，刑法的本质是第二次的国家法与保

---

① 参见张明楷：《刑法学》，法律出版社2011年版，第67页。

② 参见［德］克劳斯·罗克辛：《德国刑法学总论》（第1卷），王世洲译，法律出版社2005年版，第15页。

③ 参见最高人民法院侵权责任法研究小组编著：《〈中华人民共和国侵权责任法〉条文理解与适用》，人民法院出版社2010年版，第20页。

障法，亦即刑法保障宪法与其他部门法的实施，故刑法在法律体系中处于保障法的地位。[①] 因此，刑法所保护的法益中就必然包括为民法所确认的权益，亦即私法益。之所以会发生刑民交叉现象，是因为在以宪法为统帅的统一法律制度体系下，就同一不法行为受不同法律规范作用后，在审判实践中所必然应对的法律适用效果。因此，以民法的规定、原则、原理解释刑事案件中的有关法律适用问题，如占有辅助人侵占本权人财产究竟构成盗窃罪还是构成职务侵占罪，本身就是一种体系解释的结果。反之，民事案件在对违反公序良俗的行为进行判断时，刑法评价也不容忽视。如以民间借贷合同为表现形式的非法集资案件，难以为民法所保护。

二、刑、民法益之间非完全重合的判断关系

刑法并不是依附于民法的，因为刑法具有自己独立的属性与人格，其基本原则、价值取向与民法还是具有本质上的区别：刑法奉行罪刑法定、无罪推定，以人权保障为最高价值；民法则是开放性的私法，并提倡类推，以防出现因法无明文规定私人告诉无门而滥用私刑之虞。

民法和刑法所保护的法益并非是完全重合的。例如，《民法典》第 1042 条否定同居关系为婚姻关系，亦不承认“事实婚”，但明知对方有配偶而仍与之建立“婚姻关系”的，则仍受《刑法》第 258 条（重婚罪）调整。再如商法中的信用卡并不包括借记卡，但《刑法》第 196 条规定的信用卡诈骗罪中的“信用卡”则包括借记卡（《全国人民代表大会常务委员会关于〈中华人民共和国刑法〉有关信用卡规定的解释》）。这是由刑法作为保障法与“（国家的）最后一道防线”的属性所决定的。当然，这只是一种具体适用法律时的注意性规定，而不是因之得完全否定二者之间在判断资料上所出现的规范竞合问题。

三、不同规范下的法益保护协调关系

虽然刑法与民法所保护的法益并不完全一致，但也只是由于刑法法益实际上是一种基于维护秩序的现实需要或者目标设定而上升为受刑法保护的利益，

① 参见张明楷：《刑法学》，法律出版社 2011 年版，第 25 页。

即只有通过作为法律保护的其他保护手段不足时，才应该动用刑罚（称为刑法的补充性）。所以，刑法的保护领域也就是犯罪化的领域，并非包罗万象的，而必然是片段性的（称为刑法的片段性）。①

片段性而非事实上的，决定了民法与刑法保护法益的范围不同。刑法对于民事利益的保护范围通常要小于民法的保护（受刑法谦抑性所决定），但有时也会反其道而行之。如前所述，对于“事实婚”构成重婚罪以及“信用卡”的认定，刑法保护的客体范围大于民法的范围。但由于民法在保护利益的同时也保护事实（如占有）、秩序（社会和经济），因此，除了片段性方面的区别，刑法与民法的法益之间仍然具有相同性与重合性。这是本书的出发点。

四、民法关系对刑法法益的转承确立：民法对于某些刑事法律关系的基础性判断作用

前述系在宏观上解释了刑、民案件在法律规范竞合的原因，本质上是保护法益的规范竞合（聚拢汇合）。但仅此还不能包容或解释一切刑民交叉的问题。例如，学员在潜水过程中，由于教练未予保护，致使学员溺死事件（“潜水案”）。又如，某成年人携带邻家6岁幼童进山，突然遭遇危险，该成年人为了保命而独自逃走，导致幼童遇害案（“幼童案”）。尽管两个被害人的生命法益既受到民法保护，又受到属于禁止性规范与命令性规范的刑法所保护，但是如何判断潜水教练与携带幼童的被告人是否成立犯罪，仅仅依靠法益的重合说还难以完全作出妥当的解释。然而，从先前的民事义务的角度出发，由于潜水教练与新学员之间存在合同关系，邻家成年人在将幼童带出后也负有一种安全保障义务，基于该合同关系或安全保障义务的存在，就可肯定二被告人居于不真正不作为犯的保障人地位，并进而判断成立不作为的故意杀人罪。

正是从这种先前义务的民法视角考察，才肯定了上述二被告人在具有结果回避可能性的前提下，存在刑法意义上的作为义务。这种从民事先前义务到刑事救护的作为义务之间的转承关系，首先是由民法上的法定救助义务所决定的

---

① 参见［日］山口厚：《刑法总论》（第2版），付立庆译，中国人民大学出版社2011年版，第5页。

（《民法典》第1005条）。这种判断，最终也决定了对此类刑民交叉案件，必然要从民法与刑法两个方面作相互考察的结论。

第三节　刑民交叉案件产生的经济原因

一、法律的经济分析方法的提出

刑民交叉案件亦即刑民规范竞合案件的产生，不仅有前述历史与法律的原因，并且还有经济所决定的因素。

市场经济是法治经济，没有离开法治的经济，也没有离开法律的经济，经济与法律是相辅相成、不可分割的。① 任何社会现象都是经济现象的反映，并且，法作为一种规范化的国家意志，最终决定于社会的物质生活条件或经济基础。② 正如耶塞克所说，经济刑法的范围与规模取决于经济状况的结构。③ 因此，研究法律问题必须要从社会的物质生活条件，即其经济结构（经济基础）的原因方面去寻找切入点，运用市场经济的理论分析法律制度。此即法律的经济分析方法。作为重要的思考工具，④ 法律的经济分析方法的基本思想系以效率作为一种法律原则，强调立法或司法均应致力于将有限资源作最适当的配置，⑤ 所关注的领域是各个法系的核心制度，即调整财产、意外事故、合同、刑事犯罪以及诉讼程序的各类法律。⑥ 目前，法律经济分析方法已经成为一种普遍接受的有重大实际价值的法学研究方法，正在被广泛应用于法律实践之中。⑦

---

① 参见张国轩：《商业犯罪的定罪与量刑》，人民法院出版社2008年版，第38页。

② 参见卓泽渊：《法学导论》，法律出版社2014年版，第22页。

③ 参见蒋熙辉：《单位犯罪刑事责任探究与认定》，人民法院出版社2005年版，第68页注②。

④ 参见［美］斯蒂文·沙维尔：《法律经济分析的基础理论》，赵海怡、史册、宁静波译，中国人民大学出版社2013年版，第1页。

⑤ 参见王泽鉴：《损害赔偿》，北京大学出版社2017年版，第33页。

⑥ 参见王泽鉴：《侵权行为》，北京大学出版社2009年版，第7页。

⑦ 参见卓泽渊：《法学导论》，法律出版社2014年版，第239页。

二、中国特色社会主义市场经济条件下的法律观

当前之所以会经常出现刑民交叉现象，其最重要的原因是：随着市场经济体制的逐步建立、发展、完善，我们已经走向了市民社会，当前出现的各种犯罪现象，多是市民生活中的行为所引起的，此即“社会模式的变迁与法的发展”① 之间的结果。简言之，是在市民社会条件下所产生的。由于市民生活中的行为具有极强的自由度，而这种自由和权利的行使一旦无所顾忌并侵害了刑法所保护的民法法益，就会构成犯罪。宪法要求公民在行使自由和权利时，不得损害其他公民的合法的自由和权利，因此刑民交叉案件才会日益频繁地出现。而随着中国特色社会主义法律体系的建立，建筑于市民社会基础之上的刑事法律制度，也就具有了更为突出的市民法属性。同时，由于“私法（民法）系经济秩序的重要部分，在宪法的基础上亦具有形成规范经济秩序的功能，与市场经济具有密不可分的关系”,② 而“民法准则只是以法的形式表现了社会的经济生活条件”（恩格斯语），所以在认定犯罪成立的问题上，就必须要加以作为市场经济的基本法——民法的足够关注。这是一种基本的法律逻辑原点与司法适用矢线。

第四节 “对同一硬币不同两面”作“镜像透视考察”——“镜像透视考察法”的提出

刑民交叉现象的发生是法律、经济等因素在实务中交互作用的必然结果，更是市场经济条件下的一种法律折射效应。正如罗克辛所言：“刑法与民法在概念上的明确区别是十九世纪法学的重大成就。但在今日，我们认为，此项严格区别是一个错误的概念，刑法与民法再接近实有必要。”③

---

① 王泽鉴：《民法总则》，北京大学出版社 2009 年版，第 30 页。

② 王泽鉴：《民法概要》（第 2 版），北京大学出版社 2011 年版，第 23 页。

③ 何帆：《刑民交叉案件审理的基本思路》，中国法制出版社 2007 年版，第 1 页。

如以法律经济分析的视角就会发现，所谓刑民交叉案件，如证券犯罪及其侵权行为，在很多情形下原本就是一个法律问题。这就犹如同一枚硬币的本身（不法实体），只是由于刑、民事两大部门法的人为分立，所以才会产生不同的法律后果，但仍只是对同一枚硬币正反两面作透视考察后所呈现的镜像效应。这一方面系对“侵权行为与犯罪行为同为违法行为，有时二者为一致，然不常如此”① 的考察；另一方面则系“基于法律秩序之统一性，为利益权衡判断时”② 所做的刑法与民法规范的交互考察。当然，这种“硬币效应”或“镜像透视效应”只是一种投影式的且其两面之间也并非完全对应的关系。因此，对同一案件（实体）所涉刑事法与民事法二者之间进行规范衔接与适用协调，以实现判决结果的妥当，将是一种合适的解决此类案件的审判方法（对策）。

本书之立场，即对于刑事案件中所蕴涵的民事法律问题，对以民事法视角的解读；对民事案件中可能涉及的刑事法律问题，则对以刑事法视角的研判，以妥当、适正地裁判案件、适用法律。此即所谓作“相互透视”的镜像考察，以此解决宪法关于“公民在行使自由和权利的时候，不得损害国家的、社会的、集体的利益和其他公民的合法的自由和权利”，即“权利止于权利”的法益保护的边界问题。其中的透视，既是对二者之间适用法律的考察，也是搭建一座沟通二者之间适用法律的桥梁。

第五节 “镜像透视考察”下的刑民交叉案件新定位——形式与实质的界分

一、刑民交叉现象是实在法规范下的一种定在

本书认为，在外观上，由于法律规定的限定（2018 年《刑事诉讼法》第

① 史尚宽：《债法总论》，台北，荣泰印书馆股份有限公司 1978 年版，第 103 页。

② 史尚宽：《债法总论》，台北，荣泰印书馆股份有限公司 1978 年版，第 114 页。

101条只保护物质损失而不保护精神损失规定的限制)，即最终由法律规定对刑、民案件之间程序衔接不断过滤后所加以限定的部分，就是刑事附带民事诉讼制度（因此仍然具有刑、民程序法与实体法聚合的特征)。这是最为典型的所谓刑民交叉部分，实则也是刑民法律规范竞合的结果。

同时，刑民交叉现象并不会由于现行法律限定，就不会日益涌现。相反，随着中国特色社会主义法律体系的最终建立，建筑于社会主义市场经济基础之上的刑事法律制度，不但因此而具有了更为突出的市民法属性，而且对于市民法中的一些民事法律行为，《刑法》也成为评价其是否有效的规范。如贩卖毒品，即使买卖“合同”双方“当事人”均属自愿交易，但由于该标的物（毒品）为《刑法》所明令禁止而自始无效。

因此，我们也能够更深刻地认识到：(1) 法律体系是统一的；(2) 刑法既是强行法也是禁止法，其在一定程度上也在制约着有关民事法律行为的效力，其中的“合同犯罪、刑事附带民事责任的内容等”还可以作为“处理民事纠纷依据的法律”,① 并因此成为连接私法的一个通道；(3) 民事法律行为也并非可以自由到毫无限制的程度，其一旦违反了《刑法》的禁止性规定，或逾越了一定的禁止性或命令性的法律尺度（达到刑法的最低门槛)，刑法就会予以规范。

我们所要研究的刑民交叉案件，除了刑事附带民事制度，还有更为广义的现象。特别是后者，只在于就问题的把握角度。因为，所谓刑民交叉案件亦即刑民规范竞合案件无非“同一枚硬币的正反两面”以及“同一事实被不同法律作透镜透视”的法效果。因此，只有从更为广义上的视角出发，才能更好地去应对当前对此类案件的司法困惑。

二、刑民交叉案件的三种类型

本书根据类型化的观念，对刑民交叉案件亦即刑民规范竞合案件作以下三种分类。

---

① 参见最高人民法院民法典贯彻实施工作领导小组主编：《中华人民共和国民法典总则编理解与适用》(上)，人民法院出版社2020年版，第85页。

（一）被法律所类型化的制度

1. 刑事附带民事诉讼制度

2018 年《刑事诉讼法》第 101 条至第 104 条规定了被害人因犯罪行为遭受物质损失得提起刑事附带民事诉讼等原则。此系最基本的刑民交叉案件类型，其实质是对犯罪行为造成损害的赔偿救济制度。

2. 民事赔偿责任优先制度

《刑法》第 36 条、《民法典》第 187 条规定了民事赔偿责任优先原则制度。此优先赔偿制度即由刑事、民事实体法所共同建立。

3. 追缴与退赔、返还制度

《刑法》第 64 条规定，犯罪分子违法所得的一切财物，应当予以追缴或者责令退赔；对被害人的合法财产，应当及时返还。这也是 2021 年《刑诉法解释》第 176 条对被害人提起刑事附带民事诉讼（实则还涵盖另行提起民事诉讼），人民法院不予受理规定的法律基础。

（二）准类型化的刑民交叉案件

本类型案件是指最高人民法院与最高人民检察院特别是前者的司法解释针对实务中出现的同一事实既涉及刑事法律适用又涉及民事法律适用等问题，而加以司法干预的规定。主要是针对同一事实涉及刑民审判程序应如何衔接适用的问题。由于司法解释在位阶效力上低于法律，所以仅具有“准法律”的“准类型化”意义。

1. 民事审判不予受理只适用追缴、责令退赔的规定

2021 年《刑诉法解释》第 176 条规定对涉财产犯罪的返还占有请求不得进入民事审判程序：“被告人非法占有、处置被害人财产的，应当依法予以追缴或者责令退赔。被害人提起附带民事诉讼的，人民法院不予受理。”其所对应适用的，实则是《刑法》第 64 条对于违法所得的财物应当“予以追缴”或者“责令退赔”中所隐含的“赔偿经济损失”的规定。而赔偿损失这一债权性救济规定本身正位于该条“追缴”与“退”、“及时返还”的物权性救济规定之后。因为追缴是根据物权的追及效力原理所设定，返还则是基于物权在排除他

人妨害后自动恢复权利人支配权的物权效力或自然产生物权回转的效果。而在民法的请求权顺序检索上，基于物权的绝对性、支配性、排他性而衍生出来的物权请求权本就位于仅基于相对性的侵权损害赔偿请求权，即债权请求权之前。换言之，非法占有在民法上是一种对侵害物权行为的物权性的否定评价，对其侵害后果的排除是直接性的；侵害物权造成损害或造成物质损失的才产生侵权行为损害赔偿之债，从而归属于民法上的债权规范内容，这是一种间接迂回的救济方式。[①] 在物上请求权与侵权行为损害赔偿请求权产生竞合时，由于在民法上还产生前者优先适用的请求权顺序检索效果，当然也及于对赃物的返还适用。而在刑事诉讼中，对于赃物的返还又是无须受害人（权利人）请求即应予发还的。[②] 由此可见，立法机关在法律的统一性上早已解决了这一问题路径（《刑法》第64条）。这正是区分刑民交叉案件得否提起民事诉讼或刑事附带民事诉讼（《刑事诉讼法》第101条规定）的第一座坐标。

2. 对“不同事实”案件分别受理的规定

1998年《经济犯罪若干规定》第1条规定，同一公民（自然人）、法人或非法人组织因不同的法律事实，分别涉及经济纠纷和经济犯罪嫌疑的，经济纠纷案件和经济犯罪嫌疑案件应当分开审理。2015年全国法院第八次民商事审判工作会议也提出，如果商事案件法律事实与刑事案件法律事实不同，原则上商事案件应与刑事案件分别审理。审理商事案件的法院不能以涉嫌刑事犯罪为由当然中止对案件的审理。[③] 上述规定也为《九民会议纪要》第128条所重申，“同一当事人因不同事实分别发生民商事纠纷和涉嫌刑事犯罪，民商事案件与刑事案件应当分别审理……”亦即即使出现了竞合现象但仍可刑、民分立。

3. 在案件法律事实相同或存在牵连的情况下区分适用原则

对应于不同事实案件的，就是同一事实与存在牵连事实的案件。对此，1998年《经济犯罪若干规定》第11条规定：“人民法院作为经济纠纷受理的案

① 参见曾世雄：《损害赔偿法原理》，中国政法大学出版社2001年版，第4页。

② 参见陈朴生：《刑事诉讼法论》，台北，正中书局1970年版，第113页。

③ 参见杨临萍：《关于当前商事审判工作中的若干具体问题》，载杜万华主编、最高人民法院民事审判第二庭编：《商事审判指导》（总第40辑），人民法院出版社2016年版。

件，经审理认为不属经济纠纷案件而有经济犯罪嫌疑的，应当裁定驳回起诉，将有关材料移送公安机关或检察机关”；第 10 条规定：“人民法院在审理经济纠纷案件中，发现与本案有牵连，但与本案不是同一法律关系的经济犯罪嫌疑线索、材料，应将犯罪嫌疑线索、材料移送有关公安机关或检察机关查处，经济纠纷案件继续审理。”该规则在 2014 年《集资案件解释》中被沿袭。

因此，对于已进入民事审判程序中，涉及刑事犯罪的案件，应当采取如下区分原则：

第一，对于普通刑事案件，如故意杀人、伤害、故意毁坏财物、交通肇事案件，其中涉及对受害人的人身、财产权益造成损害的，根据《刑事诉讼法》第 101 条的规定，对该同一事实依刑事附带民事诉讼程序审理。唯有受害人在刑事诉讼中未提出告诉时，受害人才能依法通过民事诉讼实现其权益救济。也就是说，对此类因侵犯人身权、财产权益并使被害人“遭受物质损失”的案件，在刑事诉讼程序中未能解决的，民事部门可以依法受理、审判。

第二，对于侵犯占有型刑事案件，如诈骗、盗窃案件，对应于第一种类型的规定，由于 2021 年《刑诉法解释》第 176 条对此已明确作出处理规定，因此，受害人另提起民事诉讼的，人民法院原则上不予受理。

对于非法集资刑事案件，由于非法吸收公众存款等行为扰乱了金融秩序、危害了金融安全，属有违公共秩序、有害社会公共利益而其民事法律行为自始无效的情形，故也应适用追缴、责令退赔，而不能由民事审判部门受理。民事审判部门已经受理的，应驳回起诉，并将案件材料交由公安机关办理。

第三，对于同一当事人既涉及民商事案件又涉及刑事案件的，但两个案件之间的法律事实不同，原则上民商事案件应与刑事案件分别审理（《九民会议纪要》第 128 条）。但是，如果法院在民商事案件审判中发现犯罪线索，应将掌握的犯罪线索材料移送给公安、检察等机关。此时的移送是犯罪线索材料的移送，而不是全案移送。移送后的民商事案件也不能中止审理，以防久拖不决。在民事当事人一方特别是被告一方因另涉刑事犯罪而被侦查机关羁押的，也要贯彻这一原则。

第四，即使是同一事实，其中既涉及刑事案件又涉及民事内容的，根据《刑法》的规定，不能在刑事诉讼中解决的问题，在案件主要事实清楚、责任分清的前提下，可以分别处理。这涉及诉讼架构的价值实现问题。

（三）尚未被类型化的刑民交叉部分

尚未被类型化的刑民交叉部分，即除了以上两个类型之外的其他部分。其中包括刑事案件中所存在的民事法要素，或民事案件中须考量的刑事法规定（命令性或禁止性规范）。这也是一种最为广义的刑民交叉案件类型。

三、本书对刑民交叉案件的最终分类定义及基本立场

（一）定义

根据以上三种类型，本书对刑民交叉案件概念化为：

（1）类型化的刑民规范竞合案件或类型化的刑民交叉案件（包括刑事附带民事制度）。其中既包括实体内容，又涵盖程序问题。

（2）准类型化的刑民规范竞合案件或准类型化的刑民交叉案件。主要是解决实务中刑民案件的程序衔接问题。这或许是一个“过剩”的概念，因为它完全可以被类型化所涵盖。但在另一层面的解释意义上，它的范围也能够完全覆盖可类型化的部分。

（3）未类型化的刑民规范竞合案件或未类型化的刑民交叉案件。包括所有既有刑事法要素又有民事法要素的案件，主要解决刑民实体法的适用衔接问题。

（二）基本立场：法益重合与民法基础性认定是判断未类型化的刑民交叉案件的根基

由于法益的保护重合，导致了刑民规范竞合案件的出现，这是本书的立场。此外，由于民事法律关系作为责任基础，从而出现的刑事责任判定问题，如“潜水案”“幼童案”，也属于尚未被法律所明确规范、制度化了的，但却是必须要面对与研讨的。这样才能解决现实中不断出现的刑民交叉问题，也才能实现刑、民案件之间法律适用衔接的合理性。

第六节　法律实证主义的审判立场及刑民交叉案件法律适用衔接的研判方法

法官首先凭直觉找到结果，然后形成这一结果的逻辑理由。这本身就是一种心理现象，并不奇怪。法律秩序意在促进和法官经由其职业活动十分熟悉的所有目标，可能已成为其本身天性的一部分。他成功地找到了一个理性结果，而没有事先向自己表明所有的论点，这些论点可以通过演绎推理，就结果给出理由或使结果合法化。

——［挪威］斯坦因·U. 拉尔森

刑、民案件之间种种竞合问题，来源于审判实务之中。这是一种基于信条学的实证结论。

一、法信条与行动中的法：法律实证主义之发轫

所谓信条学，是从最基本的原理出发，经过理性梳理、认真思考所建立的知识体系。而作为其中思考方法的，就是作为实证法学派下游分支的社会学法学派的法律实证主义。这与经验过程实证法学注重实然的经验事实有关。经验过程实证主义把研究投向规范之外，把法看成一种物质既存的事实，这种事实的变化有一个过程而且可以根据经验进行测度。例如，霍姆斯强调演绎逻辑在解决法律问题方面的限度，认为法律不过是对法院事实上将做什么的预测而已，他最为经典的信条就是，“法律的生命从来不是逻辑，而是经验”。弗兰克认为“法律就是解决争端的官方行为”，反对“书本中的法律”，主张“行动中的法律”，即强调司法过程和法官的心理活动。[1] 易言之，与理论法学主要注重理论基础与注释研究不同，法律实证主义注重司法实践、强调经验与社会观察。这由来于狭义的刑法、民法学本来就是以依经验的事实而成立并且本身具有经验

① 参见锁正杰：《刑事程序的法哲学原理》，中国人民公安大学出版社 2002 年版，第 5 页。

的事实性格的实证法为其研究对象的解释学。[①] 因此，实证就成为本书的主要思考方法。

本书所定义的法律实证主义，是由具有司法决定权，即以法官为主体在司法活动中根据法律规定结合自身法律知识所梳理归纳出来的，归属于行动法学的一种法律思考方法。其基础既奠基于理论法学的法哲学观念、解释方法、法律原理，又在司法实践运作中抽象出具有自身独特性的审判方法与理念，并要求其适用者具备相应社会生活化了的司法经验思维（逻辑起点），以解决生动多变的社会现实生活问题为出发点与归宿（价值目标）。法律实证主义又是一种立体的、动态的法方法。正如波斯纳所说，“法官不是法律教授”“审判这一行与法律实务或法律教学完全不同，不干这一行，你就不可能理解审判”[②]。曾担任我国台湾地区司法机构法官的王泽鉴先生也认为，“法学是法律的一种研究方法，以特定的法秩序为基础及界限，旨在探究准则性规范及法适用的问题，发现规范内的一体性及其一贯的意义，针对不同的案件情境，将法律规范加以具体化而为适用，并以法官如何获得正当裁判为中心，所强调的是法学的实践意义”[③]。因此，法律实证主义或实证法学本身作为一种行动中的法或“活的法”，就必然应当从实践中来再到实践中去，对于与社会生活特别紧密的刑事与民事司法活动而言，更应如此。

因此，基于法律实证主义就必然既包括程序又包含实体的信条（法内容），而且在具体适用法律过程中，有时还要突破部门法之间的藩篱，甚至还包含刑事法与民事法之间的必然交集（如商事犯罪），以实现法适用的适正（妥当）为其出发点与归宿。因为，信条学就是从其最基本的原理出发并最终形成具有指导性的知识体系。

二、基于法律实证主义所抽象的刑、民案件审理要素

刑、民案件的种种规范竞合与对冲问题，由于主要是在实务中被发现与提

---

① 参见史尚宽：《民法总论》，台北，正大印书馆1980年版，第33页。

② ［美］理查德·波斯纳：《法官如何思考》，苏力译，北京大学出版社2009年版，第2页。

③ 王泽鉴：《民法总则》，北京大学出版社2009年版，第48页。

出的，因此须以实证的立场通过法律实证主义的视角来回溯考察其被不断发现的诸原因。若要很好地研判刑民交叉案件之间的审判实务问题，首先要抽象出实务中所要把握的刑、民案件诸审理要素，在对比二者审理要素之间的相同性及不同性之后，再找到其契合点，并最终得出类型化的可通行于交互考察的适正方法。这就是本书的基本研判方法与探讨方向。

至于何以只抽象出几个作为审理中需要把握的要素，毫不讳言地说，这是笔者依直觉而非纯粹的理性所得出的结果。诚如波斯纳所述，“就像在大多数决定中一样，直觉在司法决定中扮演了主要角色”，是“经验培养了他们（法官）的直觉”①。在刑法解释的过程中，这里的“直觉”在某种意义上就是一种正义感、法感情。② 民事审判亦是如此。

① ［美］理查德·波斯纳：《法官如何思考》，苏力译，北京大学出版社 2009 年版，第 100 页。

② 参见张明楷：《刑法的私塾》，北京大学出版社 2014 年版，第 5 页。

第二章 | 刑事案件审理三要素

——递进式的犯罪构成要件、法益、刑事政策

问题 2 法律人（法官、检察官或律师）在办理被告人林某浩以投放有剧毒物质的方法致其同学黄某死亡一案时，所要思考的要素有哪些？

根据笔者从事刑事审判的“直觉”、经验，审理刑事案件，实是将指控犯罪事实成立的各证据“碎片”糅合进构成要件之中，再具体判断刑事法规范能否对之妥当适用。从点（各证据）→面（指控犯罪）→体（罪体之判断）→质（罪质之把握）的思维进程，以落实其罪责（刑事责任之判断），并决定其刑罚。而在审理刑事案件时，不只要注意审查、把握犯罪的构成要件及其法益（实质性危害），还要注意把握刑事政策的指导作用，亦即要审查、把握：犯罪构成要件；法益；刑事政策三个方面的要素。这是由罪刑法定原则、法益保护原则、责任主义原则所决定的。①

第一节 递进式犯罪构成要件及其类型化的实务机能

首先须检讨的是，何以对入室盗窃者在造成受害人因惊恐躲避至阳台坠落

① 参见［日］山口厚：《刑法总论》（第 2 版），付立庆译，中国人民大学出版社 2011 年版，第 24 页。

致死的行为不另行评价为过失致人死亡罪，而对于入室抢劫者，这一情节却可直接为法条所评价（参见《刑事审判参考》第1183号指导案例“郭建良抢劫案”[①]）？这实际上就是关于犯罪的定型性或者类型性问题。为进一步说明类型化的重要意义，需先介绍犯罪构成要件。

一、递进式的犯罪构成要件

（一）递进式犯罪构成要件的流变

构成要件是认定犯罪事实的依据。构成要件原本是中世纪意大利的纠纷程序（诉讼法）中所使用的概念，主要用于证明客观犯罪事实的存在，强调如果没有严格按照证据法则得来的确证，就不得进行特殊纠问的原则。而直到费尔巴哈有关构成要件的学说出现之后，它才变成带有实体法意义的概念，并最终成为刑法学中最重要的概念之一。此后，构成要件超出了刑法学的领域，被当作一般法学的概念来使用。[②] 并且，无论刑法如何演进，作为犯罪的构成要件，客观不法行为与主观责任要素等两项基本成立要件均必不可少。[③]

本处所谓的犯罪构成要件，亦即犯罪成立要件，是递进式的（尽管在学说上，构成要件通常只是作为犯罪成立的诸要件中最为客观、记述性的、抽象的或者说是形式方面的要件之一）。递进式要件说符合从客观到主观、从形式到实质的司法认知过程，并且也与“刑法的机能（法益保护、自由保护）、刑法的原则（罪刑法定）密切相关”[④]，但归根结底是由罪刑法定原则（《刑法》第3条）所决定的。其构造是：

（1）构成要件的该当性（行为构成）；

---

① 参见中华人民共和国最高人民法院刑事审判第一、二、三、四、五庭主办：《刑事审判参考》（总第109集），法律出版社2017年版，第101页。

② 参见［日］小野清一郎：《犯罪构成要件理论》，王泰译，中国人民公安大学出版社2004年版，第3页以下。

③ 参见张明楷：《刑法学》，法律出版社2016年版，第103页；［日］山口厚：《刑法总论》（第2版），付立庆译，中国人民大学出版社2011年版，第25页。

④ ［日］西田典之：《日本刑法总论》（第2版），王昭武、刘明祥译，法律出版社2013年版，第49页。

（2）违法性阻却［其与（1）共同构成客观不法］；

（3）责任（罪责与预防必要性）及其阻却。

（二）构成要件的该当性及其类型化实质

所谓构成要件的该当性，亦即行为符合构成要件，并使所有的构成要件都得到满足，这是刑事责任的基本条件。不符合构成要件的行为不具有刑法上的意义，构成要件不充足的事实，也不能成立犯罪。尤其是在以罪刑法定为原则的现代刑法中，构成要件必须要有成文法的严格规定。① 所以第一个成立要件就是要求行为是具有符合《刑法》分则具体条文规定内容的行为构成，此又称为构成要件外在该当性或构成要件符合性。这是由罪刑法定主义所导出的。②

一般认为，构成要件是指刑法规定的违法类型，大体上都认为构成要件的该当性或符合性是一种抽象的、定型的判断。③ 所谓类型化或定型化，是《刑法》具体规定中所设定的一种禁止性或命令性模式或类型，或者虽未有《刑法》条文明确规定，但也是对于某种已经被类型化的行为之中在通常情况下所具有或涵蕴的内容。如甲（男）基于抢劫或强奸的目的于夜晚潜入独自居住在五楼的乙（女）家中，乙惊醒后因躲闪不慎而坠楼死亡，甲应当成立抢劫罪或强奸罪中“致人死亡”的结果加重犯。这也是抢劫罪与强奸罪的构成要件所涵蕴的应有之义（至少具有过失）。这是因为，在抢劫、强奸以及绑架等犯罪中，由于通常具有以暴力非法拘束被害人人身自由的行为，因此致被害人死亡结果的发生通常是符合此类犯罪其自身内在发展规律的，即使有时行为人主观上并不具有致人死亡的故意，但对这种结果的发生，也具有刑法意义上的过失，所以就应对该死亡结果承担责任。就对“非法拘束”如何进行刑事处罚这一点来说，立法者系通过《刑法》第 238 条第 2 款“犯前款罪”（非法拘禁他人或者

---

① 参见［日］小野清一郎：《犯罪构成要件理论》，王泰译，中国人民公安大学出版社 2004 年版，第 17 页。

② 参见［日］西田典之：《日本刑法总论》（第 2 版），王昭武、刘明祥译，法律出版社 2013 年版，第 49 页。

③ 参见［日］小野清一郎：《犯罪构成要件理论》，王泰译，中国人民公安大学出版社 2004 年版，第 18 页；张明楷：《刑法学》，法律出版社 2011 年版，第 97 页。

以其他方法非法剥夺他人人身自由)，“使用暴力致人伤残、死亡的，依照本法第二百三十四条、第二百三十二条的规定定罪处罚”的法律拟制规定，进行了明示。而盗窃是以平和、非暴力的方式取得他人财物的行为，其本身就已经排除了“使用暴力”。因此，即使是入室盗窃，对于被害人基于恐惧而发生的坠楼结果，通常是盗窃者所难以想象与事先能够预见的，从而在立法上也就排除了对这种不法情节的加重处罚。这是因为“构成要件就是把社会生活中的事实类型化，进而把它作为一种法律上的定型概念规定下来”。[①]

所谓类型化，是根据行为本质对犯罪所作的归类作业。作为一种违法类型，构成要件并不穷尽具体的经验性材料，而是对经验性材料有所选择，抓住重要的和有特点的多样性和复杂性归纳为具有一定概括水平的、具有一组特征的聚合体。要件所规定的是抽象的事实，它不是描写个案的全部情节，而是仅仅突出一系列一般且重要的要素。这样，刑法规范才能适用于数目不定、形态不一的个案，因而面对不同的个人和个案形态，能够符合平等对待的思想。这种类型化对语言和思维的力量提出很高的要求，亦即法律语言需要一些话语用于各种抽象的、高于一切个别现象具有技术的含义。[②]

之所以强调类型化，是因为正义要求对相同的犯罪作相同的处理。如果没有类型化，只是将某种具体生活事实作完整的描述，由于不存在完全相同的具体生活事实，构成要件就不可能起到大前提的作用。如果不对犯罪类型化，则意味着任何一种具体犯罪都是不相同的；对任何一种具体犯罪都做不同的处理，结局反而没有正义可言。

但正如考夫曼所言，“类型无法被定义，只能被描述。因此，对于立法者而言有两种极端情况：或者整个放弃类型而只给予该类型一个名称，或者试着尽可能精细地描述类型”[③]。对此，除了立法的技术性必须力求做到精细化，对于法官自身整体素养的要求，也必然被提升到一个近乎苛刻的高度。这与语言

---

① 参见［日］小野清一郎：《犯罪构成要件理论》，王泰译，中国人民公安大学出版社 2004 年版，第 13 页。

② 参见张明楷：《犯罪构成体系与犯罪构成要件要素》，北京大学出版社 2010 年版，第 202 页。

③ ［德］亚图·考夫曼：《类推与“事物本质”——兼论类型理论》，吴从周译，台北，学林文化事业有限公司 1999 年版，第 117 页。

往往具有模糊性有关。而且，法律必须与生活现实密切联系，作为法律解释者的法官，必须对法律进行符合现实生活的正义解释。

（三）类型化的行为主体

在该当性要件中所要研究的（犯罪）主体问题，主要涉及的是身份犯与单位犯罪。如国家工作人员所成立的受贿罪。单位犯罪作为一种特殊犯罪形态，也是法定犯（行政犯），并且只有在《刑法》明确规定单位成立犯罪的情形下，才会对之处罚（《刑法》第30条）。

通常，对自然犯的行为主体主要涉及是否为累犯、首要分子等身份要素的审查，此在司法实践中不难认定。唯有行政犯（法定犯），需要尤为强调其行为主体的身份认定，如受贿罪的行为主体必须是国家工作人员。并且，作为违法要素，身份必须是在行为构成的要件中被审查的，从而能够合理解决间接正犯与作为狭义的共犯的教唆犯、帮助犯之间应如何区分的问题。

（四）类型化的行为及对不真正不作为犯的判定过程

1. 行为及其类型化中的不作为行为

所谓行为是基于意思的身体的动静，[①] 是指基于人的意志实施的客观上侵犯法益的身体活动。因此，行为须具备有体性（作为行为客观要素的人的身体活动）、有意性（作为行为主观要素的基于人的意志而实施的或者说是意志的外在表现。这里的意志是指支配身体活动的意志，不是指犯罪的故意与过失）、有害性（作为行为实质要素的客观上侵犯法益）三个特征[②]，从而也排除了思想犯以及幻想利用超自然的力量实施犯罪的迷信犯落入刑罚威胁之中。

行为有作为与不作为之分。因为就行为而言，不但包括属于身体的“动”的行为，也包含属于身体“静”的不作为。所谓不作为，并不意味着身体全然不动，而是意味着没有实行某个行为。[③] 并且，作为是直接充任了构成要件的

---

① 参见［日］山口厚：《刑法总论》（第2版），付立庆译，中国人民大学出版社2011年版，第42页。

② 参见张明楷：《刑法学》，法律出版社2011年版，第145页。

③ 参见［日］山口厚：《刑法总论》（第2版），付立庆译，中国人民大学出版社2011年版，第42页。

该当性并实现了结果无价值的行为，而不作为是由于其不实行某个行为从而也充任了构成要件并实现了结果无价值的、该不实行的行为被等视为对法益侵害的作为行为。

2. 不作为犯与保障人地位的类型化

对不作为犯特别是不真正不作为犯（相对于如《刑法》明确规定的遗弃罪等真正不作为犯而言）的研判具有复杂性，为此除了要明了“不作为并不意味着‘什么也不做’，而是意味着‘没有做所期待的行为’”[①] 之外，还应当首先引入保障人地位的观念。以 2015 年辽宁盘锦“王某迪、张某故意杀人案”为例说明：案发当晚 9 时 20 分许，某歌厅工作人员王某迪、张某待被害人王某山走出歌厅后，将王某山打倒在马路上。王某迪、张某离开案发现场后，躺在地面上的王某山被他人驾驶的机动车碾轧致死。司法判决认定王某迪、张某构成故意杀人罪，二人均被判处有期徒刑 8 年。这是由于王某迪、张某的先前行为导致被害人存在被过往机动车辆碾压致死的可能性，而且这种致人死亡危险的现实可能性几乎是可以直接被肯定的，因此王某迪、张某此时就处于保障人的地位。因其应当救助而不救助（能够作为而不作为），并致被害人被其他经过车辆轧死，就应肯定该结果是其不作为的行为所致，二人成立不真正不作为犯。当然，对于肯定具有保障人地位的案件判断，还应继续依赖于下列要素的存在：有无作为可能性与结果回避可能性，以及是否具有同质性（等价值性或等视性）。

第一，作为可能性。

为避免刑罚适用的扩大无边化，防止对国民不可预测行为的过度干预，对不作为犯的认定，还须加以有无作为可能性的限定性判断。如果王某迪、张某当时系受到他人干扰或约束，无法对已遭受危险的被害人实施救助，就属于无作为可能性，从而就应否定成立不作为犯。

第二，结果回避可能性。

对于此类案件，还需审查判断当时的情景是否具有结果回避可能性，亦即行为人是否具有阻止这种危险或侵害结果发生的可能的条件。因为，在不作为

---

① ［日］山口厚：《刑法总论》（第 2 版），付立庆译，中国人民大学出版社 2011 年版，第 76 页。

犯、过失犯的场合，一般将结果回避可能性当作犯罪成立条件。[①]

在“王某迪、张某故意杀人案”中，两个行为人在具有实施回避被害人可能被过往车辆碾轧致死的情形下，并未采取防范被害人生命遭受危险的措施，因此就具有了杀人的犯罪故意（放任）。

第三，不作为与作为的同质性。

仅仅具有结果回避可能性，尚不足以认定保障人地位，为此还要肯定行为人的行为与直接造成被害人的死亡结果具有同质性以及其他介入因素是否异常。就此而言，王某迪、张某的不作为几乎是可以直接被肯定的——与故意杀人具有相当的危险程度即具有同质性，而非异常的因素（非异常性）。

（五）类型化后的犯罪结果

在结果成为所有犯罪的构成要件要素（构成要件结果）、不存在没有结果的犯罪这样的意义上，犯罪全部都是结果犯。[②] 这里的结果，根据法益侵害说，主要是对法益（保护客体）的现实侵害或侵害的危险。下面就结合法益的概念（参见第 1 章第 2 节）介绍抽象危险犯与具体危险犯、实害犯及三者之间的关系。

通常认为，犯罪行为引发的犯罪结果是对法益的侵害或危险，据此将犯罪分为实害犯与危险犯，危险犯又进一步分为具体危险犯和抽象危险犯。抽象危险犯与具体危险犯都属于危险犯，危险犯与实害犯共同组成了法益中的侵害对象：造成法益危险的，就是危险犯；造成法益被破坏的，是实害犯。国内也有人将实害犯称为结果犯，将具体危险犯称为危险犯，将抽象危险犯称为行为犯。[③]

一般而言，对于抽象危险犯与具体危险犯的识别是根据对法益侵害的危险

---

① 参见［日］山口厚：《刑法总论》（第 2 版），付立庆译，中国人民大学出版社 2011 年版，第 54 页。

② 参见［日］山口厚：《刑法总论》（第 2 版），付立庆译，中国人民大学出版社 2011 年版，第 44 页。

③ 参见周道鸾、张军主编：《刑法罪名精释：对最高人民法院最高人民检察院关于罪名司法解释的理解和适用》，人民法院出版社 2007 年版，第 99 页。

性究竟是高度的还是缓和的程度所作的划定，而危险是指发生法益侵害的客观可能性或者盖然性。[①] 在具体危险犯中，危害法益的结果的不发生仅仅是偶然的。但抽象危险犯的刑事可罚性并不取决于一种危险的真正出现，[②] 是一种典型的危险举止行为被作为犯罪而处于刑罚之下，并不需要在具体案件中出现一种危险的结果。[③] 为此在实务中就要明确：判断具体危险犯中的危险，是以一般生活经验为根据所认定的、具有发生法益侵害结果的危险，对该犯的危险判定乃需要具体的司法认定；而抽象危险犯中的危险，则是立法上推定的危险，即该行为只要符合法律的规定、具有构成要件的该当性，就成立该类型犯罪。司法机关无须证明该危险状态的状态，但有相反证据足以推翻的除外。就此而言，抽象危险犯的入罪门槛要低于具体危险犯，尽管后者危害法益的程度要大于前者。法官在进行具体判断时，一般按照《刑法》规定的内容予以判断。如《刑法》规定“足以严重危害……的”，一般就是具体危险犯，如生产、销售不符合标准的医用器材罪（第 145 条）；反之，如果《刑法》规定了只要具有某种行为就成立犯罪，则是抽象危险犯，如生产、销售、提供假药罪（第 141 条）。

但是，危险犯与实害犯、抽象危险犯与具体危险犯相互之间并非绝对对立、一成不变的关系，而是随着现实的发展会发生转化。例如，行为人一旦醉酒后在道路上驾驶机动车就成立抽象危险犯（《刑法》第 133 条之一规定的危险驾驶罪），但在密集的人群之中故意高速行使、在交通要道处擅闯红灯的行为则构成具体危险犯，因此而造成严重后果的则会成立以危险方法危害公共安全罪（参见最高人民法院发布的“黎景全案”“孙伟铭案”[④]），而前者即使造成严重后果的通常也只会构成交通肇事罪。此外，即使就同一种犯罪在其不同犯罪阶段也会存在具体危险犯与实害犯的不同，从而也可以“通过在一种侵害法益

---

① 参见［日］山口厚：《刑法总论》（第 2 版），付立庆译，中国人民大学出版社 2011 年版，第 45 页。

② 参见［德］克劳斯·罗克辛：《德国刑法学总论》（第 1 卷），王世洲译，法律出版社 2005 年版，第 222 页。

③ 参见［德］克劳斯·罗克辛：《德国刑法学总论》（第 1 卷），王世洲译，法律出版社 2005 年版，第 278 页。

④ 参见中华人民共和国最高人民法院刑事审判第一、二、三、四、五庭主办：《刑事审判参考》（总第 71 集），法律出版社 2010 年版，第 147~182 页。

结果的位置上出现了各种行为构成性的危险结果来加以区别”①，并决定了二者不同的归责标准。例如，故意杀人未遂就是具体危险犯，因为只要行为人一旦着手实施杀人的行为，就会对生命法益造成危险；而故意杀人既遂则成立实害犯，因为此时已经造成了生命法益被剥夺的结果。

（六）因果关系的流变及其归责判断方法

所谓因果关系，是指实行行为与犯罪结果之间的关系，应该理解为实行行为的客观危险性向构成要件结果现实化的过程（危险的现实化）。② 刑法的因果关系如何判断，作为认定原因行为与结果（犯罪后果）之间的关系理论，现已由条件说（又称等价理论：导致一个结果的各种条件，在具体结果没有被取消就不能想象其不存在，都应当看成是条件）与相当因果关系说之间的对立，发展为对后者的共识通说。当然，由罗克辛教授所提出的客观归责的因果关系论，③ 作为当前刑法学界的一种定说，④ 也与张明楷先生所倡导的因果关系与结果归属说具同一旨趣：其中的因果关系，是基于存在论的事实判断；结果归属则是基于刑法目的的规范判断。不过由于案件与判断的复杂性，很难将二者完全分离。事实上，因果关系的判断就可能包含规范判断，规范判断也可能包含因果关系的判断。⑤ 这与相当因果关系说在实质上仍然相同。而且，作为广义上的一种客观归责论，相当因果关系说并不是因果理论而是归责理论。⑥

首先，解释近些年来为我国司法机关所特别关注的合法则的条件说。这是一种直接的原因与结果关系的判断方法，即由此及彼的二者之间因果关系的直

① ［德］克劳斯·罗克辛：《德国刑法学总论》（第1卷），王世洲译，法律出版社2005年版，第275页。

② 参见［日］山口厚：《刑法总论》（第2版），付立庆译，中国人民大学出版社2011年版，第50页。

③ 参见张明楷：《刑法学》，法律出版社2016年版，第180页。

④ 参见［日］山口厚：《刑法总论》（第2版），付立庆译，中国人民大学出版社2011年版，第24页；［日］西田典之：《日本刑法总论》（第2版），王昭武、刘明祥译，法律出版社2013年版，第56页；张明楷：《刑法学》，法律出版社2016年版，第97页。

⑤ 参见张明楷：《刑法学》，法律出版社2016年版，第181页。

⑥ 参见［德］克劳斯·罗克辛：《德国刑法学总论》（第1卷），王世洲译，法律出版社2005年版，第244页。

接性认定，是指在一定的条件下，行为合乎规律地引起危害结果发生的关系。如刘某对被其劫持的被害人穿插使用暴力殴打、实施折磨，并两次予以奸淫，被害人不堪忍受其折磨在跳楼逃离时，致身体多处严重骨折，这种犯罪结果是刘某的行为所造成的类型化因果关系的结果（参见《刑事审判参考》第 814 号指导案例“刘某抢劫、强奸案”① ）。既往，由于社会生活相对简单，该说就已足以完成很多案件的解决，“而且保留了自己作为唯一可能的因果理论的地位”②。但随着社会发展，风险创设的提升，对于一些复杂情形，如行为人在高速公路上持刀抢劫出租车司机，被害人下车呼救时被其他车辆撞击致死的（参见《刑事审判参考》第 818 号指导案例“徐伟抢劫案”③ ），合法则的条件说已难以肯定行为人的行为与被害人的死亡结果之间具有因果性，由此会导致司法适用的不妥当。

其次，应运而生的就是相当因果关系说。除了条件关系之外，作为追加的、附加的要件，还要求从实行行为出发，一般来说就会发生构成要件的结果、实行行为与构成要件的结果之间的关系必须不是异常的、不适当的（相当性）。④该说在以条件说作为基础（第一层）判断的情形下，又加入了因果关系的相当性而作为第二层判断资料。在基础（第一层）的判断中，要求能够肯定实行行为具有引起构成要件结果的充分的危险性。在第二层的判断中，要求该危险性实现（现实化）为构成要件结果。⑤ 美国刑法与此类似，只不过是将第一层作为事实因果关系加以事实性判断，而将第二层判断称之为法律因果关系作以规范性判断。相当因果关系说作为一种归责理论，要求法官必须事后（在程序

① 参见中华人民共和国最高人民法院刑事审判第一、二、三、四、五庭主办：《刑事审判参考》（总第 89 集），法律出版社 2013 年版，第 80 页。

② ［德］克劳斯·罗克辛：《德国刑法学总论》（第 1 卷），王世洲译，法律出版社 2005 年版，第 244 页。

③ 参见中华人民共和国最高人民法院刑事审判一、二、三、四、五庭主办：《刑事审判参考》（总第 89 集），法律出版社 2013 年版，第 125 页。

④ 参见［日］山口厚：《刑法总论》（第 2 版），付立庆译，中国人民大学出版社 2011 年版，第 56 页。

⑤ 参见［日］山口厚：《刑法总论》（第 2 版），付立庆译，中国人民大学出版社 2011 年版，第 58 页。

中）处在一个构成行为评价之前的客观观察者的立场上，并且运用一个有关理性人的知识，加上行为人的特殊专门知识，[①] 即以司法经验判断为基础并加以外部证成（作规范性判断）。在此意义上，其与客观归责理论（创设了一种不允许的风险并实现了该风险，危险的实现处于行为构成的作用范畴之中）并无根本不同。就上述性质相对复杂的案件而言，由于前述持刀抢劫出租车司机的行为人以及张某、王某迪的先前行为与致被害人死亡的结果之间具有相当性，因此，就能够肯定该死亡结果的客观归属正在于行为人的行为构成。

问题 3 被害人自己介入了极其不适当的行为，如何判断因果关系与结果归属？

在此有必要探讨的，还有介入被害人自身行为的归责认定问题。如 2013 年辽宁阜新“王某故意伤害案”[②]：王某殴打其工友张某。数日后王某得知张某因不吃不喝而身体状况恶化，欲送张某就医而遭张某拒绝。两日后，张某的身体状况继续恶化，在被王某等人强制送医后于次日死亡。对此，司法判决肯定了王某的行为与张某的死亡结果之间存在因果关系。但即使如此，由于被害人自身介入的因素，扩张或加剧了这种危险向现实危害的转化实现，所以对王某的责任非难也应有所减轻。实际上，这种可归责必要性在实践中最重要的后果是，存在被害人拒绝并且破坏行为人的救援努力的情形，行为人免除刑罚。在被害人因此死亡时，他的死就不应当归责于行为人。行为人仅仅犯了一个未遂罪，在其中，他已经通过自己认真的救援努力而自愿地中止了。[③]

二、违法性及其阻却的判断

（一）违法性及其阻却事由

所谓违法性，是指行为违反法律，即行为为法律所禁止、行为为法律所不

① 参见［德］克劳斯·罗克辛：《德国刑法学总论》（第 1 卷），王世洲译，法律出版社 2005 年版，第 244 页。

② 参见辽宁省高级人民法院（2013）辽刑一终字第 59 号刑事裁定书。

③ ［德］克劳斯·罗克辛：《德国刑法学总论》（第 2 卷），王世洲主译，王锴、劳东燕等译，法律出版社 2013 年版，第 427 页。

允许,[①] 形式地来说，是指对法规范的违反,[②] 是在一般法律秩序中对行为的规范性评价问题。并不是所有的违法性行为都要受处罚，它只是宣布，只有那些被构成要件所定型化的行为，才是可罚的。[③] 因此，作为犯罪成立第二要件的违法性，首先指的是违反刑法所禁止的内容，表现的是刑事的违法性。当前，关于刑事的违法性究竟是形式性的还是实质性的，学界还存在争议。虽然“形式的违法性与实质的违法性，不一定是相对立的概念，将二者相结合有利于说明违法性的本质”[④]，但“形式违法性是指行为违反现行刑法，而实质违法性虽不位于宪法之前却位于刑法之前”[⑤] 均是基于奉行罪刑法定主义的立场。而且，在贯彻法益侵害说的立场下，在论及违法性时虽然通常所采用的是实质的违法性说，但并不完全否定形式的违法性（刑法规范），这与罪刑法定主义有关。

实质的违法性也就是法益侵害性。此时违法性的审查，主要是针对正当化事由的排除。因此，形式的违法性在根本上所体现的仍是实质的违法性：“认为正当防卫等正当化事由侵害或威胁了法益，只是从形式上来考察法益的；既然法律允许对不法侵害者进行正当防卫，就表明在当时的特定条件下，防卫人可以攻击不法侵害者的生命或身体，不能说正当防卫行为侵害或威胁了法益。”[⑥] 同时，作为犯罪构成要件以及成立要件中的责任要素，在被刑法定型后，其实质都是对刑法法益有所侵害或危险，所以实质的违法性才能居于前定法而非刑法设立之后。正因如此，在审查判断具体案件时，作为司法人员就必然不可避免地要加以实质违法性的考察，这是在综合案件的考量中所需要考虑的因素，从而绝对化的形式违法性主张即规范违反说已经逐渐成为学界的一种边缘观念，也是为实务界所不能苟同的见解。

---

① 参见张明楷：《刑法学》，法律出版社 2011 年版，第 97 页。

② 参见［日］山口厚：《刑法总论》（第 2 版），付立庆译，中国人民大学出版社 2011 年版，第 99 页。

③ 参见［日］小野清一郎：《犯罪构成要件理论》，王泰译，中国人民公安大学出版社 2004 年版，第 18 页。

④ 张明楷：《刑法学》，法律出版社 2011 年版，第 111 页。

⑤ 张明楷：《法益初论》，中国政法大学出版社 2003 年版，第 146 页。

⑥ 张明楷：《刑法学》，法律出版社 2011 年版，第 111 页。

大体而言，违法性是个别的、具体的、非定型的、客观的判断。[①] 此外，这种违法性有时还要以通常的、大多数国民的容忍度来评判。当然，这就更需要刑事司法人员加以实质违法性的价值判断，从而法益概念就具有了另一重要功能。在此阶段中，主要考虑是否具有违法性的阻却事由，如是否具有正当防卫（《刑法》第20条）、紧急避险（《刑法》第21条）以及被害人承诺、自甘风险、自力救助、执行法令、医疗行为、体育竞赛等正当化根据。其中，除了正当防卫与紧急避险是被刑法与民法所明确规定的，自甘风险、自力救助是《民法典》新规定的（第1176条、第1177条），其他情形由于未为法律所规定，所以也被称作"超法规的违法阻却事由"。之所以其他情形也作为正当化根据，是"因为这不是刑法的特殊材料，而是源于所有的法律领域，所以这些正当化根据也将在法官的法律进修道路上得到进一步发展"，"因此，为了统一法律制度的缘故，刑法必须遵循同样的正当化根据"[②]。一旦上述情形中的某种阻却事由成立，就不会成立犯罪。这也正是基于结果无价值的立场。

（二）违法阻却事由的基准与法原理：法益性欠缺与法益衡量

结果无价值论的立场认为，违法性阻却的事实的基准和原理是法益性的欠缺和法益衡量，[③] 从而就将欠缺实质的违法性的阻却事由一并排除在受刑罚处罚的后果之外。就"超法规的阻却事由"而言，由于能够认为法益衡量的基准已经在刑法对紧急避险的规定中法定化了，所以要肯定与紧急避险不同的"超法规的阻却事由"，有必要采用"可罚的违法性"的思考方法，法益衡量的基准只有与"可罚的违法性"的想法相结合，方才能够认可其独立的意义。[④]

但无论怎样，刑法上的违法性，首先在构成要件方面表现出来，即欠缺构成要件该当性的行为，据此即不属违法。因为，只有在构成要件内部所规定的

---

① 参见张明楷：《刑法学》，法律出版社2011年版，第98页。

② ［德］克劳斯·罗克辛：《德国刑法学总论》（第1卷），王世洲译，法律出版社2005年版，第90页。

③ 参见［日］山口厚：《刑法总论》（第2版），付立庆译，中国人民大学出版社2011年版，第106页。

④ 参见［日］山口厚：《刑法总论》（第2版），付立庆译，中国人民大学出版社2011年版，第106页。

法益侵害或其危险才能为处罚奠定基础。就此而言，形式的违法性是表面的，其本质则仍是实质的违法性。并且，实质的违法性才有助于将违法性阻却事由合理解决，才能在不同的部门法之间（劳动法与刑法、民法与刑法等）认可违法的相对性，而且即便在刑法领域内部不同的犯罪之间，也能认可这种违法相对性。①

三、责任要素

（一）责任（有责性）及其个别化的实现

责任即有责（任）性、答责性（包括罪责与刑罚威慑预防的必要性），是指非难可能性，即能够就符合构成要件的违法行为对行为人进行非难、谴责。②“在犯罪构造的范围内，责任是在违法性之后进一步表示的。”③ 因为即便是该当构成要件且违法的行为，在作出该行为之时不能肯定责任的场合，亦即不具有作为可能性的，仍然不能肯定犯罪的成立。这是责任主义的基本含义。④ 作为犯罪构造第三层次的要件，责任主要是一种主观方面的评价要素，故又称主观责任。并且，责任要素既是限制刑罚的要素，也是为刑罚提供依据的要素。

作为主观要素的责任要素，其实质是指只有当行为人对所实施的违法行为与结果具有责任能力以及故意、过失、违法性认识的可能性与期待可能性时，才能对行为人进行非难。⑤ 据此，责任主要包括四个方面的内容即责任能力（《刑法》第 17 条、第 18 条）；故意（《刑法》第 14 条）与过失（《刑法》第 15 条）；⑥ 违法性认识的可能性（禁止性错误）；期待可能性（《刑法》第 16

① 参见［日］山口厚：《刑法总论》（第 2 版），付立庆译，中国人民大学出版社 2011 年版，第 177 页。

② 参见张明楷：《行为无价值论与结果无价值论》，北京大学出版社 2011 年版，第 1 页。

③ ［德］克劳斯·罗克辛：《德国刑法学总论》（第 1 卷），王世洲译，法律出版社 2005 年版，第 556 页。

④ 参见［日］山口厚：《刑法总论》（第 2 版），付立庆译，中国人民大学出版社 2011 年版，第 182 页。

⑤ 参见张明楷：《刑法学》，法律出版社 2011 年版，第 71 页。

⑥ 行为无价值论特别是德国刑法学界通常主张故意与过失既是主观不法的要素（主观违法构成要件）也是罪责要素。但本书系持结果无价值论，且为检视案件的便宜，故仅在责任要素中考察故意与过失。

条)，并且对于责任要素必须还要贯彻与不法（具有违法性的行为构成）同时存在的原则。

（二）类型化下的责任能力及其个别化机能

对责任能力，主要是考察：第一，犯罪时不满18周岁的未成年人及是否已年满16周岁［在故意杀人等八种特殊犯罪的场合还要考察行为人是否已年满14周岁（《刑法》第17条第2款)。并且,《刑法修正案（十一）》又将“已满十二周岁不满十四周岁的人，犯故意杀人、故意伤害罪，致人死亡或者以特别残忍手段致人重伤造成严重残疾，情节恶劣”，也作为一种相对负刑事责任的特殊年龄节点（《刑法》第17条第3款）］。第二，精神病人的犯罪问题(《刑法》第18条)。第三，根据《刑法修正案（八）》对《刑法》第17条之一的规定，年满75周岁的老年人也成为被考察的对象。但与前两种情况不同的是，这主要是在刑罚适用时所要考虑的量刑要素（《刑法》第17条之一规定的“故意犯罪的，可以从轻或者减轻处罚”，以及《刑法》第49条规定的除了“以特别残忍的手段致人死亡的”“不适用死刑”），而非排除责任能力的责任阻却要素。

可见，针对未成年人，《刑法》第17条分别规定了以下情形：第一，已满14周岁到16周岁的相对负刑事责任的责任年龄阶段。第二，已满16周岁的完全负刑事责任的责任年龄阶段（不满18周岁的未成年人仅是享有减轻处罚的特权)。第三，不满14周岁的，通常为完全不负刑事责任阶段（仅对已满12周岁，在实施故意杀人、故意伤害犯罪且造成极为严重的后果、并被最高人民检察院核准追诉的例外)，也是最终否定成立犯罪的消极性要素（无罪责能力)。虽然这也是客观、事实性的要素，但均在责任要素中一体评价。实务中曾发生对不满16周岁的未成年人实施绑架并致人死亡的案件是否应当追究刑事责任的争论，最终以《最高人民法院关于审理未成年人刑事案件具体应用法律若干问题的解释》（法释〔2006〕1号）仅评价其中的杀人行为（成立故意杀人罪）而尘埃落定。在《刑法修正案（十一）》公布之后，对于已年满12周岁不满14周岁的未成年人所实施的造成极为严重后果的故意杀人、故意伤害行为也应遵循这一判定思路。

与对儿童与青少年因采取排除责任而享有特权的政策不同，刑法对于成年的精神病人，则因其“无可交谈性”而例外地采取了无罪责能力的立场：对于不能辨认或者不能控制自己行为的精神病人，为完全不负刑事责任（《刑法》第 18 条第 1 款）；对于间歇性的精神病人在其精神状态正常场合的犯罪，以及对尚未完全失去辨认或控制自己行为能力的精神病人犯罪的，虽然采取从宽处罚的政策但仍应负刑事责任（《刑法》第 18 条第 2、3 款）。

（三）主观故意或过失的司法认定

1. 故意与过失之间的位阶（等级）关系及其判断

故意是指已认识到犯罪事实，却仍然敢于实施行为的场合；过失是指在对犯罪事实没有充分认识的情况下行动的场合。[①] 故意是对犯罪事实的认识、预见。与此相对，过失是对于犯罪事实的认识、预见的可能性。[②] 这也是我国刑法通行的容认说。[③]

需要强调的是，故意或过失，指的是具有刑法意义上的故意或过失，而非生活中的故意或过失。因此，即使出于责罚子女的意欲而“故意”对之实施殴打，只要尚未达到轻伤程度以上后果，也不会构成故意伤害罪；即使造成子女因被殴打导致死亡的结果，有时也仅是出于过失。当然，对家庭成员（特别是有扶养关系的）施以长期、反复的暴行，则可能会成立《刑法》第 260 条规定的虐待罪，在后果严重的场合还会成立故意伤害罪（参见第 6 章第 3 节）。就此而言，犯罪的故意和过失，处在被《刑法》规定之中的（《刑法》第 14 条、第 15 条），也是一种类型化、规范化的；但是，并不能就此而否定其在对具体案件判断过程中所起的“个别化”作用。

需注意的是，对于故意（认识与意志）的认定，尚需结合客观环境、行为人的认识能力等因素综合审查并做经验性的规范判断。如某人持枪进山打猎将

---

① 参见［日］小野清一郎：《犯罪构成要件理论》，王泰译，中国人民公安大学出版社 2004 年版，第 45 页。

② 参见［日］山口厚：《刑法总论》（第 2 版），付立庆译，中国人民大学出版社 2011 年版，第 186 页。

③ 参见张明楷：《刑法学》，法律出版社 2016 年版，第 334 页。

一采摘野菜的村民射杀事件，有人认为其构成的是过失致人死亡罪，并且最终的判决结果也是如此。但就此而言，还应当结合行为人当时所处的环境究竟是在人迹罕至的深山之中还是有人经常出入的山野。如果行为人在对着目标（行为对象）击发的那一瞬间，其内心哪怕闪现过一丝“那也许是个人吧”的犹豫，就足以说明其对行为对象可能是人也已具有事实上的认识（怀疑而未充分排除），而后继续击发的行为就证明其已接受了可能会致人死亡的预见结果（容忍），故其主观上就应是一种放任的间接故意，而非轻信可以避免的有意识的过失。因为即使是间接故意的行为，也是指一个结果虽然不是行为人所追求的，并且行为人不是预见到这个结果的肯定发生，而是仅仅预见到它的可能发生，但是，仍然在自己的意识中接受了它的出现。①

既往我国刑法学界与实务均认为，故意与过失之间是一种对立的关系，即直接故意和间接故意作为故意的两种罪责形式，与过于自信的过失和疏忽大意的过失作为过失的两种罪责形式之间是绝对对立的。当然，就意志因素而言，直接故意系出于希望行为构成结果发生或可能发生而积极追求的心理，以及间接故意出于放任行为构成结果发生即虽不积极追求但不反对结果发生的心理，与坚决反对行为构成结果发生的疏忽大意的过失（违反义务地不加以注意）之间，确实是对立的。但是，对于过于自信的过失（轻率）与间接故意之间是否对立，是存有疑问的。这种“模糊”也造成了实务中的争议。为此，以罗克辛教授为代表的规范性等级关系或位阶关系这一主流观点——认为故意与过失之间处于一种等级关系或位阶关系之中，因此在模糊的证据之下，根据“罪疑有利被告”的原理，就能够由于过失而被判决，② 可以说是对上述模糊问题进行了有力的消解。换言之，在认定上，在等级或位阶逐渐升位的场合，可以说是直接故意相当于投了赞成票，间接故意相当于投了弃权票，过失则相当于投了反对票。③

---

① 参见［德］克劳斯·罗克辛：《德国刑法学总论》（第1卷），王世洲译，法律出版社2005年版，第285页。

② 参见［德］克劳斯·罗克辛：《德国刑法学总论》（第1卷），王世洲译，法律出版社2005年版，第730页。

③ 参见张明楷：《刑法学》，法律出版社2016年版，第281页。

2. 关于事实认识错误的判断立场："法定符合说"

当前关于具体的事实认识错误与抽象的事实认识错误问题，主流学说还是采取了法定符合说，[①] 从而对于误以为是他人遗失物而非法占有并不能构成盗窃罪的案件进行了适正解释。当然，对出于追求用砒霜毒死被害人的意志，但却误将白糖当作砒霜放在咖啡里骗取被害人饮下的案件，究竟是认定为不能犯还是犯罪未遂，还存有争议。本书则倾向西田典之所代表的犯罪未遂说。[②]

前述故意或过失，在认定犯罪成立过程中都是积极性的责任要素。但是，下面两种消极性的、排除罪责成立的责任要素也必须考量。

（四）违法性认识的可能性及其消极性功能

在行为人虽然完全认识了不法的案件事实，但仍然不知道自己的行为是不被允许的，就存在违法性认识错误（又称禁止性错误），从而阻却责任成立。所谓违法性认识又称违法性意识，是指认识到自己的行为是违法的。并且，违法性意识不是故意的要素，是对于行为被法所禁止这一点的认识，这是所有犯罪共通的。[③] 在对行为人进行谴责时，要求行为人应当具有违法性认识的可能性，即行为人在实施符合构成要件的违法行为时，能够认识到自己的行为是违法的可能性。这是由于违法性意识是以故意为前提的，在要求故意之存在的实行行为的时点，行为人是必须可能具备违法性意识的。这种违法性意识的可能性也可以说是就个别行为追究责任的现行刑法的要求所在。[④] 对此问题的讨论，主要是从作为违法性认识错误的反面展开的。[⑤] 因为，对于事实认识错误特别是抽象性的事实认识错误与违法性认识错误之间进行区别有时是很困难的。这

---

① 参见张明楷：《刑法学》，法律出版社 2016 年版，第 278 页；［日］山口厚：《刑法总论》（第 2 版），付立庆译，中国人民大学出版社 2011 年版，第 206 页；［日］西田典之：《日本刑法总论》（第 2 版），王昭武、刘明祥译，法律出版社 2013 年版，第 191 页。

② 参见［日］西田典之：《日本刑法总论》（第 2 版），王昭武、刘明祥译，法律出版社 2013 年版，第 144 页。

③ 参见［日］山口厚：《刑法总论》（第 2 版），付立庆译，中国人民大学出版社 2011 年版，第 250 页。

④ 参见［日］山口厚：《刑法总论》（第 2 版），付立庆译，中国人民大学出版社 2011 年版，第 251 页。

⑤ 参见张明楷：《刑法学》，法律出版社 2011 年版，第 295 页。

就需要加以经验的规范判断。但是，“行为构成错误和关于对一种正当化基础的事实条件的错误，在它们使行为人‘理解了所干的不法’范围内，也间接地导致了一种禁止性错误。但是，因为前面提到的这两种错误的法律后果，对于行为人来说，是比禁止性错误更有利的，因此，（这里所讨论的禁止性错误）就仅仅适用于‘直接的禁止性错误’”①。这是需要明确的。以罗克辛所代表的主导性的观点是，禁止性错误仅仅与法的整体性评价有关，而关于具体行为构成的错误，无论是以案件事实为根据的，还是基于法的根据的，都是一种行为构成的错误，② 亦即对事实的认识错误以及对正当化事由的认识错误，都是事实层面上的，对于刑法禁止而言只是一种间接性的反射效果。而违法性认识错误即刑法禁止性错误则是一种直接的不法禁止，是作为罪责阻却而存在的。为进一步予以区分，罗克辛为此提出了“比较柔软的”理论，并认为避免一种禁止性错误的手段是思考或者询问。更准确地说，这种可避免性取决于三个相互依赖建立起来的条件：第一，行为人必须本来有机会对自己的举止行为可能具有违法性进行思考和询问。第二，在存在这个机会时，行为人必须完全不去努力查明真相，或者这种努力必须非常不充分，以至于从预防的观点看来，不能认为排除责任是正当合理的。第三，当行为人不顾自己已经具有的机会，仅仅在一个过分狭窄的范围内来努力认识法，那么，就只有当他做出了足够努力来认识不法时，他的禁止性错误才是可以避免的。③

问题 4　“偷鸟蛋案”④ 中，行为人是否具有自我答责性？

一般说来，对于自然犯，由于具有通常的伦理性（并非道德上的），往往

① ［德］克劳斯·罗克辛：《德国刑法学总论》（第 1 卷），王世洲译，法律出版社 2005 年版，第 609 页。

② 参见［德］克劳斯·罗克辛：《德国刑法学总论》（第 1 卷），王世洲译，法律出版社 2005 年版，第 609 页。

③ 参见［德］克劳斯·罗克辛：《德国刑法学总论》（第 1 卷），王世洲译，法律出版社 2005 年版，第 624~625 页。

④ 2014 年 7 月，被告人闫某、王某非法猎捕燕隼、凤头鹰等国家珍贵、濒危野生动物并贩卖。一审期间，闫某的辩护人提出闫某不知道燕隼是国家二级保护动物的辩护意见。

是拒绝行为人欠缺这种认识可能性的。例如，对于亲生父亲基于“大义灭亲”而杀死“忤逆”儿子的案件，虽然其根据传统观念而认为自己的行为不是犯罪，但这种禁止性错误随着法治文明的进步与社会的发展是不成立的。因为，即使民法仍然肯定监护人的教育权，但从未规定过其对被监护人的个人专属法益可作出不利的处分。因此，只要其已认识到自己的行为是“杀人”，就仍能肯定成立故意杀人罪。对于法定犯（行政犯）而言，则往往确实难以准确判断。行为人在没有违法性认识的情况下，可能难以认识到其行为的违法性，加之由于与刑法相关的经济类法律文件规定浩瀚纷繁（数以千计），且常随着社会发展而处在不断变化之中，所以对这种禁止认识就更容易欠缺。如封闭性公司股东在转移资金后认为自己成立抽逃资金罪，就属于这种禁止性错误。而实务中对于已被多数股东罢免了其董事长的职务，而后转移有限公司会计账簿的行为人，无罪判决理由也具有此意味（参见《刑事审判参考》第1206号指导案例“林垦隐匿会计凭证、会计账簿、财务会计报告案”①）。当然，最重要的是行为人是否为此“进行了思考与询问”。因此，这种禁止性错误也与行为人的生活经验、社会认知、教育经历、接触人群、可接受信息范围及其所处的地位紧密相关。对已经接受了纳税培训的经理、会计而言，对于税法所规定的纳税义务、扣缴义务就具有了逃税罪的违法性认识可能性。对当前有限责任公司的发起设立人，对于其已经投入设立公司中的资金因有独立性而不再属于自己所有也是具有这种认识可能的，从而私自挪用就具有违法性认识的可能，而非禁止性错误。因为他在挪用时必然要进行思考，否则不会以秘密而非公开的手段去移转资金，即使是他在询问了身边的所谓的“懂法的人”并得到相同结果后也是如此，因为他在有更多机会向真正的律师进行询问的情况下，却已经放弃了。而在网上一度产生争议的“偷鸟蛋案”中，由于行为人针对的行为对象早已成为国家保护的动物，对于即使是作为普通人的行为人而言，也不可能不会认识到偷猎野禽是“不好”的行为（无价值），更何况其还曾在网上高价出售，②

① 参见中华人民共和国最高人民法院刑事审判第一、二、三、四、五庭主办：《刑事审判参考》（总第111集），法律出版社2018年版，第140页。

② 参见河南省辉县市人民法院（2014）辉刑初字第409号刑事判决书。

所以难以肯定行为人欠缺违法性认识，而是具有可答责性。

（五）期待可能性对责任认定的消极性功能

源于德国著名的“癖马案”[①] 的期待可能性是指根据具体情况，有可能期待行为人不实施违法行为而实施其他适法行为。[②] 期待可能性是一种几乎和责任能力、故意或过失相提并论的责任要素，故又称为第三责任要素。甚至在西田典之先生所代表的意见看来，所谓有责性，是指原本可以期待实施其他合法行为，行为人却实施了违法行为，因而对此所进行的谴责，[③] 几乎将之视为责任中的核心要素。

期待可能性究竟是违法性阻却要素还是责任要素，学界仍存有争议，但多倾向于后者。山口厚先生则提出，在违法性要素及责任要素中均存在期待可能性的认定问题。这与罗克辛教授将紧急状态区分为正当的紧急状态与排除责任的紧急状态[④]正处于“不法+责任”犯罪构造的两端。而作为一种主观性的责任要素，期待可能性要素仍应处在责任的范畴之中，只不过是基于期待可能性的缺失或缺乏而会使行为人的罪责因此减弱乃至排除，从而也就相应地反射到对不法也就是违法性的评价中来。如辽宁盘锦曾有一年迈父亲因无力继续抚养瘫痪多年的独生女儿而将之杀害的案件。尽管这是一起典型的故意杀人行为，但法院对该行为人仅判处了缓刑，因为人们也很难期待这位年迈无助的老人不做出这种“出格”的事情。虽然其行为仍具有违法性，但是这种期待可能性的缺乏会相应地减弱其违法性，从而基于积极的一般预防犯罪的目的需要，大幅减

---

① 1895 年被告人在受雇的马车行所驾马匹中有一匹是习惯于用马尾下压缰绳并按在身上的“癖马”，被告人和雇主均知情。1896 年 7 月 19 日，被告人驾车时该癖马又用尾巴夹住缰绳并野性大发，被告人因失去控制致马车撞翻路边的被害人，致被害人骨折。后德国帝国法院确认被告人无罪。其裁判理由是：“在该情况中，行为者实施行为时，对于公共利益的注意和顾及尚未达到人们正当地要求他达到的程度。”参见［德］克劳斯·罗克辛：《德国最高法院判例：刑法总论》，何庆仁、蔡桂生译，中国人民大学出版社 2012 年版，第 113 页。

② 参见张明楷：《刑法学》，法律出版社 2011 年版，第 303 页。

③ 参见［日］西田典之：《日本刑法总论》（第 2 版），王昭武、刘明祥译，法律出版社 2013 年版，第 176 页。

④ 参见［德］克劳斯·罗克辛：《德国刑法学总论》（第 1 卷），王世洲译，法律出版社 2005 年版，第 635 页。

轻其罪责是合宜的。

实际上，对于期待可能性的讨论适用，真正集中在作为受这种“排除责任的紧急状态”，即“超法规”的紧急避险的对象仅限于生命、身体和自由三种法益，特别是在生命遭受一种“当前无法用其他方法避免的危险”的紧急状态时，行为人被迫以牺牲他人生命的形式换取自己或第三人乃至更多人的生命的案件，如本章第 2 节还要讨论的“李某避险案”，能否以“超法规的紧急避险”或缺少期待可能性而对之排除罪责。一方面，刑法对于牺牲任何人生命法益的行为都应拒绝用法益衡量来实现其正当化；另一方面，“法律不能强人所难”，因此，只能用排除责任的紧急状态或期待可能性结合一般预防的刑罚目的来进行有无罪责或是否减轻的评价。在行为人的生命法益所面临的危险已经十分紧迫，且没有任何机会、方式加以避免，特别是其生命法益已经完全掌控在制造危险一方及其阵营者之中时，以牺牲对方或该同一阵营者的生命来保护自己的生命，就可以以期待可能性的缺失排除其罪责。而在缺少这种关系的场合，虽然行为人也保护了他人特别是与自己具有最为密切关系者的生命，即使缺少期待可能性，但仍不能排除其罪责，而仍应根据一般预防的刑罚目的并结合其减弱的不法性而对其大幅减轻罪责（参见湖北“李某桐等故意杀人案”① ）。

四、共同犯罪：行为共同不法的类型化与责任“个别化”——关于“行为共同而责任不同”的归责认定

（一）行为共同说的流变及其在司法实践中的应用

作为唯一的犯罪构成主观方面的评判标准，责任要素与上述第一阶层要件即该当性要素、第二阶层要件即违法性（阻却）要素等两个客观性标准具有根本不同的价值判断属性。本书所采用的是递进式犯罪构成的通说，即构成要件的该当性、违法性（阻却）与责任（阻却）三要件观点。这种递进式的思维有助于逐层过滤判断行为是否成立犯罪，并有利于实现刑罚的正当化。

就实务而言，这也有助于实现对“部分实行全部责任”的共同犯罪的妥当

① 参见最高人民法院（2010）刑一复 96545663 刑事裁定书。

认定，此即“行为是共同的，但责任可以是各自不同的”的行为共同说。与行为共同说实质相同的，则是替代了全部犯罪共同说的部分犯罪共同说。

全部犯罪共同说的根本缺陷在于，客观上阻碍了共同犯罪的成立认定范围，并导致法律适用不妥当（参见《刑事审判参考》第52号指导案例“高某某盗窃案”①）。而部分犯罪共同说则认为，二人以上虽然共同实施了不同的犯罪，但当这些不同的犯罪行为之间具有重合的性质时，在重合的限度内成立共同犯罪。如辽宁沈阳“李某、王甲故意杀人、王乙等故意伤害案”，判决即据部分犯罪共同说而认定其意志因素已从此前的伤害故意转化为杀人故意的李某、王甲构成故意杀人罪，而伤害他人的意识因素没有变化的同案王乙等人则构成故意伤害罪，由于李某、王甲在与王乙等人共同加害被害人的行为具有重合性，因此该二人在故意伤害犯罪的重合限度内就与王乙等其他被告人成立共同犯罪。②

正是基于部分犯罪共同说，最终才走向了行为共同说。这是基于“不法+责任”的类型化设计。行为共同说认为是个人因共同行为而实现了各自的犯罪，因此，对应于共同者的故意，在所肯定的共同引起的法益侵害的范围之内，在不同的犯罪（罪名）之间亦可成立共同正犯。并且，在各个共同者通过共同的行为而实现了对应于各自故意的犯罪的场合，就能肯定成立共同正犯。③ 例如，帮人“讨债”参与绑架，与人质谈好报酬后将其释放，事后索要报酬的，虽然成立共同犯罪，但也只是对非法拘禁或敲诈勒索成立的共同犯罪，而究其具体有责性，与绑架犯并不同，从而只能成立非法拘禁、敲诈勒索罪（参见《刑事审判参考》第571号指导案例“李彬、袁南京等绑架、非法拘禁、敲诈勒索案”④）。这也是由责任必须同时存在于不法的原则限定的。

---

① 参见中华人民共和国最高人民法院刑事审判第一庭编：《刑事审判参考》（总第7辑），法律出版社2000年版，第82页。

② 参见辽宁省高级人民法院（2011）辽刑一终字第52号刑事裁定书。

③ 参见［日］山口厚：《刑法总论》（第2版），付立庆译，中国人民大学出版社2011年版，第304页。

④ 参见中华人民共和国最高人民法院刑事审判第一、二、三、四、五庭主办：《刑事审判参考》（总第69集），法律出版社2009年版，第156页。

（二）作为狭义的共犯的教唆犯、帮助犯与共同犯罪中造意犯、以帮助行为为主的从犯的区分认定

《刑法》第 29 条规定了教唆犯，此在刑法理论上称为狭义的共犯。除了教唆犯之外属于狭义的共犯的，还有帮助犯（我国《刑法》尚未规定）。实际上，教唆犯往往也是造意犯，帮助犯则仅是我国《刑法》规定的从犯（第 27 条）或胁从犯（第 28 条）。狭义的共犯是相对于正犯特别是共同正犯而言的共同犯罪，因此贯彻的是限制说。但是，实务中经常出现，既唆使他人实施犯罪，自己也积极参与其中，或者共谋犯罪之后，仅起到辅助作用的帮助行为。例如，辽宁锦州张某瑞等人持枪故意杀人案（参见第 15 章第 5 节）。其中，张某瑞既提出犯意（告知安某华等人欲杀死被害人李某），又在具体实施杀人过程中，使用枪支打死另一被害人王某；孙某新虽参与整个犯罪过程中的预谋、踩点，并也乘车来到现场，但却未实施杀人，事后给予了张某瑞“跑路费”3 万元。而真正开枪射杀李某的却是安某华等其他三人。初视之下，张某瑞唆使安某华等人枪杀李某的行为，符合教唆犯的构成特征；孙某新参与踩点、来到作案现场并帮助张某瑞逃跑，类似于共谋共同正犯。然而，作为狭义的共犯的教唆犯、帮助犯与共同正犯之间的区别是，教唆犯仅是提出犯意并使他人产生犯意，而无具体参与实施犯罪或支配了犯罪进程的行为；帮助犯也仅是促进了犯罪行为的积极推进或提升了法益的侵害危险，二者均未支配整个犯罪行为实施的进程。就此而言，张某瑞既是造意犯又是实行犯，而非单纯的教唆犯；孙某新虽然也参与了共同共谋，并在实施阶段也来到现场，其形式上属于共谋共同正犯，但由于其在整个犯罪过程之中起到的仅是次要、辅助作用，并未支配犯罪进程，仅是处于随声附和而未强化犯意且未提升法益被侵害危险的位置，该位置对整个犯罪也没有做出重大性贡献或具有实际意义，“作为一个被放置于一个从（共同行为）计划看来也没有实际意义的位置”的一个人，由于他在实施阶段没有做出实质性贡献，故成立的仅是具有心理因果性帮助的帮助犯（尽管与仅是单纯在事中为行为人提供作案工具或望风的帮助犯并不等同）。[①] 这是因为对

① 参见［德］克劳斯·罗克辛：《德国刑法学总论》（第 2 卷），王世洲主译，王锴、劳东燕等译，法律出版社 2013 年版，第 67 页。

共同犯罪的考察，系以实行人为核心，辅之以正犯、不法为中心，因果性为重心的评价结果。与之相反，在辽宁丹东某走私固体废物案件中，无进口货物资质的甲与有相关资质的乙通谋走私进口固体废物，乙安排丙提供各种材料到海关伪报，并完成了通关。甲、乙参与共同共谋，且支配了整个走私行为的实施，无疑成立共同正犯。有疑问的是丙，究竟是属于帮助犯还是共同正犯？由于丙对整个走私行为做出了重大性贡献，其位置并非无关紧要，虽系受乙的指示实行的，但仅是功能性控制，而并非在遭受乙的强制或欺骗的意思控制之下，故丙成立共同正犯。至于丙在整个共同犯罪中的地位、作用是否不同于甲、乙，则是共同犯罪中的主犯、从犯区分问题，与作为狭义的共犯的教唆犯、帮助犯并非一事。当然，在上述场合，刑法理论也承认成立共犯的竞合，亦即可以包括的一罪论处。①

（三）实行过限场合下对造意犯处罚的检讨

在实行过限（实行人实施了偏离于教唆所标示的路线的行为）的场合，因实行人在实现的不法数量上已超出了造意犯的教唆指示范围，② 就应当承担与造意犯不同的刑罚后果（另参见《刑事审判参考》第200号指导案例“吴学友故意伤害案”③ ）。因为，“教唆人的这种‘较轻微’的故意与实行人的过限，在量刑上必须得到体现”④。

五、递进式犯罪构成要件防止错判的实务机能

上述三个构成要件之间，是一种层级、递进式的排除关系。符合构成要件的行为如果不具有刑事违法性，就难以再进入第三个层次即责任要素的评价之中（阻却评价）。因为，从该时起，已经对该行为作出了不成立该犯罪的认定

---

① 参见张明楷：《刑法学》，法律出版社2021年版，第641页。

② 参见辽宁省沈阳市中级人民法院（2009）沈刑一初第150号刑事附带民事判决书。

③ 参见中华人民共和国最高人民法院刑事审判第一庭、第二庭编：《刑事审判参考》（总第28辑），法律出版社2003年版，第201页。

④ ［德］克劳斯·罗克辛：《德国刑法学总论》（第2卷），王世洲主译，王锴、劳东燕等译，法律出版社2013年版，第126页。

（当然，作为第一层次的构成要件的该当性与作为第二层次的违法性要件，仍然起着对犯罪认定的基础作用，即使该行为出现了阻却成立故意犯罪的情形，也只是在责任要素方面继续评判是否为过失的问题而已，从而避免了“回飞棒”的现象），亦即如果具有违法性阻却事由的意识，即使出现错误，也会对责任要素的评价产生影响。如2004年辽宁锦州“张某才过失致人死亡案”：2003年7月的一天晚上7时许，张某才误将曹某认作正在持刀欲将其姐张某强行带回家的姐夫吴某，而用二齿耙子击打曹某头部，致曹某当场死亡。一审认定张某才构成故意杀人罪，判处死刑。二审认定其构成过失致人死亡罪，改判为有期徒刑5年。

问题5 因对防卫对象认识错误所导致的杀人行为应定何罪？

本案中，由于吴某正在实施犯罪，其无可保护的法益，张某才对其实施打击，属于正当防卫，张某才在客观上也是这样认识的（如果不承认防卫意识必要说）。但由于对象的认识错误，从而误对受法益保护的曹某实施了打击，属于打击错误。这种打击错误发生在一个法益受法律保护的对象与一个法益不受法律保护的对象之间，因此属于抽象的事实认识错误。根据抽象的法定符合说，行为人只对其应负有责任的犯罪承担刑事责任。由于张某才是出于正当防卫而产生了抽象的事实认识错误，从而阻却故意杀人罪的成立。但因张某才未能对防卫对象加以足够审慎的识别注意，属于注意义务的违反，并造成无辜死亡后果，具有过失的责任，故成立过失致人死亡罪。这种逐层次推定的过程与结论，就是根据递进式的犯罪构成所演绎的。

犯罪成立三要件之间的关系是由外及内的。“出现在前面的是构成要件，站在它背后的，是具有实体意义的违法性及责任。”① 之所以采用这种递进式的排列，首先，构成要件的该当性要件是由罪刑法定主义所导出的。为此，该当

① ［日］小野清一郎：《犯罪构成要件理论》，王泰译，中国人民公安大学出版社2004年版，第29页。

性作为可罚性行为类型的构成要件，是成立犯罪的第一要件。其次，违法性要件是基于刑法的机能在于保护法益这一法益保护原则的要求，即便某行为该当于作为可罚性行为类型的构成要件，仍有必要考虑，该行为是否真正属于有害于社会的行为。最后，有责性要件出自作为刑法的自由保障机能的内容之一的责任主义的要求，亦即既然刑法是通过预告刑罚这种制裁而从心理上控制人的行动，即便是有害于社会的行为，也必须是能就该行为谴责行为人。有责性判断正是进行这种评价，具体而言，判断是否存在故意、过失以及是否存在责任阻却事由。①

由此可见，犯罪论（在体系性基础上发展的刑法信条学）的目的在于，通过明确犯罪成立要件，控制裁判官以及涉及搜查、追诉活动的警官、检察官的判断，进而保证刑法得以正确适用。在保证裁判官作出正确、适当的判断性上，构成要件该当性→违法性→有责性这一判断顺序具有重要意义。其理由在于，是否属于可罚性行为类型这种构成要件该当性的判断，在某种程度上具有形式性、明确性，正因如此，若由此首先设定一个限制性框架，即使其后对违法性、有责性进行实质性判断，也不会扩大处罚范围。接着进行的违法性判断是一种实质性判断，即便如此，由于原则上是基于客观性要素所作的判断，仍有可能相对明确地进行。相反，由于有责性判断考虑的是行为人的主观要素，因而在认定上，包含有使之归于不明确的要素。正是出于这种考虑，犯罪论体系通过分层次进行，即由形式性判断进入实质性判断，由对客观性要素的判断进入对主观要素的判断，从而力图确保法官判断的适正。根据上述解释，可以说，对于控制法官的思考过程，进而将刑法适用限定于适正的范围之内，构成要件该当性、违法性、有责性这种犯罪论体系是一种行之有效的做法。②

---

① 参见［日］西田典之：《日本刑法总论》（第2版），王昭武、刘明祥译，法律出版社2013年版，第49页。

② 参见［日］西田典之：《日本刑法总论》（第2版），王昭武、刘明祥译，法律出版社2013年版，第50页。

第二节 法益及罪质认定

在前面论及危险犯以及违法性时，曾多次提到法益。因此，在完成了前述对成立犯罪的行为构成这种形式上的（符合刑法的构成规定与落实刑罚处罚要求）分析之后，还应回过头来根据应受刑事处罚行为的实质标准对之进行实体上的亦即法益保护的判断。因为，刑法的目的就是保护法益，或者说，刑法只允许保护法益。[①]

法益是一个十分抽象而令人费解且又处于不断变动中的概念。初视之下，可以说作为保护客体的法益就是犯罪客体，但二者又非一致。

一、法益概念的重申

法益是指由法所保护的人的生活利益。[②] 这里的生活利益，是具有一定价值的状态与作用。[③] 通过回顾法益理论产生的历史，会发现在建立与探索这种理论的过程中，很多刑法学者还曾认为法益是法所保护的社会的生活利益、价值。[④] 其中，生活利益与价值一并成了法益的内容。虽然在法哲学的层面上，价值更多地是作为一种精神层面上的东西，但法益中的价值本身就包括一种事实层面上的定在，而这种价值又是具有实质意义的，并非以完全有形为其外在表现形式。就此而言，它不但可以解释何以法官判案就是一个评价过程，还可以解释诈骗犯罪中何以在表面上的被害人即使没有受到经济损失，行为人仍应成立犯罪。

---

① 参见［德］克劳斯·罗克辛：《德国刑法学总论》（第 1 卷），王世洲译，法律出版社 2005 年版，第 12 页。

② 参见张明楷：《刑法学》，法律出版社 2011 年版，第 67 页。

③ 参见张明楷：《法益初论》，中国政法大学出版社 2003 年版，第 151 页。

④ 参见张明楷：《法益初论》，中国政法大学出版社 2003 年版，第 140 页；［日］西田典之：《日本刑法总论》（第 2 版），王昭武、刘明祥译，法律出版社 2013 年版，第 24 页。

具体而言，法益是对于人类和平、自由地共同生活所必不可少的那些东西，因此，诸如生命、身体完整性、性自主权、所有权、财产以及所谓公共利益（例如，币制、司法权的正常运转、公务机关的廉洁性）等，均为法益。① 一个在刑事政策上有拘束力的法益概念，只能产生于我们在宪法中载明的建立在个人自由基础之上的法治国家的任务。这个任务就是对国家的刑罚权规定界限。在此之后，人们就可以说：法益是在以个人及其自由发展为目标进行建设的社会整体制度范围之内，有益于个人及其自由发展的，或者是有益于这个制度本身功能的一种现实或者目标设定。② 因此，作为刑法保护的法益，其首先的及作为其表现基础的是个人法益，而社会与公共利益、国家利益不过是个人法益的延伸与特殊集合且可还原为个人法益。

法益与犯罪客体的概念基本上是同一层面的意思。“刑法的目的是保护法益”是针对法益也就是犯罪客体、同类法益也就是同类犯罪客体而言的。当然，并不是保护法益自身重要，通过保护生活利益来维持社会秩序才是刑法的最终目的。③ 换言之，刑法只允许保护法益。这是基于法治国对于刑罚权行使限制的先在。

与同类犯罪客体、具体犯罪客体一样，法益也可分为同类法益（按照大陆法系刑法通说，法益分为个人法益、公共法益、社会法益、国家法益等类型）、具体法益（如生命权、财产权以及国家工作人员的不可收买性与国民的信赖期待等）。

但是，法益不是构成要件要素。④ 换言之，法益问题一直是在犯罪本质或犯罪概念的层次上讨论的，而不是在构成要件的层次上研究的。⑤ 由于法益是

---

① 参见［德］克劳斯·罗克辛：《刑事政策与刑法体系》（第2版），蔡桂生译，中国人民大学出版社2011年版，第71页。

② 参见［德］克劳斯·罗克辛：《德国刑法学总论》（第1卷），王世洲译，法律出版社2005年版，第15页。

③ 参见［日］大谷实：《刑法讲义总论》（新版第2版），黎宏译，中国人民大学出版社2008年版，第4页。

④ 参见张明楷：《法益初论》，中国政法大学出版社2003年版，第143页。

⑤ 参见张明楷：《法益初论》，中国政法大学出版社2003年版，第157页。

先于刑法而存在的，《刑法》（分则）所规定的诸犯罪的构成要件，是作为具有刑事可处罚性亦即为落实刑罚功能而设置的，从而我们可以得出何以在具有被害人承诺意味的医疗与体育竞技行为、行使权利的正当防卫与自力救助行为最终不会成为犯罪、更不会被处以刑罚。这在下面介绍法益功能时会有更为清晰的表述。

二、法益的主要机能

（一）价值判断——司法性审查判断的出发点

1. 评价机能

司法认定的性质就是进行价值判断，即评价。因此，司法认定的过程实则就是进行价值判断亦即评价的过程。

法益对于认定犯罪构成具有其独有的价值判断功能。因为，犯罪的本质、违法性的本质就是侵害或威胁法益，所以对构成要件的解释必须以法益的侵害与威胁为核心。[①] 这是基于贯彻法益保护主义而落实刑罚权的必然要求。因此将法益的拥护作为刑法的任务、犯罪应该限定于对法益的加害行为（对法益予以侵害的行为及产生了法益侵害危险的行为）这样的法益保护主义思考方法，已经成为（大陆法系）刑法学说中的通说乃至定说，[②] 并已逐渐为我国司法实务所接受。这是由于法益本身作为一种有价值的定在，即从法秩序见地来看具有价值的某种东西，[③] 从而对犯罪本质的判断就必然地要引入对法益的（价值）分析之中。

根据结果无价值论的观点，作为犯罪行为的违法性就是所具有的实质违法性亦即法益危害性（严重的社会危害性）。正是因为犯罪行为具有法益的侵害

① 参见张明楷：《法益初论》，中国政法大学出版社 2003 年修订版，第 3 页以下。

② 参见［日］山口厚：《刑法总论》（第 2 版），付立庆译，中国人民大学出版社 2011 年版，第 4 页。

③ 参见［日］山口厚：《刑法总论》（第 2 版），付立庆译，中国人民大学出版社 2011 年版，第 117 页。

性与危险性，反过来对刑法法益的侵害性与危险性也决定了该行为具有刑事可罚性。而一个行为是否具有刑事可处罚性，在研判犯罪行为是否成立的过程中就已经得出了或否定或肯定的结论。实际上，实务中非常重视富有司法经验的司法工作人员的感觉。这种感觉，与其说是一种思维习惯，毋宁说就是根据对证据的综合审查，基于构成要件而对犯罪行为的性质在法益评价过程中所得出的认定结论，因此是一种值得肯定的感觉，实际上是一种理性涵摄思维之后所得出的司法认定。而在最终适用法律时，包括对犯罪成立的认定以及如何适用刑罚等两个方面，则是衡平法益的结果，也就是“将眼光在法律规范与案件事实之间不断往返，寻求最合理的方式与结果，实现法律正义”① 的过程。这种过程是以法官的良知、经验、智识、法学素养为基础，长期综合训练的结果，是一旦加以外部证成因此而得出的感觉，更是训练有素的司法表现。

在此结合法益，还需进一步着重说明的是，为什么要强调司法性的审查判断方法？因为，作为一个价值判断过程的司法认定过程，判断者必须把他应当判决的个别的具体个案与组成实在法的各种规则联系起来。规则和案件是他的思维的两个界限。他的考虑从案件到规则，又从规则到案件，对二者进行比较、分析、权衡。案件通过那些可能会拿来应用的、可能决定判决的规则进行分析；反之，规则则是通过某些特定的个案或者案件类型进行解释。就“药某鑫故意杀人案”而言（参见第 1 章第 1 节），首先由司法人员（主要是法官）对其行为构成要依照《刑法》第 232 条的规定作出否定性评价，即故意杀人行为是一种“无价值”的否定判断；然后再根据《刑法》第 17～18 条的规定考虑行为人是否具有责任能力（是否年幼或有精神病）及有无其他责任要素（故意或过失、违法性认识、期待可能性），进而判断行为人是否成立犯罪，以最终决定对其刑罚量处。这个过程就是一种价值判断过程。由于对有违法性的行为所得出的是一种“无价值”的判断结论，而犯罪均属于“无价值”的判断结果之物，所以与其说司法人员是在判断事实，毋宁说是在对该不法事实作是否具有“无价值性”的价值判断。这种判断是一种非常专业的司法作业过程，既需具

① 张明楷：《刑法分则的解释原理》，中国人民大学出版社 2011 年版，“序说”部分第 1 页。

备扎实的法律功底，又需怀有正义与良知和丰富的社会常识经验。正因如此，司法人员是否具有这种思维，是区分其与其他非司法专业人员的根本性标志——这正是法律实证主义所要推介与完成的任务（这种司法性的审查判断过程是法官应为的一种作业，而这种思维方法，亦即司法性的审查判断方法，则是一名刑事法官所必备的基本素养）。

2. 解释犯罪的指针

刑法保护的法益，是犯罪的成立要件的前提，具有作为解释指针的作用，围绕着具体的成立要件的解释有重要的意义。也就是说，保护法益研究的真正价值在于解释具体犯罪的成立要件。① 因此，法益这一概念有助于司法人员对符合构成要件的行为是否成立犯罪进行实质地把握。在受贿案件中，国家工作人员一旦收受贿赂并允诺，即使未给对方实际谋取利益，也会成立受贿犯罪且既遂，是因为该行为对公务人员的不可收买性这一国家法益已造成侵害。而对此若离开法益的概念是无法理解的。与此相似，行为人单纯以虚增经营业绩为目的而实施相互对开等额增值税专用发票的行为，其形式上属于虚开行为无疑，但实质上却并不侵害或威胁到虚开增值税专用发票的具体法益——禁止抵扣的利益，因此从法益的实质解释角度出发，应将该种形式上的虚开行为排除于该罪的认定范围之外。②

3. 对未遂犯罪等犯罪形态的判定

由于刑法法益是一种由刑法保护的不受不法侵害与危险威胁的法益，从而决定了刑法根据其所保护的具体法益实质而相应地分为实害犯，以及包括具体危险犯与抽象危险犯在内的危险犯（参见本章第 1 节）。并且，为更好地保护法益，刑法还规定了犯罪预备、犯罪未遂与犯罪中止三种相对于犯罪既遂尚处于“未遂”阶段的犯罪形态，这是根据法益在被不法攻击侵害或危险威胁时所停留的不同阶段确定的。

---

① 参见［日］山口厚：《从新判例看刑法》（第 2 版），付立庆、刘隽译，中国人民大学出版社 2009 年版，第 109 页。

② 参见黄祥清：《抢劫犯罪情节加重犯的认定思路与方法》，载中华人民共和国最高人民法院刑事审判第一庭、第二庭编：《刑事审判参考》（总第 42 集），法律出版社 2005 年版，第 175 页。

在此有必要结合法益进一步说明有关不能犯的问题。不能犯是指并不构成犯罪因而不具有可罚性的情况。与此密切相关的是迷信犯，误以白糖为砒霜而投毒以及误以尸体为活人而对尸体开枪的行为，因为没有具体的法益侵害或危险，主流学说认为不具有可罚性而不被评价为犯罪。[①] 但本书认为，向尸体开枪以及用白糖投毒的行为，还是应与不能犯的概念相结合而“平行考虑”，[②] 从而就应否定这两种行为的价值，因此仍具有犯罪未遂的可罚性。同时，在“偶然防卫”的案件中，如A想用枪射杀B，C在不知情的情况下恰巧用枪杀死了A，如果C是出于故意而为，尽管“结果无价值论”并不贯彻“防卫意思必要说”，但C的行为绝非值得鼓励的正当行为。因此，也可以从犯罪未遂的角度予以评价：在处于刑罚之下时，就考虑“不能犯”未遂；而不处在刑罚之下时，就不成立犯罪。

（二）违法性阻却事由判断——法益衡量

1. 法益衡量的基本原理及其修正

法益的另一主要功能，是衡量判断符合构成要件该当性的行为是否具有正当性，即是否具有阻却违法性，其价值就在于认定防卫、避险等行为能否成立紧急性行为。通过对具体的生活利益之间的价值平衡，也就是对两个法益之间的利益衡量之后加以正义性评断，当避险行为所保护的利益大于或等同于所受牺牲的利益时，就作为违法性阻却事由予以规范。正如卡尔·拉伦茨所言：“在利益衡量中，首先取决于——于此涉及的一种法益较他种法益是否有明显的价值优越性。”[③] 即使防卫、避险过当，也会因此而减轻其责任性。

刑法规定的违法阻却事由是否具有正当性，要根据一种逻辑规则来加以判断。这种价值关系的规则表现在三个原理之中：秩序性规定后撤到对具体的损害之后；人格的价值应当优于实物财产；面对保护其他人格价值或者超个人的

① 参见张明楷：《刑法学》，法律出版社2021年版，第455页；［日］山口厚：《刑法总论》（第2版），付立庆译，中国人民大学出版社2011年版，第257页。

② 参见［日］西田典之：《刑法总论》（第2版），王昭武、刘明祥译，法律出版社2013年版，第144页。

③ ［德］卡尔·拉伦茨：《法学方法论》，陈爱娥译，商务印书馆2003年版，第285页。

法益，对身体和生命的法益处于一种更高利益的基础之上。[①] 并且，对于生命法益是不允许等价值交换的，即使为了保护多数人的生命法益，也不能以牺牲某个人的生命法益去实现；同时，生命法益也不允许基于被害人的承诺进行剥夺而免责。另外，还需明确的是，作为正当防卫、紧急避险等正当化事由的客观存在与法律容许，其位于宪法与刑法之间，即其首先是宪法所肯定或容许（最低限度）的，同时其又位于刑法之前。因此，只要具有正当化事由，行为就应作非罪化处理。当然对于具有正当化事由，如果是基于故意或者重大过失而导致行为过当，仍可以作为犯罪处理，这就是刑法何以规定了对于防卫过当或避险过当的行为，“应当减轻或者免除处罚”（《刑法》第20条第2款、第21条第2款）的原因。这些正是由法益本就介于宪法与刑法之间（实质违法性），且先于刑法的规定（形式违法性）所决定的。

根据山口厚与张明楷先生所赞同的意见，系将法益的阙如与法益衡量作为违法阻却的分类事由。[②] 并且，正当防卫行为、被害人允诺属于前一种阻却事由，而紧急避险则属于后一种阻却事由。但是，即使在由于法益的阙如从而导致正当防卫具有了绝对优位而言，在广义上这仍然属于一种法益衡量的结果，只不过这种区分使正当防卫在“预期侵害”与“偶然防卫”的判断上会更为合理一些。

由于不违反法益保护的目的是违法阻却的一般原理，因此对上述的观点也有进一步修正的必要，并在该一般原理之下，再分为以下三个下位原理的观念也是合适的。

第一，优越利益保护原则（第一原理）。当法益遭受侵害结果（侵害法益），同时行为也具有保全其他法益这一社会有用性（保全法益），在保全法益优越于侵害法益之时，从社会功利主义的角度来看，就可将该行为整体予以正当化（优越利益说）。

---

① 参见［德］克劳斯·罗克辛：《德国刑法学总论》（第1卷），王世洲译，法律出版社2005年版，第475页。

② 参见［日］山口厚：《刑法总论》（第2版），付立庆译，中国人民大学出版社2011年版，第105页；张明楷：《刑法学》，法律出版社2016年版，第195页。

第二，避免义务原则（第一原理的修正）。在保全法益与侵害法益之间，在发生冲突之前，如果通过采取合理的行为能避免这种冲突，而且这种要求也并无不当，就应该要求行为人采取避免行为，以同时保全双方的利益。这样，在本可以通过采取避免措施而同时保全双方的利益的场合，即使看上去似乎符合优越利益保护原则，但如果行为人（因没有采取避免措施而）不必要地创造出了利益冲突状况，对此就可认定为，并未满足第一原理的前提条件，不应予以正当化。在此限度之内，有必要对第一原理作出修正。这称为避免义务原则。

以上两个原则是对“法益衡量”的完善。

第三，要保护性阙如原则（第二原理）。仅就个人法益而言，其分别归属于每个人，因而，在法益主体并不要求保护自己的法益之时，刑法就没有必要介入［被害人承诺（同意）］。这种情形应作为一种正当化事由对待。另外，在某些情况下，行为人会因为自己违背了法律，而不能要求保护自己的法益，因而欠缺、减少了该法益的要保护性，虽然也可称其为“法益的缺乏”，但由于法益本身独立于其归属主体，归属主体只能要求尊重该归属状态，因而宜称之为“要保护性的阙如、减少”①。

2. 法益衡量之外的法益精细化评价功能

被刑法教科书屡屡提及的著名的“李某故意杀人案”（又称“李某避险案”）充分说明了法益衡量对犯罪成立所具有的重要评判作用：李某（女）路遇一男青年欲对其图谋不轨，李某摆脱后来到一户有母女二人的人家。李某说明遭遇，母女深表同情，并表示为安全考虑邀李某留宿（由女孩陪李某同宿）。夜半进一男子，正是欲对李某实施不轨行为的张某（老太太的儿子、女孩的哥哥）。他在得知李某睡觉的位置后，便去取铡刀欲杀死李某。李某在不得已的情况下，悄悄将张某之妹推换到自己睡觉的位置上。张某遂误将自己的妹妹杀死。②

---

① ［日］西田典之：《日本刑法总论》（第 2 版），王昭武、刘明祥译，法律出版社 2013 年版，第 113 页以下。

② 参见赵秉志主编：《中国刑法案例与学理研究》（第 1 卷），法律出版社 2004 年版，第 446 页以下。

按照我国传统的耦合式犯罪构成理论，会认为李某的行为不成立紧急避险而构成故意杀人罪。但是，围绕法益却能够很好地解决这一刑法“灰色”难题。结合法益及由其贯彻的结果无价值论，对李某的行为需从以下两个层次分析。

一方面，李某的行为符合避险的评价范畴。当避险人损害的合法权益小于其保全的合法权益时，该避险行为构成阻却违法性成立的紧急避险；当避险人损害的合法权益等于其所保全的合法权益时，其避险行为属于免除责任的紧急避险。例外的是，在因紧急避险而侵害他人生命时，属于“超法规”的责任阻却事由或“排除责任的紧急状态”。其理由在于，人的生命这种最高价值无论在质上还是在量上均无法进行比较，绝不能将人的人格作为手段、目的来利用。[①] 李某为保护自己的生命法益，在当时紧迫的情形下又牺牲了他人的生命法益，二者法益之间具有利益的等价性，但生命法益是不允许作为避险事由的，从而其行为仍具有违法性（李某具有以“欺骗”而利用张某实施杀人的间接正犯的行为构成特征）。至于其是否具有责任性，则是下一层次所要分析的问题。

另一方面，根据期待可能性及“排除责任的紧急状态”的理论，当时的紧急情况应属于“紧急情况下无法律”的情形。人们难以期待一个身单势薄、处于他人掌控的女子（我们也更愿意相信本案中的被害人作为杀人者张某的妹妹，与张某实际处于同一阵营之中），在当时能够选择更为妥当的解决方式，所以李某的行为并不具有期待可能性，从而阻却其罪责成立。其最终结论就是李某不成立犯罪（实际上是排除罪责）。

由此可见，基于法益理念，对待相对复杂的刑事案件能够进行精细化分析及所能实现刑罚的妥当性。

（三）指导、确定犯罪构成要件的基本构造

法益，特别是具体法益，对于行为人的行为究竟构成何种犯罪，还具有指引的功能。通常来说，指引这一判断方向的是构成要件。但是，当某种行为已

---

① 参见［日］西田典之：《日本刑法总论》（第2版），王昭武、刘明祥译，法律出版社2013年版，第120页以下。

经分别符合了数个《刑法》分则规定的条文时，就需要通过对具体法益侵害的实质研判来加以识别。例如诈骗他人财物的行为，如果是以非法集资的方式诈骗不特定的人或特定多数人财物，则成立集资诈骗罪，如果是以订立合同的方式诈骗特定当事人财物，则成立合同诈骗罪。因此，同样是诈骗财物，由于其侵害的具体法益不同，就会分别成立不同类型的诈骗罪：集资诈骗罪所侵害的是金融秩序与不特定人或特定多数人财产权等双重法益，合同诈骗罪侵害的具体法益是市场条件下的合同相对人的诚实信用与财产权。上述认定就是由具体法益指引与确定的。

第三节　刑事政策及其司法考量

一、问题的提起

【案例 1】被告人文某（17 岁）因故被其母王某赶出家门。数日后文某因没钱吃饭，遂将家中的彩电等变卖。法院以文某尚未成年，是家庭财产的共有人，不属非法占有，判决文某无罪（参见《刑事审判参考》第 87 号指导案例[①]）。

【案例 2】湖北咸宁中院以故意杀人罪判处组织、领导黑社会性质组织的被告人刘某死刑。

问题 6　为什么对盗窃近亲属财物的行为往往会从轻处罚或作无罪处理，而涉黑的刘某会被判处死刑？

结论是基于刑事政策。就案例 1 而言，基于“法律尽量不进入家庭之中”，在一般情形下，对于有配偶、直系血亲及有共同生活关系的亲属之间相盗的行

① 参见中华人民共和国最高人民法院刑事审判第一庭、第二庭编：《刑事审判参考》（总第 13 辑），法律出版社 2001 年版，第 24~29 页。

为，其社会危害要显著小于其他盗窃案件，且从轻处罚也利于社会秩序，特别是其家庭关系的恢复，这也是很多国家与地区的刑法对亲属盗窃罪单独规定作减轻处罚的原因。而案例 2 系涉“黑恶”犯罪，则是对整个社会秩序的公然挑战，所以应予以严惩。

二、刑事政策之立法、司法贯彻理由

本书所指政策，是一种国家政策（公共政策或社会政策），即上升到体现了国家意志，且指导着立法、行政、司法的治国策略。其中包括刑事政策和民事方面的法政策。

刑事政策则是国家在一定历史时期为了惩治犯罪、维护社会秩序的一种治国策略，[①] 也是国家基于预防、控制犯罪，以保障自由、维持秩序、实现正义的目的，根据犯罪情况的变化运用刑罚及其有关制度，有效地同犯罪作斗争，[②] 而制定、实施的准则、策略、方针、计划以及具体措施。

刑事政策作为公共政策之一，必然涉及价值判断。刑事政策居于刑法的上位，刑事政策对刑法具有优先性、包容性、终极性，[③] 从而也成为立法机关与司法机关所必须遵循的上位观念。而且，“最好的社会政策就是最好的也是最有力的刑事政策”。立法机关之所以将本不属于刑法调整的行为规定为犯罪，如《刑法修正案（八）》规定的危险驾驶罪、《刑法修正案（十一）》规定的冒名顶替罪，或者将原受刑法规范的行为不再作为犯罪处罚，如投机倒把罪，正是基于公共政策的价值取向，随着中国特色社会主义市场经济的建立、法治文明进步变化所调整的结果。这也充分印证了，刑法反映存在于文化根底的价值，可谓是时代文化的一面镜子。因此，如果价值发生变化，刑法也随之变化，刑法“是显示该社会的道德态度的‘晴雨表’”[④]。

由于每个刑法分则规定都体现着刑事政策，因此，司法机关作为刑法的执行者，在解释适用刑法时，必然要对以刑法条文为其外在表现的刑事政策进行

---

① 参见汪明亮：《刑事政策研究新视角》，法律出版社 2008 年版，第 54 页。

② 参见杨春洗、高铭暄等主编：《刑事法学大辞书》，南京大学出版社 1990 年版，第 578 页。

③ 参见卢希起：《一种人本主义的刑事政策观》，载《刑事法评论》第 18 期。

④ 张明楷：《法益初论》，中国政法大学出版社 2003 年版，第 12 页。

深度的解读，才能实现个案刑罚的适当。因为，构成要件所遵循的是法的明确性原则；在违法性这一犯罪阶层，则依照各种特定的秩序原则，利用正当化事由来解决社会冲突，这些秩序原则有自我保护、权利证明和利益衡量等。紧接着，就是有责性这个范畴了，该范畴考虑的是可罚性。在具体案件中，可罚性需要接受双重的限制：其一是个人的罪责大小，其二是为了预防所需的刑罚幅度。① 易言之，处罚应该限定于具备当罚性的违法行为，但是应该考虑与保护目的之间的合理的关联性及与其他的犯罪成立条件之间的整合性等各种各样的情况之后，从合理的刑事政策的见地出发，对于处罚加以限定。②

三、宽严相济刑事政策的流辨及其具体体现

当前我国贯彻的宽严相济刑事政策，其主要内容是当严则严，当宽则宽，宽严相济，核心是“区别对待”。该政策是党和国家在新时期的社会历史条件下结合当今情势所提出的，并贯穿于刑事立法、刑事司法和刑罚执行的全部过程。宽严相济刑事政策在2004年被提出之后，先是由司法机关作为刑事司法政策在实践中贯彻落实，经过不断在实践中总结经验，逐渐变成我国的基本刑事政策。例如，《刑法修正案（八）》对累犯适用条件的时间延长、《刑事诉讼法》对未成年人犯罪记录的封存，都直接体现了宽严相济刑事政策的价值取向，真正标志着宽严相济刑事政策从刑事司法政策到刑罚执行政策再到刑事立法的总政策。③

（一）宽严相济刑事政策在立法层面的体现

宽严相济刑事政策要求在立法规定上要严密法网，但在刑罚的严厉性上则

---

① 参见［德］克劳斯·罗克辛：《〈刑事政策与刑法体系〉（第二版）中文版序言》，载［德］克劳斯·罗克辛：《刑事政策与刑法体系》（第2版），蔡桂生译，中国人民大学出版社2011年版，第1页。

② 参见［日］山口厚：《刑法总论》（第2版），付立庆译，中国人民大学出版社2011年版，第102页。

③ 参见张军：《〈刑法修正案（八）〉条文及配套司法解释理解与适用代前言》，载张军主编，胡云腾副主编，最高人民法院研究室、最高人民法院“刑法、刑事诉讼法”修改工作小组办公室编著：《〈刑法修正案（八）〉条文及配套司法解释理解与适用》，人民法院出版社2011年版，第12页。

日益走向宽缓，这也是2011年以来刑法将“醉驾入刑”［《刑法修正案（八）》］、“代考入罪”［《刑法修正案（九）》］、“冒名顶替入罚”［《刑法修正案（十一）》］，又何以取消了集资诈骗罪、走私罪等经济犯罪死刑设置［《刑法修正案（九）》］的立法动因。

这是由于在规定犯罪的刑法的基础上，有选择地存在一定的政策原理，可以说，刑法就是在这样的政策原理上所构筑的法律体系。从而，刑法的诸种规定、诸多规则，就必须依照这些政策原理加以理解和解释。从这样的见地出发，首先就要求对这些被理解为处在刑法的基础位置的政策原理加以明确，因为这些原理也是刑法总论中最为根基性的内容。① 虽然被刑法规定为犯罪的必须是侵害或威胁法益的行为，但不是一切具有法益危险与侵害性的行为都是犯罪，认定犯罪除了要求具有上述实质性特征之外，还必须要考量刑事政策的适用。因此，《刑法》第13条以“但书”的方式，对犯罪情节显著轻微、社会危害性不大的行为，作非罪化处理，体现了我国刑事政策贯彻刑罚谦抑原则的立场。而在《刑法》分则的具体设置上，如对根据法律规定并不采取实缴制的有限责任公司的股东虚假出资、抽逃资金的行为不再评价为犯罪（《全国人民代表大会常务委员会关于〈中华人民共和国刑法〉第一百五十八条、第一百五十九条的解释》。本来该规定并及于采取认购制的股份有限公司，但2023年《公司法》规定股份有限公司均实行实缴制，故该规定在2023年《公司法》施行后仅适于有限责任公司）。这就是国家基于鼓励市场交易、鼓励中小公司不断发展创新的一种政策体现。

（二）宽严相济刑事政策在司法层面的具体贯彻

宽严相济刑事政策也是司法机关惩罚与预防犯罪、保护人民、保障人权、正确实施国家法律的指南，在司法适用中则要求“根据犯罪的具体情况，实行区别对待，做到该宽则宽，当严则严，宽严相济，罚当其罪。”② 在具体适用中既要“严以济宽”，又要“宽以济严”，以实现相“济”，即“协调”“妥当”，

① 参见［日］山口厚：《刑法总论》（第2版），付立庆译，中国人民大学出版社2011年版，第3页。

② 参见《最高人民法院关于贯彻宽严相济刑事政策的若干意见》第1条。

从而使之成为一个动态、能动的操作体系。《最高人民法院关于贯彻宽严相济刑事政策的若干意见》甚至细化到对于因恋爱、婚姻、家庭、邻里纠纷等民间矛盾激化所引发的犯罪以及因劳动纠纷或管理失当等原因引发、犯罪动机不属恶劣的犯罪，应酌情从宽处罚（在复核死刑案件中一般考虑不适用死刑）。[①] 例如，就被告人张某华遗失身份证后，公安机关因故无法为其补办，张某华遂让他人伪造了其居民身份证并在银行使用一案，判决认为，张某华伪造居民身份证的行为情节显著轻微，危害不大，故宣告其无罪。因为张某华伪造身份证的行为确属事出有因，是基于国家行政机关工作提供的公共服务不力，最终造成张某华出于无奈而托人伪造身份证，其行为不具有可罚性。[②]

但是对于“涉黑”犯罪的首要分子及其骨干成员，以及贪污贿赂犯罪、严重危害金融安全犯罪、危害食品药品安全犯罪，则要依法从严惩处。[③] 例如，之所以判处并未直接实施杀人的刘某死刑，就是基于这一政策考量。又如，基于配合巩固反腐败斗争重大成果，《最高人民法院、最高人民检察院关于办理贪污贿赂刑事案件适用法律若干问题的解释》明确提出要从严处罚贪贿犯罪，且为因应于《刑法修正案（九）》对于被判处死缓的“贪官”增加终身监禁的严厉性规定。以上均体现了司法政策从严的一面。

四、刑事政策与刑事立法、司法之间的双向关系——“水闸”机能之贯彻

“刑法是刑事政策不可逾越的屏障”，李斯特的这句名言道出了刑法与刑事政策二者之间的紧张关系。[④] 刑事政策与刑事立法及刑事司法之间的关系，需从两个方面理解：一方面，刑事立法和刑事司法需以刑事政策为导向；另一

---

① 参见《最高人民法院关于贯彻宽严相济刑事政策的若干意见》第 22 条。

② 参见张军、赵秉志主编：《宽严相济刑事政策司法解读》，中国法制出版社 2011 年版，第 153 页。

③ 参见《最高人民法院关于贯彻宽严相济刑事政策的若干意见》第 7 条、第 9 条、第 30 条。

④ 参见［德］克劳斯·罗克辛：《〈刑事政策与刑法体系〉（第二版）中文版序言》，载［德］克劳斯·罗克辛：《刑事政策与刑法体系》（第 2 版），蔡桂生译，中国人民大学出版社 2011 年版，第 1 页。

方面，刑事政策在刑事立法之后的法框架内发生作用，[①] 即反作用。

实际上这是两个不同层次的问题：（1）在总体与宏观上，刑事政策在指导着刑事立法与刑事司法，此时其是作为基本的刑事政策；（2）而一旦刑事政策的内容被刑事立法所固定化，即被规定为刑法所保护的法益之后，刑事司法则必须在此框架下适用刑事政策，此时的刑事政策仅能在刑法的框架下发挥指导作用。例如，由于故意杀人的行为已被《刑法》第232条规定为故意杀人罪，那么在该条文框架内司法机关仅能加以是属于民间矛盾所产生的还是基于涉黑恶犯罪所实施的犯罪区分，而非故意杀人罪与过失致人死亡罪的界别。此时对犯罪起因所做的属性区分，则是刑事司法政策的具体适用问题，亦即后者是依据具体的刑事政策所实施，而立法前则是依照基本的刑事政策在进行。

正如罗克辛所说，从信条学与立法者的刑事政策目标的想象的联系中，可以得出这样一种结论：在冲突状态下，在详细说明哪种决定举止行为的社会有益性或者有害性并因此决定该行为的违法性时，起决定作用的是这种根据法律制度可以看见的基本原则而不是那种解说者的个人的价值想象。同样，在人们根据刑罚目的理论的刑事政策观点来解释责任范畴并加以体系化时，也不是根据学者或者法官在刑罚目的方面所具有的想法，而是应当以法律规定的免责根据和宪法方面的目标为基础的。但是，在刑事政策中讨论的信条学也为塑造新认识提供了自由。由于立法者正是在总则中仅仅对许多材料作了含混或粗略的规定，或者根本没有规定，因此，在这里把引导性刑法原则转换为可以适用的法律的工作，就完全交给了信条学。[②] 这里所谓的交给信条学的法律工作，实际上就是刑事司法审判。因此刑事司法也可以能动地贯彻刑事政策，并通过刑事政策这一“水闸”及时因应各种矛盾冲突。例如，针对醉驾案件日益增多这一现实，很多地方司法机关出台了地方性文件，以提高对醉酒驾驶入刑的酒精

---

① 参见储槐植、江溯：《美国刑法》，北京大学出版社2012年版，第2页。

② 参见［德］克劳斯·罗克辛：《德国刑法学总论》（第1卷），王世洲译，法律出版社2005年版，第138页。

含量标准为“闸门”，在一定程度上减少了入刑率，缓解了社会矛盾冲突。① 尽管这有违罪刑法定原则之嫌，但也充分体现了刑事政策“水闸”的机能。与此同时，就日益严重的危害食品、药品安全犯罪，各地司法机关纷纷出台加大打击力度的地方性文件，② 也体现了这一“水闸”作用。

第四节 犯罪构成要件、法益、刑事政策三者之间的审判关系

犯罪构成要件、法益、刑事政策三个审理要素之间，犹如递进式的犯罪构成一样，也是一种递进式的位阶关系。司法人员在处理具体刑事案件时，需要按照一定的层级顺序加以刑法、刑事政策上的研判分析，以最终实现判决的妥当。

犯罪构成要件、法益、刑事政策之所以是一种递进关系，是因为国家在宪法的框架下，对法益基于现实情势而适时地加以刑事政策的关注与调整，从而介于宪法与刑法之间的法益在何种情况下应当受到刑法的保护或不再受到刑法的保护，是由刑事政策所决定的。因此，刑事政策→法益保护→刑法规定是三者之间体现在立法层面的逻辑递进关系。而在司法过程中则需要调转一下，即先从《刑法》分则规定的犯罪构成要件入手，再分别加以刑法规定→法益保护→刑事政策的递进式分析，亦即都在进行以下判断：

《刑法》分则规定的构成要件→法益保护→刑事政策

↓　　　　　　　↓　　　　↓

罪刑法定主义←法益保护主义←刑罚目的与人权保障

上述过程即从点→面→体→质，而后再以罪质逆推对罪体的判断是否具有

① 正是在此基础上，最高人民法院、最高人民检察院、公安部、司法部在 2023 年 12 月出台了《关于办理醉酒危险驾驶刑事案件的意见》。

② 参见《辽宁省高级人民法院、辽宁省人民检察院、辽宁省公安厅关于办理危害食品药品安全犯罪案件证据审查与法律适用的指导意见》（辽高法〔2020〕86 号），载最新法律文件解读丛书编选组编：《刑事法律文件解读》（总第 181 辑），人民法院出版社 2020 年版。

证据的足够支持。

实际上这正是一种对司法决定者的职业素养要求。“处在刑法的基础地位的政策原理，可以举出法益保护主义、责任主义以及罪刑法定主义。法益保护主义和责任主义是和成为处罚对象的犯罪之实质相关的原理，分别成为违法性论以及责任论的指导原理。而罪刑法定主义是从民主主义和自由主义的观点出发对犯罪从外部加以限定、制约的原理，就其本身来说，成为构成要件论的理念支撑。”① 同时法官不能造法，而只是受立法机关委托的法律执行者。由于法益存在于刑事政策之前，并为立法者提供刑事政策方面的标准，只是在国民已经普遍认为其应受刑法保护，从而通过立法将其确定为由刑法拥护的具体法益后，其才位于刑事政策之后，并表现为《刑法》分则条款的表述。而刑事司法所要研判的主要是刑法中已经规定了的具体法益内容，所以体现在司法过程中，司法决定者都先要厘清刑法法益的问题，即在刑事司法过程中主要把握的是哪些是应当受到刑法所保护的法益，而并非关注一切法益问题。然后才是解决犯罪构成问题。尽管这是一种动态的、立体的思维过程，并且都是在刑事政策指引之下完成的。至于何种法益应当上升为刑法保护的利益，则是由立法者所解决的问题。

---

① ［日］山口厚：《刑法总论》（第2版），付立庆译，中国人民大学出版社2011年版，第4页。

第三章 | 民事案件审理六要素

——以法律关系为核心所展开的利益衡量过程

在民法慈母般的眼里，每一个个人就是整个的国家。

——［法］孟德斯鸠

回顾20世纪90年代至21世纪初，我国民法体系及其民事审判思维远未如今日之完善、缜密。随着《物权法》（2007年）、《侵权责任法》（2009年）、《民法总则》（2017年），特别是2020年5月28日作为“社会生活百科全书”的《民法典》的出台，法律体系臻于完善。最高人民法院也结合审判实践，制定了大量司法解释，并通过《最高人民法院公报》发布典型案例，以解决法律适用争议。尤其是2019年《九民会议纪要》对很多问题具有一锤定音的意味，且多为《民法典》、2023年《公司法》所实际吸收。法官自身的司法能力也在整体提高，其认知也更为接近法律精髓实质。例如，2016年上海法院对“代孕子女抚养权纠纷案”① 所作的判决理由，已堪具国际先进意义。

还须承认，与民事立法、司法发展进步相对应，不可忽视的还有以史尚宽、王泽鉴先生为代表的学者学说对实务所产生的深远影响。例如，关于一时抗辩与永久抗辩权界定、负担与处分行为区分、取缔性与效力性管理规定效力不同等理念，可说是2012年《最高人民法院关于审理买卖合同纠纷案件适用法律问

---

① 参见林彦君：《全国首例因代孕引起的抚养关系纠纷案宣判》，载中国法院网2016年6月20日，https：//www. chinacourt. org/article/detail/2016/06/id/1911232. shtml。

题的解释》第3条、[①]《合同法解释（二）》第14条等精髓规定的由来，甚至还影响到《民法典》第193条（法官不得主动释明诉讼时效）、第215条（物权与债权效力区分）与第597条（无权处分的合同效力）、第153条（效力性强制性规定）的制定。而且，对学说的共识也增进了实务界的畅通交流，并在司法判决中屡有体现。例如，关于所谓“事后抵押”一般是“指债务人有多个普通债权人，在清偿债务时，债务人与其中一个债权人恶意串通，将其全部或者部分财产抵押给该债权人，因此丧失了履行其他债务的能力”（参见“光大银行与包头华达装饰厂等侵权纠纷案”[②]）。此种学说引用在刑事判决中乃不可想象。

第一节 民事法官的思考维度

一、民事法官应如何思考

基于实证的立场，本书所必须回答的第一个问题，是民事法官应如何思考。

通常，民事法官首先会审视案由，然后再审查原告的具体诉讼请求（上诉审为上诉理由）、被告的答辩意见（上诉审为被上诉人的答辩意见）及双方所提交的证据（上诉审主要审查是否有新的或一审未提交或未质证的证据，有时也会反其道而行之，即根据诉讼请求确立案由），并根据请求事项（诉讼对象）逐一判断能否成立、证据是否充分可采、找寻所应适用的法律规范（且受诉因限定），最后才会在不断权衡之下，作出裁判。

当然，上诉审法官主要针对一审判决所确定的事实是否有证据支持、所适用的法律规范是否正确进行审查。而一审法官则更为关注原告的诉讼请求是否与之提供的证据能够印证，应当选择适用哪一法律规范。并且，诉讼请求（或上诉理由）成为约束整个审判射程的核心（诉因限定），亦即基于不告不理的

① 已被2020年《修改民事司法解释决定》删除。

② 参见《最高人民法院公报》2010年第2期。

民事审理原则，对于原告（上诉审系针对上诉人）未提出的主张，法官不得超越而擅自判决［除非违反公序良俗，如“田九菊诉杨帆生命权纠纷案（‘电梯劝烟案’）”[①]］；而在外观上亦即庭审中，证据则成为了核心，其表征为举证、质证、认证这一庭审过程，究其实质则是确定案件事实、找寻法律规范的过程。

这充分体现了审判本身就是一个通过确立小前提（法律事实，即行为模式）、寻找大前提（法律规范，即假定条件），最终作出裁判结果（法律后果）的三段论所组成的涵摄过程。其实质是：法律事实判断→价值判断→实现正义的推理过程。

其中，从客观事实抽象出的，对案件客观事实作出符合法规范的事实（法律事实）认定，是法律事实判断，也是第一层次的法判断。此判断是根据民法规定，从众多的社会现实生活（生活联系）中抽象所来，且应具类型性。但仅此判断仍未完成司法作业。

作为具有司法决定权的法官尚需对法律事实作以下层次的判断，即是否符合法律目的、是否善意与正当、是否违反公序良俗之判断。此中判断，系价值判断，也是第二层次的法判断。最终才据此作出裁判意见，也就是实现法正义，此既是第二层次的价值判断，也是第三层次的法判断。

就价值判断与事实判断的区别而言，价值判断与人们的情感直接相关联，而事实判断与情感因素则只有间接的关联。所有价值判断都是关于应然的判断，回答的是“应当是什么”的问题，而所有的事实判断都是关于实然的判断，回答的仅仅是“是什么”的问题。[②]

为使判决结果（实现正义）符合法律事实的价值判断，法官必须就其规范目的符合性进行论证（包括内部论证与外部证成）。此论证不在于证明真理的存在，而在于证明某种法律规范适用的妥当或正确，即在有效力的法规范上作法律适用的合理性的推论和证明。所谓合理性，在形式上要求其合法，在实质

① 参见河南省郑州市中级人民法院（2017）豫民终14848号民事判决书。

② 参见张文显：《法理学》，高等教育出版社2011年版，第250页。

上则要求符合正义，[①] 而正义和一般效用将是指导审判进程的两个目标。[②]

然而，确定事实和寻找法规范究竟哪一个才是法官审理案件的核心过程、主要作业？对此，卡多佐的回答是，“我们的第一个追问应当是：法官从哪里找到体现在他的判决中的法律”[③]。因此，整个审判的核心就是如何去寻找法律规范（依据）。

接下来的问题是：

问题 7　法官怎样才能准确地找到案件的法律规范？

在无“先例”可循之前，法官应如何办理案件？在著名的佛山“香蕉分食案”[④] 中，两个幼童之间分享香蕉致人死亡的行为，通常情况下是肯定其监护人要承担责任的，但佛山法院又何以认定是“善意分享”（好意施惠）的行为，从而判决驳回原告的诉讼请求？在这里，是经验，而且是审判的经验，而并非对法条的熟稔，成为其中最有价值的力量。

当然，“遵循先例”，如上网检索同类案件判决，正日益成为法官的普遍操作。并且，最高人民法院也通过《最高人民法院公报》发布了大量司法判决指导审判，以期实现同案同判。因为，如果一个人不能在前人铺设的进程的坚实基础之上为自己的进程添砖加瓦，法官的劳动就会大大增加，以致无法承受。[⑤] 但是，若仅仅因案件事实相近就机械遵循，一旦该判决错误，遵循者是否免责？

答案显然为否。这是因为，法官办理案件，无论是认定案件事实（确定小前提），还是寻找法律规范（确定大前提），最后作出判决，实则都是在对法律进行适用解释。而法律之解释适用，一方面，须以实体法之规定为其依据；另

① 参见王泽鉴：《民法总则》，北京大学出版社 2009 年版，第 51 页。

② 参见［美］本杰明·卡多佐：《司法过程的性质》，苏力译，商务印书馆 2003 年版，第 45 页。

③ 参见［美］本杰明·卡多佐：《司法过程的性质》，苏力译，商务印书馆 2003 年版，第 4 页。

④ 参见《最高人民法院公报》2016 年第 11 期。

⑤ 参见［美］本杰明·卡多佐：《司法过程的性质》，苏力译，商务印书馆 2003 年版，第 94 页。

一方面又须兼顾社会需要及实际目的。在关于如何调和案件事实认定与法律适用之间关系的意义上，可谓系法学方法论上的问题。[①] 所以确立正确地找寻法律规范的法律方法，而非仅以先例来解释案件，是一个大陆法系或职权主义司法体制下的专业法官所应具备的能力及职责。而且，实际上，只有在某个“先例”判决是切合实际的解释以及无懈可击的推理的结果，亦即它是“正确”的范围内，它才会具有“约束力”以及规范性效力。反之，法院不仅有权利，而且有义务抛弃这一“先例”或对它进行修正。[②] 并且，法官不是计算工具，而是要运用大脑思维，这就需要建立一种基于经验的法律适用方法。

但是，在此还须强调，案件事实的查明和法律适用不能严格分开，因为所需查明的仅仅是与法律适用有关的事实。所以，在查明案件事实的时候，必须不断地想到所需适用的法律规范。有人形象地称为“目光来回穿梭”（于案件事实和法律规范之间）。[③]

二、法律适用方法

在这永恒的流变中，法官们所面临的实际是一个具有双重性的问题：首先，他必须从一些先例抽象出基本原则，即判决理由；然后，他必须确定该原则将要运行的发展——如果不是衰萎和死亡——的路径或方向。

——［美］本杰明·卡多佐

（一）请求权基础分析法

处理民事问题，基本上就在探寻一个支持一方当事人（原告）向他方当事人（被告）有所主张之法律规范（请求权基础）。这种根据具体的请求权而找

① 参见王泽鉴：《不法侵害他人之物之损害赔偿方法》，载王泽鉴：《民法学说与判例研究》（第3册），中国政法大学出版社1998年版，第274页。

② 参见［德］卡尔·拉伦茨：《德国民法通论》（上册），王晓晔、谢怀栻等译，法律出版社2013年版，第15页。

③ 参见［德］迪特尔·梅迪库斯：《请求权基础》，陈卫佐、张双根等译，法律出版社2012年版，第6页。

寻法律并进行审判的方法就是请求权基础分析法，即“谁，得向谁，为请求”。请求权基础之探寻也就是法律之解释适用。①

请求权基础分析法以论证翔实、体系严密而著称，其要求法官必须具备扎实的民法理论、具有缜密的逻辑能力、尊崇生活的经验，颇值推介。最高人民法院在2019年《九民会议纪要》中也提出应树立该种审判思维。

与之相对的，是法律关系分析法。

（二）法律关系分析法

作为司法决定者，法官对民事案件客观事实作符合法规范的法律事实判断，都是根据法律规定，从众多的社会生活关系中抽象出来的，具有类型性。这种社会关系由于系受民法所规范，所以被称为民事法律关系或法律关系。

民事法官办理案件，主要就是围绕法律关系（法律事实判断）对“行为自由与权益保护”进行利益衡量（价值判断亦即实质判断）的评价过程。而法官审理民事案件，主要考虑的就是法律关系。犹如审理刑事案件主要是按照构成要件这一主线加以思考一样，审理民事案件所需把握的最主要要素是法律关系。并且，它还决定着民事案由的确立。因为，民事案件案由反映案件所涉及的民事法律关系的性质，是对当事人诉争的法律关系性质进行的概括。在案件中存在多个法律关系时，只有与诉讼请求在法律上、事实上直接关联的法律关系才是案由（参见“浙江省德清县上武汽车修理厂诉董艳峰损害赔偿纠纷案”②）。

（三）本书采用法律关系分析法

本书贯彻的主要是法律关系分析法。并且，民事法官应当树立法律关系思维。法律关系思维的核心在于确定权利义务内容，并据此确定法律关系的性质。③

虽然请求权基础分析法与法律关系分析法有所不同，但在实质判断（请求

---

① 参见王泽鉴：《土地征收补偿金交付请求权与第225条第2项规定之适用或类推适用》，载王泽鉴：《民法学说与判例研究》（第7册），中国政法大学出版社1998年版，第115页。

② 参见《最高人民法院公报》2010年第6期。

③ 参见刘贵祥：《在全国法院民商事审判工作会议上的讲话（2019年7月3日）》，载最高人民法院民事审判第二庭编著：《〈全国法院民商事审判工作会议纪要〉理解与适用》，人民法院出版社2019年版，第63页。

权基础即法律关系中之权利）上，特别是在外部证成的论证上，二者是一致的。

三、民事案件审理的要素

当然，仅仅进行上述作业还远远不够。例如，法官在判断法律关系与责任（主要是违约、侵权责任）时，还要考虑构成二者之间联结点的具体侵权要件或违约要件亦即法律构成要件（法律要件）的内容（法律规范中除了法律效果的部分）。并且，作为实务中最为常见的侵权类与债务不履行类案件，过错与可归责事由也成为其中必须考量的要素，这一要素对于判定损害赔偿责任还具有至关重要的作用，从而具有独立的意义。而在价值判断（利益衡量）时，还要结合考虑对法律适用具体判断规则起到调控作用的法原则与法政策。

因此，根据司法经验的直觉，审理民事案件，所需注意审查、把握的系：当事人之间的法律关系、法律要件、过错责任（归责原则）、利益衡量、法律原则、法政策六项要素。

其中，法律关系是最为重要的要素。现代民法的一切核心问题也都是奠基于法律关系基础上、围绕法律关系所展开的。法律要件既是居于法律关系之下，也是充任或满足各种法律关系、组成各种具体法律关系、使法律关系“归入”于法律规范之中的基本要素。过错责任，即可归责事由则既涵盖于其中而又独立于其外（在被侵权人也具有过错的情况下）。法律原则作为民法的基本目的或价值取向，平等（《民法典》第4条）、意思自治（《民法典》第5条）原则不但贯穿于《民法典》全部；与刑法原则不同的是，基于对法律漏洞的补充及成文法局限的克服，诚实信用原则（《民法典》第7条）、公序良俗原则（《民法典》第8条）作为：“权利义务之指导原则”,[①] 甚至有时还会“浮出水面”，直接适用于具体案件。法政策则常常隐藏身后，并在一定条件下发挥着其独有的、调控法律关系的设立与价值取向等功能（起到“水闸”或“蓄水池”作用）。

① 参见史尚宽：《民法总论》，台北，正大印书馆1981年版，第30页。

第二节 法律关系为轴心的实务考察

一、法律关系的本质

（一）法律关系是具有法意义的社会关系

民事法律关系是由民法规范所调整并由民法确认和保护的一种法律关系，[①]且被习惯地简称为法律关系。

法律关系的本质是因法律规定而在作为权利主体的人与人之间发生的权利义务关系，其实质要素是权利以及与此相关的义务或法律约束[②]，即依法律所生之状态。[③] 法律关系须具法意义。因为，法律并不是一种可以让任何社会关系素材随意塞进去的形式，而是一种不可拒绝地要去表现这些素材的形式。[④]因此，一般社交关系如同学聚会、郊游乃至男女恋爱，不是法律关系。[⑤] 但在故意有违公序良俗的侵权行为的场合，则具法意义，从而成为法视角下的法律关系（参见北京“张灵芝、周淑芹等诉汤斌、李万杰等生命权、健康权、身体权纠纷案”）。

（二）须对法律关系作抽象化考察

由于社会关系非常复杂、宽泛，故须对其抽象化。因为唯有抽象化，才能体系化；而唯有体系化，才能制度化。

通说认为，基于对法律关系的不同抽象，首先产生的是人身关系（又分为人格关系与身份关系）与财产关系（以财产所有与流转为内容，又分为物权关系与债权关系）两大法律关系。并随着进一步法抽象，在财产关系中又具体分

---

① 参见王利明、杨立新等：《民法学》，法律出版社 2015 年版，第 30 页。

② 参见［德］卡尔·拉伦茨：《德国民法通论》（上册），王晓晔、谢怀栻等译，法律出版社 2013 年版，第 259 页。

③ 参见史尚宽：《民法总论》，台北，正大印书馆 1980 年版，第 266 页。

④ 参见［德］拉德布鲁赫：《法学导论》，米健译，商务印书馆 2013 年版，第 49 页。

⑤ 参见梁慧星：《民法总论》，法律出版社 2004 年版，第 55 页。

化出合同、侵权（二者均为债权关系）、所有权、用益物权、担保物权（三者均为物权关系）等法律关系。在身份关系中则产生了监护、婚姻、继承（法定继承权为身份权是实务的通常理解[①]）等法律关系（见图 3-1）。

↗a.人格利益
↗（1）人身关系→b.身份关系：监护、婚姻、继承
民事法律关系　↗d.债：合同、缔约过失、无因管理、不当得利、侵权行为
↘（2）财产关系→c.物权：所有权、用益物权、担保物权
↑　↘e.知识产权：著作权、专利权、商业秘密
↑←←———侵权责任法

图 3-1　法律关系

结论：人身关系+财产关系→民事法律关系

在法律关系之中，主体、客体、权利义务及其变动和变动原因[②]等四项要素具有重要的判断意义。而且，为便于实务观察，民法学说上还将上述四个要素分别抽象为动（权利义务及其变动和变动原因）、静（主体和客体）两种构成要素，从而贯穿了整个民法体系。这也是法官适用民法的解释主线。上述四项要素中，最为重要的是权利。在近现代民法体系中，权利因体现了对人的尊严的尊重从而成为整个民法体系的核心，以至于主体、客体、权利义务及其变动和变动原因，也被称为权利主体、权利客体、权利内容和权利变动原因。

二、权利主体

史尚宽先生指出，“权利”主体有两层含义：其一就特定权利，言其所归属者；其他谓得为权利之资格。权利主体通常系指后一意义而言，又称为权利能力（包括义务能力），权利能力又与人格有同一意义。[③] 因此，所谓权利主体，指能够参加法律关系而享有民事权利、承担民事义务的法律资格。[④] 权利主体包括自然人、法人以及非法人组织（《民法典》第 2 条）。

---

① 参见李俊杰：《法定继承权可以放弃但不得转让》，载《人民司法（案例）》2018 年第 5 期。

② 参见梁慧星：《民法总论》，法律出版社 2004 年版，第 56 页。

③ 参见史尚宽：《民法总论》，台北，正大印书馆 1980 年版，第 71 页。

④ 参见梁慧星：《民法总论》，法律出版社 2004 年版，第 56 页。

该法律资格也决定了参与民事诉讼的主体须具有适格性（参见“广西北生集团有限责任公司与北海威豪房地产开发公司等土地使用权转让合同纠纷案”①），而且不具备诉的利益者不是适格的当事人。

（一）作为人类社会生活核心的自然人

自然人是整个人类社会生活的核心，也是所有法律关系主体中最为基本的主体。② 法人与其他非法人组织不过是根据法律规定所设立的由多个自然人的集合而已。因此，民法对于自然人，从出生直至死亡乃至于失踪均有规定。

1. 自然人的权利能力始于出生终于死亡

问题 8 胎儿的权利是否应受保护？

权利能力是自然人最为重要的人格要素。民法的一切规定实则均系围绕权利能力所展开。民法系贯彻“自然人的权利始于出生终于死亡”之权利观[《民法典》第 13 条（《民法通则》第 9 条）]。因此胎儿与死者并无权利，亦无受法律保护之利益。对于尚未脱离母体的胎儿利益问题，《继承法》作特别保护（第 28 条），乃是一种溯及的法律资格赋予。《民法典》重申了这一立场并扩及于接受赠与（第 16 条）。实务中曾对胎儿出世后单独起诉其在母体中因遭受损害而请求赔偿案予以溯及地承认（参见“王德钦诉杨德胜等交通事故损害赔偿案”③），学说上认为系基于承认胎儿的利益所给予的保护。但是，《民法典》并未具体承认该项利益得独立请求保护。此尚待实务的发展促进。

问题 9 死者名誉应如何保护？

死者并无权利能力，故无人格，因此自然人死亡后无受法律保护之权利。

① 参见《最高人民法院公报》2006 年第 9 期。

② 参见张文显：《法理学》，高等教育出版社 2011 年版，第 114 页。

③ 参见《最高人民法院公报》2006 年第 3 期。

但其人格利益仍应受保护。[①]《民法典》肯定死者名誉受到侵害的，其配偶、子女、父母有权请求行为人承担民事责任（第 994 条前段规定）。这端赖于实务对于侵害死者名誉（一种具体人格利益，又称为权益）保护的实践发展。如最高人民法院对“荷花女案”所作的批复（〔1988〕民他字第 52 号）：“作者以虚构事实、散布隐私等方式毁损死者（艺名‘荷花女’）的人格，构成侵犯名誉权。”虽然该批复承认的系死者生前的民事权利，但应解释为是基于承认一种人格利益，该利益是社会利益和个人利益的结合。[②] 但在确定权利主体时可以认为系针对死者近亲属对死者的追思权所作的保护，“视同人格上利益加以保护”[③]。“对于死者名誉毁损，往往侵害遗族之名誉，应得以为遗族名誉之侵害。”[④] 实务中对这种遗族的追思权保护应作限缩解释，并限于具有较近亲缘关系者（以三代内有血亲关系者受保护为宜）。因遗族对故人敬爱追慕之情于故人死亡当时最为深刻，随着经历时间经过而逐渐减轻，就与先人有关之事实，亦因随着时间经过而逐渐成为历史。[⑤] 在死者无直系血亲，其本人没有配偶的场合，与其有三代以内旁系血亲的近亲属提起告诉的，实务部门在“彭某惠（彭某珍烈士之妹）诉《中国故事》杂志社名誉权纠纷案”[⑥] 中即采支持立场，且为《民法典》所采纳（第 994 条后段规定）。并且，《民法总则》针对屡有侵害英雄烈士名誉的事件发生，将之作为损害社会公共利益的案件（参见“葛某生、宋某保诉洪振快名誉权、荣誉权纠纷案”[⑦]），乃给予特殊保护（第 185 条）。《刑法修正案（十一）》还将这种公共利益上升为刑法法益（《刑法》第 299 条之一规定的侵害英雄烈士名誉、荣誉罪）。

2. 自然人的意思能力受特殊关注

自然人于权利能力之外，其意思能力（又称识别能力）因系行为能力、责

① 参见王利明、杨立新等：《民法学》，法律出版社 2015 年版，第 739 页。

② 参见最高人民法院侵权责任法研究小组编著：《〈中华人民共和国侵权责任法〉条文理解与适用》，人民法院出版社 2010 年版，第 27 页。

③ 王泽鉴：《侵权行为》，北京大学出版社 2009 年版，第 145 页。

④ 史尚宽：《民法总论》，台北，正大印书馆 1980 年版，第 77 页。

⑤ 参见王泽鉴：《侵权行为》，北京大学出版社 2009 年版，第 145 页。

⑥ 参见《最高人民法院公报》2002 年第 6 期。

⑦ 参见《人民法院案例选》2018 年第 7 辑。

任能力之基础，故为民法所特别关注，并为此建立了对未成年人以及意思能力不完备者的特别保护即监护制度（《民法典》总则编第 2 章第 2 节），以补足其智力、精神健康状态的不足（监护与法定代理系“形二而实一”关系）。这是因为，民法以意思自治为基本理念，因此意思能力被赋予沟通理性的价值，是当事人参与生活，享有权利和负担义务的法律伦理基础。

意思能力是民事权利能力者能够理解自己的行为并且预见其结果的心理能力。① 因此意思能力包括合理的认识力及预期力。所谓认识与预期，指对于行为及其法律上的效果或事实的结果，有认识或预期。意思能力是事实上的内在心理能力，与法律所赋予的权利能力及行为能力不同。但行为以意思能力为基础，为此学说上基于行为发生法律上的效力有 3 类：第一，认识行为的本身，且预期其法律上的效果而为之行为，所预期法律上之效果，因以发生的，是法律行为。第二，基于认识行为的本身而为之行为，不问行为人的预期与否，发生一定法律上的效果的，是法律的行为或法律上的行为。第三，认识行为本身，且预期其事实上的结果而为的行为，或因过失未及认识预期而为的行为，对于行为人有使其负行为责任的法律效果的，是违法行为。② 民法基于自然人意思能力的健全与否，设有无行为能力与限制行为能力等不同规定。由此可见，在法律上，人的第二个有重大意义的能力就是行为能力。对不满十八周岁的未成年人，原《民法总则》改变《民法通则》以“十周岁”作为区分无行为能力人与限制行为能力人的年龄界限，而改为“八周岁”，并对限制行为能力人“纯受利益的行为”采肯定立场（第 19 条）。唯所例外的是，对于“十六周岁以上的未成年人，以自己的劳动取得收入为主要生活来源的，视为完全民事行为能力人”（第 18 条第 2 款）。

（二）法人分类的理论分歧及其实务演进

《民法典》第 57 条规定：“法人是具有民事权利能力和民事行为能力，依法独立享有民事权利和承担民事义务的组织。”可见，我国民法对法人本质系

---

① 参见张俊浩主编：《民法学原理》，中国政法大学出版社 1991 年版，第 78 页。

② 参见史尚宽：《民法总论》，台北，正大印书馆 1981 年版，第 92 页。

采法人实在说中的组织体说立场。虽然在《民法典》出台之后最高人民法院又转而倾向于法人拟制说,[①] 但是，法人拟制说不能解释法人侵权责任等问题。[②]因为，法人本身的基本特征是它自身作为一个法律实体与其作为法律实体的成员或者职能机关的个人相分离，从而其本身能作为法律主体，享有权利和承担义务，具有与自然人相同的地位。然而它不是从人这个字的原始意义和伦理意义说的人，只是在法人的形式化意义上说的，它只是意味着权利能力而已。法人只是一种社会产物。[③]

1. 关于法人的分类

法人最主要的特征是具有独立于其投资人及其成员的财产。基于该独立财产的存在，法人才能独立承担责任（《民法典》第60条）。并且，公司与股东的财产混同及财务人员的混同也是个案中“刺破公司面纱”的本因（参见2023年《公司法》第23条及2019年《九民会议纪要》第10条）。

学说上关于法人有社团法人与财团法人之分。[④] 前者主要体现人合性，如各种有限责任公司以及政府机关。后者则体现财产性而非人合性，如基金会、寺庙。此外，还有营利法人（如公司）与公益法人（如学校、基金会）、中间法人（如校友会）以及公法人与私法人等不同划分。[⑤]

我国民法并未采取学说上的分类方法。《民法典》总则编虽规定了营利法人（第3章第2节），而改变了原《民法通则》体例，但对应的却是非营利法人（第3章第3节），亦未采取学说公益法人对应分类通例。尽管承认捐助法人（第92条）包括基金会、社会服务机构、宗教活动场所等，以及为弥补机关法人、农村集体经济组织法人、城镇农村的合作经济组织法人、基层群众性自治组织法人等社团法人的分类不足，特设特别法人（第3章第4节第96条）。

① 参见最高人民法院民法典贯彻实施工作领导小组主编：《中华人民共和国民法典总则编理解与适用》，人民法院出版社2020年版，第308页。

② 参见史尚宽：《民法总论》，台北，正大印书馆1980年版，第141页。

③ 参见［德］卡尔·拉伦茨：《德国民法通论》（上册），王晓晔、谢怀栻等译，法律出版社2013年版，第180~181页。

④ 参见史尚宽：《民法总论》，台北，正大印书馆1980年版，第123页。

⑤ 参见史尚宽：《民法总论》，台北，正大印书馆1980年版，第122~125页。

私立学校或民办学校，是否可归属于非营利性法人，因涉及担保效力问题，实务中存有疑问。根据2016年11月修改后的《民办教育促进法》对民办学校实行营利性与非营利性分类管理的规定，民办学校也有作为营利性法人的定在，由于其具有营利性的设立目的，故肯定担保效力。就非营利性的民办学校为其他营利法人提供担保（保证）有无效力，最高人民法院认为，应以该民办学校是否以公益为目的为考察要件（决定其有无效力），对此应综合审查其登记情况和实际运行情况。如认定保证合同无效，而主合同有效的，应根据保证人的过错程度酌情确定其承担相应责任。[①] 实际上，营利法人与非营利法人的主要区别在于是否分配给社员（成员）以营业利益，而不在于法人本身是否营利。[②] 并且，营利性民办学校举办者主张行使知情权的，人民法院可以类推适用《公司法》相关规定（参见“上海佳华企业发展有限公司诉上海佳华进修学院股东知情权纠纷案”[③]）。

2. 营利法人应负抽象的轻过失责任

需特别提及的是，以营利为目的的营利法人（《民法典》第76条），在民法特别法（如《公司法》）中系为商法人，而贯彻并不同于普通自然人的注意义务（应负抽象的轻过失责任）。例如“俞某水与中国工商银行上海市鞍山路支行、杨浦支行储蓄存款合同纠纷案”[④]：徐某和被告鞍山路支行客户经理陈某诱骗俞某水前往该行存款。在办理开户手续时，陈某偷偷代俞某水开通网上银行并领取了U盾。俞某水与陈某、徐某签订一份委托书，约定由俞某水存入杨浦支行2500万元，期限一年。陈某以被告委托代理人的名义在该合同上签字，并利用职务之便，在合同上偷盖了杨浦支行的业务章。俞某水将2091万元存入上述账户，徐某则将“高额息差”409万元转入该账户。当日下午，徐某即利用冒领的U盾登录网上银行将2500万元转账支取。后徐某、陈某因诈骗罪被判刑。俞某水以存单到期为由起诉，请求判令二被告兑付其存款本金2500万元

① 参见最高人民法院（2017）民终297号民事判决书。

② 参见史尚宽：《民法总论》，台北，正大印书馆1980年版，第124~125页。

③ 参见《最高人民法院公报》2019年第2期。

④ 参见《最高人民法院公报》2015年第3期。

及利息。司法判决认为，相对于普通储户而言，银行更有条件防范犯罪分子利用银行实施的犯罪。而且，俞某水于存款前已尽合理注意义务。因此，俞某水与被告鞍山路支行的储蓄存款合同合法有效。在储蓄存款合同关系中，储户将存款存入银行后，资金所有权即归属于银行，储户则享有向银行主张本息的债权。俞某水未领取追赃款的行为并不影响其依据储蓄存款合同法律关系向二被告主张债权。此即贯彻商法人应负抽象轻过失的注意义务。

（三）非法人组织的范围与合伙问题

非法人组织包括个人独资企业、合伙企业、不具有法人资格的专业服务机构（《民法典》第102条）。非法人组织并非仅具有象征意义，其于民法中系与法人相对，在刑法中则与法人共同组成单位犯罪的行为主体。

实务中，对于不具有法人资格的组织如前述案例中的工商银行鞍山路支行，只要取得营业执照，就肯定其具有独立的诉讼能力。这是基于该公司组织体过于庞大、涉诉过多的现实。与此具同一旨趣的，是在保险公司支行收取了保险费并出具了发票后，却辩称不是“适格被告”，实务部门因之而不予支持。①

此外，实务中有观点提出民事合伙与商事合伙的区分适用，认为《民法总则》缩小了合伙的范围，而与实践不符。② 这种观点是正确的。另需明辨的是，合伙企业与个人合伙并不完全相同。合伙具有团体性，因欠缺组织体的结构，本不能作为享受权利、负担义务的主体（系由各合伙人享受、负担），但合伙企业则有权利主体能力。因此，合伙的规定不适用于合伙企业。③

问题10 后加入原个人独资企业的合伙责任如何承担？

在当事人约定合伙经营企业仍使用合资前个人独资企业营业执照，且实际

① 参见杜万华主编、最高人民法院民事审判第一庭编：《民事审判指导与参考》（总第61辑），人民法院出版社2015年版，第284页。

② 参见安徽省蚌埠市中级人民法院（2016）民终字1417号民事判决书。

③ 参见［德］卡尔·拉伦茨：《德国民法通论》（上册），王晓晔、谢怀栻等译，法律出版社2013年版，第187页。

以合伙方式经营企业的场合，如“双盈贸易有限公司诉联达机械厂、魏恒聂等买卖合同纠纷案”[①] 的司法判决认为，应据实认定企业的性质。同时，该案判决正确地指出：各合伙人共同决定企业的生产经营活动，也应共同对企业生产过程中对外所负的债务负责；合伙人故意不将企业的个人独资企业性质据实变更为合伙企业的行为，不应成为各合伙人不承担法律责任的理由；合伙企业债务的承担分为两个层次：第一顺序的债务承担人是合伙企业，第二顺序的债务承担人是全体合伙人。《合伙企业法》第 39 条所谓的“连带责任”，是指合伙人在第二顺序的责任承担中相互之间所负的连带责任，而非合伙人与合伙企业之间的连带责任（合伙人对合伙企业不能清偿的债务部分承担无限连带清偿责任）。

三、权利客体辨析及赃款用于投资股票的处理

（一）权利客体概念之解析

与权利主体相对，所谓权利客体（法律关系客体），按照王利明教授所代表的观点，是指民事权利和民事义务所指向的对象，主要为物、行为、智力成果，以及人身利益，并认为人格权客体为存在于权利人自身的人格利益，身份权客体为存在于具有一定身份关系的他人的利益。[②] 但是，客体是相对于权利主体而言，并依权利种类、性质不同而异。人是法律的终极目的而不是手段与工具。因此，人格利益与身份利益就仅能作为保护客体（法益），而与物权的客体为物、债权的客体为债务人、知识产权的客体为权利人的精神创造这种“法律关系”的“客体”在本质上并不同。此外，权利本身亦得为其他权利的客体，如权利出质。[③] 因此，该观点所作界定还是未能完全揭示权利客体系权利“指向”这一实质。对此，史尚宽先生指出：“权利以有形或无形之社会利益为其内容或目的，例如，物权以直接排他的支配一定之物为其内容或目的，债权以要求特定人之一定行为为其内容或目的，为此内容或目的之成立所必要

① 参见《最高人民法院公报》2011 年第 7 期。

② 参见王利明、杨立新等：《民法学》，法律出版社 2015 年版，第 30~31 页。

③ 参见王泽鉴：《民法概要》（第 2 版），北京大学出版社 2011 年版，第 56 页。

之一定对象，为权利之客体。物权之客体为一定之物，债权之客体为特定之人，人格权之客体为人之本身，亲属权之客体为立于一定亲属关系之他人，无体财产权之客体为精神之产物。故权利之客体，依各种之权利而有不同。”① 王泽鉴先生对此段论述的解释是：第一，狭义的权利客体指在法律上为支配的对象，除物、精神上之创造外，尚包括物权（如抵押权）及债权等财产权在内。第二，人系权利主体，非权利的客体。人格权的客体为人之本身，系以人之本身为人格权的存在基础及其直接现实的表现，乃应受法律保护的对象，而非被支配的客体。亲属权（身份权）蕴涵人格关系，并具有义务性质，亦非以立于一定亲属关系之人为支配客体。所谓债权的客体为特定之人，乃指债权以特定债务人为对象，债务人负有一定作为与不作为的义务，债权人有请求给付的权利，但对债务人的人身或给付行为并无支配的权利。债务人在债之关系上乃居于主体的地位。第三，财产（企业）系各种权利的总体，其本身不得作为权利的客体。在现行法上并无一种以“财产”（或企业）作为客体的权利。② 实际上，权利客体使用于两种意义，这两种意义是这样区别的：第一种是指支配权或利用权的标的，这是狭义的、作为第一顺位的权利客体；第二种是指权利主体可以通过法律行为予以处分的标的，这是第二顺位的权利客体。第二顺位的权利客体是权利和法律关系（权利关系）。民法在使用标的（标的物）这一词语时，总是把它和一个处分的法律行为，或者与一个处分权结合在一起，这就是第二顺位的权利客体，也就是处分的标的的意思。③

（二）物权客体：物

所谓物是指存在于人身之外、为人力所能支配而且能够满足人类某种需要的有体物及自然力。④ 民法并采物权法定原则（《民法典》第116条）。虽然物是对于人而言的，但是，从人体上分离出的头发、指甲、血液乃至器官，如无

① 史尚宽：《民法总论》，台北，正大印书馆1981年版，第221~222页。

② 参见王泽鉴：《民法总则》，北京大学出版社2009年版，第196页。

③ 参见［德］卡尔·拉伦茨：《德国民法通论》（上册），王晓晔、谢怀栻等译，法律出版社2013年版，第377~378页。

④ 王泽鉴：《民法概要》（第2版），北京大学出版社2011年版，第57页。

回复人体的必要与可能，亦是物。反之，对于为期待将来生育而提取的卵子、精子，则应视为人体之部分。即使提供者均已死亡的，所形成的胚胎仍与继承人具有高度人格关系，从而处于继承人的监管与处置的范畴之内。

物主要有不动产与动产（《民法典》第115条）、有体物与无体物（惯常生活观念上的而非民法学说上的，如电力、频率、信息）、主物与从物、原物与孳息等划分方法。有价证券亦是物（《票据法》第2条第2款），且是动产［可发生质权效力（《票据法》第35条第2款）］。

区分不动产与动产的意义在于二者的公示方法不同。不动产要发生移转的物权效力，需要登记（《民法典》第209条）；而一般动产只需转移占有（交付），即可发生物权效力（《民法典》第224条）。在“俞某水案”中，俞某水在银行柜台处将现金移转交付柜员甲，甲作为银行的代理人（占有辅助人）接收后即为占有，现金作为动产，其所有权因之发生移转变动的效力（货币乃实行“占有即所有”的原则），该资金已属银行所有，因此陈某与徐某所侵害的实际是银行的物权。

在民法学说上，通常认为物须为有体或有形。[①] 无形物当仅为无形智慧产权之客体。与物相对应的应是无形的权利，如请求权。[②] 这充分体现了在民法学说上与日常生活观念上的不同。但上述区分并不适用于对刑事案件性质的判断。这是因为，刑法法益往往是生活中（事实）的，而民法对于物的概念往往是观念上的。

区分原物与孳息（《民法典》第321条）对于没收违法所得财物特别是赃物追缴问题的判断亦具有价值。例如，某抢劫犯以所劫数十万元现金投资某股票，多年后该股票已增值至数千万元，且获分红若干，应如何处理？首先须肯定的是，此与在国有企业改制过程中，行为人通过隐瞒国有资产并报亏损，转而又以“零投入”进行投资入股并实际占有、控制该企业，此后又转卖股权而

① 参见史尚宽：《民法总论》，台北，正大印书馆1980年版，第221页；王泽鉴：《民法总则》，北京大学出版社2009年版，第199页。

② 参见［德］迪特尔·梅迪库斯：《德国民法总论》，邵建东译，法律出版社2013年版，第875页。

变相贪污的行为（参见第 14 章第 7 节）不具同一意义。原因在于，企业资产具有变形性特征，行为人贪污既遂系实现于其实际占有、控制企业之时，故可以直接认定该变现赃款为违法所得，并依据《刑法》第 64 条的规定予以追缴或责令退赔。而就该抢劫犯以赃款投资股票并获巨额增长利益的，虽然首先应考虑的是其所换取的是股权即股东权利，而在股东权利之下才是股东的私益与共益权利问题，由于股份的利益分配并非股金使用的对价，而且股东也并无股金返还请求权，因此似乎就不宜对该抢劫犯的股票权利及其收益以孳息而予以追缴，但由于其股票投资与赃款具有直接的对应性，仅体现了赃款的变形性，故仍得对其予以没收，并根据孳息从于原物原则，得对其所获分红款项亦予追缴。正是在此意义上，2021 年《刑诉法解释》第 443 条第 1 款规定："被告人将依法应当追缴的涉案财物用于投资或者置业的，对因此形成的财产及其收益，应当追缴。"

（三）知识产权客体：智力成果或精神创造

智力成果是脑力劳动的产物或结果，又可谓无形智慧产权，知识产权为其典型，具体又有著作权、专利权、商标权、商业秘密之分（《民法典》第 123 条），并均为知识产权的客体。智力成果是人类社会进化的成果。但是，窃取上述智力成果并不会成立盗窃罪（参见《刑事审判参考》第 609 号指导案例"杨俊杰等侵犯商业秘密案"[①]），因为不会发生犹如财物或财产性利益因之转移而失控取得财产罪的结果。

四、权利的本质与作用——权利概念构成了整个世界的核心

作为法律关系内容中最重要的要素，权利为主观化的法律，法律为客观化的权利。[②] 并且，权利概念构成了整个世界的核心。[③]

（一）权利的概念

权利系依法律担保，贯彻主张某利益的可能性，或谓之法律赋与人格者

① 参见中华人民共和国最高人民法院刑事审判第一、二、三、四、五庭主办：《刑事审判参考》（总第 73 集），法律出版社 2010 年版，第 156 页。

② 参见王泽鉴：《民法概要》（第 2 版），北京大学出版社 2011 年版，第 31 页。

③ 参见［德］拉德布鲁赫：《法学导论》，米健译，商务印书馆 2013 年版，第 92 页。

（自然人、法人）之力。此即耶林提倡的“权利者法律所保护之利益”之客观说。[①]

由于权利是由法律之力所保护的一种类型化的特定利益，因此，权利以有形或无形之社会利益为其内容或目的。例如，物权以直接排他地支配一定之物为其内容或目的，债权以要求特定人之一定行为为其内容或目的。[②] 在此意义上，我们可以将一个人在某个特定时刻依法享有的东西的总和，亦即这个人全部的权利或受法律保护的利益的总和，称之为权利范围。权利范围说包含着这样的思想：不能在理念上把人简单地从他的权利范围中分离出来。损害人的权利范围，也间接地损害人本身。因此，在诉讼中，当事人主张的并不仅是实体上的诉讼客体，还是为了维护自身的尊严。[③]

被保护的利益并不是漫无边际的。权利之外的财产性利益的损失，往往又被称为纯粹的经济损失。但是，实务对此应予类型化的限定。[④] 因此，应仅限于对：（1）故意以违反公序良俗的方法加损害于他人的；（2）违反保护他人权利之法律的侵权行为所致的纯粹经济损失予以保护。并且，还须结合法律的具体规定、规范目的予以区别判定。此项区别权益，以不同的要件加以保护的规范模式，旨在合理界限行为自由与权益保护。[⑤]

（二）权利的本质：人身权、财产权和综合性权利

下面讨论的是民事权利的最基本也是最重要的分类形式，系根据权利的具体内容和本质属性，即利益进行的划分。

1. 人身权与一般人格权保护的实务拓展

所谓人身权是以人身所体现的利益为内容、与权利人的人身不可分离的权

---

① 参见史尚宽：《民法总论》，台北，正大印书馆 1980 年版，第 13 页。

② 参见史尚宽：《民法总论》，台北，正大印书馆 1980 年版，第 221 页。

③ 参见［德］卡尔·拉伦茨：《德国民法通论》（上册），王晓晔、谢怀栻等译，法律出版社 2013 年版，第 48~49 页。

④ 参见王泽鉴：《侵权行为》，北京大学出版社 2009 年版，第 308 页；最高人民法院侵权责任法研究小组编著：《〈中华人民共和国侵权责任法〉条文理解与适用》，人民法院出版社 2010 年版，第 26 页。

⑤ 参见王泽鉴：《侵权行为》，北京大学出版社 2009 年版，第 342 页。

利，包括人格权和身份权。前者以人格利益如生命、健康、名誉等为具体内容并排斥他人侵害，并具有两个特性：绝对性（绝对权）与一身专属性，即不可让与或继承。① 人格权保护制度的建构及完善系法律发展的里程碑，人格权保护体系系以宪法为基础并系受宪法保护的基本权利，体现人性尊严及人格自由的价值体系，对此刑法上设有故意杀人罪、伤害罪、侮辱罪、强奸罪等禁止性规定，以保护个人的人格利益。② 需特别提及的是，法人与其他组织就非专属于自然人的人格权，也具有人格权（如姓名权、名誉权）。只不过对于商法人、组织而言，往往表现的是名称权、商业信誉。

对人格权的保护，通过实务现已发展为对一般人格权，即人格尊严与人格自由的保护（《民法典》第109条）。这是因为，民法以人为本位，以人之尊严为其伦理基础，对人格的保护为民法的首要任务。人格包括能力、自由及人格关系。人、权利能力及权利主体构成三位一体，不可分割。自由为人格活动的基础，且为一种使命。如某超市因怀疑顾客张某私自夹带了物品而予以留置搜查一案（“超市搜身案”）中，虽然张某的人身并没有受有实际损害，但超市仍被判决赔偿精神损失。

2. 财产权

财产权以财产利益为直接内容。主要分为物权和债权。在民法上，债权法（我国《民法典》为合同编与侵权责任编）与物权法（《民法典》物权编）系财产法的两个主要领域，共同组成财产法的体系。③

物权是权利人依法对特定的物享有直接支配和排他的权利（《民法典》第114条第2款），具有对世性。在学说上，根据民法规定，物权有完全物权（所有权）和不完全物权［用益物权与担保物权（抵押权、质权、留置权）］之分。此外，基于习惯，典权也为实务所承认（参见“李金华诉立融典当公司典当纠纷案”④）。

---

① 参见王泽鉴：《侵权行为》，北京大学出版社2009年版，第144页。

② 参见王泽鉴：《民法总则》，北京大学出版社2009年版，第131页。

③ 参见王泽鉴：《民法物权》（第2版），北京大学出版社2010年版，第6页。

④ 参见《最高人民法院公报》2006年第1期。

债权是因合同、侵权行为、无因管理、不当得利以及法律的规定，权利人请求特定义务人为或者不为一定行为的权利（《民法典》第118条）。因需相对人为特定“给付”，从而具有相对性，仅具有对人性，无须为社会公众所周悉。但债权有时也具有物权性，如债务免除，在学说上被称为准物权行为。

债权与物权在功能及法律适用上具有密切关系：第一，功能上的关联。债权与物权具有功能上的关系与互补的作用。物权的变动多以债权为其原因行为。民法系采物权法定原则，当事人不能创设法律上未规定的物权，常须以债权来满足其需要。如当事人得以合同订立债权的优先购买权。第二，在债权法规定的物权关系。债之关系有附随其他制度在《民法典》物权编规定的，如侵害物权，造成权利人损害，权利人可以请求损害赔偿（《民法典》第238条），质权人因保管不善致使质押财产毁损、灭失的，应当承担赔偿责任（《民法典》第432条）。物权关系亦有附带在债权法里面的，如承揽人对完成的工作成果享有留置权（《民法典》第783条）。第三，最值得注意的是债权与担保物权的关系。担保物权旨在保障债权，具有诱导债权发生的功能。债权本身亦可作为权利质权之标的。但是，随着理论发展和事实的需要，物权与债权的关系在许多方面业已相对化。如物权让与和信托约款的结合形成的让与担保制度。①

3. 综合性权利

所谓综合性权利主要指知识产权（《民法典》第123条）及社员权（如《公司法》规定的股东权），既有人身权又有财产权的内容。②

就知识产权或无体财产权之侵害，因他人利用其智能的作物，而妨害其权利之独占的利用而成立。③

就股权的性质，最高人民法院认为，根据《公司法》的规定，股票所代表的股权的内容包括自益权和共益权，其中的自益权主要包括股利分配请求权、剩余财产分割请求权、新股认购优先权等权利。因此，盗卖投资者股票获取价金，不仅侵害了投资者的股票所代表的当时的股权价值，也使投资者基于其股

---

① 参见王泽鉴：《民法物权》（第2版），北京大学出版社2010年版，第6~7页。

② 参见王利明、杨立新等：《民法学》，法律出版社2015年版，第33页。

③ 参见史尚宽：《债法总论》，台北，荣泰印书馆股份有限公司1978年版，第130页。

东地位本应享有的其他权利分配请求权遭受损害（参见“张春英与中国工商银行昌吉州分行、新疆证券公司等财产损害赔偿纠纷案”① ），即肯定股权系一种综合性权利。

（三）权利的作用：支配权、请求权、抗辩权和形成权

根据权利的作用，亦即法律赋予不同权利以不同的保障力，而作如下划分。

1. 支配权

支配权是指直接支配权利客体，并享受一定的利益。物权、知识产权即属于支配权。支配权有绝对性及不可侵性。其侵害之结果，发生物权请求权或损害赔偿请求权。② 但是，人身权的实质是一种受尊重的权利，一种人身不可侵犯的权利，因此人身权不是支配权。③ 支配权往往需要公示，如不动产需要登记。并且，侵犯支配权益情节严重的行为，多会成立犯罪，如盗窃罪、抢劫罪、侵害商业秘密罪。

2. 请求权及是否能够提起附带民事诉讼的“分水岭”认定机理

请求权是发生在特定的相对人之间的一方要求对方作为或不作为的权利。相对人的作为或不作为称为给付。④ 根据产生的基础关系不同，请求权又分为债权请求权、物权请求权、占有保护请求权、人格权和身份权上的请求权、知识产权请求权。⑤ 请求权在权利体系中系居于枢纽地位。因为任何权利，无论是相对权还是绝对权，为发挥其功能，或回复不受侵害的圆满状态，均须借助于请求权的行使。⑥ 而且，请求权的实现，必须通过司法途径。⑦

请求权与债权作为请求对方为特定给付的内容具有相似性，但二者并非等

---

① 参见《最高人民法院公报》2013 年第 2 期。

② 参见史尚宽：《债法总论》，台北，荣泰印书馆股份有限公司 1978 年版，第 130 页。

③ 参见［德］卡尔·拉伦茨：《德国民法通论》（上册），王晓晔、谢怀栻等译，法律出版社 2013 年版，第 379 页。

④ 参见史尚宽：《民法总论》，台北，正大印书馆 1980 年版，第 20 页。

⑤ 参见王利明、杨立新等：《民法学》，法律出版社 2015 年版，第 34 页。

⑥ 参见王泽鉴：《民法总则》，北京大学出版社 2009 年版，第 101 页。

⑦ 参见［德］迪特尔·梅迪库斯：《德国民法总论》，邵建东译，法律出版社 2013 年版，第 76 页。

同。请求权乃权利的表现，而非与权利同属一物，此点于债权及其请求权最须明辨。[①] 亦即债权与给付请求权并非同一体，后者为前者的本质要素而已。[②] 虽然债权是一种典型的请求权，但其又是一种财产性利益，属于权利，从而与债权请求权仅系以债权为基础的表现、作用不同。

就物权请求权（或物上请求权）而言，可谓只是对物权采用了债权救济的方式而已。作为救济权，物权请求权与纯粹的债权稍异其趣，唯于其性质许可之范围，准用债权之规定。此种请求权为无体财产权（知识产权）、亲属权、继承权所通用。绝对权被侵害或有侵害之虞时，始发生要求他人行为或不行为[③]即请求恢复圆满状态之权利[④]（《民法典》第235条、第236条）。而且，债权请求权原则上与其他的请求权多于受第三人侵害时始告发生。物上请求权的功能旨在辅助所有权，以恢复其被侵害前的状态。[⑤] 因此，对于债权请求权的诉讼时效的规定，并不适用于物权请求权（《民法典》第195条第1项、第2项）。[⑥]

上述区分对于刑民交叉案件应如何适用《刑事诉讼法》第101条（能否提起附带民事诉讼）具有决定意义。因为，因侵权行为所致的人身损害与财产损失（已遭受损毁）才在该条规定的射程之内，而原物返还请求权、占有物返还请求权等物上请求权，则不在其中。因此，对于因诈骗、盗窃犯罪而非法占有或处置的财物，所应适用的是《刑法》第64条所规定的予以追缴或责令退赔，而不得提起民事诉讼或附带民事诉讼。

3. 抗辩权

抗辩权系对请求权而设定。根据在诉讼外或诉讼中提出，分为：第一，权利障碍的抗辩，即主张对方的请求权，因一定事由（如合同当事人无行为能力），自始不发生。第二，权利毁灭的抗辩，即主张对方的请求权虽一度发生，唯其后因一定事由（如清偿），已归于消灭。第三，抗辩权，即义务人对权利

---

① 参见王泽鉴：《民法概要》（第2版），北京大学出版社2011年版，第34页。

②③ 参见史尚宽：《民法总论》，台北，正大印书馆1980年版，第21页。

④ 参见王泽鉴：《民法物权》（第2版），北京大学出版社2010年版，第50页。

⑤ 参见王泽鉴：《民法总则》，北京大学出版社2009年版，第102页。

⑥ 参见武建华：《物权请求权转化为损害赔偿请求权的诉讼时效适用规则》，载《人民司法（案例）》2018年第5期。

人行使权利，得拒绝给付的权利，如请求权时效消灭，而权利人仍为主张时，义务人得行使其消灭时效抗辩权。其中，前两种称为诉讼上的抗辩（又称为狭义的抗辩），[①] 第三种为实体法上的抗辩权。其主要的不同在于诉讼上的抗辩，既足以使请求权归于消灭，故在诉讼中当事人纵未提出，法院亦应审查事实，如认为有抗辩事由的存在，为当事人利益，须依职权作有利的裁判。反之，抗辩权的效力不过是对已存在的请求权发生一种对抗的权利而已，义务人是否主张，有其自由，义务人放弃抗辩的权利时，法院不得予以审究，而义务人主张时，法院即有审究的义务，并有永久（灭却）的抗辩权与一时（延期）的抗辩权之分。[②]

因此，就诉讼上的抗辩而言，法院系有义务依职权主动审查，但实体法上的抗辩权则是《最高人民法院关于审理民事案件适用诉讼时效制度若干问题的规定》第 2 条[③]“当事人未提出诉讼时效抗辩，人民法院不应对诉讼时效问题进行释明”的法源，且已为《民法典》第 193 条所体承。故就时效利益而言，即使是永久（消灭）的抗辩权（时效消灭），如当事人未提出，法院亦不得主动释明。

4. 形成权

形成权是指当事人一方仅以自己单方的意思表示即使法律关系发生变动乃至消灭的权利，如合同解除权、撤销权。当然，这一点仅适用于行使形成权本身，而不适用于行使形成权行为产生的请求权。[④] 而对于暴利行为（显失公平的行为）、欺诈行为以及婚姻、收养等撤销权、解除权的行使，由于涉及变动秩序较巨大，尚须依靠诉讼加以解决，此即形成权中的特殊形式——形成之诉。

五、权利变动及变动原因

（一）权利得丧变更与法律事实

权利如何发生、变动、消灭，此涉及权利得丧变更的态样及引起权利变动

① 参见王泽鉴：《民法概要》（第 2 版），北京大学出版社 2011 年版，第 35 页。

② 参见王泽鉴：《民法思维：请求权基础理论体系》，北京大学出版社 2009 年版，第 135 页。

③ 在 2020 年《修改民事司法解释决定》修改前为第 3 条。

④ 参见［德］迪特尔·梅迪库斯：《德国民法总论》，邵建东译，法律出版社 2013 年版，第 76 页。

的法律事实。前者谓权利变动，后者则为变动原因。变动原因被称为法律事实。[1] 作为联系法律规范与法律关系的中介，[2] 法律事实是一种客观存在的社会生活事实，且是必须能够引起一定法律后果[3]的客观情况。客观情况能否成为法律事实，实则系取决于法律规定。因此，所谓法律事实，是指符合法律规定或是受法律规范所支配的客观事实，[4] 系为实证法所规范之生活事实。其具有具体性、事实性，亦即法律事实所指向等两项主要特征，并且还具有一般性、规范性等构成要件的特征。[5] 例如，幼童之间分食香蕉，就是一种难以成为法律事实的客观事实，因为这种善意分享的行为（好意施惠行为）难以被法律所覆盖。

法律事实有自然事实与人的行为[6]之分（见图 3-2）。

↗ 状态
↗ 自然事实 → 事件
法律事实
↗ 表示行为（法律行为；准法律行为/法律上的行为）
↘ 人的行为 → 事实行为
↘ 违法行为（侵权行为；故意违约行为）

图 3-2 法律事实组成

1. 自然事实

自然事实是指人的行为之外的，能够引起权利发生、变更、消灭的一切客观情况。自然事实分为状态与事件。[7] 例如人之生死、生死不明、成年等之外形事实，以及知与不知（所谓善意、恶意之心内的事实），亦为自然事实之法

① 参见梁慧星：《民法总论》，法律出版社 2004 年版，第 58 页。

② 参见张文显：《法理学》，高等教育出版社 2011 年版，第 118 页。

③ 参见王利明、杨立新等：《民法学》，法律出版社 2015 年版，第 31 页。

④ 参见梁慧星：《民法总论》，法律出版社 2004 年版，第 60 页；王利明、杨立新等：《民法学》，法律出版社 2015 年版，第 32 页。

⑤ 参见黄茂荣：《法学方法与现代民法》，中国政法大学出版社 2001 年版，第 199 页。

⑥ 参见梁慧星：《民法总论》，法律出版社 2004 年版，第 60 页；王泽鉴：《民法概要》（第 2 版），北京大学出版社 2011 年版，第 63 页。

⑦ 参见梁慧星：《民法总论》，法律出版社 2004 年版，第 60 页。

律事实。此外，无意识或精神错乱中所为之行为，严格言之，不得谓之为行为，只可谓之事件，然依民法之规定（《民法典》第 1190 条），得发生赔偿责任。又如民法规定的用人单位赔偿责任（《民法典》第 1191 条第 1 款），非因其有负责之行为，乃因其地位，此种地位亦为状态。①

2. 人的行为

人的行为分为适法行为及违法行为。适法行为以有无意思表示作为行为的生效要件，乃再分为表示行为［法律行为与准法律行为（如到期租金催告，并类推适用意思表示及法律行为的规定）］及非表示行为（事实行为，无关心理状态即发生法律效果的行为，如《民法典》第 314 条规定的拾得遗失物）。法律行为是其中最为重要的部分。法律行为与其他适法行为（法律上的行为）的区别在于，法律行为系根据意思表示而设立，而其他法律上的行为则因法律规定的效果而受法律规范。

违法行为也是一种事实行为，其中最主要的是侵权行为及债务不履行。②违法行为的法律后果完全产生于法律，因而与行为人的意思毫无关系。③ 侵权行为又称不法行为，犯罪即是最严重的侵权行为。无行为能力人亦可能实施侵权行为，④ 只是由于欠缺侵权能力（责任能力），根据法律规定（《民法典》第 1188 条），行为的法律后果（法律责任）由其监护人替代承担，从而表现为是一种无过错侵权责任（法律政策），但非属不受意思支配、无意识下对他人的侵害（事件）。

（二）权利变动与变动原因之间的关系

作为变动原因的法律事实与权利变动（得丧变更）之间，系处于原因与结果的关系，⑤ 亦即二者之间成立因果关系。而且，就行为与权利侵害的判断，

① 参见史尚宽：《民法总论》，台北，正大印书馆 1980 年版，第 270 页。

② 参见王泽鉴：《民法概要》（第 2 版），北京大学出版社 2011 年版，第 63、67 页。

③ 参见［德］迪特尔·梅迪库斯：《德国民法总论》，邵建东译，法律出版社 2013 年版，第 159 页。

④ 参见王泽鉴：《侵权行为》，北京大学出版社 2009 年版，第 88 页。

⑤ 参见王泽鉴：《民法概要》（第 2 版），北京大学出版社 2011 年版，第 64 页。

系属责任成立的因果关系；而权利侵害与损害之间，系为责任范围的因果关系。当前对因果关系的判断，主要采取的还是相当因果关系说，即对条件关系与其有无相当性做规范性的判断。其中的条件关系（等值关系）系相当于责任成立的因果关系；而相当性（适当关系）则同于责任范围的因果关系。当然，对上述双重因果关系进行判断，均须加以相当性及规范目的的限定。

六、法律行为及其效力区分

（一）法律行为：最重要的权利变动原因

作为民法中最为核心的制度之一，以及引起权利变动的最重要原因，① 法律行为指以发生私法上效果的意思表示为核心要素内容，以产生、变更、消灭法律关系（权利）为目的的行为。② 但究其实质，“法律行为是指个体基于法律秩序可以按照自己的意思通过其创造性地形成法律关系的一类行为”。③

法律行为由两个要件构成：一为主观的、内在的意思；二为客观的、外在的表示。④ 意思表示是指企图发生一定私法效果的意思，表示于外部，⑤ 并且还须承担相应的法律后果。由于意思表示系涉及私法自治制度并兼及促进社会进步文明之价值（反对强权与专制），所以民法依意思表示是否欠缺而区分为完全行为能力人与限制行为能力人、无行为能力人，对后二者还特别设置了监护制度（《民法典》第 28 条），以保护意思能力欠缺者的利益。此外，“探求当事人真意”（《民法典》第 142 条第 2 款）也是对合同的核心解释原则，⑥ 并应及于对其他法律行为的解释。

值得肯定的是，《民法典》第 133 条赋予了法律行为的中性立场，从而告别了《民法通则》第 54 条所采的“合法的行为”才是“民事法律行为”的观

---

① 参见王利明、杨立新等：《民法学》，法律出版社 2015 年版，第 87 页。

② 参见梁慧星：《民法总论》，法律出版社 2004 年版，第 159 页；王利明、杨立新等：《民法学》，法律出版社 2015 年版，第 87 页。

③ [德] 维尔纳·弗卢梅：《法律行为论》，迟颖译，法律出版社 2013 年版，第 28 页。

④ 参见王泽鉴：《债法原理》（第 2 版），北京大学出版社 2013 年版，第 218 页。

⑤ 参见王泽鉴：《民法总则》，北京大学出版社 2009 年版，第 317 页。

⑥ 参见王泽鉴：《债法原理》（第 2 版），北京大学出版社 2013 年版，第 220 页。

念，契合了其概念的原旨。

（二）法律行为的分类

《民法典》第 134 条承认单方法律行为与双方法律行为，并肯定了“基于多方的意思表示一致成立的”多方法律行为即决议行为。须明确的是，决议行为乃是社员对于社团而作出的。

涉及审判实务的，主要是对于财产行为的划分，即负担行为（债权效力）与处分行为（物权效力）。尽管这种分类目前遭到部分学者的激烈反对（这或许与我国民法并不承认物权行为及其独立性、无因性原则有关）。但二者的区分是对法律行为依其法律效果进行分类的必然逻辑结果，[①] 如“一房二卖”或者对无权处分的效力认定问题。并且，这种分类为《民法典》第 205 条所体承，因为该条规定的主要目的，应在于促进法律交易的定位安全。[②]

（三）法律行为的成立与生效

就已经成立的法律行为，也可能并不发生法律效力，此即法律行为的成立与生效之区别。

所谓法律行为的成立，是指法律行为在客观上已经存在，或者在外观上符合了法律所规定的形式。但是，如果其实质意义的内容与法律规定有所违反或不完全一致，即使法律行为成立也并不一定产生法律效果，因此另外产生效力待定、可撤销及无效、尚未完全生效等四种与生效的法律行为相对立的所谓欠缺生效要件的法律行为类型。一方面，这是根据意思表示是否能够发生私法上的效果所作的区分，即法律承认生效的法律行为使成立后的法律行为可以发生私法效果，从而具有法律约束力。而效力待定的法律行为是指法律行为虽然成立，但是否能发生效力需待其他事实或行为使之确定的法律行为。例如，限制民事行为能力人从事的依法不能独立实施的双方法律行为（学说上认为此系双方法律行为，例如，为买卖合同时为可撤销行为；如果系单方法律行为例如为

---

① 参见谢怀栻、程啸：《物权行为理论辨析》，载《法学研究》2002 年第 4 期。

② 参见［德］迪特尔·梅迪库斯：《德国民法总论》，邵建东译，法律出版社 2013 年版，第 506 页。

赠与或抛弃时，则为无效行为），需要其监护人（法定代理人）在除斥期间（一个月）内予以追认（《民法典》第145条）。可撤销的法律行为是因为意思表示不真实，法律允许撤销权人通过行使撤销权而使该已经“生效”的法律行为归于无效。例如，因重大误解而订立的合同以及因受欺诈、胁迫而作出的民事法律行为，在不违反效力性强制性的法律规定、不损害国家利益的情形下，允许承认或变更、撤销。无效的法律行为是指民事行为虽已成立，但因其在内容上违反了法律、行政法规的强制性规定（2012年《最高人民法院关于审理买卖合同纠纷案件适用法律问题的解释》第3条[①]规定系指效力性强制性规定）和公序良俗而应当被宣告无效的民事法律行为（《民法典》第153条）。根据《合同编通则解释》第16条第1款的规定，“合同违反法律、行政法规的强制性规定，有下列情形之一，[②]由行为人承担行政责任或者刑事责任能够实现强制性规定的立法目的的，人民法院可以根据民法典第一百五十三条第一款关于‘该强制性规定不导致该民事法律行为无效的除外’的规定认定该合同不因违反强制性规定无效”，此应系违反管理性强制性规定的情形，因此该合同并不必然无效。该条第2款规定：“法律、行政法规的强制性规定旨在规制合同订立后的履行行为，当事人以合同违反强制性规定为由请求合同无效的，人民法院不予支持。但是，合同履行必然导致违反强制性规定或者法律、司法解释另有规定的除外。”该规定后段即隐含着违反效力性强制性规定而无效的意思。同时该解释第17条第1款规定，虽不违反法律、行政法规的强制性规定但应无效的合同主要是指“影响政治安全、经济安全、军事安全等国家安全的”合同（第1项）、“影响社会稳定、公平竞争秩序或者损害社会公共利益的”合同

① 该条经2020年《修改民事司法解释决定》已删除。

② 该情形具体包括：（1）强制性规定虽然旨在维护社会公共秩序，但是合同的实际履行对社会公共秩序造成的影响显著轻微，认定合同无效将导致案件处理结果有失公平公正；（2）强制性规定旨在维护政府的税收、土地出让金等国家利益或者其他民事主体的合法权益而非合同当事人的民事权益，认定合同有效不会影响该规范目的的实现；（3）强制性规定旨在要求当事人一方加强风险控制、内部管理等，对方无能力或者无义务审查合同是否违反强制性规定，认定合同无效将使其承担不利后果；（4）当事人一方虽然在订立合同时违反强制性规定，但是在合同订立后其已经具备补正违反强制性规定的条件却违背诚信原则不予补正；（5）法律、司法解释规定的其他情形。实际上，前两种情形的反面即是违反效力性强制性规定的情形。

（第2项）以及“背离社会公德、家庭伦理或者有损人格尊严等违背善良风俗的”合同（第3项），实则均是指有违公序良俗而无效的合同，如买卖毒品的合同即因此而自始无效。这是根据逻辑体系所作出的判断，亦即法律行为是否成立，是一种事实上的判断，而法律行为是否生效，则是一种价值判断。①

但是，法律行为是否生效必须是建立在法律行为已经成立的基础之上的，二者之间是不同层次的逻辑体系关系。因此，对于代表国家行使司法决定权的法官而言，即使是当事人之间自愿达成的协议，也应当主动对其行为是否损害了第三人的利益或者公共利益、国家利益进行审查判断。例如，行为人之间就毒品交易所订立的买卖合同，虽然根据毒品“交易”惯例通常行为人都会承认这种合同已经成立并愿意接受“合同”“效力”的约束，但由于买卖毒品是犯罪行为（《刑法》第347条），因此该买卖合同自始无效（属于法律不能所导致的自始客观不能）。

对已经成立，但尚需经国家主管机关审查批准方能生效的合同，在未经批准的情况下，属于合同成立而未完全生效（实则仍属于欠缺特别生效要件）。但不影响有关合同中履行报批等义务条款以及相关条款的效力（《民法典》第502条第2款）。在此场合，如果缔约一方具有过失，应承担缔约过失责任（参见“深圳标榜投资公司与鞍山市财政局股权转让纠纷案”②）。

七、诸要素“归入”法律关系之方法

上述权利主体、权利客体、权利内容、变动原因（法律事实）等四项具体构成要素，如果一旦离开了法律关系这一主干，都将无所根系，从而也会失去其在民法体系中的逻辑价值与功能。所以，在对上述诸具体要素分别完成认定之后，需将这四项构成要素按照法定规则再逐一“归入”具体的法律关系之中。

这是因为，民法规范既是裁判规范又是行为规范，其所具有的规范功能，是使人的行为与民法规范得以结合，并能够指引行为可能产生的法律效果。③ 因此，

① 参见王利明、杨立新等：《民法学》，法律出版社2015年版，第98页。

② 参见《最高人民法院公报》2017年第12期。

③ 参见黄茂荣：《法学方法与现代民法》，中国政法大学出版社2001年版，第115页。

将行为等法律关系构成要素归入或涵摄至法律规范之中，实则系法律适用的需要。此即事实判断→价值判断（完成法律适用）→实现法律效果的过程。

此外，作为法官，在将上述四要素分别归入具体的法律关系中时，还必然要对诸要素的具体构成逐一加以法律要件的类型化研判。例如，对作为权利主体的法人要审查其是否符合民法、公司法所规定的成立要件；对寻求救济的具体权利，是否为本案当事人所享有，以及是基于合同法（《民法典》合同编）还是因受有侵害而受侵权法（《民法典》侵权责任编）所规范，要逐一审查；对作为变动原因中的民事行为，究竟是合同行为还是侵权行为，抑或仅是一种事实行为，也要根据民法的具体规定来判断。由于法律关系的构成要素非常抽象，虽然其也具有指引审判效果的功能，但具体到法效果时，起到“归入”与“连接”作用的仍应是一种具体的、类型化的“财”。

第三节　法信条下法律要件的新界定

民法上的法律要件即民法的构成要件，既是构成法律关系诸项要素具体化的内容，也是位于法律关系与法律责任等概念之下位阶的概念。因此其与利益衡量、法原则、法政策有不是同一层次上的差别。

一、法律要件的定义

民法上的构成要件也是一种定在。例如，《最高人民法院关于当前形势下审理民商事合同纠纷案件若干问题的指导意见》中即要求“正确把握法律构成要件”。并且，作为构成要件的类型化是法律解释的基本方法，也是司法解释的起点。[①] 由于构成要件的概念源于诉讼法，而后才被移植到刑法之中，而且

① 参见杨临萍：《积极回应市场关切，努力开创证券商事审判新局面》，载杜万华主编、最高人民法院民事审判第二庭编：《商事审判指导》（总第 42 辑），人民法院出版社 2017 年版，第 43 页。

超出了刑法学的领域，被当作一般法学的概念来使用①，故构成要件的概念可通用于民法，以实践其类型化。据此，作为法律的构成要件的应是：就符合民法规定或法律原理的具体事项，具有指导性而被类型化了的诸具体组成要素。

二、法律要件的功能价值

（一）指引功能

法律要件具有指引价值，因其涉及对具体案件类型本质的把握。例如，当事人签订的合同除确定具体的交易关系外，还可以具有规范和指引作用（参见最高人民法院“中国信达资产管理公司西安办事处与海南华山房地产开发公司等借款合同纠纷案”）。又如，申某在使用从某商店购买的高压锅时突然发生爆炸并因此受到损害，则成立违约责任与侵权责任之间而非缔约过失责任与侵权责任之间的法规竞合关系。因为，缔约过失责任是指在合同订立过程中，一方因违背其依据诚实信用原则所应负的义务，而致另一方的信赖利益的损失，并应承担民事责任。其构成要件是：第一，缔约上的过失发生在合同订立过程中；第二，一方违背其依据诚实信用原则所应负的义务；第三，造成他人信赖利益的损失。② 而违约责任的主要构成要件是在“合同已经成立之后”。正是由于“合同订立过程中”与“合同已经订立之后”的阶段性构成要件不同，才使违约之债与缔约过失责任之债并为债法中债的不同发生原因之一。③

（二）归入法律关系与联结法效果的功能

所以要“强行”将行为等法律关系的要素归入或涵摄至法律规范之中，系法律适用的需要。黄茂荣教授指出，法律的适用通常被认为系属于逻辑上之三段论法的应用，亦即法律之一般的规定是大前提，将具体的生活事实通过涵摄过程，归属于法律构成要件底下，形成小前提，然后通过三段论法的推论导出

---

① 参见［日］小野清一郎：《犯罪构成要件理论》，王泰译，中国人民公安大学出版社 2004 年版，第 5 页。

② 参见王利明：《违约责任论》，中国政法大学出版社 1996 年版，第 598 页。

③ 参见王泽鉴：《民法概要》（第 2 版），北京大学出版社 2011 年版，第 134 页。

规范系争法律事实的法律效果。关于大前提之寻找及其内容与意义之确定，系属于法律规定之寻找的问题，也是法律解释与法律补充的问题，[①] 亦即完全将生活事实归入法律规范之中、以实现法律适用功能的，实则是法律要件。因此，法律要件不但具有指引功能，还具有将法律关系连接到法律规范之中、实现法效果亦即归入的功能，因为法律关系及其诸构成要素毕竟尚显抽象，而构成要件则是具体的、被类型化了的。这种归入或连接与指引所不同的是，指引仅是外形或者是形式上的，而归入则是实质性的。

（三）对举证责任的分配功能

法律要件也具有指导民事诉讼特别是分配举证责任的功能。《最高人民法院关于民事诉讼证据的若干规定》在构建举证责任分配制度时即采纳了构成要件分配说。[②]

三、法律要件“归入”过程中所需遵循之规则

（一）请求权基础分析方法的适用

在考虑请求权基础方法时，应依下列次序依次检索：首先考虑有无合同关系请求权；其次考虑缔约过失责任、无权代理等类似合同关系请求权；再次考虑无因管理请求权、物权关系上请求权、不当得利请求权；最后考虑侵权行为损害赔偿请求权。[③]

该顺序在本质上以关于请求权竞合的实体法规则为基础——一项请求权越是特别，就必须越早审查。通过及早审查顺位在先的规范，将避免在顺位在后的规范的范围内这一审查不得不提前进行，或避免在此范围内使体系发生连锁现象。双方当事人据以按其意思调整其法律关系的合同就比法定的、以不存在合同为前提的无因管理法律关系更为特别。类似地，相对于基于侵权行为而发生的请求权和基于不当得利而发生的请求权，合同更为特别。对于其他请求权

① 参见黄茂荣：《法学方法与现代民法》，中国政法大学出版社 2001 年版，第 181 页。

② 参见最高人民法院侵权责任法研究小组编著：《〈中华人民共和国侵权责任法〉条文理解与适用》，人民法院出版社 2010 年版，第 297 页。

③ 参见王泽鉴：《民法思维：请求权基础理论体系》，北京大学出版社 2009 年版，第 58 页。

规范，也存在由特别到一般的相应顺序。① 因此，在考虑请求权时，有无具体合同存在就成为首先要考虑的法律要件。并且，在检索顺序中，物权关系请求权虽然居于合同关系请求权与类似合同关系请求权之后，但又居于不当得利或侵权损害赔偿请求权之前。这或许还有合同以及类似合同关系等请求权基础往往成为阻却不法行为的违法性的原因考虑。

（二）法律关系分析法的适用

在对财产关系进行法律关系分析时，应准用“请求权基础分析法”。因此，在对财产关系纠纷案件适用法律关系分析法时，也需遵照：（1）有无合同关系；（2）是否存在缔约过失责任；（3）是否为无因管理之债；（4）是否存在物权关系、物权关系的基础是否依然存在；（5）是否为不当得利之债；（6）是否为侵权行为损害赔偿之债的法律关系的顺序依次进行检索。

这同样是基于民法贯彻意思自治原则，在未违反法律的效力性强制性规定的前提下，约定内容的效力乃高于法定内容的效力。合同还是其他法律关系是否存在的前提，其后才是考虑物权关系，最后考虑的是是否存在不当得利或侵权损害赔偿之债。

第四节　侵权行为与过错（归责事由）及归责体系重述

一、侵权行为、损害、过错与归责

（一）侵权行为及其认定重要意义

行为人因其不法侵害他人的权益，依法律规定，应对所生损害承担赔偿责任。② 此即《民法典》规定的侵权责任（第 1165 条第 1 款），在民法学说上系

① 参见［德］迪特尔·梅迪库斯：《请求权基础》，陈卫佐、张双根等译，法律出版社 2012 年版，第 13 页。

② 参见王泽鉴：《侵权行为》，北京大学出版社 2009 年版，第 61 页。

称之为侵权行为（不法行为），并成立侵权之债（参见《民法典》第118条第2款、第120条）。

认定侵权之债在民法上有两个重要意义：一是被侵权人能够依此请求不法行为人对损害后果赔偿，此即民法最重要的填补功能的落实。二是因成立侵权之债，而归入债之民事法律关系中，而为民法所调整。此外，对于民事法律行为无效、被撤销或者确定不发生效力后，有过错方亦应承担相应赔偿责任（《民法典》第157条）。此种情形多见于违约行为（债务不履行），亦即损害赔偿责任实由侵权行为（狭义性的不法）、债务不履行等违法行为所致法律后果共同组成。前述责任，既是一种法律责任即不履行法律义务而应承担的法律后果（如违约责任、缔约过失责任与侵权责任），也是一种归责要素。“将损害归由加害人承担，使其负赔偿责任事由，学说上称之为损害归责事由或归责原则，此乃侵权行为法的核心。”① 这一点认知对于认定侵权行为意义尤大。

（二）侵权行为的定义难点及其客观要件逻辑基点：不法与损害

问题 11 *以盗窃手段无权占有或侵夺他人占有之物的，是否属于侵权行为？*

我国《民法典》并无债权编，但关于侵权行为的规定则又见于（总则编）第五章“民事权利”中。《民法典》第118条规定，侵权行为系与合同、无因管理、不当得利等并为债之发生的种类。《民法典》第120条“民事权益受到侵害的，被侵权人有权请求侵权人承担侵权责任”之规定，凡权益受有侵害的即为侵权行为。而按《民法典》侵权责任编第1165条“行为人因过错侵害他人民事权益造成损害的，应当承担侵权责任”之规定，侵权行为似以过错、损害为其构成要件。《民法典》第1167条又规定：“侵权行为危及他人人身、财产安全的，被侵权人有权请求侵权人承担停止侵害、排除妨碍、消除危险等侵

① 王泽鉴：《侵权行为》，北京大学出版社2009年版，第11页。

权责任。”则似又涵及物权的救济方式且并非以过错、损害为要件。由于在一部法典之中有多个相异规定，所以对侵权行为实难以周延其定义。这与侵权行为属于类型式开放概念，实难为准确界定有关。因此，须从其法律要件上加以把握。但是，侵权行为的民事法律效果仍然是并且也只能是债。① 这既是认定侵权行为的逻辑起点，也是债权与物权相区分的必然逻辑结果。物权在民法上的保护，可分为物权法上的保护与债权法上的保护。前者指物上请求权，包括物权请求权（《民法典》第235条）和占有人的物上请求权（《民法典》第460条）。后者包括侵权行为损害赔偿请求权和不当得利请求权。② 王利明教授认为，按照我国民法分类，侵害财产依行为的外在表现形态而分为侵占财产与损坏财产两种。虽然这两种侵权行为的共同性都在于侵害了受害人的财产所有权，使受害人的财产价值量减少以至丧失，但仍有不同之处：一是行为的方式不同。侵占财产的方式主要是非法占有，原所有人的财产是经加害人非法地转移占有、已被加害人占有。损害财产的方式则是对财产的毁损。二是被侵害的财产的外在表现形态不同。侵占财产，财产表现为“位移”，即原物不变，使原所有人丧失对该物的占有乃至所有权。损害财产，财产表现为“裂变”，即原物改变。三是承担民事责任的方式不同。侵占财产，首先应当考虑的是返还财产，使原物所有人恢复对物的占有，恢复对该物的所有权。如果原物灭失，才考虑赔偿损失。损害财产，首先考虑的是恢复原状，也可以考虑赔偿损失。③ 并且，侵权行为需造成了损害，仅有行为而无损害，不构成侵权行为。④ 王泽鉴先生进而认为，凡侵害所有权的权能的，即构成对所有权的侵害的侵权行为。其主要情形有：无权占有他人之物的；物之实体的侵害；侵害所有权的归属（或所有人的法律地位）；侵害他人应有之部分。⑤ 这与梅迪库斯所说的“对权利本身的侵害，如侵夺行为或者（在他人所有权上）设定质权负担；对物之本体的侵

① 参见张俊浩主编：《民法学原理》，中国政法大学出版社1991年版，第827页。
② 参见王泽鉴：《民法物权》（第2版），北京大学出版社2010年版，第51页。
③ 参见王利明主编：《民法・侵权行为法》，中国人民大学出版社1993年版，第582页。
④ 参见王利明主编：《民法・侵权行为法》，中国人民大学出版社1993年版，第13页。
⑤ 参见王泽鉴：《民法概要》（第2版），北京大学出版社2011年版，第163页。

犯，如毁坏或损坏物的行为；侵夺占有，均构成对他人所有权的侵害”[①] 为同一意思。而损害人的权利范围，也间接地损害人本身。[②] 正是由于侵权行为的本质是债，其主要构成要件是对权利或权益进行侵害，并可表征为对权利客体（如物之实体、权利行使）造成损害的侵夺或妨害，因此对于盗窃、抢夺他人财物这种无权占有或侵夺他人占有之物的行为，由于侵害了所有权人或占有人的所有权权能或占有权能，从而构成侵权行为。其侵害之结果，发生物权的请求权或损害赔偿请求权，[③] 后者因其成立侵权责任而发生在债法上的法律效果。民法对此种侵权行为也因之乃实行物权性保护与债权性保护的双重救济。前者表现为应当是自动恢复其权利人支配权利的排他性效力的实现，具体体现为其本质是物权追击效力的返还原物或占有物；而后者则是恢复原状或金钱赔偿，且仅能在造成损害后果（权利遭受不利益）的场合适用（提起侵权行为损害赔偿请求）。

史尚宽先生进而认为，侵权行为要件有三个：须有归责性之意思状态（责任发生问题）；须有违法性之行为（客观的侵权行为之存在问题）；须有因果关系之损害（赔偿责任发生问题）。[④] 侵权行为以违法为要件，故侵权行为的中心问题，为行为的违法性。因此侵权行为又可称为不法或不当的加害他人之行为。就范围而言，广义的侵权行为是指一切发生损害赔偿义务的客观的违法行为，即对于非当事人间成立的特别合同上或合同的类似关系的他人权利范围的一般侵害。依此，无过失而负赔偿责任的行为，适法而负赔偿义务的行为，均包含在内。狭义的侵权行为，仅指有故意或过失的违法行为。依民法规定，应以广义的解释为宜。[⑤] 就性质而言，凡对人身、财产权益进行侵害的行为，皆为侵权行为（不法行为）。狭义的侵权行为则限于因不法行为造成损害后果并应负

---

① ［德］迪特尔·梅迪库斯：《请求权基础》，陈卫佐、张双根等译，法律出版社 2012 年版，第 174 页。

② 参见［德］卡尔·拉伦茨：《德国民法通论》（上册），王晓晔、谢怀栻等译，法律出版社 2013 年版，第 49 页。

③ 参见史尚宽：《债法总论》，台北，荣泰印书馆股份有限公司 1978 年版，第 130 页。

④ 参见史尚宽：《债法总论》，台北，荣泰印书馆股份有限公司 1978 年版，第 107 页。

⑤ 参见史尚宽：《债法总论》，台北，荣泰印书馆股份有限公司 1978 年版，第 102 页以下。

赔偿责任的场合。最狭义的侵权行为，则又将债务不履行的行为排斥在外。《民法典》第118条规定应为最狭义的概念。因为仅有行为而无损害的并不构成侵权行为。①

侵权行为的另一主要要件是有损害。按侵害乃有侵击与损害的双重解释，侵害即含有损害之意。② 损害，是指法益所受之不利益，是对财产权、人身权的侵害后果。于此另须再次申明的是，侵权行为之债与损害赔偿之债并非一致。在民法上，以恢复或填补他人损害为标的之债，谓为损害赔偿之债。关于损害赔偿，各国民法多就侵权行为及债务不履行分别规定。损害赔偿之债不限于侵权行为及债务不履行，依法律之规定或依当事人之法律行为亦得发生。③ 如缔约过失责任损害赔偿。因此，损害只是侵权行为的一个要件，损害赔偿也只是侵权责任的一个法律效果而非全部。

侵权行为法的功能除填补损害之外，另一重要功能是预防损害。正如王泽鉴先生所说，“损害的预防胜于损害补偿”。诚如霍姆斯所云：“良好的政策应让损失停留于其所发生之处，除非有特别干预的理由存在。”④ 因此，《民法典》侵权责任编中的第1167条规定，侵权行为危及他人人身、财产安全的，被侵权人有权请求侵权人承担停止侵害、排除妨碍、消除危险等侵权责任。该条的适用不以侵权人具有过错为要件。⑤ 损害不是妨害，损害是侵害后果，妨害则是指以占有以外的方法阻碍或侵害所有权（或人身权）的支配可能性。⑥ 而且，预防损害只是损害填补的附带效果。⑦ 第1167条规定的侵权行为仍是债法意义上的，而非对应于物权请求权、人身权请求权等债权请求权之外的物上请求权基础或人格权请求权基础。这也是体系解释的必然结果。只是为了“让损失停留于其所发生之处”，才有制止其不法危及人身、财产安全的预防损害的第

① 参见王利明主编：《民法·侵权行为法》，中国人民大学出版社1993年版，第13页。

② 参见史尚宽：《债法总论》，台北，荣泰印书馆股份有限公司1978年版，第127页。

③ 参见史尚宽：《债法总论》，台北，荣泰印书馆股份有限公司1978年版，第277页。

④ 王泽鉴：《侵权行为》，北京大学出版社2009年版，第10页以下。

⑤ 参见最高人民法院民法典贯彻实施工作领导小组主编：《中华人民共和国民法典侵权责任编理解与适用》，人民法院出版社2020年版，第47页。

⑥ 参见王泽鉴：《民法物权》（第2版），北京大学出版社2010年版，第130页。

⑦ 参见王泽鉴：《损害赔偿》，北京大学出版社2017年版，第31页。

1167条适用。由此意义上，第1167条规定的“排除妨害”“消除危险”与物权编第三章“物权的保护”中第236条“妨害物权或者可能妨害物权的，权利人可以请求排除妨害或者消除危险”的规定有不同意思。前者是债权性的，后者则是物权性的。

（三）侵权行为的主观过错要件及其归责体系

法律责任的范围不同于道德责任的范围，就像法律义务的范围不同于道德义务的范围一样。承担法律责任必须具备法律上的可归责性，而可归责性又必须具有特定的、适用于全体人的归责标准。在民法中，法律责任的后果是产生某种损害赔偿义务。民法通常将从事某项既为违法、又具有过错的行为作为承担损害赔偿义务的前提。民法所规定的过错，是指以故意或过失的方式，侵害他人的某项权利或违反法律规定的某项义务。[①]

在判断某一民事行为（如侵权行为、缔约过失行为、不适正无因管理）应否承担及承担何种法律责任时，也须对行为人的主观要件加以考量。此即耶林所说的：“使人受损害赔偿的，不是因为有损害，而是因为有过失，其道理就如同化学上之原则，使蜡烛燃烧的，不是光，而是氧，一般的浅显明白。”[②] 此中“过失”，我国民法通常称为过错，包括故意与过失。因过错所应承担的法律责任，即过错责任。

我国民法通说认为，民法对于违约责任（《民法典》第577条）以及某些特殊侵权责任如产品责任（《民法典》第1202条）、高度危险作业（《民法典》第1236条）之所以并不考虑违约人、侵权人的过错，不是违约人、侵权人并不具有任何过错，而是基于立法政策所加以法技术化的结果，从而在学说上将之与过错责任相对立，一般称之为过错推定责任（严格责任）与无过错责任。[③] 但是，债务不履行（违约行为）通常被称为可归责事由，并不完全等同于债务人的故意或过失。初视之下，可归责事由系指故意或过失，实则不然。这是违

---

① 参见［德］卡尔·拉伦茨：《德国民法通论》（上册），王晓晔、谢怀栻等译，法律出版社2013年版，第51页。

② 王泽鉴：《民法学说与判例研究》（第2册），中国政法大学出版社1998年版，第144页。

③ 参见王利明、杨立新等：《民法学》，法律出版社2015年版，第155页。

法之观念与过失之观念相牵混，其实过失乃主观的意思状态，违法乃客观的事实，而且过失与归责，应为两事。[①] 在侵权责任法上也不能以可归责事由的概念替代故意和过失。因为债务人有仅就故意（明示违约）或重大过失而负责。[②] 对此，我国民法通说似尚未完全厘清二者的不同。

在损害事实或违约等法律事实已经发生的情况下，为确定行为人对自己的行为以及他人的行为或管理所造成的损害等情形是否需要承担损害赔偿责任或违约责任的（归责）原则，[③] 亦即判断这种主观责任的有无对于成立民事责任的构成要件起确定作用的方法与法律依据，乃是归责原则（归责性标准），也称损害归责事由。归责原则作为责任认定或侵权行为法的核心问题，也是据以确定行为人承担民事责任的根据和标准。[④] 各归责原则乃组成了具有内在逻辑联系的系统结构的归责体系，[⑤] 并成为司法人员处理案件纠纷时所应遵循的基本准则（参见“江苏中江泓盛开发公司诉陈跃石损害责任纠纷案”）。

根据民法规定，归责体系由以下四种不同责任类型所组成，从而也蕴含 4 种不同的归责原则：过错责任；过错推定责任；无过错责任；公平责任。

二、过错责任与注意义务的对应关系

所谓过错责任，是指以过错（分为故意和过失）作为确定责任成立要件和责任范围依据的责任。确定不法行为人的责任，不仅要考察其不法行为，而且要考察其在主观上的过错。其归责原则是：若当事人没有过错，则虽有损害发生，也不负责任。在确定责任范围时还应确定受害人是否具有过错，受害人存在过错的事实也会导致加害人被减轻和免除责任（《民法典》第 1173 条、第 1174 条）。

由于民法并未规定故意与过失的概念，故实务中，参照刑法的规定对之进

---

① 参见史尚宽：《债法总论》，台北，荣泰印书馆股份有限公司 1978 年版，第 293 页。

② 参见王泽鉴：《民法概要》（第 2 版），北京大学出版社 2011 年版，第 195 页。

③ 参见王利明、杨立新等：《民法学》，法律出版社 2015 年版，第 743 页。

④ 参见最高人民法院侵权责任法研究小组编著：《〈中华人民共和国侵权责任法〉条文理解与适用》，人民法院出版社 2010 年版，第 452 页。

⑤ 参见王利明主编：《民法・侵权行为法》，中国人民大学出版社 1993 年版，第 82 页。

行解释。

（一）故意

与刑法规定（《刑法》第14条）一样，故意是明知会发生损害结果并且希望或放任（直接与间接故意）。认识自己的行为发生或可发生一定之结果，而容认之心理状态。[①] 也就是说，行为人已将违法的后果纳入了他的意志。[②] 但与刑法不一致的是，民法的故意系作为广义上的过失而存在的。并且，基于方法论而言，民法的过失已从主观说渐进到客观说。[③]

（二）过失的判断标准：谁是我的邻人

过失是一种不注意的心理状态，是对自己注意义务的违反，也可谓注意之欠缺，是因行为人不注意，未认识其行为之结果，或虽有认识但不容认其结果之发生的心理状态。[④] 行为人如果尽了法律所要求的注意和谨慎，本来可以预见和避免其行为的违法后果。[⑤] 因此民法上的过失也分为疏忽大意与过于轻信的过失（参见《刑法》第15条）。但是，民法所主要关注的是注意义务。所谓注意义务是指行为人尽合理的注意义务而避免给他人的人身或财产造成损害。[⑥] 如在“仇玉亮等诉灌云保险支公司意外伤害保险合同纠纷案”[⑦] 中，由于班主任在组织学生进行活动时，对场地设施存在安全隐患并未尽到注意义务，作为职务行为，造成相应后果就应由灌云高中承担。

注意义务的提出由来自英国法官阿特金勋爵著名的判决理由：“法律的作用在于限制请求权人的范围，及其救济的程度，当‘你必须爱你的邻人’的道德规范成为法律规定时，你不可伤害你的邻人。当法律提出‘谁是我的邻人?’

① 参见史尚宽：《债法总论》，台北，荣泰印书馆股份有限公司1978年版，第111页。

② 参见［德］卡尔·拉伦茨：《德国民法通论》（上册），王晓晔、谢怀栻等译，法律出版社2013年版，第51页。

③ 参见王泽鉴：《侵权行为》，北京大学出版社2009年版，第257页。

④ 参见史尚宽：《债法总论》，台北，荣泰印书馆股份有限公司1978年版，第112页。

⑤ 参见［德］卡尔·拉伦茨：《德国民法通论》（上册），王晓晔、谢怀栻等译，法律出版社2013年版，第51页。

⑥ William P. Statky. Tort：*Personal Injury Litigation*. West Publishing Company 1990，p. 245.

⑦ 参见《最高人民法院公报》2017年第7期。

的问题时，其答案必须严格认定。当你可合理地预见你的作为或不作为将影响邻人时，应采取合理的注意措施，以避免结果发生。然而在法律上谁是我的邻人？答案是：当我从事该系争作为或不作为时，可合理地预见将因我的行为，密切、直接而受影响之人，均是我的邻人。”[①] 该“邻人”标准确切地指明法律的作用正在于规范“行为自由与权益保护”“权利之所在即救济之所在”。但是，权益救济是以有无尽到其注意义务为对应边界的。

在学说上，过失分为：抽象的轻过失、具体的轻过失与重大的过失三种类型。[②] 其中，抽象的轻过失在于强调行为人须具善良管理人的注意义务，具体的轻过失则须具与处理自己事务为同一注意的义务，重大过失则是违反普通人的注意义务。应注意的是，应尽与处理自己事务为同一注意义务者，如有重大的过失，仍应负责。换言之，抽象的轻过失主要系法人或在该领域富有经验者的注意义务违反类型（参见“赵某华诉上海也宁阁酒店公司等生命权、健康权、身体权纠纷案”[③]）。具体的轻过失，如卖海鲜者因相邻者久久外出而对其未卖出的螃蟹帮忙处理（无因管理）时，应像处理自己的事务一样注意，若以明显低于市场的价格出卖，则就差价应承担一种损害赔偿责任（不适正无因管理之债）。重大的过失则为日常所常见，如殴打他人可能导致对方人身损害后果。

上述分类是基于行为人的认知能力、所处身份地位的不同，其注意能力相异，从而法律所加以的注意义务与应负的过失责任也有所不同。例如，上述酒店公司的注意义务之所以严格于普通人，在于其有此能力，若其未尽注意义务会被认定成立重大的过失。[④] 这种重大的过失的成立前提系由于其所应负的抽象轻过失的注意义务。可见，注意义务与归责事由之间呈一种反向性判断关系，

---

① 转引自王泽鉴：《侵权行为》，北京大学出版社 2009 年版，第 51 页。

② 参见王泽鉴：《民法学说与判例研究》（第 4 册），中国政法大学出版社 1998 年版，第 295 页；王利明主编，郭明瑞、杨立新副主编：《中国民法案例与学理研究 · 侵权行为篇亲属继承篇》，法律出版社 1998 年版，第 64 页。

③ 具体见《最高人民法院公报》2014 年第 1 期。

④ 参见李京平：《中信银行济南分行与中国银行河池分行及山东省华兴摩托车有限公司等借款担保纠纷与存单纠纷再审案》，载宋晓明、刘竹梅等副主编，最高人民法院民事审判第二庭编：《金融案件审判指导》，法律出版社 2015 年版，第 518 页。

并且过失分类也呈一种位阶或等级关系。

三、过错推定责任与严格责任之辨

所谓过错推定，又称过失推定，是指若原告能证明其所受的损害是被告所致，而被告不能证明自己没有过错，则应推定（根据已知事实，对未知事实所进行的判断和确定）被告有过错并应负民事责任（《民法典》第1165条第2款）。过错推定主要适用于某种特殊类型的侵权责任，但在合同法中也有适用的余地。

（一）特殊侵权行为中的过错推定责任

特殊侵权行为中的过错推定责任主要有监护人责任（《民法典》第1188条）、用人单位责任（《民法典》第1191条）以及无行为能力的学生在教育机构中学习生活所受损害由教育机构所负的补充责任（《民法典》第1199条）、噪声污染责任（《民法典》第1229条）。并且，《公司法》针对公司法人格否认所设置的“刺破公司面纱”制度（2023年《公司法》第23条），适用于滥用公司制度的股东，实务认为这也是一种严格责任。[①] 但是，这仍然是一种过错推定责任。

（二）违约责任中的可归责事由与严格责任之辨

我国民法通说认为，民法对于违约责任所采取的主要是严格责任的归责原则（《民法典》第577条）。在严格责任条件下，违约方只有在能够证明违约行为是发生在不可抗力和存在特约的免责条款的条件下，才能免除责任。严格责任并不是绝对不考虑过错，只是意味着在违约发生后，非违约方只需证明违约方的行为已构成违约，而不必证明其主观上出于故意或过失。[②]

但是，对于债务不履行应以可归责事由而论，因为合同履行中也存在故意违约（《民法典》第563条第2项与第3项）等纯属过错责任问题，并且实务中也多是基于违约事实而判定违约责任。可归责事由系债务不履行（尤其是合

① 参见朱慈蕴：《全球化与本土化互动中的公司制度演进》，法律出版社2015年版，第205页。

② 参见王利明、杨立新等：《民法学》，法律出版社2015年版，第154页。

同责任）的共通要件。[①] 此在《民法典》合同编中主要作为可归责事由的反面即“不可归责的事由”规定的。例如，《民法典》第 933 条规定：“……因解除合同造成对方损失的，除不可归责于该当事人的事由外，无偿委托合同的解除方应当赔偿因解除时间不当造成的直接损失，有偿委托合同的解除方应当赔偿对方的直接损失和合同履行后可以获得的利益。”初视之下，第 933 条似与第 1165 条规定的“过错”相近，实则不然。例如，《民法典》第 929 条第 1 款就委托合同的具体归责事由分别规定：“有偿的委托合同，因受托人的过错造成委托人损失的，委托人可以请求赔偿损失。无偿的委托合同，因受托人的故意或者重大过失造成委托人损失的，委托人可以请求赔偿损失。”由此可见，合同法中的可归责事由涵盖故意、重大过失与轻过失三种不同心理状态。因此，通说有过于迷恋“严格责任”这一英美法概念的倾向。在英美法中，严格责任通常是指被告造成了对原告的某种明显的损害，而不考虑其故意和过失。这多少相当于我国民法中的无过错责任的归责事由。通说将之等同于过错推定责任，易导致整个归责体系的认识混乱，不利于指引司法实践。

四、无过错责任之意义

《民法典》第 1166 条规定：“行为人造成他人民事权益损害，不论行为人有无过错，法律规定应当承担侵权责任的，依照其规定。”此即无过错责任或无过失责任。其有两个特点：一是责任承担不以侵权者的主观过错为要件（当然受害人自己故意造成的为例外）；二是不以行为本身具有不法性为要件。[②] 无过失责任的基本思想不是对不法行为的制裁，而是基于社会的发展。例如，民用航空器的使用、原子能设施的经营、商品的制造销售等，虽具危险性，但是现代社会必要的经济活动，为法所容许，无不法之可言，不得以之作为违法性判断的客体。其基本思想在于不幸损害的合理分配，乃基于分配正义的理念。[③]

---

① 参见王泽鉴：《侵权行为》，北京大学出版社 2009 年版，第 238 页。

② 参见最高人民法院侵权责任法研究小组编著：《〈中华人民共和国侵权责任法〉条文理解与适用》，人民法院出版社 2010 年版，第 35 页。

③ 参见王泽鉴：《侵权行为》，北京大学出版社 2009 年版，第 15 页。

从而与过错责任、过错推定责任有根本不同。须申明的是，对无过错责任（侵权行为的成立不以行为人的故意或过失为要件），德国法则称之为危险责任，英美法称之为严格责任。① 可见，英美法系的严格责任与我国学者解释的严格责任系属不同意思，其应系相对于过错责任的无过失责任。

无过错侵权责任并非不考虑被害人的过错问题。例如，就动物致害责任类型，最高人民法院在“谢叶阳诉上海动物园饲养动物致人损害纠纷案”中，重申了“《侵权责任法》第81条（《民法典》第1248条）就动物园无过错责任作出了明确规定。动物园作为饲养管理动物的专业机构，依法负有注意和管理义务，其安全设施应充分考虑到未成年人的特殊安全需要，最大限度杜绝危害后果发生”的立法意旨，并肯定对因给猴子喂食被猴子咬伤右手中指的未成年人谢某阳予以保护。同时，对其监护人因未尽到监护责任，也要承担相应的责任予以明确。② 该案例的裁判思路可适用于所有无过错侵权责任案件。但是，如果损害后果由被侵权人故意造成，则成为侵权人的免责事由［《民法典》第1174条（《侵权责任法》第27条）］。据此重大过失仅是减轻责任事由，轻过失的一般则不予考虑。此与无过错侵权责任的成立不以侵权人的故意为成立要件系分属两个不同的法律判断问题。

无过错责任亦存在于合同法与商法之中。《民法典》第612条规定：“出卖人就交付的标的物，负有保证第三人对该标的物不享有任何权利的义务，但是法律另有规定的除外。”此种就买卖标的物（所有权）因有第三人为主张的权利而生之瑕疵（权利瑕疵），出卖人应负法定无过失责任。③ 《公司法》也规定，有限责任公司设立时的其他股东对实际出资不实的股东就该出资不足部分承担连带责任［2023年《公司法》第50条规定（2018年《公司法》第30条规定仅限于非货币财产）］，即无过错责任。

五、公平（衡平）责任有无必要之辩

《民法典》第1186条规定：“受害人和行为人对损害的发生都没有过错的，

① 参见王泽鉴：《侵权行为》，北京大学出版社2009年版，第15页。

② 参见《最高人民法院公报》2013年第8期。

③ 参见王泽鉴：《民法概要》（第2版），北京大学出版社2011年版，第260页。

依照法律的规定由双方分担损失。”① 此在民法学说上称为公平责任，系本于《民法通则》第132条的规定。

公平责任又称衡平责任，是指在当事人双方对造成损害后果均无过错的情况下，由人民法院根据公平的观念，在考虑当事人的财产状况及其他情况的基础上，责令加害人对受害人的财产损失给予适当补偿的一种责任形式。② 在处理紧急避险案时，如果危险由自然原因引起，根据《民法典》第182条“紧急避险人不承担民事责任，可以给予适当补偿”的规定，③ 为维护受害人利益，法院可从案件的实际情况出发，考虑受害人所受损失程度、当事人的经济状况，判决紧急避险人给予适当补偿（参见“谭云凤与桃源县竹园发电有限责任公司、竹园水库管理处紧急避险损害责任纠纷案”④），也是一种公平责任的承担方式。

有人曾对《民法通则》第132条规定是不是公平责任提出质疑，并认为可能有导致侵权责任法体系解体的危险，甚至实务部门的主流观点也始终否定公平责任可以成为侵权责任法的一项独立归责原则，而认为其只是一种侵权损害赔偿的样态，⑤ 或仅是将其作为补充的适用规则。⑥ 但是，现代侵权法与古典的侵权行为法不同，不再着眼于对侵权行为过错的制裁，而是更侧重于对受害人损害的补偿和救济，旨在实现损害的合理分担和风险的妥善配置。随着特殊侵权行为的扩张和归责原则的多元化，现代侵权法本来就存在日益社会化的倾向。可以说公平责任在调整当事人之间利益平衡、救济受害人利益方面存在更为广

---

① 《侵权责任法》第24条规定：“受害人和行为人对损害的发生都没有过错的，可以根据实际情况，由双方分担损失。”

② 参见王利明主编：《民法·侵权行为法》，中国人民大学出版社1993年版，第105页。

③ 《侵权责任法》第31条规定：“……紧急避险人不承担民事责任或者给予适当补偿。”

④ 该案判决主文原系“责令被告（紧急避险人）承担适当的民事责任”，显系根据《民法通则》第129条“紧急避险人不承担民事责任或者承担适当的民事责任”的规定。但是，由于该案发生在2010年《侵权责任法》生效之后，根据后法优于前法原则，应当适用《侵权责任法》第31条而非《民法通则》第129条的规定。

⑤ 参见最高人民法院侵权责任法研究小组编著：《〈中华人民共和国侵权责任法〉条文理解与适用》，人民法院出版社2010年版，第47、184页。

⑥ 参见最高人民法院民法典贯彻实施工作领导小组主编：《中华人民共和国民法典侵权责任编理解与适用》，人民法院出版社2020年版，第203页。

阔的发展空间。① 而且，就侵权法的发展角度而言，公平责任正越来越受到肯定。因此，最高人民法院实则也曾认同这种责任原则是在过错责任原则之外所实行的，其基础是当事人对损害结果均无过错。② 这一认识在《民法总则》出台后曾一度得以统一："公平责任是公平原则在民事责任领域的具体运用，但作为一种归责原则，其适用应当限定在双方当事人对损害发生均无过错，法律亦未规定为无过错责任、过错责任或者过错推定责任，而不合理分担责任又会产生不明显公平结果的情况下，才可以适用。"③ 加之《民法典》第6条公平原则规定的指引，因之公平原则就有肯定的余地。

实务中还常发生对无过错责任与公平责任的认识混淆。实际上，无过错责任系对特殊侵权行为所作的类型化规定，如关于核能侵害、高度危险作业，其本质系为解决现代大工业发达时代因受害人囿于技术、经济劣势而无法证明大企业存在过错所导致的实质性不公平而规定的大企业的责任承担方式，以促进其不断技术进步；而公平责任本质上是根据当事人的经济负担能力来公平分配已经造成的损害，法官主要考虑的基本因素乃是损害程度与经济状况，④ 是公平原则在民事责任领域的具体运用。⑤

第五节 利益衡量与利益兼顾：民事法官的内心信守

在对法律关系构成要素以及具体构成要件（特别是过错责任）完成判断之后，一般而言，对案件审理就已基本完结（只是形式上还需撰写裁判文书）。

---

① 参见王利明、杨立新等：《民法学》，法律出版社2015年版，第156页。

② 参见最高人民法院侵权责任法研究小组编著：《〈中华人民共和国侵权责任法〉条文理解与适用》，人民法院出版社2010年版，第243页。

③ 杜万华主编：《中华人民共和国民法总则实务指南》，中国法制出版社2017年版，第28页。

④ 参见王利明主编：《民法·侵权行为法》，中国人民大学出版社1993年版，第114页。

⑤ 参见杜万华主编：《中华人民共和国民法总则实务指南》，中国法制出版社2017年版，第28页。

但是，若要实现民事判决结果的妥当，还应进行利益的衡量以及是否符合法律原则意旨和法政策要求的判断。

一、问题的提起

【案例】“李某、龚某诉‘五月花公司’人身伤害赔偿案”[①]（以下简称“五月花案”）事实：李某、龚某夫妇带儿子龚某皓到“五月花”公司经营的餐厅就餐时，因临近包房突然爆炸，致龚某皓死亡、李某伤残。经查，该起爆炸是由在临近包房里就餐的一名医生带来的“五粮液”酒引发的（犯罪嫌疑人将爆炸装置放在“五粮液”酒瓶中并送给该医生）。

在该案中，一审法院认为，该爆炸是第三人的违法犯罪行为所致。“五月花”公司已尽到保障顾客人身安全的注意义务，无法预见此次爆炸，对李某、龚某及龚某皓的伤亡没有过错，故不构成侵权。据此驳回原告的诉讼请求。

二审法院认为，“五月花”公司虽不存在违约与侵权，但“五月花”公司作为企业法人，是为实现营利才允许顾客自带酒水，并由此引出爆炸事件，虽然也受有损失，但并非与李某、龚某一家受侵害事件毫无关系。并且，李某、龚某一家是在实施有利于“五月花”公司获利的就餐行为时使自己的生存权益受损，“五月花”公司受损的则主要是自己的经营利益。二者相比，李某、龚某受到的损害比“五月花”公司更为深重。为平衡双方当事人的受损结果，酌情由“五月花”公司给李某、龚某补偿一部分经济损失。一审不考虑双方当事人之间的利益失衡的判决欠妥，应当纠正。二审改判“五月花”公司给予李某、龚某补偿 30 万元。

该案系发生于《侵权责任法》实施（2010 年）之前，所以判决未考虑适用该法第 37 条（《民法典》第 1198 条）关于“公共管理人责任”即“安全保障义务”的规定。但法院对利益衡量的判断方法颇具价值，故有引用之必要。

二、权利与利益之厘辨

权利是一种被法律所类型化的特定利益，因此利益是权利的核心要素。

---

① 具体参见《最高人民法院公报》2002 年第 2 期。

但是，利益与权利并不等同。权利的基本要素首先是利益，利益既是权利的基础和根本内容，又是权利的目标指向，是人们享受权利要达到的目的（以及起始动机）之所在，亦即所有权利都是一种特定利益，但并非所有利益都能成为权利。例如，自然人的个人信息自主权益（《民法典》第1034条）就不是权利而只是一种人格利益。又如，最高人民法院在“山东食品进出口公司、山孚集团公司等与马某庆等不正当竞争纠纷案”中指出，商业机会虽然作为一种可以受到反不正当竞争法所保护的法益，但其本身并非一种法定权利。[①] 因此，法益的外延要大于权利的外延，[②] 利益只有在上升到受法律保障、被类型化之后才会成为权利。同时，法律所保护的利益未必都表现为权利。[③]

民事利益也分为私人利益、社会公共利益、国家利益。社会公共利益是指关系到全体社会成员的利益，是与私人利益相对应的利益。但二者并非绝然割裂。如死者的人格利益，即含蕴社会公共利益，因而赋予了其遗族救济权。国家利益是指国家所享有的利益，与社会公共利益并不完全相同。[④] 社会公共利益与国家利益均源于私人利益，并可还原于私人利益。这一认知对于利益判断十分重要。

三、利益衡量之意义

利益衡量亦即法益衡量，也称利益考量、利益平衡或利益兼顾，是在法律所确认的利益之间发生相互冲突时，由法官对冲突的利益确定其“轻重”所进行的权衡与取舍活动，即最终根据冲突利益之间的“轻重”次序来确定应予保护何种利益。“一旦冲突发生，为重建法律和平状态，或者一种权利必须向另一种权利（或有关的利益）让步，或者两者在某一程度上必须各自让步。”[⑤] 由于司法认定过程的性质就是在解释法律，而进行（民）法的解释时，不可能不

① 参见《最高人民法院公报》2011年第10期。
② 参见张明楷：《法益初论》，中国政法大学出版社2003年版，第171页。
③ 参见梁慧星：《民法总论》，法律出版社2004年版，第69页。
④ 参见王利明、杨立新等：《民法学》，法律出版社2015年版，第101页。
⑤ ［德］卡尔·拉伦茨：《法学方法论》，陈爱娥译，商务印书馆2003年版，第279页。

进行利益衡量。因为，法是为解决社会现象中发生的冲突而作出的基准。① 因此，利益衡量已成为现代民事立法以及司法实践中所必须遵循的一项准则。

四、利益衡量在司法实务中的具体运用

在民事司法实践中，对利益衡量的适用极具典型性（如办理“五月花案”的二审法官）。这与刑事审判只在特殊情况下才会适用（如“李某避险案”，参见第 2 章第 2 节）有根本不同。民法之所以更为注重利益衡量，并及于司法实务中对诉的利益考量，作为对原告、被告与国家之间利益平衡的一种判断方法，是因为利益衡量“主张法律解释应当更自由、更具弹性，解释时应当考虑实际的利益，强调实质的判断……是对双方的利益进行估量后，考虑应置重哪一方的利益”②。而民事司法作业的核心就是适用法律（实则是解释法律）。所以，利益衡量实际就是在司法过程中根据民法理念、公平原则，对利益之间加以相互衡平，以最终实现社会的公平正义。并且，对民事法官而言，正当的案件裁判意指考虑到双方当事人合理的愿望，促成利益均衡的情况，因此，是每一方当事人（只要他也合理地考量他方的利益）都能接受的裁判。这个目标未必都能达成，但是对这个目标的追求是法官职业伦理上的要求。③ 因此，民法上的利益衡量具有更大的弹性。当然，在裁判中对于法官径行适用法律原则时还要加以严格限制，以防法官擅断。

最高人民法院颇为重视利益衡量。例如，针对甲方违反约定解除了乙方已经完成大部分工程却能额外获得利益的现象，最高人民法院严厉地指出：一审判决忽略了当事人双方的利益平衡以及司法判决的价值取向，从而“会产生对守约一方明显不公平的后果”（参见最高人民法院“青海方升建筑安装工程公司与青海隆豪置业公司建设工程施工合同纠纷案”）。而综其大凡，以《最高人民法院关于在审判执行工作中切实规范自由裁量权行使保障法律统一适用的指导意见》中规定的“正确运用利益衡量方法”最为体现其立场：“行使自由裁量权，

① 参见梁慧星：《民法解释学》，中国政法大学出版社 1995 年版，第 315 页。

② 梁慧星：《民法解释学》，中国政法大学出版社 1995 年版，第 316 页。

③ 参见［德］卡尔・拉伦茨：《法学方法论》，陈爱娥译，商务印书馆 2003 年版，第 223 页。

要综合考量案件所涉各种利益关系，对相互冲突的权利或利益进行权衡与取舍，正确处理好公共利益与个人利益、人身利益与财产利益、生存利益与商业利益的关系，保护合法利益，抑制非法利益，努力实现利益最大化、损害最小化。”

第六节 “帝王条款”与公序良俗原则对权利行使之控制

一、法律原则之要义

（一）问题的提起

早在 1989 年，山东省高级人民法院针对“莒县酒厂诉文登酿酒厂不正当竞争案”[①] 即认为，侵权人的行为不但违反了诚实信用原则，而且还损害了社会公共利益，扰乱了社会经济秩序（违反了公序良俗原则），从而维持了原审判决。对此，当时有一种意见认为，法院不能直接引用民法的基本原则作为判决的依据。“应引以为鉴”。[②] 由此提出的问题是：

问题 12 法官能否直接引用民法的基本原则（法律原则）作为判决依据？

（二）法律原则的特征及其功能价值

所谓法律原则，是指法律原理，即合于正义之道。通常认为，其功能是针对规则而产生的，具有（制定）规则的根据、补充规则的漏洞、解释规则冲突和纠正规则的错误等功能。[③]

① 参见《最高人民法院公报》1990 年第 1 期。

② 参见王利明主编，郭明瑞、杨立新副主编：《中国民法案例与学理研究 · 总则篇》，法律出版社 1998 年版，第 2 页。

③ 参见郑永流：《法学方法阶梯》，北京大学出版社 2000 年版，第 193 页。

法律原则不仅居于法律规则的上位，其自身也根据其指导的范围大小、功能强弱而进一步划分为一般原则（基本原则）、具体原则，且在不同法律位阶下，一般原则与具体原则的定位有时也会发生转化。例如，非法证据排除规则就是根据刑事诉讼法的程序正当又称程序正义原则制定的，而程序正义原则作为刑事诉讼法的基本原则，相对于人权保障这一宪法原则而言，又属于整个法律体系中的一项具体原则。

法律原则只有在适用法律规则出现不适当结果时，才会发挥其功能，起到纠正规则的作用，否则不应在具体个案中直接适用，以维护法律秩序的安定。例如，美国“里格斯诉帕尔玛遗产继承案”，法院最终即以“不容许以欺诈行为或者犯罪行为而获利”这一原则纠正了若适用固有规则将致案件结果的不适正性。

此外，法律原则在无法律具体规定时也会发挥作用，即补充法律漏洞，这一点犹以民法的诚信原则至为显著。

二、“帝王条款”：诚信原则的适用

在民法看来，只有当人与人之间的信赖至少普遍能够得到维持，信赖能够作为人与人之间的关系基础的时候，人们才能够和平地生活在一个哪怕是关系很松散的共同体中。当信赖丧失殆尽时，人们之间的交往也就受到了至深的干扰。因此，信赖原则同意思自治、自我约束（契约神圣）原则一样，是一项正当法的原则。[①] 在民法中，这项不辜负他人已经表示和付出的信赖的命令，首先体现在遵守诚信原则（《民法典》第7条）的要求中。

诚信，原是意思自治理念中的应有之义，真正的自治必然是受制约的自治。诚信原则不仅是契约原则，而且被赋予民法实务一般方法的价值：一方面，是法院解释契约、解释其他意思表示，从而干预生活、调整当事人利益冲突的依据和指导原则；另一方面，又是法院演进法律、填补法律漏洞的依据和指导原则。由于诚信原则内涵丰富，并且具有开放性，因而有“透明条款”之称；又

① 参见［德］卡尔·拉伦茨：《德国民法通论》（上册），王晓晔、谢怀栻等译，法律出版社2013年版，第58页。

由于其位阶极高——通常被称为债法中的最高指导原则，故而又有“帝王条款”之称，[①] 诚信原则及由其演绎的公共利益原则和禁止权利滥用原则（《民法典》第132条），是指导民事权利行使的基本原则。[②] 甚至在徐国栋教授看来，在大陆法系国家，诚信原则几乎是唯一的民法基本原则。[③]

通说认为，诚实信用原则乃具有如下功能：

第一，填补法律和合同漏洞。在出现法律漏洞和合同漏洞的情况下，民事审判人员可据诚信原则填补。

第二，确立行为规则。诚信原则在合同法中具体表现为附随义务，包括前合同义务、履行中的附随义务（《民法典》第509条第2款）、后合同义务等（《民法典》第501条），并由此建立了缔约过失责任制度（《民法典》第500条第3项）。就独立的、见索即负的保函而言，所以为“欺诈例外抗辩”，亦据此原则。[④]

第三，衡平。诚信原则不仅要求平衡当事人之间的利益，而且要求平衡当事人的利益和社会利益之间的冲突与矛盾，即要求当事人在从事民事活动中，要充分尊重他人和社会的利益，不得滥用权利，损害国家、集体和第三人的合法利益。因为，“权利于滥用开始，同时丧失其为权利”，不发生权利行使之效果，其结果对于他人加以损害时，应负损害赔偿责任。[⑤]

第四，解释。按《民法典》第7条规定，诚信原则为一切民事活动所应遵循之基本原则，法律行为之解释亦当然包括在内。法律行为所使用文字词句有疑义时，应依诚信原则确定其正确意思；法律行为内容有漏洞不能妥善规定当事人权利义务时，应依诚信原则补充其漏洞。此外，无论采何种解释方法，最后所得解释结果均不得违反诚信原则。法律行为内容经解释仍不能与诚信原则相协调者，应为无效[⑥]（参见“南京雪中彩影公司诉上海雪中彩影公司及其分

---

① 参见张俊浩主编：《民法学原理》，中国政法大学出版社1991年版，第24页。

② 参见张俊浩主编：《民法学原理》，中国政法大学出版社1991年版，第94页。

③ 参见徐国栋：《民法基本原则解释——成文法局限性之克服》，中国政法大学出版社1992年版，第5页。

④ 参见最高人民法院（2017）民再134号民事判决书。

⑤ 参见史尚宽：《民法总论》，台北，正大印书馆1980年版，第30页。

⑥ 参见梁慧星：《民法总论》，法律出版社2004年版，第192页。

公司商标侵权、不正当竞争纠纷案”①)。

由于诚信原则在市场经济活动中具有“帝王条款”的价值与功能，其不但已为民法最高位阶的原则，在商法之中也发挥着重大价值功能（如《证券法》规定的信息持续披露制度），并成为现行《民事诉讼法》的一项基本原则（第13条第1款），甚至上升为受《刑法》保护的法益（第307条之一规定的虚假诉讼罪）（参见“张某云与朱某民、田某芳第三人撤销诉讼纠纷案”② ）。

三、公序良俗原则之类型化适用

（一）问题的提起

【案例】“‘小三儿’受遗赠案”：黄某（已婚）与张某（女）相识后同居。后黄某因患肝癌（晚期），因而立下书面遗嘱，将其所得住房补贴款等款项均赠与张某。黄某去世后张某与黄某的妻子、儿子发生讼争。

问题13 法官判决驳回因婚外情而受遗赠者的诉讼请求的依据是什么？

此案中，法院系以“违反社会主义的公共道德”为由而判决驳回原告张某的诉讼请求。依学者解释，《民法通则》第7条规定的“民事活动应当尊重社会公德，不得损害社会公共利益，扰乱社会经济秩序”，其地位和作用即相当于公序良俗原则。③ 此在《民法典》第8条“民事主体从事民事活动，不得违反法律，不得违背公序良俗”的规定中得到印证。

（二）公序良俗原则的意义及其功能

公序良俗原则又称公共秩序与善良风俗原则。公共秩序系指国家社会一般利益，善良风俗系指社会的一般道德观念④即为社会国家之存在及其发展所必

---

① 参见《最高人民法院公报》2006年第5期。

② 参见《最高人民法院公报》2018年6期。

③ 参见梁慧星：《民法学说判例与立法研究（二）》，国家行政学院出版社1999年版，第2页。

④ 参见王泽鉴：《民法总则》，北京大学出版社2009年版，第278页。

要之一般道德。[①] 作为现代民法一项重要法律概念和法律原则，在现代市场经济社会中，公序良俗原则有维护国家和社会一般利益及一般伦理观念的重要功能，被称为现代民法至高无上的基本原则。[②] 甚至在徐国栋教授看来，民法真正的基本原则只有两个——诚信原则和公序良俗原则，并均具有克服法律局限性工具意义上的用法。[③] 因为在今日，公序良俗已成为支配私法全领域的基本原则，[④] 所以公序良俗原则具有与“帝王条款”即诚实信用原则同等价值的位阶，均位于民法原则体系的最高层面。公序良俗原则通过立法授权法官针对具体案件进行价值补充，以求获得判决的社会妥当性，其作用在于弥补强行性和禁止性规定之不足，以禁止现行法上未作规定的事项。其判断法律行为为无效者，不是具体的法律规范，而是存在于法律本身的价值体系（公共秩序），或法律外的伦理秩序（善良风俗），善良风俗系伦理秩序与法律相关联的部分，其目的在于不使法律行为成为违反伦理性的工具。简言之，即不能使违反法律本身价值体系或违反伦理的民事法律行为，具有法律强制性。

公序良俗原则具有以下四种具体化功能：第一，继受功能，即将不属于法律的其他规范赋予法律上的规范意义；第二，转换功能，即公序良俗在个案上的认定，必须斟酌社会价值观念的变迁；第三，正当化功能，即法院面对新的问题，须依据既存的社会价值观念，将公序良俗予以具体化，对法院造法之功能，予以正当化；第四，法律发展功能，即公序良俗具有不确定的开放性，使法律能够适应法律价值理念的发展及社会伦理的变迁而演变进步。[⑤]

（三）公序良俗的具体类型化及其实务应用

公序良俗原则是一个概括性条款，而善良风俗系一个相当不确定及高度抽象的概念，具有灵活、适应、发展及引入法律外道德规范的功能。诚如史尚宽

---

① 参见史尚宽：《民法总论》，台北，正大印书馆 1980 年版，第 300 页。

② 参见梁慧星：《民法学说判例与立法研究（二）》，国家行政学院出版社 1999 年版，第 1 页。

③ 参见徐国栋：《民法基本原则——成文法局限性之克服》，中国政法大学出版社 1992 年版，“自序”部分第 12 页。

④ 参见梁慧星：《民法学说判例与立法研究（二）》，国家行政学院出版社 1999 年版，第 11 页。

⑤ 参见王泽鉴：《民法总则》，北京大学出版社 2009 年版，第 277 页。

先生所说，违背善良风俗之加害，犹如侵权行为之蓄水池，尤有取用自如之妙。适用公序良俗原则时须在个案就一定的生活关系予以具体化，使裁判成为可能，并实现法律的价值判断。具体化是一个结合认识和意志的创造性评价过程，其应斟酌的因素包括应受保护的各种法益、加害人的行为方式、动机、目的与手段的关系等。①

但在进行具体（类型化）的审判作业中，应加以责任范围等规范目的的限缩解释，并应建立类型，以防法官滥用与擅断。对此，学者曾有多种行为类型总结。② 其中以王泽鉴先生主张的下列六种公序良俗行为类型③以及梁慧星教授在此基础上所提倡的十类型说④为实务所共取：⑤

第一，宪法上基本权利的保护。涉及宪法对人权和人格尊严的保护。例如，超市不得对顾客强行搜身。

第二，契约上危险的合理分配：格式合同条款的控制。此主要涉及消费者权益保护问题。

第三，婚姻。包括：预想他日结婚而为负担的赠与；夫妻间关于离婚的约定。法律行为原本以附条件或期限为原则，唯婚姻、收养等身份行为不得附条件或期限，其理由即在于维护公序良俗。⑥

第四，家庭伦理。如父母健在时预立财产分管契约。

第五，经济秩序。包括：外汇许可证买卖；表决权拘束契约；引诱他人违约。例如，扰乱国家金融秩序的非法吸收公众存款行为中，借贷、担保行为无效（2019 年《九民会议纪要》第 30 条）。

第六，性之关系。如对婚外同居人所作遗赠。

---

① 参见王泽鉴：《侵权行为》，北京大学出版社 2009 年版，第 276 页。

② 参见梁慧星：《民法学说判例与立法研究（二）》，国家行政学院出版社 1999 年版，第 18 页。

③ 参见王泽鉴：《民法总则》，北京大学出版社 2009 年版，第 280 页。

④ 参见梁慧星：《民法总论》，法律出版社 2004 年版，第 205 页。

⑤ 参见杜万华主编：《中华人民共和国民法总则实务指南》，中国法制出版社 2017 年版，第 42 页；最高人民法院民法典贯彻实施工作领导小组主编：《中华人民共和国民法典侵权责任编理解与适用》，人民法院出版社 2020 年版，第 73 页。

⑥ 参见王泽鉴：《民法概要》（第 2 版），北京大学出版社 2011 年版，第 96 页。

第七，以从事犯罪或帮助犯罪行为作为内容的合同。如买卖毒品、人体器官以及故买赃物。

第八，滥用诉讼制度,[①] 即虚假诉讼。

第九，射倖行为。如赌博、彩票发行。

第十，暴利。如高利贷。

此外，2023 年《合同编通则解释》第 17 条第 1 款规定的影响国家安全的合同（第 1 项）、影响社会稳定的合同（第 2 项），也是违反公序良俗原则的行为。

由于公序良俗原则包含了法官自由裁量因素，具有极大的灵活性，因而能处理现代市场经济中发生的各种新问题，在确保国家一般利益、社会秩序，以及协调各种利益冲突、保护弱者、维护社会正义等方面发挥极重要的机能。[②] 这也使忠于法律正义、熟稔法律技术的法官，善用民法有关社会公共利益及乘人之危、显失公平等原则性规定，应对、规制各种各样违反公序良俗的行为。[③] “在认定合同是否违背公序良俗时”，应“综合考虑当事人的主观动机和交易目的、政府部门的监管强度、一定期限内当事人从事类似交易的频次、行为的社会后果等因素”，“并在裁判文书中充分说理”（2023 年《合同编通则解释》第 17 条第 2 款）。

第七节　法律政策之“水闸”调控适用

权利之所以被理解为法律所保护的利益，是就法律政策的动机而言的。

——［德］拉德布鲁赫

一、法律政策的概念

所谓法律政策，指形成法律时所考虑的因素，包括法院负担、法益衡量、

① 参见王泽鉴：《侵权行为》，北京大学出版社 2009 年版，第 281 页。

② 参见梁慧星：《民法学说判例与立法研究（二）》，国家行政学院出版社 1999 年版，第 21 页。

③ 参见李晓智：《“青龙白虎”非善良风俗习惯不受法律保护》，载辽宁省高级人民法院主办：《审判参考》1999 年第 3 期。

社会经济发展、民事责任体系的内在平衡及保险制度等。① 换言之，法律政策是立法、司法过程中所体现的国家政策，“各国法院解释适用法律皆有其法律政策的考虑”②。并且，法律政策在法律适用的过程中还起到“水闸”③ 或“蓄水池”的调控功能。

二、法律政策的司法运用

法律政策的实质意义在于，依法律内的法之续造不能获致满足要求的答案，必须全无疑义，法院始能超越法律外的法之续造，并以现行法秩序为其界限。因为法院不拥有必要的资讯及正当权限，仅凭法律性考量不能提供必要裁判的依据，尚需有基于目的性考量的政治性决定。④

司法之所以关注法律政策，是为更妥当地适用法律。因为“权利之所以被理解为法律所保护的利益，是就法律政策的动机而言的”⑤。如办理抵押权案件中，如果以宅基地的使用权设立抵押，属违反民法的禁止规定（《民法典》第399条第2项）。之所以法律禁止其为抵押物，在于以此抑制占用农地建房，从而实现保护土地这一基本国策，同时也能够维护农民的基本生存条件。⑥ 对法律政策的深层次认识有助于实务人员去体系地理解与适用法律。

三、法律政策的相对柔和性

民事司法层面对政策因素的考量权重，似乎要弱于刑事审判中所贯彻的刑事政策，甚至还要弱于民法原则所起的调控作用。这与民法的私法属性密不可分。当然，在商事审判活动中以及在经济法、劳动法领域中的政策性则会体现得更强一些。例如，《公司法》规定对有限责任公司股东未按期定额缴纳的认

① 参见王泽鉴：《侵权行为》，北京大学出版社2009年版，第58页。

② 王泽鉴：《侵权行为》，北京大学出版社2009年版，第59页。

③ 王泽鉴：《挖断电缆的民事责任：经济上损失的责任》，载王泽鉴：《民法学说与判例研究》（第7册），中国政法大学出版社1998年版，第89页。

④ 参见王泽鉴：《民法总则》，北京大学出版社2009年版，第77页。

⑤ ［德］拉德布鲁赫：《法学导论》，米健译，商务印书馆2013年版，第93页。

⑥ 参见王利明、杨立新等：《民法学》，法律出版社2015年版，第335页。

缴出资属于一种债［2023年《公司法》第49条第3款（2018年《公司法》第28条第2款）[①]］，而不属于虚假注册，即基于发展市场、鼓励交易的政策。

第八节　民事案件审理六要素之间的递进关系与制衡机制

民事案件审理六要素之间是一种递进式的判断关系。在研判具体案件过程中，首先要遵照法律要件的构成识别其法律关系，以寻找其法律规范，并寻求其法律效果（见图3-3）。当两种利益发生冲突时，应进行利益衡量，选择更应受法律保护的利益，以实现公平正义。而作为“帝王条款”的诚信原则与与之具有同等价值位阶的公序良俗原则，则在指导并控制着对所有民事法律行为如何实现妥当的研判（见图3-4）。这两个在民法上居于价值位阶最高的基本原则是法官内心所必须坚守的底线，如此才能避免出现损害公共利益的裁判结果。

法律关系←←法构成要件←←过错责任（小的构成要件）
（中介作用）　严格责任和过错责任推定
无过错责任
公平责任

图3-3　民事案件审理要素之间关系（横向）

法律关系
↓（指引归入法律规范功能：构成要件）
过错责任
↓（调控功能：利益考量与法政策）
公平正义［校正功能：法原则（诚信、公序良俗）］

图3-4　民事案件审理六要素之间关系（纵向）

① 2018年《公司法》第28条第2款规定系向已按期足额缴纳出资的股东承担违约责任，而2023年《公司法》第49条第3款规定系对给公司造成的损失承担赔偿责任。

第四章 | 刑事与民事案件审理要素之比较

法律是一门艺术，它需经长期的学习和实践才能掌握，在未达到这一水平前，任何人都不能从事案件的审判工作。

——［英］爱德华·柯克

第一节 刑事审判与民事审判思维相似性之归结

如将第二章与第三章分别论述的刑、民事审理要素进行比对，会发现二者均系按照如下思维方式审理案件：

首先，均根据所诉事实与证据去发现构成要件（其结果就是确认法律事实），以寻找与法律事实相符合的法规范（找法的结果也许是一个，也许是数个，此即法规竞合或想象竞合问题）。在刑事审判中，该构成要件必须是符合《刑法》分则中某一类型化的规定；而在民事审判中，这种构成要件则必须是符合某种法律关系要素的类型。此即事实判断过程。

其次，根据法律规范适用法律时，需考虑该法律事实所涉的具体法益。当出现两种以上法益之间的冲突时，则要考量利益之间的平衡问题。此即价值判断过程。

最后，需考虑该已被类型化的事实在裁判中是否受有政策导向指引。此亦是价值判断过程。

上述三个层次之间，是一种由此及彼的逐层递进关系。一旦出现了阻却上一层次的事由，则无须再进入下一层次的评判。当然这种阻却主要发生在事实判断与价值判断的两个层次之间。同在价值判断层面的利益考量、法原则与法律政策，则不会发生这种阻却关系，而是加以相互考量。

上述相似的审判思维构造是基于笔者在审判实践中对案件进行判决，即作司法决定时，以直觉与经验所得出的思维方式。因为“直觉在司法决定中扮演了主要角色”，是“经验培养了他们（法官）的直觉，无意识成见就是直觉的产物。”① 相信这种思维也是其他富有审判经验的法官都曾应用过的：通过对具体案件的审查，会首先产生出一种犹如审判结果的观念。这是由作为行动中的法的司法特性所决定的。此即“倒置的三段论”方法。其后，再逐层次地对其他问题加以综合考虑。因为每一名法官均受其生活的时代、法律规定、国家（公共）政策指向、个人经验智识乃至其个人成长经历的限制。此即司法认定的性质。

所有司法裁判的过程都是一种从证据判断到事实判断再到价值判断的过程，而指引着符合法律价值的效果实现的是构成要件，法益衡量、法律原则起到的则是调控与校正功能。因为，法官必须把他应当判决的个案与组成实在法的法制的或多或少是抽象把握的各种规则联系起来。规则和案件是法官思维的两个界线。法官的考虑是从案件到规则，又从规则到案件，对二者进行比较、分析、权衡。案件通过那些可能会等着拿来应用的、可能决定着判决的规则进行分析；反之，规则则是通过某些特定的个案或者案件类型进行解释的。②

一、构成要件的类型化指引与归入

案件审理首先要寻找构成要件，这是由于其具有将生活事实加以法律事实化的功能，亦即遵循了：社会生活事实→法律限制→证据事实→法律事实这一司法判断过程。

法律事实是司法裁判的基础。法律事实是事实层面的存在，法律要件则是规范层面的限定，二者是规范与其对象的关系（只有当法律事实充足了规范上

---

① ［美］理查德·波斯纳：《法官如何思考》，苏力译，北京大学出版社2009年版，第100页。

② 参见［德］H. 科殷：《法哲学》，林荣远译，华夏出版社2003年版，第196页。

的法律要件之后，才成为法律要件所指向的事物之一，这就是逻辑涵摄关系①)，亦即概括法律事实的特征在先，而发现构成要件在后，但此时已经找到了法律规范（虽然可能是数个，但已只是对想象竞合与法规竞合的法律适用问题)。《刑法》分则规定的构成要件具有这种将法律事实化的价值与功能，而且还具有指引刑事诉讼的功能。民事法律关系也是如此，它抽象于具体的生活事实，正是因为法律的规范与调整，才会产生请求权基础，从而完成整个法律适用的逻辑体系。而构成法律关系具体事项内容的，正是（法律）构成要件。

（一）构成要件是找寻法律规范的锁钥与指引诉讼的航标

在司法过程中，构成要件不但具有实体的意义，更具有诉讼的指引功能。这与构成要件的概念源于诉讼法有关。只有准确做好对构成要件的析分，才能实现对请求权与求刑权基础规范的确认。实际上，之所以在司法实践中不像理论法学那样严格地区分实体法与程序法之间的界限，并非司法实务者的不专业，而是实务中必须刻意淡化的作业方式。在此之中，已难以更好地析分出究竟什么是程序法上的证据、什么是实体法中的“财（gut，标的）”了。反之，如果刻意将原本是“财”的事物而强行作以程序法与实体法上的析分，则往往是不必要的。只有在可能存在非法证据取得或程序违法的情形下，法官才会如此操作。因为审判也要讲求经济。这就是法官与单纯从事法律研究人士的不同。

（二）构成要件及其类型化功能

类型化使各种法律构成要件具有其独特的识别与价值判断的功能。例如，到餐馆就餐时丢失财物，餐馆经营者仅会对帽子、雨伞等常见的价值不大之物负有赔偿责任，而对价格昂贵的 LV 包等物则不应负责。因为餐饮经营者仅是对就餐者通常之物负“交易往来的安全保障义务”，这合乎餐饮类合同规范的目的。《刑法》分则中被类型化了的构成要件也是如此。例如，职务侵占罪必须是占有权人履行职务中的侵占，而占有辅助人的侵占行为，因不具有此种类型化特点，从而只会成立盗窃罪。

---

① 参见张俊浩主编：《民法学原理》，中国政法大学出版社 1991 年版，第 61 页。

在找寻到相关实体法的依据即法律规范之后，实际上就已经完成了对一个行为的构成要件的分析与判断。到此为止，构成要件似乎还只具有某种程式上的意义。但实则不然，其可以更好地解决请求权（与求刑权）基础的认定问题，而对请求权的研判又正是法律思维的基础。因此，以此为节点，构成要件的价值还在于，其在实务中不但可以实现对类型化规范目的的判断，而且能够实现实体法与程序法之间的衔接。因为到此似乎才“浮出水面”的程序法，只是作为落实行为构成的要件最终能否被实体法的具体条文所规范而进行的价值判断过程中遵照的程序准则，是使三段论的推理过程得以完成的一种操作规程而已。至于程序正义、证据能力与可采性等规则问题，则是程序法自身所赋予的力量。就此而言，刑事法与民事法也是一致的。

二、法益（利益）衡量：裁判切入点

所有法律都是保护法益的。随着社会利益分化为私人利益和公共利益两大相对立的体系，整个社会就分裂为市民社会和政治国家两个领域。前者是特殊的私人利益的总和。后者则是普遍的公共利益的综合。因此，社会中每一个独立的人也就担当着双重角色：他既是市民社会的成员，也是政治国家的成员。[①]正是由于每个人的双重角色身份，他才在社会中既要受到规范私人利益的法的规范，同时也要受到规范公共利益的法的规范。因此，在适用法规范时，必然都要涉及利益判断。这一点也符合“判断方式的外在性还进一步和利益指向的外在性相适应”的法适用规律。[②] 正如佩雷尔曼所言，法律基本上是关于价值的讨论，所有其他问题都是技术问题。[③]

与一般部门法只保护某一方面的法益不同，刑法保护各个方面的法益，这是由刑法与一般部门法之间的补充关系所决定的（只有当一般部门法对某种不法行为的处理不足以抑制、不足以保护某种法益时，立法者才将这种不法行为

---

① 参见梁慧星：《民法总论》，法律出版社 2004 年版，第 28 页。

② 参见［德］拉德布鲁赫：《法学导论》，米健译，商务印书馆 2013 年版，第 18 页。

③ 参见锁正杰：《刑事程序的法哲学原理》，中国人民公安大学出版社 2002 年版，第 8 页注①，转引自沈宗灵：《现代西方法理学》，北京大学出版社 1992 年版，第 448 页。

规定为犯罪并追究其刑事责任)。刑法与一般部门法并不是一种简单的“刑法规定的行为由刑法处理，一般部门法规定的行为由一般部门法处理”的关系，而是在一般部门法处理没有效果时才会由刑法处理。正如卢梭所说，刑法在根本上与其说是一种特别法，还不如说是其他一切法律的制裁力量。因此，民法难以保护财产利益之时也会有赖于刑法，这就使刑法保护的法益范围相当广泛，也使刑法采取更严厉的制裁方法来保护法益。反之，一般部门法足以保护某种法益时，则没有必要由刑法保护。① 因为，刑法保护是最高等级的法律保护。② 并且，刑法的保护是“片段性”的，亦即并非所有民事利益都需由刑法调整，琐细性的生活利益以及不具有实质违法性的侵害法益的行为并不为刑法所理会。

民事审判中，为体现公正，即使行为人并无过错，某些特殊情形下也要承担民事责任，这是基于利益衡量的结果（如“五月花案”，参见第 3 章第 5 节）。虽然司法人员必须要遵照具体法律规定进行裁判，但还须加以实质性审查判断，此即价值判断。价值判断为利益衡量之一，或者说是指更看重什么样的利益，也是利益衡量的基础，而进行作为全部的利益衡量时考虑哪一方应当获胜。③ 在刑事审判中，虽然这种现象并不常见，但对紧急避险进行评价时，正是基于法益衡量，才会得出是否阻却违法性的结果。由于价值判断是一种实质判断，由此我们也会进一步得出：法益侵害才是最终判断犯罪成立与否的决定要素。

三、政策的“水闸”调控功能

正如卡多佐所言，无论是在刑事司法还是民事审判过程中，对社会政策的考虑颇为重要。④

就审判的外观而言，深受政策影响的主要还是刑事法。而民法更多关注的

---

① 参见张明楷：《法益初论》（修订版），中国政法大学出版社 2003 年版，第 176 页。

② 参见［德］克劳斯·罗克辛：《德国刑法学总论》（第 2 卷），王世洲主译，王锴、劳东燕等译，法律出版社 2013 年版，第 1 页。

③ 参见梁慧星：《民法解释学》，中国政法大学出版社 1995 年版，第 321 页。

④ 参见［美］本杰明·卡多佐：《司法过程的性质》，苏力译，商务印书馆 2003 年版，第 73 页。

则是法律原则特别是诚信原则与公序良俗原则。但在特殊领域特别是在商法领域，法律政策的影响也会更强一些。虽然较之刑事政策而言，法律政策仍尚显柔和，但法律政策是法律的根底，因此对立法、司法仍具有绝对的影响。只不过民法更多的是以“立法说明书”为政策表现形式，并通常隐藏于司法的身后而已。

四、遵循递进式的层级审判思维方法

在构成要件之后再考量法益，是因为法益乃位于宪法与法律（刑法、民法等）之间。之所以最后才加以政策考量，是因为刑事政策是立法的基础，其位阶乃在法律之上。而在根据法律规定判断法律适用效果时，还要考虑司法政策的具体运用。民法最为重要的两项基本原则（诚实信用与公序良俗）在民事审判实践中同样具有此种价值功能，并主导着对裁判结果走向的最终判断。当然，对于一个有经验的法官，如在审理“小三儿受遗赠案”（参见第 3 章第 6 节）时，可能会首先考虑其行为是违背公序良俗的，并因此可能直接作出驳回其诉讼请求的结论。但这只是基于先验、根据倒置的三段论所判断的结果，而非违反了以上思维的顺序。

第二节　刑事案件与民事案件审理要素不同点之辨析

由于刑事法律与民事法律之间的规范功能不同、调整对象相异、受部门法本质所限的法原则有别，因此刑事与民事审理要素也存在诸多不同。

一、归责原则与责任要素必要性之不同

（一）责任必要性之不同

与刑法主要是为落实刑罚以实现积极的一般预防不同，民法主要是调整对已造成的损害如何予以公正的补偿。民法中“故意”与“过失”等概念的详细

意义属于债法范围。[1] 因此，民法通常只对一般侵权行为才关注其过错要件。对于某些特殊侵权行为如高度危险作业，所适用的则系无过错责任原则。由此可见，民法与奉行责任主义的刑法乃有根本的不同——刑法要求行为人在主观方面必须存在故意或过失，否则不能成立犯罪（《刑法》第 14 条、第 15 条）。当代民法所追求的乃是客观化的归责原则（对于某些特殊侵权行为则无须考虑过错），并基于“意思关联与行为关联的兼指说”的立场，承认共同过失（《民法典》第 1168 条）以及不能确定具体侵权人的共同危险行为（《民法典》第 1170 条）均可成立共同侵权行为，甚至对“二人以上分别实施侵权行为造成同一损害，每个人的侵权行为都足以造成全部损害的”竞合（叠加）因果关系类型，规定即使并无意思联络的侵权行为人之间亦负“连带责任”（《民法典》第 1171 条）。此在固守犯罪成立须主客观要件相统一以及坚决贯彻责任自负原则的刑法之中乃不可想象。

在对故意、过失的判断上，刑法意义上的过错与民事过错的认定标准在本质上也有所不同。现代民法对于过错侵权责任的发展最引人瞩目的是其关于过错（主要是过失）认定的客观化，这也是侵权责任与刑事责任区分的重要标志。当刑事责任仍在固守将故意和过失的主观判断作为标准时，侵权责任中的过错认定已经坚定地进行了客观化——对于过失的判断不再是对行为人在作出行为决定时内心是否达到了应有的紧张和谨慎，是否考虑了应考虑的探究，而是直接对行为人客观行为所表现出的状态的评判；对过失不再强调对行为人主观心理的责难，而是侧重对行为人没有达到一个通常谨慎的人或合理的人应当达到的行为标准的责难；过失的内容也由损害的可预见性的判断转向损害可避免性的判断；过失的判断被类型化、抽象化——以与行为人具有相同职业、年龄、教育等背景的合理的人的行为为标准。过错客观化使侵权责任的施加也具有了一定程度的客观性。这从实质上说，源于侵权责任旨在对损害的填补或分担，不如刑事责任那样旨在对犯罪人通过刑罚予以惩戒。侵权责任过错的客观

---

① 参见［德］卡尔·拉伦茨：《德国民法通论》（上册），王晓晔、谢怀栻等译，法律出版社 2013 年版，第 51 页。

化加深了侵权责任与刑事责任的异质性。①

（二）法律后果分担及其原则不同

就法律后果（法律责任）负担而言，故意犯罪的，无论其是既遂还是未遂，乃至犯罪预备，通常都要承担刑事责任，并不以受害人受有实际损失为必要。侵权行为则必须是造成他人损害或人身、财产安全受到危及的，才能承担民事责任。例如教唆行为，《刑法》第 29 条规定被教唆人未实施教唆行为的，教唆人仍应负刑事责任，只是“可以从轻或者减轻处罚”。而在民法中如果没有加害行为，教唆行为本身并不构成侵权行为，亦无须承担民事责任。这是由于二者的功能（刑法注重惩罚、民法重在填补）、立场（刑法是保障法，具有谦抑性；民法是权利法）、法律本位（刑法既是公法又是社会正义的最后一道防线，民法是私法）不同，从而“在方法论上应各依其规范目的及功能而为决定”：刑事责任目的系制裁反社会性的行为，旨在防止将来犯罪行为的发生；重视主观情事，以处罚故意为原则，过失为例外。反之，侵权行为的民事责任系以填补损害为主要目的，原则上不分故意或过失，有时甚至不以故意或过失为要件。还须注意的是，刑事责任系采罪刑法定主义，行为之处罚以行为时之法律有明文规定者为限。②

（三）举证责任分配不同

“谁主张，谁举证”乃现代司法准则。虽然民法主要奉行过错责任原则，但对特殊案件也采用过错推定原则或无过错原则。因此，就过错推定责任以及无过失侵权型等案件采用举证责任倒置的证据规则，此乃赋予被告一种抗辩的诉讼权能。

刑事法则鲜见举证责任倒置的规定，并否定主观归罪。这与保障人权有根本关系（《刑事诉讼法》第 2 条）。唯所疑问的是《刑法》第 395 条规定的巨额财产来源不明罪，似适用举证责任倒置。但这也是在办案机关已确定作为国家

① 参见最高人民法院侵权责任法研究小组编著：《〈中华人民共和国侵权责任法〉条文理解与适用》，人民法院出版社 2010 年版，第 35 页。

② 参见王泽鉴：《侵权行为》，北京大学出版社 2009 年版，第 61 页。

工作人员的犯罪嫌疑人的巨额财产与其正常合法收入折抵后仍明显不成比例的前提下，在难以收集到认定其系利用职务犯罪所得的证据时一种特别规定。但其实质上仍不属于举证责任倒置。

二、法益保护视角不尽同

刑法与民法的目的都是保护法益，因而二者在法益保护这一目的上发生实质的重合。但二者在法益保护的视角上仍有不同。

首先，除了民法的任务主要是调整平等主体之间的人身关系和财产关系，刑法的主要任务是用刑罚惩罚犯罪、维护与修复已经遭受损害的法益及社会秩序之外，二者之间所保护的具体法益在本质上也存在区分。例如，尽管诈骗罪与民事诈欺行为在基本构造上具有一定的重合，并多表现为在经济活动中采取欺骗方法取得对特定财物的不法占有，但只有当欺诈并不法所有他人的财物达到一定数额的，才会构成诈骗罪。二者的实质性区别还在于是否具有非法占有目的。如果仅是“一方以欺诈手段，使对方在违背真实意思的情况下实施的民事法律行为”的欺诈行为（《民法典》第148条），而并无非法占有目的就不能成立诈骗罪。因为民法所规定的欺诈并不以致被欺诈之人受有财产上损害为必要，与刑法上的欺骗意义不同，即欺诈所侵害者，系表意人的意思自由，而是否受有财产上的损害，在所不问。①

其次，刑法与民法保护法益的范围也不尽相同。如果只是根据刑法的主要任务是维护社会秩序，民法的主要任务是调整平等主体之间的人身关系和财产关系来予以区分，尚难以揭示其实质。这是由于体现在市民社会中的人身关系与财产关系也具有一定的法秩序。对此，日本刑法学者佐伯仁志教授也指出，虽然从来都认为民法是观念法，刑法是事实性的，但刑法也有观念化的情形。②那么，二者之间的区别究竟何在？实际上，正是刑法作为最严苛的公法、其谦抑性与由此决定的“片段性”才决定了二者法益之间的本质区别。同时，虽然

① 参见王泽鉴：《民法总则》，北京大学出版社2009年版，第372页。

② 参见［日］佐伯仁志、道内弘人：《刑法与民法之间的对话》，于改之、张小宁译，北京大学出版社2012年版，第196页。

刑法是“片段性”的，但《刑法》分则规定了政治、军事、市场经济、文化以及婚姻家庭、行政管理等诸方面的法益，其保护的范围无疑较之民法所保护的法益更为广泛。

最后，二者之间各自所处法体系的地位、机能不同，并非附属关系。刑法系保障法，其保护的法益是先于刑法所规定的构成要件之前，而处于宪法与刑法之间。同时，刑法所保护的法益很多源于民法法益，这部分本质上属于私人法益的法益，之所以受到刑法保护，是由于刑法的目的（保护法益）。刑法法益和民法法益并不是非此即彼的关系，而是因为对法益的侵害或危险已经达到国民难以忍受的程度，从而具有了动用刑罚予以责难的必要。在并未成为刑法保护的法益之前，私法益往往已经受到民法的保护。

三、法律原则与政策功能的不同视角

实务中，即使民法没有相关规定，也会依照法律原则补充法律漏洞，甚至在有具体规定的情形下，一旦依照该具体规则所推导出的结论与法律原则不一致，也会强行否定该具体规定对个案的适用，转而适用法律原则（参见第 3 章第 6 节）。此在奉罪刑法定原则为圭臬的刑法之中乃不可想象。在刑法看来，对于存在法律漏洞的行为，无论其社会危害性如何严重，甚至国民多么难以容忍，也不得适用类推而使行为人承担刑事责任，而只能宣告无罪。这是由刑法的谦抑性与罪刑法定原则这一现代法治国家所必须信守的底线所决定的。

民法注重考虑基本原则特别是公序良俗原则与诚信原则，而刑法则更为关注刑事政策与罪刑法定原则。这是因为民法是私法，更强调“法无禁止即自由”；刑法作为最严苛的公法，则强调法“无授权即禁止”。刑事政策的介入使很多外型与犯罪相似的行为可作非罪化处理（参见第 2 章第 3 节）。

四、刑事法官与民事法官不同的职业思维与素养

在司法实践中，刑事法官通常是扮演着一种近似于社会管理者的角色，而民事法官则更接近于一个裁判者地位。

德国著名法学家拉德布鲁赫说：“为保持法学准绳的垂直，必须增加人和

生命知识的重量，这一点不仅完全适用于法官，而且特别适用于刑事法官。所以未来刑事法官不应是一个纯法学的培训，而是必须包含刑侦技术、犯罪心理学、监狱学，但首先也应包括各种类型执行场所的实践经验。所以，这些对优秀的刑事法官都必不可少，但又远远不够，因为归根结底好的刑事法官是天生的。对于法官不可或缺的善良且有理解力的心智以及坚定而严厉的手段，是任何培训都无法赋予的。”“能够提供给刑事法官的特别培训长期以往必然会导致刑事法官和民事法官职业生涯的分离，这将最终导致对刑事法官评价较低这种现象的终结。今天对于许多法官来说，民事法官职业中处理你我的事务远比涉及生命、自由、荣誉的事务了不起。事实上，民事法官的活动比刑事司法提供了更多证明法学上的洞察力和经济上理解力的机会，而刑事司法对人性比对经济—法学能力提出了更高的要求”①。毋庸置疑，刑事法官必须是讲究人性的。虽然他在执行法令，彰显法律的正义，但显然无法消弭其内心的悲悯。反之这也有助于错案的防范。而民事法官所专注的通常只是判决的妥当，且仅此而已。

第三节　刑事案件与民事案件审理要素契合之研判：“镜像透视考察法”的提出

通过本章第 1 节和第 2 节对刑事、民事诸审理要素异同点之分别比较会发现，这种对比主要是围绕构成要件、法益展开的。由于构成要件（成立要件）主要是由“行为（不法）+主观责任”两个要素所组成的（在部分合同案件以及某些特殊侵权案件中则只考虑行为要素），因此，审理案件实则主要是围绕行为与罪责或过错、法益等三个问题所展开的。其中最为重要的仍然是不法行为与法益，因为整个侵权行为法的历史就在于如何平衡“行动自由”和“权益保护”。② 过错不过是在不法行为符合法律规范的具体构成要件之后，对其是否

① ［德］拉德布鲁赫：《法学导论》，米健译，商务印书馆 2013 年版，第 144 页。

② 参见王泽鉴：《侵权行为》，北京大学出版社 2009 年版，第 67 页。

具有可谴责性所进行的判断而已。行为人的行为一旦违反了保护他人权利的法律，即属不法，从而成为不法行为亦即侵权行为，乃有侵权行为法适用的余地。保护他人权利的法律中包括刑法。而且，刑法也坚持，对于他人的法律领域，从一开始就不能进行侵犯，部分免除刑罚的事由正在于不法行为的攻击对于受保护的法益不具有社会危害性，部分是由于自己承担责任的法益承担者的行为自由并没有受到损害。① 刑法的任务实则也是为规范行为自由与权益之间的紧张关系，尽管这种紧张关系是以刑法规则来划分国家的干涉权和公民个人自由之间的界限为其外在表现，同时又“将罪责原则作为设定刑罚界限的手段”。②这才是侵权行为法与刑法能够契合的关键，也是刑、民案件产生对冲的法律原因。

一、不法行为

行为对于法律的意义是不言自明的，任何法律都不过是一定的行为规则而已，主体就等于他的一连串的行为。如果这些行为是一连串无价值的作品，那么他的意志的主观性也同样是无价值的；反之，如果他的一连串的行为具有实体性质，那么个人的内部意志也是具有实体性质的。③ 因此，一切法律问题实则都是建立在以规范人的行为为中心，如何进行解释的问题。

（一）法益保护重合：对同一侵权行为所发生的法规竞合现象

就刑事、民事案件交叉而言，二者之间之所以会出现某种契合，初视之下，其重要原因之一在于其中的不法行为既可满足刑法规范的构成要件，又可满足民法规范的法律要件。例如，诈骗罪既符合《刑法》第 266 条规定的犯罪构成，又符合《民法典》第 148 条规定的欺诈要件。此即法规竞合（聚拢）现象。同时，行为作为能被按照某种法规则所抽象出来并受法律所规范的一种事

---

① 参见［德］克劳斯·罗克辛：《德国刑法学总论》（第 1 卷），王世洲译，法律出版社 2005 年版，第 394~395 页。

② 参见［德］克劳斯·罗克辛：《德国刑法学总论》（第 1 卷），王世洲译，法律出版社 2005 年版，第 49 页。

③ 参见［德］黑格尔：《法哲学原理》，范扬、张启泰译，商务印书馆 2012 年版，第 126 页。

实，成为法律事实（是排除了自然事实、无意识行为等事件的具有人格性的行为），也成为是否符合相关法规范要件的识别基础。

例如，盛京银行职员甲与其丈夫乙以高息吸储方式欺骗丙，丙在该银行柜台将存款存入甲乙事先设定好转账程序的银行账户之后，甲乙侵夺了丙的存款（“盛京银行案”）。这种侵害他人财产权（存款债权）的行为，既符合民法成立一般侵权行为的规定（《民法典》第1165条），又符合不当得利的要件（《民法典》第985条），并符合民法上无权占有他人动产（《民法典》第235条）实则是侵夺他人动产的情形。同时，甲乙这种故意非法占有他人财物的行为，还充任了《刑法》第264条关于盗窃罪的构成要件（如果甲乙的欺骗方法造成丙因之陷入错误认识，丙并因此处分了自己财产，甲乙的行为则充任的是第266条诈骗罪的行为构成）。由于在民法上对物权的保护乃分为物权法上的保护与债权法上的保护，[①] 因此在民法上可发生物上的请求权与不当得利或侵权行为损害赔偿请求权的竞合效力，并就该同一不法行为为刑法与民法共同规范。上述甲乙的行为既在民法上成立一般侵权行为（既与恶意不当得利之债产生请求权竞合关系，又与无权占有或侵夺所产生的物上请求权成立请求权竞合关系，从而产生三种请求权竞合关系），在刑法上又成立盗窃罪（或诈骗罪）。这种发生在两个不同部门法（刑法与民法）之间的法效果，就是法规竞合关系，并得并行救济（至于以何种程序、方式救济，正是刑民法律之间的衔接适用问题）。而造成这种法规竞合关系所产生的权利变动原因（法律事实），即甲乙侵夺他人动产这一不法行为。

以上事实显示一个共同的法效果：法规竞合（聚拢）。并且，其中分别受民法与刑法所规范的行为是同一的。由此得出：如果民事行为具有严重的不法性，在被《刑法》分则具体规定所能充任的场合，可成为犯罪行为。这种同一不法行为，就是同一法律事实。

（二）基本构造的重合性：规范同一不法行为的不同法规竞合（聚拢）的形式检讨

如果对以上“盛京银行案”所涉的具体法律规定再加以基本构造的析分，

① 参见王泽鉴：《民法物权》（第2版），北京大学出版社2010年版，第51页。

就会发现：刑法与民法中很多法律（构成）要件的基本构造具有一定的重合性，有的则几乎一致，从而使上述法规竞合的形式外观会得到更多实证意义上的支持。

1. 欺诈与诈骗罪的基本构造

在民法上，欺骗被称为欺诈或诈欺。其构成要件是：

第一，须有欺诈之故意。所谓欺诈之故意，即欺诈意思，系由两个意思构成：使被欺诈人陷于错误判断之意思；使被欺诈人基于错误判断而为意思表示之意思。第二，须有欺诈行为，为使被欺诈人陷入错误判断，或加深其错误、保持其错误，而虚构、变更、隐匿事实之行为。第三，须被欺诈人因受欺诈而陷入错误判断，欺诈行为与错误判断之间有因果关系。第四，须被欺诈人基于错误判断而为意思表示，错误判断与意思表示之间也有因果关系。[①]

据此，民事欺诈的基本构造是：故意告知虚假事实或隐瞒真相；使对方因此陷入错误认识；诱使对方做出错误意思表示。上述构造系连续发生、由此及彼、原因力促成结果实现的过程（另参见最高人民法院“钦州锐丰钒钛铁科技公司与北京航天大学科技合同纠纷案”[②]），亦即欺诈是“对观念纯正之侵害而间接损害自由权”的侵权行为。[③]

《刑法》第266条规定的诈骗罪基本构造是：行为人实施欺骗行为；使对方（受骗者）产生（或继续维持）错误认识；对方基于错误认识处分财产；行为人或第三者取得财产；被害人遭受财产损害。[④] 正是基于这种基本构造，才会发生只要其中一个环节出现障碍，就只能成立诈骗未遂。即使被害人在作出财产处分前已经知道行为人在欺骗，而并非因为受骗作出财产处分，并且是在行为人根据自己事先的行为计划并已实际取得被害人财产的场合也是如此。因为，行为人在继续其行为计划或继续其行为与结果之间的延长线上，发生了违反其本人意志的中断障碍，属于其意志以外的原因，因此构成诈骗犯罪未遂。

---

① 参见梁慧星：《民法总论》，法律出版社2004年版，第177页。

② 参见《最高人民法院公报》2018年第1期。

③ 参见史尚宽：《债法总论》，台北，荣泰印书馆股份有限公司1978年版，第127页。

④ 参见张明楷：《诈骗罪与金融诈骗罪研究》，清华大学出版社2006年版，第7页。

从上述分析会发现，欺诈行为与诈骗罪的基本构造在虚构事实与诱使对方做出意思表示这两个构造环节上是重合的。只不过诈骗罪还必须具有非法占有他人财产的目的或非法牟利目的这一“超主观”的责任要素，亦即在仅仅通过欺诈而损害他人时并不存在诈骗罪，恶意（欺诈）的成立不需要（行为人）具有损害的故意，① 只有在以违法牟利目的（非法占有目的）实施这种行为时，才能构成诈骗罪。② 由此二者才具有了本质区别。

但是，欺诈与诈骗罪并非绝然对立的关系。在实质上，刑事诈骗也是一种民事欺诈。换言之，当民事欺诈系以非法占有财物为目的而实施时，就不仅仅是“观念纯正之侵害而间接侵害自由权”的行为了，在数额较大的场合，就会成立诈骗罪。正如梅迪库斯所说，“恶意欺诈大多（当然并不必然）构成诈骗（犯罪）行为”。③ 因此，认为只要符合民事欺诈的行为就不成立诈骗罪的观点，其根本立场就是错误的。

2. 拒不返还他人错误汇款的不当得利与取得财产罪

甲在接到银行错误汇款后不但不及时返还其无法律依据所受的利益，且肆意挥霍，成立民法上的恶意不当得利之债（《民法典》第 987 条）。假设甲在接到银行的通知后，不但拒不返还，而且继续占有、挥霍，则还符合《刑法》第 270 条所规定的侵占罪的构成要件。当然，这种错误汇款究竟是《刑法》第 270 条第 1 款中的“代为保管的他人之物”还是第 2 款中的“他人的遗忘物或者埋藏物”，尚需作民法上的判断。

如果从民法视角审视，就会发现侵占罪几乎就是对侵夺占有的简化，只不过后者的范围会更大一些。对于以平和方式而窃取的侵夺行为，则可能成立盗窃罪，只有对价值较大的代为保管的他人之物或遗忘物进行侵夺占有且与拒不返还的后续行为要件结合在一起，才会成立《刑法》第 270 条所规定的侵占罪。

---

① 参见［德］迪特尔·梅迪库斯：《德国民法总论》，邵建东译，法律出版社 2013 年版，第 594 页。

② 参见［德］克劳斯·罗克辛：《德国刑法学总论》（第 1 卷），王世洲译，法律出版社 2005 年版，第 288 页。

③ 参见［德］迪特尔·梅迪库斯：《德国民法总论》，邵建东译，法律出版社 2013 年版，第 594 页。

以上所述内容均系因侵害民事财产权益而产生的法规竞合（聚合）现象，并由此发生刑民案件之间的法律衔接问题。二者之间的适用关系，正如《刑事审判参考》第1013号指导案例“熊某涛盗窃案”的裁判要旨所揭示的，民事不当得利和财产犯罪之间是交叉关系而不是对立关系，民事不当得利行为符合刑法关于财产犯罪构成特征的，可以纳入刑法评价范围，对于同时构成刑法上的侵犯财产犯罪和民法上的不当得利的行为，要求行为人同时承担刑事责任（刑罚）和民事责任（返还或者退赔财产），具有一定的理论根基。[①]

3. 侵害他人身体健康权益与故意伤害罪

某商场店员L基于报复到商场购物的M的动机，故意在商场地面上泼洒混有石蜡的水，导致M摔倒并致骨折。由于L系故意以违反公序良俗的方法使M遭受损害，成立一般侵权之债。至于商场需承担何种责任，尚需另外探讨（参见第15章第6节）。但是L故意实施的侵权行为，因严重侵犯了M的身体健康权益，已充任《刑法》第234条规定的构成要件，故成立故意伤害罪。至于L这种计划能否足以类型化地致M产生伤害的后果，则是责任成立因果关系有无相当性的规范判断问题。

4. 行为均系不法之结论

上述1—3中的行为均可成立一种侵害财产权益或人身权益的侵权行为。由于这些侵权行为同时也侵害了刑法对法益的保护，从而成为犯罪行为，亦即就上述所抽象出的侵权行为类型与相关犯罪的行为构成而言，二者之间具有不法侵害法益的重合性。这是统一法律体系规定之下的一种应然归结。

（三）侵权行为与犯罪行为之间的法规竞合的实质原因：对不法行为侵害法益保护的结合点

所谓侵权行为，顾名思义，须有侵害他人的“行为”，此指受意思支配、有意识之人的活动。权，权利，就私权而言，包括人格权、身份权、物权及智慧财产权（知识产权），[②] 并均受法律保护（《民法典》第1165条）。因此，侵

① 参见中华人民共和国最高人民法院刑事审判第一、二、三、四、五庭主办：《刑事审判参考》（总第99集），法律出版社2015年版，第82页。

② 参见王泽鉴：《民法概要》（第2版），北京大学出版社2011年版，第162页。

权行为是指因不法侵害他人的权益，依法律规定，应对所生损害负赔偿责任的行为。简言之，为侵害他人权利或利益的不法行为。由于侵权行为的本质在于侵害他人权益的不法性（违法性），因此，德国民法称为不许行为，法国民法称为犯罪及准犯罪，日本民法称为不法行为，[①] 可见，侵权行为即不法行为。而犯罪行为究其实质也是一种不法行为，并且，基于民法上的不法行为的损害赔偿义务，犯罪行为这种不法行为也是其前提。[②] 这正是刑民案件之间能够衔接的规范本质。

通过上述观察，我们进一步确信，所谓刑民交叉现象只是刑、民法等不同部门法对同一不法行为所共同规范的结果，亦即法规竞合（聚拢），但究其实质，是对侵害法益的不法行为进行评价及对保护法益实现救济的方式之间应如何衔接所产生的法律适用问题。因为权利（法益）之所在即救济（保护）之所在，权利一旦滥用，即失其为权利而为不法行为。由此也就不难理解，不但严重侵害他人人身权益、财产权益的行为会成立犯罪，内幕交易、毁坏财会账簿等商事不法行为也会成立犯罪，而且同一行为同时构成侵权行为与犯罪行为的“颇为常见”。[③] 这是在以宪法为统帅的统一法律体系下各部门法在对法益实现救济所“衔接”与“结合”的必然结果——规制同一不法行为的任务并非仅由一个法律部门承担。[④] 换言之，由于不同规范对法益保护之间的衔接与结合，才产生了刑民交叉案件，其实质则是刑民案件规范竞合与适用问题。

（四）不法行为的违法性阻却与正当化事由

权利止于他人的权利。这由来于《宪法》第 51 条对于行为自由与权益保护之间的规范。对于侵害他人权利的行为（主要是一般侵权行为），除了须认定其违法性，还需对其违法阻却事由进行考察。因为，侵害他人权利原则上须具有违法性，但因某种事由阻却其违法性，如正当防卫、紧急避险、自助行为、

① 参见史尚宽：《债法总论》，台北，荣泰印书馆股份有限公司 1978 年版，第 101 页；王泽鉴：《侵权行为》，北京大学出版社 2009 年版，第 61 页。

② 参见张明楷：《诈骗罪与金融诈骗罪研究》，清华大学出版社 2006 年版，第 211 页。

③ 王泽鉴：《侵权行为》，北京大学出版社 2009 年版，第 62 页。

④ 参见王保树主编：《商法》，北京大学出版社 2014 年版，第 13 页。

无因管理、权力行使、被害人允诺。[①] 这源于法律规范的一体化。

在对违法性阻却的判断上，基于民法的正当权利义务关系的存在，也成为阻却刑事违法性的“超法规”的要素。例如，非属真实恶意的报道失实行为，虽然可能给被报道人的名誉、隐私权造成侵害，但是基于新闻的自由，公众的容忍度的法律认可（《民法典》第1025条），从而也阻却刑法上的诽谤罪或侮辱罪的成立。

（五）不法行为的主观过错

1. 民事过错与刑事有责性之比较

由于犯罪是一种最严重的不法行为，因此在同一不法行为同时构成侵权行为与犯罪行为时，过错与有责性仍是认定该不法行为最终成立的关键要件，亦即作为一般民事侵权行为的归责原则的是过错责任，而影响犯罪行为最终能否成立的则是有责性，只不过在犯罪构成的责任要件中，于故意或过失这一主观要素之外，尚需研判罪责能力等责任要素。虽然在对侵权行为的详尽考察中也要考虑责任能力这一归责性意思状态，[②] 但在法律有所限定的规定下，并不能阻却侵权责任成立。完全行为能力人对自己没有意识或者失去控制造成他人损害有过错的，仍应承担侵权责任（《民法典》第1190条）。

2. 民法过错与刑事有责性之联系

民法上的归责原则乃分为过错责任、过错推定责任、无过失责任、公平责任四种形式。其中的过错，分为故意与过失两种形式，此与犯罪故意或过失为一致。而且就与组成犯意的认识因素与意志因素相较而言，也须具备知与欲。唯需注意的是，所谓犯罪故意或犯罪过失，必须是刑法意义上的，而并非生活意义上的故意或过失，并且也不等同于民法上的故意或过失。

作为民法上的故意，可能只会成立刑法中的过失。例如，甲出于泄愤心理，抽打自尊心极强且患有心脏病的乙（甲并不知情）的胸部数下，乙因心脏病突发而死。对此，即使认为乙的死亡后果与甲的“伤害”行为存在法律上的因果

---

① 参见王泽鉴：《民法概要》（第2版），北京大学出版社2011年版，第166页。

② 参见史尚宽：《债法总论》，台北，荣泰印书馆股份有限公司1978年版，第107页。

关系，并进而认为甲具备刑事有责性，但也仅是由于注意义务的缺失而导致的刑事过失。这是因为，成立犯罪的故意，必须也是定型化的、符合刑法规范目的要求的故意。即行为人必须是基于伤及他人的身体达到轻伤害以上程度的认识与意欲。但在民事侵权责任的评价上，仍要肯定甲是故意侵害乙的人身权。

在民法上，过失是指应注意能注意而不注意，即行为人预见其行为的侵害结果而未避免。此项注意义务，应以善良管理人的注意（抽象的轻过失）为基准，其认定过程系将具体加害人的现实行为，衡诸善良管理人于同一情况的当为行为。若认定其有差距，即加害人的行为低于其注意标准时，即属过失。善良管理人的注意，乃通常合理人的注意，属于一种客观化或类型化的过失标准，即行为人应具其所属职业（如医生、建筑师、律师、药品制造者），某种社会活动的成员（如汽车驾驶人）或某年龄层（老人或未成年人）通常所具的智识能力。[①] 可见，民法学说上对过失系采取了抽象的轻过失或称轻微过失（欠缺善良管理人的注意义务，即欠缺依交易上一般观念认为有相当知识经验及诚意之人应有的注意）、具体的轻过失或称一般过失（欠缺与处理自己事务为同一注意义务）、重大过失或称严重过失（显然欠缺一般人应有的注意）三种划分法。[②] 并且，由此对应不同的注意义务，而且具体判定是呈一种反向性的判断关系（参见第 3 章第 4 节）。

二、保护同一法益：刑民交叉案件审判衔接的切入点

侵权行为法旨在规定何种“行为”，就其侵害的何种“权益”，在何种要件下，应负损害赔偿责任。[③] 这源于对“行为自由与权益保护”之间紧张关系规整的认识。因为，无论是刑法法益还是民法法益，都是为法律所保护的生活利益。这肯定了就同一侵权行为（不法行为），亦即同一法律事实所产生的刑民案件之所以会发生衔接的本源正当性。

第一，就同一不法行为规范评价。在对民法的诈欺、人身损害的构成要件

① 参见王泽鉴：《民法概要》（第 2 版），北京大学出版社 2011 年版，第 167 页。
② 参见王泽鉴：《民法概要》（第 2 版），北京大学出版社 2011 年版，第 195 页。
③ 参见王泽鉴：《侵权行为》，北京大学出版社 2009 年版，第 216 页。

加以基本构造分析后就会发现，其与刑法中的诈骗罪、故意伤害罪的基本构造具有很大的重合性。同时，属于行政犯的虚假出资、抽逃资金罪以及内幕交易罪，实际上也源于商法（公司法、证券法）的禁止性规定。随着市场经济的不断发展，越来越多的行为，在民事法律人的眼中仅是一种民事行为，而在刑事法律人的眼中则可能成立犯罪。这不但是在市场经济条件下基于不同法视野所作的观察结果，也是因为刑法与民法越来越多地体现出相似性。

第二，就法益保护规范竞合。每一既定的社会经济关系首先表现为利益关系。人们奋斗所争取的一切，都与他们的利益有关。利益本质上是人们企求满足的要求，追求利益是人类最一般、最基础的心理特征和行为规律。① 同时，法律是一种社会规范，各国法律之概念体系虽有不同，但其基本功能则无二致，均在衡量利益、判断价值和解决特定社会问题。② 因此，法益作为保护客体是刑民案件规范竞合最为本质的所在，也是权利受法律全面保护的本原。这正是本书的基本立场。

第三，就同一法益保护的救济衔接。权益在遭受不法行为侵害后，受法律救济，并且往往是受法律所共同救济的，亦即法益保护并不会仅仅通过刑法或民法得到实现，而必须通过全部法律制度的手段才能实现。③ 从而侵权行为法与刑法对同一法益的侵害行为，均有介入保护的职能，且并行存在。这就是刑民案件规范竞合的本质，亦即“实体关联性理论”④ 的法原理，并由此推导出刑民交叉案件的实质与审判进路只能是二者之间应如何实现合理的衔接。

三、公序的结合性和民事法律行为无效的界定标准

民事主体从事民事活动，不得违反法律，不得违背公序良俗（《民法典》第 8 条）。违背公序良俗的民事法律行为无效（《民法典》第 143 条第 3 项）。

---

① 参见张文显：《法哲学通论》，辽宁人民出版社 2009 年版，第 50 页。

② 参见王泽鉴：《民法学说与判例研究》（第 2 册），中国政法大学出版社 1998 年版，第 14 页。

③ 参见［德］克劳思·罗克辛：《德国刑法学总论》（第 1 卷），王世洲译，法律出版社 2005 年版，第 67 页。

④ 参见［德］克劳思·罗科信：《刑事诉讼法》（第 24 版），吴丽琪译，法律出版社 2003 年版，第 646 页。

所谓公序即公共秩序，包括公共利益及其秩序。例如，非法集资行为就是一种违反公序（金融秩序）的行为，如以民间借贷为表现形式的向不特定人或特定多数人非法融资的（成立《刑法》第 176 条规定的非法吸收公众存款罪）。

问题 14 构成犯罪的行为是否即为无效的民事法律行为？

犯罪行为是否即为无效的民事法律行为这个问题最值得讨论的是，犯罪行为是否即为违背公序良俗的行为。史尚宽先生认为，通常违反刑法保护他人规定之行为，多可视为违背良俗的行为。[①] 这种观点多少也影响了近来实务部门对合同效力的认定态度：如果违法行为可能构成刑事处罚，意味着此种行为具有严重的社会危害性，为避免法律体系的矛盾，并顾及通常的法感情，一般应当认定合同无效。但是，如果认定合同无效，对受害人的保护反而不利，则不能认定合同无效，否则有违社会一般认知。[②] 对此还不能一概而论。正如王泽鉴先生所说，悖于善良风俗与违法性非同属一事。[③] 因此，对于违背公序良俗的认定，除了采取规范的类型说（参见第 3 章第 6 节）之外，对于金融秩序、关于重大建设项目程序规定，以及国家为防范以侵害民众生命安全身体健康为获益手段的禁止命令等关涉国计民生的国家对社会公共管理，应认定为公共秩序（如 2023 年《合同编通则解释》第 17 条第 1 款第 1 项规定的"政治安全、经济安全、军事安全等国家安全"[④]）。在此场合，但凡该行为同时构成犯罪的，其在民法上即应评价为因属违背公共秩序而自始无效的民事法律行为。而且，事实上，只有当法律行为的实施完全满足犯罪构成要件时，即不仅满足犯罪构成要件的客观前提条件，而且满足其主观前提条件时，禁止法律行为实施

① 参见史尚宽：《债法总论》，台北，荣泰印书馆 1978 年版，第 156 页。

② 参见最高人民法院民法典贯彻实施工作领导小组主编：《中华人民共和国民法典总则编理解与适用》（下），人民法院出版社 2020 年版，第 759 页。

③ 参见王泽鉴：《侵权行为》，北京大学出版社 2009 年版，第 274 页。

④ 但人民法院的民事审判部门能否直接对合同作出系属危害上述国家安全的性质认定，还存有疑问。

的刑法规范才能作为禁止性规范适用于业已制定的法律行为规则。进言之，只有当所有参与法律行为的当事人都触犯刑法规范，或明知或能够预见到其中一人的行为触犯刑法规范，却仍然为自己的利益实施法律行为时，才能将禁止实施某一行为的刑法规范作为禁止性规范适用于该法律行为本身，即该行为自始无效。[①] 并且，在这一情形中，刑罚并非指向法律行为，而是指向进行法律行为时的事实情形以及法律行为当事人的意图。[②]

四、国家政策之转换性

“良好的社会政策就是最好的法律。”因此，在审判中，不但要贯彻刑事政策或民事法政策，而且必须考虑国家政策（政治性决定）对司法的指向作用。在现代法治的框架下，国家政策尚需通过立法的方式予以明确，以保证私权利不受公权力的损害。

二者之间并非绝对的隔绝关系，在国家政策的整体框架内有时还会发生转换。如投机倒把行为，现多数已成为合法的市场经营行为（只在极特殊的场合受非法经营罪规整）；而虚假诉讼，原本只是一种无效的民事法律行为，现却已被《刑法修正案（九）》规定为犯罪行为。“这就是为什么人们发现法律复合体的现状是由立法性政策构成时，会感到某种震惊。”“（霍姆斯说）这是因为人们认定自由竞争对公共之善最为有益。很明显，这类关于相对重要性的判断可能会随不同时间和地点而发生变化……我想，法官他们自己未能充分承认他们有义务掂量社会利益的诸多考虑因素。这种义务是无法逃避的。”[③]

五、归论：“镜像透视考察法”之实务价值

通过以上比对分析，在发现了刑民案件诸审理要素的异同与契合点之后，再探索刑民案件的衔接问题就会清晰许多。这是因为，刑民案件之间之所以会

---

① 参见［德］维尔纳·弗卢梅：《法律行为论》，迟颖译，法律出版社 2013 年版，第 406 页。
② 参见［德］维尔纳·弗卢梅：《法律行为论》，迟颖译，法律出版社 2013 年版，第 418 页。
③ ［美］本杰明·卡多佐：《司法过程的性质》，苏力译，商务印书馆 2012 年版，第 73 页。

发生对话，是因为通常情况下只是由不同法律所共同规范下的一种法效果（法规竞合现象）而已，即由对“同一行为”（同一事实）皆得规范的不同部门法（刑事法与民事法）“结合”所产生的法效果。

申言之，无论是刑法还是民法，都是为规制“行为自由与权益保护”所作的规范。其中，民法作为权利法，主要是以权利行使为基础的授权性规范或任意性规定，其反面则是强制性及禁止性规范或称强行性规定，而刑法作为保障法，手段最为严厉。实际上，近代民法之任务即在于划定民事主体之行为边界，在界限之内，行为任何人无权干涉，在界限之外，民事主体的行为受国家干预，这一理念影响至今。[①] 诚如王泽鉴先生所述，此等强制或禁止规定包括法律、行政法规及地方政府颁布的命令，除民法外，多见于刑法、商事法及警察法规。我国台湾地区“民法”第 71 条[②]因而成为联系私法与公法的渠道，具有使公法进入私法领域的功能，以维护法秩序的统一性。[③]

这种法效果，就犹如对“同一枚硬币的正反两面”作相互透视考察后所产生的折射效应。其一面是在民法规范的照射之下，另一面则是在刑法规范的照射之下。其中，案件事实即“硬币”本体，而二者之间的“结合”部位即“硬币”之边缘，亦即刑、民案件衔接问题。并且，此“硬币”在实务中是为可透视即穿透的，因此又发生“透视效应”。在作相互“透视”观察之下，二者并非产生完全重合的镜像，而是发生一种不对称性的折射结果，所以也可称之为“镜透效应”。这源于无论是刑事法还是民事法的适用，“其目光都要在案件事实与法律规范之间来回往返”。

以此设定为出发点，围绕同一不法行为（刑法系为犯罪行为，民法为侵权行为）这一核心要素（可以理解为就是“硬币”本体）而对刑、民案件之间加以相互透视的观察，将会得出妥当的法律适用衔接结果。这一点，即使在民法

---

① 参见杜万华主编：《中华人民共和国民法总则实务指南》，中国法制出版社 2017 年版，第 557 页。

② 我国台湾地区“民法”第 71 条（“违反强行规定之效力”）规定：“法律行为，违反强制或禁止之规定者，无效。但其规定并不以之为无效者，不在此限。”

③ 参见王泽鉴：《民法总则》，北京大学出版社 2009 年版，第 267 页。

学者看来，也是必要的。①

第四节 “镜像透视考察法”之具体应用

法律方法主要解决个案事实与（法）规范的不对称性，属于内部解决。

——郑永流

本章第3节已论及，之所以会出现刑民案件规范竞合的法效果，是因为其于法律形式上乃是刑、民两个不同部门法对同一不法行为所共同规范的结果，其实质则是基于不同法律对法益的共同保护（缓解“行为自由”与“权利保护”这一紧张关系、实现“权利止于权利”）。因此，在审理刑事案件时加以民事法视角的观察，以及在审理民事案件时加以刑事法视角的观察，最终寻求一种妥当的裁判结果，既是一种行之有效、合理的体系解释方法，又是法律适用（司法）过程中所应遵循的一项司法规则。

一、规则一：以民事法视角“透视”考察刑事法之适用

（一）基础方法：以私法权益为中心构建刑事审判新视角

私法领域的基本原则是现代法治的基础，私法中的人身权、财产权、平等权和自由是公法上的权利的原型，是现代权利体系的核心和基础。要实行法治，就必须重视私法建设，弘扬民法文化。一个人们在私法领域没有权利和义务意识，还不会运用私人权利和义务的社会，是不可能走向法治时代的。

——张文显

作为“万法之源”，民法是调整市民社会生活中最重要的部门法。其对人

① 参见［德］迪特尔·梅迪库斯：《请求权基础》，陈卫佐、张双根等译，法律出版社2012年版，第167页。

身、财产、婚姻家庭等各方面（权益）所作的具体规定，既是规范市民社会生活秩序的基础，也是市民在社会生活中依此规范判断行为（或事件）是否具有法价值的依据。亦即，作为权利法，民法在“私”的层面上主导着整个市民社会对权益及其边界的价值判断。而作为法律体系中的“最后一道防线”，刑法所保护的大部分法益实则也正是为确保这些民事权益免受不法侵害。因此，以民法的权利理念去观察刑法的视角，既符合民法作为市民社会的基本法的特性与功能，也符合刑法作为保障法的特性与功能。

虽然民法体系博大精深，但实则是按照权利并围绕权利这一概念所展开的体系化结果。因此，根据权利或围绕权利的具体规定，建立以权利主体、权利内容、权利客体、权利变动等诸权利要素为基础的判断观察（权利）体系，可准确把握诸具体构成要件，更为准确地判断具体法律关系的性质及其相关要素。加以这种观察方法，势必能够构建出一种既具宏观性又具微观性，当然更具逻辑基础、基于经验的实证体系。例如，就作为刑法保护客体（法益）的“财物”与民法的权利客体中的“物”而言，《物权法》第 38 条第 2 款规定，[①]“侵害物权，除承担民事责任外，违反行政管理规定的，依法承担行政责任；构成犯罪的，依法追究刑事责任”。这是由于物不仅为物权的客体，且涉及一切财产关系，例如债之关系、夫妻财产关系、继承，甚至刑法上的盗窃、侵占等罪的成立。[②] 正是这种片段性的重合，才使侵害财产权案件出现了刑民法律适用的衔接问题。此外，刑法对于不作为犯的保证人地位认定，很多正在于民法上的特定义务的先在（参见第 1 章第 2 节）。因此，这种实证体系也使刑法在解决涉及私法权益或商事利益的犯罪时有了更为规范化的路径，而在不熟稔民商法原理的情形下裁判刑事案件，其结论也必将会失却其妥当性。

（二）具体方法：用民法概念“透视”考察犯罪实质

本书主要目的就是阐释如何适用法律（系一种内部方法），以实现对刑民案件衔接适用法律的妥当（系外部价值）。具言之，是解决刑事案件审理过程

① 该条内容已被《民法典》第 187 条“民事主体因同一行为应当承担民事责任、行政责任和刑事责任的，承担行政责任或者刑事责任不影响承担民事责任……”的规定吸收。

② 参见王泽鉴：《民法概要》（第 2 版），北京大学出版社 2011 年版，第 56 页。

中出现的对法益判断起决定作用的涉民（商）事法问题，或者是消除民（商）事案件审判中所出现的涉刑事法的障碍问题（如“委托”他人为子女办理入学或工作的“委托费”返还之诉是否受民事判决保护，参见第5章第3节）。因此，本书主要围绕刑事案件中对于识别其犯罪构成、具体法益等起到关键作用的民（商）事法律规定而展开，而刑法作为禁止规定对民事审判也会产生深远影响。

由于绝大多数刑事案件都是侵犯人身权益与财产权益的犯罪类型，因此以民法指引的法益脉络会相对清晰。其中最值得思考的是占有问题。民法中的占有既是解释物权与债权之间联系的中心轴，也是判断侵犯财产犯罪的具体法益或行为对象的关键。当然，基于刑法的独立性，刑法并不承认间接占有与观念占有。

与此类似的，还有民法上的过失对于刑法的过失借鉴等问题。

（三）占有在刑事审判实务中的具体运用

问题15 何种情形下，公司职员的侵占行为构成职务侵占罪，又在何种情形下构成盗窃罪？

就对取得财产罪的非法占有的识别，必然涉及民法的占有问题。我国民法对于占有制度的规定是一种事实性的管领力，即占有只是一种事实，而非一种权利。[①] 而学说关于占有权能的解释，则是物权之下的一种权益（如完全物权具有占有、使用、收益、支配等四项全部权能）。学说上还将占有分为有权占有与无权占有以及占有辅助制度，在无权占有之下还分为善意占有与恶意占有。盗窃、抢夺作为侵夺占有的犯罪行为均属于恶意占有，因此对之不适用善意取得制度，并在侵夺物灭失后仍得赔偿。此外，基于占有手段不同，占有分为和平占有和强暴占有，盗窃、诈骗、侵占均系和平占有，而抢劫、抢夺系强暴占

① 参见王利明、杨立新等：《民法学》，法律出版社2015年版，第380页；最高人民法院物权法研究小组编著：《〈中华人民共和国物权法〉条文的理解与适用》，人民法院出版社2007年版，第699页。

有。基于占有方法的不同，占有又分为公然占有与隐秘占有。须强调的是，盗窃并不必然就是隐秘占有，认为只有秘密窃取他人财物才成立盗窃罪的观点，其理由存有疑问。正是基于占有辅助概念（基于特定的从属关系，受他人指示而对标的物为事实上的管领[①]）的建立，才使盗窃罪与职务侵占罪得以厘清。如金店雇员侵占金店柜台内首饰，构成的是盗窃罪而非职务侵占罪。因为在共同占有的数人之间存在上下主从关系之时，占有归属于上位者，[②] 下位者无支配处置权利亦无独立地位，[③] 所以该雇员仅是作为占有辅助人在对金首饰进行看管，而非占有、控制，该金首饰的实际占有人仍是金店或其经理。

实务中由于常常发生对占有的错误判定，因而屡屡导致案件的定性错误。例如：某公司上站业务员于某伟受委托负责将本单位签收后领出掌管货票、持货票到火车站为领出的货物办理托运手续等发送业务。于某伟从单位领出货物后将货物转移至其女友处，而后以泡沫、砖头冒充原货物发往单位受托发运的目的地，将火车站货物交接证交给单位。判决认定其成立职务侵占罪（参见《刑事审判参考》第235号指导案例“于某伟职务侵占案”[④]）。与此案情节近似且结论相同的，还有“贺豫松职务侵占案”（参见《刑事审判参考》第452号指导案例[⑤]），以及在车站为旅客提供背包运输服务的甲，在为旅客带包时，乘该旅客不备而溜走，并将背包据为己有，判决认定其成立侵占罪的“背包案”。本书认为，以上案件均未基于民法上的占有与占有辅助之间的关系加以规范性的判断。在“于某伟职务侵占案”中，因货物处于公司控制、支配的范围下，故公司属于货物占有人，而于某伟系公司雇员，公司或公司经理并未对其受委托领取货物的行为单独授予独立控制、支配货物的权限，而是指示其将货物运到目的地，故于某伟仅是公司货物的占有辅助人，所以其侵夺该货物的

---

① 参见梁慧星、陈华彬编著：《物权法》，法律出版社2003年版，第378页。

② 参见［日］西田典之：《日本刑法各论》（第6版），王昭武、刘明祥译，法律出版社2013年版，第146页。

③ 参见王泽鉴：《侵权行为》，北京大学出版社2009年版，第478页。

④ 参见中华人民共和国最高人民法院刑事审判第一庭、第二庭编：《刑事审判参考》（总第31辑），法律出版社2003年版，第51~56页。

⑤ 参见中华人民共和国最高人民法院刑事审判第一、二、三、四、五庭主办：《刑事审判参考》（总第57集），法律出版社2007年版，第43~47页。

行为就不是职务侵占而应成立盗窃罪。“贺豫松职务侵占案”亦是如此。在“背包案”中，背包运输者只是提供短暂的运输服务，虽然旅客将背包转移给背包者，但旅客并未离开，并未产生占有的终局性转移，所以应肯定其仍在占有该背包。背包者只是在辅助旅客携带背包而已，从而只是占有辅助人而非占有人，因此成立的是盗窃罪而非侵占罪。

（四）民法上的三种过失类型与过失犯罪的认定比较借鉴

1. 故意与不法事实认识能力欠缺阻却

【案例】几个农民工某夜翻墙跳入北京市农林科学院林业果树研究所内，将院内所栽植葡萄全部分食。而该葡萄系该农科所费时多年、投资数十万元所培育出的（“天价葡萄案”）。

若从刑事视角观察，该数农民工系欠缺对该“天价葡萄”系“天价”这一具体不法事实的认识，且欠缺该认识能力，因而阻却成立盗窃罪责任，而仅成立过失盗窃罪。但因刑法未设过失盗窃罪，故无罪。

问题16 在“天价葡萄案”中，为何因欠缺对不法事实的认识能力就可以认定农民工无罪？若农科所工作人员窃取“天价葡萄”，是否无罪？

就结论而言是否定的。其中关于对不法事实认识能力欠缺，可从民法学说对过失的分类上加以借鉴而识别。

民法上所谓过失，以其欠缺注意之程度为标准，可分为抽象的过失、具体的过失及重大过失三种，[①] 并对应以不同注意义务的归责认定（参见第3章第4节）。虽然民法上的过失与刑法上的过失有所区别，但二者在判断上也有互通之处。因为很多犯罪行为实则就是民事侵权行为。民法对过失的认定，系借鉴刑法关于过失的规定。反之，对民法过错的思考也在指导着刑法有责性的思辨。

① 参见王泽鉴：《民法学说与判例研究》（第4册），中国政法大学出版社1998年版，第295页。

考察本案中的农民工是否能够认识到其所窃取的葡萄是“天价”的，即具有此种认识能力或者负有此种注意义务，结论是不言而喻的。人们难以期待作为普通人的农民工具有此种专业性的常识。反之，如果是农科所的工作人员，则因具有此种专业知识即具有此种认识能力，就应具有该注意义务。

2. 抽象轻过失与玩忽职守犯罪的认定

【案例】某镇政府工作人员张某受领导指派，去即将被动迁的养殖专业户于某的滩涂现场勘验鲍鱼苗的投放数量。于某所承包的海滩虽面积较大，但只投入极少量的鲍鱼苗，而对张某谎报其投入了价值300万元的鲍鱼苗。张某并不具有该专业知识，亦未到现场检测鲍鱼苗密度，在听取于某口述后，即向镇政府领导汇报称于某的鲍鱼苗价值为300万元。镇政府遂补偿于某300万元（“鲍鱼苗检测案”）。

问题17 在“鲍鱼苗检测案”中，本职工作并非负责滩涂检测，也不知晓如何检测鲍鱼苗，因养殖户作口头虚伪陈述而未检测并造成国家财产重大损失的国家工作人员，是否构成玩忽职守罪？

此案应比照民法抽象的轻过失的构造来判断张某是否具有犯罪过失。尽管张某并非专业人士，但作为政府工作人员，负有对鲍鱼苗数量审查的法定职责，在履行该审查职责时，应尽严格审慎的注意义务。该种注意义务，应是善良管理人的注意义务。并且，注意义务作为一种客观性的法律义务，并不同于属于主观性的注意能力，注意义务对注意能力的关注并不是主要针对某个特定的个人的注意能力。从“法律不强人所难”的意义上而言，一般人考虑不到的事情不能成为注意义务的内容。但是，一旦法律设定了注意义务的标准，那么，对特殊的、注意能力较低的人也是适用的。[①] 公务人员本就负有忠诚与勤勉义务，此于实践中，就是要加以善良管理人的足够审慎，以尽职责，此是其最基本义务，否则具有重大过失。身为国家工作人员的张某仅听取了利害关系方的陈述，

① 参见赵秉志主编：《中国刑法案例与学理研究》（第1卷），法律出版社2004年版，第217页。

而未尽其应为的善良管理人的审查义务，其注意义务的履行程度显然与其应负的职责不符。虽然其并非专业人员，注意能力低于专业人员，但就连基础的咨询也未有，其轻率就是显而易见的了，也足以表明其未尽应尽的注意义务，从而违反了其职责要求。在由此造成国家财产重大损失的场合，就应肯定其成立玩忽职守罪。

3. 重大过失与过失致人死亡等犯罪的认定

在日常生活中，为使市民不处于过度惊恐、限制其行为自由度，对一般侵权行为的归责，立法所采的则是与前述“2.”中不同的重大过失的注意义务，即只有在具有重大过失的情形下，才予以谴责及使之承担法律后果。此对于刑事犯罪成立，也具有判断的价值。例如，甲基于报复而对已经醉酒的乙施以暴力（但未造成轻伤害以上后果），并最终导致乙胃内容物倒漾至呼吸道中致其窒息死亡，甲成立过失致人死亡罪。其评价判断标准是，由于行为人未尽到一个普通人应尽的注意义务（对明显醉酒之人实施暴力行为后即逃走），对乙的死亡结果发生具有重大的过失，故成立犯罪。

二、规则二：刑事法对民事法的反作用力判断

（一）基础方法：逆向回溯考察法

刑法系保障法，因此居于整个法律体系最末端。同时，刑法又是几乎对所有受到刑事政策认可的法益实施保护的部门法。换言之，所有其他部门法的法益类型，都可以上升为刑法法益。所以，包括民商法在内的其他部门法所规整的利益类型几乎在刑法中都能得到体现。这也是由作为保障法的刑法的特殊功能所决定的一种法效果。反之，正是由于刑法法益几乎可以囊括所有生活利益类型，具有与其他部门法调整范围相对具有局限性所不同的全面性，从而其他部门法的法益几乎在刑法中都得到清晰体现。因此，如果采用“逆向回溯”的思维方法，就会更为准确地把握民商法等部门法的权益类型与不法要件。这一点，对于技术性极强的商法意义更大。

具言之，由于商法具有不同于传统伦理型的法技术性特征，如妨害清算、虚假破产、职务侵占、挪用资金以及过失出具失实的证明文件，所以所成立的

犯罪均属于法定犯（又称行政犯）。这些行为虽然违反道德上中立的命令或禁止规定，并具有违法性，但往往不违背善良风俗。因悖于善良风俗与违法性非同属一事。违背善良风俗与侵权（不法）故意，乃不同的要件，前者为客观归责，后者为主观归责，故仍须加以区别。① 把握好上述行为在侵害公司、股东、债权人的利益达到何种严重程度后将会成立犯罪，反之也有助于在审理商事案件时对该行为是否违规的正确判断（违规程度的不同是区分商事违法行为与商事犯罪行为的关键）。例如，在审理票据纠纷案件中，一旦发现持票人具有使用伪造、变造票据的行为，并具有非法占有的目的，一般即可判断可能成立票据诈骗罪，因此应当中止审理案件，将犯罪线索移送公安机关，而不是一味机械地遵循票据无因性原则而径行判决保护持票人的利益（如果权利人起诉的并不是真正的侵权人而只是存在票据关系的利害关系人，则为例外）。

同时，这种逆向回溯方式即使就非法律专业人员，即在商事领域中从事商行为的商事主体而言，也有助于增强他们的适法性认识。涉商行为犯罪多系行政犯，若不具有专业知识往往不能确知该行为的违法性。而商事犯罪通常具有双重违法性：既违反了商法规范又触犯了刑法规范。因此，掌握商事犯罪的具体构成，既有助于进一步增强对其行政违规性的识别，也有助于商人识别从事商事活动的适法性。换言之，刑法也是规范商事行为的规范。

（二）具体方法："折射"与"透视"的逆反效应

1. 刑法观念对于民法体系的"反折射"效应

虽然民法是"万法之母"，但其他部门法并非只是在机械地照搬乃至无所作为。相反，在一定情形下，民法在其不断发展的过程中也借鉴了刑法等其他部门法的一些理念与法律原理。例如，侵权行为同样具有侵害他人权利的行为、不法性、故意或过失（有责性）三层构造的学说理念，② 以及在故意或过失要素中也要考虑责任能力问题。③ 就此而言，犯罪构成理论也为民法学说的发展提供了依据。

---

① 参见王泽鉴：《侵权行为》，北京大学出版社 2009 年版，第 274 页。

② 参见王泽鉴：《侵权行为》，北京大学出版社 2009 年版，第 275 页。

③ 参见王泽鉴：《侵权行为》，北京大学出版社 2009 年版，第 87 页。

本书所提倡的“镜像透视考察法”，就是以刑法的此面与民法的彼面对同一案件所共同折射的法效果予以考察。“镜像透视效应”的相互作用是必然的。在私法领域之中，会出现刑法的“影子”也就不足为奇。这与刑法中会经常出现民商法等私法的“影子”道理相同。

上述法效果，实则是受法律之间相互“结合”所发生的作用，即规制民事活动的任务并非仅由民法部门所承担，而是由多个法律部门共同承担，并且是由它们之间相互结合而共同发挥综合调整的功能。因此，对民事权利的保护任务不可能仅交由民法来完成，而是需要多种保护手段和保护机制共同促进，尤其是在民事活动所产生的社会关系是多种类的情况下，显然这些关系需要民法以外的行政法、诉讼法特别是刑法等法律部门的调整。①

可见，采用“镜像透视考察法”分析民法的应用，会使民事审判更趋实现利益衡量的适正性。

2. 刑法对民法的“反透视”效应：刑法的禁止、命令性规范当然地属于民商法中所应禁止或无效的法源

更为重要的是，刑法的某些具体规定，也是民法的禁止性规定的法源。如毒品交易行为，被《刑法》第 347 条规定为贩卖毒品罪，因此属于《民法典》第 153 条规定的违反法律、行政法规的强制性规定且违背公序良俗的民事法律行为，故该交易毒品的买卖合同自始无效。就诽谤侵权的认定，由于涉及言论自由与人格权保护在侵权行为法上的调和，本诸法律秩序的统一性，在为利益权衡的判断时，刑法之该免责事由亦应列入其中。②

3. 结论

以上两种相互考察的结果，正是对“同一硬币”（同一法律事实）作“镜像透视考察”后的效应。这种法效果，反过来也证实法律之间不是相互隔绝的，而是有着密切的牵连关系。因此，刑事法与民事法之间相互的对话就是审判实务中所必然面对的结果。

---

① 参见王保树主编：《商法》，北京大学出版社 2014 年版，第 13 页。

② 参见王泽鉴：《侵权行为》，北京大学出版社 2009 年版，第 113 页。

三、“镜像透视考察法”归论：介入刑民要素相互考察，寻求妥当的法效果

由于刑事与民事法之间原本就有很多相通之处，且在法律构造与本原中，很多民法的概念、规定原本就是刑法部分观念的基础与由来，而刑法所保护的很多具体法益又是民法的利益，民法与刑法结合，并与其他部门法共同构成以宪法为统帅的法律体系，所以对二者本就应该加以法体系的审视（体系解释）。因此，以民法的视角去审视刑法的构造与应用，再以刑法的视角来审视民法的效力与应用，不失为是一种妥当、合理、有效的解决刑民交叉案件的方法。

如果回到法律实证主义的视角，就应在审判涉及侵犯民法权益型的犯罪如故意杀人、诈骗、盗窃等案件时，首先需要建立一种民法思维即以民事权益为核心的体系理念，以确定具体的法益与犯罪类型；在审判商事犯罪如票据诈骗、虚假注册、内幕交易犯罪等刑事案件时，则需要树立一种商事思维，以判断其是否具有双重的违法性（既具有商事违规性同时又具有刑事违法性）。而在审理牵连到金融诈骗犯罪或请求返还委托受贿款的民事案件时，则要确立一种刑事思维即熟稔法律体系中的禁止性规范的公序底线，以准确识别其无效性，同时也有助于能够及时发现涉嫌犯罪的线索，如虚假诉讼、非法放贷。

上述两种相异的刑、民法律思维之间的相互对话与转换，是就当下司法决策者而言所均应必备的一种职业素养。

本书后文就以“镜像透视考察法”对以下问题展开实证性分析：刑法、民法总则的实务衔接问题（主体、正当化事由等问题）；刑法、民法分则的实务衔接问题（包括侵犯人身权益罪、侵犯财产权益罪等具体问题）；刑法、商法的实务衔接问题（白领犯罪）；刑事附带民事诉讼制度及刑、民案件审判程序衔接问题。

第二篇 刑民实体法之间的对话及审判衔接

本篇所讨论的，主要是未被法律制度所规范化或未类型化的刑、民实体法之间的规范竞合（交叉）部分。严格言之，主要是围绕同一保护法益及以民法为刑法法益的基础性判定关系所展开的。

第五章 | 刑、民法总则之间的对话及法律适用衔接

第一节 身份与身份犯

一、民法的身份与刑法的身份犯之关系

（一）民法上的身份与刑法上的身份犯

民法上的身份权系相对人格权所划分的一种人身权，是指基于特定身份而存在的权利。其主要形式有两类：亲权，指父母对于未成年人有保护及教养的权利；配偶权，指配偶之间因婚姻而要求对方互负忠贞义务的权利。[①]

刑法之中也有将行为主体限定于具有一定身份者的情形，此称为身份犯（如《刑法》第385条规定的受贿罪中的国家工作人员），此类主体一般称为构成的身份犯或真正身份犯；另一种是行为主体有无身份而刑罚有轻重的情形，此称为加减的身份犯或不真正身份犯。因此，身份犯可进一步区分为：（1）该身份关系到违法性的情形（违法身份）；（2）关系到有责性的情形（责任身份）。[②]

刑法中的身份犯所强调的是对行为主体的违法性及责任的判断，且严格依照罪刑法定原则。民法中的身份则是一种私人性的。可见，民法中的身份与刑法中的身份犯是不同层面意义的法律概念。

---

① 参见王泽鉴：《民法概要》（第2版），北京大学出版社2011年版，第162页。

② 参见［日］西田典之：《日本刑法总论》（第2版），王昭武、刘明祥译，法律出版社2013年版，第62页。

(二) 民法的身份对犯罪构成认定的作用

虽然民法中的身份与刑法中的身份犯具有不同的法律属性，但是，不能就此得出民法中的身份对于刑事案件无关的结论。相反，其为认定作为不真正身份犯的保障人地位以及与国家机关订立委托合同是否属于接受委托从事公务等方面提供了判定的法意义（参见《刑事审判参考》第692号指导案例“黄某惠贪污案”[①]），并且对于下述的否定“婚内强奸”也具有违法性阻却的判断价值。

(三) 阻却“婚内强奸”违法性的身份实质性的认定

“婚内强奸”不成立强奸罪，为我国刑法的通说观念与实务的基本立场。因为，婚姻存在的目的就是基于繁衍后代的需要，所以配偶之间有交配的权利。从而婚内丈夫对妻子采取暴力、即使是违背了妻子的意愿而强行发生性行为，也难以成立强奸罪（参见《刑事审判参考》第20号指导案例“白某峰强奸案”[②]）。但在经一审判决离婚、丈夫作为被告对该判决提出上诉或者在二审维持原判的判决尚未发生法律效力的场合，丈夫强行与妻子发生性关系的，有判决系采取了肯定的主张（参见《刑事审判参考》第51号指导案例“王某明强奸案”[③]）。而且实务及学界均有人持肯定的态度。[④] 但是，只要终审判决尚未送达一方当事人，无论是基于何种原因，该判决也并未生效，从而解除婚姻关系的该形成判决对当事人并无拘束力，因此就难以肯定丈夫成立强奸罪。

---

① 参见中华人民共和国最高人民法院刑事审判第一庭编：《刑事审判参考》（总第3辑），法律出版社1999年版，第23~26页。

② 参见中华人民共和国最高人民法院刑事审判第一、二、三、四、五庭主办：《中国刑事审判指导案例3·侵犯公民人身权利、民主权利罪》，法律出版社2012年版，第456~457页。

③ 参见中华人民共和国最高人民法院刑事审判第一、二、三、四、五庭主办：《中国刑事审判指导案例3·侵犯公民人身权利、民主权利罪》，法律出版社2012年版，第458~459页。

④ 参见张军、姜伟等：《刑法纵横谈（分则部分）》，北京大学出版社2008年版，第190页；张明楷：《刑法学》，法律出版社2021年版，第1134页。

二、国家工作人员身份说走向公务说的流变认定

（一）问题的提起

问题 18 彩票站经营业主在未缴纳投注金的情形下，打出大数额福利彩票的行为，是否构成犯罪或构成何罪？

就某福利彩票投注站承包人刘某，在未缴纳投注金的情况下，一次性打出共计 55.692 万元复式福利彩票（应上缴的公益金和发行费已由福利彩票发行中心垫付）且事后准备逃匿的行为，司法判决认定其属于利用职务上的便利，挪用本单位资金，进行营利活动，已构成挪用资金罪（参见《刑事审判参考》第 382 号指导案例“刘某仲挪用资金案”[①]）。

但是，行为人利用受委托而使用资金打印彩票的行为，实际上是一种职务侵占的行为。[②] 从刘某事后逃匿等行为也难以肯定其具有返还资金的意思。且根据最高人民法院对于行为人在挪用公款后转化为贪污罪的推定说立场，刘某在接受国有事业单位的委托管理、经营彩票站，利用职务便利骗取国有财物的行为，所应成立的是贪污罪。唯所争议的是，若依判决认定，刘某的行为又何以仅能成立挪用资金罪，而并不成立与贪污罪具有同质法益侵害性的挪用公款罪？

这是因为，对于受国有单位委托管理、经营国有财产的人员成立贪污罪的认定，系基于《刑法》第 382 条第 2 款以贪污论的特殊规定，而该规定并不适用于挪用公款罪。由于《刑法》第 384 条所规定的挪用公款罪仅能由国家工作人员构成，而刘某并不具有这一违法身份，因此就仅能成立挪用资金罪。这可能给人对于国家工作人员违法身份的认定应以有无国家工作人员身份（形式要件）作为准据（身份说）的错觉。

---

① 参见中华人民共和国最高人民法院刑事审判第一、二、三、四、五庭主办：《刑事审判参考》（总第 48 集），法律出版社 2006 年版，第 82 页。

② 参见张明楷：《刑法学》，法律出版社 2015 年版，第 1022、133 页。

（二）从身份说到公务说的流变

当前，不是以身份论而是以从事公务论的立场认定国家工作人员的违法身份，作为一种有力的观点，[①] 在实务中也已成为一种主流的主张。如“江仲生等贪污案”（《刑事审判参考》第311号指导案例[②]）中，对受有关组织人事部门委派在国家绝对控股的公司担任领导职务、行使管理职权，且具有国家干部身份的被告人是否符合贪污罪的主体要件，司法判决认为，1997年《刑法》摒弃了过去长期沿用的身份论的观点，在国家工作人员包括受委派等准国家工作人员的认定上，具有决定性意义的是从事公务，即代表国有单位行使组织、领导、监督、管理等职务活动，而不再是国家工作人员的身份。可以说是正式肯定了从事公务说。此后在“王某贪污、挪用公款案”（《刑事审判参考》第422号指导案例[③]）中，司法判决也再次肯定：鉴于《全国人民代表大会常务委员会关于〈中华人民共和国刑法〉第九章渎职罪主体适用问题的解释》即体现了摒弃身份论、以从事公务作为认定国家工作人员本质特征的基本精神，故应以是否属于具有国家工作人员相应的职权和应履行相应的职责来确定行为人的行为是否属于从事公务。

然而，早前基于身份说的残余，实务对于公务的解释，主要是将之对应于劳务而言的，并赋予公务以一种权力性的特征属性，以与从事体力劳动为特征的劳务相区分。该观点集中体现在《经济犯罪座谈会纪要》的规定中：“从事公务，是指代表国家机关、国有公司、企业、事业单位、人民团体等履行组织、领导、监督、管理等职责。公务主要表现为与职权相联系的公共事务以及监督、管理国有财产的职务活动。……那些不具备职权内容的劳务活动、技术服务工作，如售货员、售票员等所从事的工作，一般不认为是公务。”但公务实则是由国家机关或者其他法定的公共机构或者公共团体（如国有企业、事业单位、

① 参见张明楷：《刑法学》，法律出版社2015年版，第1022、133页。

② 参见中华人民共和国最高人民法院刑事审判第一庭、第二庭编：《刑事审判参考》（总第40集），法律出版社2005年版，第156页。

③ 参见中华人民共和国最高人民法院刑事审判第一、二、三、四、五庭主办：《刑事审判参考》（总第53集），法律出版社2007年版，第35页。

人民团体等）组织或者安排的事务，[①] 并包括公共管理与公共服务的事务。就界定其与具体劳务而言，应根据其对外性与对内性予以区分。例如，国家机关的工勤人员在机关内部从事打扫卫生、驾驶车辆的，因仅具有对内性，这种劳务就不是从事公务。相反，如果其所从事的劳务具有对外性的特征与实质内容，如国有自来水公司的收费员向用户收取水费、国有邮政企业的邮递员邮寄客户包裹，实则是该国有公司、企业从事公共事务的活动，因此该收费员、邮递员就具有受委派从事该事务的性质，亦即是在从事公务。因此，即使不具有公务员身份的人员，也有从事公务的余地。为此，《全国人民代表大会常务委员会关于〈中华人民共和国刑法〉第九章渎职罪主体适用问题的解释》明确指出，虽未列入国家机关编制但在国家机关中从事公务的人员，在代表国家机关行使职权时，有渎职行为，构成犯罪的，依照刑法关于渎职罪的规定追究刑事责任。

如此看来，对于国家工作人员违法身份的认定，并不以具有国家工作人员的形式要件（如具有组织人事部门的档案）为必要，而应以有无从事公务的实质内容为解释立场。

（三）对“二次委派”的违法身份的认定——兼论国家出资企业的性质区分

当前实务中最值争议的，主要是关于国有企业改制后特别是实行股份制改革后的国家出资企业人员的违法身份认定问题。根据《经济犯罪座谈会纪要》的规定，受国家机关、国有公司、企业、事业单位委派去国有控股或者参股的股份有限公司从事组织、领导、监督、管理等工作，或者代表国有投资主体行使监督、管理职权的，以国家工作人员论。反之，不能以国家工作人员论。这一观点在“李某光贪污、挪用公款案”（《刑事审判参考》第1016号指导案例[②]）的判决中得到体现：李某光在国家出资企业中系合同制员工，只有技术

---

① 参见张明楷：《刑法学》，法律出版社2021年版，第173页。

② 参见中华人民共和国最高人民法院刑事审判第一、二、三、四、五庭主办：《刑事审判参考》（总第99集），法律出版社2015年版，第108~110页。

职称，没有行政级别，未经公司党委或者党政联席会讨论、批准或者任命，故其不具有国家工作人员身份。与此同时，该判决还依照《职务犯罪意见》第 6 条第 2 款的规定，认为认定国家出资企业中的国家工作人员身份，需从形式要件（行为人的职务系经党政联席会等形式批准、任命）与实质要件（国家出资企业中的国家工作人员代表负有管理、监督国有资产职责的组织在国有控股、参股公司及其分支机构中从事组织、监督、经营、管理工作）两个方面分析。并据此改判李培光犯职务侵占罪、挪用资金罪。

该案判决结果是妥当的。但上述“行为人的职务系经党政联席会等形式批准、任命”的形式要件与“国家出资企业中的国家工作人员代表负有管理、监督国有资产职责的组织在国有资本控股、参股公司及其分支机构中从事组织、监督、经营、管理工作”的实质要件等两个判断标准，则仍有讨论的必要。这特别体现在受国有资本控股公司、参股公司委派到其分支机构履行组织、管理职责的人员，即受“二次委派”的人员是否可成立受贿、挪用公款罪的案件中。这类案件往往基于《职务犯罪意见》关于“经国家出资企业中负有管理、监督国有资产职责的组织批准或者研究决定，代表其在国有资本控股、参股公司及其分支机构中从事组织、领导、监督、经营、管理工作的人员，应当认定为国家工作人员”的扩张规定，即既经企业党政联席会研究决定任命，又负有管理、监督该分支机构的职责，而认定行为人为国家工作人员，并因此成立受贿罪与挪用公款罪。其症结实则就在于对国家出资企业的认定上。①

就《职务犯罪意见》第 7 条关于国家出资企业的认定所采一是“遵循‘谁投资、谁拥有产权’的原则进行界定”，二是“资金来源与实际出资不符的，根据实际出资情况确定企业性质”，三是“出资情况不清楚的，可以综合工商注册、分配形式、经营管理等因素确定企业的性质”的规定，其实质是正确的。而有人在对“国家出资企业包括国家出资的国有独资公司、国有独资企业，以及国有资本控股公司、国有资本参股公司”的解释上，还认为上级或者本级国有出资企业内部的党委、党政联席会都是国有资本控股公司、国有资本

---

① 参见沈言：《国家出资银行分支机构中国家工作人员的认定》，载《人民司法（案例）》2016 年第 26 期。

参股公司负有管理、监督国有资产职责的组织。① 由此推及，在经国有资本控股、参股公司的内部党委或者党政联席会决定委派到分支机构担任负责人后，就属于国家工作人员。如此一来，受“二次委派”的人员也会成立国家工作人员的职务犯罪的结论似乎就是明确的了。

首先须澄清的是，国家出资企业并不是刑法上的概念，而是一个由《企业国有资产法》所规定的概念，《公司法》对其所作规定则是在 2023 年修订之后，才明确了“国家出资公司是指国家出资的国有独资公司、国有资本控股公司”（第 168 条第 2 款），但此前的《公司法》则仅及于国有独资公司。根据《企业国有资产法》第 5 条规定：“本法所称国家出资企业，是指国家出资的国有独资企业、国有独资公司，以及国有资本控股公司、国有资本参股公司。”而根据 2018 年《公司法》第 64 条的规定，国有独资公司是指国家单独出资，而且仅由一个是国家为了加强国有资产的管理、防止国有资产流失而设立的国有资产管理监督机构履行出资人职责的公司。并且，国家是国有独资公司的唯一股东。《民法典》第 246 条也规定，法律规定属于国家所有的财产，属于国家所有即全民所有。国有财产由国务院代表国家行使所有权。即便 2023 年《公司法》对国家出资公司规定单独成章（第 7 章），但依然主要是针对国有独资公司，因为国有独资公司与国有资本控股公司二者在股东会、董事会、监事会等公司治理结构设置上毕竟有所不同，而且仍然规定国家出资公司“由国务院或者地方人民政府分别代表国家依法履行出资人职责，享有出资人权益。国务院或者地方人民政府可以授权国有资产监督管理机构或者其他部门、机构代表本级人民政府对国家出资公司履行出资人职责”（第 169 条）。如此一来，其仍然是在《公司法》对于有限公司与股份公司的基本架构之下，只是出资人的身份不同而已，而非是对股东表决权等公司核心制度的改变。这实际上正由来于公司独立人格的限定。因为，股东作为投资人必须与公司之间的人格相分离，公司对其全部资产乃享有法人财产权，而股东对公司仅享有剩余控制权及剩余索取权。无论国有股股东还是其他投资人，股东个人财产与公司财产之间相互

---

① 参见中华人民共和国最高人民法院刑事审判第一、二、三、四、五庭主办：《刑事审判参考》（总第 77 集），法律出版社 2011 年版，第 137 页。

分离，这是由股东有限责任制所决定的。基于国家是一个抽象的概念，依现行法（包括《民法典》第257条与2023年《公司法》）的规定，国家、各级政府与其授权的国有资产监督管理委员会（以下简称国资委）形成国家—政府—国资委—公司的授权经营关系。这一法律关系由三个层次构成：

第一层次，国家和政府之间是所有者与所有者代表之间的关系。

第二层次，政府与国资委之间，是行政上的委托授权关系。

第三层次，国资委与国有独资公司之间，是出资者与被出资者即股东（代表）与公司之间的关系。国有独资公司对国家投资的财产享有法人财产权，国资委对国有独资公司行使股权，包括资产收益、参与重大决策和选择管理者等权利。①

就国有资本控股公司、国有资本参股公司而言，国家或者（纯粹的）国有独资公司、企业是作为投资人而成为公司股东的，其与公司其他中小股东的法律地位是平等的，这一结论正由来自《公司法》的规定。但是，公司具有独立的人格，并仅以其股东所投资的财产对外负担法律责任，从而使公司财产与投资人个人之间的财产发生了剥离。二者人格不可混同，否则公司将会“被刺破面纱”（《公司法》第23条）。因此，在公司成立之后，各股东仅能通过其所持股份（权）选择其提名或认可的人员参加董事会来实现自己的意思，其对所参股公司财产只享有收益权，这是由公司股东会与董事会之间的法律关系所决定的。此即股东对公司的剩余索取权与剩余控制权。② 从有限公司的形式上（有限责任公司与股份有限公司），是董事会在执行着股东会的决策，股东仅能通过公司的手段来实现其创造财富的目的。而一旦在股东所持股权分散的情况下，由于股东各自目的不同，利益分散，以至于常会出现“公司僵局”。这一点正是受有限公司其自身特点所决定的局限。因此，在国有资本参股的公司之中，国家或者国有企业作为投资人成为股东后，虽然可以委派其工作人员参加董事会，并以董事的身份来对参股公司进行管理，但此与公司董事会自行任命的情形已有所不同。后者主要是为公司的利益负责，以是公司董事会对其派出到其

① 参见李建伟：《公司法学》，中国人民大学出版社2011年版，第36页。

② 参见朱羿锟：《商法学：原理·图解·实例》，北京大学出版社2011年版，第150页。

分支机构的管理人员也具有此种公司管理的特征。所以，公司分支机构的负责人仅对委派其的公司负责，而不是对投资人或者股东负责，这就是公司与其委派人员之间的关系，也是国有资本参股公司对其所任命人员是否具备国家工作人员这一身份认定的逻辑原点。这一原理同样适用于国有资本控股公司。因为，即使是国有财产，一旦进入市场交易领域，也必须与其他财产一样在遵守相同的市场交易规则的前提下受平等保护，国家以国有财产出资，作为出资人之一，也与集体或者私人出资人同样应当依照民法（《民法典》物权编中的第 268 条）和公司法的有关规定享有权利和履行义务。因此，实务中曾有人提出对国有公司的认定基础系其财产中“不得掺杂有一根杂毛”的识别理论，非常贴切。本书赞成这一只有在国家作为独立投资人所设立的公司、企业才是国有公司、企业的纯粹性立场（参见《刑事审判参考》第 1234 号指导案例“工商银行神木支行、童某等国有公司人员滥用职权案”[①]）。根据《刑法》第 93 条的规定，只有在国有公司、企业向其控股、参股的公司，即国有资本控股、参股公司所委派从事公务的人员，才属于国家工作人员。而上述国有资本控股、参股公司向其分支机构或者其他参股或投资的公司所委派的人员，则不具有国家工作人员这一身份。除非其原本就系由国资委或其他国家机关、国有公司、企业、事业单位所委派的人员。并且，早在 2001 年 5 月《最高人民法院关于在国有资本控股、参股的股份有限公司中从事管理工作的人员利用职务便利非法占有本公司财物如何定罪问题的批复》（法释〔2001〕17 号）对此就曾予以明确：“在国有资本控股、参股的股份有限公司中从事管理工作的人员，除受国家机关、国有公司、企业、事业单位委派从事公务的以外，不属于国家工作人员。对其利用职务上的便利，将本单位财物非法占为己有，数额较大的，应当依照刑法第二百七十一条第一款的规定，以职务侵占罪定罪处罚。”针对股份公司的所有制性质，最高人民法院有关人员也曾指出，国有公司、企业改制为股份有限公司的，发起人可以少于 5 人，但必须是采取募集设立的方式。因此，无论采取什么方式设立公司，无论发起人或者其他认股人的性质是国有、集体、私营、

① 参见中华人民共和国最高人民法院刑事审判第一、二、三、四、五庭主办：《刑事审判参考》（总第 112 集），法律出版社 2018 年版，第 112~113 页。

个人，甚至是外国公司、企业、其他组织、个人，公司一经设立，就具有完全的、独立的性质。该性质不同于任何发起人或者认股人，包括参股、认股、控股的国有公司、企业的性质。[①] 该公司独立性的观点完全契合2023年《公司法》的规定、立法本旨。所以，结合《刑法》第93条的规定，只有在受由纯国有资产设立的如国有独资公司、企业、国有事业单位等委派到国有资本控股、参股公司中担任董事、监事或高管的人员，才属于受委派从事公务的人员。因此，在其因贪污、挪用等行为而侵犯了公司利益时，又侵害了受委托管理的国有资产利益（但不是国家利益[②]），也侵害了其作为国家工作人员的职务廉洁性的法益，故成立国家工作人员犯罪。但是，受“二次委派”的工作人员其身份只能是公司的工作人员。如“李某光贪污、挪用公款案”中的李某光，其所侵犯的也只能是该公司的利益。由于该公司资产不具有纯粹国有性，就难以得出具有《刑法》第93条所规定的国家工作人员这一身份的结论。这正是刑法与公司法对公司所共同规范下的法律效果（在2023年《公司法》施行后依然如此）。

显然，在当前司法实践中，根据《职务犯罪意见》对国家出资企业所作的往往是扩大解释的结果。而且，国有公司在股份制改制之后因不具有纯粹性、就不再属于《刑法》第93条所规定的国有公司，而只能是国有资本控股公司或国有资本参股公司乃至是民营公司。因此，作为国有资本控股公司、参股公司向其分支机构委派从事管理的人员，与作为国有独资公司、企业向国有资本控股公司、参股公司所委派的人员，由于其性质不同，从而会出现两种截然不同的法律效果：

一是其自身党政联席会乃至党组织并不具有公司董事会的性质（即使是2023年《公司法》第170条规定了“国家出资公司中中国共产党的组织，按照中国共产党章程的规定发挥领导作用，研究讨论公司重大经营管理事项，支持公司的组织机构依法行使职权”，但也并未替代公司的组织机构即公司的股东

---

① 参见祝二军、熊选国：《对〈关于在国有资本控股、参股的股份有限公司中从事管理工作的人员利用职务便利非法占有本公司财物如何定罪问题的批复〉的理解与适用》，载最高人民法院刑事审判第一庭编：《现行刑事法律司法解释及其理解与适用》，人民出版社2010年修订版，第789页。

② 参见张明楷：《刑法学》，法律出版社2015年版，第1181页。

会或者董事会），因此联席会议或党组织对属于更下一层次的分支机构所委派的经理人，就不具备被纯粹的国有（独资）公司、企业所委派的性质。

二是根据《刑法》第93条的规定，由于仅出现于国家机关、国有公司、企业、事业单位向非国有公司、企业、事业单位、社会团体委派的环节，即包括向国有资本控股公司、参股公司委派的过程之中，一旦该环节结束之后再次发生的委派即“二次委派”行为，就不属于《刑法》第93条规定的委派类型（参见《刑事审判参考》第1207号指导案例“周某强、朱某华非国家工作人员受贿案”[①]）。因此，作为国有公司、企业或国资委向国有资本控股公司、参股公司所委派的人员，就具有国家工作人员这一身份。但是，国有资本控股公司、参股公司再向其下属分支机构所委派的人员，则不具有该身份（除非该人系受国资委或其他国有单位委派）。所以，此类因受“二次委派”的公司人员对公司财产贪污、挪用的，其所侵犯的财产已不再具有公共财产的性质，而只能是该公司自身的财产权益。

受“二次委派”的人员并不具有国家工作人员的身份，从而就难以肯定其成立国家工作人员的渎职犯罪，而只能成立职务侵占罪、挪用资金罪等非国家工作人员的犯罪。这一结论，也及于对国有公司、企业在股份制改制后从事组织、管理人员职务犯罪的认定。[②]

第二节　正当化事由：违法性阻却要素的刑民一体化讨论

审查犯罪成立要件须着重判断其违法性阻却要素，此为贯彻法益保护主义、民主主义之必然。民法上亦承认违法阻却问题：“侵害他人的权利，原则上具有违法性，但得因某种阻却其违法性，例如正当防卫、紧急避险、自助行为、

① 参见中华人民共和国最高人民法院刑事审判第一、二、三、四、五庭主办：《刑事审判参考》（总第111集），法律出版社2018年版，第140页。

② 参见辽宁省营口市中级人民法院（2023）辽08刑终162号刑事裁定书。

无因管理、权利行使等。被害人的允诺，亦具阻却违法性，此在医疗行为最属重要”①。为此，刑法（《刑法》第20条、第21条）与民法（《民法典》第181条、第182条）均规定正当防卫与紧急避险系阻却违法的正当化事由。而基于法律规范统一化的原因，《民法典》新规定的自甘风险（第1176条）和自力救助（第1177条）也是阻却刑事违法性的正当事由。并且，基于不法实质化的结果无价值论的主张与法律规范的统一化，执行法令、被害人允诺、体育竞技以及由《民法典》所明确的合同正当化、无因管理（合同编第二十八章）、医疗行为（侵权责任编第六章）、自甘风险等民法排除责任性的有关规定，则成为了刑法中“超法规”的违法阻却事由。

一、被害人承诺的法律周边

（一）问题的提起

问题19 “相约自杀”的案件应如何研判？

实务中常有行为人将其情人杀害后伪称二人系“相约自杀”的情形。② 其中所涉及的是被告人与被害人“相约自杀”对违法阻却的问题，而其又必然涉及民法上的被害人允诺与刑法上的被害人承诺的违法阻却竞合问题。

（二）被害人承诺（同意）的法律边界

1. 被害人承诺的原则及其限制

所谓被害人承诺（同意）又称允诺。承诺阻却违法是各国公认的基本原则，表现为个人主义的精神，使个人自由决定如何处理其身体或财产等权益，如捐血救人。此亦符合侵权行为法旨在合理分配私法上负担的旨趣。唯承诺须不得强制或违反禁止规定，如禁止自杀之嘱托或得其承诺而杀之，违反者不得阻却违法。又承诺亦须不得违背公序良俗，而此须就被侵害的法益的种类（人

① 王泽鉴：《民法概要》（第2版），北京大学出版社2011年版，第166页。

② 参见辽宁省高级人民法院（2014）辽刑一复字第14号刑事裁定书。

身权或财产权）及加害人的主观意思（故意或过失）而认定之，违背公序良俗的，不生阻却违法的效力。[①]

2. 承诺的法律性质及其判定

民法上的承诺非在于以发生一定法律效果为目的，不以具有法律效果为必要，而系涉及自己权益侵害性，故非属意思表示，乃准法律行为。至于如何类推适用民法关于意思表示规定，应就个案决定。承诺于加害行为施行前得撤回。事后承认不是允诺。又承诺不得以错误为理由而撤销，此仅涉及过失认定问题，受欺诈或胁迫而为承诺，则不发生效力。有争论的是所谓承诺能力。基于法律行为能力制度主要在于维护交易安全，而承诺系被害人对自己权益的处分，故不能完全适用民法关于行为能力的规定，原则上应不以有行为能力为要件，而应以个别的识别能力为判定标准。[②]

刑法中的被害人承诺（同意）则具有减轻乃至免除被告人的罪责性的阻却功能，其属于违法性阻却事由中的要素。虽然国内有学者认为被害人承诺已经从违法性阻却事由逐渐地被作为一个构成要件该当性的问题，并且，这是基于德国刑法界认为被害人承诺的作用是赋予了排除行为构成的效果的一种被广泛传播的观点，但是，这种观点是建立在将被害人承诺区分为认可与狭义性的同意的二分法理论，以及将行为构成该当性要件单纯作为一种中性的行为予以考量的基础之上的。根据二分法理论，认可的作用是排除行为构成的，在这些行为构成中，行为构成的行为在概念上是以一个行为违背了或者不具有受损害人的意志为条件的，如取得妇女同意而进行的性交就不是强奸罪，取得财产所有人允许时取得的财产就不是盗窃罪。相反，对于狭义性的同意，它就仅仅具有正当化的效力，而不是排除行为构成的实现，重要的例子是破坏财产和身体伤害。[③] 本书认为，被害人承诺是阻却违法性的正当化根据。因为，作为《刑法》分则所规定的行为构成必须是对刑法法益具有实质危害的违法的行为构成。在

---

① 参见史尚宽：《债法总论》，台北，荣泰印书馆股份有限公司 1978 年版，第 124 页。

② 参见王泽鉴：《侵权行为》，北京大学出版社 2009 年版，第 227 页。

③ 参见［德］克劳斯·罗克辛：《德国刑法学总论》（第 1 卷），王世洲译，法律出版社 2005 年版，第 354~355 页。

对具体案件进行司法认定的过程之中，首先考虑的是其是否具有行为构成的要件该当性，其次是违法性阻却，最后才是有责性的排除的要素。事实上也确实存在基于被害人承诺而根本不成立强奸罪（不违背妇女意愿的性交）、盗窃罪（基于财产权利人的允诺而取得财产）的问题，但这类行为本身就并不符合刑法所规定的行为构成，从而不能进入刑事诉讼射程之中。因此，就价值归属而言，被害人承诺仍应归属于违法性阻却的范畴。例外的是，能够阻却责任成立的被害人承诺，应仅限于行为人对被害人承诺的性质产生事实认识错误（阻却故意）以及出现禁止性错误（因缺乏违法性认识而阻却责任成立）两种情形之中。但究其实质，这是基于被害人的对向一方（行为人）的立场对行为人的想象观念或其行为计划内容所进行的主观上判定，因此对被害人承诺的讨论就仍应回到违法性阻却的正当化根据的范畴之中。

就“相约自杀”案件而言，如果行为人与被害人均曾确切地相约自杀，虽然这种相约是有违公序良俗的（处分生命权的承诺无效），但作为对个人专属法益的生命权的自我处分，法律通常并不介入其中。即使行为人由于其意志以外的原因而并未死亡，在法律的评价上也是如此。但在行为人是欺骗被害人“相约自杀”，而被害人亦因之死亡的场合，行为人属于故意杀人的间接正犯。

二、正当防卫认定的实务检讨

（一）“于某案”所折射出的司法实践问题：保守与机械

作为我国《刑法》所规定的违法性阻却事由之一（第 20 条），在 2017 年“辱母案”即“于某伤害案”使之首次引发全民热议后，① 随着 2018 年“昆山龙哥被反杀案”以及 2019 年河北涞水“反杀案”相继得到妥当的处理（无罪），正当防卫在司法实践中所折射出的保守与机械，② 特别是我国刑法通说所

① 参见《刑事审判参考》“专题论坛”：“于某故意伤害案”，载中华人民共和国最高人民法院刑事审判第一、二、三、四、五庭主办：《刑事审判参考》（总第 110 集），法律出版社 2018 年版，第 175～234 页。

② 参见张军、姜伟等：《刑法纵横谈（总则部分）》，北京大学出版社 2008 年版，第 188 页。

贯彻的防卫意识必要说（实施正当防卫行为须具有防卫意识），[①] 已得到相当程度的缓解。有探讨必要的，是以下有争议的问题。

（二）正当防卫几个法律问题的实务争议

1. 预先准备防范与正当防卫是否成立

所谓事先准备防范，又称预先防范，是指防卫人事先已经预见到不法侵害的发生，并为此而准备或携带了某种可用于防卫的工具。并且，即使行为人在与他人发生摩擦后，为防对方报复，返回住所携带刀具防身，也被司法判决认定为是行为人为了防范自己的合法权益遭受不法侵害的一种预先防范措施，只要其行为对不法侵害者所造成的损害与其保护的合法权益的价值之间不明显失衡，且防卫的效果又是针对正在进行的不法侵害，就应当认定为正当防卫（参见《刑事审判参考》第433号指导案例“李某故意伤害案”[②]）。这是正确的结论。因为，防卫人是否预见到不法侵害的发生，以及防卫人事先是否准备携带了某种可用于防卫的工具，不影响不法侵害正在进行的认定。换言之，只要是客观上正在进行的不法侵害，不管防卫人事先是否已经预见，事先是否做好防卫准备，都可以进行正当防卫。因为不法侵害行为的紧迫性是一种客观事实，并不取决于防卫人是否已经预见与是否准备防卫工具。[③]

2. 何为必要限度

首先，须肯定的是对正当防卫应加以法益的衡量（本书更倾向西田典之先生在此框架下所提的法益保护性阙如说）。就防卫的权利正当性而言，其对于侵害行为的不法性处于绝对的优势地位。不得明显超过必要的限度，既是《刑法》第20条第2款所作的规定，也是法益衡量的结果。如将正在盗窃的犯罪分子追打致死，在已经排除了不法侵害之后，并且盗窃显然并不属于《刑法》第20条第3款规定的无限制防卫权所行使的对象，从而成立防卫过当（行为不法），并应视其主观的责任要素而具体认定其犯罪性质（参见《刑事审判参考》

---

① 参见张明楷：《刑法学》，法律出版社2016年版，第204页。

② 参见中华人民共和国最高人民法院刑事审判第一、二、三、四、五庭主办：《刑事审判参考》（总第55集），法律出版社2007年版，第16页。

③ 参见张明楷：《刑法学》，法律出版社2016年版，第203页。

第600号指导案例“闫某洲故意伤害案”[①]）。因为权利的行使必须要符合规范的目的。如果超过明显的限度，就是一种权利的滥用。

其次，在考量法益之时，应按照生命权、身体权、财产权之间的法益顺序加以依次判断。因为，生命权是一切人格权的基础，具有最高的法律保护价值属性，其受保护的位阶既高于身体权，更高于财产权。身体权作为一种人格权，其受法律保护的位阶也高于财产权。由于人格尊严与人的自由并不能以金钱来衡量（仅能以金钱补偿，且不具等价性）。因此，为保护人格权而损害财产权的，为保护生命权而损害身体权的，就得受法律的肯定。

再次，《刑法》第20条第3款规定的无限制防卫权中，“其他严重危及人身安全的暴力犯罪”，必须是与其前述正在进行的杀人、抢劫、绑架等犯罪具有同质性的行为，即对此应作限缩解释为达到重大伤害后果、危及生命安全的程度。对于并无严重危及他人生命安危与重大身体安全的非法拘禁行为，如果造成不法侵害人死亡，就不得适用该款。这也正是“于某案”中适用法律的认定前提：尽管不法侵害人“侮辱其母”的情节较为恶劣，但未达到危及生命安全与重大身体安全的程度，所以于某的行为就不属于得适用无限制防卫权的正当防卫，而是属于《刑法》第20条前两款所规定的一般防卫权的适用问题，从而有防卫过当、成立故意伤害罪之余地。

最后，正当防卫之所以成为排除犯罪的事由，是由于该行为虽然在客观上造成或者可能造成不法侵害人权益的损失，但却保护了法益。虽然防卫限度不像紧急避险那样严格，即在一定条件下防卫造成的损失可以大于所保护的法益，但这是因为人们对不法侵害人的权益进行了缩小评价。而且，只有抓住“制止侵害、保护法益”这一本质，才能合理确定正当防卫的条件。[②]

3. 互殴案件中是否不存在正当防卫？

基于对自身法益受侵害的允诺，参与相互斗殴的行为人既无受保护之权利，也无正当防卫之权利。此特别体现在具有社会法益侵害性的聚众斗殴行为中。

---

① 参见中华人民共和国最高人民法院刑事审判第一、二、三、四、五庭主办：《刑事审判参考》（总第72集），法律出版社2010年版，第27~31页。

② 参见张明楷：《法益初论》，中国政法大学出版社2003年修订版，第409页。

问题 20 互殴案件中特别是聚众斗殴案件中，是否一律不存在正当防卫？

但是，并不能说相互斗殴乃至在聚众斗殴的案件中就没有正当防卫存在的余地。[①] 在因斗殴双方事先仅系对轻伤以下后果做出法益的侵害的允诺，一旦一方提升了法益侵害的危险，另一方就具有正当防卫的权利。因为参与斗殴人的重大身体安全特别是生命的法益，仍受法律保护（即使对此作出允诺，也因违反公序良俗而自始无效）。

（三）刑法与民法规定之间的关系

问题 21 刑法上的正当防卫与民法上的正当防卫有何区别？

民法也规定正当防卫属违法性阻却事由（《民法典》第 181 条）。由于民法规定比较简约，因而对于正当防卫的界定，往往需结合刑法的规定对之作出判定。但是，由于民法和刑法的规范目的相异，从而在对正当防卫的必要性和紧迫性的判断标准上有根本不同。由于民法针对一般违法行为，而刑法则针对犯罪行为，二者的社会危害程度不同，故民法上对必要性和紧迫性的判定一般遵循不得已标准。刑法上对必要性和紧迫性的判定一般遵循必要标准。因为在刑法上，如果非要在迫不得已的情况下才能实施正当防卫，不仅合法权益会受到损害，而且将会纵容犯罪。因此，刑法上的正当防卫并不要求非在不得已的情况下才能实施，即使有其他方法可以避免不法侵害，防卫人也可实施防卫行为，只须其防卫行为出自必要即可。[②]

① 参见辽宁省高级人民法院（2009）辽刑三终字第 309 号刑事裁定书。

② 参见最高人民法院侵权责任法研究小组编著：《〈中华人民共和国侵权责任法〉条文理解与适用》，人民法院出版社 2010 年版，第 224 页。

三、紧急避险的法律适用周边

（一）紧急避险的司法实务现状及其问题的提起

作为与正当防卫并列的法定违法阻却事由，紧急避险的法律适用并未引发过类似“于欢案”的全民热议事件。其原因在于以下三点：

一是法律对紧急避险的构成要件的规定相对完整，并增加了“不得已”这一“补充性要件”的限制，使之更易把握。

二是紧急避险的行为特征主要表现为“避让”，虽然也会对第三人造成损害，但作为一种合法行为，其与权益损害之间是一种“正”对“正”的关系。虽然避险过当也是一种不法行为，但对其不法性的判定主要是根据保全法益与被侵害法益之间相互比较而得出的，即更体现出法益衡量这一实质性判断规则，从而也使其实务操作更有章法可循（参见《刑事审判参考》第295号指导案例“王某兴破坏交通设施案”[①]）。

三是因紧急避险所致的损害，主要是财产损害，乃至是由自然灾害引发的损害，使之更易于通过民事诉讼的通道得以解决。而且即使在未超过必要的限度而不负责任的情形下，基于公平责任，实务中也可以判决对其补偿，从而消弭了矛盾冲突。[②]

在司法实务中，就基于保全生命法益而牺牲他人法益的紧急避险行为所引发的问题（参见第2章第2节“李某故意杀人案”），紧急避险究竟是违法阻却要素还是责任阻却要素，抑或兼而有之，值得探讨。此外，就作为共同的法定的违法阻却要素，其与正当防卫又有何关系？应如何界定？刑事上的紧急避险与民事上的紧急避险又有哪些关系？

（二）紧急避险的性质及其与正当防卫的界分

正当防卫与紧急避险均属于紧急行为。紧急行为的特征在于，侵害法益与

---

① 参见中华人民共和国最高人民法院刑事审判第一庭、第二庭编：《刑事审判参考》（总第38集），法律出版社2004年版，第85页。

② 参见湖南省常德市中级人民法院（2017）湘07民终2315号民事判决书。

保全法益这两种法益处于“二选一”的冲突状况之下。在此紧急状况下，人们通常会动摇，陷入心理不安宁的状态，亦即处于恐怖、惊愕、兴奋、狼狈的状态之下。这种状态当然向减少、消灭责任谴责的方向发挥作用，亦即虽然正当防卫、紧急避险属于违法阻却事由，但其背后同时还隐藏有作为责任减少事由的一面。为此刑法、民法均规定了防卫过当与避险过当。[①]

作为紧急行为（在紧急状态之中为保护法益而实施的构成要件该当行为阻却违法性[②]），紧急避险与正当防卫具有一定相似性，即都是通过对一定人身或财产的损害达到保护本人、他人或社会利益的目的。但二者也存在明显区别：一是危险的来源不同。在正当防卫的情况下，危险只能来源于人的行为；而在紧急避险的情况下，危险除了可能来源于人的行为外，还可能来源于自然力。二是对危险的要求不同。在正当防卫的情况下，危险必须是现实的危险，即实际存在的、正在进行的不法侵害；而紧急避险所面临的危险是紧急危险，这种危险可以是已经发生了的，也可以是迫在眉睫、不采取措施就必将发生的危险。三是行为对象不同。正当防卫只能针对实施不法侵害的行为人实施，而不能针对未从事侵害行为的第三人实施；紧急避险行为一般只是对第三人造成损害，不会损害非侵害者本人。[③] 上述区分，实则系由来自二者法律性质、构成要件、法益衡量基础的不同。

就法律性质而言，正当防卫是一种权利行为，紧急避险则是一种放任行为。就构成要件而言，有无作为补充性要件的不得已的法律规定，乃决定了紧急避险与正当防卫具有本质的不同。并且，紧急避险行为主要表现为一种转嫁关系，即将自己可能遭受的损害转移给原本并不相干的第三人。正当防卫则是直接针对不法侵害人。

就法益衡量的基础而言，即使认为正当防卫也适用法益衡量的观点，也仍

---

① 参见［日］西田典之：《日本刑法总论》（第 2 版），王昭武、刘明祥译，法律出版社 2013 年版，第 116 页。

② 参见［日］山口厚：《刑法总论》（第 2 版），付立庆译，中国人民大学出版社 2011 年版，第 110 页。

③ 参见最高人民法院侵权责任法研究小组编著：《〈中华人民共和国侵权责任法〉条文理解与适用》，人民法院出版社 2010 年版，第 230 页。

然承认正当防卫与其相对的不法侵害行为的法益之间具有质的优位性。[①] 正当防卫与被害人允诺均属于保护性法益阙如的范围，故不法侵害无保护之法益。[②] 而对紧急避险的法律性质，均认可法益衡量是紧急避险的正当化的基础，紧急避险是基于优越利益保护原则的、刑法中最为基本的、独立的违法性阻却要素。[③]

（三）例外的阻却责任

作为例外，在因紧急避险而侵害他人生命时，刑法通说认为其具有违法性，但属于责任阻却要素或“超法规”的阻却责任要素。[④] 其理由在于，人的生命这种最高价值无论在质上还是在量上均无法进行比较，或者决不能将人的人格作为手段、目的来利用。[⑤] 这也及于因受强制而成立紧急避险的场合。

（四）受强制的紧急避险

所谓受强制的紧急避险，又称为受胁迫的紧急避险，是指受他人强制实施紧急避险的情形。[⑥] 如湖北“李某桐等故意杀人案”：李某桐等人为控制李某明、以实现占有李某明财产的目的，先是控制住李某明妻儿，再以杀害李某明妻儿为由逼迫李某明杀死一名流浪人员。判决认定李某明构成故意杀人罪，并判处其缓刑。[⑦]

问题 22　由于紧急避险而被迫杀人的行为应如何评价？

实务中，同等价值（主要是为保全身体法益而损害他人身体、为保全生命

---

① 参见［日］山口厚：《刑法总论》（第 2 版），付立庆译，中国人民大学出版社 2011 年版，第 114 页。

②③ 参见［日］西田典之：《日本刑法总论》（第 2 版），王昭武、刘明祥译，法律出版社 2013 年版，第 129、118 页。

④ 参见［日］山口厚：《刑法总论》（第 2 版），付立庆译，中国人民大学出版社 2011 年版，第 139 页；张明楷：《刑法学》，法律出版社 2007 年版，第 193 页。

⑤ 参见［日］西田典之：《日本刑法总论》（第 2 版），王昭武、刘明祥译，法律出版社 2013 年版，第 120 页。

⑥ 参见张明楷：《刑法学》，法律出版社 2016 年版，第 222 页。

⑦ 参见最高人民法院（2010）刑一复 96545663 号刑事裁定书。

法益而牺牲他人生命）法益之间的紧急避险实则甚难衡量。对因自己生命权之急迫危险，牺牲他人生命而保全的，应如何判断其行为性质，我国刑法通说及实务部门的观点并不明确。对此，张明楷先生认为，第一，只有在被牺牲者特定化的场合，才能牺牲一个人的生命保护其他人的生命，而且对于不得已的判断应当更为严格。第二，由于法秩序不允许将人的生命作为手段，故上述行为仍然是违法的。但可以认为避险者不具备有责性，即作为“超法规”的紧急避险处理。基于同样的理由，对于为了保护自己或亲友的生命，在不得已的情况下牺牲特定他人生命的行为，也可以视为“超法规”的紧急避险。[①] 这里的“超法规”的紧急避险，是作为“排除责任的紧急状态”，实际上应归属于期待可能性这一消极性的责任要素。就受强制的紧急避险案件，应当根据《刑法》第 21 条的规定，总是排除一种正当化。也就是说，行为人在与被害人的关系中从来也不能追寻明显更高的利益。“这就产生一个结论，这里的行为人在也是被迫时，站到了不法的一面，然而，在法不放弃对自身适用要求的基本条件时，这种情况就是法在原则上所不能批准的”[②]。

对生命法益是不能进行法益衡量的。因此，在上述案例中，李某明虽系以避险意识，而非法故意剥夺他人生命的行为仍具有刑事违法性。但李某明系在受胁迫的情形下所实施，故属于受强制的紧急避险（真正的正犯应是作为间接正犯的李某桐等人）。在该紧急状态下，确实难以肯定其能够做出其他更为合适的选择（如反击或报警）。基于“法律并不强人所难”，对于受强制的紧急避险，就应从排除责任的角度加以考量，对其责任性也相应地给予尽可能地减低评价（可谴责性降低）乃至排除。也就是说，在被迫以第三人的生命法益换取自己或与自己有最密切关联人生命的受强制的紧急避险案件中，基于其极低的期待可能性而减弱的违法性，结合一般预防的刑罚目的降低其有责性（可谴责性），并减轻避险人的罪责（实际上也可排除其罪责）。

---

① 参见张明楷：《刑法学》，法律出版社 2007 年版，第 193 页。

② ［德］克劳斯・罗克辛：《德国刑法学总论》（第 1 卷），王世洲译，法律出版社 2005 年版，第 487 页。

（五）成立刑法紧急避险行为的民事责任承担

《刑法》第 21 条第 1 款规定："为了使国家、公共利益、本人或者他人的人身、财产和其他权利免受正在发生的危险，不得已采取的紧急避险行为，造成损害的，不负刑事责任。"《民法通则》第 129 条规定："因紧急避险造成损害的，由引起险情发生的人承担民事责任。""如果危险是由自然原因引起的，紧急避险人不承担民事责任或者承担适当的民事责任。""因紧急避险采取措施不当或者超过必要的限度，造成不应有的损害的，紧急避险人应当承担适当的民事责任。"《民法典》第 182 条基本上体承了前述规定，仅将第 2 款修订为："危险由自然原因引起的，紧急避险人不承担民事责任，可以给予适当补偿。"这一民事责任承担并及于成立刑法紧急避险行为的场合。由此产生的问题是，其责任承担的法理依据究竟何在？

问题 23 成立刑法上的紧急避险行为，何以要承担民事责任？

刑法学说中存在一种有力的见解：成立刑法上的紧急避险而不承担损害赔偿责任的情形虽然在刑法上也是合法的，但在民法上承担损害赔偿责任的情形应被视为不可罚的违法行为。这与刑法与民法的目的（保护法益）差异有关。在刑法上，之所以避险人不受处罚是因为他不是坏人；但在民法上，法律所强调的是决定由谁承担损害赔偿责任。刑法之所以肯定紧急避险，是因为所保护的利益超过了所侵害的利益，即优越的利益。因此，为了对刑法与民法进行调和解释，即使是刑法上的紧急避险行为有时也要承担损害赔偿责任的思考方式是将损害赔偿作为条件肯定违法性阻却，可以说作为损失补偿进行理解是有必要的。①

但是，这种情形下的请求权，在民法上也应理解为，是针对合法行为的损

① 参见［日］佐伯仁志、道垣内弘人：《刑法与民法的对话》，于改之、张小宁译，北京大学出版社 2012 年版，第 289 页。

害赔偿（补偿）请求权。[①] 当然，补偿损失终究只是民法上的事后处理，不能以是否成立、可否成立损害赔偿来左右紧急避险的正当化效力。[②] “紧急时无法律”格言亦被解释为：“紧急时在刑事案件中免除、减轻罪责，但在民事案件中却不免除、减轻责任。”因为，该格言只适用于刑法领域。紧急避险行为虽然不违反刑法，但违法性是相对的，即不违反刑法的行为不一定符合其他法律的规定。行为人为了保全一种法益，而不得已损害另一较小或同等利益时，虽然在刑法上被允许，但在民法上可能承担责任。换言之，在民法上以损害赔偿为前提（当然，不一定是紧急避险人赔偿），才允许牺牲一种利益以救济另一种权益。紧急时之所以不受法律制约，理由在于紧急使其他场合变为合法行为。简言之，紧急使不合法变为合法。[③]

第三节　不法原因给付——“活动费”返还之诉案件的审理思路

一、问题的提起

实务中，常有父母请托他人为其子女找门路“安排”工作，并事先给付“活动”费用，但受托人在领受巨额“活动费”后，基于各种原因并未为之“安排”，且又以已支出为由拒不返还该“活动费”的情况，遂发生请托人请求返还财产的民事之诉。[④] 就此类案件究应如何处理，某省三级法院曾产生 3 种不同处理意见。第一种意见认为，此类案件因涉及犯罪，不属于民事案件受理范围，故应驳回起诉；第二种意见认为，受托人成立不当得利，应判决返还财

① 参见［日］西田典之：《日本刑法总论》（第 2 版），王昭武、刘明祥译，法律出版社 2013 年版，第 117 页。

② 参见［日］西田典之：《日本刑法总论》（第 2 版），王昭武、刘明祥译，法律出版社 2013 年版，第 118 页。

③ 参见张明楷：《刑法格言的展开》，北京大学出版社 2013 年版，第 288 页。

④ 参见辽宁省沈阳市和平区人民法院（2017）民初 5907 号民事判决书。

产；第三种意见以其违反公序良俗原则而应驳回诉讼请求。此类案件实则涉及两个法律适用问题：民事诉讼究应处理与否？涉嫌成立何种犯罪？

并且，在该类案件成立犯罪的场合，由于其性质系涉及对刑事、民事法律相关规定、法理的交错适用与判断，以上两个问题究其实质实为一个问题，即法院对此应如何作出处理。

二、不法原因给付的概念

此类案件所涉“活动费”问题，因涉及行贿犯罪，为法律所禁止，且有违公序良俗，故属不法。此涉及法律上一项重要问题，即不法原因给付。

所谓不法原因给付，是指给付的原因（事由）为不法。民法通说认为，无法律上原因而受利益，致他人受损害的，应返还其利益。因不法原因而为给付的，不得请求返还，但不法原因仅在于受领人一方时，不在此限。其典型事例为因赌博所欠赌债，债权人即不得请求返还。①

所谓不法原因，是指给付的目的，而不包括给付行为本身的不法性与作为给付原因行为（手段）的不法性。例如，欺骗他人有当年司法考试卷题答案而让其交付金钱时，多数情形下，领受人是作为首创者而提出有捷径通过司法考试的，给付人不过是在迎合领受人。对此，西田典之先生系使用了“行为人制造了不法的原因”这一概念。② 因此也不能由此而否定诈骗者成立诈骗罪的可能，一般是比较给付人与领受人的不法性并在领受人的不法性较大时适用该“不得请求返还”的但书。“不应将诈骗这一行为样态直接纳入判断之中，而应采用先将行为样态纳入首创的判断，再将其纳入不法性衡量的二阶段式操作方法。”③ 这一点提示对于后述的讨论极为重要。

---

① 参见王泽鉴：《民法学说与判例研究》（第2册），中国政法大学出版社1998年版，第127页以下。

② 参见［日］佐伯仁志、道垣内弘人：《刑法与民法的对话》，于改之、张小宁译，北京大学出版社2012年版，第62页。

③ ［日］佐伯仁志、道垣内弘人：《刑法与民法的对话》，于改之、张小宁译，北京大学出版社2012年版，第62页。

三、“活动费”所涉事项性质的刑事判断

所谓活动，实为行贿行为。中间人即领受人因受委托而居间活动，领受人于此中究系斡旋受贿、介绍贿赂，抑或亦是行贿，得根据其与受贿人之社会关系、阵营、立场定其所犯贿赂犯罪性质。

但是，实务中亦有如下事实，该中间人本无“活动”能力与关系，但隐瞒真相，虚构事实，以骗取请托人即给付人钱款的，成立诈骗罪。此即系由领受人制造了不法原因。若中间人事先并无欺诈，确实有为请托人“活动”的真实意思，在接受“活动费”后，又转变其意思，而且拒不返还费用的，则不能成立诈骗罪。但是否成立侵占罪？

按侵占罪系因委托等法律行为而占有他人财物后（刑法规定系为代为保管）又变占有为所有（刑法规定系为非法占有），或基于事实，如拾得他人遗失物，而拒不返还的行为。拒不返还“活动费”的，符合其第一种形式的犯罪构成要件（委托物侵占罪）。但因“活动费”给付原因系不法，则该委托自始、当然无效。因此是否可以成立委托物侵占罪，特别是在不具有（民事）返还请求权的前提下？此则又涉及一实务问题，即请求返还“活动费”的，在民事上究应如何处理？

四、“活动费”有无民事请求权？

问题 24 受托人拒不返还“委托费”，委托人对之提起民事诉讼的，应如何审理？

受托向第三人行贿的行为因违反公序良俗而自始、当然无效，故该委托自始不存在合同之债关系。由于不法原因存在于委托人与受托人双方，而非仅存在于受领人一方，因此，委托人并无返还财产请求权。

但是，无返还请求权是否即可对之裁定驳回起诉？驳回起诉系根据民事诉讼法所规定的条件，就程序问题所作的裁定。根据《民事诉讼法》第 122 条的规定，民事起诉必须符合下列条件内容：“（一）原告是与本案有直接利害关系

的公民、法人和其他组织；（二）有明确的被告；（三）有具体的诉讼请求和事实、理由；（四）属于人民法院受理民事诉讼的范围和受诉人民法院管辖。”所谓作驳回起诉的意见，应是根据其第四项条件，即认为不属于民事诉讼的受理范围。

涉及不法原因行为的诉讼请求究系实体问题还是程序问题。就请求权的性质，实则系法律给予权利之保障力。某些权利或利益由于欠缺某种受法律所保护之力，如超过诉讼时效的债权（无拘束力），在原告起诉后，就得因被告抗辩而被驳回其请求。此时法院所作的判决，其结果系驳回诉讼请求。该权利上之保障力有无之判断，务须经过适用实体法才能得出（价值判断），故所形成的系判决（实体性结果）。而对于并“不属于民事诉讼受理范围”的判断，系针对诸如对政府不作为的告诉（行政诉讼）而提起的民事诉讼，或对伤害犯罪要求判决被告有罪及负担刑事责任却提起民事诉讼。在此种场合，人民法院的民事审判庭无权对之作出裁量，故应驳回起诉。此系驳回诉讼请求与驳回起诉区别的当然应有之义。

返还“活动费”的请求虽涉及犯罪问题，但在所涉犯罪系告诉才处理的案件可能成立侵占罪（系绝对自诉案件）的前提下，由于人民法院并不能将之依法移送公安机关处理，即不能中止审理，而仍应作出裁判。此又涉及另一重要法律事项判断，即对该事项涉及犯罪的认定，是否系经过实体审查之后所形成的判断？如果经依据实体法（民法）而形成，就不应作程序上的否定，而应作出实体上的否定，即仍应当作出的是判决驳回诉讼请求，而不是裁定驳回起诉。在赌博之债的告诉案件中即是如此。例如，我国台湾地区“最高法院”曾对赌债请求作过三份判决，均系以属“不法原因给付”而驳回诉求，[①] 该诉求，即相当于大陆法院的诉讼请求。

由于“活动费”属于不法原因的给付，故不应保护（但在受领人制造机会的场合为例外）。但此时所作出的判断依据，因系实体法的规定（或其原则），所以应驳回的是其诉讼请求，而非程序上因不属于民事诉讼受理范围而驳回的

① 参见王泽鉴：《民法学说与判例研究》（第2册），中国政法大学出版社1998年版，第120页。

起诉。驳回诉讼请求与驳回起诉系属两事，而委托人能否起诉进入审判程序与能否受法律保护亦系分属两事。

五、成立侵占罪的刑事处理意见

受托向第三人行贿的委托合同因违反公序良俗原则而当然、自始无效。因此，受委托实施行贿并领受金钱的受托人也不负有向第三人行贿的义务。如果委托他人向第三人行贿并交付金钱的事由可以构成不法原因给付，根据民法的规定与原则，委托人便不能取回金钱。而受托行贿并受领金钱的受托人既不负有向第三人交付金钱的义务，也不负有对委托人的返还义务，那么受托人拒不返还金钱时是否会构成犯罪，构成何种犯罪？

根据学者解释与日本刑法的判例观点，即使物品的给付人因不法原因给付而无法请求返还，但也并不丧失对物品的所有权，领受人也不能取得该物品。因此，对于领受人而言，该金钱仍是他人的所有物，该不法给付受领构成侵占罪。侵占罪的成立不以物品的给付人可以行使民法上的返还请求为要件。[①]

本书赞同并持该见解主张，并据此认为，即使给付人不能依据民法的规定请求返还，但是其仍可以自诉人的身份提起刑事自诉，因为不法领受人已经触犯了刑法关于侵占罪的规定，二者之间由于“委托”的事实而存在着联结点，其自诉权的存在也不以必然享有返还财产的请求权为前提条件。在作出有罪判决后，仍不得判决返还财产。值得注意的是，在不法领受人接受“委托”后、实施“活动”前，给付人撤回该请托的，由于允许其撤回不道德的委托符合法律思想，[②] 即此时给付人已经回到了正当的法律秩序之中，因此，该返还财产请求权还是应予肯定。

---

① 参见［日］佐伯仁志、道垣内弘人：《刑法与民法的对话》，于改之、张小宁译，北京大学出版社 2012 年版，第 48 页。

② 参见［德］维尔纳·弗卢梅：《法律行为论》，迟颖译，法律出版社 2013 年版，第 464 页。

第六章 | 侵犯人格权益犯罪

人格权系人身权益之一种，是法秩序的基石。[①] 根据《侵权责任法》第 2 条第 2 款规定，人格权益包括生命权、健康权、姓名权、名誉权、荣誉权、肖像权、隐私权等权益。《民法典》乃明定自然人的人身自由、人格尊严系一般人格权（第 109 条），并承认上述具体的人格权益为权利，另增加规定身体权为一种独立的权利（第 110 条），系协调了法体系的统一。为完善对未成年人的保护，《民法典》还对未成年人遭受性侵害的损害赔偿请求权的诉讼时效期间作出特殊规定（第 191 条）。《民法典》又特增设人格权编，开创了《民法典》编撰史上之先河。刑法对上述法益亦多予保护，并设专章（《刑法》分则第 4 章侵犯公民人身权利、民主权利罪）。其他章罪如危害公共安全罪、破坏社会主义市场经济秩序罪、妨害社会管理秩序罪乃至渎职罪亦对之有实质保护。并且，《刑法修正案（九）》还专门针对侵犯人格权益的犯罪，在原规定基础上扩大了侵犯公民个人信息罪的不法范围（《刑法》第 253 条之一），并增设了虐待被监护、看护人罪（《刑法》第 260 条之一）。使人格法益受保护的范围进一步扩大，严密了法网。与此相同，为因应《民法典》对于从事人体基因、人体胚胎等涉及人格权益的活动不得违背伦理与公共利益的限制（第 1009 条），《刑法修正案（十一）》特别将非法采集人类遗传资源的行为（《刑法》第 334 条之一），以及将基因编辑、克隆的人类胚胎植入人体或动物体内的行为（《刑法》第 336 条之一），规定为犯罪。此外，《刑法修正案（十一）》对负有监护、教育、医疗等特殊职责的人员，与已满十四周岁不满十六周岁的未成年女

① 参见王泽鉴：《人格权法》，北京大学出版社 2013 年版，第 1 页。

性发生性关系的，也规定为犯罪（《刑法》第236条之一），从而完善了对未成年女性的特殊保护。

第一节 人格权益：法秩序之基石

一、人格权的法律含义

人之所以为人，乃在于其具有人的尊严与自由的独立人格。

民法系私法、权利的宣言书，乃以人为中心，旨在维护人格价值，并确定了“以人为人格者”理念。民法系肯定人之权利能力始于出生终于死亡，强调人作为私法上权利主体的平等性，权利能力及行为能力并不得抛弃，以保护人格（又称权利能力）不受缺损。[①]

所谓人格权，是指存在于权利人自身人格上的权利。人格权因出生而取得，因死亡而消灭，不得让与或抛弃，如生命权、身体权、健康权、自由权、名誉权、隐私权。

人的尊严是宪法体系的核心，而人格权作为一种基本权利，又是宪法的基石。[②] 人格权构成法秩序的基石，在于其体现人性尊严及人格自由发展的价值理念。人性尊严彰显人的主体性，即以人为本，不以人作为手段或被支配客体。“对人类的普遍‘尊重’在某种意义上是‘找不到根据的’——它是一种终极的态度，而这一点本身是不能用更终极的术语来加以说明的。”[③] 宪法有关“尊重和保障人权”的规定即根源于人的尊严[④]。人格自由发展在使个人能够自我实现，而形成生活方式。[⑤] 因而，人格就只能是保护客体，而非支配客体。我国《宪法修正案》规定人格尊严与人格自由为宪法权利，由此人格权乃包括宪

---

① 参见王泽鉴：《人格权法》，北京大学出版社2013年版，第41页。

② 参见王泽鉴：《侵权行为》，北京大学出版社2009年版，第132页。

③ [美] J. 范伯格：《自由、权利和社会正义——现代社会哲学》，王守昌、戴栩译，贵州人民出版社1998年版，第135页。

④ 参见张明楷：《诈骗罪与金融诈骗罪研究》，清华大学出版社2006年版，第481页。

⑤ 参见王泽鉴：《人格权法》，北京大学出版社2013年版，第1页。

法上的人格权与私法上人格权，人格权规范体系的建构及开展即在实现此种核心价值。[①] 正是在此意义上，民法与刑法对人格权均予保护，亦即民法所确立的人格权以及一般人格利益，也是刑法所保护的法益。

民法上的人格权乃分为一般人格权与具体人格权（又称特别人格权）。其中，一般人格权具有高度的概括性和抽象性，[②] 既是一种人格权利，也是其他具体人格权的母权；具体人格权均系由以“人的尊严”与“人的自由”为内容的一般人格权衍生而来。《民法总则》将人身自由、人格尊严这一一般的人格利益，上升为一项基本权利（第109条），从而终结了此前一般人格利益由司法实务创设、发现的使命。具体人格权是一般人格权的具体体现，如生命权、身体权、健康权、自由权、名誉权、姓名权、隐私权。区分二者的意义在于，凡关于该人格利益在法律上有具体（特别）规定的，即应适用该具体人格权的规定；该人格利益在法律上无具体规定的，则应属于一般人格权而应适用关于一般人格利益保护的规定。

二、人格权系绝对权、专属权（兼论“安乐死”的法律性质）

人格权系属非财产权、绝对权、一身专属权，因受侵害所生的非财产损害金钱赔偿（抚慰金）请求权，虽不得让与或继承，但以金钱赔偿的请求权已依契约承诺或起诉的，不在此限。随着社会发展，由于姓名、肖像等人格特征被强制商业化（如作商业广告），有强化人格法益保护的必要，因此对人格权的非财产性及其一身专属性的性质态度已有所变迁。[③]

由于人格权是整个宪法体系的核心、基石，因此，保护生命、身体健康、自由等人格权益，既是民法的任务，也是刑法的使命。

实务中最值讨论的，乃是所谓“安乐死”（生命尊严）的问题。1986年曾发生某医生应绝症患者家人之请，而为患者实施“安乐死”案件（陕西汉中市某医院医生“濮某故意杀人案”）。因涉及社会伦理、道德、法律等多项因素，

① 参见王泽鉴：《人格权法》，北京大学出版社2013年版，第2页。

② 参见王利明主编，郭明瑞、杨立新副主编：《中国民法案例与学理研究·总则篇》，法律出版社1998年版，第20页。

③ 参见王泽鉴：《人格权法》，北京大学出版社2013年版，第45页。

该案件一直备受关注。但是，生命权作为人类文明社会的最高价值与最基本权利，即使是自愿放弃生命的允诺行为也不能因此阻却其违法性，因其根本有违公序良俗故属绝对无效。从而，对他人实施“安乐死”的行为，仍然是对他人生命法益的侵害，故成立刑法上的故意杀人罪。申言之，“安乐死”与自杀并不同。自杀的行为，本质上仍属于自己处分自身权利的行为，没有法律可以评价其对自身消灭的行为应当作否定评价：所有法律都规定其是对世权，是相对于自身之外的一种绝对权，而非自身不能处分，而且也无法通过法律进行现实性的限制（自由）。

三、人格权益的保护竞合

同一侵权行为可能侵害数个人格法益。例如，对妇女强制性交的同时构成对身体、健康、自由的侵害；擅自以他人照片、姓名推销商品时同时侵害肖像、姓名、隐私。在此种侵害人格法益竞合的情形，被害人可同为主张请求损害赔偿或其他救济方法。① 如在“王某生诉张某峰等侵权纠纷案”中，针对张某峰未经王某生同意使用王的身份证、名字办理了招行信用卡，并恶意透支，致使王某生的姓名被列入银行不良信用记录，王某生乃要求被告赔偿名誉损失、（信用）精神损害抚慰金。②

就救济实现的方式上，基于刑法与民法规范目的不同，二者也可竞合（聚拢）。因此，对于因犯罪行为而遭受物质损失（经济损失）的，就存在两种救济方式的竞合：刑罚与民事损害赔偿。

第二节 针对生命权益的犯罪：故意杀人罪、过失致人死亡罪的认定

一、侵犯生命权益的犯罪：故意杀人罪

生命权作为民法所保护的最基本的人格权利（《民法典》第 3 条、第 110

① 参见王泽鉴：《人格权法》，北京大学出版社 2013 年版，第 97 页。

② 参见《最高人民法院公报》2008 年第 10 期。

条第1款)，其法律价值位阶高于身体权、健康权，而人身权的价值位阶又高于财产权，故在所有民事权利之中，生命权均被承认系为第一项也是最重要的权利，即使在宪法的价值秩序中也是一切价值的根源。[①] 在以牺牲他人生命权实现紧急避险的场合，刑法学说也例外地采取了责任阻却说或“超法规”的责任阻却说立场，而与其他避险事由系阻却违法的法益衡量基础不同。

为全面保护生命权，《刑法》设有故意杀人罪（第232条），并将生命刑列为首选的刑罚项。此外，在故意伤害（致死）罪（第234条第2款），组织出卖人体器官罪（第234条之一第2款），强奸罪（第236条第3款第5项），抢劫罪（第263条第5项），绑架罪（第239条第2款），非法拘禁罪（第238条第2款），拐卖妇女、儿童罪（第240条第7项），刑讯逼供罪、暴力取证罪（第247条）以及聚众斗殴罪（第292条第2款）中，亦有特别禁止性规定［或为注意规定，或为法律拟制（过失致人死亡的也以故意杀人罪论处）］。并且，过失致人死亡的也被规定为犯罪（第233条）。由此推及，则爆炸、放火、决水、投放危险物质、以危险方法危害公共安全罪（第114条、第115条）与交通肇事罪（第133条）等危害公共法益的犯罪，以及生产、销售、提供假药罪（第141条）和生产、销售有毒、有害食品罪（第144条）等侵害公民生命健康与侵害经济秩序双重法益的犯罪，亦对生命权益给予特殊关注（有无死亡结果的发生往往是决定刑罚轻重的关键）。

二、生命之阐释——民法与刑法的“出生”与“死亡”之关联判断

所谓杀人，是指违反对方意志，侵害他人生命的行为。[②]

就私法意义而言，自然人的权利能力即其人格始于出生，终于死亡（《民法典》第13条)。因此，生命既系自然人之专属人身权利，又系权利最根本之基石，存在于自然人从出生至死亡的全部期间。对此，德国帝国法院曾有精彩

---

① 参见［日］西田典之：《刑法各论》（第6版），王明武、刘明祥译，法律出版社2013年版，第9页。

② 参见［日］西田典之：《日本刑法各论》（第6版），王明武、刘明祥译，法律出版社2013年版，第10页。

论述：生命法益系先于法律而存在，系人性之表现与自然创造的一部。任何对人类自然成长之妨碍或剥夺，皆构成对生命法益之侵害，所谓对健康之侵害，即系对生命发展过程之妨碍。①

由此可见，剥夺他人生命从而构成对生命法益的不法侵害，即是刑法上所禁止的故意杀人罪。但是，在执行法令（执行死刑）、正当防卫等法益性缺失的场合，阻却故意杀人罪的成立。因此，故意杀人罪是指违反他人意志而故意非法剥夺他人生命、侵害他人生命法益的行为。（就其民法上的表现而言，亦因之成立对生命权利侵害的侵权行为）。

三、胎儿的权利保护

人之脱离母体，方为出生。人出生后，始有人格。司法实践中，主要争议的是胎儿的权利保护问题。

问题 25 应如何认定孕妇被故意伤害而致胎儿流产的案件？

《民法典》规定胎儿对于继承、受赠予享有权利，但是出生后为死体的，其权利能力自始不存在（第 16 条）。可见，仍未赋予胎儿独立的人格权利。学说认为，随着社会发展，民法对于胎儿之利益保护，亦应相应发展：自然人在胎儿时期受到身体伤害，出生之后可以就其在没有出生前所受到的损害，请求民法保护。② 此种利益保护，尚待实务的发展促进。

刑法中，对于犯罪人以强力致使胎儿流产或杀害孕妇的行为，胎儿是视为重伤孕妇的后果抑或被评价为单独之人，亦无通论。但是，只要其非自然脱离母体、尚无独立自主呼吸的可能，就不宜将其视为具有独立的生命体，亦不具备法律意义上的独立人格权，而近似于孕妇身体之一部分。这同于民法的规定。因此，对于孕妇被故意伤害而导致胎儿流产的，一般认定成立故意伤害（重

① 参见王泽鉴：《对出生者之保护》，载王泽鉴：《民法学说与判例研究》（第 4 册），中国政法大学出版社 1998 年版，第 261 页。

② 参见王利明、杨立新等：《民法学》，法律出版社 2011 年版，第 179 页。

伤）罪；故意杀害孕妇的，成立故意杀人罪，同时考虑到孕妇毕竟与其他普通人具有身体上的区别，乃将之作为从重处罚的酌定量刑情节。

四、死亡的认定标准和时间

对于人的死亡究竟采取心跳停止说、呼吸停止说还是脑死亡说，在实务中存有争议。虽然现在多数是采取脑死亡说，但审判实践中并非完全如此。如辽宁沈阳“宋某伟故意伤害案”：宋某伟持砖头击打高速公路收费站保安员李某头部，致李某因重度颅脑损伤而成为“植物人”，虽经6个多月抢救终因颅脑损伤导致脑机能障碍而死亡。尸检证实，被害人的脑浆早已腐烂，分析至迟在3个月前即已死亡。而临床证明其却死亡于拔离呼吸机的当日（心脏停止跳动）。此后宋某伟被以故意伤害罪（致死）判处了死刑。[①] 可见，该案所采取的应是以“心跳停止跳动”“呼吸停止”“瞳孔反射消失”这3点作为死亡标志的三征候说（综合判定说）。

但是，对死亡时间的认定不唯具有法医学上的意义（认定死亡原因），作为故意杀人罪的犯罪结果，有时也会影响到案件性质认定。如湖北咸宁“陈某抢劫、故意杀人案”：陈某到王某（女）家中对王某实施抢劫。王某被迫按陈某要求用手机发送短信让同事将钱打入自己的银行卡后，陈某用胶带缠绕封闭王某的身体与口鼻。在手机短信提示钱款均已到位后，陈某到厨房将煤气罐搬入王某被控制的卧室内，并打开阀门。后陈某将胶带取下，关闭煤气罐阀门离开现场。尸检证实，王某生前系被堵塞呼吸道致窒息死亡。一审法院以抢劫罪判处陈某死刑，以故意杀人罪判处其有期徒刑10年，数罪并罚，决定执行死刑。[②]

有一种意见认为，由于被害人系死于陈某此后起意的故意杀人行为而非死于抢劫之中，从而以抢劫罪核准死刑并不合适。还有一种意见认为，虽然王某的死亡时间似乎是存在于陈某故意杀人这一节点之上，但就全案而言，陈某在仅持有银行卡而未提取现金之时，应属于对被害人的人身控制与加害范围之内。

---

① 参见辽宁省高级人民法院（2007）辽刑一终字第228号刑事裁定书。

② 参见最高人民法院（2010）刑一复83497452号刑事裁定书。

就此而言，以抢劫一罪论处也属合宜。这实际上属于“死亡时间提前发生”的问题。最终形成的意见是，虽然陈某对被害人死亡事实的认识出现了错误，但仅属于具体的事实认识错误（同一构成要件内），均属其故意范围之内，在抢劫杀人与故意杀人罪的行为构成中乃成立想象竞合（构成行为单数），从而核准了原审死刑的判决。

五、死亡时间提前与延后对故意杀人罪的认定影响：因果关系进程的认识错误（计划与结果的偏离）

通常，行为人只要实施杀人行为，往往就会当场导致被害人死亡结果的发生。但是，也不排除存在以下两种特殊的情况。

第一种是行为人在实施了足以致死被害人的行为之后，以为被害人已死亡，而实际上被害人是死于其后续的行为（死亡时间延后）。如 2004 年辽宁锦州“朱某彬故意杀人案”：朱某彬因故与女友发生口角，遂掐女友颈部并致女友窒息。朱某彬以为女友已死亡，遂将女友推倒在路边的积水中后逃离现场。尸检结论是被害人系因溺水而死亡。

在过去，该类型（结果的延迟）被称作“（韦伯的）概括故意”，也有人将之称为事前的故意。但是，概括故意是一种过时的理论，而事前的故意则违反了不法与责任同在的原则。作为行为构成结果延迟发生的类型，该案系一种狭义的因果关系认识错误。朱某彬的后续行为（将已陷入昏迷的被害人推入水中）与其此前掐扼欲致人死亡的行为意志因素系在同一故意（也可谓行为计划）范围之内，而且朱某彬此后将被害人推入积水中并未降低致被害人死亡危险发生的程度，对此其应当具有认识的回避可能性，而该种狭义的因果关系认识错误也不会阻却该行为构成的完成，因此成立的是故意杀人罪而非过失致人死亡罪。

第二种是行为人在实施了第一个控制被害人的行为后，准备以第二个行为杀死被害人，结果却是第一个行为即已致死了被害人（死亡时间提前）。如前揭“陈某抢劫、故意杀人案”。该类型系属结果的提前实现。对此，通说主张，无论具体结果发生在哪一个阶段，只要都在行为人的杀人计划范围之内，而且第一个行为本身即具有通常的危险性，就应该肯定仍属于其故意杀人的认识与意志因素之内，该种认识错误并不能阻却其杀人的故意责任。并且，实务部门也认为，行为人对因果关系发展的具体样态的认识错误，在犯罪构成的评价上并不重要。因为无论是哪一种因果关系错误，均属于在同一构成要件范围内的事实认识错误，故只要行为人认识到自己实施的行为会发生危害社会的结果足矣，而不要求对因果关系的发展样态有明确认识。因为行为人对因果关系的基本部分有认识，就充分表明行为人对刑法保护的法益的背反态度，对因果关系发展的具体样态的认识如何，并不影响对行为人的刑法否定评价和归责可能性（参见《刑事审判参考》第401号指导案例“魏某军抢劫、放火案”[①]）。

就结果稍稍提前的第二种例示而言，必须是应处于已经着手实施了故意杀人的阶段之中。例如，妻子欲杀死丈夫而将砒霜掺入白酒中，准备在丈夫回家吃饭时让其饮下，但因事外出，结果是丈夫回来后看见有酒饮用而死亡（“毒酒案”）。通说认为，由于妻子的行为尚处于预备阶段，并未“着手”实施，所以应成立故意杀人预备与过失致人死亡罪的想象竞合。[②] 但是，实务中对此种案件的判断，还应具体审查妻子离开现场的真实动机以及将毒酒放置的地点是否异常等综合因素。如果妻子将毒酒放在丈夫即将用餐的饭桌之上，由于该位置显然已处于妻子的计划，且在其现实控制范围之内，就可判定其已实施着手（至多仅成立刑法上的隔离犯），从而就应肯定其杀人既遂。反之，如果妻子是将毒酒藏于床下，即使身为酒鬼的丈夫通常也不易找到，而是偶然发现并饮用的，由于整个案件发生的过程具有异常性，才会成立故意杀人的犯罪预备与过失致人死亡罪的想象竞合关系。因此，上述判断实则有赖于妻子所创设的风险在致丈夫死亡的过程中有无异常性这一节点之上（如果能够排除其异常性，再考虑是成立直接故意杀人还是间接故意杀人）。

---

① 参见中华人民共和国最高人民法院刑事审判第一、二、三、四、五庭主办：《刑事审判参考》（总第51集），法律出版社2006年版，第11~14页。

② 参见［日］西田典之：《日本刑法总论》（第2版），王昭武、刘明祥译，法律出版社2013年版，第198页；张明楷：《刑法学》，法律出版社2016年版，第277页。

六、间接故意杀人的未遂形态

我国刑法通说认为，犯罪的未遂形态仅止于直接故意犯罪（参见《刑事审判参考》第132号指导案例“曹某金故意杀人案”①）。但是，即便是容认说（明知而追求或放任），也应承认，间接故意（放任）与直接故意（追求）之间仅是一种位阶或等级关系，而非对立关系。并且，在前揭“毒酒案”中，妻子将毒酒摆放在丈夫必然会接触的餐桌上而后借故离开，就存在这种放任的心素（意志）。如果丈夫少量饮用后未被毒死，以间接故意杀人不存在未遂形态为由而就此否定妻子已着手，从而认定妻子的行为止于犯罪预备，想来不会为大多数人所接受。

七、交通肇事后犯罪故意的转化认定

实务中也会经常出现以下情形：行为人伊始并非出于剥夺他人生命的故意，而是由于其过失，如交通肇事后，行为人为逃避责任，不顾被害人可能被后续车辆碾压身亡的危险，未采取任何保护措施，自行驾车逃逸，致被害人被途经的大货车碾压致死（参见《刑事审判参考》第925号指导案例“李某海故意杀人案”②）；或者行为人又实施了第二个行为，并致被害人死亡（参见《刑事审判参考》第439号指导案例“韩某连故意杀人案”③），应如何认定其性质的问题。

就第一种情形，司法判决认为，行为人先前的交通肇事行为是过失行为，但在明知被害人受伤摔倒在机动车道上无法动弹，存在被后续车辆碾压致死的高度危险，其应当并有能力履行救助义务的法定义务而不履行，自行逃逸，其主观上属于放任危害结果发生的间接故意罪过形式，从而认定其成立（间接）

① 参见中华人民共和国最高人民法院刑事审判第一、二、三、四、五庭主办：《中国刑事审判指导案例3·侵犯公民人身权利、民主权利罪》，法律出版社2012年版，第46~48页。

② 参见中华人民共和国最高人民法院刑事审判第一、二、三、四、五庭主办：《刑事审判参考》（总第95集），法律出版社2014年版，第40页。

③ 参见中华人民共和国最高人民法院刑事审判第一、二、三、四、五庭主办：《刑事审判参考》（总第56集），法律出版社2007年版，第1~5页。

故意杀人罪。

但在交通肇事后将被害人带离事故现场后遗弃或隐藏，致使被害人无法得到救助而死亡的，即上述第二种情形中，如果其遗弃的场所具有异常性，如人迹罕至的郊外，或不易为人发现的涵洞，则所应成立的是直接故意杀人罪。此即属直接故意杀人犯罪的转化（如果造成被害人严重残疾后果的，则成立故意伤害罪）。并且，即使车辆所有人在交通肇事后将被害人隐藏致使被害人无法得到救助而死亡的，实务也认为，作为车辆所有人的行为与肇事者构成交通肇事共同犯罪，而后转化为故意杀人罪（参见《刑事审判参考》第1169号指导案例“赵某江故意杀人、赵某齐交通肇事案”①）。

与此密切相关的，是对“交通肇事逃逸”“致人死亡”究应如何认定的问题。《交通肇事解释》第5条规定，肇事逃逸致人死亡，是指行为人在交通肇事后为逃避法律追究而逃跑，致使被害人因得不到救助而死亡的情形。对此，有实务部门主张，交通肇事后逃逸是指行为人的交通肇事行为首先已构成交通肇事的基本犯后，为逃避法律追究而逃跑的行为（参见《刑事审判参考》第176号指导案例“周某杰交通肇事案”②）。其实质在于，在交通肇事后因逃逸而致被害人死亡结果发生的，是由于行为人未积极履行其救助义务，并且由于该法定义务未履行，从而导致被害人死亡结果发生。该死亡结果的发生系仍处于逃逸行为的延长线上，所以行为人应对此负责。因此，以下逃逸行为就不是交通肇事逃逸致人死亡的行为：交通肇事已造成被害人当场死亡，或即使及时救助，该死亡结果发生也不可避免；被告人肇事后并不知道其行为已导致被害人重伤以上结果，却误以为被害人没有大的伤害（双方有言语间的探问、了解），而后驾车离开现场，但此后被害人因伤重而死亡（被害人若及时抢救可避免死亡）（参见《刑事审判参考》第342号指导案例“钱某平交通肇事案”③）。

---

① 参见中华人民共和国最高人民法院刑事审判第一、二、三、四、五庭主办：《刑事审判参考》（总第108集），法律出版社2017年版，第37~38页。

② 参见中华人民共和国最高人民法院刑事审判第一庭、第二庭编：《刑事审判参考》（总第26辑），法律出版社2002年版，第7~12页。

③ 参见中华人民共和国最高人民法院刑事审判第一庭、第二庭编：《刑事审判参考》（总第44集），法律出版社2006年版，第19页。

八、间接故意杀人罪与过失致人死亡罪的界定

虽然过失致人死亡罪是过失犯罪，但是，由于就不法行为的外在该当性而言，其与故意杀人罪系为一致（故意犯与过失犯的构成要件被认为一致[①]），从而在构成要件阶段并无法区分间接故意杀人罪与过失致人死亡罪。这就增添了实务判断上的复杂性。

间接故意杀人罪与过失致人死亡罪之间的争议，主要集结在应如何具体区分间接故意与过于自信的过失这一认识节点之上。因为，间接故意与过于自信的过失对危害结果均为有认识并已预见，此与积极追求危害结果发生的直接故意以及并未预见危害结果的疏忽大意的过失截然不同。针对两名被告人虽然具有先前的不法行为，并导致被害人被迫跳入湖中最终溺水而死，但在此中二人曾具有对被害人施救的意思表示与行为，仅因被害人惧怕而未接受，加之二人并不会游泳，为此二人离开现场以期被害人自行上岸等事实，实务部门认为，过于自信的过失与间接故意的根本区别在于：过于自信的过失的行为人不仅不希望发生这种危害结果，而且是完全反对这种结果发生。而间接故意的行为人对该危害结果的发生系持一种放任态度，既不积极追求，也不设法避免，该结果的发生不违背其主观意愿。故二被告人不符合行为人负有某种特定义务并能履行的不作为犯罪的前提，不属于不作为的间接故意（杀人）犯罪（参见《刑事审判参考》第369号指导案例“李某、王某兵过失致人死亡案”[②]）。

就如何区分共同间接故意杀人与过失致人死亡，在“蒋某、李某过失致人死亡案”（《刑事审判参考》第450号指导案例[③]）中，针对二被告人所分别采取的危险行为（一为驾驶车辆，一为扒开被害人攀爬车辆护栏的双手，从而导致被害人跌地后被该车的右后轮当场碾压致死）并无意思上的沟通（犯意联

---

① 参见［日］山口厚：《刑法总论》（第2版），付立庆译，中国人民大学出版社2011年版，第28页。

② 参见中华人民共和国最高人民法院刑事审判第一庭、第二庭编：《刑事审判参考》（总第47集），法律出版社2006年版，第16页。

③ 参见中华人民共和国最高人民法院刑事审判第一、二、三、四、五庭主办：《刑事审判参考》（总第57集），法律出版社2007年版，第29~30页。

络)，且均无放任被害人死亡的共同故意，司法判决认为二被告人并不构成共同间接故意杀人罪。只是由于二人的行为与被害人的死亡之间有承继性的因果关系，从而均属于过于自信的过失，且是典型的共同过失犯罪案件（仅因受刑法关于共同犯罪是共同故意犯罪的限定而不成立共同犯罪)。

刑法上的共同犯罪，必须是具有共同意思联络的行为。只是由于刑法对共同故意这一责任要素的限定，才使共同过失犯罪从共同犯罪之中脱离出来。例如,《交通肇事解释》对于交通肇事的指挥者就认为可成立交通肇事的共同过失犯罪，就不法性而言，这一结论是正确的。但是，并不能因此否定共同故意这一主观要素仍是最终成立共同犯罪的必要责任要件。《交通肇事解释》第 5 条第 2 款之所以将指使肇事者逃逸（因此致使被害人死亡）的教唆者规定以交通肇事罪的共犯论处，认定成立共同交通肇事犯罪，就是基于其与肇事者之间具有共同的意思联络。对于无意思联络的共同侵权行为，虽然可能会成立民事上的行为关联共同型的共同侵权行为，并负连带赔偿责任，但基于刑法的独立性原则和《刑法》第 25 条对于成立共同犯罪的故意限定，最终就仍不能将之认定为共同犯罪。

九、过失致人死亡与意外事件的认定

实务中需解释的另一问题是，对于疏忽大意的过失致人死亡（《刑法》第 233 条）与意外事件（《刑法》第 16 条）之间究应如何区分认定。这由来于二者之间均存在“未预见”这一认识要素（参见《刑事审判参考》第 346 号指导案例“朱某平过失致人死亡案”[①]）。兹举辽宁沈阳某案为例说明：被告人甲男系聋哑人（22 岁)，在网上与被害人乙男（50 岁）共约到某宾馆。二人因故争执，互相推搡。甲到电梯间后，乙亦追至电梯间内，二人再次发生拖拽、推搡。视频资料显示，此间甲用脚踢了乙小腿部一下，乙随即身体倾倒，撞在电梯壁后徐徐倒下。尸检证实，乙系因心梗病发而死亡。检察机关以甲犯过失致人死亡罪诉至法院。一审法院认为系意外事件不构成犯罪。检察机关遂提出抗诉。

① 参见中华人民共和国最高人民法院刑事审判第一庭、第二庭编：《刑事审判参考》（总第 44 集)，法律出版社 2006 年版，第 50~52 页。

此案中，甲对其在电梯间内踢踹乙小腿部一脚的行为，会导致乙的死亡结果的发生，是否有应当预见的注意义务，是认定成立过失致人死亡罪的关键。就二人的自然身体条件比较而言，甲正值盛年、身强力壮；乙则已中年，在体量上显然相形见绌。但是，如果乙并非年迈、身体亦未出现异常，甲踢其小腿部位的行为，充其量也仅能被评价为是一种暴行而已。甲对乙可能会因之发生死亡的结果，通常情况下是无法预见的。而且对于此类案件，如果加以刑法上的过度关注，会使国民的行为自由受到极度限制，易使其日常生活处于不安定之中而变得极度恐惧。基于刑法的谦抑性，不宜对此予以刑法的规范。此在实务中也可以被理解为是由于“致人死亡无罪过”，因“违法行为与危害结果之间没有因果关系而不构成犯罪”（参见《刑事审判参考》第201号指导案例“穆某祥被控过失致人死亡案”[①]）。但是，即使此案被评价为刑法意义上的意外事件，也仍应认为，甲对乙死亡结果的发生，具有促发的诱因，从而就应肯定其应负民事侵权损害赔偿责任（诱因责任）。

第三节　针对身体权益与健康权益的犯罪：故意伤害罪的实质把握基准与相关犯罪界分

一、身体权与健康权的保护法益区分

身体权与健康权系仅次于人之生命的重要人格权。《民法通则》《侵权责任法》仅规定保护健康权，而无身体权保护之设，此与《刑法》第234条规定的故意伤害罪系保护身体权有所不同（系扩大解释及于健康权，即“应将生理机能的健全视为伤害罪的法益”[②]）。《民法总则》乃补其不足，因身体权与健康权毕竟有不同之处（第110条）。《民法典》于人格权编中亦分别对之予以保护（第1003条、第1004条）。然而二者毕竟系属不同的具体人格权，故有区分的

---

① 参见中华人民共和国最高人民法院刑事审判第一、二、三、四、五庭主办：《中国刑事审判指导案件3·侵犯公民人身权利、民主权利罪》，法律出版社2012年版，第253~255页。

② 参见张明楷：《刑法学》，法律出版社2016年版，第854页。

必要。

（一）身体权的保护及“冷冻精子案”

身体，指人之整个肉体的完整，包括体外的躯体和四肢，体内的器官及牙齿。其破坏人体的完整性，即构成对身体的侵害，例如打人耳光、剪人头发、打断肢体、泼洒硫酸毁人容颜、强为接吻、医院手术时弄错病人或手术部位等。①

值得注意的是对于保留精子、卵子以及人工胚胎的性质争论（“冷冻精子案”）。王泽鉴先生认为，身体部分一旦与身体分离，即不再属于身体本身，而具物之性质，为其权利主体者所有。其分离者不问头发、器官、卵子、精子，均属如此。所应强调的是，不能认身体的部分仅具物之性质，本着人对其身体的自主决定权，应认其人格利益仍继续存在于身体分离部分，即该分离部分应受人格权法及物权法上的保护。至于其保护内容及强度，应就个案，视权利主体者与其分离部分的关系而定。申言之，第一，分离的部分系属头发、指甲时，其与权利主体者的人格利益不具有密切关系，除有特别意思外，应认仅具物之性质，为交易客体。第二，分离部分系捐赠他人的器官时，其人格利益乃继续存在其上，其侵害情形严重者，如将该器官出卖他人遭毁损灭失，权利主体者得请求慰抚金的损害赔偿。第三，卵子、精子旨在供他日生育之用，权利主体者对其具有高度人格关系，医院人员因故意或过失加以销毁，就非财产上损害请求损害赔偿。②

（二）健康及其要素

健康，指人之生命过程的功能（维持人体生命活动的生理机能的正常运作和功能的完善发挥）。与其相对者系疾病，因此关于疾病的侵害，应依当前医学加以认定。对健康的侵害，有为生理（如食物中毒、感染病毒），有为心理（如精神耗弱、忧郁症）。③

---

① 参见王泽鉴：《人格权法》，北京大学出版社 2013 年版，第 101 页。

② 参见王泽鉴：《人格权法》，北京大学出版社 2013 年版，第 103 页。

③ 参见王泽鉴：《人格权法》，北京大学出版社 2013 年版，第 106 页。

健康有两个要素：一是生理机能的正常运作；二是生理功能的完善发挥。通过这两个要素的协调一致发挥作用，达到维持人体生命活动的最终目的。①

（三）健康权与身体权的区分

身体是指自然人的生理组织的整体，即躯体。健康是指自然人生理机能正常运作和功能完善发挥。因此，健康权是自然人以其器官乃至整体的功能利益为内容的人格权，其客体是人体器官及系统，乃至身心整体的安全运作以及功能的正常发挥。此与完整的身体权并不一致。因此二者的区别主要在于：身体权体现的利益是自然人身体组织的完全性，健康权体现的利益是自然人肌体功能的完善性。②

刑事审判中，对身体权、健康权之侵害系作同一视论，即一并论以故意伤害罪或过失致人重伤罪。并且，须根据伤情鉴定而区分重伤与轻伤结果（多由公权力机关鉴定），以此决定具体量刑或成立犯罪与否。此外，还有伤残等级的鉴定（可由受害人申请或自行委托）。就成伤机制的鉴定，系为伤情鉴定（重伤与轻伤），此系对身体权的侵害结果；就伤残等级的鉴定，则由来于对健康权的侵害结果。并且，伤残等级鉴定不仅成为民事损害赔偿的判决依据，而且也会影响到对伤害罪的具体量刑。

二、故意伤害（致死）罪与过失致人死亡罪的区别

对于行为人击打被害人头部一拳，被害人倒地后因后枕部正好撞在马路阶石上，致重度颅脑损伤致死的案件，实务认定成立故意伤害罪。与之相似，某公安干警出警时因遭被报警人暴力击打胸部致心脏病突发而死亡的案件，法院也以故意伤害罪论处。但是，上述判决结论或其理由是否妥当？如不妥当，其原因究竟何在？实务中又应如何把握与认定？

（一）就掌推他人致其头部碰撞钝性物体造成死亡案的讨论

罗某因故与同乡莫某发生口角，争吵中莫某推了罗某一下，罗某即用右手

① 参见王利明、杨立新等：《民法学》，法律出版社2015年版，第183页。

② 参见王利明、杨立新等：《民法学》，法律出版社2015年版，第185页。

朝莫某的左面部打了一拳，又用左手掌推莫某的右肩，致使莫某在后退中后脑部撞到门框，莫某前行两步后突然跌倒，约两分钟后死亡。经鉴定，其死因是生前后枕部与钝性物体碰撞后倒地导致脑挫伤、蛛网膜下腔出血所致。法院以故意伤害罪判处罗某有期徒刑6年（参见《刑事审判参考》第226号指导案例“罗某故意伤害案”① ）。

客观而言，故意伤害（致死）罪与过失致人死亡罪的行为人，在致人死亡的意志因素上，均是过失（并非追求或放任的心理）。但是，在自己体量明显强硕于对方，且经常练习拳击的场合，即使对方也是一个身体正常的人，但对对方头部仍施以强度极大、并无节制的一击，如果施害时的空间具有异常性，如逼仄狭窄、硬度较大的钝性物遍在，就属于应当预见因之可能会发生致人死亡的结果而轻信能够避免，从而就应肯定成立故意伤害（致死）罪。如果最初双方仅是一种相互撕扯行为，并继之相互施以强度一般的击打乃至推搡，空间并不具有异常性，此时一方突然重心不稳而头部撞在马路阶石或硬度较大的门框上，则应另当别论。此中涉及对“伤”与“害”即行为与结果之间发展进程关系的认识与意志的判断问题。

（二）对父母为教育孩子而将孩子殴打致死的认定讨论

陈某、程某因教育其女（时年不足3周岁）而激怒，在先后两天的时间里，二人或共同或分别以拖鞋、鞋刷等物或巴掌，多次击打其女的臀部、后背等部位，致其女皮下淤血。在陈某用热水为其女洗浴后，其女出现乏力、嗜睡症状，于次日凌晨死亡。经鉴定，确认陈某、程某之女系身体多部位广泛性出血致创伤性休克而死。法院判决认定，陈某、程某均成立故意伤害罪且系共犯。二人明知而有意识的行为，已超出正常教育、惩戒子女的限度，因此，不能认定二人对其女身体受损伤应当预见而没有预见或有预见而轻信可以避免的过失心态，故认定成立故意犯罪（参见《刑事审判参考》第567号指导案例“陈

① 参见中华人民共和国最高人民法院刑事审判第一庭、第二庭编：《刑事审判参考》（总第30辑），法律出版社2003年版，第49~55页。

某、程某故意伤害案”① ）。

但是，即使系出于故意而殴打子女，其目的是基于教育、惩戒，这仍然只是一种生活意义中的故意，而非刑法意义上的故意。此案无疑系将生活中的故意用于对犯罪责任性质的判定，从而混淆了生活中的故意与刑法意义的故意之间的区分。虽然陈某、程某具有此前伤害其女的先行行为，但导致其女死亡的重要因素，应是在其女被殴打后，陈某出于关爱而给其女进行热水洗浴的这种缺乏医学常识的行为。在其先前行为可能会对幼童的身体造成损害危险的情况下，陈某作为成年人对以热水洗浴会提升这种危险向实害结果的转化，具有应当预见而避免该结果发生的注意义务。由于陈某应当预见而未预见，故对其女的死亡结果应为过失。这种判断也由来于刑法对故意伤害罪与过失致人死亡罪乃采取结果犯（实害犯）的法益保护立场。但是，对于故意伤害罪的行为与结果之间的因果关系，仅根据事实层面上的因果关系作条件关系的判断，而不加以相当性的规范判断，尚不足以作出妥当地归责性认定。

（三）如何通过主观认识要素区分故意伤害罪与过失致人死亡罪的检讨

就李某（女，未满 18 周岁）在孙甲（女）经营的足疗店务工，受孙甲指使，协助孙甲之妹孙乙使用注射器将甲苄塞嗪注射液（系鹿用麻醉药物）多次注入张某体内，致张某甲苄塞嗪中毒死亡，判决认定李某犯故意伤害罪。本案查明的事实还包括，虽然李某并不知道其所注射的药物的性状和功效，但孙甲明确告诉其该药物是“管睡觉的”，目的是让受害人在头脑不清醒时在离婚协议书上签字。李某在作案前未接触过此类药物，对该药的具体功效、适用对象的认知有限（参见《刑事审判参考》第 832 号指导案例“李某故意伤害案”② ）。

在并不知道事实真相因受欺骗而实施犯罪的场合，属于刑法理论中间接正犯所利用的工具。作为被利用工具的行为人，并非就不具有刑法意义上的故意

---

① 参见中华人民共和国最高人民法院刑事审判第一、二、三、四、五庭主办：《刑事审判参考》（总第 69 集），法律出版社 2009 年版，第 24~31 页。

② 参见中华人民共和国最高人民法院刑事审判第一、二、三、四、五庭主办：《刑事审判参考》（总第 90 集），法律出版社 2013 年版，第 52~55 页。

与过失。就本案而言，李某因事先并不知情而协助孙乙向被害人的身体注射药物，且在产生怀疑时孙甲继续对之欺骗，还难以肯定其具有伤害的故意。只是由于其负有应当认识到注射药物应由专业人员才能实施的注意义务，且具有该注意能力，但未及时避免结果的发生或回避，因此对被害人死亡结果的发生，还难以否定其不具有过失。

（四）结论

上述判定均具有一定的不妥当性。而在实务中，还存在本是双方互殴造成的轻伤以下结果，根据被害人允诺的阻却违法原则，应为无罪，却被认定为成立故意伤害罪（轻伤），以及对于本是正当防卫行为，也被认定为是防卫过当，或根本不考虑其对违法的阻却而仍认定其成立故意伤害罪等情形。

由此看来，在实务操作中，除应根据故意伤害犯罪的构成要件、结合法益衡量、责任要素予以认定，还须遵循一定的认定规则，才能作出合理适正的裁判。这还涉及一个基本的法律问题，即作为伤害犯罪，何谓为伤又何谓为害？实际上，所有伤害问题都围绕着对伤的行为是否足以导致害的结果，是否具有认识与其意志而展开的。

三、关于伤与害的区分及其主观性认定

所谓伤即伤及，是对身体表面所施加的外部作用，是一种表征行为，主要是对身体权的一种侵击。害即损害后果，既是对身体权完整性的破坏，又涉及对健康权的侵犯，亦即害是一种实质性的侵犯后果，是由伤及行为所衍生的，二者具有因与果的直接性关系。在具体实施故意伤害犯罪的过程中，行为人必须是对受侵害人的身体、健康可能因此受伤且达到有（犯罪）损害后果的程度具有认识，并仍希望或放任的，才会成立刑法所规定的故意伤害罪的犯罪故意。如果虽然有所伤及，而不欲实现造成（犯罪）损害的程度，且亦未造成实质损害（轻伤二级以上后果），就仅是一种暴行，而只能成立民法上的侵权行为。此外，由于某种其他客观因素的介入，导致受害人出现重伤、死亡后果的，则应视行为人的注意能力及其有无注意义务且是否履行了注意义务，而认定其是否成立过失致人死亡罪或过失致人重伤罪，否则即为意外事件。

实践中，对是否能够因伤及而达到害的程度（轻伤、重伤），应审查行为人使用的犯罪工具、伤及身体的部位、行为是否具有节制、双方体量的对比、对对方身体异常是否明知或已经注意等因素加以综合判断。通常情况下，如果双方体量相当，只是实施一般性殴打，由于一方自身身体异常（特殊体质）而（突发心梗）死亡的案件，在行为人应当预见的场合，应认定为过失致人死亡罪（参见《刑事审判参考》第1079号指导案例“都某过失致人死亡案”[①]），而在无法预见的情况下，不应将死亡结果归属于行为人，[②]就只能是意外事件；对于一般性殴打行为导致被害人倒地磕碰死亡的情形，在异常的环境下，也只能成立过失致人死亡（参见《刑事审判参考》第1080号指导案例“张某博过失致人死亡案”[③]）；对于生活中出于教育、惩戒子女的目的，即使由于一时“失手”而导致被害人死亡的，也不宜认定为故意伤害罪；在被间接正犯所利用的情况下，如无认识且无注意义务的场合，则对于行为人而言系属意外事件。但是，在特殊场合下，也具有例外性，这仍需要对具体案件作具体分析判断。

四、虐待罪与故意伤害罪的转化关系：从身份权到对身体健康权的侵害转化——“蔡某祥故意伤害案”再检讨

通常，“法律并不进入家庭之中”。但随着社会进步，法律在家族中也不再充当旁观者的角色，且有虐待罪、遗弃罪乃至故意伤害罪、故意杀人罪适用之余地。其中，就父母基于教育、惩戒子女的目的，而对未成年人实施暴行，此中存在监护权（行为自由）与对未成年人子女的人格权（如身体权）保护的权利边界问题。而在造成严重后果的情况下，则涉及虐待行为向故意伤害罪（或过失致人死亡罪）的犯罪转化。

例如，2004年笔者曾办理的“蔡某祥虐待罪抗诉案”：蔡某祥离异后经常以烟头烫、钳子夹手指、冬季泼凉水等方法对其子蔡某易进行虐待。案发当日，

---

① 参见中华人民共和国最高人民法院刑事审判第一、二、三、四、五庭主办：《刑事审判参考》（总第103集），法律出版社2016年版，第45~47页。

② 参见张明楷：《刑法学》，法律出版社2016年版，第854页。

③ 参见中华人民共和国最高人民法院刑事审判第一、二、三、四、五庭主办：《刑事审判参考》（总第103集），法律出版社2016年版，第50~52页。

蔡某祥使用木棒对蔡某易的身体反复施以强度较大的击打，致蔡某易两根肋骨折断。事后，蔡某易因十二指肠破裂（伤情程度属重伤）、弥漫性胸、腹膜炎、感染性中毒休克死亡。检察机关以故意伤害罪对蔡某祥提起公诉。一审法院认为，蔡某祥的行为既触犯了刑法规定的故意伤害罪罪名，又触犯了虐待罪罪名，二者系法条竞合关系。由于故意伤害罪罪名涵括在虐待罪的罪名概念中，应被虐待罪吸收，故对蔡某祥应以虐待罪定罪处罚。检察机关抗诉后，作为二审承办人的笔者认为，由于虐待罪与故意伤害罪分属于《刑法》分则的不同章节，并无必然的包容关系，所保护的犯罪客体不同，从而只是想象竞合犯关系。根据想象竞合犯从一重罪论处的原则，对蔡某祥应以故意伤害罪论处，应支持检察机关的抗诉意见。审委会同意了笔者的主张。后该案被《刑事审判参考》采为第410号指导案例。该案是至今为止笔者在国内正式文献中所能发现的最早讨论想象竞合犯与法规竞合区分关系的案件。①

笔者当时主要思考的是，由于蔡某祥虐待行为已经发生了转化（蔡某祥对其子实施的最后一次虐待系以木棒打击身体、致肋骨骨折的行为，已不能为虐待行为所包容、评价），因而构成刑法意义上的独立行为，并符合《刑法》第234条规定的构成要件，应以故意伤害罪论。虽然蔡某祥在以木棒殴打被害人时，仍存在虐待意思，但只是动机不同，因其使用木棒，超出普通“教训”范围的击打行为，已属故意伤害罪的故意。由此，对于被害人的身体健康遭致何种损伤（轻伤乃至重伤、死亡结果），可以认为均在蔡某祥意志之内。在被害人的身体健康出现了重伤的损害后果后，虐待罪的罪质就已发生变化，即已超出了虐待罪的范畴，而应成立故意伤害罪。《最高人民法院、最高人民检察院、公安部、司法部关于依法办理家庭暴力犯罪案件的意见》第17条关于如何准确区分虐待犯罪致人重伤、死亡与故意伤害罪的规定中，以及最高人民法院发布的“邓某萍故意伤害案”②（长期对养女实施家暴，其中最后一次使用木棒击打

① 参见陈兴良主编，周光权、车浩副主编：《刑法各论精释》（上），人民法院出版社2015年版，第123页。

② 参见《最高人民法院公报》2015年第2期。

养女致其左股骨骨折，构成轻伤，以故意伤害罪论处）、“李某勤故意伤害案”①（长期虐待养女，其中最后一次殴打养女，致其腹部受伤，后又多次殴打其腹部，六日后被害人因受钝性暴力作用造成肠管破裂，致感染性休克死亡）等典型案例，均与笔者的观点具有相同的旨趣。

第四节 侵犯自由权益犯罪的解释机理：强奸罪与强制猥亵罪的处罚信条以及非法拘禁罪与绑架罪的界分与认定

一、自由权及其法律保护

人是生而自由的。人身自由权包括身体自由权和精神自由权。身体自由权也称行动的自由权，是指公民按照自己的意志和利益，在法律规定的范围内作为和不作为的权利。身体自由权所包含的是公民自由支配自己外在身体运动的权利。《民法典》第 1003 条乃强调：“自然人享有身体权。自然人的身体完整和行动自由受法律保护。任何组织或者个人不得侵害他人的身体权。”此条系将行动自由作为身体权而作特别保护。因此，非法限制或剥夺公民的身体自由，即为侵权行为。法人以非法强制治疗的方法，限制受害人的身体自由，也成立侵权，应予制裁。②

宪法对自由乃采多种保障，并明确人格尊严与人身自由不受侵犯。作为私权利的“宣言书”，民法对自由予以全面的保障，其所关注的主要是行动自由与权益保护之间的权利边界，奉行“法无禁止即自由”的原则，并以人格自由为生命贯彻意思自治。自由与人格尊严并非对立、割裂的关系，人格尊严与人的自由是彼此相关、内外结合的关系。人之尊严体现于自由，自由彰显人格价

---

① 参见《最高人民法院公报》2014 年第 2 期。

② 参见王利明主编，郭明瑞、杨立新副主编：《中国民法案例与学理研究 · 总则篇》，法律出版社 1998 年版，第 38 页。

值理念。例如，限制人身自由的，也有害人格尊严；反之，有害人格尊严的，通常以侵害他人人身自由为外在表现，如超市搜身、强奸、拐卖妇女儿童以及强迫劳动。

从宪法保障多种自由权就可看出，自由是仅次于生命、身体的重要法益。但是，刑法并非对所有的自由都给予保护，而是非常“零散地”予以保护，原则上只对那些社会生活中的重要自由才予以保护。自由无疑是个人的法益，但需注意的是，这里对犯罪的分类，与其在刑法典中所处的位置有很大不同。①

刑法所保护的自由包括：第一，意思决定自由（强迫交易罪、强迫劳动罪等）；第二，身体移动的自由（非法拘禁罪）；第三，身体移动的自由与身体的安全（绑架罪、拐卖妇女、儿童罪）；第四，性的自主决定之自由（强奸罪、强制猥亵罪、强迫卖淫罪）；第五，生活安宁所决定的是否允许进入的自由（非法侵入他人住宅罪）。其中，针对第一种自由，在我国刑法还存在组织残疾人、儿童乞讨罪等具体的胁迫罪。对以恶害施加相通告的，则依其目的而定：如敲诈财物的，为敲诈勒索罪；勒索财物的，在控制本人后向第三人以危及生命而加恶害通告的，乃成立针对第三种自由的绑架罪。在此有必要提及的是，诈骗罪也是一种违反意思决定自由的犯罪，只不过其是以非法占有数额较大的财物为目的的法律定型。对第四种自由，其中的强迫卖淫罪与组织卖淫罪均作为针对性风俗的犯罪，一同被规定在《刑法》第六章“妨害社会管理秩序罪”之中。但是，强迫卖淫罪归根结底是对性的自主决定权的自由保护，是一种对个人法益而非对社会法益的犯罪。就第五种自由，实务认为侵害公民个人信息罪亦应属之。

二、针对性自由的犯罪：强奸、强制猥亵罪

（一）性伦理问题

从是否有实害的观点来看，特别成为问题的是有关违背性伦理的所谓“无

① 参见［日］西田典之：《日本刑法总论》（第6版），王昭武、刘明祥译，法律出版社2013年版，第67页。

被害人的犯罪”的行为。[①]

与其他国家、地区不同，我国并无通奸罪（婚外性交），也无近亲相奸的乱伦罪、同性间猥亵的同性恋罪、反自然的兽奸罪，只有走私淫秽物品罪，[②]制作、复制、出版、贩卖、传播、淫秽物品牟利罪及传播淫秽物品罪（参见《刑事审判参考》第 664 号指导案例“唐某明制作、贩卖淫秽物品牟利案”[③]），组织卖淫罪，引诱、容留、介绍卖淫罪，聚众淫乱罪，组织淫秽表演罪（参见《刑事审判参考》第 673 号指导案例“重庆访问科技公司等单位及郑某等人组织淫秽表演案”[④]）等极少数“无被害人的犯罪”。随着智能手机技术的发展，通过设立手机色情网站制作、贩卖、传播淫秽物品的新类型案件值得关注（参见“林某良等制作、贩卖、传播淫秽物品牟利案”等手机淫秽色情信息犯罪典型案例[⑤]）。对于贩卖、传播淫秽物品牟利罪中的“淫秽”（刻骨的诲淫性）及其物品的数量，当前实务部门乃采取更为严格的界定标准（参见《刑事审判参考》第 666 号指导案例“李某雷贩卖淫秽物品牟利案”[⑥]）。比较复杂的是对以信息网络贩卖电子淫秽物品的数量特别是以压缩性文件发送的认定问题。对此，实务多采谦抑的“实质性解释”立场[⑦]，乃至对内有 800 个单独淫秽视频内容的压缩性文件也以一“个”计算，并对销售者予以了无罪化处理（参见 2018 年沈阳某区人民法院判决）。对于此类因网络迅速发展而出现的新问题，基于刑法谦抑性原则而作实质的解释，对“个”加以整体判断尚属合宜。但是，虑及网络云盘的特殊性，不应单纯考虑制作、复制、贩卖、传播淫

---

① 参见［日］西田典之：《日本刑法总论》（第 2 版），王昭武、刘明祥译，法律出版社 2013 年版，第 28 页。

② 参见辽宁省高级人民法院（2023）辽刑终 344 号刑事裁定书。

③ 参见中华人民共和国最高人民法院刑事审判第一、二、三、四、五庭主办：《刑事审判参考》（总第 78 集），法律出版社 2011 年版，第 10~14 页。

④ 参见中华人民共和国最高人民法院刑事审判第一、二、三、四、五庭主办：《刑事审判参考》（总第 78 集），法律出版社 2011 年版，第 80~86 页。

⑤ 参见《最高人民法院公报》2010 年第 3 期。

⑥ 参见中华人民共和国最高人民法院刑事审判第一、二、三、四、五庭主办：《刑事审判参考》（总第 78 集），法律出版社 2011 年版，第 25~28 页。

⑦ 参见重庆市第二中级人民法院〔2016〕刑终 395 号刑事判决书。

秽电子信息的数量，对此还是应充分考虑传播范围、违法所得、行为人一贯表现以及淫秽电子信息、传播对象是否涉及未成年人等情节，综合评估其社会危害性［参见《最高人民法院、最高人民检察院关于利用网络云盘制作、复制、贩卖、传播淫秽电子信息牟利行为定罪量刑问题的批复》（法释〔2017〕19号）］。实务中其难点仍然在于应如何区分艺术作品与淫秽物品的真正边界。

（二）贞操权的保护法益

贞操权指以性的尊严及自主为内容的权利（法益），男女皆有之，但以女子为重要。侵害贞操权的主要情形有：强制妇女性交；对于妇女乘其心神丧失或其他相类情形，使其不能抗拒而性交；对于因亲属、监护、教养、救济、公务或业务关系，服从自己监督之人，利用权势而为性交；以诈术使妇女误信为自己配偶而任其为性交等。对贞操权的侵害在于其违反性的自主，故依被害人处于本意的允诺而阻却违法。①

（三）性犯罪种类

我国刑法对于妇女、幼女、儿童的性自由采绝对保护的政策。而且，随着社会观念的不断发展，《刑法修正案（九）》对男性被女性“强奸”这种原本罕见的事件也采取了保护立场。

下列犯罪为现行《刑法》所规定的性犯罪：强奸罪（第236条）；负有照护职责人员性侵罪［《刑法修正案（十一）》增设的第236条之一］；猥亵罪，包括强制猥亵罪与猥亵儿童罪（第237条）；强迫卖淫罪（第358条）。

此外，基于拐卖妇女罪中女性的身体行动自由被控制的特征，在其中实施的强奸行为被类型化为该罪的加重处罚情节（《刑法》第240条第1款第3项）；奸淫女性尸体的，成立侮辱尸体罪（《刑法》第302条）。

（四）强奸罪的司法认定

1. 强奸罪侵犯的法益

强奸罪是指违背妇女意志，使用暴力或胁迫等手段与之强制性交的行为

---

① 参见王泽鉴：《侵权行为》，北京大学出版社2009年版，第125页。

(《刑法》第236条)。

强奸罪侵犯的法益是妇女以及幼女的性的自主决定权。本罪是实害犯。因此，只有与妇女完成性交的行为，才成立犯罪既遂，故实务中采插入说。但作为例外，与幼女的性交则采接触说，即只要行为人的生殖器与幼女的性器官接触的，即为既遂。[①] 这是考虑到幼女的身体尚未发育成熟，故对幼女的保护采取了更为严格的立场。

强奸罪是一种典型的自然犯。因此，通常成为本罪行为主体的只能是男性（女性对男性强制性交的构成强制猥亵罪）。但是，本罪不是亲手犯，实务中也不乏女性指使、教唆、欺骗或强迫男子强奸其他女性的事例。如果认为男性才是本罪的违法身份，就会出现某种不适正性。在此场合下，该女子系成立教唆犯或间接正犯。此与男子强迫他人性交、猥亵供其观看的行为性质无异（参见《刑事审判参考》第495号指导案例“谭某财、罗某东等强奸、抢劫案”[②]）。

2. 关于“违背妇女意志”

“违背妇女意志”是强奸罪的本质特征。即使在妇女醉酒、无意识情况下，他人与之性交的，虽无“明显反抗行为”或“意思表示”，一皆属之（参见《刑事审判参考》第1061号指导案例“孟某等强奸案”[③]）。但是，基于现实的复杂性，经常也会出现妇女顺从被奸淫的情形，辩方也会据此提出并未“违背妇女意志”的主张。虽然该妇女表现为顺从乃至配合（如有被害人夜半被陌生男子拦截、强行提出性交后，主动从自己包内拿出避孕套与之发生性关系），但在当时特殊的场境下，妇女为了保护自己的生命、身体或其年幼的孩子不受伤害，这种顺从、配合仍就是行为人以暴力、胁迫等手段控制、支配下的结果，故仍属于违背妇女意志。此外，就人类进化的角度论而言，人类为了生存，往往会放弃对其他人格权利包括性的自主权的保护，因此在人类自我的潜意识中

---

① 参见辽宁省高级人民法院（2006）刑一终字第593号刑事附带民事判决书。

② 参见中华人民共和国最高人民法院刑事审判第一、二、三、四、五庭主办：《刑事审判参考》（总第63集），法律出版社2008年版，第5页。

③ 参见中华人民共和国最高人民法院刑事审判第一、二、三、四、五庭主办：《刑事审判参考》（总第102集），法律出版社2016年版，第49~50页。

往往会出现一种内心坚决反对但与其外在表现截然不同的结果，所以对于被控制的妇女所出现的某种顺从，仍不能理解为不是“违背妇女意志”。

当然，基于双方熟识，往往还存在一些特殊情况，即行为人对女性使用轻微暴力，该女性半推半就，而后成奸的情实。但是，“半推半就”行为本身就是一种性允诺。这与女性受传统社会观念影响有关，往往在两性交往中会表现出某种羞涩，从而就应阻却强奸罪的成立。

3. “致使被害人死亡”的认定

在2005年辽宁锦州“齐某强奸案”中，作为强奸累犯的齐某，谎称有废品出卖而欺骗收废品的女性被害人A到自己的八楼住所后，齐某即以暴力压制A并欲行奸淫，A突然撞破窗户并纵身坠楼而死。A因属自杀，且齐某系强奸未遂，就被害人死亡的结果是否可归责于齐某的行为，因涉及此案究应如何处理（是否判处死刑），存在争议。考虑到齐某为实施性侵已对A的人身自由实现了完全控制，A系以自杀的方式才保护了自己免受不法性侵害，同时阻却了齐某强奸既遂的完成，故本案犯罪未遂与其他因客观原因所致的强奸未遂相比，其可谴责性在本罪保护法益的目的上具有本质上的区别。该死亡结果虽由被害人自己所致，但该风险的发生是由齐某的行为构成事先所创设的，且A在自杀时该风险仍在齐某的行为控制之下。因此，致使被害人死亡的客观结果就仍应归责于齐某的强奸行为构成之中。

此案在于究应如何理解“致使被害人死亡”。其典型适例是，行为人在采取足以致人伤亡的暴力手段压制女性被害人并实施性侵犯时，导致被害人死亡的场合，即使行为人仅有过失，仍应对该死亡结果负责，这些行为与死伤结果之间存在相当因果关系（参见《刑事审判参考》第946号指导案例“李某国强奸案”[①]）。但是，即便被害人A系因自杀而死亡，处于齐某支配下的这一行为发生也并不异常，对此齐某仍有过失，二者具有因果关系的相当性，从而可以肯定该结果的客观归属正在于齐某的行为构成。并且，人的自由与其生命权虽在法律价值位阶上并不等同，但仍是一项最基本的人格权利，妇女性的自我

---

① 参见中华人民共和国最高人民法院刑事审判第一、二、三、四、五庭主办：《刑事审判参考》（总第96集），法律出版社2014年版，第53~55页。

决定权本应受到特殊保护与更高的社会尊重。此与被害人遭受强奸后因羞耻心而自杀的非属一事。

实务中还发生过，被害人因躲避强奸在逃离过程中失足落水，行为人未实施救助，导致被害人溺水死亡的案件（参见《刑事审判参考》第 834 号指导案例“韦某强奸、故意杀人案”[①]）。对此应认定强奸罪致使被害人死亡的加重情节还是单独认定为故意杀人罪，实务部门还存在不同意见（参见《刑事审判参考》第 982 号指导案例“王某强奸案”[②]）。但是，虑及行为人已经强奸既遂，被害人为防止再次遭受性侵害而失足落水，行为人有能力施救而拒不救助，相反却待被害人没入水中无声息后才离开现场，这种不作为犯就与作为的故意杀人犯罪具有了同质性，所以应另成立故意杀人罪。

（五）对幼女、儿童、居于特殊身份关系支配下未成年女性的特殊保护

1. 奸淫幼女以及居于特殊身份关系支配下未成年女性犯罪侵犯的法益

奸淫幼女犯罪与强奸罪的法益一致，即均是性的自我决定权。刑法对奸淫幼女的犯罪采取了特别规定，系出于对未成年人的特殊保护政策。由于幼女（十四周岁以下）的自我认知、保护能力有限，即使行为人已经取得了幼女的同意而与之性交的，仍成立强奸罪。换言之，奸淫幼女是一种特殊的强奸罪。并且，《刑法修正案（十一）》还将奸淫不满十周岁的幼女以及造成幼女伤害的行为规定为加重处罚情节。此前《刑法修正案（九）》还取消了嫖宿幼女罪的规定（2011 年《刑法》第 360 条第 2 款），从而终结了实践中对其与奸淫幼女罪究竟是成立想象竞合还是法条竞合的不必要争议（参见《刑事审判参考》第 990 号指导案例“赵某勇、蒋某科嫖宿幼女案”[③]）。

针对行为人规避刑法对幼女的特殊保护，而在存在监护、收养、教育等特

---

① 参见中华人民共和国最高人民法院刑事审判第一、二、三、四、五庭主办：《刑事审判参考》（总第 90 集），法律出版社 2012 年版，第 64 页。

② 参见中华人民共和国最高人民法院刑事审判第一、二、三、四、五庭主办：《刑事审判参考》（总第 98 集），法律出版社 2015 年版，第 27~30 页。

③ 参见中华人民共和国最高人民法院刑事审判第一、二、三、四、五庭主办：《刑事审判参考》（总第 98 集），法律出版社 2015 年版，第 74~79 页。

殊身份关系的场合，与已满十四周岁不满十六周岁的女性未成年人发生性行为的原本属于有违伦理的行为，《刑法修正案（十一）》特别增设了负有照护职责人员性侵罪（《刑法》第236条之一），将具有该种特殊监护关系以及具有医疗关系的行为人作为该罪的特殊处罚主体，以实现对女性未成年人性的自决权作更周延保护。并且，该罪与强奸罪之间也并不完全排除成立想象竞合关系，并依照处罚较重的规定定罪处罚（《刑法》第236条之一第2款）。

2. 对奸淫幼女犯的死刑适用

当前，奸淫幼女的犯罪呈上升势头。一方面，基于农村留守儿童的孤立无援状态，使其更易遭受性侵害（参见广西壮族自治区兴业县某女童遭当地十余名村民性侵案），甚至有的学校教职员工也频施黑手[①]；另一方面，出于“破处”转运等各种晦暗心理，行为人往往也将幼女作为犯罪对象。并且，实务中往往是行为人对多名幼女性侵，且长期对各被害人进行精神控制，有的甚至还胁迫被害人为其寻找新的犯罪目标，致使被害人呈锁链式、滚雪团状恶性增多（参见《刑事审判参考》第985号指导案例“淡某甲强奸、猥亵儿童案”[②]）。

女性与男性所不相同的生物属性特征在于以其身体孕育、繁衍后代，女性也是一个民族延续、发展的主要载体。因此，对于女性的身体健康、性的自我决定权，特别是幼女作为未来的母亲，应给予特殊保护，这既是一种社会责任，更是刑法的使命。从而，对性侵多名幼女的或者性侵后又对之实施杀害的就有适用死刑立即执行的必要（参见“淡某甲强奸、猥亵儿童案”）。并且，《刑法修正案（十一）》在第236条特别增设一款：奸淫不满10周岁的幼女或者造成幼女伤害的，处10年以上有期徒刑、无期徒刑或者死刑的量刑情节。

3. 对猥亵儿童罪的从严惩治

基于对儿童的特殊保护，《刑法》特别规定了猥亵儿童（14周岁以下）罪

① 参见中华人民共和国最高人民法院刑事审判第一、二、三、四、五庭主办：《刑事审判参考》（总第98集），法律出版社2015年版，第279页。

② 参见中华人民共和国最高人民法院刑事审判第一、二、三、四、五庭主办：《刑事审判参考》（总第98集），法律出版社2015年版，第47页。

（第237条第3款）。其所保护的法益，乃是作为儿童的性的自我决定权。并且，即便是女性（年满16周岁）与男童性交的，也是如此。与奸淫幼女罪一样，即使儿童同意的，也为承诺无效，仍成立本罪。

基于猥亵儿童犯罪日趋猖獗（参见最高人民法院“发布侵犯未成年人权益犯罪典型案例之关某翼猥亵儿童案”① ），如甚至有教师在教室讲台上对尚是儿童的学生实施猥亵的，实务中也有将教室认定为“在公共场所当众”，从而对之从重处罚的判决（参见《刑事审判参考》第989号指导案例“吴某东猥亵儿童案”② ）。而且，对利用教师身份多次侵害多名学生的鲍某某，也予以重判（参见最高人民法院“侵犯未成年人权益犯罪典型案例之鲍某某强奸、猥亵儿童案”③ ）。为加大对儿童的保护力度，《刑法修正案（十一）》对本罪的从重处罚情节予以了完善，在此前“聚众或者在公共场所当众”犯本罪的基础上，将猥亵多人或者多次、造成儿童伤害或者其他严重后果、手段恶劣3种情形增设为处5年以上有期徒刑的量刑情节。

（六）轮奸犯罪的司法认定

1. 轮奸及其成立条件

所谓轮奸，是指两名以上男子在同一段时间内，共同对同一妇女或幼女连续地轮流或同时强奸（或奸淫）的行为。其中的连续并不意味着完全没有间隔，换言之，短暂的时间与场所的间隔，不排除轮奸的成立。④ 由于轮奸往往会给被害人妇女的身心健康造成更大的危害，我国《刑法》规定具有轮奸这一情节时，系在强奸罪基本刑的基础上加重其刑罚，亦即系强奸罪的情节加重犯。

因此，轮奸是一种特殊类型的强奸罪，也是一种特殊类型的共同犯罪（共同正犯）。实务部门认为，成立轮奸必须同时具备以下条件：一是各行为人具

---

① 参见《最高人民法院公报》2014年第4期。

② 参见中华人民共和国最高人民法院刑事审判第一、二、三、四、五庭主办：《刑事审判参考》（总第98集），法律出版社2015年版，第69~71页。

③ 参见《最高人民法院公报》2014年第4期。

④ 参见张明楷：《刑法学》，法律出版社2016年版，第874页。

有共同强奸的意思联络，不仅自己具有强奸被害人的故意，而且明知其他行为人也具有对被害人强行奸淫的故意；二是必须对同一被害人先后实施奸淫行为；三是各行为人与被害人发生性关系，均违背被害人意愿。轮奸行为须具有意思的共同性、行为的当场性，且具有时空的连续性等要素。因此，与被害人通奸后又帮助他人强奸的，就不是轮奸行为，而只是共同强奸犯罪（参见《刑事审判参考》第395号指导案例“滕某林、董某元强奸案”[①]）。但是，行为人实施强奸行为完毕离开现场后，其他帮助犯起意并对同一被害人实施轮奸的（参见《刑事审判参考》第792号指导案例“苑某民、李某等强奸案”[②]），仍不应否定片面的轮奸犯的存在。

2. 与未满刑事责任年龄的人轮奸的认定

问题26 与未满刑事责任年龄的人轮流奸淫同一幼女的，是否成立轮奸？

就行为人基于共同强奸同一幼女的故意，而当场共同对被害人先后连续地实施强奸的“李某强奸案”（参见《刑事审判参考》第280号指导案例[③]），判决认为，轮奸作为强奸罪中的一种情形，其认定关键首先是看两个以上的行为人是否具有在同一段时间内对同一妇女先后连续、轮流地实施了强奸共同犯罪，换言之，轮奸仅是一项共同的事实行为，只要行为人具有奸淫的共同认识，并在共同认识的支配下实施了轮流奸淫行为即可，而与是否符合共同犯罪并无必然联系。本案中，虽然另一参与轮奸人申某某因不满十四周岁，被排除在犯罪主体之外，李某与申某某不构成强奸共同犯罪（共同实行犯），但对本案被告人而言，其具有伙同他人轮奸的认识和共同行为。因此，仍应认定其具备了轮

① 参见中华人民共和国最高人民法院刑事审判第一、二、三、四、五庭主办：《刑事审判参考》（总第50集），法律出版社2006年版，第16~18页。

② 参见中华人民共和国最高人民法院刑事审判第一、二、三、四、五庭主办：《刑事审判参考》（总第87集），法律出版社2013年版，第30~31页。

③ 参见中华人民共和国最高人民法院刑事审判第一庭、第二庭编：《刑事审判参考》（总第36辑），法律出版社2005年版，第29~31页。

奸这一事实情节。

该判决对共同犯罪的认定显系借鉴了行为共同说。二审判决虽否认成立共同犯罪，但承认了该事实系轮奸。该最终认定尚称妥当。需指出的是，犯罪本由“不法行为+责任”组成，故认定犯罪应遵照从客观到主观这一认识模式。在共同犯罪中，该不法行为是共同的，而其责任则是各自不同的，此系认定共同犯罪成立的基本原则。其中，不法行为是客观要件，包括构成要件及其违法性（不法性）；而责任能力作为责任要素系属主观要件，故居于不法行为这一客观要件之外，因此其不是评价共同犯罪（不法行为）成立与否的关键要素，仅是责任阻却要素。换言之，即使最终阻却责任，也不能阻却不法行为的事实成立。因此，即使申某某尚不满十四周岁，也仅是缺乏责任能力这一责任要素，此系后期罪责评价问题。但其与李某共同当场、连续地强奸被害人的行为，因符合轮奸的不法要件，故成立轮奸，且是轮奸既遂，此系前期行为评价问题。由于申某某并不具有责任能力这一系后期评价的罪责要素，从而最终阻却其对该轮奸的法律后果承担刑事责任。但此责任阻却并不影响其先前不法行为即轮奸的成立。

3. 轮奸中一人强奸既遂一人未遂的认定

实务中也会出现，在轮奸过程中，一人或部分人强奸既遂，而他人未能完成奸淫的情形（参见《刑事审判参考》第 790 号指导案例“张甲、张乙强奸案”① ）。对此，有判决认为：轮奸案件中，轮奸情节本身没有独立的既未遂问题，只有强奸罪的既未遂问题。轮奸是法律明确规定的强奸罪的加重情节之一，它解决的仅是对行为人所要适用的法定刑档次和刑罚轻重问题。各行为人只要实施了轮奸行为，就应当对其适用相应的法定刑。反之，如行为人未实施轮奸行为，则不具有该加重情节。至于轮奸中各行为人是否奸淫得逞或者一人以上得逞，一人以上未得逞，则属于强奸罪既遂或未遂所要解决的问题。但是，对于共同犯罪的处罚，系施行部分实行全部责任原则，亦即即使只是分担了一部

① 参见中华人民共和国最高人民法院刑事审判第一、二、三、四、五庭主办：《刑事审判参考》（总第 87 集），法律出版社 2013 年版，第 14~18 页。

分实行行为的正犯，也要对共同的实行行为所导致的全部结果承担正犯的责任。[①] 因此，只要参与轮奸者中有二人以上轮奸既遂的，其他人即使未遂，也成立轮奸既遂，并承担既遂的责任。而且，轮奸系为情节加重犯，在只有一人既遂、其他参与人未遂的场合，也存在轮奸未遂，则属于轮奸未遂与共同强奸既遂成立想象竞合的情形。

4. 对于轮奸幼女的刑罚适用

问题 27 对于轮奸幼女的，是否同时适用轮奸加重处罚情节和奸淫幼女从重处罚情节？

实务主张，对此应同时适用《刑法》第 236 条第 3 款第 4 项（加重处罚）和该条第 2 款（从重处罚）的规定，即在加重处罚的同时要求从重处罚，上述两款同时适用并不存在重复评价的问题（参见《刑事审判参考》第 843 号指导案例“王某等强奸案”[②] ）。这是基于轮奸并不是单纯的量刑规则而是加重的犯罪构成，[③] 所以应先解决该轮奸不法行为所满足的刑法规定的加重的构成要件，之后再对其他的从重情节或从轻情节另行评价，即同时适用其奸淫幼女的从重情节，以实现罪责刑相统一。

5. 强奸犯罪中的共同犯罪中止的认定

在“张某、施某卫强奸、强制猥亵案”（参见《刑事审判参考》第 128 号指导案例[④]）中，一审法院认定最终未实施奸淫的施某卫成立强奸犯罪中止，检察机关对此提出抗诉。二审法院认为，由于共同犯罪的各个行为之间相互联结、相互补充、利用，形成有机整体，与犯罪结果之间存在着整体上的因果关系，因此，各犯罪人不仅要对本人行为负责，还要对其他共同犯罪人的行为负

① 参见张明楷：《刑法学》，法律出版社 2016 年版，第 395 页。

② 参见中华人民共和国最高人民法院刑事审判第一、二、三、四、五庭主办：《刑事审判参考》（总第 91 集），法律出版社 2014 年版，第 21 页。

③ 参见张明楷：《刑法学》，法律出版社 2016 年版，第 875 页。

④ 参见中华人民共和国最高人民法院刑事审判第一、二、三、四、五庭主办：《中国刑事审判指导案例 3 · 侵犯公民人身权利、民主权利罪》，法律出版社 2012 年版，第 460~463 页。

责。故共同犯罪的中止要求在放弃本人的犯罪行为时，还必须有效地制止其他共同犯罪人的犯罪行为，防止犯罪结果的发生。否则不能成立中止犯。据此，施某卫的行为不构成共同强奸犯罪中止，而成立强奸犯罪既遂。

此案所涉及的实则是关于“共犯的脱离未遂”问题。所谓共犯的脱离，是指同时消除已经实施的共犯行为与结果之间的物理因果性与心理因果性。① 所谓脱离未遂，是指虽然作为共犯中的某行为人自动中止其犯罪行为，但该中止行为并未有效地解除该共同犯罪对法益的危险或侵害，即并未消除其与犯罪结果之间的物理因果性或心理因果性，从而仍应对该共同犯罪的整体结果负责。该中止行为，亦不成立作为法定从轻或减轻情节的犯罪中止，充其量只能是一个酌定的量刑情节。由于施某卫系在张某奸淫既遂之后才中止其奸淫行为，即共犯张某已经完成强奸犯罪，法益已受到侵害，施某卫在张某实施奸淫行为时起到了其作为共犯所起的在心理上与物理上的帮助作用，所以施某卫的中止行为对法益侵害结果不具有任何实际意义（仅具有量刑上的意义）。由于我国刑法对共同犯罪采取部分实行全部责任原则，故施某卫仍应对共同强奸犯罪既遂负责。由于施某卫放弃奸淫被害人，本案虽然成立共同强奸犯罪既遂，但同时又成立轮奸未遂。在此乃成立强奸既遂与轮奸未遂的想象竞合。②

6. 应如何认定共同强奸犯罪中的犯意联络及与欠缺犯意联络和协同行为的同时犯的区分

针对同案犯黄某提议将两名被害人分别带走发生性关系，刘某一、刘某二等人均表示同意后，刘某一、黄某将第一被害人带至某宾馆内轮奸，刘某二与其他人将第二被害人带至某公园山坡上欲奸淫而未遂，司法判决认为，刘某二与刘某一欠缺犯意联络与协同行为，不构成共同犯罪（参见《刑事审判参考》第 658 号指导案例“刘某波、刘某平等强奸案”③ ）。

但是，基于黄某先前的提议（分别强奸某甲、某乙二人），此后刘某一、

① 参见张明楷：《刑法学》，法律出版社 2016 年版，第 385 页。

② 参见张明楷：《刑法学》，法律出版社 2016 年版，第 875 页。

③ 参见中华人民共和国最高人民法院刑事审判第一、二、三、四、五庭主办：《刑事审判参考》（总第 77 集），法律出版社 2011 年版，第 42 页。

刘某二等人均表示同意，黄某作为造意犯，又是此后参与轮奸第一被害人的实行犯，基于对共同犯罪系采取部分实行全部责任原则，故其应对全部犯罪的结果（强奸两名被害人）负责。刘某一、刘某二亦与黄某等人将二被害人分别带走，这一行为对彼此心理具有帮助与强化作用。易言之，刘某一是刘某二等人对第二被害人实施轮奸的帮助犯；刘某二又是刘某一与黄某对第一被害人实施轮奸的帮助犯。因此，刘某一与刘某二之间并不是无犯意联络的同时犯，而是彼此的帮助犯（乃至成立共谋共同正犯），所以，刘某一与刘某二之间成立共同犯罪，二人应对两名被害人被强奸的全部犯罪结果负责。此与刘某一与黄某对第一被害人、刘某二与他人对第二被害人所分别实施的轮奸行为，不属一事。

（七）强制猥亵罪的修改：女子“强奸”男子的行为入罪

基于极为稀罕的事件，《刑法》原本未对妇女“强奸”、猥亵男子的行为进行规制。但虑及社会观念的进化及价值观日渐多元化，对此类行为也就有了以刑罚规制的必要。所以《刑法修正案（九）》修改了强制猥亵罪（第 237 条）中只对妇女保护的规定（改为“对他人”）。

强制猥亵罪通常并不以性器官插入为必要（女子强迫男子与之性交或与男童性交的为例外）。学界通常认为本罪是倾向犯，即以满足性欲为动机所实施的犯罪，并且实务也是如此认识的。[①] 但是，对于仅出于残害的动机而实施上述行为，或者女子出于报复的动机，而对男子性器官也作出类似的举动，无疑也侵害了本罪的法益。因此，以“为行为人的主观意图所左右”[②] 这种作为“超主观”的责任要素或违法要素的倾向犯约束，就显得过剩而无存在必要了。

强制猥亵罪与强奸罪并不是对立关系，而是一般与特殊的法条关系，乃成立法条竞合。但是，基于强奸罪主要是为了满足性欲，所以其在奸淫前通常会对女性身体进行猥亵，故对此猥亵行为被此后的强奸行为吸收为一罪，不再单独另行评价。如果行为人基于意志以内的原因而自动放弃了奸淫行为，而后转

---

① 参见中华人民共和国最高人民法院刑事审判第一、二、三、四、五庭主办：《刑事审判参考》（总第 98 集），法律出版社 2015 年版，第 66 页。

② 参见［日］西田典之：《日本刑法各论》（第 6 版），王昭武、刘明祥译，法律出版社 2013 年版，第 91 页。

而对被害人实施猥亵的，单独成立强制猥亵罪（参见“张某、施某卫强奸、强制猥亵案”）。

三、针对行为自由的犯罪：非法拘禁罪、绑架罪

（一）身体行动自由的法律保护

2018年，辽宁省高级人民法院针对某被告人在实施杀害其胞姐（第一被害人）、胞妹（第二被害人）的间期，为防止自己的女儿向正赶来现场的第二被害人报信，而将女儿捆绑控制的行为是否另成立非法拘禁罪的案件，曾专门召开由本省知名学者参加的论证会。讨论中，有一种观点认为，基于“法律不进入家庭”，对该非法拘禁行为不应单独评价。另有一种观点认为，该行为系被告人为排除其实施杀人阻碍的手段行为，可被其目的行为（杀人行为）吸收为一罪。但从该行为难以被类型化为杀人罪惯常通用手段的视角，很难得出上述结论。虽然被非法拘禁者与该被告人具有最为密切的亲缘关系，但其仍享有独立的人格，其人格自由应受保护。因此，在其行动自由被被告人以暴力手段控制后，就应构成非法拘禁罪（在符合一定持续时间或具有殴打等情节、手段的前提下）。

人格自由之所以受到法律乃至刑法的关注，是由于人之尊严即体现于自由，自由亦彰显人格价值理念。自由权利系受宪法保障的基本权利，“任何公民，非经检察机关批准或者决定或者人民法院决定，并由公安机关执行，不受逮捕”（《宪法》第37条）。《民法典》第109条亦规定：“自然人的人身自由、人格尊严受法律保护”，乃在强调对人格的尊重。所称人格是指人格自由发展及一般行为自由。自由为一般人格权。行为自由是指身体活动自由，系身体权之一种（《民法典》第1003条）。并且，“以非法拘禁等方式剥夺、限制他人的行动自由，或者非法搜查他人身体的，受害人有权依法请求行为人承担民事责任”（《民法典》第1011条）。因为，人的身体活动自由在基本权利中居于重要地位，应受最周全的保护。

王泽鉴先生认为，此项意旨应实践于私法上对人身自由的解释适用。例如，对于是否以被害人认知其身体活动自由被限制为要件，以及对身体活动自由的侵害，是否以被害人知悉其事为要件，民法通说基本赞同不要说。又如，对于

商店因怀疑有人偷窃商品，为保护其所有权而查询盘问，在何种情况下构成对他人身体活动自由的侵害，涉及所有权及人身自由两个法益的衡量及调和，应采合理的认定基准，即限制他人活动须有合理的理由、合理的期间、以合理的方法为之。此应就具体个案加以认定。①

该项意旨亦应及于刑法的实践。对限制他人行动自由的行为一旦达到刑法难以忍受的程度，即有非法拘禁罪适用之余地。

（二）非法拘禁罪的法益保护

以故意非法拘禁他人或者以其他方法非法剥夺他人人身自由的行为的非法拘禁罪（《刑法》第238条），其侵犯的法益是自然人的身体活动自由。由于本罪不是危险犯而是实害犯，因此本罪的法益实则是只要活动身体就可以活动的自由（现实的自由说）。② 从而成立本罪须以被害人认知其身体活动自由被限制为要件。此与民法通说的贯彻理由（不要说）不同，系在于二者规范目的之不同。

根据《刑法》第238条的规定，本罪的构成形式有两个：非法拘禁他人或者以其他方法非法剥夺他人人身自由的（第1款）；为索取债务非法扣押、拘禁他人的（第3款）。第一种可谓羁束型，第二种系属索债型。二者均以非法为本质。因此，基于执行法令的正当化事由，如监察机关依法留置被调查人，并不属之。基于被害人的允诺而限制其身体行动自由的，也阻却非法的成立。基于合同正当化的事由，如司机拉载乘客途中，未达目的地而乘客要求下车，被司机拒绝，不是非法拘禁。但是，行为人基于不法目的（杀人）而拘禁他人，在他人具有行动自由被限制的认知下，则成立非法拘禁罪。在此所着重考量的，应是基于非法拘禁罪作为一种状态犯，其被拘禁的时间、情节等是否达到了刑罚可处罚的客观条件［是否达到了《最高人民检察院关于渎职侵权犯罪案件立案标准的规定》所规定的“24小时以上”或是否有“殴打、侮辱、虐待行为”、“使用械具或者捆绑等恶劣手段”，以及《最高人民法院、最高人民检察院、公安部、司法部关于办理实施“软暴力”的刑事案件若干问题的意

① 参见王泽鉴：《人格权法》，北京大学出版社2013年版，第109页。

② 参见张明楷：《刑法学》，法律出版社2016年版，第882页。

见》(公通字〔2019〕15号)第6条规定的“非法拘禁他人三次以上、每次持续时间在四小时以上,或者非法拘禁他人累计时间在十二小时以上的”]。

对于商店店主或店员,因怀疑顾客窃取其店内商品,而对之留置的,应如何进行法益衡量,是实务中的一个难点问题。因为法律承认自力救助是一种权利(《民法典》第1177条)。对此,王泽鉴先生主张,此涉及所有权及人身自由两个法益的衡量及调和,应采合理的认定基准,即限制他人活动须有合理的理由、合理的期间、以合理的方法为衡量基准。因此,如果店主或店员本来具有充分的报警机会而不寻求公权力救济,其留置他人时间超过24小时以上,或者拘禁他人虽仅几个小时,但在此过程中存在殴打、侮辱等情节,则构成非法拘禁罪(参见“林某军非法拘禁案”①)。

《刑法》为禁止他人权利滥用乃至造成他人更为严重的人身损害后果,还进一步明确,致人重伤的,处3年以上10年以下有期徒刑;致人死亡的,处10年以上有期徒刑;使用暴力致人伤残、死亡的,依照《刑法》第234条(故意伤害罪)、第232条(故意杀人罪)的规定定罪处罚。这是基于,非法拘禁罪属于侵犯公民人身权利犯罪的范畴,其本身就包括对被害人使用拘禁人身的强制行为的情况,所以法律明示禁止其采取非法手段。并且,对使用暴力致人重伤(伤残)或者死亡的,应按故意伤害罪或故意杀人罪定罪处罚(法律拟制)(参见“张某晖故意杀人案”②)。但是,在未使用暴力的场合,致人重伤、死亡的,仅是非法拘禁罪的结果加重犯。

非法拘禁罪只是一种状态犯,因此,与其他以非法拘禁为手段的犯罪往往呈现出某种外部行为特征的相似性。例如,以欺骗的方法将被害人诱骗至其事先改造过的房间里,致被害人不能反抗,从而劫取被害人随身携带财物的,属于对被害人的身体实施强制禁闭的暴力方法,强行劫取他人财物的抢劫罪(参见“白某云等抢劫案”③);而欺骗幼童同行,而后将之作为人质,向其父母索

① 参见国家法官学院、中国人民大学法学院编:《中国审判案例要览·2007年刑事审判案例卷》,中国人民大学出版社2008年版。

② 参见《人民司法》2008年第4期。

③ 参见《最高人民法院公报》2008年第5期。

取赎金的，则应构成绑架罪（参见《刑事审判参考》第443号指导案例“张某娟敲诈勒索案”[①]）；以及为催收高利贷等产生的非法债务而限制他人人身自由的催收非法债务罪（《刑法》第293条之一）。此种行为交叉乃构成想象竞合关系。

此外，认定成立非法拘禁罪不唯采取正向性的认定，对于为索取债务非法扣押、拘禁他人的，亦为《刑法》规定的非法拘禁罪（索债型）。此既涉及对非法拘禁罪与绑架罪的区分问题，又涉及对绑架犯罪中部分行为的谦抑化处理。

（三）绑架罪及其动态立法过程

与非法拘禁罪外部构成特征最为近似的是绑架罪。

所谓绑架罪，是指利用被绑架人的近亲属或者其他人对被绑架人的忧虑，以勒索财物或满足其他不法要求为目的，使用暴力、胁迫手段或者麻醉方法劫持或以实力控制他人的行为（《刑法》第239条）。通说认为，本罪的法益包括：被绑架人在本来的生活状态下的身体行动自由；身体安全。[②] 可见，绑架罪的法益与非法拘禁罪的法益就身体行动自由而言是一致的，只不过另有身体安全的法益。此外，基于绑架而引起第三人的忧虑，通常也被认为是本罪的保护法益。[③] 只不过对第三人究应如何理解其范围，还存有争议。

绑架罪自1991年《全国人民代表大会常务委员会关于严惩拐卖、绑架妇女、儿童的犯罪分子的决定》第2条规定之后，经1997年《刑法》修改、补充，其后又历经两次修改。第一次系由《刑法修正案（七）》增设了“情节较轻的，处5年以上10年以下有期徒刑，并处罚金”的规定，从而缓解了实务中对于犯罪情节较轻，但处罚仍然过于严苛的不妥当性问题（参见《刑事审判参考》第182号指导案例“程某伟绑架案”[④]）。第二次即《刑法修正案（九）》的修正。其主要修改内容有两项：一是修改了绑架罪中法定刑升格的事由，即

---

① 参见中华人民共和国最高人民法院刑事审判第一、二、三、四、五庭主办：《刑事审判参考》（总第56集），法律出版社2007年版，第34页。

② 参见张明楷：《刑法学》，法律出版社2016年版，第886页。

③ 参见［日］西田典之：《日本刑法各论》（第6版），王昭武、刘明祥译，法律出版社2013年版，第83页。

④ 参见中华人民共和国最高人民法院刑事审判第一、二、三、四、五庭主办：《中国刑事审判指导案例3·侵犯公民人身权利、民主权利罪》，法律出版社2012年版，第567~569页。

将“致使被绑架人死亡或者杀害被绑架人的”修改为“杀害被绑架人，或者故意伤害被绑架人，致人重伤、死亡的”，适当扩大了事由的范围；二是相应的调整了法定刑，由“处死刑，并处没收财产”修改为“处无期徒刑或者死刑，并处没收财产”，即由绝对适用死刑调整为无期徒刑或死刑，扩大了量刑空间，从而解决了理论和实务部门一直以来关注和争议的问题。

实践中争议较大的，仍是应如何理解杀害被绑架人。有观点主张，杀害应是故意杀人且既遂。但是，考虑到与“杀害被绑架人”并列的是“或者故意伤害被绑架人，致人重伤、死亡”，如果将杀害仅仅理解为杀死，而不包括杀人未遂，在故意杀人未遂、仅致被绑架人重伤的场合，这种主张就显得过于刚性，缺乏实际可操作性。因此，即使杀人未遂，但致被害人重伤的，仍有适用死刑的余地。

但是，虽基于绑架勒赎的目的而绑架人质，但杀死人质，此后又向被害人的近亲属提出勒赎要求的（参见《刑事审判参考》第659号指导案例“伍某洪、黄某燕绑架案”[①]），由于向第三人勒赎时人质已死亡，人质自身的行动自由与身体安全的法益已不存在，故仅成立诈骗罪与敲诈勒索的想象竞合，对此实务与学界均无异议。有所争议的是如何认定杀死人质的性质？在此场合下，因绑架而杀人与故意杀人之间亦应成立想象竞合关系。但是，学界更倾向于根据结合犯的理论而对之只能适用绑架罪的规定（仅能成立绑架罪），而不能认定成立故意杀人罪。[②]

（四）非法拘禁与绑架罪的主要区分边界：索取债务

1. “贾某非法拘禁案”（《刑事审判参考》第997号指导案例）[③] 之检讨

【案例】被告人贾某的妻子李某珠因欲与前男友复合，遂向贾某提出离婚，并带自己与前男友所生女儿李某某（时年3岁）回娘家居住。次日贾某趁隙携李

---

① 参见中华人民共和国最高人民法院刑事审判第一、二、三、四、五庭主办：《刑事审判参考》（总第77集），法律出版社2011年版，第51~52页。

② 参见张明楷：《刑法学》，法律出版社2021年版，第618页。

③ 参见中华人民共和国最高人民法院刑事审判第一、二、三、四、五庭主办：《刑事审判参考》（总第98集），法律出版社2014年版，第118~124页。

某某乘车赶往D市，途中贾某给李某珠发信息、打电话要求准备8万元现金来交换李某某。当晚贾某即被抓获。法院以非法拘禁罪对其判处有期徒刑8个月。

问题28 抱走年幼的继女向欲离婚的妻子索要所支出的抚养费、彩礼费的行为，如何定性？

与上述案例相似的，还有因“违约后为索回定金而非法扣押对方当事人子女”（参见《刑事审判参考》第157号指导案例“颜某市等绑架案”①）、“基于索债目的帮助他人实施绑架行为”（参见《刑事审判参考》第156号指导案例“章某等绑架案”②）以及“为逼人还贷款非法关押借款人以外第三人”（《刑事审判参考》第181号指导案例“辜某平非法拘禁案”③）等案件，均涉及为索取债务而绑架他人作为人质，究应如何定性的问题。

2. 绑架罪与非法拘禁罪的实质区分

《刑法》规定的绑架罪，系分为勒赎型绑架罪与劫持人质型绑架罪两种类型。其中，劫持人质型绑架罪因与索债型非法拘禁罪具有手段及目的的相似性，且均具有非法扣押、非法拘禁等构成要件的外在该当性，实务中常难以准确区分。

首先，需要明确的是，绑架罪与非法拘禁罪不是对立关系，虽然不能将非法拘禁评价为绑架，但可以将绑架评价为非法拘禁。④

其次，为索取债务而绑架他人作为人质的行为，之所以被《刑法》规定为非法拘禁罪（索债型），并不是由于其行为不具有绑架罪构成要件的外在该当性，而是由于其所索取的债务通常具有合法性。对于难以实现债权的债权人而

① 参见中华人民共和国最高人民法院刑事审判第一庭、第二庭编：《刑事审判参考》（总第24辑），法律出版社2002年版，第49~56页。

② 参见中华人民共和国最高人民法院刑事审判第一庭、第二庭编：《刑事审判参考》（总第24辑），法律出版社2002年版，第40~48页。

③ 参见中华人民共和国最高人民法院刑事审判第一庭、第二庭编：《刑事审判参考》（总第26辑），法律出版社2002年版，第40~44页。

④ 参见张明楷：《刑法学》，法律出版社2016年版，第890页。

言，很难期待其不实施以绑架他人为人质以索回自己债权的行为。如果以绑架罪论，在当时的立法背景下，显有处罚过重之嫌。因此，立法系通过正反两个方面的规定，明确因索取债务而绑架他人为人质的行为不属于绑架罪，而以非法拘禁罪论处。

在“贾某非法拘禁案”中，贾某索取自己所支出的彩礼费及抚养费，即使其所提出的“债务”即彩礼费、生活费在民事审判中并不一定会得到全部支持，但也可将之解释为是一种抽象性的错误认识，从而阻却绑架罪的成立。此在“无法查清被害人是否存在债务的情况下（怀疑被害人在管理生意期间，在账目上造假侵吞款项）而非法拘禁他人”的“罗某伟、蒋某非法拘禁案”（《刑事审判参考》第1008号指导案例①）中，也有所体现。

3. 为寻找他人而劫持人质的行为认定

问题29 为寻找他人而劫持人质的行为应如何认定？

在要求女友继续恋爱而劫持人质的“胡某杰、邓某才非法拘禁案”（《刑事审判参考》第435号指导案例②）中，判决认为，非法拘禁罪与绑架他人作为人质的绑架罪在犯罪构成上近似。非法拘禁罪的目的经常表现为泄愤报复、追讨债务、显示权势等，而绑架罪的目的是勒索钱财或满足行为人的不法要求。在界定两罪时，要相当谨慎地分析行为人与被害人的关系、行为人所提出的要求实现之难易、行为人对被害人剥夺自由的恶劣程度、对第三人及解救方法的对抗程度等，综合多方面的情节来分析认定。现实生活中，诸如因无知、愚昧、一时冲动扣留岳父母要求媳妇回家或扣留女友的父母迫使女友的父母同意继续谈恋爱的，一般不具有与绑架罪严厉刑罚相当的否定评价程度，不能认定为绑架罪，应认定为非法拘禁罪。

---

① 参见中华人民共和国最高人民法院刑事审判第一、二、三、四、五庭主办：《刑事审判参考》（总第99集），法律出版社2015年版，第49页。

② 参见中华人民共和国最高人民法院刑事审判第一、二、三、四、五庭主办：《刑事审判参考》（总第55集），法律出版社2007年版，第27~32页。

但是，仅以无知、愚昧、一时冲动为由而否定其劫持人质的行为成立绑架罪的论点，并不值得肯定。因为，“法律并不因不知而不存在”。更何况行为人在劫持人质时，不一定就欠缺违法性认识即禁止的错误。而且，其目的是让已提出分手的女友继续与之保持恋爱关系。再则，以实务中常见的绑架类型作为否定劫持人质成立绑架罪的判决理由也失其合理性。认定绑架罪应该是从其行为对被劫持者的身体安全是否造成法益的危险或侵害结果加以判断，如果已经危及被劫持者的安全，且无“索取债务”这一法定排除要件的场合下，就应该认定其行为成立的是绑架罪，而不是非法拘禁罪（另参见“蔡某峰绑架案”①）。

就绑架罪的行为构成而言，无论是绑架勒赎，还是绑架他人作为人质，均具有引起第三人忧虑的意味。由此看来，绑架罪实则是一种“三角关系”，即通过绑架人质（被害人）为手段，向与人质（被害人）密切相关的第三人，提出赎金或其他不法要求（目的）。此在刑法上系被理解为短缩的目的犯，即实施第一个行为的目的是实现第二个行为，但只要完成了第一个行为，就已成立犯罪既遂，这是为了处罚的需要。而绑架罪的“三角关系”却不会因之改变。此与非法拘禁罪主要是一种单向结构并不同。因此有观点主张绑架罪的法益除了是被害人本来生活状态的身体安全以及行动自由，还引起第三人的忧虑，就有肯定的必要。只不过鉴于，如果被劫持者并无较近关系的近亲属及其利害关系人，如街边不明身份的流浪汉被劫持的，真正引起忧虑的第三人往往是国家机关，因此，在对第三人范围的界定尚无确切的标准前提下，就舍弃了对此种法益保护的评价。

4. 为索取赌债等非法债务而非法拘禁他人的行为认定

非法拘禁他人以索取赌债的，由于赌债系属“不法原因给付”（参见第5章第3节），故赌债非债，因其自始欠缺请求力，不受法律保护，这是首先应当肯定的前提。根据2000年7月《最高人民法院关于对为索取法律不予保护的债务非法拘禁他人行为如何定罪问题的解释》规定，行为人为索取高利贷、赌债等法律不予保护的债务，非法扣押、拘禁他人的，依照《刑法》第238条的规定定罪处罚。就体系解释而言，《刑法》第238条第3款所规定的债务，应是合

① 参见《人民法院案例选》2006年第1期。

法债务。[①] 因此，非法债务、赌博之债，就不应是《刑法》第 238 条第 3 款所规定的债务。但如果给付的不法原因仅在于另一方，如设赌诈骗行为人财物的，则不在此限。

因此，基于为替他人索债，如果所索之债系非法之债、赌博之债，并因此而非法拘禁他人的（参见《刑事审判参考》第 946 号指导案例“徐某等非法拘禁案”[②]），或进而向被拘禁人的近亲属提出偿债要求的，如果涉及危害被拘禁人的身体安全，就不宜仅被评价为非法拘禁罪，而是另应成立绑架人质型的绑架罪。根据想象竞合犯的理论，应从一重处，而肯定成立绑架罪。既往实务部门之所以将上述行为均以非法拘禁罪论处，是由于在《刑法修正案（七）》之前关于绑架罪的刑罚设置极为严苛（起刑点即为有期徒刑 10 年），若以绑架罪论处，往往难以实现罪责刑相统一。而随着刑法对绑架罪的两次修改，此前的罪责刑不协调问题已不再存在，因此“徐强案等非法拘禁”等案件的判决思路就有重新检讨的必要。

第五节　针对名誉、隐私、信用权益的犯罪：侮辱、诽谤罪及侵犯公民个人信息罪，损害商业信誉、商品声誉罪，侵犯商业秘密罪的认定

一、针对自然人名誉权的侮辱、诽谤罪

（一）关于侵害名誉权与侮辱、诽谤罪的人格权保护及其判断标准

与民法对死者名誉侵害系采间接保护方法不同，自然人因有人格，其精神利益，如名誉、荣誉、隐私权的保护，属于直接受民法保护的范围（《民法典》

---

① 参见熊选国、李兵：《〈关于对为索取法律不予保护的债务非法拘禁他人行为如何定罪问题的解释〉的理解与适用》，载最高人民法院刑事审判第一庭编：《现行刑事法律司法解释及其理解与适用》，人民出版社 2010 年修订版，第 714 页。

② 参见中华人民共和国最高人民法院刑事审判第一、二、三、四、五庭主办：《刑事审判参考》（总第 96 集），法律出版社 2014 年版，第 66~73 页。

第110条、第1024条、第1032条)。并且，由于当下信息网络的发达，相伴而生的是网络侵权、网络犯罪也日益猖獗，此中也涉及有无名誉侵害，乃至是否成立侮辱、诽谤罪(《刑法》第246条第1款、第3款)的问题。

所谓名誉，系指对他人就其品德、声望、才能、信用等社会上的评价(《民法典》第1024条第2款)。名誉具有时代性，名誉系一种客观社会的概念，因社会的价值观念及认知的变迁，有不同的评价。[①] 名誉权指享有名誉的权利，为人格权的一种，[②] 且系精神性的具体人格权。信用这种经济评价可归之于名誉权的保护之中。

侵害名誉权的侵权行为系分为事实陈述型与意见表达型两种。其区分标准有两个：一为可证明性，二为受领人的理解。事实是指一定的具体过程或事态，可以证明。针对他人就一定问题的发问而表述自己的推测或推论，原则上系意见表达。[③] 基于法律规范系规整行为自由与权利保护之间关系的目的，在对名誉侵权进行法益衡量时，所需平衡的乃是言论自由与名誉保护之间的关系，且需贯彻真实恶意原则。此在对因新闻报道、小说创作等侵害他人人格的判断上，更具“调控阀”的功能。因为言论自由属宪法规定的人格权，就对公众人物的不实报道，其本人及其近亲属应有与普通公民不同的忍受义务。在对真实恶意的判断方法上，对于事实陈述型侵害名誉权的案件，加害人须证明其陈述的事实为真实，并与公共利益有关；对于意见表达型侵害名誉权的，则须系以善意发表言论，对于可受公评之事，而为适当的评论为抗辩。[④] 故《民法典》第1025条规定，对于行为人为公共利益实施新闻报道、舆论监督等行为，影响他人名誉的，除有“(一)捏造、歪曲事实；(二)对他人提供的严重失实内容未尽到合理核实义务；(三)使用侮辱性言辞等贬损他人名誉”等情形，不承担民事责任。并就行为人是否尽到“对他人提供的严重失实内容未尽到合理核实义务”，还应考虑“(一)内容来源的可信度；(二)对明显可能引发争议的内

---

① 参见王泽鉴：《人格权法》，北京大学出版社2013年版，第150页。
② 参见王泽鉴：《人格权法》，北京大学出版社2013年版，第168页。
③ 参见王泽鉴：《人格权法》，北京大学出版社2013年版，第168页。
④ 参见王泽鉴：《人格权法》，北京大学出版社2013年版，第163页。

容是否进行了必要的调查；（三）内容的时限性；（四）内容与公序良俗的关联性；（五）受害人名誉受贬损的可能性；（六）核实能力和核实成本”等因素（《民法典》第1026条）。以暴力或者以其他方法公然侮辱他人或者捏造事实诽谤他人，即侵害他人名誉情节严重的，还成立侮辱罪、诽谤罪（《刑法》第246条）。这多少系对应于上述事实陈述与意见表达两种侵权行为类型。而且，侮辱罪和诽谤罪是一种告诉才处理的自诉罪，但严重危害社会秩序和国家利益的除外（《刑法》第246条第2款、2021年《刑诉法解释》第1条第1款第1项）。因此，对于在网络上捏造、传播、散布不真实的内容公然对国家领导人进行名誉侵害的，以公诉的诽谤罪对之论处。基于网络的特殊性，普通被害人往往难以自行收集、提供其指控证据，为此《刑法修正案（九）》特别增加一款规定，对此情形人民法院可以要求公安机关提供协助（《刑法》第246条第3款）。

就对侵害名誉等名誉侵权行为不法性的判断方法上，刑法与民法原则上应作相同判断，以充分贯彻法律规范价值判断的一致性，维护法秩序的整体性。① 因此，民法就名誉侵权所创设的合理查证基准即必要调查（真实相当性），对刑事犯罪的判断也能够适用。至于民、刑法律之间规定的构成要件不同和过错判断标准有别，均不足以作为就人格权与言论自由在法律上的调和基准，因刑事责任和民事责任而作不同的理由。②

但是，就对名誉侵权与成立侮辱罪、诽谤罪的实质判断标准上，侵害名誉的侵权行为则并不必然与刑法的侮辱罪、诽谤罪为相同。名誉有无受损，应以社会上对个人评价是否贬损作为判断依据，其行为足以使他人在社会上之评价受到贬损的，无论其为故意或过失，均可构成侵权行为。而刑法对于过失犯侮辱罪、诽谤的，不处罚。而且，名誉侵权“其行为亦不以广布于社会为必要，仅使第三人知悉其事，亦足当之。又轻信不实之事，转述于第三人，亦可能构成侵害他人名誉”③。而在这一点上，对于构成侮辱罪、诽谤罪还须以“情节严重”为其限定要件，实务认为“情节恶劣”的亦应属之。从而也就排除了并未

---

① 参见王泽鉴：《人格权法》，北京大学出版社2013年版，第161页。

② 参见王泽鉴：《人格权法》，北京大学出版社2013年版，第314页。

③ 参见王泽鉴：《人格权法》，北京大学出版社2013年版，第150页。

对法益造成严重侵害的行为进入刑法的评价之中。当然，从侮辱罪、诽谤罪的实质考虑，若行为人所披露的事实是真实的，就属于违法阻却事由；若行为人误以为事实是真实的，就属于抽象的事实认识错误，从而阻却故意（责任），此系认定侮辱、诽谤罪的一般判断方式。但是，从表达自由与保护名誉相调和的角度来看，认为连轻率的言论也不可罚，这是没有理由的。应当认为，与被害人的名誉损毁程度、行为人的职业或能力等相适应，行为人被课以了一定的收集信息的义务，如果违反了这种义务，即因过失而没有认识到事实的虚假性的，仍应以诽谤罪处罚。①

在此还有必要注意的，是侮辱罪与诽谤罪之间的区别问题。二者均系抽象的危险犯。侮辱罪须是公然对他人人格的蔑视、降低他人的社会评价，公然披露足以降低被害人的社会评价这种事实，即使其内容为真实，除非出于社会公共利益（事实的公共性与目的的公益性），也成立本罪且既遂。诽谤罪则是一种捏造、散布并传播的行为，其内容并不具有真实性。如果当场、公然诽谤他人，系成立侮辱罪。但有散布、传播之目的且具有该可能的，则成立侮辱罪与诽谤罪之间的想象竞合。

值得讨论的是，对英雄烈士侮辱、诽谤的入罪问题（另参见《刑事审判参考》第1516号指导案例“许某怡侵害英雄烈士名誉、荣誉案”②）。《民法总则》规定行为人对英雄烈士名誉、荣誉进行非难，损害公共利益的，应承担民事责任（第185条）。《民法典》因承了这一规定。《刑法修正案（十一）》乃增设侵害英雄、烈士名誉、荣誉罪（《刑法》第299条之一）：“侮辱、诽谤或者以其他方式侵害英雄烈士的名誉、荣誉，损害社会公共利益，情节严重的，处三年以下有期徒刑、拘役、管制或者剥夺政治权利。”但是，就“英雄烈士”的范围是否包括活着的英雄，或者何人为“英雄”，以及英雄烈士有无时代限定，语义尚乏清晰。对此，2022年《最高人民法院、最高人民检察院、公安部

---

① 参见［日］西田典之：《日本刑法各论》（第6版），王昭武、刘明祥译，法律出版社2013年版，第118页。

② 参见最高人民法院刑事审判第一、二、三、四、五庭编：《刑事审判参考》（总第134辑），人民法院出版社2023年版，第73~80页。

关于依法惩治侵害英雄烈士名誉、荣誉违法犯罪的意见》（公通字〔2022〕5号）规定，《刑法》第299条之一规定的“英雄烈士”，主要是指近代以来，为了争取民族独立和人民解放，实现国家富强和人民幸福，促进世界和平和人类进步而毕生奋斗、英勇献身的英雄烈士。司法适用中，对英雄烈士的认定，应当重点把握以下几点：（1）英雄烈士的时代范围主要为“近代以来”，重点是中国共产党、人民军队和中华人民共和国历史上的英雄烈士。英雄烈士既包括个人，也包括群体；既包括有名英雄烈士，也包括无名英雄烈士。（2）对经依法评定为烈士的，应当认定为《刑法》第299条之一规定的“英雄烈士”；已牺牲、去世，尚未评定为烈士，但其事迹和精神为我国社会普遍公认的英雄模范人物或者群体，可以认定为“英雄烈士”。（3）英雄烈士是指已经牺牲、去世的英雄烈士。对侮辱、诽谤或者以其他方式侵害健在的英雄模范人物或者群体名誉、荣誉，构成犯罪的，适用《刑法》有关侮辱、诽谤罪等规定追究刑事责任，符合适用公诉条件的，由公安机关依法立案侦查，人民检察院依法提起公诉。但是，被侵害英雄烈士群体中既有已经牺牲的烈士，也有健在的英雄模范人物的，可以统一适用侵害英雄烈士名誉、荣誉罪。

（二）网络侵权与网络诽谤、侮辱罪的认定

当前，鉴于网络媒体的飞速发展及其快速普及，互联网已经形成了一种新的空间世界：网络世界。虽然网络空间是一种“虚拟”空间，但是也会产生与现实社会中同样的侵害他人人格乃至侮辱、诽谤犯罪问题。如自媒体人徐某某因基于对社会现象的关切而对社会现象评论所涉及的“肖像权、名誉权、隐私权案”。[①] 对此，判决认为，徐某某所发微博内容与客观事实基本一致（系属真实事实的证明），符合社会公共利益原则和儿童利益最大化原则（故阻却不法）。因此，基于网络链接的自身特殊方式及其登录者众多、不易审查判断其传播内容真伪等特点，从而其在快速传播过程中，对侵权后果具有“瞬息性”“遍在性”等特征，往往也给实务部门对管辖、侵权认定带来新的思考。[②]

① 参见《最高人民法院公报》2016年第4期。

② 参见张凡：《信息网络犯罪的演变与立法完善》，载《人民司法（应用）》2016年第28期。

问题 30 在互联网上发表博客文章有损他人名誉权及隐私的，是否构成诽谤罪？

对此，有判决认为，在互联网上发表文章披露其无法提供证据证实的、有损名誉权的他人隐私的行为，即构成诽谤；未达到情节严重的诽谤行为不以诽谤罪论处（参见“杨某刚诉郭某纲诽谤案”① ）。

针对以网络“人肉搜索”致人自杀死亡的案件，如被告人蔡某青因怀疑徐某在其服装店试衣时偷了一件衣服，将徐某在该店的视频截图配上“小偷”等字幕后，上传到新浪微博上，并以求“人肉搜索”等方式对徐某进行侮辱。此后徐某因不堪忍受侮辱而跳河自杀。判决认为，蔡某青的行为侵犯了他人名誉权，系公然侮辱行为，且与被害人的死亡结果具有刑法上的因果关系，达到情节严重的程度，属于严重危害社会秩序，故成立侮辱罪（参见《刑事审判参考》第 1046 号指导案例“蔡某青侮辱案”② ）。

二、针对自然人（公民）隐私、个人信息的犯罪

（一）信息社会之下自然人（公民）隐私权的刑法保护

1. 信息化时代的个人隐私的裸体化

现代社会已进入信息化时代。信息社会使每个人都成为所谓的“透明人”，甚至裸体化。在现代社会，人人为隐私的被害人，人人亦为加害人：我们要求他人尊重自己的隐私，但实际上我们都在有意无意地吞食他人的隐私。这种隐私保障与表见自由之间的紧张关系，也成为法律规范上的难题。③

2. 隐私的分类及其保护

所谓隐私是自然人的私人生活安宁和不愿为他人知晓的私密空间、私密活

---

① 刘德权主编：《中国典型案例裁判规则精选·刑事卷》，人民法院出版社 2010 年版，第 339 页。

② 参见中华人民共和国最高人民法院刑事审判第一、二、三、四、五庭主办：《刑事审判参考》（总第 101 集），法律出版社 2015 年版，第 86~89 页。

③ 参见王泽鉴：《人格权法》，北京大学出版社 2013 年版，第 177 页以下。

动、私密信息（《民法典》第 1032 条第 2 款）。其实质是指对个人资料的控制。[①] 隐私资料即个人隐私、个人信息。从而隐私分为生活私密领域免于他人侵扰与个人资料之自主控制两部分。所谓生活私密领域免于他人侵扰，乃传统意义的隐私权。所谓个人资料之自主控制，乃在肯定信息社会中个人的自主权利。在现代信息社会中，信息自主为法律规范的重点。信息指对资料加工而获得的信息，资料系原始的数据。二者乃相对的概念。个人资料（信息）的法律规范并非自始基于一个预先设计的规划，而是因侵害形态、科技进步、保护必要性及人民权利意识而形成，处于一种快速变动的发展过程。为使法律的解释适用有一个可供参照的指针，王泽鉴先生乃将隐私权定义为：个人对其私领域的自主权利。[②]

《侵权责任法》肯定隐私权系一种具体人格权（第 2 条），《民法总则》又将自然人即公民个人信息确立为独立的具体人格权益（第 111 条），而从隐私权中分离、独立出来。《民法典》并于人格权编中单设一章“隐私权和个人信息保护”，系强化了对隐私权与个人信息自主权益的保护（第 1032 条、第 1034 条）。

隐私权、个人信息的保护旨在使个人有所隐藏，有所保留，得为自主，而拥有一定范围的内在自我。隐私权在被确立之前，实务中系将之归入于对名誉权的保护之中。但名誉与隐私毕竟不同。名誉系一种社会评价，可以为善意、客观的公开评价。隐私系属自然人的“外衣”“躯壳”，系对于公开而言，自然人不愿为他人所周悉的个人事项。换言之，系为个人不受他人干扰的私的生活领域。[③] 国内学者也多认为隐私权系属个人私生活秘密，并可具体化、形象化为私人活动（指一切个人的、与公共利益无关的活动）、个人信息（个人情报资料、个人资讯）和个人领域（私人空间，是指个人的隐秘范围）三种。隐私权的保护范围并受公共利益的限制。[④]

---

① 参见王泽鉴：《人格权法》，北京大学出版社 2013 年版，第 180 页。

② 参见王泽鉴：《人格权法》，北京大学出版社 2013 年版，第 208 页以下。

③ 参见王泽鉴：《人格权法》，北京大学出版社 2013 年版，第 151 页。

④ 参见王利明主编，郭明瑞、杨立新副主编：《中国民法学说与学理研究·总则篇》，法律出版社 1998 年版，第 136 页。

3. 隐私权功能价值

隐私权旨在维护人之尊严及个人自由，但亦具达成其他价值的功能（所谓工具性的权利），包括民主社会的维持、个人的社会参与、对国家权力的限制等。美国学者艾伦·威斯汀提出隐私权具有四项具体功能，即个人自主、情感释放、自我评估及有限度与受保护的沟通。①

4. 隐私权的刑法保护

民法之所以将隐私权规定为一种独立的、具体的人格权益，系由于现代社会对人格尊严与人格自由保护意识的深入。诉讼法也均规定，对涉及个人隐私的案件，不得公开审理（《刑事诉讼法》第188条、《民事诉讼法》第137条、《行政诉讼法》第54条）。《刑法修正案（九）》为此还增设了泄露不应公开的案件信息罪（《刑法》第308条之一第1款）及披露、报道不应公开的案件信息罪（《刑法》第308条之一第3款），其中“不应公开的案件信息”，解释上也认为应涵括个人隐私。就隐私的保护，在判断方法上仍适用公共利益的阻却违法原则，此与名誉权的保护方法为一致。

就侵犯个人隐私的具体认定，本书认为，如披露的内容系属私人活动或个人领域，即使真实，但因涉及自然人名誉贬损即其社会评价会因此降低，应以侮辱罪论。而对于涉及个人信息的，则应分而论之。例如，公然散布他人曾被强奸的事实，会因此造成他人在社会生活中的评价降低，乃至造成他人家庭破裂，虽然为个人信息，但关涉他人名誉，故仍应以侮辱罪论处。如因参与案件审理而获悉该信息并泄露或公开披露、报道，则有适用泄露不应公开的案件信息罪或披露、报道不应公开的案件信息罪之余地，此处系发生与侮辱罪的想象竞合关系。但是，对于诸如身高、财产、家庭、婚恋情况、手机号码系属为个人情报资料、个人资讯，而出售或提供给他人、窃取或非法获取而散布、传播的，则系属对公民个人信息的保护法益破坏，乃成立侵犯公民个人信息罪（《刑法》第253条之一）。此中又因掺杂具体的隐私权与个人信息保护问题，故对个人信息有进一步研辨之必要。

---

① 参见王泽鉴：《人格权法》，北京大学出版社2013年版，第179页。

（二）自然人（公民）个人信息保护的法律完善

1. 个人信息权益的本质

所谓个人信息又称个人资料、个人数据，是指以电子或者其他方式记录的能够单独识别或者与其他信息结合识别出特定自然人的各种信息，包括自然人的姓名、出生日期、身份证件号码、生物识别信息、住址、电话号码、电子信箱、健康信息、行踪信息等（《民法典》第1034条第2款），可以表现为文字、图表、图像等任何形式。但不包括匿名化处理后的信息（《个人信息保护法》第4条第1款）。民事实务部门认为，个人信息是隐私的上位概念，个人隐私系包含于个人信息的范畴之中。隐私权侧重于保密，个人信息侧重于防止被识别。[①] 刑事实务部门也持该观点：个人信息既包括个人的专属性信息，也包括涉及公民个人隐私的信息。[②] 王泽鉴先生则认为，隐私权包括私人秘密与个人信息自主，[③] 亦即隐私权是信息权益的上位概念，乃涵括个人隐私与个人信息。王利明教授与张新宝教授亦持近同观念。[④] 这也是本书的立场。此由《民法典》系规定“个人信息保护”而非“信息权保护”足可看出。

因为，个人信息自主控制是随着社会发展、科技进步而渐进发育成熟的一种独立的人格权益，此前其系涵括于更早被实务所发现并终为法律所承认的隐私权中。而在隐私权被确认之前，其系一般的人格权益。由于现代社会发展，个人信息以其独有的个体识别特征、自主的人格自由性质，而从隐私权中分离，但其法律属性仍应属于公民个人私的、不愿为他人所干涉的领域。虽然在法律的保护方法（救济方式）上，其与隐私权不尽同，但是，其由来于隐私权的实质不会因之改变。故《民法典》第1034条第3款特别规定：“个人信息中的私密信息，适用有关隐私权的规定；没有规定的，适用有关个人信息保护的规定。”个人信息之所以能够从隐私权中分离出来并成为一种独立的具体的人格

---

① 参见杜万华主编：《民法总则实务指南》，中国法制出版社2017年版，第439页。

② 参见最高人民法院研究室、最高人民法院刑法修改工作小组编著：《〈刑法修正案（九）〉条文及配套司法解释理解与适用》，人民法院出版社2015年版，第192页。

③ 参见王泽鉴：《人格权法》，北京大学出版社2013年版，第80页。

④ 参见陈建华：《侵害公民个人信息的赔偿责任》，载《人民司法（案例）》2016年第29期。

权益，其本质特征在于，信息是对资料加工而获得的，因此往往具有“二次”性的特点，从而与隐私系一种初始的资料状态并不同。在工业时代，个人信息尚可涵括于隐私范畴之中，而在信息化时代，基于传播、网络的发达、迅捷，信息还可作为一种商品从而具有流通价值。以是个人信息不唯具有人格利益性，还具有财产利益性，从而就与仅具人格利益性、专属性的隐私权不同。

因此，《民法总则》第111条继《侵权责任法》对自然人的隐私权予以肯定、保护之外，另增设个人信息自主为一种独立的人格权益（而非权利）。《民法典》继之又对个人信息的内容及其保护方法（第1034条）、保护豁免条件（第1035条）等予以了规定，从而也协调了与《刑法修正案（七）》和《刑法修正案（九）》所增设及修改的第253条之一对公民个人信息（法益）保护规定之间的衔接关系。2021年出台的《个人信息保护法》，系从法律的层面对该基本权益进行肯定并作最周延的保护。

2. 公民（自然人）个人信息保护的刑法完善

现行刑法、民法之所以均重视对个人信息的特殊保护，是因为在信息时代，“现代社会中每个成员自身的情况也已经是社会信息中不可分割的部分”。特别是随着信息网络技术的不断发展，公民个人信息的安全性问题正日益成为一个全社会关注的问题，① 侵犯公民个人信息的违法乃至犯罪案件也正日益泛滥（参见《刑事审判参考》第719号指导案例“周某等非法获取公民个人信息案”②）。非法侵害公民个人信息的行为还极易引发其他次生犯罪，乃至造成更为严重的危害社会的后果。③ 而通过信息网络实施的电信诈骗、网络诈骗、敲诈勒索、绑架和非法讨债等犯罪也屡禁不绝，2016年因遭遇电信诈骗而突发心梗死亡的“徐某玉电信诈骗案”即其典型例示。为此，2007年《刑法修正案（七）》即将该行为规定为犯罪（《刑法》第253条之一）。此后《刑法修正案

---

① 参见最高人民法院研究室、最高人民法院刑法修改工作小组编著：《〈刑法修正案（九）〉条文及配套司法解释理解与适用》，人民法院出版社2015年版，第180页。

② 参见中华人民共和国最高人民法院刑事审判第一、二、三、四、五庭主办：《刑事审判参考》（总第81集），法律出版社2012年版，第26~31页。

③ 参见最高人民法院研究室、最高人民法院刑法修改工作小组编著：《〈刑法修正案（九）〉条文及配套司法解释理解与适用》，人民法院出版社2015年版，第184页。

（九）》又将特定行为主体扩及于一般主体，从而严密了法网，并将“违反国家规定”修改为“违反国家有关规定”。最高人民法院亦相应地将非法获取公民个人信息罪修改为侵犯公民个人信息罪。

3. 公民（自然人）个人信息保护的刑法解释

就公民（自然人）个人信息的保护范围，解释上认为涵括具有个体识别特征的所有信息，又以登记于主管机关或从事公共服务事业、社会中介机构者的记录为侧重。对此，《个人信息解释》第1条明确规定：“刑法第二百五十三条之一规定的‘公民个人信息’，是指以电子或者其他方式记录的能够单独或者与其他信息结合识别特定自然人身份或者反映特定自然人活动情况的各种信息，包括姓名、身份证件号码、通讯联系方式、住址、账号密码、财产状况、行踪轨迹等。”该规定为《民法典》（第1034条第2款）所体承。因此，登记于电信、金融、交通、不动产管理、医疗、税收机关等职能机构或提供服务单位中的个人身份信息，如QQ号、宽带账号、社会保障卡号等，一皆属之。此前有实务部门即已将“手机定位”解释为受刑法保护的公民个人信息（参见《刑事审判参考》第741号指导案例“谢某冲出售公民个人信息案”①），体现了对个人信息保护的适正性。

4. 侵犯公民个人信息罪的法律适用

根据《刑法修正案（九）》对《刑法》第253条之一的修改，以下三种行为构成侵犯公民个人信息罪：第一，违反国家有关规定，向他人出售或者提供公民个人信息，情节严重的；第二，违反国家有关规定，将在履行职责或者提供服务过程中获得的公民个人信息，出售或者提供给他人的；第三，窃取或者以其他方法非法获取公民个人信息的。因此，本罪系分为三种具体类型：向他人出售或提供型（参见“周某等非法获取公民个人信息案”）；（具有特殊违法身份者）将在履行职责或提供服务过程中所获信息向他人出售或提供型；非法窃取型，如非法购买公民电话清单后又出售牟利（参见《刑事审判参考》第

① 参见中华人民共和国最高人民法院刑事审判第一、二、三、四、五庭主办：《刑事审判参考》（总第83集），法律出版社2012年版，第51~55页。

612 号指导案例“周某平非法获取公民个人信息案”① ）。其中，前两种类型又均属违法提供型，且均有违反国家有关规定之限制。实则在于，作为阻却违法的事由，其应当止于执行法令等维护重大公共利益的行为。因此，上述三种行为系均以非法（不法）为其成立前提。并且，单位犯前三款罪的，也成立本罪（参见最高人民检察院 2017 年《侵犯公民个人信息犯罪典型案例之鲁某、××快递公司等侵犯公民个人信息案》）。

所谓违反国家有关规定，根据《个人信息解释》第 2 条的规定，是指违反法律、行政法规、部门规章有关公民个人信息保护的规定，此与《刑法》第 96 条规定的国家规定（是指全国人民代表大会及其常务委员会制定的法律和决定，国务院制定的行政法规、规定的行政措施、发布的决定和命令）的范围不尽相同，作为部门规章的中国人民银行发布的《个人信用信息基础数据库管理暂行办法》亦应属之。并且，从立法的过程、本意检视显然对此不宜作过于限缩的解释。②

就“非法提供”的认定，《个人信息解释》第 3 条规定：未经被收集者同意，将合法收集的公民个人信息向他人提供的，属于《刑法》第 253 条之一规定的提供公民个人信息，但是经过处理无法识别特定个人且不能复原的除外。例如，E 某在担任某公司客户经理期间，利用公司赋予的公民不动产登记信息查询权限，私自查询并保存公民不动产登记信息约三千条，并将其中部分信息出售他人。虽然此前当地公民均可持本人身份证去不动产登记部门办理一定手续并支付一定费用后即可查询任意地址的房产信息，即 E 的取得行为在当时尚属合法，但因未经被收集者本人同意，且未经特殊处理而向他人提供，故仍应属于非法提供的情形。而对于从公开的商业网站广告中收集的企业的法定代表人或联系人的手机信息，由于信息主体基于商业目的将个人信息公开前，必然会在信息公开流通与排他性支配之间进行权衡取舍，其通过公开个人信息获

① 参见中华人民共和国最高人民法院刑事审判第一、二、三、四、五庭主办：《中国刑事审判指导案例 3 · 侵犯公民人身权利、民主权利罪》，法律出版社 2012 年版，第 607~609 页。

② 参见最高人民检察院《检察机关办理侵犯公民个人信息案件指引》（高检发侦监字〔2018〕3 号）第 2 条第 2 项规定。

得商业利益必然以对信息排他性支配的削弱甚至丧失为代价，因此可以将之理解为“默示同意”，从而基于法益衡量对此类提供行为可不认定为“非法提供”（参见《刑事审判参考》第 1487 号指导案例“王某侵犯公民个人信息案”① ）。

就“以其他方法非法获取公民个人信息”的“其他方法”，是指“违反国家的有关规定，通过购买、收受、交换等方式获取公民个人信息，或者在履行职责、提供服务过程中收集公民个人信息”（《个人信息解释》第 4 条）。如在“籍某某、李某某侵犯公民个人信息案”中，籍某某身为派出所民警，利用职务之便，使用已调离的前所长的数字证书查询公安系统内公民个人信息 3600 余条，并向李某某出售，非法获利 19840 元（参见最高人民检察院 2017 年《侵犯公民个人信息犯罪典型案例》），此方式仍属于一种非法获取的方法，且属从重处罚的对象。并且，即使为合法经营活动而非法购买、收受行踪轨迹、财产信息、交易信息等个人信息，如具有获利 5 万元以上，或者曾因侵犯公民个人信息受过刑事处罚或者两年内受过行政处罚，又非法购买、收受公民个人信息等情形，也属于情节严重（《个人信息解释》第 6 条）。但是，作为实害犯而非危险犯，就仍然应以是否因之而使被害人的个人生活安宁的法益受到侵害为限定。仅仅实行了收集行为，而未出售或向他人提供，若仅出于对信息资料的研究与市场判断，就不应作犯罪处理。而以经营为目的并使用了该信息的（以被害人实际受到侵扰为判断基础），则应成立本罪。因为，该行为并未经被害人同意，从而也就侵害了作为信息拥有者的个人生活安宁的法益。

（三）隐私、信息自主（权利保护）与言论自由、知情权（行为自由）之间冲突的法益衡量

法律系以规范行为自由与权利保护关系而为目的。隐私权、个人信息保护可能发生与知情权、言论自由的冲突。因言论自由乃人格的体现，旨在追求真理，真理的追求是一个多种见解不断论辩的过程，具有维护民主政治发展、形

---

① 参见最高人民法院刑事审判第一、二、三、四、五庭编：《刑事审判参考》（总第 132 辑），人民法院出版社 2022 年版，第 79~85 页。

成民意、监督政府的重大的职能。故对于非为真实的事实，无助于真理的追求，较少保护的必要。而对于关于公共利益事项的事实报道，则应受保护。①

就知情权（行为自由）与隐私权、个人信息保护（权益保护）之间所产生的冲突，须贯彻比例原则，以衡量法益冲突。并应以“公共领域中得合理期待不受侵扰之自由与个人资料自主权”为判断基准。② 如“蒋某案”。③ 蒋某（女）将曾与一男生有性关系的情况以书信向男友沈某坦诚。沈某无法接受，遂解除婚约。后沈某又与谢某相爱，并将蒋某之信交给谢某。谢某将该信交给蒋某的单位领导，该领导把信复印三份，交给工会等部门参阅，造成严重影响。就蒋某的隐私是否属遭受不法侵害及有无受知情权的违法阻却，曾产生争议。就法定的知情权，原本在法律规定的正当程序范围下阻却侵害隐私权的违法性。之所以存在知情权与隐私权的冲突争议，是由于知情权是一个极其广泛、复杂的概念，既包括公法方面的政治权利内容，也包括属于私法方面的人格权问题，还包括国家权力问题。知情权也是当今社会的一项基本人权，它从法的角度体现了文明社会对人和信息关系的一种深刻认同，其表明依法获悉和获取信息是人按其本质应享有并不容侵犯的一项基本权利和自由。但是，该知情权应主要限于社会公共利益及社会不良现象的知悉、获取，④ 而非应及于纯属于私人秘密的领域，更不应该知情后予以披露。因此，在私人秘密领域中，若未涉及公共利益，则享有高于知情权的位阶，至少具有高于知情后不得披露的位阶价值。因此，沈某将蒋某的隐私泄露给他人，系违背了知情权为他人保密的义务，从而构成侵害隐私权。此案件的判断处理方式，类推适用于对侵害公民个人信息及侵犯公民个人信息罪的违法阻却认定。

就个人信息自主保护与知情权之间法益衡量的具体判断，德国联邦宪法法院系采用如下“晕影原则”，值得借鉴：第一，在自动化数据处理的现代化条

---

① 参见王泽鉴：《人格权法》，北京大学出版社 2013 年版，第 157 页。

② 参见王泽鉴：《人格权法》，北京大学出版社 2013 年版，第 230 页。

③ 参见王利明主编，郭明瑞、杨立新副主编：《中国民法案例学理研究 · 总则篇》，法律出版社 1998 年版，第 146 页。

④ 参见王利明主编，郭明瑞、杨立新副主编：《中国民法案例学理研究 · 总则篇》，法律出版社 1998 年版，第 148 页。

件下，人格的自由发展取决于个人有权对抗个人资料被无限制的搜集、储存、使用与传送。其内容须包括个人自主决定的价值与尊严，自行决定何时及于何种范围内公开其个人的生活事实。第二，个人对其切身资料并无所谓绝对不受限制的支配，个人与团体间具有社会关联性及社会拘束性，因此个人的信息自主权必须受到重大公益的限制，国家公权力对个人信息自主权领域的规范，应受法律保留原则、授权明确性原则及比例原则的拘束，并有义务在组织及程序上采取相对应的预防措施，使个人的信息获得保障，而有效发挥其功能。[①] 换言之，虽然公民（自然人）个人信息是一种受法律保护的人格权益，但是，在涉及重大公共利益的场合，依照授权明确、比例原则，可对之收集、使用。《民法典》第 1036 条第 3 款亦规定，在处理个人信息时，为维护公共利益合理实施的行为，不承担民事责任。

三、针对商组织名誉（信用）、隐私（秘密）的犯罪：商法人的特殊名誉权及其特殊隐私权的法益保护

法人亦有其名誉权（《民法典》第 110 条第 2 款、第 1024 条承认法人具有名誉权）和隐私权，只不过基于法人的组织体特征，而与自然人的名誉、隐私并不尽同，特别是就商法人的名誉而言，实则是以商业信誉、商品声誉为其外在表征的信用问题。

在市场经济体制下的市场活动之中，信用问题殊为重要。但我国民法并未规定信用权，实务中系将个人信用解释为名誉权（参见“周某芳诉中国银行上海分行名誉权纠纷案”[②]）。但需明确的是，信用权与名誉权并不同：信用权指经济上的评价，系以经济上的活动可信赖性为内容的权利，除支付能力、履约意愿外，尚应包括商品及服务在内。例如不实传述他人供应的商品具有致癌性，成立对他人信用的侵害。名誉权则是关于品行、声誉、德性等社会上的评价。信用既系人格权，又是一种经济评价，亦即信用权既具有精神利益，又具有财

① 参见王泽鉴：《人格权法》，北京大学出版社 2013 年版，第 200 页。

② 参见《最高人民法院公报》2012 年第 9 期。

产利益的内容。[①] 名誉权则仅具有精神性利益。

虽然民法尚未确定信用权，但在规范市场主体行为的《反不正当竞争法》第 11 条关于“经营者不得编造、传播虚假信息或者误导性信息，损害竞争对手的商业信誉、商品声誉”的规定，则以禁止反向肯定了信用权系一种定在。

基于不正当竞争的目的，而对竞争对手散布其产品伪劣的不实消息，致使其因此信用受损并遭受经济损失的，成立民法上的侵权之债。就信用权的保护方法，《民法典》第 1030 条规定：“民事主体与征信机构等信用信息处理者之间的关系，适用本编（人格权编）有关个人信息保护的规定和其他法律、行政法规的有关规定。”因该行为又涉及对被侵权人的商品质量信誉的侵害，即商品声誉，从而又符合《反不正当竞争法》第 11 条规定的侵害他人商品声誉的构成要件，于此乃发生请求权竞合问题。因反不正当竞争法系特别法，故多适用该法。并且，情节严重的，还涉嫌触犯刑法所规定的损害商品声誉罪。如出于对他人商业信用的贬损，因系损害他人商业信誉，情节严重的，则涉嫌触犯损害商业信誉罪（《刑法》第 221 条）。两罪保护的法益均为从经济方面所作的社会评价。此外，损害商品声誉罪还包括侵犯对所出售的商品品质的社会性信赖的法益；而损害商业信誉罪则还包含对商组织的支付能力或支付意思的社会性信赖的法益。[②]

此外，商人也具有隐私，即不为外界所干扰的私人生活领域。只不过由于商组织的特殊性及其营业性特征，其隐私是不受非法干扰的营业秘密，包括技术信息和经营信息，此在《反不正当竞争法》中系被称为商业秘密，并被《民法典》确定为一种知识产权（《民法典》第 123 条第 2 款第 5 项）。并且，这也是一种为《刑法》所保护的法益（《刑法》第 219 条）。由于侵犯商业秘密也是一种侵权行为，因此二者之间也发生请求权竞合问题。

---

① 参见王泽鉴：《人格权法》，北京大学出版社 2013 年版，第 176 页。

② 参见［日］西田典之：《日本刑法总论》（第 6 版），王昭武、刘明祥译，法律出版社 2013 年版，第 123 页。

四、针对商人信用的犯罪：损害商业信誉、商品声誉罪

（一）损害商业信誉、商品声誉罪的犯罪构成

在商事活动中，商人的信用主要表现为商业信誉。由于商业活动多以商品、服务为其经营体现，故商品声誉也在其中。因此，以捏造并散布虚伪的事实（不实消息）而不法侵害他人商业信用、商品声誉的行为，在给他人造成重大损失或者有其他严重情节的场合，有适用刑法上损害商业信誉、商品声誉罪之余地（参见“陈某等损害商品声誉案”①）。此外，就反向假冒他人注册商标的行为，也宜以本罪处罚。

捏造并散布虚伪的事实，是损害商业信誉、商品声誉的方法和手段。有实务部门认为，无论是捏造整个虚假的事实，还是捏造部分虚假的事实，只要加以散布，都可以损害他人商业信誉和商品声誉，并给竞争对手造成经济损失，达到不正当竞争的目的。损害商业信誉、商品声誉罪是选择性罪名。因此，在处理损害商业信誉、商品声誉案件时，应根据案件具体事实具体认定被告人的行为侵犯的是商业信誉，还是商品声誉，抑或商业信誉和商品声誉，确定相应的罪名。例如，行为人捏造并散布的虚伪事实是关于他人在信守合约或履行合同中的信誉度或者他人的生产能力和资金状况等内容，则只侵害了他人的商业信誉，罪名就应确定为损害商业信誉罪；行为人捏造并散布的虚伪事实是关于他人的产品在质量、等级、效果、方法、价格等方面的内容，则只侵害了他人的商品声誉，罪名就应确定为损害商品声誉罪；行为人捏造并散布的虚伪事实既针对他人的商业信誉又针对他人的商品声誉的，罪名则应确定为损害商业信誉、商品声誉罪。②

所谓重大损失，实务部门一般认为是直接经济损失，但间接经济损失也是应当考虑的量刑情节。并且在具体认定损害行为所造成的经济损失时，应特别注意损害行为与经济损失之间的因果关系，即不能将与捏造并散布虚伪事实的

---

① 参见《最高人民法院公报》2004 年第 6 期。

② 参见刘德权主编：《最高人民法院司法观点集成 · 刑事卷①》，人民法院出版社 2014 年版，第 734 页。

行为无因果关系和不是行为必然造成的损失计算在内。至于其他严重情节，一般是指行为人在捏造并散布虚假事实、损害他人的商业信誉和商品声誉的过程中的除重大损失以外的严重情节。例如，多次损害他人商业信誉和商品声誉；因损害他人商业信誉和商品声誉被有关主管部门处罚后又损害他人商业信誉和商品声誉；虚构并散布的虚伪事实传播面较广，在消费者中产生严重的不良影响；使用恶劣的手段、捏造恶毒事实等（参见《刑事审判参考》第 85 号指导案例“王某达损害商业信誉、商品声誉案”[①]）。

（二）关于“他人”的认定

通常而言，损害商业信誉、商品声誉罪主要是基于不正当竞争的目的，而实施捏造并散布虚伪事实，以攻击同业经营者，并造成竞争对手重大经济损失的行为（参见“王某达损害商业信誉、商品声誉案”）。但是，基于刑法的独立性，即使行为人并非出于竞争目的，捏造并散布虚假事实以损害经营者的商业信誉或商品声誉的，仍成立该罪。如“訾某佳损害商品声誉案”（《刑事审判参考》第 597 号指导案例[②]）：北京电视台临时工作人员訾某佳欺骗制作早餐的卫某峰等 4 人制作“纸馅包子”，编辑制作了虚假电视专题片《纸做的包子》，使该虚假节目在北京电视台播出，造成恶劣影响。判决认为，訾某佳故意捏造事实并散布伪造事实的行为，损害了相关行业商品的声誉，情节严重，已构成损害商品声誉罪。该案主要争议的问题如下。

问题 31　如何认定损害商品声誉罪中的“他人”？

根据判决，訾某佳不仅侵害了卫某峰等四人的商品声誉，而且还侵及了该市从事于该行业即以生产包子为业的其他食品生产者的食品声誉。由于在该市从事包子生产、经营的企业、人数众多，因此，就该不特定的“他人”认定，

① 参见中华人民共和国最高人民法院刑事审判第一庭、第二庭编：《刑事审判参考》（总第 13 辑），法律出版社 2001 年版，第 7~14 页。

② 参见中华人民共和国最高人民法院刑事审判第一、二、三、四、五庭主办：《刑事审判参考》（总第 72 集），法律出版社 2010 年版，第 10~12 页。

曾引发争议。依学理解释，本罪之中的“他人”，须是特定、具体的人，不仅包括竞争对手，也包括其他生产者与经营者；不仅包括个人，而且包括单位。[①]因此，对“他人”的解释仍须以特定、具体为限定。就本案而言，考虑到訾某佳所捏造并散布的虚假事实其具体指向是北京市外来的从事包子生产经营的一类市场主体，这些人虽然难以被完全具体化，但指向特定化。所以，本案中的被害人就应是以卫某峰等四人为代表的这些外来从事食品生产、经营的个体工商户，而不应包括生产经营传统食品的营利法人、具有知名度的其他商户，如传统的“狗不理包子铺”。就此而言，该指向特定性的解释具有适正性。

五、针对商业“隐私”的犯罪：侵犯商业秘密罪的审理及其认定

（一）侵犯商业秘密罪的立法沿革和司法现状

在现代社会，一个企业的经营业务方面的能力以及其竞争能力，在很大程度上取决于企业的商业秘密。商业秘密是指不为公众所知悉，具有商业价值并经权利人采取保密措施的技术信息和经营信息（《反不正当竞争法》第9条第4款）。对于商业秘密的保护，基本上是规定在反不正当竞争法与刑法中。因为，企业在市场竞争条件下的商业秘密，不再仅仅具有个人法益的意义，而且具有对整个经济制度和竞争秩序的意义。[②] 为此，《反不正当竞争法》规定，以盗窃、贿赂、电子侵入等不正当手段获取权利人的商业秘密，或者披露、使用或者允许他人使用以前项手段获取的商业秘密，以及违反保密义务或者违反权利人有关保守商业秘密的要求，披露、使用、允许他人使用其所掌握的商业秘密，或者教唆、引诱、帮助他人违反保密义务或要求，获取、披露、使用或者允许他人使用权利人的商业秘密的，为侵犯商业秘密行为。第三人明知或者应知前列违法行为，获取、使用或者披露他人的商业秘密的，也视为侵犯商业秘密行为（《反不正当竞争法》第9条）。在《刑法修正案（十一）》之前，上述行为在“给权利人造成重大损失的”场合，成立《刑法》第219条规定的侵犯商

① 参见张明楷：《刑法学》，法律出版社2016年版，第829页。

② 参见王世洲：《德国经济犯罪与经济刑法研究》，北京大学出版社1999年版，第310页。

业秘密罪。

但是，鉴于实务中存在“法律规定抽象不明确，对侵犯商业秘密罪的认识存在罪与非罪、此罪与彼罪的众多分歧”“指控举证困难”“程序规定的适用不统一”“刑罚配置不足”等问题，本罪在实践中的落实极为困难。[①] 根据辽宁省高级人民法院知识产权审判庭在 2022 年 6 月提供的资料，自 2014 年 1 月以来该省仅有七件案件进入刑事诉讼程序，而其中还有一件案件因鉴定、数额认定存疑等原因被无罪化。这在一定程度上也反映出了全国司法的现状。为落实《与贸易有关的知识产权协定》，贯彻 2019 年 11 月中共中央办公厅、国务院办公厅印发的《关于强化知识产权保护的意见》中关于“加大刑事打击力度，研究降低侵犯知识产权犯罪入罪标准，提高量刑处罚力度”的要求，《刑法修正案（十一）》对《刑法》第 219 条进行了修改，将“造成重大损失”修改为“情节严重”，同时取消了拘役刑，并将最高刑升至有期徒刑 10 年。此外增设了为境外窃取、刺探、收买、非法提供商业秘密罪（《刑法》第 219 条之一）。

（二）商业秘密的本质及其判定规则

商业秘密是一种知识产权（《民法典》第 123 条第 5 项），既具有人格利益性又具有财产利益性。对商业秘密的认定、保护应贯彻“滴汗”原则。就商业秘密不为公众所知悉的秘密性而言，其与公开受法律保护的专利权在某种意义上是一种对立关系（后者系以公开换垄断，并以侵权产品是否“落入保护范围”为判断标准）。商业秘密仅是一种受法律认可的正当利益，其存在的本质依赖于事实上的保密状态和交易相对人的认同，法律对其保护也相当有限，反不正当竞争法并没有赋予其排他性的权利。商业秘密保护不是保密或鼓励开发秘密装置或工艺的政策，而仅是反对违反承诺和以受谴责的方式获取他人的商业秘密。[②] 虽然侵犯商业秘密罪与盗窃罪相近似，但商业秘密在被他人窃取后并不会发生因此而失去占有的物权效果，其所失去的是其市场竞争优势、所占份额，以及此前投入的研发经费、付出成本与期待利益。这也是侵犯商业秘密

---

① 参见毛玲玲：《经济犯罪与刑法发展研究》，法律出版社 2017 年版，第 550 页以下。

② 参见唐海滨主编：《美国是如何保护商业秘密的》，法律出版社 1999 年版，第 144 页。

罪与盗窃罪等侵犯财产罪（占有并排除）的不同所在。这也充分证实，侵犯商业秘密罪正处于侵犯人身权益的犯罪与侵犯财产权益的犯罪之间。

商业秘密实则是一种具有秘密性的信息。商业秘密又限于在商事活动中具有经济价值、能给权利人带来竞争优势的技术信息（与技术有关的结构、原料、配方等信息）与经营信息（与经营活动有关的创意、管理、客户信息等信息）。上述具体内容是由《商业秘密解释》所完善的（第1条）。这得益于实务的发展促进。

商业秘密与专利权等获得行政在先确认的知识产权不同，是需要通过司法确认才能予以保护的一种知识产权，故司法人员才是最终确认商业秘密的主体。但是，鉴于技术信息的复杂性，就能否成立商业秘密，通常须经专家鉴定，以获得司法确认上的参考。因此，根据2007年《商业秘密解释》第3条的规定与要求，法官应结合鉴定并“站在有关信息所属领域相关人员的立场上”作出是否符合商业秘密的判断（另参见《刑事审判参考》第1003号指导案例“伊特克斯公司、郭书周等侵犯商业秘密案”①）。

（三）对商业秘密具体构成的司法判定

商业秘密须具秘密性、保密性和商业价值性三个特征。其中，秘密性是其根本属性，而保密性作为商业秘密占有人为防止泄露所采取的防范措施也必不可少，商业价值性则是其功能实质，三者缺一不可，且紧密相关。

第一，就“不为公众所知悉”的司法判断。

针对商业秘密的秘密性特征，《商业秘密解释》第3条规定：“权利人请求保护的信息在被诉侵权行为发生时不为所属领域的相关人员普遍知悉和容易获得的，人民法院应当认定为反不正当竞争法第九条第四款所称的不为公众所知悉。”同时其第4条第2款规定：“将为公众所知悉的信息进行整理、改进、加工后形成的新信息，符合本规定第三条规定的，应当认定该新信息不为公众所知悉。”

---

① 参见中华人民共和国最高人民法院刑事审判第一、二、三、四、五庭主办：《刑事审判参考》（总第99集），法律出版社2015年版，第31页。

需要注意的是，商业秘密的秘密性乃是一种相对而非绝对的秘密性（参见《刑事审判参考》第519号指导案例“李某侵犯商业秘密案”[①]）。该相对性也体现于并非要求商业秘密的拥有人之外的所有人均不能知悉有关信息。例如，基于签订了保密协议或合作协议，也会使相关人员在一定范围内知悉该秘密。

第二，能带来经济利益的商业价值性。

所谓商业价值性，是指该信息具有确定的可应用性，能为权利人带来现实的或者潜在的经济利益或者竞争优势。就此而言，能够带来经济利益与具有商业价值性是表里递进而非相互独立割裂的关系，而且其商业价值性也表征于能给权利人带来竞争优势。这正是其经济价值之所在。三者之间互为体呈、彼此印证。《商业秘密解释》第7条第2款还特别规定，“生产经营活动中形成的阶段性成果符合前款规定的，人民法院经审查可以认定该成果具有商业价值”。

第三，关于所采取的保密措施的司法判断。

对于商业秘密的保密性特征，实务中认定权利人所采取的合理保密措施，应与其商业秘密的价值相适应，即须与其秘点相对应（参见“吴某侵犯商业秘密案”[②]）。《商业秘密解释》第5条第2款在总结实务的基础上对此进行了相应的完善：“人民法院应当根据商业秘密及其载体的性质、商业秘密的商业价值、保密措施的可识别程度、保密措施与商业秘密的对应程度以及权利人的保密意愿等因素，认定权利人是否采取了相应保密措施。”并在其第6条进行了细化。因此，在审判实践中，可将侵权行为的性质作为判断商业秘密信息获取难易程度的重要依据。理论上，行为人通过侵权行为获取信息的性质越恶劣，越说明信息通过正当的渠道难以获得。也可以认为，秘密性（非公知性）是一个变量，在一定范围内与侵权行为的恶劣程度反向相关。[③]

第四，基于客户信赖的除外原则。

由于商业秘密的非公知性并不是绝对的，因此权利人往往会通过签订保密

① 参见中华人民共和国最高人民法院刑事审判第一、二、三、四、五庭主办：《刑事审判参考》（总第66集），法律出版社2009年版，第4页。

② 参见《人民司法（案例）》2015年第22期。

③ 参见张玉瑞：《商业秘密法学》，中国法制出版社1999年版，第144页。

协议（承诺）允许部分人员获知该信息。通常而言，虽然签订了保密协议或禁止性协议，但如果没有利用商业秘密，而仅是利用该技能、知识的，就属于一种自由行为，阻却成立不正当竞争。并且，“客户基于对职工个人的信赖而与职工所在单位进行市场交易，该职工离职后，能够证明客户自愿选择与自己或者其新单位进行市场交易的，应当认定没有采用不正当手段”（《商业秘密解释》第2条第2款）（另参见“山东山孚公司等诉马某庆、青岛圣克达诚贸易公司不正当竞争案”[①]）。

（四）《刑法修正案（十一）》对本罪修订后的适用方法

侵犯商业秘密的民事侵权行为与侵犯商业秘密犯罪之间，并非非此即彼、对立关系。因为二者之间的行为性质相同，只是程度有差异，故对于程度判断的依据应一体适用。[②] 这源于二者保护法益的同一性。

鉴于侵犯商业秘密罪现已由结果犯转变为情节犯，结合既往的司法惯例，对于多次侵害他人商业秘密的、侵权持续时间较长、客户失去的合理数量较大、非法经营辐射范围较广以及造成商业秘密权利人因而陷入经营困难乃至企业破产境地等情形，均会成立情节严重。但是，造成权利人重大损失的，也仍应是构成情节严重的一种情形。这是基于举轻以明重的法律适用规则。

因此，在新的司法解释出台之前，2020年出台的《知识产权解释（三）》等规定就仍有适用的必要。该解释第4条规定：“实施刑法第二百一十九条规定的行为，具有下列情形之一的，应当认定为‘给商业秘密的权利人造成重大损失’：（一）给商业秘密的权利人造成损失数额或者因侵犯商业秘密违法所得数额在三十万元以上的；（二）直接导致商业秘密的权利人因重大经营困难而破产、倒闭的；（三）造成商业秘密的权利人其他重大损失的。给商业秘密的权利人造成损失数额或者因侵犯商业秘密违法所得数额在二百五十万元以上的，应当认定为刑法第二百一十九条规定的‘造成特别严重后果’。”第5条第1款规定：“实施刑法第二百一十九条规定的行为造成的损失数额或者违法所得数

① 参见《最高人民法院公报》2009年第9期。

② 参见中华人民共和国最高人民法院刑事审判第一、二、三、四、五庭主办：《刑事审判参考》（总第99集），法律出版社2015年版，第28页。

额，可以按照下列方式认定：（一）以不正当手段获取权利人的商业秘密，尚未披露、使用或者允许他人使用的，损失数额可以根据该项商业秘密的合理许可使用费确定；（二）以不正当手段获取权利人的商业秘密后，披露、使用或者允许他人使用的，损失数额可以根据权利人因被侵权造成销售利润的损失确定，但该损失数额低于商业秘密合理许可使用费的，根据合理许可使用费确定；（三）违反约定、权利人有关保守商业秘密的要求，披露、使用或者允许他人使用其所掌握的商业秘密的，损失数额可以根据权利人因被侵权造成销售利润的损失确定；（四）明知商业秘密是不正当手段获取或者是违反约定、权利人有关保守商业秘密的要求披露、使用或者允许使用，仍获取、使用、披露的，损失数额可以根据权利人因被侵权造成销售利润的损失确定；（五）因侵犯商业秘密行为导致商业秘密已为公众所知悉或者灭失的，损失数额可以根据该项商业秘密的商业价值确定，商业秘密的商业价值，可以根据该项商业秘密的研究开发成本、实施该项商业秘密的收益综合确定；（六）因披露或者允许他人使用商业秘密而获得的财物或者其他财产性利益，应当认定为违法所得。”现就如何适用提出以下几点意见。

首先，须明确的是，权利人的经济损失以及侵权人所获利润之间，必须要存在相当因果关系。换言之，必须是权利人经济损失的客观结果可归责于侵权人不法行为的场合，如对权利人的商业秘密进行了利用或披露，从而导致权利人的商业秘密因之失去商机，或彻底丧失其秘密性。

其次，由于商业秘密并不具有排他性，因此，对其保护范围就必须要根据《反不正当竞争法》等法律规定予以合理界定。对于权利人的商业秘密因被侵犯而遭受的经济损失，虽然仍要根据“（1）权利人损失数额能够确定的以该数额计算；（2）权利人损失数额难以计算的以侵权人因侵犯商业秘密所获实际利润计算；（3）参照侵犯专利权的损害赔偿额（参照许可使用费用）确定；（4）在已为公众知悉的场合根据商业秘密的商业价值确定”等四种计算方式依次认定，但必须考虑商业秘密主要是能为权利人带来市场竞争上的优势这一实质，这种优势与其商业价值性、可保持优势时间、所覆盖市场份额等密不可分。并且，商业秘密作为一种无形的智慧产权，其权利人先期的“滴汗”即所付出的创造性劳动，以及投入的研发费用等成本、合理期待利益，也均应在综合考量之中。

再次，对经济损失的保护必须要着力于商业秘密其政策本质，即仅是反对违反承诺和以受谴责的方式获取他人的商业秘密，而不是保密或鼓励开发秘密装置或工艺。侵犯商业秘密的行为必须是属于侵权人因违反了事先承诺或以受谴责的方式获取或披露了权利人的商业秘密，事后又有浸污他人的秘密领域而为谴责必要的不法行为。换言之，行为人所应受谴责的范围应仅及于所制造出的同类产品之中所涉商业秘密部分，而不能及于该同类产品的全部利润，更不能及于该产品的全部。

最后，对于侵犯商业秘密犯罪的认定，应当注意刑事诉讼与民事诉讼的区别，不能将上述用于解决民事侵权赔偿问题的计算方法完全照搬到作为侵犯商业秘密罪客观构成要素的损失认定之中。在刑事诉讼中，作为基本犯罪事实主要内容的损失数额，在具体案件中必须是确定的。因此，在不同的损失计算方法会导致不同损失数额的情况下，就不能任意地选择计算方法。换言之，在不同的具体案件之中必须选择特定的数额计算方法。

基于上述考虑，根据侵犯商业秘密的行为主要分为以不正当手段获取商业秘密、披露商业秘密、使用商业秘密三种方式。侵犯商业秘密的损害结果主要分为披露属于技术信息的商业秘密导致公众知悉但未发现使用、非法使用或允许他人非法使用属于技术信息的商业秘密、获取属于经营信息的商业秘密后披露或者使用导致相应的业务流失等三种样态。因此结合上述损害结果样态加以因果关系客观归责而采取不同的认定方法较为可行。其中，就披露属于技术信息的商业秘密导致公众知悉但未发现使用的场合，以研发费用代替商业秘密的自身价值是一个较为合理的选择方式，这是以商业价值难以进行准确鉴定为前提的；就非法使用或允许他人非法使用属于技术信息的商业秘密的场合，作为典型的侵犯商业秘密类型，在权利人损失难以准确计算的前提下，以侵权人的获利作为基准，仍是最为合适的方法；就获取属于经营信息的商业秘密后披露或者使用导致相应的业务流失的场合，由于权利人遭受了特定业务的流失，通常侵权人的获利就是最为准确的方法。而在就商业秘密全面被披露并导致权利人破产的极端场合，可直接认定其为情节严重，而无须再以研发成本、作为专利技术转让的可评估商业价值、市场预期利润前景、侵权人获利情况作为综合考量的因素。此在2020年《知识产权解释（三）》第4条已作出规定。并且，侵权时间的长短、次数、违法所得数额、非法经营规模也均在考虑之列。这种综合考量的因素，应限于对权利人的商业秘密因被侵犯而致商品严重滞销、积压、营利性服务严重受挫等行为构成停留阶段的判断之中。

（五）关于侵犯商业秘密刑事案件的实务处理

1. 关于民事审判中发现侵犯商业秘密行为构成犯罪的，是否需要移送公安机关追究刑事责任的问题

民事审判部门在审理侵犯商业秘密民事侵权案件时，发现侵权案件已经构成犯罪的，不宜主动将案件移送公安机关追究被告人的刑事责任。但是，严重危害社会秩序（社会公共利益）和国家利益的除外。这是基于两个原因：一是从世界各国的刑事诉讼立法来看，多数国家侵犯知识产权犯罪都是采取公诉与自诉相结合的方式，即对于严重的侵犯知识产权犯罪通过公诉形式处理，对于轻微的侵犯知识产权犯罪都是作为自诉案件处理。《刑诉法解释》《最高人民法院、最高人民检察院、公安部、国家安全部、司法部、全国人大常委会法制工作委员会关于实施刑事诉讼法若干问题的规定》也均明确，作为自诉案件三种类型之一的“被害人有证据证明的轻微刑事案件”包括侵犯知识产权案件。这是因为侵犯知识产权犯罪首先是侵犯权利人合法权益的犯罪，因此对犯罪人是否进行追诉，法律交由受害人自己决定。二是本类型案件不适用国务院公布的《行政执法机关移送涉嫌犯罪案件的规定》（2020）第11条第1款“行政执法机关对应当向公安机关移送的涉嫌犯罪案件，不得以行政处罚代替移送”的规定。该规定应仅对于行政执法机关而言。同时，该规定第3条第2款对有关程序问题作了规定，明确知识产权领域的违法案件，行政执法机关根据调查收集的证据和查明的案件事实，认为存在犯罪的合理嫌疑，需要公安机关采取措施进一步获取证据以判断是否达到刑事立案标准的，应当向公安机关移送。《行政执法机关移送涉嫌犯罪案件的规定》主要解决的是行刑衔接问题，防止以罚代刑。故该规定不适用于人民法院的民事审判部门。

2. 关于未经处理的其他侵犯知识产权案件数额累计计算的问题

《最高人民法院、最高人民检察院关于办理侵犯知识产权刑事案件具体应用法律若干问题的解释》第12条第2款规定："多次实施侵犯知识产权行为，未经行政处理或者刑事处罚的，非法经营数额、违法所得数额或者销售金额累计计算。"2011年《最高人民法院、最高人民检察院、公安部关于办理侵犯知识产权刑事案件适用法律若干问题的意见》第14条还规定，对于"二年内多次实施侵犯知识产权违法行为，未经行政处理，累计数额构成犯罪的，应当依法定罪处罚。实施侵犯知识产权犯罪行为的追诉期限，适用刑法的有关规定，不受前述二年的限制"。该规定只解决了追诉时效问题，但对于仅经过行政处罚的案件，是否也不计入犯罪数额之中，还存在是否"一事不再理"的争议。

根据《行政执法机关移送涉嫌犯罪案件的规定》第11条第1款的规定，显然二者之间存在冲突。基于该规定属于国家规定，因此对《最高人民法院、最高人民检察院关于办理侵犯知识产权刑事案件具体应用法律若干问题的解释》的规定，应作合规范目的的解释，亦即前述犯罪数额即使经过行政处罚，也应计入犯罪数额之中。只是对于已被罚款、没收违法所得的，在执行罚金刑时不得重复计入，同时不另行判决没收该违法所得。当然，如果将该行政处罚作为"其他情节严重的"情形进行犯罪评价，则另当别论。

第七章 | 针对财产权益犯罪的实务认定

——盗与骗的类型揭示及其变形的展开

第一节 财产法益及其刑法保护

一、侵犯财产罪的实质“穿透”

综观人类犯罪，无外乎“伤”与“盗”。伤者，即杀人、伤害，系对人身；盗者，即盗窃、抢夺、抢劫（强盗罪），系对财产。诈骗被规定为犯罪的时间相对较晚，此前系以其他犯罪（包括盗窃罪）论处。集资诈骗、贷款诈骗、合同诈骗等犯罪只不过是诈骗罪的变形而已。盗窃、诈骗还是贪污罪的主要犯罪手段。本章即主要探讨“盗”“骗”这两种广义上的侵犯财产权益的犯罪问题。

二、民法中的物、财产权与刑法中的财物、财产的对应解释

财产属于刑法概念（《刑法》第91条、第92条），且成为人格之外的另一主要犯罪对象（行为对象）。民法基于私权神圣、注重权利保护，所对应的则是财产权这一权利观念。

民法中的财产权，分为物权与债权、知识产权。债权在民法观念上原系“取得财产的方法”（参见《法国民法典》第3编），作为物权、知识产权等绝对权的取得、变动原因，而被赋予了动的意味。其能否被评价为刑法财产罪中具体的行为对象——财物，考虑到民法学界通常是作反对解释，下面还要结合“抢劫欠条案”专门论及。

（一）民法之物与刑法中的财物

民法中的物，通常认为是具有管理可能性以及移转可能性，且在社会生活中具有价值属性的客观事物（管理性可能说）。对于具有特定精神意义的物，如损毁父辈遗留的日记与勋章，因其具有主观性价值，故被侵权人得请求精神损害赔偿（《民法典》第 1183 条）。但是，若要成为刑法上的财物，仍须具经济价值性（参见《刑事审判参考》第 312 号指导案例“尚某多等贪污案”①），这也是诈骗、盗窃等不法行为在数额犯的场合能否成立犯罪的关键。作为刑法的财物，还须具有刑法保护的价值。因此，一张银行卡、几十张白纸等价值低廉之物，通常并不能被评价为刑法意义的财物。这与刑法的规范目的有关。

鉴于信息网络的快速发展，对于虚拟财产如 Q 币等，在被《民法总则》确认为被法律保护的利益之前（第 127 条），刑事审判实务中也采取保护的立场（参见《刑事审判参考》第 420 号指导案例“孟某、何某康盗窃案”②）。而且，实务对于窃取公司提供充值服务的密保卡数据，并进行非法充值，使公司 QQ 密保卡对应的等值服务资费遭受损失的，也认定成立盗窃罪（参见《刑事审判参考》第 795 号指导案例“陈某盗窃案”③）。基于同样的观念，SIM 卡（参见《刑事审判参考》第 796 号指导案例“汪某芳盗窃案”④）、通过侵入景点检售票系统修改门票数据窃取的景点门票收益（参见《刑事审判参考》第 1202 号指导案例“赵某玲等盗窃案”⑤），乃至网上纺织品出口配额（参见《刑事审判参考》第 527 号指导案“詹某东、詹某京盗窃案”⑥），以及“上网

---

① 参见中华人民共和国最高人民法院刑事审判第一庭、第二庭编：《刑事审判参考》（总第 39 集），法律出版社 2005 年版，第 59 页。

② 参见中华人民共和国最高人民法院刑事审判第一、二、三、四、五庭主办：《刑事审判参考》（总第 53 集），法律出版社 2007 年版，第 42~49 页。

③ 参见中华人民共和国最高人民法院刑事审判第一、二、三、四、五庭主办：《刑事审判参考》（总第 87 集），法律出版社 2013 年版，第 44~46 页。

④ 参见中华人民共和国最高人民法院刑事审判第一、二、三、四、五庭主办：《刑事审判参考》（总第 87 集），法律出版社 2013 年版，第 51 页。

⑤ 参见中华人民共和国最高人民法院刑事审判第一、二、三、四、五庭主办：《刑事审判参考》（总第 110 集），法律出版社 2018 年版，第 61 页。

⑥ 参见中华人民共和国最高人民法院刑事审判第一、二、三、四、五庭主办：《刑事审判参考》（总第 66 集），法律出版社 2009 年版，第 59 页。

流量"①，也均被肯定为系受刑法保护的财物。

（二）民法之财产权与刑法保护

民法根据对物的占有、处分、使用、收益等四项权能的具备与否，分别设定了所有权（具备四项权能故又称具备完全权能）以及用益物权（有使用与收益权能而无处分权能）、担保物权（处分权能受限）三种物权（《民法典》第114条）。此外，民法还承认占有保护。占有亦受到了我国刑法的全面保护（但是，刑法对于占有的保护范围与民法不同，且因具体犯罪不同而保护各异）。如不得以盗窃、诈骗等非法手段予以侵夺，反之则可能构成《刑法》所规定的盗窃罪（第264条）、诈骗罪（第266条）。基于对善意相对人的交易安全保护（《民法典》第311条），刑事实务部门也肯定"善意取得"（2011年《最高人民法院、最高人民检察院关于办理诈骗刑事案件具体应用法律若干问题的解释》第10条第2款），但隐含着排除盗赃物的适用。

在盗赃物的场合，也不得他人私自侵夺，这是基于民法对占有事实的保护（《民法典》第462条）。但对于本权人（具有所有权或其他物权、租赁权的权源）夺取的，则为例外（《民法典》第1177条）。这是基于侵犯财产罪所采的是法益保护占有中间说的立场。

综上所述，民法中的物及其体现的财产权基本上都可以成为刑法财产罪中的行为对象。但仅此尚不能涵盖诈骗罪等侵犯财产罪的法益。这需要从财产罪的法益（保护客体）来作具体判断。

三、财产犯罪的保护法益包括财产性利益

（一）刑法法益的保护对象

通说认为，刑法所保护的财产既包括主体在物上的所有权或其他排他性权利，也包括债权和其他含有财产内容的请求权。② 而在解释上，《刑法》分则保

---

① 参见《人民司法（案例）》2015年第18期，第49页。

② 参见张明楷：《诈骗罪与金融诈骗罪》，清华大学出版社2006年版，第18页。

护的财物也应包含财产性利益（在诈骗犯罪对象的前提条件下①）在内。如《刑法》第210条规定，对于盗窃、诈骗增值税专用发票的以盗窃罪、诈骗罪处罚。这一认识已扩及到经济犯罪领域的审判实务之中。例如2008年《最高人民法院、最高人民检察院关于办理商业贿赂刑事案件适用法律若干问题的意见》第7条规定，商业贿赂中的财物包括可以用金钱计算数额的财产性利益。

因此，不只有价证券、占有物及抵押权、质权等担保物权受刑法保护，具有财产性利益的债权，在一定条件下，也成为刑法保护的法益。因为，对于刑法学而言，所关心的只是“他人之物怎么样了”的问题。② 但是，“不可能全面性地保护财产法益，这个结论并不是根据刑法的特别标准才得出，而是从宪法中对于竞争（自由）经济的基本决定，以及从民法对于竞争经济进一步的实践当中已可得知”。③

（二）法益保护本权说到占有中间说的流变

当前，刑法对财产法益保护的立场已从本权说走向了占有中间说。④ 并且，否定代理占有、间接占有、占有改定等观念占有以及死者占有，仍是刑法的基本立场。

占有中间说所采取的观念是：财产犯的法益首先是财产所有权及其他本权，其次是需要通过法定程序恢复应有状态的占有。但在相对于本权者的情况下，如果这种占有没有与本权者相对抗的合理理由，对于本权者恢复权利的行为（自助行为）而言，则不是财产犯的法益。

这里的财产所有权可根据民法的规定确定，即具体包括财产的占有、使用、收益与处分等四项权能，而且系将其作为整体理解把握。

本权包括合法占有财物的权利（他物权）以及债权。在合法占有财物的情

① 参见张明楷：《诈骗罪与金融诈骗罪》，清华大学出版社2006年版，第34页。

② 参见［日］佐伯仁志、道垣内弘人：《刑法与民法的对话》，于改之、张小宁译，北京大学出版社2012年版，第86页。

③ 参见［德］许迺曼：《刑事不法之体系：以法益概念与被害者学作为总则体系与分则体系间的桥梁》，王玉全等合译，载许玉秀、陈志辉合编：《不疑不惑献身法与正义——许迺曼教授刑事法论文选辑》，台北，新学林出版股份有限公司2006年版，第205页。

④ 参见张明楷：《诈骗罪与金融诈骗罪》，清华大学出版社2006年版，第45页。

况下，占有者虽然享有占有的权利，却没有其他权利尤其没有处分权，否则就是享有所有权了。如潘某飞、张某兴等人事先欺骗中财公司借资到银行开具以潘某飞的公司为出票人、张某兴的公司为收款人的银行承兑汇票，中财公司将二人的公司印章保管，并约定保管、处置汇票，而后潘、张指使他人对中财公司相关人员当场实施人身控制并取得印章、汇票，通过转让第三人获得票据对价。虽然潘某飞的公司系汇票的所有权人，但基于协议，中财公司对汇票具有占有权，以是潘某飞等人仍成立抢劫罪。①

需要通过法定程序恢复应有状态既包括根据法律与事实，通过法定程序恢复原状，也包括通过法定程序形成合法状态。

占有是指事实上的支配，不仅包括物理支配范围内的支配，而且包括社会观念上可以推知财物的支配人的状态。事实上的支配并不要求现实地握有，根据主体对财物的支配力、财物的形状、性质，可以认为主体占有财物的，就属于事实上的占有。

可见，财产法益与合法权利并非等同概念，需要通过法定程序恢复应有状态的占有也是一种法益，即刑法要保护这种占有，不允许他人非法侵犯这种占有。而不意味着主体的占有本身是合法的。因此，即使是盗窃、抢劫他人非法所得的，也侵害了财产法益。并非任何占有都是刑法保护的法益，只有那些需要通过法定程序恢复应有状态的占有，才是财产犯的法益。在财产所有权关系相当明确，不需要通过法定程序就可以恢复应有状态的占有，不是刑法保护的法益。②

四、侵害债权的罪与非罪：有无处分财产性利益的审视立场——抢劫、盗窃债权人欠条的实务分析

（一）问题的提起

甲向乙借款 8 万元，并出具借条一张。届期后甲因无钱还债，遂与丙、丁以暴力手段抢回了乙手中的欠条（另参见《刑事审判参考》第 92 号指导案例

① 参见《人民法院案例选》2018 年第 7 辑。

② 参见张明楷：《法益初论》，中国政法大学出版社 2003 年修订版，第 596 页以下。

"戚某云等抢劫案"[①]）。对此应如何认定？

问题 32 债务人抢劫债权人欠条的是否成立犯罪？

一种意见认为，基于侵害债权的行为不构成侵权而只构成违约的民法原理，而且借条亦即双方存在借款关系是否真实尚需通过民事诉讼加以查实，即使查实，鉴于市民交往生活中存在债务无法偿还的风险，因此，"债务不履行虽说也侵害了债权人的正当的利益，但一般地并未被规定为犯罪。这是因为，债务不履行的场合，和侵夺不动产的场合一样，对权利人的保护被认为是通过民事的救济就足够了"[②]。加之借条本身只是一张纸，价值低廉，本身并不具有值得法律保护的价值基础。所以不应由刑法调整（无罪说）。另一种意见则认为，该行为符合抢劫罪的犯罪构成，具有侵犯人身与财产权益双重客体的属性。因此构成抢劫罪（有罪说）。

对此问题如何从民法以及刑法原理进行分析、解释，并实现体系解释的协调，是值得讨论的问题。

（二）财产性利益系受刑法保护的法益

对此，刑法通说主张，骗取民法上的债权，在刑法上被认定为骗取了财物。如果照搬民法上的物权与债权的概念，由于刑法没有规定骗取债权罪，可能只能会宣告无罪。这有悖于刑法保护法益的目的。相反，将刑法上的财物做出不同于民法的解释，就可以使民法保护的物权与债权在刑法上均得到保护，严重侵犯物权与严重侵犯债权的行为受到同样的刑事制裁，这正好实现了法秩序的统一性。[③] 这是基于对自然犯的观察。因为，诈骗罪虽然不像盗窃罪、抢劫罪那样具有悠久的历史，但作为一种侵犯财产罪，其本质上仍然属于自然犯。[④]

---

① 参见中华人民共和国最高人民法院刑事审判第一庭、第二庭编：《刑事审判参考》（总第 14 辑），法律出版社 2001 年版，第 30~35 页。

② ［日］山口厚：《刑法总论》（第 2 版），付立庆译，中国人民大学出版社 2011 年版，第 6 页。

③ 参见张明楷：《诈骗罪与金融诈骗罪》，清华大学出版社 2007 年版，第 643 页。

④ 参见张明楷：《诈骗罪与金融诈骗罪》，清华大学出版社 2007 年版，第 29 页。

在以自然法为出发点的罗马法看来，“债权等本身都是无形体的（物）”①，亦即债权被等视于物。并且，《最高人民法院关于贯彻执行〈中华人民共和国继承法〉若干问题的意见》第3条也曾规定，公民可继承的其他合法财产包括有价证券和履行标的为财物的债权等。说明在观念上而不是在立法技术的层面上，以履行标的为财物（而非行为）的债权，属于民法上的财产，这也是实务界的主张。对此，有民法学者也予以认同，认为债权是民事权利，当然受到侵权责任法的保护。② 即使主张因债权作为相对权而缺乏公示性，因而持不适宜由侵权责任法保护的民事实务部门也承认，如果加害人明知他人的相对权存在，仍恶意去侵犯他人权利，应当承认侵权责任的成立。③ 这正是基于对整个法律体系考察所得出的结果。

债权系财产性利益，属于财产，也是受刑法保护的法益。因此，抢劫欠条的行为，实际上就是劫取欠条上所载的财产，其与民法上因故意违约所造成的债权侵害，不是同一层面的评价内容。

（三）故意以违反公序良俗的方法侵害债权的行为成立民法侵权之债

诚然，因故意或过失不法侵害他人之权利，除人格权、物权等绝对权外，是否兼括债权在内，此为民法上最具争论的问题。因为债权系特定人请求特定行为的权利，不具有公示方法，第三人无由知之，且为维护营业竞争自由，原则上应认为债权非属民法所称权利。④ 这也是上述无罪说的依据。

但是，以违反公序良俗的方法故意侵害他人债权的，成立侵权行为，并应当承担赔偿责任，⑤ 现已成为民法的通说观念。以暴力手段劫取债权人欠条，显然系以违反公序良俗的方法故意侵害他人债权的侵权行为，这一点应无疑义。

（四）欠条是具有财产履行性内容之物（标的物）而非仅是给付（标的）

从民法的观念出发，本案欠条还具有特定的意义，既是证实债权人与债务

---

① ［罗马］查士丁尼：《法学总论》，张企泰译，商务印书馆2009年版，第59页。

② 参见王利明、杨立新等：《民法学》，法律出版社2015年版，第739页。

③ 参见最高人民法院侵权责任法研究小组编著：《〈中华人民共和国侵权责任法〉条文理解与适用》，人民法院出版社2010年版，第22页。

④ 参见王泽鉴：《民法总则》，北京大学出版社2009年版，第100页。

⑤ 参见王泽鉴：《民法概要》（第2版），北京大学出版社2011年版，第163页。

人之间存在借贷关系的权利凭证，又是约束债务人向债权人给付的对价。虽然欠条对于借贷合同关系之外的其他无关第三人而言，并没有任何意义，从而不知情人盗窃或损毁该欠条的，不会成立犯罪（因纸张价值低廉，不具有刑事处罚性）。但是，对于债务人而言，欠条则是具有特定财产价值属性的载体——相当于8万元，是对其具有拘束力的消极财产（负担）。反之，对于债权人而言，该欠条则具有积极的财产性，虽然该拘束力仅作用于债务人，但这也只是受合同相对性所决定的。换言之，作为本案中约束被害人与被告人之间的消费借贷合同之债，其权利客体系作为特定之人即债务人的被告人而非行为。作为债的关系内容的债务人的行为，即债权人所能够请求以及债务人所应实行的（债的标的），就债权人方面而言，系为请求，从债务人方面而言，则为给付。而从借贷关系（债）的标的物方面而言，则是债务人所应给付的“到期借贷同等金额的货币”，而非单纯的给付行为。从而就使该种（消费借贷）债权含蕴财产性利益，并成为受刑法保护的法益。

因此，作为债的特定之人的债务人劫取债权人欠条的行为，就相当于抢劫了债权人的8万元。虽然作为债权人的被害人事后可以通过报案，或通过民事诉讼再次确认存在该借贷关系来实现债权救济，但这些事后行为，仅相当于抢劫、诈骗犯罪成立后对违法所得的追缴、责令退赔等事后追及，而事后追及并不能阻却该抢劫行为已经成立犯罪既遂。

对于以暴力抢劫现金后，又写借条给被害人的，如“张某同抢劫案”①，实务部门也主张，“行为人以暴力抢劫现金后，虽写借条给被害人，但因行为人的抢劫行为致被害人的‘出借’违背其真实意思，‘借条’行为不能视为民事借贷，故仍应以抢劫罪对行为人定罪量刑”②。系从另一角度阐释了抢劫借条的行为何以成立抢劫罪。并且，即使对以借钱为名劫取财物使用后归还并付利息的行为，实务也同样肯定系成立抢劫罪且既遂（参见《刑事审判参考》第749号指导案例“蔡某卫等抢劫案”③）。

---

① 参见《人民法院案例选》2006年第3辑。

② 刘德权主编：《中国典型案例裁判规则精选·刑事卷①》，人民法院出版社2014年版，第366页。

③ 参见中华人民共和国最高人民法院刑事审判第一、二、三、四、五庭主办：《刑事审判参考》（总第84集），法律出版社2012年版，第37页。

因此，抢劫欠条的行为成立抢劫罪。并且，这一立场还及于债务人骗取债权人欠条等成立诈骗罪的场合。

五、“骗取高速公路费案”入罪的实务检讨——债务免除（法律处分）的准物权性认定

（一）问题的提起

【案例】某被告人使用伪造的部队车辆号牌，使高速公路管理部门先后免收其通行费共计 35 万元（另参见《刑事审判参考》第 1083 号指导案例“嵇某勇诈骗案”[①]）。

问题 33 应如何认定骗取高速公路费的性质？

根据 2002 年 4 月《最高人民法院关于审理非法生产、买卖武装部队车辆号牌等刑事案件具体应用法律若干问题的解释》第 3 条第 2 款的规定（“依照刑法第二百六十六条的规定定罪处罚”），法院认定该被告人的行为成立诈骗罪。

但是，该判决在学术界与实务界均产生争议。其中一种有力的观点是，高速管理处并未因被告人的欺骗行为而丧失财产，而成立诈骗罪必须是被害人因此而受有财产损失，所以该被告人无罪。

（二）基于合同成立与“债务免除”的入罪

首先，就高速公路管理处免收过路费的行为而言，应属于民法上的债务免除，而非双方之间并不存在财产关系。债务免除在民法上具有准物权性，从而属于财产性利益，构成刑法上的财物而受到保护。因此，《最高人民法院关于审理非法生产、买卖武装部队车辆号牌等刑事案件具体应用法律若干问题的解释》具有体系解释上的妥当性。

其次，双方存在合同之债，被告人作为债务人应履行“给付+费用”的义务。被告人驾驶机动车辆通过高速公路，其与管理处即已建立了服务合同，因

---

① 参见中华人民共和国最高人民法院刑事审判第一、二、三、四、五庭主办：《刑事审判参考》（总第 103 集），法律出版社 2016 年版，第 65~66 页。

而产生债权债务关系。管理处作为服务合同相对人在为其提供了服务之后，有权对其收取过路费。这种费用是一种债，本是债权人能够期待取得、现实的财产性利益，具有积极的财产增加与消极的财产损失等双重特点：对于高速管理处而言，因被骗而放弃收取该费用（作出债务免除的处分），其结果就是因之使自己积极的财产性利益遭受损失；对于被告人而言，其则属于消极财产发生了减少效果，从而使自身积极的财产性利益得到增益，即获得了财产性利益。申言之，就诈骗罪而言，行为人并不因为取得普通财物或财产性利益而当然成立犯罪，而是因为剥夺进而占有（排除与利用）他人的普通财物或财产性利益才成立诈骗罪。这是取得财物罪的本质。在骗取普通财物的场合，行为人取得财物的同时被害人丧失了财物，二者之间存在明确的对应关系。但在财产性利益的场合，并不必然存在这种对应关系。在许多情况下，行为人表面上获得了财产性利益，但事实上并没有导致被害人丧失财产性利益（如侵犯知识产权行为）。只有当行为人取得利益时，被害人同时丧失利益的，才能认定财产性利益的转移，进而认定成立诈骗罪。就本案而言，具有该物权性转移的效果。

再次，被告人的行为符合诈骗罪的成立要件。被告人故意悬挂假部队号牌，是明知根据国家有关规定，管理处会因此而免除对其过路费的收取，其故意悬挂假部队号牌的行为，就是虚构事实与隐瞒真相的行为，并造成高速公路管理处的人员因此而做出错误判断，从而放弃收取所应收取的费用。这是由于债务免除而发生的。但这种准物权性效果的发生，正是基于债务人虚构事实与隐瞒真相的行为，从而导致债权人发生错误认识并作出处分的结果。因此，被告人的行为完全符合诈骗罪的成立要件。

最后，即使“在评价性研究中，与符合不法地非法牟利（非法占有）的类型相比，这种状况更符合奸诈地损害他人财产案件的类型。（但）在相反的情况下，如果（行为人）还欢迎节省（支付）钱款，那么，这种非法牟利（非法占有）就是行为人的伴随目的，也就能够作为诈骗罪加以惩罚了”①。

① ［德］克劳斯·罗克辛：《德国刑法学总论》（第1卷），王世洲译，法律出版社2005年版，第289页。

综上所述，根据《最高人民法院关于审理非法生产、买卖武装部队车辆号牌等刑事案件具体应用法律若干问题的解释》认定被告人构成诈骗罪是合适的。

第二节 盗窃罪的审判周边

一、占有中间说观念下对盗窃罪的认定

盗窃罪，是指有违占有人意思，取得他人所占有的他人之财物的犯罪。[①]此基于占有中间说的立场，与我国《刑法》对盗窃罪即盗窃公私财物的规定（第264条）是一致的。

问题34 车辆在被国家机关依职权扣押后，自行盗回的，应如何认定？

《刑事审判参考》曾刊登数个案情相近而均否定成立盗窃罪的指导案例：（1）刘某因其车辆被法院查封，遂唆使陆某到法院停车场偷偷取回（第404号“陆某忠非法处置扣押的财产案”[②]）；（2）王某所驾车辆被交警查扣，停放在交警大队院内，王某在欲将该车辆盗走时，被值班人员发现制止，王某殴打值班人员，致其死亡。一审判决认定王某成立抢劫罪，二审法院以“王某欲取回自己的车辆不同于盗窃”为由改判为故意杀人罪（第104号“王某故意杀人案”[③]）；（3）何某等人因机动车违章而被交通管理部门查扣，遂于夜间潜入该单位后将车辆自行取回（第1177号“何某、汪某太非法处置扣押的财产案”[④]）。

① 参见［日］西田典之：《日本刑法各论》（第6版），王昭武、刘明祥译，法律出版社2013年版，第137页。

② 参见中华人民共和国最高人民法院刑事审判第一、二、三、四、五庭主办：《刑事审判参考》（总第51集），法律出版社2006年版，第26~32页。

③ 参见中华人民共和国最高人民法院刑事审判第一、二、三、四、五庭主办：《中国刑事审判指导案例3·侵犯公民人身权利、民主权利罪》，法律出版社2012年版，第44~45页。

④ 参见中华人民共和国最高人民法院刑事审判第一、二、三、四、五庭主办：《刑事审判参考》（总第108集），法律出版社2017年版，第84~89页。

而基于同样的观念，对于聚众以暴力手段抢回被依法查扣的制假设备的（第205号指导案例“江某田等妨害公务案”[①]），或以持铁锤、铁锹相威胁，将被依法查扣的工程车强行开走的（第856号指导案例“田某祥等以危险方法危害公共安全、妨害公务案”[②]），则以妨害公务罪论处。但是，上述定性（采绝对本权说）是存有疑问的。

因为，占有中间说对盗窃罪所采的基本立场是，即便是自己的财物，如果为他人所占有，或者基于公务机关的命令而处于他人的看护之下，也视为他人的财物。[③]《刑法》第91条第2款规定：“在国家机关、国有公司、企业、集体企业和人民团体管理、使用或者运输中的私人财产，以公共财产论。”因此，上述行为人基于违背已经现实占有该机动车辆的占有人（交通管理部门）的意思而私自取走机动车的行为，无对抗占有之本权，无疑均成立对公共财物的盗窃犯罪。在“王某故意杀人案”中，由于王某的先行行为系盗窃行为，属于“犯盗窃罪，为抗拒抓捕而当场使用暴力，依照抢劫罪定罪处罚”的情形（《刑法》第269条），所以就应成立事后抢劫罪（一审判决主张正确）。并且，对于同样的窃取被交通管理部门扣押的自己所有的车辆后进行索赔的行为，在“叶某言、叶某语等盗窃案”（《刑事审判参考》第339号指导案例[④]）中，则被认定为盗窃罪，系贯彻了占有中间说，也可谓是妥当的结论。

二、“保姆盗窃案”的既遂认定：占有是否已发生排除的效果

（一）问题的提起

【案例】林某系支某家中住家保姆。林某先后三次从支某的卧室内窃得人

---

① 参见中华人民共和国最高人民法院刑事审判第一、二、三、四、五庭主办：《刑事审判参考》（总第28辑），法律出版社2003年版，第53~58页。

② 参见中华人民共和国最高人民法院刑事审判第一、二、三、四、五庭主办：《刑事审判参考》（总第92集），法律出版社2014年版，第1~6页。

③ 参见［日］西田典之：《日本刑法各论》（第6版），王昭武、刘明祥译，法律出版社2013年版，第137页。

④ 参见中华人民共和国最高人民法院刑事审判第一庭、第二庭编：《刑事审判参考》（总第43集），法律出版社2005年版，第37~44页。

民币3480元、价值人民币99800元的各类首饰十一件，并藏匿于林某在一楼的房间写字台抽屉内及支某家中三楼衣帽间的隔板上。判决认定林某构成盗窃罪，且系盗窃未遂（参见《刑事审判参考》第557号指导案例“林某盗窃案”[①]）。

问题35 保姆盗窃雇主财物后藏于房间的，是否构成盗窃未遂？

（二）“失控+控制说”的盗窃犯罪既遂立场

当前，刑法通说关于盗窃罪既遂时点的认定，乃采取“控制+失控说”的立场，即侵犯他人占有而将财物转移至自己的占有之下时构成既遂。其中，对于他人而言，是对占有已达到了失控的程度；对于自己而言，则是对占有已实现了控制。对此，还应根据具体案情综合考量财物的大小、移取财物的难易程度和是否处于他人的支配领域之下等因素作出判断。因为，盗窃罪既是实害犯，也是抽象危险犯（入户盗窃、扒窃）。如果目的物很小，则一经取得占有即可能成立犯罪既遂。反之，如果目的物很重或体积很大，就应该以运出的难易程度以及从犯罪现场逃离的难易程度为判断标准。[②] 事实上，实务中也肯定了，对于入户盗窃的行为人，即使为群众发现并在门外蹲守而被抓获的，应认定为盗窃既遂（参见《刑事审判参考》第1047号指导案例“花某盗窃案”[③]）。

“林某案”中，作为保姆的林某，其相对于雇主的占有而言仍处于占有辅助人的地位，从而其行为就符合盗窃罪的构成。其将财物转移至自己支配的房间之内或不易为人发现的隔板内，虽然该房间从物权角度属于雇主支配，但作为例外，林某对该一楼房间却具有现实的支配性，只是作为属于数人共同占有因上下主从关系而成立占有辅助而已。其将体量小的财物置于自己所能完全支

① 参见中华人民共和国最高人民法院刑事审判第一、二、三、四、五庭主办：《刑事审判参考》（总第68集），法律出版社2009年版，第19~25页。

② 参见［日］西田典之：《日本刑法各论》（第6版），王昭武、刘明祥译，法律出版社2013年版，第149页。

③ 参见中华人民共和国最高人民法院刑事审判第一、二、三、四、五庭主办：《刑事审判参考》（总第101集），法律出版社2015年版，第94~95页。

配的空间内，就已实现了对该财物的控制，而雇主也因之失去了控制。因此，本案应成立盗窃犯罪既遂。

三、盗窃罪与职务侵占罪的区分

当前在审判实践中，认为单位的工作人员只要利用了职务或工作上的便利条件，对于经手、管理或因工作而接触的单位财产进行窃取的行为，成立的是职务侵占罪的观念，占据了主导地位（参见第4章第4节）。其理由是：贪污罪与职务侵占罪均是一种贪污行为或均是利用职务侵占公私财物的行为，由于贪污罪中的具体行为包括侵吞、窃取、骗取等非法手段，因此，基于只是由于主体范围、客体有异而成立的职务侵占罪，其非法侵占的行为之中也就包括窃取、骗取等非法手段，所以只要是利用了职务之便实施了侵财行为，无论是秘密窃取，还是骗取，抑或其他手段均不影响其对客体侵害的认定，从而没有必要对其犯罪具体实施方法进行限制，这也是《刑法》第271条未对具体手段予以列举说明的原因之一。所以，职务侵占罪的侵占行为方式多种多样，既可以是采取盗窃方法取得，也可以使用诈骗手段或其他方式获取，凡是能够实现将单位财物非法占为己有的方法，只要是利用了职务之便，都是职务侵占罪的行为方式（参见《刑事审判参考》第516号指导案例“刘某职务侵占案”[①]）。但是，对于职务侵占罪的解释，必须是基于职务或地位而占有了单位的财产，亦即在占有上系基于职务所具有的权限或地位，此后将所占有的单位财物不法所有的，才是其本质属性。故此，职务侵占罪就只能作狭义的职务侵占解释。[②] 对于仅是作为单位财物的占有辅助人、在无法律规定或无公司授权的情形下，则无成立该职务侵占罪的“职务”，而仅能是“工作”。因此，该种无占有权限与地位的行为人以盗窃手段对所经手的公司财产非法占为己有的侵占行为，所成立的不应是职务侵占罪，而应成立盗窃罪；对于自己并不经手、管理的财物，仅是因工作便利而接触的单位财物，进行窃取的，也应成立盗窃罪而非职务侵占罪。

---

① 参见中华人民共和国最高人民法院刑事审判第一、二、三、四、五庭主办：《刑事审判参考》（总第65集），法律出版社2009年版，第42~44页。

② 参见张明楷：《刑法学》，法律出版社2016年版，第1921页。

换言之，《刑法》对于只要国家工作人员非法占有公共财物的就被认定为贪污罪的规定（《刑法》第382条第1款），之所以包括侵吞、窃取、骗取等非法手段，是为了保护公共财物，并且在刑法设置上将这些非法占有行为均以贪污罪论处还可以作到罪责刑相适应。反之，将狭义的职务侵占罪解释为包括窃取行为，从而将本是对单位财物的盗窃行为解释为成立职务侵占罪，并无法做到罪责刑相统一。这一结论并及于对以骗取手段侵占单位财物的成立诈骗罪的认定。此外，职务侵占罪的另一前提要件是现实的占有。如就某公司股东、法定代表人甲因与该公司控股股东乙产生纠纷，从而将公司的印章及部分工作人员带走，自行到其他场所仍以公司名义对外经营，在所获经营利益尚未进入公司财务账号的前提下，即使已经被甲分配，也不能认定甲成立职务侵占罪。因为，甲的行为只是使公司内部出现了"僵局"，其所获利益虽然可以认定为公司的应得利益，但也仅是一种期待利益而非现实的确定的既得利益，更非公司的财产。在该利益未进入公司财务账户时，就不属于公司的财物。甲仅占有了公司的印章而非占有了公司的财产，甲的行为仅系损害了公司的期待利益而非侵占了公司的既得利益。因此，甲的行为并不构成职务侵占罪（在《刑法修正案（十二）》施行后，可以考虑构成非法经营同类营业罪）。

四、盗窃罪与诈骗罪的想象竞合关系认定

实务中，曾有行为人欺骗他人盗伐邻居的树木，并伪以树主人身份取得他人买受树木所支付的对价（参见《刑事审判参考》第785号指导案例"李某盗伐林木案"[①]）。主流学说认为，盗窃罪与诈骗罪彼此之间是互不相容的对立关系，对此乃成立想象竞合犯，应从一重罪论处。[②] 但是，欺骗他人盗取树木，本身就成立盗窃罪的间接正犯。而欺骗收买者支付对价的行为，也符合诈骗罪的构成要件（行为人隐瞒系他人之物这一事实真相，被骗者的合同目的因此设立失败）。因此，二者之间在此基点上并非非此即彼的对立关系，而应成立的是观念上的不同行为构成，即观念上的数罪。只是基于"素材的同一性"与目

① 参见中华人民共和国最高人民法院刑事审判第一、二、三、四、五庭主办：《刑事审判参考》（总第86集），法律出版社2013年版，第81~85页。

② 参见张明楷：《刑法学》，法律出版社2016年版，第1011页。

的性构成行为的同一性，上述系列举止行为在此所组合的仍应是作为一个行为构成而被整体评价的客体。因此，虽然同一整体性行为分别破坏了诈骗罪与盗窃罪两个不同刑法规定，并能够分别满足不同的行为构成，但在此所成立的就仍是想象竞合犯。“在这里展现了这种占有的意志，而盗窃就借助这个意志的表达构成了。但是，在同一个动作中，也存在引入诈骗的这种欺骗。”①

与此不同，就伪造证明材料将租赁的车辆向他人质押，后又将该车辆从质权人处窃回的，司法判决多倾向于只认定成立盗窃一罪（参见《刑事审判参考》第751号指导案例“孙某勇盗窃案”②）。通常而言，以虚假的证明材料将他人车辆出质以取得财产的，本身即成立诈骗罪（或合同诈骗罪）。其后又秘密窃回的行为，单独成立盗窃罪。这是由于，该“素材”已不再具有了同一性。因为其前后两个行为构成及其行为对象的性质已截然不同：前者最终侵害的是原车主的所有权；后者所侵害的则是质权人的担保物权。所以，在质押阶段即使因质权人成立善意取得而不会因之而受有损失，也只是基于以实现质押权的形式而“填平”了损失而已，但仍不能就此否定质押权人受有损害，更不能因此而否定行为人其行为构成诈骗罪。此与后面另成立的盗窃罪并不同。但由于被害人实际上只有一个财产损失，因此可以作为包括的一罪处理。③ 此外，对此也可以认为两个行为之间具有目的与手段的类型性关系，从而以牵连犯从一重处。

五、对第三人善意取得赃物后的处理原则

问题36 第三人系基于善意而取得赃物的，被害人应如何实现其合法权利？

行为人以抢劫、盗窃、抢夺或诈骗、敲诈勒索形式而取得财产后，又将财

① ［德］克劳斯·罗克辛：《德国刑法学总论》（第2卷），王世洲主译，王锴、劳东燕等译，法律出版社2013年版，第619页。

② 参见中华人民共和国最高人民法院刑事审判第一、二、三、四、五庭主办：《刑事审判参考》（总第84集），法律出版社2012年版，第46~48页。

③ 参见张明楷：《刑法学》，法律出版社2021年版，第1325页。

物以合法方式转让给善意第三人的，应如何保护被害人的合法权利？或法院在侦查机关追缴不全的情况下，是否判决继续追缴？

对此有学者认为，《物权法》第106条[①]既没有明确规定，也没有排除适用的可能性。[②] 但是，根据民法学说及审判实务，还是能够提出合适的解决方案。

上述因犯罪所染财物，在刑法上乃称为赃物，对于恶意买受人或染指之人分别有掩饰、隐瞒犯罪所得、犯罪所得收益罪（《刑法》第312条，原窝赃罪）、洗钱罪（《刑法》第191条，特别窝赃罪）适用之余地。刑法原则上对于赃物乃贯彻一追到底的追及原则，以剔除不法利益的状态，自动恢复权利人的权利行使。这实际上是对物权特别是所有权在被侵害后所做的更高级形态的保护。

但是，在买受人并非恶意（明知或因重大过失）的场合，对于前述赃物基于合理对价、在正当交易场所买受而来的，由于涉及利益平衡的问题，为此，民法根据赃物取得形式上的不同，乃采取不同的保护态度。

（一）盗赃物与非盗赃物的区分原则

赃物，以其取得形式的不同，刑法上乃分为盗赃物与非盗赃物。按王泽鉴先生解释，所谓盗赃物，较诸一般赃物之意义为狭，系以窃盗、抢夺或抢劫等行为夺取之物为限，不包括因侵占所得之物在内，也不包括欺诈之物。[③] 上述分类实际上是以在取得赃物时，是否违反了被害人的意志自由为区分标准的，亦即盗赃物是以侵夺占有、违反占有权人的意思而取得对物的占有的，如盗窃、抢劫、抢夺之物；非盗赃物是基于保管、诈欺等方式，并不违反占有权人的意思（在诈欺、胁迫中被害人具有瑕疵的处分意思，但仍属于其当时的意思）情形下，所取得对物的占有，如侵占、诈骗（敲诈勒索为例外）。因此，盗赃物在民法上系被称为占有脱离物，非盗赃物在民法上被称为占有委托物。

---

① 现为《民法典》物权编第311条。

② 参见王利明、杨立新等：《民法学》，法律出版社2011年版，第330页。

③ 参见王泽鉴：《民法物权》，北京大学出版社2010年版，第496页。

（二）针对占有委托物的其他赃物，适用善意取得制度

为保护交易秩序的安定，民法特别规定了善意取得制度。作为占有委托物的非盗赃物，由于被害人即原占有权利人已有意思表示，根据《民法典》第311条的规定，善意第三人可以善意取得该物（善意、支付合理对价、在正常交易场所），此在《最高人民法院、最高人民检察院关于办理诈骗刑事案件具体应用法律若干问题的解释》（法释〔2011〕7号）第10条第2款的规定中亦得肯认，且在2014年《最高人民法院关于刑事裁判涉财产部分执行的若干规定》第11条第2款继之强调："第三人善意取得涉案财物的，执行程序中不予追缴。"而且，我国民法还将善意取得制度扩及于不动产交易，此与其他国家、地区规定有所不同。

问题37 盗赃物是否适用善意取得？

对盗赃物是否适用善意取得制度，则是有争议的问题。

民法对此并未作出规定，而仅规定对遗失物（《民法典》第314条）以及埋藏物、漂流物、隐藏物（《民法典》第319条）不得适用善意取得制度。但是，对盗赃物尚不能据此就得出相同结论。盗赃物与遗失物在民法上具有同等的价值判断属性，这是由二者均以违反物权人的意思为共同本质所决定的。由于我国民法规定对遗失物不适用善意取得制度，因此，较之遗失物的占有取得更具违法性的盗赃物，就更不应适用善意取得制度（"举轻以明重"）。这就是民法上关于盗赃物不适用善意取得的法原理。从而，就有所有权人或者其他权利人追回或向受让人请求返还原物的权利适用之余地（《民法典》第312条）。

当然，为保护交易安全、维护静的财产秩序，民法对于遗失物特设所有权返还制度（《民法典》第312条后半段），即除了受两年除斥期间限制之外，该遗失物的受让人通过拍卖或者向具有经营资格的经营者购得该遗失物的，权利人请求返还原物时还应当支付受让人所付的费用。此规定也应准用于对盗赃物的处理。

第三节　诈骗罪与盗窃罪的界分——以“处分”为核心视角的考察

一、诈骗罪与盗窃罪等取得财产型犯罪的共性与分野

作为取得财产罪，诈骗罪与盗窃罪均具有非法占有目的（不法牟利目的）这一“超主观”的责任要素。所谓非法占有目的，是指排除权利人，将他人之物作为自己的所有物，并按照该物之经济用途进行利用、处分的意思。① 因此，非法占有的目的，须具有两个意思：一是排除意思，即基于排除原占有人对财物的继续占有，对此尚需要加以时空关连的具体判断；二是利用意思，即遵循物的经济属性予以使用，而不是基于损毁，这也是取得财产罪与毁弃财产罪的区别所在。

根据是否基于真权利人的意思而丧失占有的物，② 取得型财产犯罪又分为盗窃型取得罪与诈骗型取得罪。抢劫罪、抢夺罪作为盗窃型取得罪，与盗窃罪一样，均具有违反原物权利人的意思，所以又称为夺取罪。诈骗型取得罪则出于原物权利人的交付意思，所以又称为交付罪。夺取罪中的赃物，属于盗赃物，并不发生善意取得的民法效果。但交付罪中如诈骗之物则适用善意取得制度，因为即使诈骗人使用了诈欺手段，被害人因此陷入错误认识而处分财产，即其意思表示是有瑕疵的，但毕竟其行为具有“自愿”的表征，该赃物就属于民法上占有委托物，因而与盗赃物的性质不同（参见本章第 2 节）。

另须说明的是，虽然敲诈勒索罪属于交付罪，且其取得物具有被害人（原物权人）交付时“主动处分”的外观，但被害人在作财物处分行为时的意思是有瑕疵的，且“以胁迫侵害意思自由较为严重，表意人应受较周全的保护”，

---

① 参见［日］西田典之：《日本刑法各论》（第 6 版），王昭武、刘明祥译，法律出版社 2013 年版，第 158 页。

② 参见梁慧星、陈华彬：《物权法》，法律出版社 2003 年版，第 207 页。

因此“被胁迫而为意思表示，其撤销得以之对抗善意第三人”[①]。因胁迫而导致的交付物不适用善意取得。

二、问题的提起：如何区分诈骗罪与盗窃罪——以“李某武诈骗案”[②] 为评价视角

问题 38 原银行的工作人员以高息吸储手段欺骗被害人到银行存款，又以其他非法手段取得了被害人存款的 U 盾，后通过网上转账的方式将被害人的存款转移占有，其是否成立诈骗罪？

李某武原系中国工商银行盘锦分行的工作人员。其以高息吸储手段欺骗伊某军到该银行存款，又以其他非法手段取得了伊某军存款的 U 盾，后通过网上转账的方式将伊某军的存款转移占有。

本案刑事判决认定李某武成立诈骗罪。但是，行为人仅仅欺骗他人到自己曾工作过的银行存款，在未取得存款人的银行卡，而是通过其他非法手段通过网上银行转移支付取得存款人存款的场合，认定成立诈骗罪是存有疑问的。

本书认为，李某武的行为仅成立盗窃罪。李某武盗窃的他人财物，虽然是伊某军的银行债权，但实际上却是银行所占有的金钱。因此，李某武通过转移支付手段所侵害的，乃是盘锦工商银行的财产，所以盘锦工商银行才是本案真正的被害人。盘锦工商银行不过是以债权填补的方式弥补了自己的损失，从而表现为是伊某军的存款债权遭受了侵害。最高人民法院在其再审民事判决中所持的观点，实际上正与此一致。

本案的特殊性在于，其表征是李某武以“高息吸储”对伊某军进行了欺骗，从而刑事判决系以诈骗罪论。但是，伊某军在受“骗”到银行存款后，既

---

① 王泽鉴：《民法总则》，北京大学出版社 2009 年版，第 366 页。

② 参见《伊某军与中国工商银行股份有限公司盘锦分行银行卡纠纷案》，载《最高人民法院公报》2017 年第 8 期。

未将其债权性凭证（存折或银行卡）交付给李某武，更未对其债权作出任何处分行为。伊某军仍然占有该笔债权（财产性利益）——实际上该笔金钱已经转移交付给银行占有，银行根据金钱“占有即所有”的原理，成为该笔金钱的实际所有权人。由于李某武通过以非法手段所取得的 U 盾窃取保管在银行、由伊某军占有的债权，系违背了伊某军的真实意思，在伊某军未因李某武的欺骗行为陷入错误认识、亦未因此作出有瑕疵性意思表示的处分的场合下，李某武的行为符合的是盗窃犯罪的构成（如果李某武是从银行柜台欺骗储蓄员取走该笔资金，则成立主观性欺骗的诈骗罪）。即使基于银行的保管合同责任，银行也是属于该笔资金的直接占有人，伊某军属于间接占有人（但刑法不保护间接占有）。在民事再审案件中，最高人民法院最终改判被害人伊某军并无过错，可说是基于同样的立场所作的正确判定。

据此，盗窃罪与诈骗罪的区分认定，实则取决于两个要素：第一，有无违反被害人或处于支配地位、具有处分权限者的意思；第二，被害人或处于支配地位、具有处分权限者有无因行为人的欺骗而陷入错误认识并对财产作出处分（而非仅是作出有瑕疵的意思表示）。其中，第一项要素即盗窃罪的本质，第二项要素即诈骗罪的基本构造。

三、诈骗罪的基本构造决定了须是有处分权人因被骗而产生有瑕疵的处分意识并因之作出处分——盗骗结合案件认定的司法检讨

诈骗罪具有其独特的基本构造：行为人作出欺骗→被骗人因之陷入错误认识或维持错误认识→被骗人作出行为人期待的财产处分行为→行为人因之取得财物→受骗者或者其他人（被害人）遭受财产损失。[①] 但在司法实践中，以“李某武诈骗案”为代表，有基于只要行为人对被害人实施了欺骗并取得了财物的即认定成立诈骗罪或合同诈骗罪的倾向。此在最高人民法院《刑事审判参考》（第 89 集）所合刊的三个指导案例中也得到清晰表现。如此看来，对于“盗中有骗”、“骗中有盗”乃至“盗骗结合”的案件，特别是“调包”案件，

① 参见张明楷：《诈骗罪与金融诈骗罪研究》，清华大学出版社 2006 年版，第 7 页；[日] 西田典之：《日本刑法各论》（第 6 版），王昭武、刘明祥译，法律出版社 2013 年版，第 196 页。

就有检讨的必要。

（一）由“曹某平诈骗案”提出的问题

其中，第 819 号指导案例“曹某平诈骗案”之第三起事实是：曹某平到某金店以购买金饰品为由拿到金饰品后，欺骗金店店主回家取钱，在途中趁紧随其回家取钱的店主不备而溜走。判决认定成立诈骗罪的理由有两点：一是被害人（金店店主）向曹某平交付金饰品的行为属于诈骗罪中的处分财产行为；二是曹某平的欺骗行为与被害人最终失去财物之间具有刑法上的因果关系。但是，本案被害人是否因为该欺骗行为而作出了处分？

问题 39 如何认定“被害人因欺骗行为而作出处分”？

（二）被害人未作出交付处分的行为人只是占有辅助人而未成立占有

就该案整体进程而言，曹某平是趁店主不备而溜走，从而非法占有了财物。而就物的占有而言，虽然金饰品从外观上系曹某平在占有，但店主却一直紧随其后，此表明店主在取得价款前并没有转移占有金饰品的意思，亦未发生因空间上的分离所产生的所有权与占有相分离的物权效果，仍属“一手交钱一手交货”的简易交付方式，从而就并未发生占有的终局性移转。因此，曹某平的占有就只能是一种占有辅助而非法律意义上的占有。本案被害人即金店店主也并没有因为曹某平的欺骗行为而陷入错误认识，更没有因之作出财产处分（交付）。此从店主表示怀疑，并一直紧跟曹某平欲去其家中取款的系列行为，足以证实。因之就不会发生“基于被骗者的意思的占有的终局性移转”①。故曹某平的行为不能构成诈骗罪。

本案特殊之处在于，曹某平是以欺骗的外观取得了财物，但究其实质却是“趁被害人不备而溜走”所取得，是一种以公然、平和、非暴力的方式，违反被害人意思的非法占有行为。因此，其行为构成的是盗窃罪。

---

① ［日］西田典之：《日本刑法各论》（第 6 版），王昭武、刘明祥译，法律出版社 2013 年版，第 204 页。

（三）盗骗结合“调包案件”的犯罪实质界定：是否因被骗而因之作出处分

与“曹某平案”相似，就采用“暗中调包”取得财物的“张某岩等合同诈骗案”（第 807 号指导案例），即作为承运人的张某岩事先预谋并通过承运豆粕在运输途中以假豆粕将真豆粕进行“调包”的行为，以及对于采用“以次（掺杂铁屑的生铁）充好的方式骗取收货方收货并足额支付货款”的“吴某合同诈骗案”（第 808 号指导案例），均被认定成立合同诈骗罪。可见，就“盗中有骗”或“骗中有盗”、“盗骗结合”等“调包型”案件，无论其行为对象是“真伪不同”还是“以次充好”，上述两个指导案例均系以合同诈骗罪而作一体论定。

合同诈骗罪是一种特殊的诈骗罪。质言之，符合诈骗罪的犯罪构成，且利用了合同的，就成立合同诈骗罪。① 合同诈骗罪系利用签订、履行合同的方式、手段进行诈骗，故在其行为构成判定上与诈骗罪为一致。因此，即使被害人或处于支配地位、具有处分权限者（被骗者）基于行为人的欺骗而陷入了错误认识，但并没有因之而作出处分行为，即不是基于自己的处分意思将该财物交付行为人，而是因受蒙蔽所作出的“交付”，该交付就不能被评价为合同诈骗罪中的处分行为。这正是由诈骗罪的基本构造所决定下的关键构成要素。

就财物性质完全不同（“真伪不同”）的“张某岩等合同诈骗案”，以及就财物性质相同而质量不同（“以次充好”）的“吴某案”而言，案指被害人（收货人暨货物买受人）实际上均没有陷入错误认识（不知道是假豆粕与掺杂铁屑的生铁），亦没有因之作出处分的意思。其之所以接收假豆粕与掺杂铁屑的生铁，乃基于与出卖方暨托运人的合同约定或交易惯例，而非基于行为人以假豆粕或掺杂铁屑的生铁对其所实施的欺骗，该欺骗行为与法益侵害结果（交付处分）并不具有对应性。因此，该二案在此环节就不能构成合同诈骗罪，而只能成立盗窃罪。刑法通说也认为，行为人在转移被害人的财物时，以类似物品进行“填补”的，例如，在盗窃他人提包中的现金时，将同等数额的假币放入他人提包的，在盗窃油罐中的汽油时，将等量的燃油输入燃油车的，均不影

---

① 参见张明楷：《刑法学》，法律出版社 2016 年版，第 835 页。

响盗窃罪的成立。[①]

“张某岩等合同诈骗案”的特殊之处实则在于，由于张某岩在与出卖人暨托运人渤海公司订立运输合同时，乃隐瞒了其欲“调包”这一事实真相，属于隐瞒“内心真相”的主观性欺骗，从而才成立对渤海公司的合同诈骗罪。虽然该案最终的定性结论尚属正确，但在整个分析论证过程中，却存在对被骗者与被害人的角色认定错误，而且也未能把握将之认定为合同诈骗罪系属“隐瞒内心真相”的主观性诈骗犯罪这一根本实质。而“吴某合同诈骗案”却并非如此。虽然出卖人及托运人也产生了错误认识，但最终遭致损失结果发生的是基于吴某的隐藏行为而非欺骗行为。因为，被骗者基于诈骗行为而作出处分行为时，其处分意识不但是必要的，而且还应是对所处分的财物内容如价值（价格）、数量、种类、性质具有完全的认识。因此，吴某所成立的就只能是盗窃罪而非（合同）诈骗罪。

事实上，早前实务部门对于以盗窃与诈骗相互交织的手段非法占有他人财物的行为，基于行为人非法取得财物主要是以调包的秘密手段来实现，而非被害人将财物转移给行为人支配和控制的处分意思和行为，而肯定成立盗窃罪的主张（参见《刑事审判参考》第 492 号指导案例“朱影盗窃案”[②]），才可谓是体现了对“调包案”认定的真正旨趣。

第四节 不动产双重让与合同诈骗刑事案件的认定——兼论“一房二卖”案件中的刑民法律适用衔接

一、不动产双重让与合同诈骗刑事案件的成因

近年来，由于房地产业的迅猛发展使房地产开发及二手房转让均曾出现过

① 参见张明楷：《刑法学》，法律出版社 2016 年版，第 951 页。

② 参见中华人民共和国最高人民法院刑事审判第一、二、三、四、五庭主办：《刑事审判参考》（总第 62 集），法律出版社 2008 年版，第 45~48 页。

热现象。相伴而生的是，基于建设工程质量纠纷、拖欠劳动报酬、工程进度款拨付不到位等原因，导致民事诉讼案件数量一直居高不下。加之银行采取放贷收紧政策，并且房地产业一直实施边开发边销售以融资的特殊政策，导致开发商为周转资金以支付工程欠款、劳动报酬、货款欠债，往往对在建楼房“一房二卖”，甚至“一房多卖”，或将已订立买卖合同的房屋抵押给第三人、重复抵押以借贷，或将已抵押的房屋又予以出卖。在房地产业萧条期，一旦发生资金链条断裂或销售不畅，就使上述重复让与不动产的矛盾爆发，乃至产生“多米诺骨牌效应”，从而也导致了各地合同诈骗刑事案件数量上的激增。

二、不动产双重让与合同诈骗刑事案件实务检讨

在民法上，“一房二卖”又称为不动产双重让与，是指在同一权利客体上，可以成立两个以上相容的请求权，而无须像物权那样，在先者有排除在后者的效力。在刑事审判中，则多归之为合同诈骗与民事欺诈交叉的案件。

实务对此类合同欺诈案件原本多持定罪（成立合同诈骗罪）的主张。但由于“被告人往往从事一定的经营活动，且没有携款逃匿”，导致“非法占有目的难以认定”①，从而存在罪与非罪的争议。值得注意的是，与既往多持定罪的立场不同，以“将已订立房屋买卖合同的多个房屋又销售他人”的“王某强合同诈骗案”（参见《刑事审判参考》第961号指导案例②）为转圜，对于即使是将原本承诺抵偿欠款的二十三套房转售他人的案件，实务中也多改持不认定成立犯罪的主张（参见《刑事审判参考》1076号指导案例“朱某某合同诈骗案”③）。但是，仅以“非法占有目的难以认定”作为出罪理由，尽管结论正确（属证据不足），但尚嫌粗糙（罪质的实质性分析论证不够透彻）；以刑法系

---

① 参见楼建群等：《关于合同诈骗、金融诈骗犯罪的调研报告》，载中华人民共和国最高人民法院刑事审判第一、二、三、四、五庭主办：《刑事审判参考》（总第97集），法律出版社2014年版，第180页。

② 参见中华人民共和国最高人民法院刑事审判第一、二、三、四、五庭主办：《刑事审判参考》（总第97集），法律出版社2014年版，第28~33页。

③ 参见中华人民共和国最高人民法院刑事审判第一、二、三、四、五庭主办：《刑事审判参考》（总第103集），法律出版社2016年版，第25~30页。

民法“附属法”的立场出发，认为只要具有民法规范的符合性就排除刑法的适用（只要成立民事欺诈就不成立刑事诈骗），则在根本上否定了刑法的独立性、保障法地位，这种观点并不合适。

三、不动产双重让与案件处理的民法基本原则、政策立场及对合同诈骗罪认定的消解

问题 40 “一房二卖”案件中，民事诈欺与刑事诈骗竞合后应如何处理？

本书认为，尊奉民法对不动产转让系采债权形式主义的原则下，基于自由竞争（政策）的观念考察，是认定不动产双重让与案件是否成立合同诈骗罪的基本立场。并且，以非法占有对方财物为目的的民事欺诈行为，为刑法规定的诈骗罪所规范。这也是本书的基本主张。

（一）不动产双重让与案件表征

实务中，典型的“一房二卖”案件，多为房主在与他人签订房屋买卖合同后，又将房屋出卖给第三人，并且与第三人进行了房屋产权移转登记。此类案件不只常出现于二手房的交易市场，在开发商对在建房屋（一手房）的销售过程中，亦颇常见。

双重抵押或多重抵押与“一房二卖”具有本质的相似性。因为抵押也是一种物权行为。实务中，多是开发商将在建房屋设立多重抵押用于银行贷款或民间消费借贷，也有房屋产权人将已设立抵押的房屋出卖的现象（参见“李某某被控合同诈骗案”[①]）。

（二）当前刑事审判实务立场

当前实务中对于此类合同诈骗犯罪案件的认定，之所以采取更为谦抑与审慎的（无罪）立场，是基于：

① 参见江西省吉安市中级人民法院（2018）赣 08 刑终 69 号刑事裁定书。

其一，我国民法关于物权发生的效力，系采取债权形式主义原则（《民法典》第209条、第224条），从而在一定程度上也就消解了此类行为的不法性。

其二，我国所奉行的是鼓励自由竞争的市场政策，从而基于市场经济趋利性的本质也肯定了“一房二卖”具有市场交易的合理性。

（三）债权形式主义原则的政策立场

所谓债权形式主义，系采取“意思主义+交付（动产）”与“意思主义+登记（不动产）”方才发生物权法律效力的方式。与之不同，日本民法所奉行的是债权意思主义，即根据当事人的移转物权的意思，一旦合同成立并生效，买受人即直接取得物权，登记仅发生对抗善意第三人的效力。基于债权形式主义发生的物权移转，未交付与登记的，债权人并未取得物权，此于抵押权的效果亦同。因此，对于双重买卖行为所持的审判立场，就与日本民法规定的效果不同（事实上，日本刑法学界基于独立性的立场，也并未采取依据民法的意思主义作为定罪主张，而奉行房产是否登记即是否发生物权效力作为判断的第一层资料）。

民法上虽然对意思主义与交付（动产物权移转效力）、登记（不动产物权移转效力）采取不同的政策，但实则均系出于对负担行为与处分行为相区分的基本原理：负担行为系一种债权行为，所奉行的乃是相对性、平等性原则；处分行为系一种物权行为，所奉行的乃是绝对性、排他性。虽然我国民法并不承认物权行为的独立性、无因性，但是，基于债权形式主义的立场，所采的是“未办理物权登记的，不影响合同效力”的“债权与物权效力相区分”的原则（《民法典》第215条）。《民法典》关于“因出卖人未取得处分权致使标的物所有权不能转移的，买受人可以解除合同并请求出卖人承担违约责任”的规定（第597条），也贯彻了这一原则。

（四）债权形式主义原则对因不动产双重让与刑事案件所作的无罪化消解

质言之，就不动产作多重买卖的，如房主就其房产与多人分别订立买卖合同，基于合同平等性原则，并不发生彼此排斥的效果，只要是出于真实意思表示、不违反公序良俗、不恶意损害第三人或国家利益，就均成立且生效（即使出卖人是就非其本人的房产所订立的买卖合同，亦属有效）。订立多重抵押合同亦是。但是，在未将不动产登记移转的场合，并不发生物权效力。所以在办理移转登记之前，房主或开发商（基于原始取得）仍是房屋的所有权人，这是由物权法的一物一权原则、绝对性所决定的。

因此，对于双重让与不动产的案件，原则上不得为定罪主张。这是由民法债权形式主义原则以及市场自由竞争政策所决定下的必然考量。

四、关于非法占有目的认定的几个层次

问题 41 如何认定（合同）诈骗罪中的非法占有目的？

对于（合同）诈骗罪这种介于被害人与行为人之间的“斗智游戏”的行为，其认定的难点在于行为人有无非法占有目的。而对于房屋出卖者是否具有非法占有目的这一“超主观”的责任要素，首先涉及对合同诈骗罪成立的临界点——刑事可处罚条件何时具备的认定。作为断绝结果犯的目的犯，一般而言，只要实现了刑法规定的构成要件的，就可以认为已经实现非法占有财物的目的。[①] 其次，对于合同诈骗罪的非法占有目的认定，要综合考虑事前、事中、事后等各种客观的资料、场境等来加以判断。最后，非法占有目的应存在于利用合同进行诈骗的行为始终。作为“超主观”的责任要素，非法占有目的与客观不法行为、主观故意等责任要素乃共同组成合同诈骗罪的诸构成要件。易言之，“非法占有（或不法所有）行为”＋“故意”＋“非法占有目的”三层构成要素才最终组合成合同诈骗罪。质言之，非法占有目的既是成立合同诈骗罪的责任要素，也是限定行为构成处罚范围的要素，但不是犯罪故意的要素。

实务在处理案件时，采取了更为审慎的态度，系根据出卖人事后的表现而推定其是否具有非法占有目的，这也是判断行为人的行为是否构成合同诈骗罪的关键。而行为人实施行为时的履约能力与意愿，是认定合同诈骗罪有无非法

① 参见张明楷：《刑法学》，法律出版社 2016 年版，第 300 页。

占有目的的两个基点。司法实践中除了根据《刑法》第224条所规定的4种具体情形，综合考虑事前、事中、事后的各种主客观因素进行整体判断之外，对以下情况也通常认为行为人具有非法占有目的：第一，为应付对方当事人索取债务，采用“拆东墙补西墙”的方法又与其他人签订合同筹措资金，以后次骗签合同所获货物、货款、预付款、定金或者保证金归还前次欠款的；第二，起初确实只是为了解决一时资金困难，采取欺骗手段与对方当事人签订以暂时获取周转资金，但在有能力归还的情况下却故意久拖不还的；第三，收到对方货款、预付款、定金或者保证金后，不按合同约定内容履行合同，如组织约定货源、提供约定服务等，而是用于炒股或其他风险投资的；第四，通过签订合同获取对方当事人交付的货物、货款、预付款、定金或者保证金后，挥霍浪费，致使上述款物无法返还的；第五，根本没有履行合同的能力或者故意夸大自己履行合同的能力，骗取对方当事人的信任与自己签订合同，合同签订后又不积极努力设法创造履约条件履行合同以避免对方经济损失的。[①] 就此而言，推定系认定本类案件是否具有非法占有目的这一“超主观”的责任要素的主要判断方式。最高人民法院通过“许某成、许某卿、马某梅集资诈骗案”[②]，也再次肯定了其在2001年《全国法院审理金融犯罪案件工作座谈会纪要》中所持的意旨，即认定行为人是否具有非法占有目的时，应当坚持主客观相统一的认定标准，既要避免单纯根据损失结果客观归罪，也不能仅凭被告人自己的供述，应当根据案件具体情况全面分析行为人无法偿还集资款的原因，若行为人没有进行实体经营或实体经营的比例极小，根本无法通过正常经营偿还非法募集的本金及约定利息，将募集的款项隐匿、挥霍的，应当认定行为人具有非法占有的目的。此也及于对合同诈骗罪中非法占有目的的认定。换言之，这是一种对非法占有目的是否具有客观异常表现认定的合理推定方式。

五、对合同诈骗罪具有非法占有目的的异常性分析机理的提出

就对非法占有目的这一“超主观”的责任要素认定，通常应根据其客观行

---

① 参见中华人民共和国最高人民法院刑事审判第一、二、三、四、五庭主办：《刑事审判参考》（总第103集），法律出版社2016年版，第27页。

② 参见《最高人民法院公报》2009年第10期。

为有无不法表征来具体判断。如实务中有人认为，作为行为人的一种主观心理活动，无法通过简单的某一方面的客观表现来评价和衡量，应结合客观方面的诸多因素，通过以下几方面进行综合判断：第一，看行为人有无履约能力。如果行为人明知自己没有履行合同的能力，而且也根本不打算履行合同，但仍与他人签定合同，一旦财物到手就大肆挥霍或逃之夭夭，则应认定其具有非法占有目的。第二，看行为人有无履约行为。有无履行合同的行为，直接反映行为人履行合同约定义务的诚意，是认定合同诈骗罪的重要客观依据。第三，看行为人事后态度。如果行为人在签订合同后，积极努力地为履行合同作准备，但由于其一时的过失或意外事件等主客观方面的原因导致丧失了履约能力，应认定不具有非法占有目的。相反，如果行为人在明知自己无履约能力的情况下，收取了保证金、预付款等财物后采取消极的态度或者主动失去联系的方式逃避履约的，就能够体现出其具有非法占有的目的。① 但是，就第二种情形而言，即使行为人具有履约能力，但却出于非法占有目的，如果以此作为出罪理由是否合适，尚值商榷。就第三种情形而言，如果行为人表现履约“积极”，即以先履行小额合同以最终实现对大宗款项、货物占有的场合，也并不具有说服力。如此看来，对于非法占有目的的认定“要根据其客观上有无不法所有的行为进行判断”②，实则是指，应结合行为人在签订、履行合同的过程之中，其对财产的处理是否具有异常性，来依次判断其有无不法占有（所有）行为及非法占有目的。因为行为人当时的履约能力与意愿，才是判定非法占有目的的两个基点。

对于异常性的判断，应以《刑法》第224条对合同诈骗罪的具体规定，结合行为人是否处于市场交易的正常环节之中，其活动是否符合市场正常运行规律等要素综合判定。因为，合同诈骗罪系作为破坏市场经济秩序的特殊诈骗罪而被规定于《刑法》分则第3章罪之中的。质言之，合同充其量只是行为人实施诈骗的手段或工具（载体）而已，而非确定地依所订立的合同的目的真实履行。并且，由于在市场经济活动中，基于意思自治原则，合同约定通常被民法

① 参见国家法官学院、中国人民大学法学院编：《中国审判案例要览·2014年刑事审判案例卷》，中国人民大学出版社2015年版，第142页。

② 张明楷：《诈骗罪与金融诈骗罪研究》，清华大学出版社2006年版，第505页。

肯定为具有优于法律规定的性质（“约定优先于法定”），为防范行为人利用合同作为其实施诈骗的合法工具，从而对在交易过程中利用合同诈欺他人财物的行为予以规范，才是本罪保护法益的实质目的。因此，异常性是揭示合同诈骗犯罪“面纱”的关键要素。例如，行为人假借购买二手房，先向被害人支付购房首付款，谎称向银行贷款支付购房余款，在骗取被害人的房产过户后，又将房产抵押给他人借款，所得款项用于偿还个人欠款及挥霍，并且是向六名不同二手房的房主实施的（参见《刑事审判参考》第876号指导案例“周某文、陈某芳合同诈骗案”①），就难以否定其行为不具有异常性，即不是正常的房屋买卖交易，而是一种具有异常性的不法所有的合同诈骗行为。反之，如果行为人在合同履行过程中虽然具有欺骗行为，但其夸大数量的欺骗行为对合同最终适当、全面履行的不具有根本影响，则不属于诈骗类犯罪所要求的根本上的“虚构事实”，而属于民事欺诈行为（参见《刑事审判参考》第1512号指导案例“黄某正等合同诈骗案”②）。

异常性还表现为交易的风险是由行为人事先所创设的风险，而非市场交易中所固有风险。如“赌石”行为，由于属于该市场领域的固有交易惯例，故买受人即使出“天价”而买受的是一块一文不值的石头，也不属异常。因该风险是由该玉石交易市场固有规则所事先决定的，而非行为人所事先创设的。只要买受人接受了该规则，就应接受交易目的设立失败的风险。反之，如果行为人事先通过买通鉴定人出具矿产含量高、储量大的鉴定意见，而后将并无开采价值的“鸡窝矿”转让他人，就难以否定其行为不具有异常性。因为，该交易的风险是由行为人所预先创设的，而非该领域所事先存在的。

此外，就行为人在资金链已经出现断裂或者明显出现断裂的可能，仍重复设定抵押而向多人借款，乃至对偿还不能有放任意志因素的，这属于资本显著不足的情形。行为人在其经营过程中，利用其较少的资本乃至已经失去或即将

---

① 参见中华人民共和国最高人民法院刑事审判第一、二、三、四、五庭主办：《刑事审判参考》（总第93集），法律出版社2014年版，第26~32页。

② 参见最高人民法院刑事审判第一、二、三、四、五庭编：《刑事审判参考》（总第134辑），人民法院出版社2023年版，第45~51页。

失去的信用去从事与其经营所隐含的风险相比并不匹配的经营，就表明其没有给付或偿还的诚意，其实质就是恶意利用公司独立人格和股东有限责任把风险转嫁给抵押权人或其他债权人。而在市场持续低迷之时，这种以重复抵押进行借贷的行为就已难以被评估为“以小博大”的市场经营行为。[①] 因为，一个处在破产边缘的人，不允许通过非法占有他人的金钱来挽救自己的业务，因为受到业务崩溃威胁的损害在比例上也会远远大于诈骗所造成的损害。在财政上无支付能力的法律后果，最终是在强制执行法、民法、破产法中加以规范的，并且在自助的程序中并没有为“强制性贷款”留下空间。[②] 因此，就可以认定其“多重抵押”行为具有异常性。从而推定其具有非法占有目的。

六、成立合同诈骗罪“惹起”临界点的认定——刑事可处罚客观条件的启动

并非所有的犯罪一经充任犯罪构成的要件，就会惹起刑罚的运用，而尚需具备一定必要条件，此即为刑事可处罚的客观条件。但是，何时对其启动刑罚的运用，则是刑事处罚条件的可适用问题。本书在此称为构成犯罪的临界点。作为成立合同诈骗罪的临界点，通常是作为非法占有目的认定的反面而引申出来的。

原则上，只要行为人的行为符合了《刑法》分则规定的犯罪构成要件，亦即充任了构成要件的该当性，就是成立犯罪的临界点。但是，基于刑罚谦抑性，对某些犯罪的惹起系附加了若干适用条件限制。例如，对于侵占罪，只有在被害人向行为人提出返还财产，行为人仍拒不返还的，该返还财产的提出才是成立侵占罪的临界点。对于恶意透支型信用卡诈骗罪的惹起，须是行为人以非法占有为目的而透支后，只有经发卡行两次催收后超过 3 个月仍不归还的，才是《刑法》第 196 条规定的恶意透支。因此，经发卡行第二次催收之后并超过 3 个月的，才是成立信用卡诈骗罪的临界点。对于合同诈骗犯罪，也应依此判断。

---

① 参见辽宁省鞍山市中级人民法院（2021）辽 03 刑初 4 号刑事判决书。

② 参见［德］克劳斯·罗克辛：《德国刑法学总论》（第 1 卷），王世洲译，法律出版社 2005 年版，第 483 页。

因为，合同诈骗罪与侵占罪、信用卡诈骗罪均属于对占有委托物所实施的不法侵夺。如对于《刑法》第224条第4项所规定的“收受对方当事人给付的货物、货款、预付款或者担保财产后逃匿的”情形，该“逃匿”显然包括对方当事人向其提出索还而不能的场合，因此一经具有该情形，即为启动合同诈骗罪可处罚条件的“惹起”临界点。

七、民事欺诈与（合同）诈骗罪并不完全重合的理由重申：（合同）诈骗罪的刑事审判立场以及诈骗罪的认定规则

当前实务中基于肯定行为人仅具有民事上的欺诈就不成立刑事诈骗罪的主张，还提出了“应审查是否确有必要动用刑法予以规制”“如果通过民事诉讼方式可以获得司法救济，就应当让当事人通过民事诉讼来实现权利、平衡利益，而不应动用刑罚这一最后救济手段”的立场。① 但是，该主张却多少违反了刑事规制（刑事处罚）作为最后救济的手段，本是立法原则而不是司法原则这一基本立场。因为，若以此推及，盗窃犯罪也成立民事上的不当得利行为，故意杀人犯罪也符合民事侵权行为，且都可以获得民事诉讼的充分救济，但刑法却仍将之规定为犯罪，而司法机关却可以作无罪化处理。这种结论想来不可思议。

即使作为民事欺诈而未成立刑事诈骗，也仅存在于使对方当事人因被欺诈而作出有瑕疵的意思处分，即意思自由被侵害的情境，而并不能及于故意损害对方财产即以非法占有财物为目的的场合。在后一场合，一旦当事人因此而陷入错误认识，将财产或财产性利益处分给欺诈人，只要达到“数额较大”这一刑事可处罚的客观条件，就符合（合同）诈骗罪的犯罪构成，从而就有适用（合同）诈骗罪的余地。而且，就经常发生的表见代理型欺诈案件（表见代理为广义上的无权代理，其表征使善意相对人足以相信本人对代理人的行为为明知，并会发生民法上的两种法律效果：一是善意相对人可以按狭义无权代理，申请撤销；二是接受与本人之间发生权利义务关系），尽管是一种欺诈型代理，但这种表见行为同时又符合刑法关于（合同）诈骗罪的行为构成，而被肯定成

① 参见贾伟等：《货物交易型案件中经济纠纷与诈骗犯罪的界限》，载《人民司法（案例）》2019年第5期。

立（合同）诈骗罪（参见《刑事审判参考》第716号指导案例“杨某承合同诈骗案”[①]），这一点在实务中也从无异议（参见《刑事审判参考》第1218号指导案例“杨某诈骗案”[②]）。由此可见，即使在被肯定存在民事欺诈的场合，也仍有刑事诈骗罪成立的余地。这是基于结果无价值论对财产法益保护所采取的基本立场。

对于当前实务中屡屡发生的合同诈骗罪与民事欺诈行为应如何甄别的场合，所应遵循的是如下规则：首先，被害人遭受财产损失的风险是由行为人所事先创设的，而非市场自身所固有的、为市场交易主体均所接受的交易风险；其次，被害人所遭受的财产损失是否符合合同交易的比例原则，是否明显背离了市场交易所准许的幅度与比例，是否已难以为国民所忍受（刑法出击的必要），是确定罪与非罪、启动刑事可处罚的客观条件（亦即具有重大性且该不法损害已难为市场竞争经济所容认）；最后，行为人必须是基于损害对方财物、不法牟利的目的（非法占有目的），才能成立合同诈骗罪。这一立场不仅及于合同欺诈与合同诈骗犯罪的界分，还应及于对民事欺诈与刑事诈骗犯罪的界定。

第五节 敲诈勒索罪与抢劫罪的实务认定

一、敲诈勒索罪与民事胁迫

所谓敲诈勒索罪，是指恐吓他人并使之交付财物的行为（《刑法》第274条）。其基本构造是：使用胁迫（恐吓）手段→使对方陷入恐惧→被害人基于恐惧而交付财产→行为人或第三人取得财产→被害人遭受财产损失。本罪以暴力、胁迫为手段，但该手段尚未达到足以抑制对方反抗的程度这一客观标准，这也是本罪与抢劫罪的区别所在。本罪作为一种胁迫罪的同时，尽管有瑕疵，

---

① 参见中华人民共和国最高人民法院刑事审判第一、二、三、四、五庭主办：《刑事审判参考》（总第81集），法律出版社2012年版，第9~13页。

② 参见中华人民共和国最高人民法院刑事审判第一、二、三、四、五庭主办：《刑事审判参考》（总第111集），法律出版社2018年版，第103页。

但被害人仍然是基于任意的意思而转移财物、财产性利益，就此而言，本罪与诈骗罪同属交付罪。与诈骗罪一样，尽管被害人的行为（转移财物的意思表示）在民法上可以被撤销，但本罪并不以被害人行使民法上的撤销权为处罚前提。①

（一）问题的提起：法人能否成为敲诈勒索罪的被害人——就信访人被以敲诈勒索罪起诉兼论权利行使与敲诈勒索罪的法益周边

问题 42 信访人以上访为要挟手段索要补偿款的，是否成立敲诈勒索罪？

《民法典》第 150 条规定了受胁迫的民事法律行为可撤销。该规定系源自《民法通则》第 58 条第 1 款“下列民事行为无效：……（三）一方以欺诈、胁迫的手段或者乘人之危，使对方在违背真实意思的情况下所为的……”的规定。二者虽在法律行为的效力上规定不同，但所述内容基本一致。按《民通意见》第 69 条规定：“……以给法人的荣誉、名誉、财产等造成损害为要挟，迫使对方作出违背真实的意思表示的，可以认定为胁迫行为。”亦即肯定法人得遭受胁迫，但限于荣誉、名誉、财产等特定法益受要挟的场合。尽管《民法典》正式施行后《民法通则》已一并废止，但《民通意见》上述相关解释内容在新的司法解释出台之前，因符合《民法典》规定意旨与民法基本原理，故仍有可参照适用的价值。但是，法人遭受行为人胁迫的，行为人是否会因之成立敲诈勒索罪？如实务中就曾出现，某信访人以进京上访为由向某乡政府索要动迁费若干万元，而曾被认定敲诈勒索罪（后经再审而改判无罪）的极端性案件（参见《刑事审判参考》第 509 号指导案例“夏某理等人敲诈勒索案”②）。

法人也有意思机关，且为自然人之集合，但其受胁迫的情形与自然人所受胁迫情形应有区分：就代表国家行使行政管理职能的机关法人而言，因其并无

---

① 参见［日］西田典之：《日本刑法各论》（第 6 版），王昭武、刘明祥译，法律出版社 2013 年版，第 233 页。

② 参见中华人民共和国最高人民法院刑事审判第一、二、三、四、五庭主办：《刑事审判参考》（总第 64 集），法律出版社 2009 年版，第 45~53 页。

专属于自身的人格法益，故无受行为人胁迫侵击的危险。因就上述三种专属法人的法益而言，政府机关的荣誉、名誉均系来自人民的授予，而非成立后即享有的法人格；其财产系属于国家所有，而不能专属于其自身。故难以肯定机关法人具有上述专属型的人格法益。但营利法人因有其商业信誉即专属于法人的名誉以及财产，则有遭受胁迫的现实（法益）危险性，故可以肯定营利法人能够成为敲诈勒索罪的被害人。进行上述区分时所需厘清与遵循的是法人所受胁迫是否可类型化，亦即是否符合法律规范的目的。质言之，行为人胁迫法人的若为法人的专属权益，如营利法人的商号权、商誉、名誉等，可成立胁迫，情节严重的可成立敲诈勒索罪。但生命权、身体权、健康权、行动自由权等专属于自然人的人格法益，不在其中。所以，难以肯认对法人及其机关（如对董事、乡长）有生命、身体、健康、自由的胁迫会成立对法人的敲诈勒索罪，因对于法人机关的人身胁迫，其实质仍是一种对自然人的胁迫，从而仅能成立对自然人的敲诈勒索罪。

因此，在信访人以被不法拆迁为由，扬言上访并以此要挟负控访职责的乡政府，索要钱款若干的场合，因乡政府系机关法人，由于公法行为而受信访人“要挟”，就与以在某大酒店就餐时故意在食物中放入自己携带的蟑螂并以此为由向酒店索要巨额赔偿款案件（“蟑螂案”）中的平等主体之间的要挟其手段与目的之结合不法性不同。申言之，信访人认为其合法权益受到公权力之侵害而上访，是《宪法》第41条赋予公民的权利（申诉、控告、批评、检举权），具有目的的正当性。机关法人基于其“控访”职责，本应正当处理上访人的上访事由，但却“委曲求全”以“钱”买“平安”，该行为本身即具有不正当性。而且政府机关法人拥有以强制措施保障公民人身、财产安全的权力，负有维护国家安全、保护国家与公共财产安全的职能，对于以威胁机关法人中个人人身专属法益为手段以实现其不法目的的行为，得依法排除其不法妨害，难谓其因此与私人具有自助权利限制的同一性。因此，纵使上访人以此为要挟，亦难谓其手段具有不法性的类型化意义，所以该案件不构成刑法意义上的敲诈勒索罪。如果政府为平息其信访，已对之适当补偿，并已形成息访的协议，可谓行政和解，已具有约束性。在此种情形下，信访人已经得到或者多次得到与其应当受领的利益远远相背离的补偿数额后，而仍以获取额外钱款的不法目的上访，并以此为手段迫使政府机关法人再次给付，则侵害了社会公共秩序这一社会公共法益，情节严重的可以其他（寻衅滋事）犯罪论处，但对此仍应加以价值判断与利益衡量。

作为交付罪，敲诈勒索罪也须具有非法占有目的这一“超主观”的责任要素。对于占有的非法性，应以不具有受法律保护的与本权可相对抗性作为判断基础的第一层资料。对此仍应贯彻占有中间说（参见本章第3节）。因此，基于民间矛盾纠纷，如行为人系基于不同的原因对财物主张权利并由此产生权利冲突，进而导致民事争讼，本身体现了对法规范和法秩序的尊重，通常难以肯定为非法占有；如行为人蔑视法律的存在，没有事实依据和法律依据，又不支付相应代价，违背法规范和法秩序的要求，规避正当市场行为，以零成本的方式强行获取他人财物，则属于非法占有。在此意义上，如果行为人基于与煤矿之间的土地征用关系主张权利，对农村征地纠纷引发的“索财”行为，由于这种权利冲突仅属于民事争讼的范畴，从而实务判定不成立敲诈勒索罪（参见《刑事审判参考》第1066号指导案例“廖某旺等敲诈勒索案”①）。

（二）敲诈勒索罪与诈骗罪及参与绑架罪事后索财的区分界定

在杀死被害人，而后又以要揭露被害人的隐私、甚至对被害人实施伤害行为为由向被害人的家属索取财物的场合（参见《刑事审判参考》第747号指导案例“汪某故意杀人、敲诈勒索案”②），实则成立的是诈骗罪与敲诈勒索罪的想象竞合犯，具体成立何种犯罪应视被害人究竟是因此而陷入错误认识还是基于恐惧而处分财产予以判定。

行为人以被害人预谋犯罪为由，对被害人加以控制，并以报警送交公安机关处理为要挟，向被害人及其亲属强索财物，虽然在一定程度上限制了被害人的人身自由，且采取了轻微暴力，但并未使用暴力、胁迫、麻醉或者其他方法

① 参见中华人民共和国最高人民法院刑事审判第一、二、三、四、五庭主办：《刑事审判参考》（总第102集），法律出版社2016年版，第73~76页。

② 参见中华人民共和国最高人民法院刑事审判第一、二、三、四、五庭主办：《刑事审判参考》（总第84集），法律出版社2012年版，第17~21页。

劫持被害人，亦未将被害人藏匿的，成立敲诈勒索罪（参见“海南省临高县人民检察院诉谢某海等敲诈勒索案”① ）。在帮人“讨债”参与绑架得知真相后与人质谈好报酬后将其释放，事后施以胁迫手段，向被释放人索要巨额“报酬”的场合，基于行为共同说，也仅成立敲诈勒索罪（参见《刑事审判参考》第571号指导案例“李某、袁某京、胡某珍等绑架、非法拘禁、敲诈勒索案”② ）。

（三）对于胁迫涉嫌成立敲诈勒索罪的民事效力判断及其审判流程

即使在成立敲诈勒索罪的场合，基于胁迫也是一种可撤销的民事法律行为，因此，在受胁迫方请求人民法院或者仲裁机构即提起民事诉讼或申请仲裁予以撤销之前，其仍是一种生效的民事法律行为。对于“请求法院”“撤销”，在此应作广义上的理解，亦即包括刑事诉讼中的各职能机构。这里应注意的是作为普通法的民法对于胁迫的规定（《民法典》第150条）与作为特殊法的刑法关于敲诈勒索罪的规定（《刑法》第274条）之间的法条关系应如何判断的问题。在已经提起民事诉讼的场合，即使经过民事审判可以确认该行为系属被胁迫，并且民事法官已内心确信构成敲诈勒索罪，但是，由于民事审判对于这种属于公诉案件管辖范围的行为并不能迳行直接判定其为犯罪，所以只能是移送公安机关，并裁定中止审理。只有在公安机关拒不受理或经过公权力机关最终确认并不成立犯罪的，民事审判程序才能恢复审理并得确认其行为因属胁迫而予以撤销（因刑事案件证明标准与民事案件证明标准不同）。而公权力机关已经受理并最终对之作出成立敲诈勒索罪的刑事判决的，民事审判应终结其审理程序。

二、关于抢劫罪的实务认定

抢劫罪与盗窃罪同属夺取罪。③ 抢劫罪所侵犯的系人身法益与财产法益等

---

① 参见《最高人民法院公报》2009年第10期。

② 参见中华人民共和国最高人民法院刑事审判第一、二、三、四、五庭主办：《刑事审判参考》（总第69集），法律出版社2009年版，第62~63页。

③ 参见［日］西田典之：《日本刑法各论》（第6版），王昭武、刘明祥译，法律出版社2013年版，第171页。

双重法益，并且抢劫罪对人身法益的侵害往往会更为严重。因此，对于抢劫致人重伤、死亡的，就被刑法规定为一种类型性的加重处罚情节（《刑法》第263条第5项）。尽管如此，各国刑法仍将抢劫罪规定为一种最为严重的侵害财产法益的犯罪，这或许与抢劫罪主要系基于非法占有他人财物的目的有关。刑法除规定了作为基本犯的抢劫罪及结果加重犯的七种情形（《刑法》第263条第4项规定的“多次抢劫或者抢劫数额巨大的”系例外的量刑规则），还规定了事后抢劫罪（《刑法》第269条）与按抢劫罪处罚的携带凶器抢夺的准抢劫罪（《刑法》第267条第2款）。

（一）作为手段的“暴力”使用及“以其他方法”

抢劫罪是一种当场使用暴力、胁迫或者以其他方法强行劫取财物的行为。夺取财物的“当场性”，是抢劫罪与绑架罪的主要区别特征之一（参见《刑事审判参考》第272号指导案例“杨某营等抢劫、绑架案”[①]）。当然，基于抢劫的目的，对被害人的身体安全与行动自由的法益均造成危险的场合，虽然被害人告知第三人来送现金，但在第三人并不知情的前提下，即使存在控制人身自由的情形，也仍应属于抢劫罪。

对于使用暴力强行向他人当场“借款”并致人轻伤的暴力程度，必须是以达到足以压制被害人反抗为判断基础（参见《刑事审判参考》第520号指导案例“李某生强迫交易案”[②]）。而且，对此学说上尽管主要奉行的是客观说，但还是应结合被害人自身身体条件的具体情况加以具体的判断。[③] 这一点也应及于对以胁迫手段抢劫财物的认定，并且，这也是本罪与敲诈勒索罪的区别所在。但是，基于非法占有目的，乘人不备公然抢夺他人财物，如在“加霸王油”后即驾车逃离，且在加油站工作人员对之阻拦后，行为人通过加大汽车油门以迫使阻拦人放手，或在行驶中强行扯开阻拦者的手后继续驾车逃离，并

---

① 参见中华人民共和国最高人民法院刑事审判第一庭、第二庭编：《刑事审判参考》（总第35集），法律出版社2004年版，第47~48页。

② 参见中华人民共和国最高人民法院刑事审判第一、二、三、四、五庭主办：《刑事审判参考》（总第66集），法律出版社2009年版，第10~13页。

③ 参见张明楷：《刑法学》，法律出版社2016年版，第972页。

致使阻拦者倒地受伤，判决认定行为人属于为窝藏赃物、抗拒抓捕而当场使用暴力，成立（事后）抢劫罪（参见《刑事审判参考》第868号指导案例“李某峰抢劫、抢夺案”① ）。但是，就该种方法的暴力程度是否达到抢劫罪的暴力程度，则倍值审视（参见《刑事审判参考》第349号指导案例“林某明等敲诈勒索案”② ）。

就使用其他方法的抢劫，该种方法也须是等同于以暴力、胁迫手段，即足以压制被害人丧失反抗能力的程度。在实务中，大多是以麻醉方法致被害人昏睡，以劫取钱财的案件（参见《刑事审判参考》第1262号指导案例“王某红、徐某等抢劫案”③ ）。但是，考虑到使人昏睡的方法未必会发生致使被害人重伤、死亡的结果，在处罚上还是应当与前述使用暴力的抢劫犯行有所区分。

（二）抢劫杀人与强取的整体认定

由于杀人行为是使权利人丧失占有的终极手段，只要出于劫取的意思而实施了杀人行为，即便其后财物取得的行为与杀人行为在时间、场所上并无连续性，仍可说全部属于抢劫杀人。④ 在抢劫过程中致人重伤昏迷，又放火毁灭罪证致人窒息死亡的，有实务部门根据《最高人民法院关于抢劫过程中故意杀人案件如何定罪问题的批复》，认定属于行为人为劫取财物而预谋故意杀人，或者在劫取财物过程中，为制服被害人反抗而故意杀人的行为，这仅属于同一犯罪构成要件内的事实认识错误，从而肯定成立抢劫罪与放火罪的数罪（参见《刑事审判参考》第401号指导案例“魏某军抢劫、放火案”⑤ ）。

---

① 参见中华人民共和国最高人民法院刑事审判第一、二、三、四、五庭主办：《刑事审判参考》（总第92集），法律出版社2014年版，第81~86页。

② 参见中华人民共和国最高人民法院刑事审判第一庭、第二庭编：《刑事审判参考》（总第44集），法律出版社2006年版，第70页。

③ 参见中华人民共和国最高人民法院刑事审判第一、二、三、四、五庭主办：《刑事审判参考》（总第114集），法律出版社2019年版，第79页。

④ 参见［日］西田典之：《日本刑法各论》（第6版），王昭武、刘明祥译，法律出版社2013年版，第175页。

⑤ 参见中华人民共和国最高人民法院刑事审判第一、二、三、四、五庭主办：《刑事审判参考》（总第51集），法律出版社2006年版，第13~14页。

问题 43 行为人在短时间内实施一系列具有关联性的犯罪行为的，应如何认定？

行为人 A 至甲（女）经营的体育彩票店内购买彩票，累计赊欠约人民币 1 万元后，甲及其丈夫乙要求 A 到银行取款，A 假意应承，骗乙驾车到 W 镇某银行储蓄所附近时，A 朝乙面部、颈部捅刺数刀，劫得人民币 200 余元，并捆绑乙双手。因唯恐甲察觉报警，A 驾车返回体育彩票店，途中再次持刀捅刺乙胸部数刀致乙昏厥（后乙恢复意识驾车逃离）。嗣后 A 携带尖刀进入体育彩票店，因甲准备报警，A 捅刺甲数十刀并致甲死亡。A 为毁灭罪证，遂引燃体育彩票店，又盗走人民币 4000 余元。对此，判决除肯定检察机关起诉的故意杀人、抢劫、放火罪，另认为，A 劫取乙财物后，其抢劫实行行为已经结束，又再次持刀朝乙腹部捅刺数刀致乙重伤，是出于伤害的犯罪故意，对此行为应成立故意伤害罪（参见《刑事审判参考》第 1222 号指导案例“秦某志故意杀人、故意伤害、放火、抢劫、盗窃案”① ）。

但是，A 为了暂缓支付债务，欺骗乙驾车前往 W 镇储蓄所，其本意是为骗取被害人对其免除债务，实际上这是一种并无交付意思的欺骗行为。而后又持刀劫取乙的财物，并在控制其所劫取财物的持续机会之中又二次持刀加害乙，该伤害行为应是其实施暴力的组成部分。因此，就对乙的加害而言是一种抢劫中的暴力手段。尽管其后续行为与故意伤害罪可成立想象竞合，但整体考量本案的进程仅以抢劫罪论处就足够了。此后 A 又回到体育彩票店内，不过是为防止甲报案，具有毁灭罪证的意思，尽管其行为得单独构成故意杀人罪，但是否属于抢劫财物的整体控制过程之中，也值得商榷。

实务中，基于对 2001 年《最高人民法院关于抢劫过程中故意杀人案件如何定罪问题的批复》的分类认识不清，往往混淆了何种暴力属于劫取财物的“持续机会”之中，何种暴力属于另起犯意所实施的故意杀人。如就“陈某抢劫、

① 参见中华人民共和国最高人民法院刑事审判第一、二、三、四、五庭主办：《刑事审判参考》（总第 112 集），法律出版社 2018 年版，第 16~24 页。

故意杀人案”（参见本书第6章第2节）之所以产生成立抢劫一罪还是成立抢劫罪与故意杀人罪数罪的定性争论，无外乎是由于陈某基于抢劫目的而劫取了被害人的银行卡（并已获悉密码）后又杀害被害人的行为，究竟是属于另起故意杀人的犯意，还是为了持续控制其劫取的财产性利益（银行卡内的债权）这一目的。仅仅认为陈某已经劫取了银行卡，就等同于已经劫取了财物的观点，不但违反了财产取得罪既遂的实质是被害人的财物已经转移由行为人控制这一立场，而且也忽视了一个基本生活常识，也就是说，陈某如果在此时释放了被害人，是否会顺利取得被害人银行卡内的所有资金，而这正是陈某所担心的（因为每张银行卡在ATM上每天最多只能提取2万元）。因此，陈某此后杀死被害人的行为，仍应属于对劫取的财产性利益的整体性的暴力控制，对之以抢劫一罪论，具有适正性。在与之情节、手段相近似的“费某强、何某抢劫案”（《刑事审判参考》第1263号指导案例①）中，判决即认定行为人杀害被害人是在逼问被害人密码的过程中，从而属于在抢劫过程中杀人，应以抢劫一罪论，并改变了公诉机关所起诉的抢劫、故意杀人二罪。

（三）抢劫致人重伤、死亡的因果关系判断

抢劫致人重伤、致人死亡的，也属于抢劫罪的加重处罚情节。并且，对于这种因果关系与结界归属的判断，应当贯彻类属于客观归责的相当因果关系说。因此，为抢劫、强奸同一被害人，穿插实施多种多次暴力犯罪行为，致使被害人跳楼逃离过程中造成重伤的，该结果也就能够可客观归属于行为人的行为构成（参见《刑事审判参考》第814号指导案例“刘某抢劫、强奸案”②）。而在高速公路上持刀抢劫出租车司机，司机下车呼救时不慎被过往的车辆撞死的，也得成立抢劫致人死亡（参见《刑事审判参考》第818号指导案例“徐某抢劫案”③）。

---

① 参见中华人民共和国最高人民法院刑事审判第一、二、三、四、五庭主办：《刑事审判参考》（总第114集），法律出版社2019年版，第83~88页。

② 参见中华人民共和国最高人民法院刑事审判第一、二、三、四、五庭主办：《刑事审判参考》（总第89集），法律出版社2013年版，第40~43页。

③ 参见中华人民共和国最高人民法院刑事审判第一、二、三、四、五庭主办：《刑事审判参考》（总第89集），法律出版社2013年版，第63~67页。

此外，对于介入其他因素的行为，如发生医院抢救中的失误，也并不能因此而中断抢劫行为与被害人死亡结果之间的因果关系（参见《刑事审判参考》第 685 号指导案例“张某抢劫案”①）。因为，引起被害人死亡的直接性原因还是抢劫行为，而医院抢救本就存在救治失败的可能性。

（四）关于入户抢劫的认定

作为结果加重犯，入户抢劫也是抢劫罪的加重处罚情节之一。认定是否构成入户抢劫，关键在于对户的认定，必须兼具场所特征和功能特征。实务倾向主张户是指居民住宅（包括住室和庭院），而不包括其他场所。对此，《最高人民法院关于审理抢劫案件具体应用法律若干问题的解释》第 1 条规定，入户抢劫，是指为实施抢劫行为而进入他人生活的与外界相对隔离的住所，包括封闭的院落、牧民的帐篷、渔民作为家庭生活场所的渔船、为生活租用的房屋等进行抢劫的行为。2005 年《最高人民法院关于审理抢劫、抢夺刑事案件适用法律若干问题的意见》进一步明确了“户”的范围：“‘户’在这里是指住所，其特征表现为供他人家庭生活和与外界相对隔离两个方面，前者为功能特征，后者为场所特征。一般情况下，集体宿舍、旅店宾馆、临时搭建工棚等不应认定为‘户’，但在特定情况下，如果确实具有上述两个特征的，也可以认定为‘户’。”因此，在无人居住的待租房屋内劫取被害人钱财的，不是入户抢劫（参见《刑事审判参考》第 1180 号指导案例“韦某抢劫案”②）。而共同租住的房屋只要是供家庭生活且与外界相对隔离的，就应当被认定为刑法意义上的户（参见《刑事审判参考》第 466 号指导案例“韩某等抢劫案”③）。

入户抢劫必须是入户时即具有抢劫的非法目的，最低限度也须具有实施抢劫的概括目的。从而，因访友等原因经户内人员允许入户后临时起意实施盗窃，

① 参见中华人民共和国最高人民法院刑事审判第一、二、三、四、五庭主办：《刑事审判参考》（总第 79 集），法律出版社 2011 年版，第 43~48 页。

② 参见中华人民共和国最高人民法院刑事审判第一、二、三、四、五庭主办：《刑事审判参考》（总第 109 集），法律出版社 2017 年版，第 5 页。

③ 参见中华人民共和国最高人民法院刑事审判第一、二、三、四、五庭主办：《刑事审判参考》（总第 59 集），法律出版社 2008 年版，第 21~25 页。

被发现而当场实施暴力或者以暴力相威胁的，不能被认定为入户抢劫（参见《刑事审判参考》第1181号指导案例“秦某抢劫案”[①]）。但是，就与承租人共同居住的行为人向其同伙提供配好的钥匙让同伙入室抢劫共同居住人的，行为人及其同伙得均成立入户抢劫（参见《刑事审判参考》第815号指导案例“尹某刚、李某云抢劫案”[②]）。因为行为人虽然基于作为承租人的被害人的事先同意而取得钥匙权，但被害人的同意仅及于该行为人而非及于其同伙。

行为人从户外追赶被害人进入户内后实施抢劫的，由于入户这一非法行为系基于抢劫的目的，从而也属于入户抢劫（参见《刑事审判参考》第846号指导案例“刘某庚抢劫案”[③]），此与暴力劫财行为始发在户外持续至户内的抢劫行为为同一性质（参见《刑事审判参考》第332号指导案例“夏某飞、汪某峰抢劫、敲诈勒索、盗窃案”[④]）。就行为人进入卖淫女出租房嫖宿后实施抢劫的，司法判决认为尽管行为人基于抢劫目的而进入卖淫女的出租房内具有非法性，但卖淫女从事卖淫活动时该出租房对卖淫对象而言缺乏户的功能特征，从而否定成立入户抢劫（参见《刑事审判参考》第844号指导案例“黄某松抢劫案”[⑤]）。

问题44　在入户强奸过程中临时起意劫取财物的，能否认定为入户抢劫？

如果系基于强奸目的的入户，即其非法入户时与强奸目的为一致，就仅属

① 参见中华人民共和国最高人民法院刑事审判第一、二、三、四、五庭主办：《刑事审判参考》（总第111集），法律出版社2018年版，第7~9页。

② 参见中华人民共和国最高人民法院刑事审判第一、二、三、四、五庭主办：《刑事审判参考》（总第89集），法律出版社2013年版，第46~49页。

③ 参见中华人民共和国最高人民法院刑事审判第一、二、三、四、五庭主办：《刑事审判参考》（总第91集），法律出版社2014年版，第38~42页。

④ 参见中华人民共和国最高人民法院刑事审判第一庭、第二庭编：《刑事审判参考》（总第42集），法律出版社2005年版，第44~45页。

⑤ 参见中华人民共和国最高人民法院刑事审判第一、二、三、四、五庭主办：《刑事审判参考》（总第91集），法律出版社2014年版，第26~29页。

于入户强奸这一加重情节中的入户，此即责任与不法同在原则的体现。而在此后又临时起意抢劫时，其抢劫行为实施时并非基于非法入户的目的，根据客观与主观相统一的原则，就不能认定为入户抢劫（参见《刑事审判参考》第580号指导案例“虞某策强奸、抢劫案”①）。

（五）关于事后抢劫罪及其当场性认定

根据《刑法》第269条，犯盗窃、诈骗、抢夺罪，为窝藏赃物、抗拒抓捕或者毁灭罪证而当场使用暴力或者以暴力相威胁的，依照《刑法》第263条关于抢劫罪的规定定罪处罚。对此，我国刑法通说认为此系成立转化型抢劫（参见《刑事审判参考》第441号指导案例“谷某成抢劫案”②）。但是，所谓转化系对原犯意的转变。例如，行为人初始基于强奸目的，因发现被害人面容丑陋，遂对被害人实施抢劫等情形。本条所规定的上述抢劫类型，实则系事后抢劫。事后抢劫又称准抢劫，是一种法律拟制③而非注意规定。因此，尽管其与转化抢劫也许仅是一种“纸面上”的疏离关系，但却决定了转化抢劫原本就是抢劫罪，而后者仅能被归入准抢劫罪中进行评价。

成立事后抢劫罪，需要具备前提条件（犯盗窃、诈骗、抢夺罪）、目的条件（为窝藏赃物、抗拒抓捕或者毁灭罪证）、手段条件（使用暴力或者以暴力相威胁）和时空条件（当场）。④

就成立“盗窃、诈骗、抢夺罪”的犯罪，在解释上是指符合上述犯罪构成要件的该当性，而非必须达到数额较大或多次盗窃、抢夺这一限定处罚的条件。因此，即使在盗窃、抢夺数额仅有150元的场合，只要基于窝藏赃物、抗拒抓捕或者毁灭罪证的目的而当场使用暴力或者以暴力相威胁的，也成立事后抢劫

① 参见中华人民共和国最高人民法院刑事审判第一、二、三、四、五庭主办：《刑事审判参考》（总第70集），法律出版社2010年版，第514~516页。

② 参见中华人民共和国最高人民法院刑事审判第一、二、三、四、五庭主办：《刑事审判参考》（总第56集），法律出版社2007年版，第18~19页。

③ 参见张明楷：《刑法学》，法律出版社2016年版，第975页以下。

④ 参见中华人民共和国最高人民法院刑事审判第一、二、三、四、五庭主办：《刑事审判参考》（总第110集），法律出版社2018年版，第52页。

罪（参见《刑事审判参考》第687号指导案例“杨某飞、徐某抢劫案”[①]）。

就当场的认定，应当理解为是在犯盗窃、诈骗、抢夺罪的持续机会之中。质言之，是在实施了上述行为之后，为保护赃物或抗拒抓捕而与抓捕人处于一种对立的关系之中。因此，对于“当场”，应理解为与法律规定的控制赃物、反对抓捕、毁灭罪证具有紧密的时间、场地即时空上的联系性。如实施盗窃罪、诈骗罪、抢夺罪的现场，或者刚一逃离现场即被人发现和追捕过程之中，就行为人抢夺了被害人的车辆，被害人通过其被抢车辆上的GPS导航定位对行为人进行追踪，且实施抢夺的地点距离行为人被截获的地点有十多公里之远，行为人被拦截后为抗拒抓捕而持枪威胁的被司法认定属于当场以暴力相威胁（参见《刑事审判参考》第1201号指导案例“李某豪抢劫案”[②]）。就入户盗窃后基于其他原因而藏在现场的房屋顶棚内超过三个小时，房主发现异常报案后，行为人持刀将赶到现场的警察予以伤害的，也应判定属于“当场”。此外，就行为人甲、乙盗窃他人汽车柴油时当场抗拒抓捕，甲逃脱、乙被抓，甲逃脱后即邀约丙、丁、戊、申等人到达现场，采取暴力手段强行劫夺了乙，实务部门也认定该转化行为与后续行为的目的都是暴力抗拒抓捕，整个过程是连续的，在时间和空间上不能割裂看待，亦即成立事后抢劫罪的“当场”（参见《刑事审判参考》第1187号指导案例“翟某强等抢劫案”[③]）。

成立抢劫罪所使用的暴力必须是达到足以压制对方反抗的程度（但不要求事实上的压制），因此，实务对行为人盗窃后为抗拒抓捕实施暴力程度不明显的摆脱行为进行了从严的限制解释，从而不认定成立抢劫罪（参见《刑事审判参考》第1186号指导案例“尹某军、任某军盗窃案”[④]）。并且，就盗窃后持

---

① 参见中华人民共和国最高人民法院刑事审判第一、二、三、四、五庭主办：《刑事审判参考》（总第79集），法律出版社2011年版，第57页。

② 参见中华人民共和国最高人民法院刑事审判第一、二、三、四、五庭主办：《刑事审判参考》（总第110集），法律出版社2018年版，第51~55页。

③ 参见中华人民共和国最高人民法院刑事审判第一、二、三、四、五庭主办：《刑事审判参考》（总第109集），法律出版社2017年版，第40~47页。

④ 参见中华人民共和国最高人民法院刑事审判第一、二、三、四、五庭主办：《刑事审判参考》（总第109集），法律出版社2017年版，第36~39页。

枪抗拒抓捕的行为，也应被肯定为成立持枪抢劫，而非重复评价（参见《刑事审判参考》第660号指导案例“刘某明等抢劫、盗窃案”[①]）。

与抢劫罪存在既未遂一样，在成立事后抢劫的场合，同样存在犯罪既未遂的情形。尽管学界与实务部门对此特别是关于其标准的认定还存有争议（参见《刑事审判参考》第441号指导案例“谷某成抢劫案”[②]）。考虑到是一种准抢劫罪，在盗窃、诈骗、抢夺财物未遂的场合，即使成立事后抢劫也以抢劫未遂论，是合适的。但是，作为侵犯双重法益的侵财型犯罪，即使对于财产的非法占有还仅仅处于未遂状态，但如果造成权利人或抓捕者人身轻伤以上后果的，根据《最高人民法院关于审理抢劫、抢夺刑事案件适用法律若干问题的意见》第10条，以抢劫既遂论，更为符合规范的目的。

就共同盗窃犯罪中成立事后抢劫罪的认定，仍应根据行为共同而责任各自不同的观念予以判断。如行为人A邀约B、C等人到某工地现场盗窃铁板，在被值班员发现拦阻时，A持事先准备的钢筋钳对之威吓，致使该值班员不敢上前抓捕。法院判定A成立抢劫罪，B、C等人则仍成立盗窃罪。这正是基于行为共同说的立场。由于B、C等人事先与A并未曾就实施事后抢劫通谋，在事中也未参与使用暴力或以暴力相胁迫，甚至在A使用暴力时也未加以心理或任何物理上的帮助（参见《刑事审判参考》第740号指导案例“陈某学抢劫、刘某等盗窃案”[③]），因此，上述认定是适正的。

---

① 参见中华人民共和国最高人民法院刑事审判第一、二、三、四、五庭主办：《刑事审判参考》（总第77集），法律出版社2011年版，第61~64页。

② 参见中华人民共和国最高人民法院刑事审判第一、二、三、四、五庭主办：《刑事审判参考》（总第56集），法律出版社2007年版，第17~23页。

③ 参见中华人民共和国最高人民法院刑事审判第一、二、三、四、五庭主办：《刑事审判参考》（总第83集），法律出版社2012年版，第42~48页。

第三篇 白领犯罪：刑商法律之间的对话及审判衔接

——经济犯罪案件的刑商法律适用

第八章 | 白领犯罪界定及商事审判思维的确立

——经济犯罪案件刑商审判衔接范式的提出

第一节 白领犯罪的界定

一、白领犯罪范式的提出

1939年，美国著名犯罪学者萨瑟兰提出："犯罪统计表明，在下层社会有着较高的犯罪率，上层社会的犯罪率则较低。按照这种理解，犯罪仅指诸如杀人、伤害、抢劫、盗窃、性侵犯以及在公共场所酗酒等普通刑事犯罪行为。"但是，"上层社会也会参与大量的犯罪行为：这些犯罪行为与下层社会成员实施的犯罪行为有所不同的是，后者的实施者通常要接受行政程序处理；从犯罪原因角度来看，行政程序上的差异并不重要"①。针对这种由"上层社会"成员所实施的特殊犯罪类型，萨瑟兰称为白领犯罪。其范围是，"白领犯罪可以大体上界定为由具有体面身份和较高社会地位的人在其职业活动中实施的犯罪行为。它不包括上层社会的许多其他犯罪行为，诸如杀人、酒精中毒或通奸等，因为这些不属于其职业或职务上的行为。此外，它也不包括富有的黑社会成员设置的骗局，因为他们不具有体面身份和较高的社会地位"②，亦即白领犯罪是指上层社会人士在其职业活动中实施的犯罪行为，也就是相对于普通刑事犯罪或传统犯罪类型所不同的、发生在经济生活领域中的经济犯罪。白领犯罪的特点在于具有惊人的破坏力，即使在市场发达与监管相对严密的美国，经济犯罪

---

① ［美］E. H. 萨瑟兰：《白领犯罪》，赵宝成等译，中国大百科全书出版社2008年版，第1页。

② ［美］E. H. 萨瑟兰：《白领犯罪》，赵宝成等译，中国大百科全书出版社2008年版，第7页。

以外的所有犯罪造成的经济损害加在一起也远不及一种经济犯罪（如逃税罪）所造成的损害。[①] 但相较之下，白领犯罪给社会关系造成的破坏更大。白领犯罪破坏了社会诚信，败坏了社会风气，并引起更大程度的社会解组。与之相比，普通犯罪对社会规则或社会组织产生的影响则十分微弱。[②] 尽管萨瑟兰以犯罪行为人或以上层社会经济阶层人士的视角去解读经济犯罪遭致包括美国本土在内的世界各国刑法学者的种种质疑批评与修正——如美国刑法学者与犯罪学学者最后就白领犯罪的特征所取得的基本共识是：白领犯罪是一种或者一系列通过非体力性的手段，采用隐蔽的方法或诡计，以便非法避免付出或者损失金钱财物，或者非法取得金钱财物，或者非法获取经济利益的行为。[③] 德国刑法学者对于经济犯罪的权威解释认为，经济犯罪是指在经济生活中完成的追求经济利益的犯罪，这种犯罪造成了经济生活中超个人法益的损害或者采用了滥用经济生活的工具[④]。但与其说白领犯罪以犯罪主体作为研判经济犯罪视野的方法不当或不周延，莫不如说至今，人们对于经济犯罪乃至对于经济概念本身的解读仍未能达成一致的定义，而且也不可能形成完全统一的认识。

由于萨瑟兰以白领犯罪作为界定经济犯罪的研究方法极具影响力，故本书在探讨经济犯罪时也借用了这一概念。并且，基于本书的主旨，本书在此所探究的白领犯罪，主要是指发生在经济生活领域中、具有商事组织外观的行为主体所涉与商法规范具有密切关联的经济犯罪类型：妨害对公司、企业管理的犯罪，包括商业贿赂犯罪；妨害金融管理秩序的犯罪，包括证券犯罪、针对银行业的非法集资与骗取贷款犯罪；扰乱市场经济秩序的犯罪，包括非法经营犯罪；欺诈消费者的生产、销售伪劣商品犯罪，包括危害食品药品安全犯罪。本书将仅受行政管理法规范的走私、危害税收征管等犯罪以及侵犯知识产权犯罪排除在外。

需特别申明的是，尽管本篇白领犯罪主要阐述的是在商事领域中所发生的

---

① 参见储槐植、江溯：《美国刑法》，北京大学出版社 2012 年版，第 236 页。

② 参见［美］E. H. 萨瑟兰：《白领犯罪》，赵宝成等译，中国大百科全书出版社 2008 年版，第 11 页。

③ 参见周密主编：《美国经济犯罪和经济刑法研究》，北京大学出版社 1993 年版，第 22 页。

④ 参见王世洲：《德国经济犯罪与经济刑法研究》，北京大学出版社 1999 年版，第 4 页。

犯罪，我国商法学界与实务部门通常也将票据法、银行法作为商法或作为商事案件裁判的准据，但是在对商法最为经典的诠释意义上，票据法、银行法并不在商法之列，因为票据只是一种支付手段，银行法则是公法，[①] 只是在现行司法实务适用的惯常意义上，本书将有关票据、针对银行业的犯罪也归入其中，亦即本篇研究的白领犯罪主要是一种实务中近似于实然性的商事犯罪类型。

二、白领犯罪与传统侵财类犯罪的具体差异

经济是人类赖以生存、政治制度据以确立和社会得以发展的物质基础，向来受到国家法律特别是刑法的高度重视。在商品经济社会，刑事法律对经济的保护增添了动态内容，即在继续保护财产所有权（通过惩罚传统的财产罪）的同时，还要保护经济的正常运行——通过惩罚新兴的经济犯罪。而经济犯罪的本来面目或其全部实质就是欺诈。正因如此，财产犯罪和经济犯罪从其发生和发展上既存在某种“血缘”，也有明显差异，并主要表现在以下两个方面。

（一）性质状态方面

第一，传统财产罪侵害的主要是财产权利即个人法益，如盗窃、诈骗、侵占罪；新兴经济犯罪着重在经济秩序如非法经营、内幕交易、逃税、骗税等犯罪，主要侵害的是“超个人”的社会法益。刑法保护法益的性质决定了前者呈静态特点，具有稳定性；后者则呈动态特点，具有易变性。

第二，财产犯罪的对象一般是特定的，如诈骗罪。经济犯罪的对象则通常是不特定的，如集资诈骗犯罪。即使前者可以厘清，后者也往往难以统计。

第三，二者的侵犯方式往往是倒向的。财产犯罪是行为主体违背被害人意志占有本不属于自己的财物。而多数（虽然不是全部）经济犯罪是犯罪主体不给出或少给出自己应当给出的利益（如逃税、走私等犯罪），或者是通过滥用而取得超过自己可得的利益（如内幕交易犯罪）。

第四，财产犯罪属自然犯，经济犯罪为法定犯。二者在有责任性方面应受谴责性程度不同，在违法性认识上各异。在现代文明社会中，法定犯同一般违

---

① 参见［德］C. W. 卡纳里斯：《德国商法》，杨继译，法律出版社 2006 年版，第 4~6 页。

法行为的界限（关节点）使我们的法律视线变得非常模糊，立法者和执法者都可以说是难以把握这一点。这个所谓的关节点，也就是通常所说的情节达到严重的程度，而“严重”事实上又是一个变化无常的社会危害性的一定的量，这个定量是随不同的历史时期、社会形势而发展变化的。①

第五，财产犯罪通常仅成立一种犯罪。经济犯罪则通常同时并存多种犯罪行为，甚至各种犯罪行为彼此之间相辅相成、相互交织。

第六，犯罪控制方法上的差异。调整经济政策有可能控制（缓解）经济犯罪，而对财产犯罪则难以收效。从而，对法定犯的刑罚处置往往要低于自然犯。

（二）发生过程方面

市场经济以竞争为前提，竞争推动经济向前发展。商品的生产者和流通者作为竞争参与人，追求利润（利润是衡量竞争效益的基本尺度）是必需的和正常的，但不能是无限的，超过限度将损害社会的整体利益，法律据此便将攫取超过社会许可限度的利润的行为宣布为非法（经济犯罪的不法性）。鼓励公平竞争，制裁非法求利（超利、暴利），这是现代市场经济体制国家的共同态度。超利并不是一个简单的数量概念，大致有两种情况：一是定性的，利益本身就属非法，不论数量大小；二是定量的，利益本身虽属合法，但得利者不交出应交纳的那部分利益则变成非法。法律之所以如此规定，目的是平衡社会利益。商品生产者和流通者有钱可赚，但不能损害消费者和国家利益，这样才能繁荣经济、稳定社会。

经济犯罪本身会直接破坏法律规范的经济秩序，给社会造成严重危害。从宏观观察经济犯罪的过程，经济犯罪是主体在参与推动社会发展的商品经济活动中为牟取超利所实施的行为，从而呈现利弊交织的两重性。因此，经济犯罪本身的严重危害与经济犯罪过程的利弊交织所形成的近乎两难的局面，是经济犯罪独有的基本特点，对经济犯罪的控制措施和处罚政策均与此相关，而传统犯罪不具有这种情形。②

---

① 参见冯亚东：《理性主义与刑法模式：犯罪概念研究》，中国政法大学出版社 1999 年版，第 136 页。

② 以上主要参见储槐植、江溯：《美国刑法》，北京大学出版社 2012 年版，第 235 页。

三、白领犯罪及其案件审理的商事思维范式的提出

正如萨瑟兰所承认的，“首先，商业行为是复杂的，有技巧的，没有经验的普通社会成员难以进行观察。其次，社会在其商业联系方面是迅速变化的。在任何一个剧烈变动的年代，旧的行为标准都趋向瓦解，而时代又需要建立一个新的标准”。对于如何认定商业行为以及判断白领犯罪，确实使人深感棘手。对此，应首先树立“商人就是商人”的判断思维，并从商人“在商言商”、商人的本质就是“唯利是图”的视角出发，而不是仅从商法的技术规范视角审视，因为商法本来就是为商人制定的规则。而为更好地判断白领在经济领域中何以从事违法犯罪活动，应从白领的范围、目的、其与政府乃至整个市场经济体系之间运行的关系着眼，并以此作为解释判断商事行为以及白领犯罪本质问题的基础。

为此还须首先肯认的是，商人是一个特殊群体。最懂商法规则的，并不是经济学者与商法学教授，而是商人。其次，作为一个特殊群体，商人们所崇尚的是财富和利润。这一点或许与其个人道德素质无关，而只与其所从事的经济领域、行业有关。这就是商行为与白领犯罪的根本特征。所以，为审判商事案件及妥当解释白领犯罪（经济犯罪）必须树立商思维，是法实证主义观念下应对司法实践之归结。

因此，就办理商事案件而言，须以商思维、商视野审查判断具体的商事行为。并且更为注重技术性而非倚重传统民法理论的公平原则，是商事审判的基本立场。商事规则是不以公正、公平为主要价值追求的，而基于技术性、效率所产生的效益才是它的终极价值追求目标。其根本在于，“商事交易重在简便，贵在迅捷”。

就办理白领犯罪案件而言，则基于“为了能够让商人们保持他们自身不是犯罪人的自我观念以及保持他们的社会地位，在公开场合宣称他们遵守法律就是必要的。公司的策略通常是，在公开场合服从法律，而在暗地里却背离法律。在这一点上，白领犯罪人和职业窃贼有着明显不同。在职业窃盗中，犯罪事实是直接可以观察到的现象，对于窃贼而言，重要的是如何掩饰他们的身份以逃

避制裁，而不是在公众面前保持他们的社会地位。但在白领犯罪中，对白领犯罪人而言重要的问题却是隐藏犯罪事实本身，因为公众对违反了法律的公司的身份通常是知晓的"①，因此观察白领犯罪与普通犯罪刑事案件的视角必然有所不同，亦即对普通刑事案件是采用"由事到人"，而对白领犯罪（经济犯罪）案件则是采用"由人到案"的办案思维。

至于何为商思维，以及在审判实践中应如何树立这种思维，是首先要作出解释的问题。

第二节　商事审判思维的范式确立——以"李某勇案"为评价视角

一、"李某勇与中国农业银行股份有限公司重庆云阳支行储蓄存款合同纠纷案"② 判决及裁判理由评释

（一）事实与裁判理由

1. 事实。

中国农业银行重庆云阳支行（以下简称云阳支行）A分理处客户经理谭某力与唐某生、刘某、刘某毅等人共谋以高息揽储名义并利用事先伪造的假存单骗取李某勇资金。案发当日，谭某力、刘某毅先行到该支行C分理处，由谭某力将装入假存单的信封递给银行柜员程某。刘某带李某勇到程某的营业窗口后，谭某力让程某从李某勇银行卡上转1000万元到其事先准备的银行卡中，而后程某又将信封交给李某勇。经刑事判决认定，唐某生、刘某、谭某力等人均构成金融凭证诈骗罪。此后，李某勇提起民事诉讼，以谭某力的行为构成表见代理，请求判令云阳支行兑付到期存单1000万元及利息。

---

① ［美］E. H. 萨瑟兰：《白领犯罪》，赵宝成等译，中国大百科全书出版社2008年版，第286页。

② 参见《最高人民法院公报》2015年第7期。

2. 三级法院之判决理由。

一审法院认为，本案应定性为以存单为表现形式的借贷纠纷。云阳支行对用资人不能偿还李某勇的本金部分承担40%的赔偿责任。

二审法院认为，李某勇并未与云阳支行建立存款关系。谭某力与程某的行为均系个人行为而非职务行为，也不能证明银行对资金流动具有帮助作用，本案不符合以存单为表现形式的借贷纠纷案件的法律特征。故改判驳回李某勇的诉讼请求。

最高人民法院经再审认为，谭某力的行为不构成表见代理，因李某勇存在未尽合理注意义务的过失。李某勇因1000万元款项损失与云阳支行产生的其他纷争，应另寻法律途径解决。

(二) 传统民事审判思维下对本案之疑问

本案颇值疑问的有两点：一是程某与谭某力之“外观”行为，纵使程某并不知情，亦属谭某力实施欺骗行为时被谭某力所利用的“工具”。但李某勇是否具有此注意能力、应负抽象轻过失的注意义务？若以传统民法观念，该过重的注意义务似有强加之嫌，除非李某勇是经营借贷业务者。二是纵然谭某力、唐某生等人允诺兑付李某勇可获利率显著高于同期银行贷款利率，但李某勇是否应具此违规之专业常识认知，并因此而成立恶意或具有重大过失，从而阻却谭某力与程某成立表见代理，亦显乏力。

但若加以商事思维判断观察，则会肯认最终判决理由亦具合理性：谭某力、唐某生等人已对李某勇表示了是一种商人之间的存款关系，李某勇本应以审慎的注意义务判断刘某及唐某生的行为是否具有欺诈性；作为银行柜员的程某的操作行为实际上只是一种“划款”行为而非是代理云阳支行接受李某勇存款的行为。李某勇对唐某生等人的高利吸储行为内心是明知的，就“理性人”的视角观察，难谓其不具有重大过失，故阻却云阳支行成立表见代理。

(三) 商事案件之特殊性

通过本案，会使阅读者产生以下认识：

第一，存单纠纷系属商事案件，其审理规则与传统民事案件不同，且对商人注意义务的要求与普通私人在生活中的注意义务要求显不一致。

第二，存单系受实然的广义上的商法所规范的一种金融票证，涉及一定技术性。

第三，存单的建立，系本于商业便捷与效率，但因此也会发生不安全性。故而，从事或办理该种交易的人应当具有相应的商业常识。而调整规范该存单的法律，以商人是“假定理性经济人”所设定。

第四，由于涉及存单的商事行为常会交织金融犯罪，从而在此种交易活动中往往会出现刑商交叉的法律适用问题。

为此，需从商法及商事领域思维的视角出发，在切入研究办理商事纠纷案件的诸种司法规则之后，再研判商事犯罪的构成要素及其运行规律。

二、商事审判要点及商思维的提出

商法系一种特殊私法，具有鲜明而突出的技术性（规则及其设计，如公司法关于股份公司股东持股表决权的累计制规定）、追求效率（讲求简便迅捷，以实现资源最优配置）、注重权利外观等特点，从而与注重结果公正、实体公平的传统伦理型的民法有所不同。因此，法官在办理商事案件时，就应当具有一种有别于民法观念的商思维。① 这是因为，商事审判的对象是商事纠纷，商事纠纷案件是商事纠纷在审判领域的反映。所以，从知识结构的角度说，从事商事审判的法官不仅应掌握法律知识，还需掌握所审理案件涉及的商事交易基础知识。商事法律规则本身就属于商事交易规则，是上升到法律层面的商事交易规则，是商事交易规则的重要组成部分。了解商事交易是做好商事审判工作的基础，对一些新类型的商事纠纷案件的审理缺乏明确的裁判规则，更需要了解商事交易规则本身。② 而且，妥当的商事审判理念在法官内心真正扎下根来，

---

① 参见沈丹丹：《商思维在“非典型”商事审判中的运用之探讨》，载最高人民法院民事审判第一庭编：《民事审判指导与参考》（总第 61 辑），人民法院出版社 2015 年版，第 149~158 页。

② 参见刘崇理：《保兑仓纠纷案件中的权利义务平衡及相关问题》，载最高人民法院民事审判第二庭编：《商事审判指导》（2016 年卷），人民法院出版社 2018 年版，第 101~102 页。

需要长期的实践、思考和领悟。[①] 而在办理涉商刑事案件及判断刑商交叉案件的法律衔接适用问题时，也需树立这种特殊的审判思维方式与知识结构，才能准确区分罪与非罪、此罪与彼罪之间的界限。因此，为说明有关商事问题以及涉商型经济犯罪，就需首先了解商法及其逻辑体系。

三、商法——民法特别法的范畴及白领犯罪所及的延长线

就商法的界定而言，“有两个重要的构成要件：商人身份和有关行为属于经营商事营业”，而“属于经营商事营业的，不仅有对此典型和通常的行为，而且包括所有仅仅和商事营业有间接关系，即和它有着疏远的、松散的联系的行为”[②]。因此，可以认为商法是指调整规范商主体（商人）与商行为（商事经营行为）之法，[③] 并由此构建了商法的两大支系：一是以公司法为代表的商主体法；二是以证券法为代表的商行为法。具言之，商法是调整平等的从事商行为的商主体（商人）之间商事关系的法律，其中商事关系必须是商人依照商法从事商行为基于营利目的而建立的且大多发生在持续的营业之中的法律关系。[④] 因此，商法中须具有三个基本概念：商人、商行为和营业（经营）。[⑤]

尽管我国并没有形式意义上的商法典，但实质意义上的商法却广泛存在，如公司法、证券法。这是因为，在市场经济条件下，一个国家可能没有商法典，但不可能没有关于商事的法律法规。而且，商法是以市场经济为土壤的，只要选择了市场经济，就必然要有商法。[⑥] 与其说是商法决定了市场规则，莫不如说是市场决定了商法内容。我国民事立法乃采民商合一的体例，商事法规本身不可能组成部门法体系，而只能以其特殊的形式而表现、并适用民法，[⑦] 亦即

---

① 参见江苏高院课题组：《江苏全省法院公司纠纷案件审判调研报告——兼论公司设立、治理及终止相关疑难法律问题》，载最高人民法院民事审判第二庭编：《商事审判指导》（2016 年卷），人民法院出版社 2018 年版，第 136 页。

② ［德］C. W. 卡纳里斯：《德国商法》，杨继译，法律出版社 2006 年版，第 533 页以下。

③ 参见朱羿锟：《商法学：原理 · 图解 · 实例》，北京大学出版社 2014 年版，第 3 页。

④ 参见王保树主编：《商法》，北京大学出版社 2014 年版，第 4 页。

⑤ 参见王保树主编：《商法》，北京大学出版社 2014 年版，第 39 页。

⑥ 参见王保树主编：《商法》，北京大学出版社 2014 年版，第 2 页。

⑦ 参见王利明等：《民法学》，法律出版社 2015 年版，第 10 页。

民法与商法之间是一般法与特别法这种“在法律适用上进行的讨论”的关系，[①]这来源于对社会经济生活的考察。

为便利与协调白领犯罪的探究，本书遵照《刑法》分则第三章的相关规定，拟将票据法、银行法以及反不正当竞争法、产品质量法等也扩入商法之中。尽管票据仅是商人经常接触的支付手段，而反不正当竞争法系经济法，银行法实质上属于公法，从而均并不属于经典意义上的商法的范畴。[②] 但不可否认的是，即使是证券法也具有这种强烈的公法性特征。因此，本书在此所述及的商法实则是借用了经典意义上的商法概念，而根据当前审判实务中对商事纠纷案件在形式上的划分所做的界定而已。主要涉及：

第一，公司法以及企业法、破产法（商主体法）；第二，证券法（最主要的商行为法）；第三，票据法；第四，银行法（可归入商行为法中，因为其中的信贷资金是公司、企业营业活动中的主要资金来源且针对银行业的犯罪如非法集资、贷款诈骗犯罪也是当下经济犯罪的“重灾区”）；第五，产品质量法（这主要是针对生产、销售伪劣产品等非法营业行为，当然，生产、销售伪劣产品的，不一定就是规范意义上的商人）以及食品安全法、药品管理法与反不正当竞争法。

四、商思维的三个基本矢点：商人、商行为与营业

如上所述，作为构成商法的最基础概念实则是商人、商行为与营业。此亦是构建商事审判思维的三个逻辑起点（矢点）。

（一）商人的逐利性

商人是商法特有的主体概念。相对于私人而言，商人的突出特征是“生意人”，[③] 即依照商法规定，取得营业资格之人。换言之，商人是指参加商事法律关系并以商为业者，因此，商人具有逐利性并以营利为目的。具言之，商人具

① 参见王保树主编：《商法》，北京大学出版社 2014 年版，第 8 页。

② 参见［德］C. W. 卡纳里斯：《德国商法》，杨继译，法律出版社 2006 年版，第 4~6 页。

③ 参见［德］拉德布鲁赫：《法学导论》，米健译，商务印书馆 2013 年版，第 110 页。

有以下特征：

第一，商人须依商法规定进行商事登记，并取得营业资格。作为规范商人得为商主体的组织法如公司法，系实行严格主义，其组织类型法定，系基于维护交易安全的考虑。商人与普通人的区别在于，商人可以从事营业即经营活动，其特征集中体现于商业登记制度之中。① 据此，股份公司、有限公司、合伙企业、个人独资企业和个体工商户等在取得营业资格后，一皆属之。

第二，商人须具有从事营业的权利能力和行为能力即商事能力。只有在具有营业能力即营业上的行为能力者才具有商人资格也就是商事能力，而民事主体只有具有了营业能力才具备成为商人的充分条件。就此而言，营业能力的内容系民事主体成为商人的充分条件。其主要构成要件一是具有营业财产，二是有自己的商号。②

第三，商人系以营利为目的。所谓营利，即追求资本的不断增值和经济收益的最大化。③ 此点也决定了政府不应该成为商人，否则将会陷入“与民争利”的诟病之中。尽管国家可以投资人的角色设立公司，但是，作为投资人的国有财产与其所设公司的财产必然是分离的。

（二）商行为的营利性

商行为就是经营行为，亦称商事交易，是一种特殊的私行为。④ 同时，商行为又是营利性行为和营业上实施的行为。其特征是：

第一，商行为是营利性的行为。所谓营利性，亦即逐利性，包括三层含义：一是追求私益，从而区别于服务社会大众的公益事业；二是行为有偿性；三是追求资本不断增值和经济收益的最大化。

第二，商行为是在营业上实施的行为。这种行为，须具有经营活动的反复性、不间断性或称持续性。并且，商行为是自由的，以是商行为法偏重自由主义。

---

① 参见王保树主编：《商法》，北京大学出版社 2014 年版，第 46 页。

② 参见王保树主编：《商法》，北京大学出版社 2014 年版，第 39 页、第 52 页。

③ 参见王保树主编：《商法》，北京大学出版社 2014 年版，第 5 页。

④ 参见朱羿锟：《商法学：原理·图解·实例》，北京大学出版社 2014 年版，第 3 页。

第三，商行为人经济的计划性。此计划性系指“算计”，即具有经营目标以及对实现经营目标的措施和所采取的手段所作出的具体安排。[①] 因为商人是理性且精于“算计”之人，就此而言，对商行为是采“注重权利外观主义”及以严格责任为归责原则，并且，就其意思自治原则较之民法更为注重（参见“深圳市启迪信息技术有限公司与郑州国华投资有限公司、开封市豫信企业管理咨询公司、珠海科美教育投资有限公司股权确认纠纷案”[②]，以下简称“深圳启迪公司案”）。

（三）营业多重性辨析

营业具有多重意义，指商人的营业活动，也指基于一定的营利目的而运用全部有组织的财产。商人的资格首先是营业资格，营业仅能成为商人的职业。营业上发生的商行为是商行为的重要组成部分，但仅能为商人所实施。简言之，商人离不开营业，商行为也需要营业。申言之，商人、商行为是一种形式意义上的商法概念，而营业则是一种实质意义上的商法概念，并决定了只有营业的商主体才能够成为商人。营利性是商行为的根本特征、营业性也因之成为职业的营业性商行为的重要标志（尽管营业对商行为概念的影响不如对商人概念具有全局性的影响意义），而且营业概念已经成为商法中连接商人和商行为最重要的概念。

五、商事审判思维范式的提出与确立：商思维在商事审判中的运用

（一）商事特征

商法具有鲜明而突出的技术性与讲求效率的特征。对于商人而言，“订立法律交易，是他的本行，故他大量地缔结同一种类的法律交易。因而，商人和没有经验的私人相比，可以向其客户提出更多的要求，对于商人来讲，那些保护性的法律照顾已显得无足轻重。一旦有商人的参与，用以确保参与者细心斟酌的法律上的形式化条件，例如保证的书面形式就成为多余。这种形式化条件

① 参见王保树主编：《商法》，北京大学出版社 2014 年版，第 40 页。

② 参见《最高人民法院公报》2012 年第 1 期。

简直就是浪费对于商人来说是金钱的时间”①。因此，同为私法的商法具有与民法不同的伦理性。商法的伦理性是建立在技术与效率之上的，更为突出营业自由和自由与强制的协调等技术性。正因如此，也许在普通人看来有违公平的商事交易，在商人眼中则是一种稍纵即逝的商机。反之，商机可能也是一种资本（参见“深圳启迪公司案”）。

（二）商事特征决定了商事审判活动中须具商思维

技术性、效率和特殊伦理性等特征决定了在商事审判过程中必须要树立一种不同于传统民事审判的思维方式，此即商事审判思维，也是商思维在商事案件办理过程中的具体应用，这种思维会使我们在审理商事案件时具有一种更为超然的中立姿态。如证券操作人员人为错误操作所致损失的“乌龙指事件”。若以民法之错误而言之，凡发生重大误解，本为可撤销行为，但基于商事权利外观主义（在外观与实情不一致时，保护信赖外观者的利益）的特殊立场，决定了该行为所产生的法律效果并不能因此而改变。因为商人从事商事交易系属严格责任主义，即比一般民事注意义务奉行更为严格的抽象的轻过失责任。

前述权利外观主义、严格责任主义决定了对商行为的判断思维是一种不同于传统民事案件审判的商思维的判断方法，审判白领犯罪，也须确立这种商人是“理性经济人”的假定思维。

（三）商思维在商事审判中的具体运用

综据前述，所谓商思维，应当包括商事（行为）思维、商人（主体）思维和商法（法律）思维，均是以营利的“商”为核心。商事规则决定了商法更为注重意思自治原则，以至于在未违反绝对必要记载事项的情况下，公司章程还具有优先于作为制定法的公司法等法律法规适用的特征。而证券交易所的规则，在处理证券交易纠纷中也优先于证券法和证监会的规章适用。② 对于熟知业内行规的“赌石”行为，商事审判也采取了更为谨慎的介入立场，以尊重交易惯

① ［德］拉德布鲁赫：《法学导论》，米健译，商务印书馆 2013 年版，第 110 页。

② 参见王保树主编：《商法》，北京大学出版社 2014 年版，第 20 页。

例（参见“何某诉何家宝原石买卖合同纠纷案”① ）。这与民法侧重于保护民事主体的一般利益，商法则侧重于保护商人的营利有关。②

商事思维是运用商事思想处理商事活动的视角与方法，其核心和特点是考虑交易的效率与安全，体现商行为的营利性目的，尊重商主体意思自治和交易自由，鼓励诚信和创新。商法思维则侧重从商事立法、司法等角度，按照商法的逻辑和思维模式关注商事交易的特点和商人行为习惯，维护商事活动的秩序和商主体的合法权益。相较之下，商人思维则更强调商事交易主体的主观感受和价值判断，本不应成为司法所应重点关注的视角。但是，在司法中需要对交易行为的动机、目的等予以考虑，从而对合同作出合理解释、对案件事实作出综合认定的时候，商人思维也就成为裁判者应当予以考虑的因素。

但正如实务人员所指出的，当前商事审判实践中，在“法律理解与适用”“事实认定”“裁量权的行使”等方面均存在商思维欠缺的问题。以“事实认定”上的欠缺为例，商事外观主义是商思维的重要方面，对商事交易行为，无论是出于安全性还是便捷性的考虑，都会要求在法律上强调“外观主义”的适用。这是因为，要求商人在大量而频繁的商业交易中具体考察权利的真实状态、交易的真实意思，既不经济也不现实。通常实务者对于此类问题的关注往往局限于类似票据关系等典型商事交易上，而在合同法律关系的认定上，至少目前存在的一种司法倾向是对真实意思表示和真实权利人过分关注。这种只关注个案实现公平正义的思维在办理传统民事纠纷案件中是必要的，但在商事审判中却会造成增加司法成本、影响效率等负面影响，其本身就会对商事交易关系的稳定和快捷造成伤害。当然，在自然人之间的借贷关系特别是较大数额的借贷作此审查是必要的，但在商事审判中则有违商事外观主义，因为精于计算的商人更熟稔商场规则、更明知“商场如战场”，这就是本案判决驳回李某勇诉请的原因，此在贯彻无因性的票据纠纷案件中还被奉为圭臬。因此，从实务视角观察商思维在裁判中的运用，会发现商思维所侧重的是对交易的创新和促成，强调效率与公平兼顾基础上的效率优先；对于从事商事交易的商主体，商思维

① 参见《人民法院案例选》2018 年第 9 辑。

② 参见王保树主编：《商法》，北京大学出版社 2014 年版，第 20 页。

在理性人的角度更强调意思自治、风险自担，从而也更重视交易机会和交易形式的公平、平等；对于商事交易中的财产权利，商思维更强调动态交易安全和财产流动性保护，即重视财产作为创造财富的手段而不是终极目标的价值；对于商事交易责任的承担，商思维虽然同样强调诚实信用的交易道德，但也更看重促进效益最大化和交易风险后果的商业判断、自我承担，以及风险处置机制的构建与运用，① 即在尊重商法的技术性、效率性与商事伦理性等独有特点的基础上，在裁判中加以“假定理性经济人”的商人思维与商行为的适（商）法性思维以及充分遵循商事客观运行规律的思维判断，以最终实现对商事案件裁判的妥当。

而这种“在商言商”的商思维的确立，在对涉商刑事案件特别是经济犯罪案件的审理中，也尤为重要。

第三节　审理白领犯罪的商事思维审判方法

一、白领犯罪的具体分类范式

本书所探究的白领犯罪，如前所述，主要是将违反商法规范的商事犯罪以及涉及经济领域中类似于商事犯罪的经济犯罪作为研判对象。为进一步结合广义上的实然性的商法规范研判白领犯罪，以寻求其违规性，本书根据商法的三个最基本的概念所划分的规范内容，对其具体犯罪主要类型划分为：

第一，根据商主体所划分的，如《公司法》所禁止的抽逃出资并由此成立的抽逃出资罪（《刑法》第159条）；

第二，根据商行为所划分的，如《证券法》所禁止的内幕交易行为及由此成立的内幕交易罪（《刑法》第180条）；

第三，根据营业所划分的，如《公司法》所禁止的背信类型的非法经营同类

① 以上主要参见沈丹丹：《商思维在“非典型”商事审判中的运用之探讨》，载最高人民法院民事审判第一庭编：《民事审判指导与参考》（总第61辑），人民法院出版社2015年版，第149~158页。

营业及相关具体犯罪（《刑法》第165条），以及非法经营罪（《刑法》第225条）。

二、当前白领犯罪高发的原因及其司法对策

当前，我国白领犯罪出现高发态势，特别是在金融领域如基于投资公司的外在表征，不当劝诱非法吸收公众资金等非法集资类乃至集资诈骗行为，如“E租宝案”。而在信贷行业，贷款诈骗、骗取贷款也已成为刑事审判中的常见类罪。在银行业内，工作人员内外勾结实施的诈骗案件已非个例。此外，商业贿赂在某些行业领域已呈常态化，乃至在某些领域已经成为一种“潜规则”，极大地腐蚀了社会诚信与市场风气。出现上述问题的主要原因是：一是基于社会转型期监管缺乏经验、力度不足。二是白领们基于追逐暴利而不惜铤而走险，相对的则是违规运营成本低廉，变相促进了这种恶性循环的发展。三是市场缺乏道德化。市场经济是一种追求利益、创造财富的过程，但是，我国部分公司、企业与从事营利活动的商人群体多缺乏长远规划，即使在追逐到暴利之后也仍不遵循诚信的基本市场道德作自我修正，这种不健康的心态也铸就了市场本身的畸形与变态。这也是经济领域犯罪猖獗、从事经济犯罪的人渐呈高智能化与集团化的动因之一。

为进一步打击涉商犯罪，以规范、健全市场运行机制，必须要重建市场诚信体制，打造适合市场经济运行规律的法治体系，因为在法律的时代中，整个私法的开路先锋的重担必然落在商法的头上。[①] 在完善立法、严密法网、及时调整政策的同时，研判市场经济动态，把握商事运行规律，有效应对商事犯罪审判，已成为当前实务中的重中之重。

三、审理白领犯罪案件的审判思维要点

（一）白领犯罪是一种不同于自然犯的法定犯

与故意杀人罪、盗窃罪等自然犯不同，白领犯罪系法定犯（又称行政犯）。正如传统民事案件与商事案件之间的裁判方法不同——民事案件讲求伦理性，

① 参见［德］拉德布鲁赫：《法学导论》，米健译，商务印书馆2013年版，第113页。

商事案件讲求技术性与效率（商法的两个基本内核）一样，传统民事侵权案件进而会发展成为自然犯，与由商事案件进而发展成为法定犯之间，也存在这种伦理性的不同。此与作为惩处自然犯的普通刑法与规制法定犯的行政刑法所追求的价值有根本关系：普通刑法的基本价值是最高的法价值——正义，行政刑法（包括商法、经济法）的基本价值是最高的行政价值——福利。[①] 但是，并不是说白领犯罪作为法定犯就不具有任何的伦理违反性，而是违反了基于技术性、效率等商法特殊属性所建立的、有别于传统伦理型的特殊伦理。法定犯的伦理性如证券法中的诚实信用原则及其重要信息披露制度通常是在其被反复应用并被国民所普遍接受之后，才会成为法定犯的伦理。并且，法定犯的伦理内容也总是处于不断发展变化之中的，从而与传统伦理不同。这也增加了对法定犯的认定难度。当然，以“商人是理性之人”的定位规则以及基于福利理念可以有效破解这一困局。

就最为根本的法律制度而言，绝不允许某些人把自己利益的获得建立在他人利益的损害之上，任意践踏法律公平正义的价值目标。商法的技术性与效率仅是其外观上与传统伦理的一种区别，而非是对法律基本内核的根本违反。正如日本学者久保欣哉所指出的，经济效率本身并无法成为法秩序所应实现的终极价值目标，我们法秩序的终极价值乃是人性的尊严，其内容则为自由与平等。因此，当效率的追求只有与我们所选择的法秩序一致时，才被允许。[②] 所以，法律肯认的商事法律所独具价值的效率，必须遵从于自由价值，并只能处在自由这一最高价值的位阶之下。从而，对于恶意损害消费者利益、损害环境保护等不负社会责任的行为，以及抽逃出资、内幕交易等损害债权人、投资人利益的行为，即使其具有效率、符合技术性的外观，在根本上也被法律所否定。这就是审理白领犯罪案件时应予遵循的司法规则。

（二）审理白领犯罪案件须适用与自然犯案件不同的审理方法

侵害私法益类型的刑事案件，因多表现为故意杀人、故意伤害等自然犯类

---

① 参见张明楷：《法益初论》，中国政法大学出版社 2003 年版，第 60 页。

② 参见久保欣哉在台湾大学所作“公司法学之理念——自由与效率之间”的演讲。转引自朱慈蕴：《全球化与本土化互动中的公司制度演进》，法律出版社 2015 年版，第 174 页。

型，故办理此类案件须首先确定客观性证据，再以此锁定犯罪嫌疑人，即由案到人。而在办理白领犯罪案件时，如内幕交易、编造并传播证券交易虚假信息等法定犯，则是由人到案，且是由于出现证券交易的异常情况而成为调查对象。

（三）对法定犯的责任要素认定不同于对自然犯的认定

在自然犯的案件中，只要行为主体已经认识到其所实施的是一种不好的行为，就可以肯认其已经具有了违法性认识。但在审理法定犯的案件中，通常还要结合行为人的商主体身份、从商经验、营业组织的财产是否“空壳化”等多种因素综合认定其是否具有违法性认识。

（四）认定白领犯罪成立须审查两种违法性

成立白领犯罪须具备两种违法性。一是须具有违反相关商法规范规定的违法性（行政违法性）。此为形式性要件。而该违法行为往往是应受行政处罚的即具有行政违法性（在行政违法尚不成立的前提下，直接将其作为刑事犯罪予以打击，不符合行政犯的一般理论①），该违法性因此在实务中又称违规性。二是同时还要具备刑事违法性。此为实质性要件。例如，内幕交易罪实施的是证券法及相关行政法规所禁止的知情人员或非法获取证券交易内幕的人员，在对某种证券交易价格有重大影响的信息尚未公布前，交易该种证券的行为。还须明确，认定商事犯罪成立，并不以行政机关的认定为前置条件。而且，商法中往往是实体规范与程序规范并存，甚至程序规范还决定着实体规范的效力。如公司欺诈发行股票，往往由决策机关依照程序所使然，该欺诈发行行为对于公司而言是经过了程序之后所作的决策，由此决定了其是一种单位犯罪类型。

之所以审查行政违法性与刑事违法性等双重违法性，是因为从形式上而言，行政法规（广义上的行政管理法规，包括经济法、商法中的公法性因素）是认定行政犯罪（法定犯）的第一个层次的法依据。而它之所以能够成为第一个层次的法依据，正是由于法律的规定，故没有违反罪刑法定原则的民主主义思想

① 参见刘为波：《〈关于审理非法集资刑事案件具体应用法律若干问题的解释〉的理解与适用》，载人民法院出版社编：《司法解释理解与适用全集：刑事卷3》，人民法院出版社2018年版，第2011页。

基础。虽然在中国不存在政令制定罚则（刑法领域中）的现象，但和其他国家刑法一样，中国刑法也存在为数众多的空白刑罚规范，特别是在经济犯罪的规定中。空白刑罚规范一般以行政法规为补充规范，导致行政法规成为认定行政犯罪（法定犯）时必须参照的法规，即认定行政犯罪时首先要以行政法规为依据（第一层次的法依据）。我国的空白刑法规范并没有像西方一些国家的刑法那样直接肯定违反行政法规的行为构成犯罪，而是在此基础上作为更为严格的条件限制。[①] 如就假冒专利罪而言，尽管实务中存在“冒充专利”即行为人无中生有、将自己没有获得专利的产品谎称为专利产品的行为，但由于《专利法》的“假冒行为”仅包括将他人的专利冒充自己的专利的行为，因此其就不属于《刑法》第216条所处罚的对象。[②]

综上所述，由于经济犯罪多以违反（广义上的而非经典意义上的）商法规范为前提，故对于白领犯罪而言，出现对刑商法律之间的衔接适用就不再只是一种可能，而是一种必然。并且，刑商不法案件之间往往只是一种量的区别，这也是刑事可罚性的客观判断标准。

① 参见张明楷：《罪刑法定与刑法解释》，北京大学出版社2009年版，第28页。

② 参见中华人民共和国最高人民法院刑事审判第一、二、三、四、五庭主办：《刑事审判参考》（总第78集），法律出版社2011年版，第189页。

第九章 | 公司白领犯罪的审理认定

——涉商主体型经济犯罪案件的刑商审判衔接

公司是现代社会最伟大的社会发明，蒸汽机与电也无法与其媲美。如果没有有限责任，蒸汽机和电的重要性也会大打折扣。

——［美］巴特勒

本章系按照公司及其股东、董事、监事、高级管理人员（经理、财务主管、上市公司董事会秘书）等主要受公司法等商组织法所规范的主体类型，并结合《刑法》分则第 3 章破坏社会主义市场经济秩序罪第 3 节妨害对公司、企业的管理秩序罪等具体规定，确定涉商主体的白领犯罪类型。

其中，虚报注册资本罪（《刑法》第 158 条）系妨害对公司注册管理制度型犯罪；虚假出资、抽逃出资罪（《刑法》第 159 条）系违反公司资本管理制度型犯罪；欺诈发行证券罪（《刑法》第 160 条）与违规披露、不披露重要信息罪（《刑法》第 161 条）系违反公司法的商人保证制度型犯罪；妨害清算罪（《刑法》第 162 条）、虚假破产罪（《刑法》第 162 条之二）系违反公司、企业破产清算管理制度型犯罪；非法经营同类营业罪（《刑法》第 165 条）、为亲友非法牟利罪（《刑法》第 166 条）、背信损害上市公司利益罪（《刑法》第 169 条之一）系典型的背信犯罪，实际上，广义上的受贿罪（《刑法》第 163 条、第 184 条、第 385 条）以及职务侵占罪、贪污罪（《刑法》第 183 条、第 271 条、第 382 条）与挪用资金罪、挪用公款罪（《刑法》第 185 条、第 272 条、第 384 条）也可概括地归入背信犯罪中。

上述五类犯罪，主要系按照公司从公司设立到终止的过程中所成立的犯罪而展开的。这是因为，公司系市场最为活跃也是最为重要、典型的商主体，从而成为考察涉商组织类型白领犯罪的支点。由于违反商人保证制度型犯罪中的欺诈发行证券罪与违规披露、不披露重要信息罪主要是涉商行为类型犯罪，故在第十章中探究。

为说明上述公司犯罪的具体法益，首先须解释公司及其注册登记、资本结构、公司治理等公司基本制度。

第一节 判定公司白领犯罪行为主体的法律基础：公司制度及现行公司法的相关规定

在当今社会，公司是市场经济中最重要的商主体和现代企业组织形式，①也是市场中最重要的经济力量。它决定着市场上提供的最为重要的商品和服务的种类、数量和质量，左右着重要产品市场、资本市场和服务市场的行情变化。② 现代世界在一定程度上可以说是公司的世界。

一、公司独立人格性特征暨公司白领犯罪的判定机理

《公司法》第3条第1款规定，公司是企业法人，有独立的财产，享有法人财产权。因此，公司是依照法律规定，由股东投资而设立的以营利为目的的社团法人组织，且是营利法人（《民法典》第76条）。《公司法》第2条规定，作为商组织，公司系奉行严格的法定原则，并仅限于有限责任公司和股份有限公司两种有限责任制类型。所谓有限责任即公司以其全部财产对公司债务承担责任，但有限责任公司的股东以其认缴的出资额为限对公司承担责任，而股份有限公司的股东以其认购的股份为限对公司承担责任。其中，有限责任公司兼具人合性（公司在由两名以上股东成员组成的场合）与资合性特征。股份公司则

① 参见李建伟：《公司法学》，中国人民大学出版社2014年版，第3页。

② 参见刘俊梅：《公司的社会责任》，法律出版社1999年版，第17页。

仅具资合性，但究其实质也仍是社团法人。为严格贯彻商组织法定原则，《公司法》第 29 条规定，公司须向公司登记机关申请设立登记，并经登记始能设立。现行公司法对普通公司系采严格准则主义的注册登记制，并于 2013 年取消了实缴制（仅对公募公司以及从事金融等特殊行业的 27 种公司仍得适用）而采认足制［认缴制（针对有限责任公司）与认购制（针对股份公司）］，但 2023 年《公司法》对于认足制又规定仅适于有限责任公司而不适于股份公司。同时《公司法》一直禁止公司虚报注册资本、虚假出资及在公司设立后又抽逃出资。尽管对采认足制的普通公司特别是在 2024 年 7 月 1 日之前采取认购制成立的股份公司，已无虚假注册资本罪与虚假出资、抽逃出资罪适用之余地（但在 2024 年 7 月 1 日之后即 2023 年《公司法》正式施行后对采取认购制的股份公司则又予以适用），但严格准则主义与行政许可主义仍是区分以上三种犯罪法益（保护客体）的主要评断准则。

综上所述，公司是依法设立的营利法人，人格性、社团性和营利性是其基本特征，股东的有限责任和永续性则是其人格特征的延伸。[①] 因此，公司具有独立人格、有限责任、集中管理、股权的自由转让和股东控制五个方面特征，[②] 并决定了公司具有独立的权利能力与行为能力以及营业能力、对债权人独立承担债务的责任能力、“两权分离”的公司治理制度（现代公司管理制度）、公司成员对公司的忠实义务（不得背任或背信的法义务）、股东不得滥用权利等属性，也最终决定了妨害对公司、企业管理秩序犯罪的具体法益。独立人格是公司最重要的特征，其他四个特征均系围绕该独立性展开。而公司既具有独立人格，又端赖于其资本的独立，并决定了股东作为投资者与公司之间的人格不得混同、公司是股东的营利工具以获得更多资产、资本确定等原则。而公司的资本确定、资本维持、资本不变原则即“资本三原则”作为公司资本制度的三块基石，也是基于公司的人格独立且为确保实现其人格的独立。该独立人格使公司能够成为单位犯罪的行为主体正是基于公司作为一种法定犯的违法身份，其

---

① 参见朱羿锟：《商法学：原理·图解·实例》，北京大学出版社 2014 年版，第 83 页。

② 参见李建伟：《公司法学》，中国人民大学出版社 2014 年版，第 3 页。

所违反的也只能是被商法所类型化的违法类型。如实行实缴制的公司违反资本确定原则乃成立虚假注册资本罪，违反资本维持原则乃成立抽逃资金罪或职务侵占罪。这就是公司白领犯罪的法原理。

二、公司独立人格之否定："面纱"的刺破

公司依法成立后，即具有自己独立的人格（具有民事权利能力与行为能力并可依法独立享有民事权利和承担民事义务）。并且，股东作为投资人必须与公司之间的人格相分离，公司对其全部资产乃享有法人财产权，股东对公司仅享有剩余控制权及剩余索取权，不得滥用法人独立地位和出资人有限责任损害法人债权人的利益，否则即有2023年《公司法》第23条"刺破公司面纱原则"适用之余地，且应当对公司（法人）债务承担连带责任（《民法典》第83条第2款），此即公司的法人格否认制度。[①]

公司法人格否认的法理本质在于，"对照法人制度的目的，就某一公司而言，贯彻其形式的独立性被认定违反了正义、衡平的理念，并不对该公司的存在给予全面否定，而是在承认其法人存在的同时，只就特定事案否定其法人格的机能，将公司与其股东在法律上视为同一体"。公司法人格否认只是针对个案对公司所遮"面纱（独立人格）"的刺破，以实现对债权人利益的保护，是一种利益关系的再调整，而非对公司作为法人的人格的全面否定。公司法人格否认法理与公司人格独立及有限责任的确立，共同构成现代公司制度中相互倚靠的两极。[②] 因此，在实践中认定公司人格与股东人格是否存在混同，最根本的判断标准是公司是否具有独立意思和独立财产，最主要的表现是公司的财产与股东的财产是否混同且无法区分，并特别表现为公司业务和股东业务混同（参见《九民会议纪要》第10条及"应高峰诉嘉美德（上海）商贸有限公司、陈某美其他合同纠纷案"[③]）。

---

① 参见最高人民法院（2008）民二终字第55号民事判决书。

② 参见朱慈蕴：《全球化与本土化互动中公司制度演进》，法律出版社2015年版，第185页。

③ 参见《最高人民法院公报》2016年第10期。

三、公司是否属于股东——“利益相关者理论”与公司犯罪的保护法益

问题 45 公司为谁所有？

公司究竟为谁所有？早前公司法理论中的股东至上论、代理说均认为“公司属于股东”,[①] 导致很多设立公司者滥用股东权利、挪用公司资金、侵占公司资产。

须承认的是，股东通过向公司出资或者通过受让股权而成为有限责任公司或股份有限公司的成员，从而对公司享有权利、承担义务。[②] 因此，公司也是股东投资以获取利益的营利工具。但是，现代公司不再仅仅被视为股东为单一主体的利益工具，而被认为是股东、管理者、债权人、职工以及消费者等诸多利益相关者的集合体，此即利益相关者理论，也是现代公司承担社会责任的法理基础。[③] 因此，无论是国有股东还是其他投资人，股东个人财产与公司财产之间相互分离，这是由股东有限责任制所决定的，亦即无论公司的债务多少，股东责任是锁定的，只在其出资范围内承担责任。换言之，公司股东仅对公司的投资负责，而不对公司的债权人负责。因为股东向公司投入财产之后，这些财产就属于公司而非股东或董事，股东放弃对其出资财产的直接支配权，换回股权并享有有限责任的庇护，正是公司制度的运行基础。[④] 并且，股东仅就其认缴以及认购的股份负有财产责任，当公司出现无法清偿债权人债务的情况，属于资不抵债的提前到来，债权人据此可以要求因未到期而未足额缴纳认缴款的股东责任提前到来，成为被告，甚至可以直接申请对该公司进行破产清算，以加速股东对公司资产基于认足所负责任的期限提前到来（《企业破产法》第35条、2023年《公司法》第54条）。而股东仅对公司享有剩余利益请求权

① 参见王保树主编：《商法》，北京大学出版社2014年版，第12页。

② 参见王保树主编：《商法》，北京大学出版社2014年版，第121页。

③ 参见李建伟：《公司法学》，中国人民大学出版社2014年版，第45、47、320页。

④ 参见朱慈蕴：《全球化与本土化互动中的公司制度演进》，法律出版社2015年版，第41页。

（按比例分红）与剩余财产（公司破产后的剩余财产）追索权，以及为实现该两项权利而形成的剩余控制权（根据所持公司股权或股份多少具有的表决权），两者（剩余索取权与剩余控制权）共同构成的股东权乃一种权利束。[①] 剩余控制权是由股东作为出资者因其出资对公司所享有的权利（《公司法》第 4 条），即股权关系。因此，公司的股东对公司而言仅享有股权。综言之，在现代公司法的意义上，公司并非属于股东。因此，基于股东至上论或代理说认为公司属于股东的观点是一种陈旧的、与现代公司发展样式所不符的过时观念。其不但有违公司独立人格这一公司基本制度，并且无法解释股东在公司成立后抽逃资金（仅限实缴制公司）、挪用公司资金的行为何以会成立犯罪的逻辑起点。而公司则对其股东投资形成的全部公司法人财产享有所有权，所以公司属于公司自身，“公司是一个自组织体”[②]，“公司是一个由物质资本提供者（股东）、人力资本提供者（管理层、雇员）以及债权人等组成人员组成的契约组织，公司治理就是诸利益相关者之间利益平衡及其实现的制度安排”[③]，才是现代公司的本质。

四、公司资本制度及其资本三原则：妨害公司管理制度犯罪的解释机理

公司系典型的资本企业，资本独立是公司作为营利法人的实质内核，也是对在其成立单位犯罪时得独立适用罚金刑的法基础，故公司资本对公司而言具有重要意义。首先，它是公司成立的基础，也是公司得以存续和正常运转的基本物质条件。其次，公司作为资本企业，资本信用乃公司生存之本。公司作为独立法人，是以其自有资本对外承担责任的，只有公司资本（确切而言，应是公司净资产）才是公司债务的担保。换言之，资本是公司营业之基础，生存之根本。因此，公司资本确定、资本充实（又称资本维持）、资本不变等资本三原则，共同奠基并建立了公司资本制度。《刑法》关于虚假注册资本罪、抽逃

---

① 参见朱慈蕴：《全球化与本土化互动中的公司制度演进》，法律出版社 2015 年版，第 150 页。

② 朱慈蕴：《全球化与本土化互动中的公司制度演进》，法律出版社 2015 年版，第 6 页。

③ 李建伟：《公司法学》，中国人民大学出版社 2014 年版，第 319 页。

出资罪、虚假破产罪、妨害清算罪等妨害公司管理类型犯罪的设立，正是基于对公司资本制度的维护。

基于公司资本维持原则，对于公司减资未依法履行通知已知或应知的债权人的义务，公司股东不能证明其在减资过程中对怠于通知的行为无过错的，当公司减资后不能偿付减资前的债务时，公司股东应就该债务对债权人承担补充赔偿责任（参见“上海德力西集团有限公司诉江苏博恩世通高科有限公司、冯某、上海博恩世通光电股份有限公司买卖合同纠纷案”①）。2023 年《公司法》还特别规定，对于违反《公司法》规定减资的，股东应当退还其收到的资金，减免股东出资的应当恢复原状；给公司造成损失的，股东及负有责任的董事、监事、高级管理人员应当承担赔偿责任（第 226 条）。

与公司资本密切相关的是公司资产，公司资产是公司实际拥有的全部财产。现行《公司法》第 3 条第 1 款规定，公司以其全部财产对公司的债务承担责任。这里的公司资产即指公司用以清偿自身债务的全部财产，故又称责任财产。资本与资产的联系在于资本属于资产的组成部分，区别在于公司资产的外延大于公司资本。因为资产除了资本之外，还包括负债、资产收益和经营收益。就实际情况而言，资本与资产的对应关系会因公司的经营状况不同而有很大区别。公司成立时，没有任何对外负债，其资本就是其全部资产。公司成立后，随着公司对外负债的发生，资产在数额上通常都会高于资本，但并不排除因公司的极度亏损或公司资产价值的剧烈变化而导致资产低于资本的情况发生。② 易言之，资本是静态的，而资产是动态的；资本是抽象的，资产则是具体的；资产反映的是实物形态，资本则是价值形态。公司法通常是在狭义上适用公司资本概念，仅指公司股本。③ 现代社会已经从公司的资本信用阶段逐渐走向了资产信用阶段，因此我国《公司法》对公司资本制度也进行了三次修改，并一度（2013 年 12 月至 2024 年 7 月 1 日）全面取消了普通公司的实缴注册制度（2024 年 7 月 1 日后仅适于采取认缴制的有限责任公司）。公司资本与公司资产

---

① 参见《最高人民法院公报》2017 年第 11 期。

② 参见李建伟：《公司法学》，中国人民大学出版社 2014 年版，第 150 页。

③ 参见朱羿锟：《商法学：原理 · 图解 · 实例》，北京大学出版社 2014 年版，第 121 页。

的上述区别，对认定股东抽逃资金行为的性质，即何种情况下成立抽逃资金罪，何种情况下成立职务侵占罪、挪用资金罪，乃至对收受采认缴制公司股权行为的受贿犯罪数额认定均具有重要的识别功能。

五、公司治理：所有权与经营权相分离的现代公司集中管理制度及背信犯罪的解释机理

现代公司制度是围绕公司独立人格所设计。这一制度不仅划定了公司法人与其出资人相互之间不得混同的界限，而且也划定了政治国家或者政府机构进入公司领域的空间边界。同时，公司作为私主体，其行为也并非毫无限制的绝对自由行为，因为市场中的私主体具有追求财富最大化的内驱力，如无所约束将会导致“霍布斯丛林”的生存环境。所以，公司必须接受约束。这种约束既有来自公司外部的法律强制性管束，也有来自公司内部的自觉自愿的律己管束，即通过公司自治来谋求公司利益最大化。

公司自问世以来，人们一直在试图解决：如何在保持公司效率的前提下，最有效地监督公司经营层为公司和股东利益最大化而努力工作，或者说有效地阻止其为攫取自己私利而损害公司和股东利益的倾向；如何使监督成本最小而公司效率最高；如何调整公司对内、对外的诸多利益关系（如股东与董事和经营层的关系，大股东和中小股东的关系，股东、经营层和职工（工会）、社区、消费者的关系，股东与债权人的关系）；等等。并由此引发了人们对公司治理的关注。①

公司治理的目标就是在基本保障与公司相关的其他利益群体利益的基础上实现股东利益的最大化，防止公司的经营者因道德风险而背离股东的利益，其主要特点就是通过股东会、董事会、监事会及公司高管所构成的公司内部制衡结构来实现公司治理。申言之，就是指由所有者、董事及其高管和监事会三者之间形成一种组织结构，三者之间形成一定的制衡关系。通过这一结构，投资者（股东或实际控制人）将自己的财产交由公司董事会托管；董事会是公司的业务执行和业务决策机构，拥有对高管的聘用、奖惩和解雇权；高管受聘于董

---

① 参见王保树主编：《商法》，北京大学出版社 2014 年版，第 124 页。

事会，组成在董事会领导下的日常经营管理机构，在其职权范围内经营企业。[①]实际上是一种层层委托关系。这种“委托—代理”关系，即大陆法系上股东与管理者之间关系的理论基石，[②]也是公司治理制度的核心（还包括对外的公司治理制度）。在现代企业制度下，其主要表现为公司所有权与经营权的两权分离制度，并因之催化出现代公司治理理论即利益相关者理论及其集中治理制度（见图 9-1），“公司治理就是诸利益相关者之间利益平衡及其实现的制度安排”[③]，并推动了公司社会责任的发展。

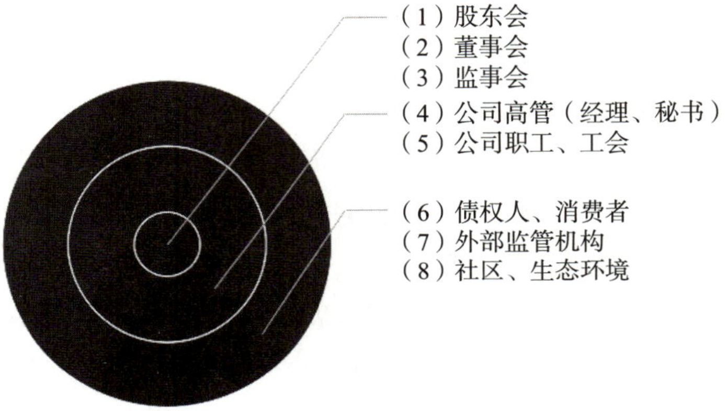

图 9-1　现代公司治理结构

注：股东会（权力机关）、董事会（执行机关）、监事会（监督机关）为公司意思机关；董事会（执行机关）、监事会（监督机关）、公司高管（经理、秘书）为公司管理层；股东会（权力机关）、董事会（执行机关）、监事会（监督机关）、公司高管（经理、秘书）、公司职工和工会为公司内部关系；债权人、消费者、外部监管机构、社区、生态环境为公司外部关系。

以上系根据公司法的规定从传统意义上对公司结构所作的分析，但现实之中，由于公司股权结构不同，依据是否掌握公司控制权所分的内部人与外部人的范围也有所不同，如股权分散的公司，如果不存在控制股东，则管理层居于内部地位，股东、债权人是外部人，这正是利益相关者论的立场。

依利益相关者理论，法律上的利益相关者依据是否掌握公司控制权分为内

---

① 参见王保树主编：《商法》，北京大学出版社 2014 年版，第 126 页。

② 参见朱慈蕴：《全球化与本土化互动中的公司制度演进》，法律出版社 2015 年版，第 141 页。

③ 李建伟：《公司法学》，中国人民大学出版社 2014 年版，第 319 页。

部人与外部人。内部人是在公司治理结构中居于控制地位的人，除此之外的就是外部人。内部人或者外部人的范围没有统一标准，因公司而异，其中股权结构是最重要的决定因素：其一，在股权集中的公司中，控股股东及其控制下的管理层居于内部人地位，少数股东、债权人是外部人，我国大多数公司属于这一类型。其二，在股权分散的公司，如不存在控股股东，则管理层居于内部人地位，股东、债权人是外部人。内部人（控股股东、管理层）如滥用控制权，从公司攫取不法利益，则外部人（少数股东、债权人）就成为受害者。①

近年来，主要市场经济国家在公司治理的立法、司法领域有了重要发展：第一，诚信义务体系已经从主要适用于董事、高管与公司的关系，扩展到董事、监事、高管对股东乃至公司债权人以及股东对公司、股东之间及股东对公司债权人的场合；第二，强化的信息披露制度在披露指向的对象范围、内容逐渐扩大，在程序和时间上要求更为严格，法律责任更加细密与严厉。以上都利于加强投资者尤其是处于外部人地位的少数股东、债权人的保护。② 当前，我国公司治理尚处于资本市场成长背景下的股权分散化、两权分立加剧与股东文化的培育期，加之控股股东与实际控制人过于强势、监事会虚化，主要任务依然是保护中小股东。为此，2023 年《公司法》第 181 条至第 184 条（2018 年《公司法》第 147 条、第 148 条）规定了董事、监事以及公司高管人员的忠实义务：第一，不得侵占财产、挪用公司资金［2023 年《公司法》第 181 条第 1 项（2018 年《公司法》第 147 条第 2 款及第 148 条第 1 款第 1 项）］。第二，不得将公司资金以其个人名义或者以其他个人名义开立账户存储［2023 年《公司法》第 181 条（2018 年《公司法》第 148 条）第 2 项］。第三，不得利用职权贿赂或者收受其他非法收入［2023 年《公司法》第 181 条第 3 项（2018 年《公司法》第 147 条第 2 款）］。第四，不得接受他人与公司交易的佣金归为己有［2023 年《公司法》第 181 条第 4 项（2018 年《公司法》第 148 条第 1 款第 6 项）］。第五，不得擅自披露公司秘密［2023 年《公司法》第 181 条第 5 项（2018 年《公司法》第 148 条第 1 款第 7 项）］。第六，不得未向董事会或者股东会报告并按照公司章程的规定经董事会或者股东会决议通过，直接或者

① 参见李建伟：《公司法学》，中国人民大学出版社 2014 年版，第 323 页。
② 参见李建伟：《公司法学》，中国人民大学出版社 2014 年版，第 263 页。

间接与本公司订立合同或者进行交易。其近亲属，其本人或者其近亲属直接或者间接控制的企业，以及与其有其他关联关系的关联人，与公司订立合同或者进行交易的，亦同［2023 年《公司法》第 182 条（2018 年《公司法》第 148 条第 1 款第 4 项）］。第七，不得利用职务便利为自己或者他人谋取属于公司的商业机会［2023 年《公司法》第 183 条（2018 年《公司法》第 148 条第 1 款第 5 项）］。第八，不得未向董事会或者股东会报告并按照公司章程的规定经董事会或者股东会决议通过，自营或为他人经营与其任职公司同类的业务［2023 年《公司法》第 184 条（2018 年《公司法》第 148 条第 1 款第 5 项）］。第九，不得违反对公司忠实义务的其他行为［2023 年《公司法》第 181 条第 6 项（2018 年《公司法》第 148 条第 1 款第 8 项）］。其中，第 1 项至第 5 项是绝对禁止型，而第 6 项至第 8 项并未绝对禁止。① 并且，《刑法》分则还针对以上绝对禁止的行为设置了职务侵占罪或者贪污罪、挪用资金罪或者挪用公款罪、非国家工作人员受贿罪或者受贿罪。但是，即使对上述并未绝对禁止的行为，在特殊场合下，也会成立非法经营同类营业罪或为亲友非法牟利罪以及背信损害上市公司利益罪等背信型犯罪（参见本章第 3 节）。

综上所述，现代公司制系以资本制度、责任有限、公司治理为主线。其中，涉及刑商法律适用衔接的，主要集中在上市公司及其他实行实缴制注册登记的公司。这是因为此类公司或者股东人数众多、股本规模大，或者涉及金融安全，重大的资产变动也会产生较大风险，并给公司的长期经营和广大股东、债权人的长远利益带来深远影响。

第二节　妨害公司资本管理制度的白领犯罪

一、妨害公司登记管理制度型犯罪：虚报注册资本罪

（一）虚报注册资本罪适用对象的限缩

所谓虚报注册资本罪，根据《刑法》第 158 条规定，是指申请公司登记使

① 参见王保树主编：《商法》，北京大学出版社 2014 年版，第 127 页。

用虚假证明文件或者采取其他欺诈手段虚报注册资本，欺骗公司登记主管部门，取得公司登记，虚报注册资本数额巨大、后果严重或者有其他严重情节的行为（参见《刑事审判参考》第774号指导案例“卜某冰虚报注册资本案”[①]）。在2013年《公司法》修改之后，依照《全国人民代表大会常务委员会关于〈中华人民共和国刑法〉第一百五十八条、第一百五十九条的解释》，本罪仅适用于采取募集方式设立的股份有限公司以及商业银行等依法实行注册资本实缴登记制的27种公司。[②] 即对发起设立的采认购制的股份有限公司及采认缴制的有限责任公司，本罪不再适用。但是，由于2023年《公司法》又规定对股份有限公司实行实缴制（第98条第1款），因此在2024年7月1日之后，本罪对股份有限公司也就依然有适用的余地。

（二）虚报注册资本罪的行为构成及其法益实质

作为行政犯，本罪的行为构成与公司法相关规定系一种对应关系。所谓虚报注册资本，既可以表现为没有达到注册登记的资本数额，却采取欺诈手段证明达到了法定数额（参见“卜某冰虚报注册资本案”）；或以开具假银行进账单虚报注册资本（参见《刑事审判参考》第130号指导案例“薛某泉虚报注册资本案”[③]）；也可表现为虽然达到法定数额却虚报具有更高数额的资本；还可表现为变更登记时虚报注册资本。所谓“取得公司登记”，即已被公司登记机关注册登记并已发给营业执照。因欺诈手段被登记机关发现而未予以注册登记的，并不成立本罪。

本罪既是数额犯，也是行为犯（行为与结果同时发生，或称抽象危险犯）。鉴于最高人民法院对本罪并未规定具体犯罪数额的标准，故实务中系“参照”最高人民检察院与公安部联合下发的《立案标准规定（二）》的规定办理。根据该规定，成立本罪还需虚报注册资本达到应缴出资数额的一定比例（数额+

---

① 参见中华人民共和国最高人民法院刑事审判第一、二、三、四、五庭主办：《刑事审判参考》（总第86集），法律出版社2013年版，第11~14页。

② 参见冯江编著：《刑法适用指导与疑难注解》，中国法制出版社2016年版，第431页。

③ 参见中华人民共和国最高人民法院刑事审判第一、二、三、四、五庭主办：《中国刑事审判指导案例2·破坏社会主义市场经济秩序罪》，法律出版社2012年版，第93~95页。

比例)，并且该比例要求也在呈变化的态势。这是因为，2005 年《公司法》在修订时对该占比有了较大幅度增加，反映了国家宽容的产业政策，在此后才进入刑事诉讼程序的“顾某军虚报注册资本案”中，最高人民法院即据此认为，鉴于本罪系行政犯的本质，为贯彻刑法谦抑性，行为人应受到入罪限制，从而在 2019 年肯定了顾某军虚报注册资本行为无罪的主张。①

本罪对行为主体没有明确，有人认为系一般主体，而与虚假出资罪的行为主体为发起人、股东不同。② 但是，本罪的行为主体也是申请设立公司的发起人、股东，只是由于其自始即具有双重违法性［违反 2018 年《公司法》第 198 条（2023 年《公司法》第 250 条）和《刑法》第 158 条规定］，而法律不保护非法所获利益，所以《公司法》《刑法》均不承认其具有公司法意义上的股东、发起人身份，从而显示了似乎一般主体均可成为本罪行为主体的外在该当性。并且，基于个别公司法人人格的形骸化，实际控制人也应是行为主体。在此场合下，名义股东或者是被间接正犯所利用的工具，或者是作为狭义的共犯的帮助犯（当然也不排除共谋共同犯罪的可能）。

本罪法益主要是国家对公司的登记管理制度，这是一种公共利益。公司的注册资本是公司经营资本的一部分，是公司承担风险、偿还债务的基本保障，一旦出资有虚假，就会损害债权人的利益，扰乱市场经济秩序。③ 因此，本罪同时还对将来的债权人的利益也形成损害。当然，这种对债权人利益的侵害在注册登记完成之时，可能只是一种潜在的危险（抽象危险犯），但对登记管理制度而言，则是一种实质性的侵害（实害犯），所以本罪保护的法益是双重法益（复杂保护客体）。

二、妨害公司资本管理制度的犯罪：虚假出资、抽逃出资罪

（一）虚假出资、抽逃出资罪的犯罪构成及其法益

所谓虚假出资、抽逃出资罪，根据《刑法》第 159 条，是指公司发起人、

① 参见最高人民法院（2018）最高法刑再 4 号刑事判决书。

② 参见中华人民共和国最高人民法院刑事审判第一、二、三、四、五庭主办：《刑事审判参考》（总第 76 集），法律出版社 2011 年版，第 173 页。

③ 参见周道鸾等主编：《刑法的修改与适用》，人民法院出版社 1997 年版，第 359 页。

股东违反公司法的规定，未交付货币、实物或者未转移财产权，虚假出资，或者在公司成立后又抽逃其出资，数额巨大、后果严重或者有其他严重情节的行为。本罪系选择性罪名，行为表现为违反公司法的规定，或者在公司成立前虚假出资（参见“杨某虚假出资案”[①]），或者在公司成立后抽逃出资（参见“周某庆抽逃资金案”[②]）。与虚报注册资本罪一样，根据《全国人民代表大会常务委员会关于〈中华人民共和国刑法〉第一百五十八条、第一百五十九条的解释》，本类犯罪现只适用于实行注册资本实缴制的公司。

与虚报注册资本罪不同，本罪的行为主体系明确为公司发起人、股东，此与2023年《公司法》的具体规定［第252条（2018年《公司法》第199条）规定虚假出资的行为主体与第253条（2018年《公司法》第200条）规定抽逃出资的行为主体均系发起人、股东］相一致。这就是本罪作为白领犯罪所具备的双重违法性。

本罪侵害的法益是公司、其他股东以及未来债权人的利益，其中主要是对公司和其他股东利益的现实侵害，[③] 其对未来债权人的利益损害，则是一种可能的危险。同时，也侵犯了国家对公司的资本管理制度即公共利益。因此，本罪保护的多重法益（复杂保护客体）。

尽管虚假出资罪与抽逃出资罪系由《刑法》同一法条规定的，但二者仍有实质的不同。就法益而言，虚假出资罪主要是侵害了其他股东的出资利益，而抽逃出资罪则更偏重于对公司资产利益的保护。

（二）本罪与其他犯罪的区别认定

实务中行为人虚假出资、抽逃出资的行为往往会牵连触犯其他罪名，如虚假出资罪会牵连触犯虚报注册资本罪、抽逃出资罪会牵连触犯挪用资金罪、职务侵占罪，它们之间是法条竞合还是牵连犯或想象竞合关系，还存有争议。

第一，虚假出资罪与虚报注册资本罪的区分认定。虚报注册资本罪与虚假

---

① 参见张国轩：《商业犯罪的定罪与量刑》，人民法院出版社2008年版，第442页。

② 参见张国轩：《商业犯罪的定罪与量刑》，人民法院出版社2008年版，第439页。

③ 参见中华人民共和国最高人民法院刑事审判第一、二、三、四、五庭主办：《刑事审判参考》（总第76集），法律出版社2011年版，第174页。

出资罪都存在实际出资不足的问题，在市场交往中往往会对债权人利益构成威胁。公司发起人在公司成立过程中未实际出资而骗取注册登记，造成债权人利益受损后果的，既存在虚假出资的行为，也存在虚报注册资本的行为，该情形下是形成想象竞合还是成立法条竞合关系？实践中，虚报注册资本罪的行为主体往往也是公司的“发起人”或“股东”，虚假出资罪的客观方面也表现为行为人虚假出资、采用虚假手段骗取公司登记。事实上，行为人之所以要在公司登记过程中虚报注册资本，往往就是因为缺乏资金，因此，大多数虚报注册资本的行为本身就包含虚假出资的行为，以是实务中也存在二者之间为法条竞合关系的意见。[①] 但是，根据2023年《公司法》第250条（2018年《公司法》第198条）（虚报注册资本、提交虚假材料或者采取其他欺诈手段隐瞒重要事实取得公司登记）、第252条（2018年《公司法》第199条）（公司的发起人、股东虚假出资，未交付或者未按期交付作为出资的货币或者非货币财产）以及《刑法》第158条（虚报注册资本罪）、第159条（虚假出资罪），二者无论从法律设置还是成立要件上，除了虚假材料与虚假出资均存在“虚假”的外观，就行为主体、具体行为的外在该当上也均有不合，二者所侵害的实质法益更是存在区别。

首先，就行为主体而言，虚报注册资本罪系全体“发起人”在申请公司设立登记时的共同行为，其针对的是公司登记主管部门的审批处分权限；虚假出资罪则是公司发起人、股东中的个别行为人的行为，尽管也会存在两个以上股东、发起人通谋共同虚假出资的情形，但不是全体公司股东、发起人的共同所为，这正是二罪区分的前提（识别要件）。

其次，就行为的外观性上，虚报注册资本罪所欺骗的对象主要是公司登记主管部门，而虚假出资罪欺骗的对象主要是其他公司发起人、股东。尽管两者都存在公司的发起人以虚假出资的证明文件欺骗公司登记主管部门、取得公司登记的情形，但是，虚假出资罪中还存在其他真实出资的公司发起人、股东，虚假出资人对这些真实出资者也进行了欺骗。因此，基于有利、促进市场经济

① 参见中华人民共和国最高人民法院刑事审判第一、二、三、四、五庭主办：《刑事审判参考》（总第76集），法律出版社2011年版，第169页。

发展的原则，公司登记主管部门对存在此类欺骗的行为而取得公司登记的公司采认可态度，所以在法律上称之为“公司发起人、股东”；而虚报注册资本罪的行为人中并不存在真实出资的发起人、股东，故无对真实出资者欺骗的行为存在。

最后，虚报注册资本罪侵害的实质法益主要是国家对公司登记管理的制度，这是一种公共利益，因为其中还包含潜在债权人的合法权益。在市场交易中，交易的相对方往往要根据公司登记的注册资本额来判断公司的资信状况和偿债能力，而虚报注册资本行为使公司的实际偿债能力与注册资本不符，从而使未来的潜在债权人的利益处于不能清偿的危险之中，这就是虚报注册资本罪所侵害的公司登记制度背后的法益所在。但是，这样的侵害只是将相对债权人的利益置于危险之中，而非现实损害。因此，虚报注册资本罪对未来债权人的侵害只是一种可能的侵害，其不法程度相对较轻。虚报注册资本罪并不是以造成债权人利益损害为既遂条件，造成债权人利益损害只是成立本罪客观处罚条件的一种情形，而不是既遂标准，也不是必要的客观要件，因为数额巨大或者有其他严重情节的，也成立虚报注册资本罪。因此，虚报注册资本罪只要对债权人的潜在利益具有危险就得成立，而无须具体的实害后果。① 就此而言，虚报注册资本罪既是实害犯（对公司登记主管部门），也是一种抽象危险犯（对潜在的公司债权人）。

虚假出资罪的侵害法益主要是公司、其他股东以及未来债权人的利益，其中最主要的是对公司和其他股东利益的现实侵害。其实质是以欺骗手段制造出资假象来骗取公司股份，是一种不支付对价而取得公司股份的行为。因此，虚假出资罪对其他股东的利益侵害是现实的、迫近的，尽管也存在对未来债权人的利益侵害的可能。就此而言，它是一种抽象的危险犯（欺骗其他股东、发起人的财产性利益以及公司的股权），同时也是一种具体危险犯（对其他潜在债权人）。

综上所述，由于二者的法益并不一致，在同一虚假行为既触犯了虚报注册

① 参见中华人民共和国最高人民法院刑事审判第一、二、三、四、五庭主办：《刑事审判参考》（总第 76 集），法律出版社 2011 年版，第 179 页。

资本罪又触犯了虚假出资罪的情形下，二者成立的是想象竞合关系。根据从一重处原则，应以虚假出资罪论。

第二，抽逃出资罪与职务侵占罪、挪用资金罪的界分。公司发起人、股东抽逃出资，是一种掏空公司资本、侵蚀公司资产的行为。因此，有观点认为，其与职务侵占罪在“外在该当性”上也存在一种想象竞合关系，应从一重论处。[①] 由于职务侵占罪的最高刑是无期徒刑（在《刑法修正案（十一）》修订前为有期徒刑15年），而抽逃出资罪的最高刑是有期徒刑5年，故应以职务侵占罪论。但对此似乎还不能完全一概而论，否则可能导致抽逃出资罪的立法虚置。本书认为，认定公司发起人、股东抽逃出资的行为构成何种犯罪，应当从法益保护的视角结合犯罪法益、各行为构成的具体要件、抽逃时间的节点等要素综合审视判断。

抽逃出资罪的设立目的主要是对公司资本制度的保护，或者说是对公司“资本维持原则”的保护，其侵害的法益是一种公共利益，当然也包括对潜在的公司债权人利益的侵害。其要件是公司发起人、股东违反公司法的规定在公司成立后抽逃其出资，数额巨大、后果严重或者有其他严重情节的行为，其行为主体是公司的发起人、股东（必须是初始取得股权者，继受取得股权的不成立本罪），不唯自然人，且单位如公司、企业也得成为该罪的行为主体，因此其也体现出白领犯罪的种种特征（具有双重违法性）。

职务侵占罪侵犯的法益是公司资产，其侵害的主要是财产所有权，这是一种私法益，而与抽逃出资罪所侵害的包括公司登记管理制度这一公共法益不同。其行为表现是公司、企业的工作人员，利用职务上的便利，将本单位财物非法占为己有，数额较大的行为（《刑法》第271条）。其行为主体对之于公司而言主要是公司的董事、经理、会计等管理、经手公司财务的人员，其中公司的董事属于执行机关，并代表权力机关的股东会行使公司的意思，也是意思机关，并且作为法定代表人的公司董事亦系公司的占有机关，是能够成立职务上的侵占犯罪（职务侵占罪）；作为代理人的经理、财务会计等公司高管人员系根据公司的授权，因此具有相应的占有权限与地位，从而具有对应的职务，也因之

① 参见张明楷：《刑法学》，法律出版社2016年版，第756页。

能够成立职务侵占罪；而公司的其他工作人员则并无此职务上的地位、权限，利用了工作上的便利条件而侵吞公司财产的，不能构成本罪。就此而言，公司发起人、股东似乎并未居此占有地位也不具有该占有权限，除非在其另兼任公司董事、监事、高级管理人员或通过其他安排对公司实际控制的场合下，否则不具有构成职务侵占罪的公司法意义上的行为主体地位。因此，在公司成立之后，不具有公司董事、高管人员身份或实际控制人地位的公司发起人、股东抽逃出资的（包括以欺诈手段），通常仅能成立抽逃出资罪。

实务之中的实际情况多为下列情形：一是公司发起人、股东本身就是公司的董事、高管，此在小型的人合性色彩浓厚的有限公司中体现得更为明显；二是股东在与公司人格混同的情形下，通过滥用股东权利来抽逃出资；三是公司的实际控制人通过操纵公司董事、高级管理人员来实现对公司财产的抽逃。在上述情形下，就应肯定抽逃出资罪与职务侵占罪之间存在想象竞合关系，从一重罪以职务侵占罪论处就是合适的。

但是，两罪在发生的时间节点上仍有所不同。如果行为人是在公司刚刚设立或设立之初即着手抽逃其出资，基于清偿为注册公司所欠的债务，尽管具有“拒不返还”或“占有”的目的，也可以理解为主要是对公司资本管理制度的法益造成损害。因为，这时公司尚未开展营业，无现实的债权人，其所侵害的债权人利益只是一种潜在、抽象的危险，而非现实、急迫、具体的危险，对此认定成立抽逃出资罪会更为妥当。

三、妨害公司破产管理制度的犯罪：虚假破产罪

公司在经营中一旦资不抵债，即处于破产的边缘。破产法的宗旨主要就是在债务人因资不抵债申请或被宣告破产时，为债权人提供一种有效、公平分配债务人资产的法律机制。同时，也试图通过破产程序，把债务人从不堪重负的债务负担中解脱出来，使其债务得到解除。破产制度并不是鼓励或奖赏债务人任意挥霍浪费债权人应得的财产，其根本目的是保障债权人的合法权益，为债权人收集和分配债务人的财产。解脱破产者，使他们摆脱债务负担，仅仅是破产法的次要目的，而且此目的也仅适用于那些诚实经营因而值得帮助的债务人，

条件是无论在破产程序开始前还是在破产程序进行中，其债权人都必须始终如一地受到公正对待。如果债权人没有受到应有的公正对待或处理，而是受到欺诈的话，那么这些欺诈行为就可以成为证明债务人不该得到解脱的证据，[①] 通过隐匿财产、承担虚构的债务或者以其他方法转移、处分财产，实施虚假破产，在严重侵害债权人或者其他利益人的场合，就有《刑法》第162条之二规定的虚假破产罪适用的余地。鉴于破产程序中也存在清算这一必经程序，所以虚假破产罪与《刑法》第162条规定的妨害清算罪就存在如何区分适用的问题。但是，由于清算是公司、企业在进行破产、重整、解散（包括决议解散、强制解散）中必经的程序环节，因此尽管二者可能会存在一定的表象交叉，但对于破产清算中发生的妨害清算罪仍应是在已经确实出现资不抵债，而非仅是为了使公司解散而恶意使之实现破产从而最终侵吞债权人利益的场合。

第三节　公司治理（一）：背信罪及其惩处机理

利益相关者理论认为，公司治理的各种利益冲突之中，除了股东间的利益冲突，更重要的还有股东与管理层的利益冲突以及股东与债权人之间的利益冲突。其中，股东与管理层的冲突最重要的表现形式就是管理层利用控制权搞管理腐败，这也是现代公司集中治理（“两权分离”）所面临的核心问题（因为集中管理与股东的有限责任相克相生）。

一、公司管理层的诚信义务：背信行为的保护法益

公司管理层是指公司的董事、监事、高级管理人员（公司经理、副经理、财务负责人、上市公司董事会秘书和公司章程规定的其他人员）以及虽不担任公司董事但实际执行公司事务的公司控股股东、实际控制人。以董事为例，大陆法系一般认为董事与公司之间存在委任关系，董事对公司负有民法上善良管理人的注意义务（并得负抽象轻过失的责任）。英美法系认为董事是公司的代

① 参见周密主编：《美国经济犯罪和经济刑法研究》，北京大学出版社1993年版，第207页。

理人或信托受托人，对公司负有受托义务。二者都认为董事应当忠实、诚信、谨慎地办理受托事务，不能从事有违公司利益的行为。从而董事与其公司之间是一种基于委托关系所成立的特殊关系，体现在法律所禁止的层面上，就是背信行为。

所谓背信行为，即违背信任、委任的行为。我国公司法主要借鉴了英美法系的经验，而与民法主要承继大陆法系特别是德日民法的观念不同，这也会导致在法律适用上存在一定冲突（通常情况下应优先适用作为特别法的公司法）。但是，在对受托义务作反面解释所禁止的背信行为规定方面，则一体承认。

受托义务又称受信义务、诚信义务，具体包括忠实义务和注意义务（勤勉义务）。忠实义务决定了管理层任期届满后在一定期限内可能还要承担忠实义务。如对公司的保密义务、竞业禁止义务等，该期限长短取决于义务本身与公司关系的密切程度，根据法律、契约的规定以及公平原则实现利益平衡，但注意义务则随任职结束而结束。2023 年《公司法》第 180 条规定："董事、监事、高级管理人员对公司负有忠实义务，应当采取措施避免自身利益与公司利益冲突，不得利用职权牟取不正当利益。董事、监事、高级管理人员对公司负有勤勉义务，执行职务应当为公司的最大利益尽到管理者通常应有的合理注意。公司的控股股东、实际控制人不担任公司董事但实际执行公司事务的，适用前两款规定。"（2018 年《公司法》第 147 条第 1 款后段对管理层的诚信义务系作一体规定："董事、监事、高级管理人员……对公司负有忠实义务和勤勉义务。"）该规定决定了管理层系管理层诚信义务的义务人，其相对方则是公司、股东。这既是背信行为的保护法益，也是背信罪的保护法益（保护客体）。

忠实义务系诚信义务的下位阶概念，是指管理层竭尽忠诚地履行职务，基于公司的最大利益和适当目的行事，当自身利益与公司利益存在冲突时，不得将自身利益置于公司利益之上。该理论系源于英国信托法的不冲突原则，如有违反受托人承担违反信义责任，亦即背信责任。违反信义义务的具体表现为：一是管理层将自己利益置于公司、股东利益之上；二是利用职权为自己牟取私利。依 2023 年《公司法》第 181 条的规定，对管理层适用的忠实义务包括不得侵占公司财产（2018 年《公司法》第 147 条第 2 款后段规定）、挪用公司资金（2018 年《公司法》第 148 条第 1 款第 1 项），不得将公司资金以其个人名义或者以其他个人名义开立账户存储（2018 年《公司法》第 148 条第 1 款第 2 项），不得利用职权贿赂或者收受其他非法收入（2018 年《公司法》第 147 条第 2 款前段规定），不得接受他人与公司交易的佣金归为己有以及擅自披露公司秘密（2018 年《公司法》第 148 条第 1 款第 6 项、第 7 项）等不作为义务。并得有成立《刑法》中的职务侵占罪、挪用资金罪、受贿罪、违规披露重要信息罪及侵犯商业秘密罪之余地。这体现了不作为义务实际上是对诚信义务的另一种解释。此外，2023 年《公司法》第 182 条至第 184 条等三个条文还具体规定了关于董事自我交易［第 182 条（2018 年《公司法》第 148 条第 1 款第 4 项）］、篡夺公司机会与竞业禁止［第 183 条与第 184 条（2018 年《公司法》第 148 条第 1 款第 5 项）］等三种禁止性行为，对此公司得行使归入权［第 186 条（2018 年《公司法》第 148 条第 2 款）］。

第一，关于董事自我交易。所谓董事自我交易实际上即管理层自我交易，是指董事、监事、高级管理人员及其关联人与公司之间的交易，属于一种关联交易。其具体包括两种基本形式：一是直接自我交易，即董事、监事、高级管理人员直接与本公司订立合同或者进行交易，如将公司财产出售给董事，或者反之；二是间接自我交易，即董事、监事、高级管理人员间接与本公司订立合同或者进行交易，或者其关联人与公司的交易，此处的关联人包括董事一定范围内的近亲属，以及董事任职或者投资的其他企业。① 此种限制系为亲友非法牟利罪（《刑法》第 166 条）的法益，在实务中还常表现为以该亲友名义设立的公司为外壳、实为自己侵吞公司资产的贪污犯罪（参见《刑事审判参考》第 1087 号指导案例“祝某财等贪污案”②）。此外，根据《民法典》第 84 条，营利法人的控股出资人、实际控制人、董事、监事、高级管理人员利用关联关系造成法人损失的，还应当承担赔偿责任。

---

① 参见李建伟：《公司法学》，中国人民大学出版社 2014 年版，第 338 页。

② 参见中华人民共和国最高人民法院刑事审判第一、二、三、四、五庭主办：《刑事审判参考》（总第 103 集），法律出版社 2016 年版，第 84~90 页。

第二，关于篡夺公司机会。禁止篡夺公司机会是指限制或禁止董事、监事、高级管理人员把属于公司的商业机会转归自己利用而从中牟利。因为在现代市场经济，商业机会就是财富，篡夺公司机会就是变相侵占公司财产。[①]（但该种侵占行为尚不能被评价为构成《刑法》第271条第1款规定的职务侵占罪，因为篡夺公司机会并不等同于占有公司的现有财产。）在特殊场合下，商业机会亦是商业秘密（参见《刑事审判参考》第519号指导案例“李某侵犯商业秘密案”[②]）。

第三，关于竞业禁止。所谓竞业即竞争营业，是指对特定营业有竞争性的行为。竞业禁止是市场国家对于市场经营参与者所作的一种职业限制规定，以期保护市场竞争的正义。根据2023年《公司法》第184条的规定，董事、监事、高级管理人员不得未向董事会或者股东会报告，并按照公司章程的规定经董事会或者股东会决议通过（2018年《公司法》第148条第1款第5项规定的是“董事、高级管理人员不得未经股东会同意”），自营或为他人经营与所任职公司同类的业务（参见“鑫波食品有限公司诉宋某涛损害公司利益责任纠纷案”[③]）。并且对于国有公司、企业的董事、经理（高管人员），得有《刑法》第165条非法经营同类营业罪的适用余地。因应于2023年《公司法》的修订及对民营企业进行平等保护的政策，《刑法修正案（十二）》除将监事也规定为本罪的行为主体，并将“经理”修订为“高级管理人员”，还将本罪扩张至其他公司、企业的董事、监事、高级管理人员（新增第165条第2款）。该时间发生于公司营业阶段，原则上以董事、监事、高级管理人员的任职时间为限。但有特别约定的，如果该约定不违反法律与社会公共政策，且具有合理性的，对于离职的非国家工作人员也可适用。实际上，篡夺公司机会与竞业禁止往往是同一行为的不同两面，尽管二者的成立阶段不同。

勤勉义务或称注意义务、善良管理义务，也是诚信义务的下位概念，是指

---

① 参见李建伟：《公司法学》，中国人民大学出版社2014年版，第339页。

② 参见中华人民共和国最高人民法院刑事审判第一、二、三、四、五庭主办：《刑事审判参考》（总第66集），法律出版社2009年版，第4页。

③ 参见《人民法院案例选》2018年第8辑。

管理层遵守诚信原则，以一个合理的谨慎的人在相似情形下所应表现的谨慎、勤勉和技能，为实现公司利益最大化而努力工作。① 换言之，董事应以社会通常观念处于董事地位之通常被要求的遂行其职务。如独立董事怠于行使其职责的，即属懈怠，应承担责任。就《刑法》而言，勤勉义务还是相关失职型犯罪，如签订、履行合同失职被骗罪（《刑法》第167条）、国有公司、企业、事业单位人员失职罪（《刑法》第168条第1款）等特殊渎职罪的保护法益。

管理层利用控制权搞管理腐败主要包括以窃取、偷懒、欺诈以及官僚行为等侵害股东利益。由于管理层往往就是多数股东本身或其代言人，因此管理层与股东的利益冲突，要么是多数股东与少数股东利益冲突的另一种表现形式，要么属于股东间利益冲突的附属品。当然，也存在管理层自己窃取等腐败行为。为此，公司法从正向课以管理层对公司的诚实义务，而作为反向对违反这种诚实义务的认识，就是管理层利用控制权的腐败。故管理层利用控制权搞管理腐败也是背信行为，严重的可能还会成立背信犯罪，如国有公司、企业、事业单位人员滥用职权罪（《刑法》第168条第1款）以及徇私舞弊低价折股、出售公司、企业资产罪②［《刑法》第169条，《刑法修正案（十二）》已将其行为主体扩张至其他公司、企业直接负责的主管人员］。

二、背信罪的构成要件及其类型

所谓背信犯罪又称背任犯罪，是最严重的背信行为，是指为他人处理事务的人，为谋求自己或者第三者的利益，或以损害委托人的利益为目的，而实施违背其任务，致使委托人的财产受到损失的行为。③ 公司法意义上的背信犯罪与我国《刑法》第169条之一规定的背信损害上市公司利益罪并不完全等同。就前者而言，只要背信行为具有了刑事违法性，就成立背信罪，此系最广义上

① 参见李建伟：《公司法学》，中国人民大学出版社2014年版，第342页。

② 根据《最高人民法院、最高人民检察院关于执行〈中华人民共和国刑法〉确定罪名的补充规定（八）》（法释〔2024〕3号）的规定，本罪罪名由“徇私舞弊低价折股、出售国有资产罪”修改为“徇私舞弊低价折股、出售公司、企业资产罪”。

③ 参见［日］西田典之：《日本刑法各论》（第6版），王昭武、刘明祥译，法律出版社2013年版，第267页。

的背信罪。狭义的背信罪则是指违背委任关系所成立的犯罪，日本刑法对此专门设有背信罪，这也是刑法学意义上的概念。《刑法修正案（六）》所规定的背信损害上市公司利益罪（《刑法》第169条之一）、背信运用受托财产罪（《刑法》第185条之一）则是最狭义的背信罪。[①]

背信罪的构成要素是：第一，具有委托关系。第二，属于接受委托关系而为委托人（本人）处理事务，也即处理他人事务。通常，这种事务是委托人本人本可实施的事务，因此在买卖、消费借贷等合同关系中，卖方出让标的物的义务、买方支付价款的义务虽是“为了”对方事务，但仍属自己事务，因而违反该义务的，就只是单纯的债务不履行，并不构成本罪。[②] 在公司与雇员之间，尽管都具有委托关系，但也要视其授权限度来判断是否得成立职务侵占罪这种广义上的背信罪。而在外部关系之间如果也存在委托关系，并具有一定处分权限的授予，在滥用或者僭越的场合，也被肯定为一种背信行为。例如，商业银行、证券公司、期货经纪公司等金融机构擅自运用客户资金或者其他委托、信托财产的，会成立背信运用受托财产罪（《刑法》第185条之一）。第三，具有为谋求自己或者第三者的利益，或以损害委托人的利益为目的，如徇私舞弊低价折股、出售公司、企业资产罪（《刑法》第169条）。但是，对严重的懈怠行为即违反勤勉义务的，在违背其善良管理人的注意义务（负抽象的轻过失）的场合，在本书看来，也会成立失职型背信罪。如签订、履行合同失职被骗罪（《刑法》第167条）、对违法票据承兑、付款、保证罪（《刑法》第189条）。第四，使委托人的财产遭受损失。这里的损失是经济损失，而非法律意义上的财产损失。因此，即使在法律上仍视为尚得存在的财产，如不可收取的债权，也是损失。

综上所述，背信罪的具体类型包括：背信损害上市公司利益罪、为亲友非法牟利罪、非法经营同类营业罪，背信运用受托财产罪等典型背信罪以及签订、

---

① 本书在此因系探讨公司犯罪问题，因此在体例上采用了最广义上的即公司法意义上的背信罪概念，故对贿赂、职务侵占、渎职等犯罪也在此一体探讨。但对具体的、我国《刑法》规定的背信罪进行讨论时，则采用了狭义的概念并将之作为典型。

② 参见［日］西田典之：《日本刑法各论》（第6版），王昭武、刘明祥译，法律出版社2013年版，第268页。

履行合同失职被骗罪，国有公司、企业、事业单位人员失职罪，国有公司、企业、事业单位人员滥用职权罪，徇私舞弊低价折股、出售公司、企业资产罪，非国家工作人员受贿罪等非典型背信犯罪。

首先探讨的是前述第一种至第三种等三种典型背信罪（背信运用受托财产罪详见第10章第6节）以及国有公司、企业、事业单位人员滥用职权罪，这也是背信说对本罪保护法益所持的立场。该说对滥用权限说的过限解释进行了一定消解，从而肯定了凡违背信任关系的财产损害都是背信行为。但在作具体判断时，其首要前提是具有代理权。

三、背信损害上市公司利益罪及其认定

所谓背信损害上市公司利益罪，根据《刑法》第169条之一第1、2款，是指上市公司的董事、监事、高级管理人员违背对公司的忠实义务，利用职务便利，操纵上市公司从事损害上市公司利益的活动，致使上市公司利益遭受重大损失的行为，以及上市公司的控股股东或者实际控制人，指使上市公司董事、监事、高级管理人员从事损害上市公司利益的活动，致使上市公司利益遭受重大损失的行为。如果犯本罪的上市公司的控股股东或者实际控制人是单位的，对单位判处罚金，并对其直接负责的主管人员和其他直接责任人员依照第1款的规定进行处罚（双罚制）。

本罪是《刑法修正案（六）》增设的。系针对一些上市公司的董事、监事、高级管理人员、控股股东和实际控制人将上市公司作为自己的融资平台，以无偿或者明显不公平的条件进行不正当关联交易等非法手段，侵占上市公司资产的行为。这种侵蚀行为不仅使上市公司资产质量恶化、经营能力削弱，严重损害了上市公司、中小股东和广大股民的合法权益，使投资者丧失信心，而且严重扰乱了证券市场秩序。[①] 构成本罪的行为主体须是上市公司的董事、监事、高级管理人员、控股股东和实际控制人。本罪的构成要件是行为人利用职务便利，操纵上市公司从事损害上市公司利益的活动；本罪侵犯的法益是上述

① 参见黄太云：《刑法修正案解读全编：根据刑法修正案（八）全新阐释》，人民法院出版社2011年版，第187页。

人员对上市公司的忠实义务和上市公司的经济利益。本罪系实害犯，即必须造成了上市公司的利益遭受到重大损失的结果（参见《刑事审判参考》第824号指导案例“于某清背信损害上市公司利益案”[①]）。参照2022年《立案标准规定（二）》第13条的规定，背信损害上市公司利益造成的结果是指致使上市公司直接经济损失数额在150万元以上“或者”致使公司、企业发行的股票或者公司、企业债券、存托凭证或者国务院认定的其他证券被终止上市交易以及“其他致使上市公司利益遭受重大损失的情形”。鉴于本罪严重侵害了金融秩序与广众投资人利益，对“其他情形”不宜作过于严苛的限定解释。

四、为亲友非法牟利罪的行为构成及其认定

所谓为亲友非法牟利罪，根据《刑法》第166条，是指国有公司、企业、事业单位的工作人员，利用职务便利，违背任务，非法为亲友牟利，致使国家利益遭受重大损失，以及其他公司、企业的工作人员，违反法律、行政法规规定，违背任务，非法为亲友牟利，致使公司、企业利益遭受重大损失的行为。其客观构成要件系：作为身份犯，本罪的行为主体须是国有公司、企业、事业单位的工作人员或者国有公司、企业、事业单位委派到国有资本控股、参股公司从事公务的人员，以及根据《刑法修正案（十二）》所规定的其他公司、企业的工作人员（根据2023年《公司法》第182条的规定，应当是指公司董事、监事、高级管理人员以及公司的控股股东或实际控制人）；行为方面，构成本罪须是国有公司、企业、事业单位的工作人员利用职务上的便利（利用自己主管、管理、经营、经手公司、企业业务的便利），或者其他公司、企业的工作人员违反公司法等国家规定，实施了“将本单位的盈利业务交由自己的亲友进行经营”，或“以明显高于市场的价格从自己的亲友经营管理的单位采购商品、接受服务或者以明显低于市场的价格向自己的亲友经营管理的单位销售商品提供服务的”，或者“向自己的亲友经营管理的单位采购不合格的商品”等行为；在结果方面，构成本罪必须是使国家利益或者公司、企业利益遭受重大损失

① 参见中华人民共和国最高人民法院刑事审判第一、二、三、四、五庭主办：《刑事审判参考》（总第90集），法律出版社2013年版，第2~6页。

（具体判定标准详见下文“六”关于国有公司人员滥用职权罪的法律适用）。故本罪系实害犯。本罪保护的法益实质是市场公平交易秩序与国家利益或者公司、企业的利益，从而体现在刑法中是对于国有公司、企业、事业单位的工作人员利用其主管、管理、经营、经手等职权不以市场实际交易、服务对价进行间接关联交易并进而损害国家利益的行为禁止，体现在公司法层面上则是对公司董事、监事、高管等人员进行间接自我交易的限制。基于落实对民营企业（实则是指非国有公司、企业）的全面保护，《刑法修正案（十二）》已将其他公司、企业的董事、监事、高级管理人员以及控股股东、实际控制人等工作人员也列为本罪的行为主体，从而体现在《刑法》中的还有非国有公司、企业的前述人员违反《公司法》等国家规定进行间接关联交易进而损害公司、企业利益的行为禁止。

本罪中的“利用职务便利”，既包括利用本人在经营、管理公司、企业、事业单位事务中的职权，实践中通常表现为利用自己掌管材料、物资、市场、计划、销售、项目、人事、资金等方面的职权，也包括利用在职务上有隶属、制约关系的他人职权，且不限于直接主管下属。例如，通过下属单位负责人的职权，安排以明显高于市场的价格购买商品，属于利用职务上的便利（参见《刑事审判参考》第1494号指导案例“刘某宇为亲友非法牟利案”[①]）。本罪中的“违反法律、行政法规规定”，即《刑法》第96条规定的“违反国家规定”，其中的“法律”主要是指《公司法》《证券法》；“行政法规”包括国务院制定的行政法规、规定的行政措施、发布的决定和命令，以及在《国务院公报》上公布的经国务院常务会议讨论通过或者经国务院批准并以国务院办公厅名义制发的文件。本罪第1项规定的“本单位盈利业务”中的“本单位”既包括行为人所在公司、企业，也包括该单位所属分支机构及其投资入股的公司、企业。“盈利业务”是指行为人将该业务交由亲友经营时，根据当时市场环境和经济预期，在正常经营管理条件下，有较大获利可能的业务。就本项规定的“交由亲友进行经营”中的“亲友”包括“亲属”和“朋友”，实务中应解释为除配

① 参见最高人民法院刑事审判第一、二、三、四、五庭编：《刑事审判参考》（总第133辑），人民法院出版社2023年版，第20~26页。

偶、血亲、姻亲等近亲属外，与行为人平素社会交往相对密切、具有一定感情信任因素的人员。“交由亲友”进行经营，既包括交由亲友个人经营，也包括交由亲友经营管理的单位经营。“进行经营”是指实际经营性行为，即应当付出一定的经营性劳动并承担相应经营性风险。本罪第2、3项规定的“自己的亲友经营管理的单位”，是指行为人的亲友个人所有或者提供入股、项目合作、承包等方式参与经营管理、利润分配并承担经营风险的公司、企业。行为人的亲友系与其所在公司、企业以经营业绩考核结果相挂钩的方式确定薪酬结构的职业经理人的，也应涵盖。但行为人通过虚构交易媒介环节，将本应直接归属于国有公司、企业的利益转由自己亲友的公司从中转圜以获利的，则应属于本罪与贪污罪的想象竞合犯关系。而在《刑法修正案（十二）》施行之后，其他公司、企业的工作人员实施前述行为的，则可能成立本罪与职务侵占罪的想象竞合关系。

五、非法经营同类营业罪的审理认定

所谓非法经营同类营业罪，根据《刑法》第165条，是指国有公司、企业的董事、监事、高级管理人员利用职务便利，自己经营或者为他人经营与其所任职公司、企业同类的营业，获取非法利益，数额巨大的行为，以及其他公司、企业的董事、监事、高级管理人员违反法律、行政法规规定自己经营或者为他人经营与其所任职公司、企业同类的营业，致使公司、企业利益遭受重大损失的行为。本罪属于营业禁止型犯罪，营业的形成因特定主体利益的调整而限制。依据《公司法》第184条的规定，董事、监事、高级管理人员均负有竞业禁止的义务，该义务人在所涉及的领域内、在一定期限内不得从事同类营业，否则就是背信行为。竞业禁止规则是市场经济的基本规则，非法经营同类营业罪是竞业禁止规则在刑法中的体现，其所保护的法益并非交易各方的利益，而是正常的市场秩序以及公司、企业的利益（参见《刑事审判参考》第1298号指导案例“吴某军非法经营同类营业案”①）。非法经营同类营业罪构成要素有三

---

① 参见中华人民共和国最高人民法院刑事审判第一、二、三、四、五庭主办：《刑事审判参考》（总第120集），法律出版社2020年版，第13页。

个：一是国有公司、企业的董事、监事、高级管理人员利用职务便利或者其他公司、企业的董事、监事、高级管理人员违反法律、行政法规规定；二是自己经营或者为他人经营与其所任职公司、企业同类的营业；三是获取非法利益（限于国有公司、企业的董事、监事、高级管理人员）或者致使公司、企业利益遭受重大损失（针对其他非国有公司、企业的董事、监事、高级管理人员）。在《刑法修正案（十二）》实施之前，本罪的行为主体只限于国有公司、企业的董事、经理，而不包括监事以及其他公司、企业的管理层人员。对于该“经理”的认定，须符合《公司法》的规定，即由公司董事会聘任，对董事会负责，负责公司的生产经营管理工作，组织实施董事会决议、公司的年度经营计划和投资方案等的高级管理人员。实践中虽然一些公司、企业将其中层管理人员也称作经理，但非法律规范用语。因此，即使此类行为人利用了职务之便，实施了让其亲属经营与其所任职务的公司业务范围同类的经营活动，从中获取非法利益的，也不能成立本罪（参见《刑事审判参考》第 187 号指导案例“杨某康非法经营同类营业案”① ）。与为亲友非法牟利罪一样，《刑法修正案（十二）》将其他公司、企业的董事、监事、高级管理人员也列为本罪的行为主体，同样是基于对民营企业（非国有公司、企业）全面保护的政策，同时因应于 2023 年《公司法》的修订还增设了将公司、企业的监事也作为本罪的处罚对象，从而前述人员在《刑法修正案（十二）》施行后就皆有适用本罪的余地。但是，非国有公司、企业人员构成本罪的，须以“致使公司、企业利益遭受重大损失”为要件。

（一）关于“同类营业”的认定

所谓同类营业并非“同样”营业，而是指行为人违背竞业禁止义务从事与其所任职公司、企业实际经营的同一类别的业务。“同类”中的“类”，是指国民经济行业分类国家标准中的“小类”，且需结合国家统计局发布的统计用产品分类目录以及具体案情确定。经营范围可全部相同或者部分相同，如行为人

① 参见中华人民共和国最高人民法院刑事审判第一庭、第二庭编：《刑事审判参考》（总第 27 辑），法律出版社 2002 年版，第 1~6 页。

实际经营的业务为两类以上的，其中有一类以上相同的，即可认定为同类营业。行为人所开展的业务对应的分类与行为人任职公司工商登记经营范围所属类别虽形式上有别，但实质上系剥夺了本公司交易机会的，亦同（参见“吴某军非法经营同类营业案”）。但是，对于具有链接关系的营业，若与本公司的业务不存在竞争或利害冲突关系，则不宜认定为同类的营业。①

（二）非法经营同类营业罪与为亲友非法牟利罪的区分

初视之下，非法经营同类营业罪与为亲友非法牟利罪似不难界定。但是，就非法经营同类营业罪中的“为他人经营”与为亲友非法牟利罪中的“将本单位的盈利业务交由自己的亲友进行经营”在司法认定及处理中存在一定难度。对此，实务部门在“杨某康非法经营同类营业案”中认为，应当把握两个关键点。第一，非法经营同类营业罪要求行为人具有具体的经营活动。具体的经营活动包括两层含义：一是不管是为自己，还是为他人，行为人的经营行为必须是自己积极的作为，并且其行为具有实质性的意义；二是具体的经营活动必须是利用职务之便，如利用本单位经营的信息为自己经营的企业营利。第二，非法经营同类营业罪要求行为人获取非法利益。获取非法利益同样包含两层含义：一是所获取的非法利益必须与其经营活动具有直接性对应关系，具体表现为经营利润或者经营报酬；二是获取非法利益须数额巨大。相比之下，为亲友非法牟利罪表现为：其一，行为人在本单位的经营管理活动中，利用职务便利经营或者参与亲友的经营行为；其二，将本单位的盈利业务交由自己的亲友进行经营，其目的在于为自己的亲友牟取非法利益，行为人虽然也可能从中得到一定的“报酬”或者“好处费”，但是，该报酬并非直接源于行为人在本单位的具体经营行为，而是其利用职务便利行为所获，属于受贿性质。两罪构成要件不同，一为获利，二为造成损失。如只具一项，则以具备者定罪；如两项行为都具备，可以定非法经营同类营业罪。

① 参见中华人民共和国最高人民法院刑事审判第一、二、三、四、五庭主办：《刑事审判参考》（总第 112 集），法律出版社 2018 年版，第 255 页。

（三）非法经营同类营业罪与贪污罪之间的界分

同为篡夺公司机会且掏空国有利益的场合，非法经营同类营业罪与贪污罪也会发生想象竞合关系。例如，有的国有公司、企业的董事、监事、高级管理人员利用职务便利，将单位的盈利业务交由其亲友经营的公司、企业，自己也参与经营从中获取非法利益并给国家利益造成重大损失，对此应择一重罪论处。但在“祝某财等贪污案”中，判决认定祝某财、杨某等人构成贪污罪，这是基于“中间环节”的设立是否必要、客观以及风险是否存在等要素，也是非法经营同类营业罪与贪污罪区分认定的关键之处。在《刑法修正案（十二）》正式施行后，非国有公司、企业的工作人员违反法律、行政法规规定实施前述行为并致使公司、企业利益遭受重大损失的，则可能成立本罪与职务侵占罪的想象竞合关系。

六、关于国有公司人员滥用职权罪的法律适用

《刑法》第 168 条第 1 款所规定的是国有公司、企业、事业单位人员滥用职权罪，其行为主体仅适于从事公务的国家工作人员（详见第 5 章第 1 节），其行为表征是行为人对其职权的滥用，其结果是须造成国有公司、企业破产或者严重损失，致使国家利益遭受重大损失，其中，国家利益包括国有财产。[①] 由此意义上，本罪系一种特殊渎职罪，其与《刑法》分则第 9 章渎职罪中规定的国家机关工作人员滥用职权罪（《刑法》第 397 条）之间是特殊与一般的关系，即均因对其职权的僭越，从而侵害了合法、公正、有效行使权力的国家利益以及国民对行为人能够合法、公正、有效行使其公共权力的信赖，从而作为一般规则的对于滥用职权罪的认定、适用规则就应及于本罪的认定与适用。

就职权的滥用或僭越而言，须表现为以行使职权的外观而实施实质的、具体的违法、不当的行为。因此，除了滥用或超越职权擅自决定、处理无权事项，或者背离职务要求，胡乱作为以及故意不履职，还应包括故意玩弄权力的情形。

由于本罪系属实害犯，而对于本罪所致实害的结果，因未见相关具体规定，

---

① 参见辽宁省阜新市中级人民法院（2022）辽 09 形初 9 号刑事判决书。

故实务中参照2012年《最高人民法院、最高人民检察院关于办理渎职刑事案件适用法律若干问题的解释（一）》对于滥用职权罪的规定处理，亦即除致人伤亡、经济损失，对于造成社会恶劣影响等国家声誉损害的，也应认定为国家利益遭受重大损失。对此，当前实务主张，《刑法》第168条规定的“国家利益遭受重大损失”与“特别重大损失”，包括国家经济损失，造成国家出资企业破产、停业、停产，或者被吊销许可证和营业执照，责令关闭、撤销、解散等情形。其中，国家经济损失还分为直接经济损失和间接经济损失两种具体情形。就此而言，可以认为，行为人的行为与损失结果之间具有直接对应性的，即为直接经济损失；行为与损失结果之间具有因果关系但该因果关系属转承性的，则为间接经济损失，但该损失与犯罪行为之间须具有相当因果性，亦即责任范围的相当性。国家经济损失具体判定标准是：其一，行为人的渎职行为或者关联行为涉嫌渎职犯罪，被监察机关立案调查时已经实际造成的经济损失，包括为恢复企业正常的管理活动和挽回损失而支付的各种开支、费用等，应计入“国家利益遭受损失”数额。其二，依据市场及国家出资企业经营惯例，对于数量明确、正常情况下可以确定获得的预期利益损失，也应计入“国家利益遭受损失”数额。其三，因渎职犯罪造成国有控股公司、参股公司的经济损失，可全部认定为“国家利益遭受损失”。并且，这一判定标准也及于为亲友非法牟利罪中“使国家利益遭受重大损失”的认定。

第四节　公司治理（二）：白领违背忠实义务的非典型背信罪——商业领域受贿犯罪的解释及其认定机理

一、商业领域受贿罪的流变及其类罪组成

经济腐败是危害企业基本运转功能的行为，主要是指商业贿赂行为。[①] 反

① 参见王世洲：《德国经济犯罪与经济刑法研究》，北京大学出版社1999年版，第322页。

对商业贿赂的刑法规制，最早系出现在1993年《反不正当竞争法》第22条的规定中。后来通过1995年《全国人民代表大会常务委员会关于惩治违反公司法的犯罪的决定》（已失效）第9条，并经1997年《刑法》修改而成为其第163条的规定。因此，商业贿赂是指经营者为谋取交易机会或者竞争优势而采用财物或者其他手段进行贿赂以销售或购买商品的行为。其中，在账外暗中给予对方单位或者个人回扣的，以行贿论处；对方单位或者个人在账外暗中收受回扣的，以受贿论处。1995年《最高人民法院关于办理违反公司法受贿、侵占、挪用等刑事案件适用法律若干问题的解释》（已失效）第1条将受贿行为明确规定为商业受贿罪，此罪名延及于1997年《刑法》修订时，而后鉴于1997年《刑法》规定的行为主体限于公司、企业工作人员，为此最高人民法院又将之修正为公司、企业人员受贿罪（参见《刑事审判参考》第320号指导案例“杨某华企业人员受贿案”[①]）。因应于《刑法修正案（六）》将本罪从公司、企业人员扩及于医疗、教育、体育等领域的非国家工作人员，并及于村委会干部办理村务而非受委托从事公务的场合，最高人民法院又将该罪名修改为非国家工作人员受贿罪。但其商业受贿罪的痕迹，在2008年《最高人民法院、最高人民检察院关于办理商业贿赂刑事案件适用法律若干问题的意见》中仍有清晰体现。商业贿赂犯罪并非刑法规定的独立罪名或者类罪名，而是对与商业活动有关的贿赂犯罪的统称。[②] 因此，商业受贿罪实际上是商业领域亦即经济领域中受贿类罪的统称。

根据《刑法》第163条，经济领域中的受贿犯罪实际系包括非国家工作人员受贿罪与受贿罪。非国家工作人员受贿罪是指公司、企业或者其他单位的工作人员利用职务上的便利，索取他人财物或者非法收受他人财物，为他人谋取利益，数额较大的行为（《刑法》第163条第1款），以及在经济往来中，违反国家规定，收受各种名义的回扣、手续费，归个人所有的行为（《刑法》第163

---

① 参见中华人民共和国最高人民法院刑事审判第一庭、第二庭编：《刑事审判参考》（总第41集），法律出版社2004年版，第1~7页。

② 参见最高人民法院刑事审判第一庭编：《现行刑事法律司法解释及其理解与适用》，人民出版社2010年版，第566页。

条第2款)。受贿罪是指国家工作人员利用职务上的便利，索取他人财物的，或者非法收受他人财物，为他人谋取利益的行为（《刑法》第163条第3款、第385条)。二者在构成要件的外在该当性上，主要表现在违法身份上的不同（实际上还有索贿构成要素上的不同)，亦即受贿罪仅限于国家工作人员从事公务的场合（参见第5章第1节）。因此，不能仅从公司与国有公司的组织形式上作概括区分，而应审查其是否从事公务的违法身份及其所侵害的法益来具体判断其行为构成究竟系受贿罪还是非国家工作人员受贿罪（参见《刑事审判参考》第855号指导案例“杨某理受贿、非国家工作人员受贿案”[①]）。

如此一来，非国家工作人员受贿罪与受贿罪共同形成了刑法中的受贿罪体系：非国家工作人员受贿罪（《刑法》第163条第1款、第2款，第184条第1款、第2款)、受贿罪及作为特别受贿罪的斡旋受贿罪（《刑法》第385条、第388条、第163条第3款、第184条第2款)、利用影响力受贿罪（《刑法》第388条之一)、单位受贿罪（《刑法》第387条)。由此可见，受贿类罪的组成十分复杂。鉴于非国家工作人员受贿罪与受贿罪除主体身份和法益保护不同之外，其他构成要件基本相同，故实务中一般系将两罪合并讨论。

就受贿罪的行为主体而言，除了国有公司、企业、事业单位的国家工作人员，还包括国家机关的国家工作人员以及前述国有单位委派到非国有公司、企业、事业单位、社会团体从事公务的人员。并且，即使不具有国家工作人员的身份，如果是在接受委托或授权从事公务的场合，乃至对于私自伪造国家文件而“成为”“国家工作人员”的，在从事公务的场合，也以国家工作人员论，并因此成立受贿罪［参见2004年4月《最高人民法院研究室关于对行为人通过伪造国家机关公文、证件担任国家工作人员职务并利用职务上的便利侵占本单位财物、收受贿赂、挪用本单位资金等行为如何适用法律问题的答复》（法研〔2004〕38号）］。这一点与非国家工作人员受贿罪不同。因为后者私自伪造公司、企业委托文书或者私刻公司印章所形成的代理，通常并不会成立表见代理关系，而仅能视其有无代理权限的外观而定（参见2019年《九民会议纪要》

① 参见中华人民共和国最高人民法院刑事审判第一、二、三、四、五庭主办：《刑事审判参考》（总第91集），法律出版社2014年版，第93~95页。

第 41 条第 1 款）。

在行为构成的外在表现上，特别是在索要与收受的外观上，受贿罪与非国家工作人员受贿罪也基本一致，故受贿罪既未遂形态的判定也及于对后者所处停留阶段的判断。但是，非国家工作人员受贿罪在索贿这一行为构成之中还要受有“为他人谋取利益”的构成限定，此与受贿罪中索取贿赂即可构成该罪并不一致。而且，对于受贿罪的处罚所贯彻的是“数额+情节”，而非国家工作人员受贿罪则是纯正的数额犯。值得注意的是，基于平等保护市场主体的政策，《刑法修正案（十一）》将非国家工作人员受贿罪的最高刑罚由有期徒刑 15 年提升至无期徒刑，2022 年《立案标准规定（二）》也将对其追诉标准修正为 3 万元以上（第 10 条），从而与《最高人民法院、最高人民检察院关于办理贪污贿赂刑事案件适用法律若干问题的解释》（法释〔2016〕9 号）第 1 条第 1 款规定的受贿罪的数额较大标准相一致。另须注意的是，主动提出并不一定就是索取，对此还应结合双方平素交往与密切程度、提出的时机、相对方当时的真实意思等因素综合判定。①

二、白领受贿犯罪表征特质及法益实质

受贿罪的实质就是“权钱交易”。其基本构造是，一方（请托人）以财物为“对价”来换取“公共权力”，另一方（收受人）则是以“公共权力”为“对价”来取得财物（包括财产性利益以及可物化的非财产性利益），或者是赤裸裸地向有需请的相对人索取。受贿罪具有极大的社会危害性，不但造成了整个社会道德风尚的败坏，甚至关系到人民群众对党执政能力的信心、关及党执政根基的牢固。

受贿犯罪在党政机关腐败官员中不唯遍在，在国有公司、企业之中也非常普遍（参见《刑事审判参考》第 1040 号指导案例“尹某受贿案”②）。受贿罪所侵害的是国家法益。实务中，对受贿罪保护的具体法益多是采取作为学界通

① 参见辽宁省辽阳市中级人民法院（2023）辽 10 刑初 9 号刑事判决书。

② 参见中华人民共和国最高人民法院刑事审判第一、二、三、四、五庭主办：《刑事审判参考》（总第 101 集），法律出版社 2015 年版，第 16 页。

说观点的廉洁性说（参见《刑事审判参考》第562号指导案例“梁某琦受贿案”[①]）。[②] 但是，基于为更妥当地解释“贿赂犯罪的保护法益何以最终只能是职务行为的公正性以及对此的社会一般信赖”[③]，实务中越来越认可的是不可收买性说。[④] 不可收买性至少具有两个方面内容：一是职务行为的不可收买性本身；二是国民对职务行为不可收买性的信赖。具言之，职务行为的不可收买性，是指职务行为与财物的不可交换性，或者说职务行为的无不正当报酬性。[⑤] 只要从事公务的国家工作人员在履行职务时利用该职务上的便利条件，对请托人的请托事项具有允诺（包括暗示），收受他人财物的，就成立受贿罪既遂。因此，即使在接受请托时并未收受贿赂，而在事后乃至在退休之后收受贿赂的，仍成立受贿罪（参见“万某炜受贿案”[⑥]）。关于犯罪形态的认定均符合受贿罪“权钱交易”这一本质特征，在对受贿罪的不可收买性及公众的信赖的法益造成了侵害就已成立犯罪既遂，这也符合我国一贯从严惩处贪贿犯罪的刑事政策。

与受贿罪所侵害的是一种国家法益不同，非国家工作人员受贿罪所破坏的主要是公司、企业、单位的利益，这是一种私法益。当然，它也是一种“以钱换利”“权钱交易”的行为，客观上在损害专属于公司、企业、单位的利益的同时也违反了作为公司、企业、单位的工作人员对其公司、企业、单位所负的忠诚义务即不可收买性。就此而言，它是一种最广义上的背信犯罪。

三、收受财物与请托事项不同步的样态及其受贿犯罪形态认定

通常，请托人在提出请托事项的同时就会给予对方财物，收受人在收受财

---

① 参见中华人民共和国最高人民法院刑事审判第一、二、三、四、五庭主办：《刑事审判参考》（总第68集），法律出版社2009年版，第57页。

② 参见马克昌：《刑法理论探索》，法律出版社1995年版，第255页。

③ ［日］西田典之：《日本刑法各论》（第6版），王昭武、刘明祥译，法律出版社2013年版，第499页。

④ 参见周芝国、费晔：《事先未约定回报离职后收取财物构成受贿》，载《人民司法（案例）》2016年第5期。

⑤ 参见张明楷：《刑法学》，法律出版社2016年版，第1204页。

⑥ 参见周芝国、费晔：《事先未约定回报离职后收取财物构成受贿》，载《人民司法（案例）》2016年第5期。

物的同时即作出允诺（实际上收受即一种默示的允诺），从而表现出收受与请托同步的样态。但是，经济领域中二者相互勾连的样态也渐呈紧密化、日常化，并日渐呈现出提出请托事项与收受财物不同步的多种样态。

对于事前请托型案件，只要收受请托人的财物并对之有允诺，即使当时并无特别具体的请托事项，对国家工作人员职务的不可收买性以及国民的普遍信赖的受贿罪所保护的法益也已经造成损害，所以成立犯罪既遂。其事后“履行承诺”的行为只是使这一构成要件更为充足，而不影响此罪既遂的认定。

对于事前承诺、事后收受型案件，如“黄某斌受贿案”（《刑事审判参考》第693号指导案例[①]）中，基于事前请托，在接受请托事项的黄某斌为请托人提供帮助后，向请托人索要自己“应得”部分，从而成立事后收受。由于请托人提出请托事项在先，当时黄某斌并没有利用职务上的便利而索取，因此，这仍是一种收受他人财物所成立的一般受贿罪类型，而非索贿。但是，事前请托并不等同于事前受贿。所谓事前受贿，是指将要成为公务员，有关其将要担任的职务，接受请托，收受、要求或者约定贿赂，在其成为公务员时，所成立受贿罪的情形。[②] 如在辽宁省人大常委会原副主任宋某受贿案中，孙某本着“放长线钓大鱼”的意思，对于职务正处于上升期、时任某市副市长的宋某事前所给予的贿赂，就蕴含着对宋某可能担任更为重要的领导职务以后的事项请托。并且，符合“即使是公务员将来也许会担任的职务，也相当于贿赂犯罪中的职务。不过，必须存在将来担任该职务的盖然性。为此，应该限于下述情形：将来的职务与现在的职务在一般职务权限这一点上是相同的，其具体实施只需满足时间的到来、上司的命令等一定条件”[③]。

对于事后收受型案件，实务中比较复杂的是对离退休后的事后收受型犯罪形态的认定。对此，2000年《最高人民法院关于国家工作人员利用职务上的便

---

① 参见中华人民共和国最高人民法院刑事审判第一、二、三、四、五庭主办：《刑事审判参考》（总第79集），法律出版社2011年版，第100~106页。

② 参见［日］西田典之：《日本刑法各论》（第6版），王昭武、刘明祥译，法律出版社2013年版，第510页。

③ ［日］西田典之：《日本刑法各论》（第6版），王昭武、刘明祥译，法律出版社2013年版，第507页。

利为他人谋取利益离退休后收受财物行为如何处理问题的批复》规定："国家工作人员利用职务上的便利为请托人谋取利益，并与请托人事先约定，在其离退休后收受请托人财物，构成犯罪的，以受贿罪定罪处罚。"有人提出，具有以下两种情形之一的，不成立受贿罪：

第一种情形是，"国家工作人员利用职务上的便利为请托人谋取利益时，并未索取或者非法收受请托人财物，也未约定请托人在其离退休以后提供财物的，对于其在离退休以后，收受原请托人提供的财物的行为，不能以受贿罪定罪处罚"。

第二种情形是，"国家工作人员利用职务上的便利为请托人谋取利益时，并未与请托人事先约定收受财物问题，而是在离退休以后向请托人索取财物的。在这种情况下，行为人事先并未与请托人约定收受财物，尽管利用职务便利为他人谋取了利益，但其在离退休之后索取请托人财物的行为，并未利用职务便利，一般不宜以受贿罪定罪处罚"。[①]

上述有关第一种情形的观点在实务中并未得到贯彻。例如，就万某炜收受的财物中，部分系万某炜离任规划局局长职位后、退休前收受，还有部分财物系万某炜退休后收受。判决认为万某炜成立受贿罪。同时还认为万某炜本身就是基于规避法律的追究、对事后收受财物的一种默示，从而肯定了受贿罪既遂，即与第一种情形的观点系采取了不同立场。实际上，在该种情形下，即使行为人在为请托人谋利时其主观上并无收受财物的目的，但在离退休后所收受的财物也是基于对原权力行使的"对价支付"。因此，其本质上仍是一种权钱交易。"万某炜受贿案"的判决正是维持了这种见地。

相对麻烦的是上述第二种情形，即对于请托人提出请托时并无明示或暗示

---

① 以上参见熊选国、孙军工：《最高人民法院〈关于国家工作人员利用职务上的便利为他人谋取利益离退休后收受财物行为如何处理问题的批复〉理解与适用》，载最高人民法院刑事审判第一庭编：《现行刑事法律司法解释及其理解与适用》，人民出版社2010年版，第1054页；孙军工：《〈最高人民法院关于国家工作人员利用职务上的便利为他人谋取利益离退休后收受财物行为如何处理问题的批复〉理解与适用》，载中华人民共和国最高人民法院刑一、二、三、四、五庭主办：《中国刑事审判指导案例6·贪污贿赂罪·渎职罪·军人违反职责罪》，法律出版社2012年版，第312页；熊选国：《刑法刑事诉讼法实施中的疑难问题》，中国人民公安大学出版社2005年版，第297~298页。

的证据的场合，在行为人离退休后，向原请托人索取财物的，上述观点似乎是否定对受贿罪的认定。但是，只要是能够认定存在请托事项，既然行为人在离退休后去向请托人索取财物，就能够推定行为人当时实则是基于默示的允诺与请托人达成了权钱交易的约定。在此场合如果机械地否定成立受贿罪，实则是混淆了关于对证据的采纳认定与罪体的认定问题，故该种情形下不应影响对受贿罪的认定。就此而言，对《最高人民法院、最高人民检察院关于办理受贿刑事案件适用法律若干问题的意见》（法发〔2007〕22 号）中“约定”的认定宜作宽泛化解释。而《最高人民法院、最高人民检察院关于办理贪污贿赂刑事案件适用法律若干问题的解释》（法释〔2016〕9 号）第 13 条第 1 款第 3 项关于“履职时未被请托，但事后基于该履职事由收受他人财物的”“依照刑法关于受贿犯罪的规定定罪处罚”的规定，并无“约定”的限定，可谓真正回到了事后受贿罪认定的本旨之中。此外，对于事后受贿型犯罪，如果不具有索取情节，而是接受请托为请托人谋取利益的，其既遂形态还是应当完成于接受财物之时。这符合刑法对于受贿罪的规范意旨。

四、关于贿赂与利益的认定

（一）如何认定以“合作投资”名义收受贿赂

对于“参与合作”投资房产，有判决认为，有部分出资行为但不承担投资风险，在项目获得利润后收受投资本金和收益的情形，根据《最高人民法院、最高人民检察院关于办理受贿刑事案件适用法律若干问题的意见》第 3 条第 1 款，由请托人出资，“合作”开办公司或者进行其他“合作”投资的，以受贿论处；利用职务上的便利为请托人谋取利益，以合作开办公司或者其他合作投资的名义获取利润，没有实际出资和参与管理、经营的，以受贿论处。据此，以合作开办公司或者进行其他合作投资的名义收受财物，关键在于工作人员有无实际出资。

但是，即使有实际出资，但实质上在合作投资项目上未参与管理和经营，更未承担风险的，也不应属于真正意义上的出资合作投资行为，这一点对于“干股”的认定也有积极的启示意义。例如，就某国有公司工作人员在为请托人提供帮助后接受该请托人设立公司“入股”邀请而持有该公司10%的干股股份，既未出资也未参与经营的案件，有实务人员认为，鉴于公司经营存在风险，该干股在经营不善的场合将一文不值，难以评价为财物，从而否定行为人成立受贿罪。但是，作为一种财产性利益，即使因经营风险而使股份会出现负价值的（亏损）外观，也并不属于本罪所评价的范畴。因此，该无罪观点并不妥当。在上海市第二中级人民法院（2015）沪二中刑初字第82号刑事判决中，针对接受的干股即认为，国家工作人员利用职务上的便利为请托人谋取利益，以交易形式收受贿赂，受贿金额按照交易时当地市场价格与实际支付价格的差额计算。如无有效价格证明交易时当地市场价格，可以通过委托估价机构估价，得出一个相对确定、合理的价格，[①] 从而维持了受贿罪的认定。此与“潘某梅、陈某受贿案”（最高人民法院指导案例3号〔法2011〕354号）关于“国家工作人员利用职务上的便利为请托人谋取利益，并与请托人以‘合办’公司的名义获取‘利润’，没有实际出资和参与经营管理的，以受贿论处”的结论，具有同一旨趣。实际上，没有实际出资与参与经营管理只是一种并列关系，而且干股本身由于受贿人没有任何投入，也就毫无风险与损失而言，其获取利益是毫无疑问的。

（二）非财产性利益是否属于贿赂

实务中的主流观点认为，在原则上坚持贿赂为财物的同时，对于贿赂范围的理解和掌握有一定程度的突破，部分可以直接物化的财产性利益有时也会视具体情况被认定为贿赂。至于非财产性利益，则一般不被视为贿赂。《最高人民法院、最高人民检察院关于办理商业贿赂刑事案件适用法律若干问题的意见》在总结司法经验的基础上，综合考虑我国国情和司法操作的实效性，将贿赂的范围由财物扩大至财产性利益。[②] 但是，晋职招工、迁移户口、提供色情服务等非财产性利益若不被评价为贿赂，则与实际不符。如就晋职而言，无疑

① 参见王宗光、沈言：《以交易形式收受贿赂的数额计算》，载《人民司法（案例）》2017年第11期。

② 参见中华人民共和国最高人民法院刑事审判第一、二、三、四、五庭主办：《刑事审判参考》（总第66集），法律出版社2009年版，第207页。

就是一种利益，尽管将之评价为财产性利益尚存争议。作为一种稀缺性资源，如果说晋升职务不是一种值得刑法保护的利益，也难以为国民所接受（《刑法修正案（十二）》将“为谋取职务、职级晋升、调整行贿的”规定为对行贿罪从重处罚的情形，即从反向体现了这一观念）。在难以将之视为财产性利益而仅能被评价为非财产性利益的情形下，认定这种非财产性利益属于贿赂，想来没有异议。反之，如果不将之评价为贿赂，将会导致部分贪腐官员不会因此成立受贿罪，这显然并不合适。因此，应当以视其是否具有稀缺性这一经济学的概念来重新审视其价值属性。事实上，该利益是完全可以被物化并评估的。

作为“权色交易”的“性贿赂”则与之不同。一方面，对于女性下属基于晋职目的向其男性上属出卖肉体谋取不正当利益的“性贿赂”，由于“性贿赂”难以被物化为非财产性利益，所以尚不能被解释为贿赂。另一方面，这仍是一种“肉体交易”。由于人格是法律的终极目的，从而仅能是权利主体而不能是权利客体，也就与作为权利客体的物具有了本质区分。所以人格既不得被评价为财产或财产性利益，也不能被评价为非财产性利益，故不能将之评价为贿赂。正如有学者所述，实践中出现部分单位的女性职员为了占有具有稀缺性的商业交易机会而在本单位获得职务提升或者高额业务提成，主动地向相对方进行“性贿赂”。由于请托人付出“性贿赂”不属于财产利益型的传统不正当竞争方式，没有金钱依托，而是本人对身体的非道德性处分，本质上是权色交易而非权钱交易，故在法益实质解释层面不具有以贿赂犯罪进行刑法介入的正当性。请托人谋取的不正当利益或者受托人为其谋取的利益构成经济犯罪或者渎职犯罪的，可以其他罪名追究刑事责任，不应通过贿赂犯罪进行刑事归责。①

（三）贿赂与亲友之间“正当馈赠”的界分

就实务中关于“人情物理与权力寻租对价之间的界限”，应首先界定正当馈赠与贿赂的区别。②

法律并不禁止亲友之间的正当馈赠行为。然而，一些犯罪分子实施贿赂时，

---

① 参见中华人民共和国最高人民法院刑事审判第一、二、三、四、五庭主办：《刑事审判参考》（总第66集），法律出版社2009年版，第182页。

② 参见辽宁省高级人民法院（2023）辽刑终265号刑事裁定书。

借“馈赠”之名而行贿赂之实，并以馈赠正当为其行为辩解。为正确区分贿赂与亲友正当馈赠，划清罪与非罪的界限，《最高人民法院、最高人民检察院关于办理商业贿赂刑事案件适用法律若干问题的意见》第10条主要从以下几个因素的结合上进行区分：“（1）发生财物往来的背景，如双方是否存在亲友关系及历史上交往的情形和程度；（2）往来财物的价值；（3）财物往来的缘由、时机和方式，提供财物方对于接受方有无职务上的请托；（4）接受方是否利用职务上的便利为提供方谋取利益。”对此应把握的是，“只要在社会观念上，赠与止于社交礼仪的范围之内，就应该否定成立贿赂犯罪，其理由并不是可罚的违法性的阻却，而是因‘对价性’性质稀薄而失去了‘贿赂性’。因此，重要的是，该赠与是否在社交礼仪的范围之内。在判断之时，应当以公务员与赠与人之间的人际关系、公务员以及赠与者的社会地位、赠与的金额、赠与的时间与形态等作为标准”①。

另外，所谓具体的请托并不是成立受贿罪的构成要件。只要行为人接受了财物，并对之作出谋取利益的概括允诺，就成立受贿罪，这符合刑法规定。此在“潘玉梅、陈宁受贿案”的判决中也得到明确释正：“国家工作人员明知他人有请托事项而收受财物，视为承诺‘为他人谋取利益’，是否已实际为他人谋取利益或谋取到利益，不影响受贿的认定”。而且在实务中，上下级之间存在多重管理关系，如行为人作为公司、企业的负责人，即使其下属并未提出请托的具体事项，但明知是对其拥有的权力所进行的一种“交易”，并且事项是一体地概括在其职权、权限之内的，从而该概括请托也是一种请托，并且仅会涉及是成立事后受贿罪还是成立事前受贿罪，或者收受贿赂与请托是否同步的犯罪形态的认定上，而不会影响罪与非罪的认定。

五、关于以民间借贷形式收受请托人高额利息的行为认定

当前，行为人往往在请托人有请托事项时（或其前后）而向后者主动提出出借资金，并由此收取远远高于同期银行贷款利率的利息。就此行为，究竟能

① ［日］西田典之：《日本刑法各论》（第6版），王昭武、刘明祥译，法律出版社2013年版，第501页。

否认定成立受贿犯罪以及如何认定其犯罪数额，存在争议。对此，仍应根据借贷双方有无“权钱交易”这一受贿犯罪的实质，同时基于其“对价性”对该高息的收取部分进行判定。但是，对于受贿人的真实出借资金，不宜以犯罪工具论。因为是作为对向犯的请托人事实上使用了该资金。就其受贿数额，实务中以超过同期从他人处借款的最高年利率的部分来认定，是符合行为人给请托人的借款确实用于后者的公司经营，有实际的借款关系为基础这一客观情形的。对于请托人并无借款需要，行为人也明知请托人并无借款需要而仍将款项“借”给请托人，并以此来收取高额利息，宜以行为人获得的所有利息认定为受贿数额（参见《刑事审判参考》第1447号指导案例“沈某根受贿案”①）。

六、关于收受股权、房屋后委托行贿人代持的受贿犯罪形态认定

问题46 收受股权后未办理变更登记而后又被行贿人将股权质押的，是否成立受贿罪（既遂）？

就行为人收受股权后并未办理股权移转登记且又委托行贿人代持的，特别是行贿人在代持期间又将该股权另行质押的，是否成立受贿罪或是否成立犯罪既遂，实务中存在争议。鉴于对受贿犯罪所得与民法上关于物权取得的认定并不一致，前者系以事实为判定标准，而后者系以是否满足法律要件为研判根基，故应肯定该收受行为成立受贿罪且系犯罪既遂。至于行贿人事后又将该股权进行质押的行为，虽然存在可能违背受贿人意志的情形，但这仍属于受贿人实际取得贿赂后的一种现实风险（经济评价领域），而不能将之归入刑法的评价之中，故该种情形仍不属于犯罪未遂。② 就行为人嗣后所收受的所谓“分红”，应属受贿犯罪所得（孳息），而不宜将之认定为受贿犯罪数额。此对于行为人收受房屋、车辆后委托行贿人保管，行贿人又行抵押的行为性质认定，也应作同一判断。

① 参见最高人民法院刑事审判第一、二、三、四、五庭编：《刑事审判参考》（总第129辑），人民法院出版社2022年版，第107～108页。

② 参见辽宁省营口市中级人民法院（2022）辽08刑初16号刑事判决书。

第十章 | 惩治证券白领犯罪的裁判进路

——涉商行为型经济犯罪案件的刑商审判衔接（一）

金融是国家经济的命脉，也是社会资金运动的中枢神经系统。[①] 作为与银行、保险并为现代金融领域三大基石之一的证券领域，承担为社会中具有良好发展前景的公司、企业提供直接融资的重要功能，在国民经济发展过程中具有举足轻重的作用，而打击证券违法犯罪活动则是维护资本市场秩序、有效发挥资本市场枢纽功能、防范化解重大金融风险的重要保障。近年来，在经济金融环境发生深刻变化、资本市场改革开放不断深化的背景下，资本市场违法行为仍较为突出，相关案件查处办理难度不断加大，在资本市场领域的司法工作也面临新形势新挑战。面对纷繁复杂的司法现实，对于证券犯罪的刑事规制在司法层面上尚存在诸多难点，如关于犯罪认定、行刑衔接、刑商交叉均存在一定问题，一定程度上也制约了刑事规制的成效。2021 年 7 月 6 日出台的《中共中央办公厅、国务院办公厅关于依法从严打击证券违法活动的意见》，明确提出坚持“零容忍”要求依法从严打击证券违法活动，从而对证券犯罪的刑事规制提出更高要求。为切实保护投资人合法权益，维护社会经济秩序和社会公共利益，进一步推动资本市场高质量健康发展，有效防范化解重大金融风险，应从证券犯罪案件的外延界定、证券犯罪及其罪数认定等法律适用问题、有效实现行刑衔接与刑商交叉等机制制度优化多维度入手，通过确立新的裁判路径与具体适用规则，推动对此类犯罪刑事规制的有效实施。

---

① 参见强力主编：《金融法教程》，中国政法大学出版社 1995 年版，第 8 页。

第一节　证券的基本信条及其犯罪界定

首先须明确的是，证券法是规范证券发行、交易等商行为的法律（《证券法》第 1 条）。其有两大基本要素：禁止欺诈以及在发行证券时信息披露及此后的定期披露要求。[①] 由于我国公司法也规定了有关股份有限公司的股份发行、转让等行为规则，从而在共同规范证券的意义上，证券法与公司法系“一体两面”的关系。

一、证券的流辨：商法与证券法之间的证券种属关系

证券是记载并代表一定民事权利的凭证。[②] 商法学意义上的证券范畴非常宽泛，据其功能可划分为免责证券（如车票、存款单）、金券（如印花税）和有价证券。但是，有价证券才是商法（形式上）意义的证券（狭义性的）。

有价证券还分为物品证券和价值证券。[③] 物品证券是表明持有人对特定物品享有一定请求权的证券，如提单、仓单。价值证券是以货币额所表示的证券，包括货币证券和资本证券。其中，货币证券包括汇票、本票、支票等票据，而资本证券则包括股票、公司、企业债券、存托凭证、基金券以及资产支持证券、资产管理产品等（见图 10-1）。据此，根据《证券法》第 2 条，资本证券才是我国证券法意义上的证券（最狭义性的）。此与美国证券乃涵盖票据乃至投资合同有不同，[④] 这由来于证券法定原则的限定，从而体现出其本土性特征。

---

① 参见［美］罗伯塔·罗曼诺编著：《公司法基础》（第 2 版），罗培新译，北京大学出版社 2013 年版，第 639 页。

② 参见王保树主编：《商法》，北京大学出版社 2014 年版，第 282 页。

③ 参见朱羿锟：《商法学：原理·图解·实例》，北京大学出版社 2014 年版，第 303 页。

④ 参见周密主编：《美国经济犯罪和经济刑法研究》，北京大学出版社 1993 年版，第 263 页。

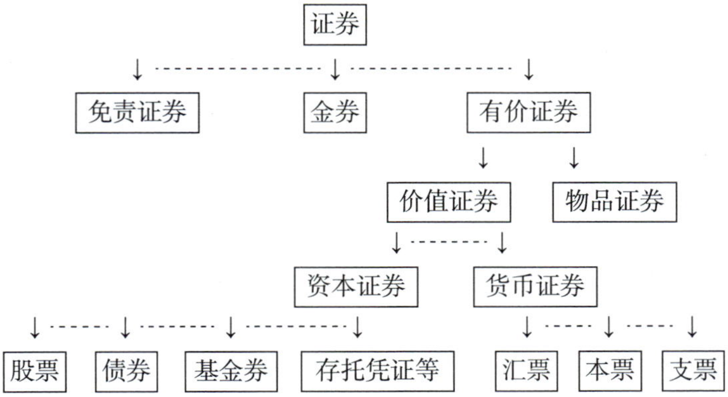

图 10-1 证券类型

资料来源：朱羿锟：《商法学：原理·图解·实例》，北京大学出版社 2014 年版，第 304 页。

因此，有价证券、价值证券、物品证券以及货币证券虽均属商法意义上的证券，但与最狭义性的证券即资本证券之间系种属关系。

作为一种价值证券，证券是证明持有人对其投资享有收益分配请求权的有价证券。其中，无论是发行人还是持有人，均有投资目的，即发行人为投资而借此筹措资金，持有人则为分享投资收益而投入资金。这是资本证券和货币证券（票据）的“分水岭”，[①] 也是科学规范证券关系、准确研判证券侵权与证券犯罪的逻辑起点。

二、对于相关证券违法行为进行判定所需注意的事项

对于股票、债券等证券在判定所涉证券违法行为时，需注意厘清的是以下问题。

第一，根据公司法和证券法的规定，股份公司的股权表现形式就是股票，也包括未上市股份公司的股权，所以发行股票包括未上市公司转让股权。[②] 因此，只要是公开发行证券的公司，均有实施证券侵权乃至证券犯罪的可能。

① 参见朱羿锟：《商法学：原理·图解·实例》，北京大学出版社 2014 年版，第 303 页。

② 参见最高人民法院民事审判第二庭编：《金融案件审判指导》，法律出版社 2015 年版，第 223 页。

第二，债券依发行人不同，分为公司债券、金融债券和政府债券。尽管2019年《证券法》第2条第2款保留了2014年《证券法》“政府债券、证券投资基金份额的上市交易，适用本法”的规定，但政府债券的发行却并不适用于专门针对公司债券、金融债券发行所成立的犯罪，因为政府债券享有一定的豁免权（违法性阻却）。即使政府发行债券具有虚假性，也无欺诈发行证券罪（《刑法》第160条）适用之余地（相关责任人员可能会成立滥用职权罪）。

三、证券的信息性特殊要求及其对向性实质

证券作为一种复杂的金融商品与银行、保险的不同之处在于，其同时也是一种特殊的信息产品。究其实质是一种投资与融资的工具，从而决定了其基本内核是：

投资者投资→←证券发行者融资。

也就是说，投资者与证券发行者之间是一种对向关系。其全部核心是资金募集，以促成资本的形成。因此保护投资者合法权益和促进资本形成，是证券市场对立统一的两大任务。[①] 该对向关系最终决定了证券活动的全部走向以及证券立法、执法、司法的价值取向与利益衡量。

针对证券是信息产品这一特性，由于投资者在投资（购买证券）之后即已失去对其资金的实际控制，从而处于信息不对称的天然弱势地位，因此证券法在规范证券发行、交易的同时，必须保护投资者的利益、维护社会经济秩序和社会公共利益（《证券法》第1条）。这也是证券侵权与证券犯罪的保护法益。作为证券法基本原则的公开、公平、公正原则及其诸多具体制度，无不因之而设置。并且，2019年《证券法》还设“投资者保护”专章，强化了金融销售者应该履行的充分了解投资者与告知等适当性义务，提高了保护水平。而且信息还是判断证券侵权与证券犯罪是否成立的核心要素，证券侵权案件与一般侵

① 参见杨临萍：《积极回应市场关切，努力开创证券商事审判新局面》，载最高人民法院民事审判第二庭编：《商事审判指导》（总第42辑），人民法院出版社2017年版，第43页。

权案件的关键区别正在于不实信息对损害发生的决定性。[①]

四、证券白领及证券犯罪的解释周边

证券的融资主要是在发行、交易两个环节中实现的，且须通过证券市场。在广义上，凡是从事证券募集、发行、交易的空间，都是证券市场。狭义性的证券市场主要是指证券交易所，还可指用于证券发行和交易的交易系统以及证券公司用于营业的柜台。因此，狭义性的证券市场可再分为证券交易所和场外市场。[②] 本书倾向广义性说。因为按照市场功能证券市场分为证券发行市场（一级市场）和证券交易市场（二级市场），并可扩张至证券服务市场。[③] 但对因违规在场外发行证券等特定类型的非法经营行为进行刑事判定时（参见《刑事审判参考》第 1043 号指导案例“王某、沈某婷非法经营案”[④]），则采狭义性说。

因证券业过于专业化、技术化，故需有证券服务及其机构之存在。此外，根据发行股票须由证券公司（券商）承销［2023 年《公司法》第 155 条（2018 年《公司法》第 87 条）］、散户通过证券会员才得交易证券的规定，证券公司在证券市场中起到了发行与交易的枢纽作用。针对证券市场存在高风险的特征，为保护公众投资者的切身利益，因此建有市场监管体制，以维持证券市场秩序，防止因投资者对市场失去投资信心而导致证券市场无法持续发展甚至形成股灾。因为投资者才是证券市场的存在基础。[⑤]

以上在证券发行、交易、服务、监管过程中所对应于公众投资者的诸市场主体（主要是发行人、上市公司等公众公司、证券公司、证券服务机构）、实际控制人及其高管人员，均是证券白领。凡是与证券发行、交易、服务、监管

① 参见最高人民法院民事审判第二庭编著：《〈全国法院民商事审判工作会议纪要〉理解与适用》，人民法院出版社 2019 年版，第 437 页。

② 参见叶林：《证券法》，中国人民大学出版社 2013 年版，第 64 页。

③ 参见叶林：《证券法》，中国人民大学出版社 2013 年版，第 64 页。

④ 参见中华人民共和国最高人民法院刑事审判第一、二、三、四、五庭主办：《刑事审判参考》（总第 101 集），法律出版社 2015 年版，第 70 页。

⑤ 参见叶林：《证券法》，中国人民大学出版社 2013 年版，第 196 页。

等行为有密切关联的上述人员，以及恶意投资人，在违反证券法有关规定而实行不法行为的场合，即成立证券侵权（证券欺诈），情节严重的则可成立证券犯罪，亦即证券不法行为的本质即欺诈。这就是认定证券白领犯罪的解释界边。

五、对于证券犯罪的界定

为明确证券犯罪的适用案件类型，必须对证券犯罪案件的外延作出界定。就证券犯罪案件的具体范围，学界与实务界还存在不同认识。其中第一种观点认为，证券犯罪案件主要是指欺诈发行证券罪，违规披露、不披露重要信息罪，背信损害上市公司利益罪，擅自发行股票、公司、企业债券罪，内幕交易、泄露内幕信息罪，利用未公开信息交易罪，编造并传播证券交易虚假信息罪，诱骗投资者买卖证券罪，操纵证券市场罪，背信运用受托财产罪与违法运用资金罪等十一种犯罪案件，事实上这也是当前根据有关规定对证券犯罪适用集中管辖的案件。但是，这种过于偏重实然的限缩主张已不适于资本市场日益发展、证券犯罪形态不断变异的新形势新变化，更不适于全面从严打击证券犯罪的新任务新要求。第二种具有代表性的观点则认为，只要是严重扰乱了资本市场秩序具有刑罚可罚性的行为，都应属于证券犯罪，从而这些案件均为证券犯罪案件。但是，这种偏重应然的主张扩张了证券犯罪案件的范围，容易将仅具有行政违法性而不具有刑事违法性的违法行为作为犯罪处理，也与刑法系排除违反秩序规定的行为作为实体犯罪判断标准的刑法基本立场相悖。① 相较之下，第三种观点则主张，证券犯罪案件是指以内幕交易、泄露内幕信息罪，利用未公开信息交易罪，操纵证券市场罪，编造并传播证券交易虚假信息罪等罪名之一或数种进行定罪量刑的刑事犯罪案件。该类案件所涵盖的具体案件类型，并未在刑法中作出明确的界定。因此，只有结合具体个案情况，才能准确把握证券犯罪案件的外延。② 该观点虽契合了审判实际，但因缺乏罪刑法定原则指引下

---

① 参见［德］克劳斯·罗克辛：《德国刑法学总论》（第1卷），王世洲译，法律出版社2005年版，第13页。

② 参见裴显鼎等主编、打击证券期货违法犯罪专题工作组编：《证券期货违法犯罪案件办理指南》，北京大学出版社2014年版，第156页。

的类型化与具象性，故未能从根本上为实务提供准确判断证券犯罪案件的基准与遵循。

前述观点之所以均有一定的不足，其根本原因在于均未能对证券犯罪进行规范与实质的探讨。由此看来，对于证券犯罪案件范围的界定，首先应对证券犯罪作出合理的界定。本书认为，基于罪刑法定、法益保护与责任主义等刑法对犯罪所持的基本原则立场，证券犯罪是指针对证券等资本市场所实施的，严重侵害资本市场秩序并严重损害投资人的合法权益与社会公共利益，符合刑法规定的构成要件且具有刑罚可罚性的不法行为。鉴于证券本身具有开放性特征，广义的资本市场还包括中长期银行信贷等间接融资市场，为此认定证券犯罪还须把握以下两个行为特征：一是该行为须是发生在证券等直接融资性的资本市场之中或直接针对该资本市场；二是须系行为人利用资本证券等信息不对称的融资工具所进行的犯罪活动，以及其他严重侵害证券市场秩序且关涉投资人权益与社会公共利益的不法行为，并应排除在此过程中所衍生的受贿、行贿等非金融犯罪。

由此意义上，证券犯罪不仅包括前述欺诈发行证券罪等十一种犯罪，还应包括伪造、变造、转让金融机构经营许可证、批准文件罪，伪造、变造股票、公司、企业债券罪，非法经营罪，提供虚假证明文件罪，出具证明文件重大失实罪，以及根据法条竞合、想象竞合犯或牵连犯等刑法原理与处断原则，以集资诈骗罪等其他罪名定罪处罚的犯罪。同时，对于证券犯罪要严格遵照该类犯罪既具有行政违规性还具有刑事违法性等双重违法性予以综合判定，这是基于证券犯罪系属行政犯从而必须接受证券法等前置法约束所作的规范与实质判断。以上犯罪类型案件，均属于证券犯罪案件。①

六、证券侵权与证券犯罪的关系以及行政处罚、民事赔偿、刑事惩治“三位一体”判断思路的整体提出

准确判断证券民事侵权与证券犯罪之间的关系，有助于更好地实现惩治证

---

① 参见李晓智：《零容忍惩治证券期货犯罪的裁判进路》，载《人民司法（应用）》2023 年第 10 期。

券犯罪与保护投资者合法权益。证券侵权与证券犯罪之间并非对立关系，而是位阶关系。或者说，是由刑法与证券法等法律规范对同一证券不法行为共同评价后的不同两面。其中，证券侵权所解决的主要是对证券的定价问题，而证券犯罪则主要解决对证券犯罪行为的处罚问题。同时，基于行政责任基本上覆盖了所有证券不法行为，且在证券法律责任体系中处于核心地位，[①] 因此对于证券犯罪要实施行政处罚、民事赔偿、刑事惩治“三位一体”的处理机制，即贯彻“既打又罚”、行民刑三责并举原则，这也是处理证券犯罪案件行刑衔接与刑民“交叉”的基本依据。

第二节　证券侵权行为类型判定及其犯罪研判对策

证券侵权行为，又称证券欺诈。由于证券市场分为证券发行市场与证券交易市场，故证券侵权行为也分为证券发行欺诈与证券交易欺诈。

一、证券发行欺诈及其三种法律责任

（一）“丹东欣泰电气欺诈发行证券案”及其三种处理程序

1. 案情。2011 年至 2013 年 6 月，时任丹东欣泰电气股份有限公司（以下简称丹东欣泰电气）董事长温某乙与总监刘某胜共谋决定采取虚减应收账款、少计提坏账准备等手段，虚构有关账务数据，并在其向证监会报送的首次公开发行股票的创业板上市申请文件的定期财务报告中载入上述重大虚假内容。2014 年 1 月 3 日，证监会核准丹东欣泰电气首次公开发行股票并在创业板上市。随后，丹东欣泰电气公告的招股说明书中载入了具有重大虚假内容的财务报告。2014 年 1 月 27 日，丹东欣泰电气公司股票在深圳证券交易所创业板挂牌上市，首次向社会公众公开发行股票即募集资金总额人民币 2.57 亿元。在公司股票上市后，丹东欣泰电气为掩盖欺诈发行股票的事实，由温某乙、刘某胜

① 参见范健、王建文：《证券法》，法律出版社 2020 年版，第 290 页。

组织公司工作人员沿用前述手段继续伪造财务事项，并相继向公众披露了具有重大虚假内容的 2014 年年度报告等重要信息。

2. 处理。2016 年 7 月 5 日，证监会对丹东欣泰电气及温某乙、刘某胜等相关责任人员均给予行政处罚。2017 年 8 月，深圳证券交易所决定丹东欣泰电气退市、摘牌，作为上市保荐人的兴业证券先行赔付 1 万余名投资人的损失共计人民币 2.36 亿余元。2019 年 4 月 17 日，丹东中院以欺诈发行股票罪判处丹东欣泰电气罚金，以欺诈发行股票罪、违规披露重要信息罪分别判处温某乙、刘某胜有期徒刑并处罚金。

3. 结论。对证券发行欺诈处理乃有行政、民事、刑事三种程序，且得分别进行。相关行为人分别承担行政、民事、刑事三种不同的法律责任。

（二）欺诈发行的三种不同法律责任

“丹东欣泰电气欺诈发行证券案”系创业板退市第一案，也是中国资本市场第一家因欺诈发行而被退市的公司。[①] 据此可见，在证券发行过程中，如果：（1）发行人不符合发行条件，以欺骗手段骗取发行核准或注册（2019 年《证券法》已将核准制修订为注册制，因此在 2020 年 3 月 1 日新法正式施行之后是指骗取发行注册[②]）的；（2）保荐人出具有虚假记载、误导性陈述或者重大遗漏的保荐书，或不履行其他法定职责的；（3）发行人未按规定披露信息，或所披露的信息有虚假记载、误导性陈述或者重大遗漏的，均要承担法律责任。丹东欣泰电气即因以欺骗手段骗取发行核准、未按规定披露信息、所披露的信息有虚假记载，而分别受到行政处罚（行政责任）、刑事处罚（刑事责任），并（由保荐人先行）赔偿了投资人的损失（民事责任）。

（三）证券发行法律责任及其构成

根据 2019 年《证券法》第 24 条，国务院证券监督管理机构（证监会）或

---

① 参见最高人民法院 2018 年 12 月 1 日发布的《证券期货纠纷多元化解十大典型案例一》，载最高人民法院民事审判第二庭编：《商事审判指导》（总第 46 辑），人民法院出版社 2019 年版，第 70 页。

② 沪、深两市主板真正实施注册制的具体时间系 2023 年 2 月 17 日，而科创板与创业板则在 2019 年《证券法》施行后即实行注册制，所以在该期间（2020 年 3 月 1 日至 2023 年 2 月 17 日）我国实行的系发行核准/注册“双轨制”。

国务院授权部门对已作出的证券发行注册（在2020年3月1日之前为核准，在2023年2月17日之前为发行核准/注册，在此之后为注册，下同）的决定，发现不符合法定条件或者法定程序（针对违法发行行为），已经发行尚未上市的，撤销发行注册决定，发行人应按照发行价并加算银行同期存款利息返还证券持有人（无过错责任）；发行人的控股股东、实际控制人以及保荐人，应当与发行人承担连带责任，但是能够证明自己没有过错的除外（过错推定责任）。发行人在招股说明书等证券发行文件中隐瞒重要事实或者编造重大虚假内容，已经发行并上市的，证券监督管理机构可以责令发行人回购证券，或者责令负有责任的控股股东、实际控制人买回证券。

前述法律后果的承担，是基于对民事侵权责任的认定。对此仍要根据民法关于“侵权行为、损害、因果关系、过错”的构成要件认定。由于证券投资本身具有市场风险，因此要将损害赔偿制度与损失保险观念加以区分，违法者所应负责的只能以因违法行为给投资者所造成的损失为限。① 同时，由于证券侵权的认定须具专业化、技术化，为此《九民会议纪要》规定，要充分发挥专家证人的作用，使得案件事实认定符合证券市场的基本常识和普遍认知或者认可的经验法则，责任承担与侵权行为及其主观过错程度相匹配。

上述违法行为均导致一定的行政责任。这是认定证券发行欺诈具有违规性（行政违法性）的法律后果，也决定了该类侵权行为的违法性。如果上列违法行为的不法已达到国民难以忍受的程度，在符合《刑法》第160条规定的场合，就会成立欺诈发行证券罪。当然，成立该罪须以故意为其责任要件，但这也只是阻却犯罪成立的要件，而非不法的要件。

二、证券交易欺诈及其法律禁止（不正当交易）

（一）证券交易的性质及其防范制度设计

在上述“丹东欣泰电气欺诈发行证券案”中，温某乙、刘某胜之所以还被判处了违规披露重要信息罪，在于其在证券发行后，即证券交易环节另还存在

① 参见杨临萍：《积极回应市场关切，努力开创证券商事审判新局面》，载最高人民法院民事审判第二庭编：《商事审判指导》（总第42辑），人民法院出版社2017年版，第43页。

证券欺诈行为。

证券交易市场作为二级市场，其交易（买卖）对象限于已依法发行的证券。

证券交易与证券发行的性质不同。证券发行所体现的是发行人为募集资金而发行证券与投资者认购之间的资本组织关系；而证券交易中投资者相互间购买已经发行的证券或变现持有证券，体现的是资本交换关系。因此，证券交易既受民法规范，又受证券法规范。但是，证券法规范证券交易仍有其特殊规则，旨在防范市场风险：通过信息公开制度，保障投资者免受信息欺诈，实现投资者交易地位的实质平等；严格禁止任何影响或破坏证券价格形成机制的行为，如虚假陈述、内幕交易和操纵市场，以确保其形成机制的公正性和有效性。①

（二）证券交易投资主体的限定

为体现公开、公平、公正，根据《证券法》的相关规定，具有下列身份的人员不得参与证券交易：一是证券交易所、证券公司和证券登记结算机构的从业人员、证监会的工作人员以及法律、行政法规禁止参与股票交易的其他人员，在任期或者法定限期内，不得直接参与股票交易，以化名、借名持有、买卖股票，亦在其限。实施股权激励计划或者员工持股计划的证券公司的从业人员，可以按照证监会的规定持有、卖出本公司股票或者其他具有股权性质的证券（2019 年《证券法》第 40 条）。二是为证券发行出具审计报告、资产评估报告或者法律意见书等文件的证券服务机构和人员，在该证券承销期内和期满后 6 个月内，不得买卖该种股票（2019 年《证券法》第 42 条）。若其为上市公司出具审计报告、资产评估报告或者法律意见书等文件，则自接受上市公司委托之日起至前述文件公开后 5 日内，不得买卖该种证券。否则，行为人应受相应行政处罚。

（三）得为刑事处罚的禁止交易行为

得被刑事处罚的是下列交易行为：内幕交易、市场操纵、欺诈客户、虚假陈述、其他禁止行为（如账外交易、挪用股款买卖股票以及违规资金入市）。②

---

① 参见王保树主编：《商法》，北京大学出版社 2014 年版，第 315 页。

② 参见朱羿锟：《商法学：原理 · 图解 · 实例》，北京大学出版社 2014 年版，第 364 页。

其中，情节严重的内幕交易行为可能成立内幕交易、泄露内幕信息罪（《刑法》第180条），如“黄光裕案”。情节严重的操纵证券市场的行为可能成立操纵证券市场罪（《刑法》第182条），如“赵某操纵证券交易价格案”（《刑事审判参考》第48号指导案例①）；造成严重后果的欺诈客户行为可能成立诱骗投资者买卖证券罪（《刑法》第181条第2款），对于金融机构违背委托义务，擅自运用客户资金或者其他委托、信托的财产，情节严重的，得成立背信运用受托财产罪（《刑法》第185条之一第1款）；虚假陈述的行为，根据其所处环节阶段的不同，分别有《刑法》第160条、第161条适用之余地，即分别成立欺诈发行证券罪或违规披露、不披露重要信息罪，如“丹东欣泰电气欺诈发行证券案”。就其他禁止行为，如挪用股款买卖股票的会成立挪用公款罪或挪用资金罪（《刑法》第185条），账外交易的可能成立贿赂犯罪，违规运用资金入市的则可能成立违法运用资金罪（《刑法》第185条之一第2款）。

三、证券欺诈的四种主要类型及其刑事司法认定联结

（一）证券欺诈的四种主要行为类型

综前所述，在证券发行、证券交易过程中所禁止的，主要是虚假陈述、内幕交易、操纵市场、欺诈客户四种典型证券欺诈行为（证券侵权）。而且，虚假陈述与内幕交易、操纵市场等证券欺诈行为常常相互交织、相互结合、互为表里，只是由于行为违规的侧重点不同，所以被不同类型化。因此，上述行为之间并非对立关系，有的是牵连关系或者是竞合关系。

（二）证券欺诈与证券犯罪的司法认定联结点：量与度的关系

情节严重的证券欺诈（侵权）行为得成立证券犯罪，这是因为证券欺诈（侵权）行为与证券犯罪之间只是量与度的等级关系或位阶关系。其中，证券侵权主要解决的是定价问题，而证券犯罪则主要解决处罚问题。② 并且，证券

---

① 参见中华人民共和国最高人民法院刑事审判第一、二、三、四、五庭主办：《中国刑事审判指导案例2·破坏社会主义市场经济秩序罪》，法律出版社2012年版，第123~126页。

② 参见李晓智：《零容忍惩治证券期货犯罪的裁判进路》，载《人民司法（应用）》2023年第10期。

法等禁止规定也是决定证券侵权行为是否具有违规性的基础，并由此架构起了证券犯罪刑商之间衔接的桥梁。

第三节 虚假陈述型证券侵权及其衍伸犯罪

一、虚假陈述与信息披露制度的背反关系：虚假陈述型证券侵权行为的实质

（一）虚假陈述行为主体的特定性

根据2019年《证券法》第78条，虚假陈述是指依法承担信息披露义务的发行人或法律、行政法规和国务院证券监督管理机构规定的其他信息义务披露人，作出违背事实真相的陈述、记载，或者信息披露不当或有重大遗漏等违反证券法等法律规定的行为。并且，2019年《证券法》已将虚假陈述的行为主体由2014年《证券法》规定的发行人与上市公司扩及法律以及证监会规定的其他信息义务披露人（《证券法》第78条第1款），包括公司债券上市交易的公司、股票在国务院批准的其他全国性证券交易所交易的公司，以及特殊场合下的前述发行人、公司的实际控制人、控股股东乃至董事、监事、高管等人员。因此，“虚假陈述是特定主体实施的行为”及“该特定主体是依法承担信息披露义务的发行人或上市公司”[①] 与“其他信息义务披露人”，既是判断虚假陈述行为人的逻辑起点，也是判定虚假陈述的前提。

虚假陈述实际上是一个聚合性概念，包括虚假记载、误导性陈述、重大遗漏和信息披露不当四种类型。实务中也将后二种类型称为披露遗漏、未按规定披露信息。[②] 值得注意的是2022年《虚假陈述规定》第4条第1款系将前三种类型行为明确为虚假陈述，而对未按规定披露在第5条单独作出规定，但因其

---

① 叶林：《证券法》，中国人民大学出版社2013年版，第203页。

② 参见杨临萍：《积极回应市场关切，努力开创证券商事审判新局面》，载最高人民法院民事审判第二庭编：《商事审判指导》（总第42辑），人民法院出版社2017年版，第43页。

仍处于“虚假陈述的认定”范围之内，所以仍应属于虚假陈述行为。其中，虚假记载是指披露的信息中对相关财务数据进行重大不实记载，或者对其他重要信息作出与真实情况不符的描述（2022 年《虚假陈述规定》第 4 条第 2 款）；误导性陈述是指披露的信息隐瞒了与之相关的部分重要事实，或者未及时披露相关更正、确认信息，致使已经披露的信息因不完整、不准确而具有误导性（2022 年《虚假陈述规定》第 4 条第 3 款）；重大遗漏是指违反关于信息披露的规定，对重大事件或者重要事项等应当披露的信息未予披露（2022 年《虚假陈述规定》第 4 条第 4 款）；不当披露是指未按规定的期限、方式等要求及时、公平披露信息（2022 年《虚假陈述规定》第 5 条第 1 款）。

（二）虚假陈述的实质：违反信息披露制度

虚假陈述究其实质是一种不正当披露信息的行为，是对信息公开或信息披露制度的违反，或者说是强制信息披露制度的反面（见图 10–2）。

（信息披露）正向	→←	反向（不实记载披露）
真实	→←	虚假记载
完整	→←	重大遗漏
准确	→←	误导性陈述
及时	→←	不当披露

图 10–2 信息披露与不实披露关系

信息披露也称信息公开，是证券法的核心制度，披露信息应真实、准确、完整、及时。公开性的证券市场是形成证券公平价格的基础，信息公开是防止证券欺诈的重要因素。信息公开制度的严格实施，有利于保障证券交易的安全和公平，有利于维持证券投资者的信心，有利于维护证券市场的稳定与秩序。①

二、虚假陈述侵权因果关系及其归责标准、重大性、损害后果的认定

虚假陈述是典型的证券违法行为，根据 2003 年《虚假陈述规定》第 17 条可作为侵权案件（2022 年《虚假陈述规定》第 2 条第 1 款第 2 项事实上沿袭了这种认定）。因此，实务对此类案件的认定系围绕“侵权行为、损害、因果关

① 参见王保树主编：《商法》，北京大学出版社 2014 年版，第 334 页。

系、过错”等侵权行为的四个构成要件展开。

（一）关于因果关系的认定

证券法未规定侵权行为与损失之间的因果关系，仅在侵权民事责任规定中隐含了相关内容。2003年《虚假陈述规定》在借鉴美国的信赖推定原则的基础上较好地解决了这个问题。对此，应根据损害结果与虚假陈述之间有无相当因果关系加以规范性判定。对此进行解释的理论为市场欺诈理论，以市场欺诈理论解释信赖关系的前提是有效资本市场假说的成立，根据该假说，在一个有效的市场上，证券的市场价格反映并包含了所有公开、可得的信息。据此，所有不真实的和具有欺诈性的信息也都反映在证券的市场价格上，任何一个投资者在其因信赖市场定价的公正性和整体性而进行交易时，事实上都是在按照包含这些虚假信息的价格进行交易，所以虚假陈述构成对投资者的欺诈。投资者基于对虚假陈述的信赖而以正常方式作出投资决策，这样的信赖足以构成投资者的投资决策是因信赖虚假陈述而作出的因果关系。①

鉴于此，2022年《虚假陈述规定》系从正反两个方面作出了关于认定因果关系成立的具体规定（第11条、第12条）。其中，第11条系从正向作出规定，原告能够证明下列情形之一的，人民法院应当认定原告的投资决定与虚假陈述之间的交易因果关系成立：（1）信息披露义务人实施了虚假陈述；（2）原告交易的是与虚假陈述直接关联的证券；（3）原告在虚假陈述实施日之后、揭露日或更正日之前实施了相应的交易行为，即在诱多型虚假陈述中买入了相关证券，或者在诱空型虚假陈述中卖出了相关证券。第12条则系从反向作出规定，对于被告能够证明下列情形之一的，人民法院应当认定交易因果关系不成立：（1）原告的交易行为发生在虚假陈述实施前，或者是在揭露或更正之后的；（2）原告在交易时知道或者应当知道存在虚假陈述，或者虚假陈述已经被证券市场广泛知悉；（3）原告的交易行为是受到虚假陈述实施后发生的上市公司的收购、重大资产重组等其他重大事件的影响；（4）原告的交易行为构成内幕交易、操纵证券市场等证券违法行为的；（5）原告的交易行为与虚假陈述不具有交易因果

① 参见范健、王建文：《证券法》，法律出版社2020年版，第297页。

关系的其他情形。

（二）关于过错形态及其归责标准

2019年《证券法》第85条和第163条规定，虚假陈述责任依其发行人、责任主体不同，成立虚假陈述的主观方面要求也不同。

第一，作为行为主体的信息披露义务人承担无过失责任，亦即行为人在提交或者公布的信息披露文件中作出虚假记载、误导性陈述或者有重大遗漏，即使行为人没有过失（无过错责任），也应当认定为虚假陈述。①

第二，发行人的控股股东、实际控制人、董事、监事和其他直接责任人员等与发行人承担连带赔偿责任，且是过错推定责任。②

第三，保荐人和承销商及其直接责任人员亦与发行人承担连带赔偿责任，且是过错推定责任。

虚假陈述的主观方面乃分为故意、过失、无过错三种形态，虚假陈述因之也可分为故意的欺诈性虚假陈述、过失的虚假陈述和无过错的虚假陈述。其中，欺诈是民商法特有概念，有确定含义。欺诈行为无论采取作为或不作为，无论行为人是直接故意还是间接故意，均属故意。然而，虚假陈述包括但不限于欺诈，在过失性虚假陈述中，行为人是由于疏忽或懈怠未能尽到信息披露的责任，而导致投资者在不了解事实真相的情况下作出错误的投资决定。而在无过错虚假陈述的情况下，行为人虽尽职尽责，但由于意志以外的原因致使其信息披露仍未达到法律规定的真实、准确、完整的要求，而导致虚假陈述的事实发生。故意或过失的虚假陈述是专业性过错，即专业人员存有特殊的主观态度，在认定无过错状况时，要充分考虑专业人员的注意义务标准。民商法一般规则所建立的过错概念，是以普通人为认定标准，但就专业人责任而言，则要求其承担高于普通人标准的注意义务。因此，即使依照普通人标准被认定为无过失，也足以构成专业人员的过失（抽象的轻过失）；专业人员在专业领域中具有符合普通人标准的过失的（具体的轻过失），则足以构成专业人员的重大过失；普

① 参见叶林：《证券法》，中国人民大学出版社2013年版，第203页。

② 2014年《证券法》规定的是过错责任。

通人的重大过失，则足以构成专业人员的故意。这种仅适用于专业领域的过错认定标准，如“光大乌龙指事件”，事实上起到加重专业人员法律责任的作用，并会有效地推动专业机构及人员谨慎从事业务活动，避免因其专业性疏忽而误导投资者或损害投资者的利益。

2022 年《虚假陈述规定》第 13 条也从司法层面上肯定了虚假陈述的过错系包括故意与过失。同时第 14 条中还规定：“发行人的董事、监事、高级管理人员和其他直接责任人员主张对虚假陈述没有过错的，人民法院应当根据其工作岗位和职责、在信息披露资料的形成和发布等活动中所起的作用、取得和了解相关信息的渠道、为核验相关信息所采取的措施等实际情况进行审查认定。”这实际上是将与有过失这一客观判断方法作为可归责事由的认定标准。

按照行为人主观态度划分虚假陈述，在司法实践中具有重要指导意义。一方面，在追究行政和刑事责任中，行为人的主观态度和过错程度具有决定意义。行为人有过错，是适用行政处罚或刑事处罚的基本前提，也是裁判者行使自由裁量权时的重要考量因素。另一方面，行为人知道或应当知道虚假陈述，却与其他人合谋作假，或放任他人作假而装作不知，或因怠于职责而未知他人作假，致使向社会公众提供虚假情况的场合，也构成共同虚假陈述。并且，前述关于专业人员责任的注意义务及其归责标准的界定，对于判定证券犯罪刑事案件中被告人是否具有明知这一主观责任要素也具有重要的识别意义。由此在确立行为人为“假定理性经济人”的前提下，只要其行为具有“明显的异常性”，就可以实现排除案件合理怀疑的证明标准。

（三）关于重大性要件的认定

根据《证券法》与 2022 年《虚假陈述规定》的规定，构成虚假陈述需具备违法性与重大性两个要件。

所谓违法性，既包括违反证券法，也包括违反证监会发布的关于信息披露的规章和规范性文件。

所谓重大性，也称重要性，是指可能对投资者进行投资决策具有重要影响的信息（《九民会议纪要》第 85 条）。重大性是证券市场虚假陈述导致民事责任的依据，是虚假陈述与其他侵权行为承担民事责任区分标志之一。但是，重大性的认定具体标准在世界范围内都是难题。

学界认为，理性投资者是关于投资者群体的假定，要求法官在个案审理中加以判定，处于中立地位的法官充当着理性投资者的模型。凡是对证券价格有重大影响的案件、事项或者信息，都具有重大性；相应地，信息披露是指重大信息的披露，虚假陈述是指重大事件、事项或者信息的虚假陈述，而不是全部事项的虚假陈述。重大性具有主观性。在认定某种证券信息是否重大时，不能简单地采用事后验证的判断标准，而要由立法者、监管者、裁判者、中介机构及信息披露义务人作出合理的职业判断。就此而言，重大性包含了对证券价格产生重要影响的可能性,[①] 即采取了“以理性投资人为标准”的判断规则。

但是，上述关于重大性的内涵界定仍很不确定。在司法实践中，法院常面临虚假陈述行为人表示其虚假陈述行为不具有重大性的抗辩，即其被证监会处罚的虚假陈述行为不具有重大性，不会对投资者产生影响。在证监会对虚假陈述行为进行处罚时，是否认为凡被处罚的行为都具有重大性，或只有符合重大性的违法行为才是处罚对象？有实务部门认为，重大性是指违法行为对投资者决定的可能影响，其主要衡量指标可以通过违法行为对证券交易价格和交易量的影响来判断，即投资者决策标准，凡是对市场产生了影响的虚假陈述事实就是重要事实。对于虚假陈述行为是否对市场产生了影响，可从虚假陈述行为被披露后股票价格的涨跌幅是否构成异常波动这一角度来进行分析和认定。[②] 对此，《九民会议纪要》第 85 条规定，“虚假陈述已经被监管部门行政处罚的，应当认为是具有重大性的违法行为”（行政处罚 = 重大性），系采用了客观化的证明方法，即以事后的、客观化的指标对虚假陈述的程度进行检验，通过观察虚假陈述行为对证券交易价格和交易量的影响来加以证明。[③]

鉴于 2022 年《虚假陈述规定》取消了原规定关于以行政处罚或刑事处罚作为民事侵权案件前置程序的规定，故其第 10 条第 1 款将下列情形作为人民法

① 参见叶林：《证券法》，中国人民大学出版社 2013 年版，第 208 页。

② 参见北京市第一中级人民法院：《证券虚假陈述责任纠纷案件的审理难点及对策分析》，载《中国审判》2018 年第 5 期。

③ 参见最高人民法院民事审判第二庭编著：《〈全国法院民商事审判工作会议纪要〉理解与适用》，人民法院出版社 2019 年版，第 448 页。

院认定虚假陈述的内容具有重大性的标准："……（一）虚假陈述的内容属于证券法第八十条第二款、第八十一条第二款规定的重大事件；（二）虚假陈述的内容属于监管部门制定的规章和规范性文件中要求披露的重大事件或者重要事项；（三）虚假陈述的实施揭露或者更正导致相关证券的交易价格或者交易量产生明显的变化。"并且，"前款第一项、第二项所列情形，被告提交证据足以证明虚假陈述并未导致相关证券交易价格或者交易量明显变化的，人民法院应当认定虚假陈述的内容不具有重大性"。如此一来，2022 年《虚假陈述规定》系从内容（第 1、2 项规定）及影响（第 3 项规定）等双重层面上规定了认定虚假陈述内容具有重大性的标准。值得注意的是，在 2022 年《虚假陈述规定》取消行政处罚作为前置程序后，行政处罚即等于重大性的标准已不再适用，法院将自行判断涉嫌虚假陈述行为是否具有重大性。事实上，重大性一般意味着虚假陈述对投资者在决策时有重要关系，亦即虚假陈述的重大性取决于其对被害人进行投资的决策能否产生影响，或者说检验一种虚假陈述是否具有重要性，就看其是否能使被害人因此失去财产。①

（四）关于损害后果的计算方法

既往实务的做法是，由于证券交易的复杂性，用于计算投资人投资差额损失的方法有多种，只要符合 2003 年《虚假陈述规定》确定的原则，结果公平合理，使用何种方法计算，均在法院的自由裁量权之内，② 如"佛山电器照明案"。③ 因应于司法实践，2022 年《虚假陈述规定》在明确赔偿范围"以原告因虚假陈述而实际发生的损失为限"的基础上（2022 年《虚假陈述规定》第 25 条），还对投资差额损失计算的基准日与基准价格（2022 年《虚假陈述规定》第 26 条）、计算方法（2022 年《虚假陈述规定》第 27 条、第 28 条、第 29 条）进行了细化。其中，就基准日，系分别明确为"在采用集中竞价的交易市

---

① 参见周密主编：《美国经济犯罪和经济刑法研究》，北京大学出版社 1993 年版，第 261 页。

② 参见最高人民法院民事审判第二庭编：《金融案件审判指导》，法律出版社 2015 年版，第 313 页。

③ 参见谢欣欣、谢春晖：《上市公司虚假陈述之民事责任》，载《人民司法（案例）》2016 年第 2 期。

场中，自揭露日或更正日起，被虚假陈述影响的证券集中交易累计成交量达到可流通部分100%之日为基准日”（2022年《虚假陈述规定》第26条第2款）与“自揭露日或更正日起，集中交易累计换手率在10个交易日内达到可流通部分100%的，以第10个交易日为基准日；在30个交易日内未达到可流通部分100%的，以第30个交易日为基准日”（2022年《虚假陈述规定》第26条第3款）两种形式。就“在采用集中竞价的交易市场中”的场合，如果原告因虚假陈述系“买入相关股票所造成的投资差额损失”，按照“（一）原告在实施日之后、揭露日或更正日之前买入，在揭露日或更正日之后、基准日之前卖出的股票，按买入股票的平均价格与卖出股票的平均价格之间的差额，乘以已卖出的股票数量；（二）原告在实施日之后、揭露日或更正日之前买入，基准日之前未卖出的股票，按买入股票的平均价格与基准价格之间的差额，乘以未卖出的股票数量”（2022年《虚假陈述规定》第27条）的方法计算；如果原告因虚假陈述系“卖出相关股票所造成的投资差额损失”，则按照“（一）原告在实施日之后、揭露日或更正日之前卖出，在揭露日或更正日之后、基准日之前买回的股票，按买回股票的平均价格与卖出股票的平均价格之间的差额，乘以买回的股票数量；（二）原告在实施日之后、揭露日或更正日之前卖出，基准日之前未买回的股票，按基准价格与卖出股票的平均价格之间的差额，乘以未买回的股票数量”（2022年《虚假陈述规定》第28条）的方法计算。

实务中系参照上述方法对内幕交易、操纵市场等证券侵权行为所致损害后果进行计算。

三、虚假陈述型犯罪：欺诈发行证券罪与违规披露、不披露信息罪的罪数认定——“丹东欣泰电气欺诈发行证券案”引发的思考

（一）虚假陈述行为所致的犯罪类型及其罪数

“丹东欣泰电气欺诈发行证券案”中，丹东欣泰电气在证券发行、交易过程中的虚假陈述行为，实则是对发行信息披露制度、持续披露制度的分别违反，且因情节严重，从而分别构成欺诈发行证券罪（《刑法》第160条）、违规披露、不披露重要信息罪（《刑法》第161条）。

（二）发行阶段所对应的欺诈发行证券罪构成要件及其法益

所谓欺诈发行证券罪，是指在招股说明书、认股书、公司债券募集办法等发行文件中隐瞒重要事实或者编造重大虚假内容，发行股票或者公司、企业债券、存托凭证或国务院依法认定的其他证券，数额巨大、后果严重或者有其他严重情节的行为。其中“发行文件”以及“存托凭证”与“其他认定证券”的规定，系《刑法修正案（十一）》所新增。因此，本罪此前是欺诈发行股票、债券罪。

鉴于本罪系属行政犯，因此应当结合证券法等法律法规规定进行认定。根据2019年《证券法》第85条，本罪的行为主体已由2014年《证券法》第69条规定的发行人扩及于发行人的控股股东、实际控制人。为此，《刑法修正案（十一）》增设了对控股股东、实际控制人组织、指使实施该行为的刑事处罚规定（《刑法》第160条第2款），同时还修改了法定刑，并将对单位判处的罚金刑修改为倍比制（非法募集资金额20%以上一倍以下）。

本罪中的欺诈行为，既针对投资者与债权人，又针对证券发行核准或注册机关（2023年2月17日之后仅系为发行注册机关），所以本罪保护的法益系双重法益（复杂客体）——证券发行核准或注册机关对证券发行管理的社会公共利益及投资者、债权人的利益。本罪系采双罚制，即对单位判处罚金，并对其直接负责的主管人员和其他责任人员，处5年以下有期徒刑或者拘役，并处罚金，如丹东欣泰电气及温某乙等人即因此而分别被判处了刑罚。对于数额特别巨大、后果特别严重，或者有其他特别严重情节的，依照《刑法修正案（十一）》的规定，则处5年以上有期徒刑，并处罚金。

（三）交易阶段所对应的违规披露、不披露重要信息罪认定

所谓违规披露、不披露重要信息罪，是指依法负有信息披露义务的公司、企业，向股东和社会公众提供虚假的或者隐瞒重要事实的财务会计报告，或者对依法应当披露的其他重要信息不按照规定披露，严重损害股东或者其他人利益，或者有其他严重情节的行为（《刑法》第161条第1款）。“依法应当披露的其他重要信息”不仅包括证券法、公司法、银行业监督管理法、证券投资基金

法及行政法规对于应当披露的信息事项的规定，而且包括证监会依照授权对信息披露事项的具体规定。[①] 具体是指：（1）招股说明书、债券募集办法；（2）财务会计报告和金融机构财务会计报告；（3）上市报告；（4）上市公司的定期报告、临时报告及其他信息披露资料；（5）公司的重大举措、诉讼、仲裁、担保、关联交易等信息；（6）风险管理状况；（7）董事、大股东和高管人员的变更情况；（8）基金信息；（9）其他重要信息。[②] “不按照规定披露”不仅包括违背法律、法规和国务院证券管理机构的规定搞虚假披露，还包括对所披露的信息有虚假记载、误导性陈述或者重大遗漏等情形，[③] 亦即包括不披露、披露不真实、不全面、不及时以及披露程序不妥当。[④] 如琼花公司董事长于某清在2年间以公司名义为明显不具有清偿能力的控股股东等关联方提供担保，担保金额占该公司净资产的101.29%，琼花公司对上述担保事项未按规定披露，其直接主管人员构成违规不披露重要信息罪（参见《刑事审判参考》第824号指导案例“于某清违规不披露重要信息案”[⑤] ）。须注意的是，本罪虽系单位犯罪，但仅处罚其直接负责的主管人员和其他直接责任人员而不处罚单位，这也是丹东欣泰电气公司仅被以欺诈发行股票罪一罪处罚的原因。

本罪系《刑法修正案（六）》对原规定“提供虚假财会报告罪”（参见《刑事审判参考》第285号指导案例“董某等提供虚假财会报告案”[⑥] ）的修改。本罪法益是基于维护资本市场公平正当的信息披露制度与广众投资人和其他人（主要是债权人）的利益。由于现代公司制度下的公司所有权与经营权高度分离，广众投资人尤其是中小投资人与上市公司或其他公开发行证券的公司董事、监事、高管之间存在严重的信息不对称性，后者可能利用实际控制公司的职权便利获取自身利益，而置公司利益于不顾，甚至损害公司及广众投资人

① 参见黄太云：《刑法修正案解读全编》，人民法院出版社2011年版，第179页。

② 参见冯江编著：《刑法适用指导与疑难注解》，中国法制出版社2016年版，第554页。

③ 参见黄太云：《刑法修正案解读全编》，人民法院出版社2011年版，第179页。

④ 参见张明楷：《刑法学》，法律出版社2016年版，第757页。

⑤ 参见中华人民共和国最高人民法院刑事审判第一、二、三、四、五庭主办：《刑事审判参考》（总第90集），法律出版社2013年版，第2页。

⑥ 参见中华人民共和国最高人民法院刑事审判第一、二、三、四、五庭主办：《中国刑事审判指导案例2·破坏社会主义市场经济秩序罪》，法律出版社2012年版，第108~114页。

利益，为此《刑法修正案（六）》将本罪从结果犯修改为情节犯。《刑法修正案（十一）》则因应于全面从严惩治证券犯罪的政策要求而重新修订了其刑罚设置，即将原“三年以下有期徒刑或者拘役，并处或者单处二万元以上二十万元以下罚金”的刑罚上调至“五年以下有期徒刑或者拘役，并处或者单处罚金；情节特别严重的，处五年以上十年以下有期徒刑，并处罚金”，以及增设了对于控股股东、实际控制人组织、指使实施或者隐瞒重要事项导致违规披露或违规不披露情形发生的行为进行定罪处罚的规定。

需要注意的是，就2022年《立案标准规定（二）》第6条规定的第6种情形，即“致使不符合发行条件的公司、企业骗取发行核准或者注册并上市交易的”，实际上系属成立欺诈发行证券罪的构成要件，对此就有不予参照适用的必要。

（四）对证券发行前后均实施欺诈的行为罪数认定——“丹东欣泰电气欺诈发行证券案”的司法规则提炼①

欺诈发行与违规披露、不披露重要信息均属虚假陈述行为，只是所发生的环节阶段不同。其中，欺诈发行证券行为系发生在证券发行环节，而违规披露、不披露重要信息行为则发生在证券交易阶段。因此，对于行为人欺诈发行证券的，或虽未实施欺诈发行行为但在证券发行后违规披露、不披露重要信息的，应分别以欺诈发行证券罪或违规披露、不披露重要信息罪一罪定罪处罚。但对于同一行为人在前述两个不同环节阶段均实施虚假陈述且内容具有接续性的，如“丹东欣泰电气欺诈发行证券案”，对此应按一罪论处还是以数罪论处？以一罪论处的观点看似不无道理。因为，前述两个行为虽发生在不同阶段环节，但由于其虚假内容具有接续性关联，因此根据刑法关于吸收犯或牵连犯理论对该两个行为以一罪评价，似也符合刑法的罪数理论。但是，对于欺诈发行与违规披露重要信息两个行为构成之间尚难以作出究竟“孰重孰轻、孰主孰次”的评价，所以以重行为吸收轻行为或以主行为吸收附随行为的吸收犯理论按一罪

① 本部分系参照李晓智：《解读〈关于办理证券期货犯罪案件座谈会议纪要〉》，载人民法院出版社编：《刑事法律文件解读》（总第207辑），人民法院出版社2023年版，第63页。

处理的观点并不合适。同时，也很难将该两个欺诈行为区分认定为原因行为与结果行为或者目的行为与手段行为，从而以牵连犯从一重处。退言之，即使将两个行为构成之间认定为具有接续关联性，但对于牵连犯的认定也应当遵照类型关联性的规则处理，以实现罪责刑相一致。前述两个行为之间显然并不具有该可类型性特征，故不能按牵连犯从一重罪处理。因此，对于欺诈发行证券的行为人在其欺诈发行的证券上市后继续实施不如实披露重要信息行为的，即使其内容具有接续性，也应当以欺诈发行证券罪与违规披露、不披露重要信息罪数罪并罚。

第四节　内幕交易型证券犯罪：内幕交易、泄露内幕信息罪的司法认定及其处理规则

一、内幕交易及内幕交易、泄露内幕信息罪

（一）内幕交易的核心构成要素及其法益

所谓内幕交易，亦称内线交易、内部人交易或知情人交易、内情者交易，是指掌握证券交易内幕信息的知情人员或以非法手段获取内幕信息的其他人员利用内幕信息进行证券交易的违法犯罪行为（包括违法买卖所持有的该公司的证券，或泄漏该信息或者建议他人买卖证券的行为）。[①] 在商事审判实践中，将其分为自己交易、建议他人交易、泄露内幕信息三类，[②] 其核心构成要素是知情人、内幕信息和内幕交易行为。[③] 内幕交易的实质是行为人基于职务、业务或控制等方面的地位或者便利条件获得内幕信息，并利用由此产生的信息不对称状况进行证券交易获得额外利益或者避免损失，这使表面上双方自主决定自由进行的证券交易，具有实质上的不平等性和不公正性。因此，内幕交易属于

① 参见朱羿锟：《商法学：原理·图解·实例》，北京大学出版社2014年版，第365页。

② 参见杨临萍：《积极回应市场关切，努力开创证券商事审判新局面》，载最高人民法院民事审判第二庭编：《商事审判指导》（总第42辑），人民法院出版社2017年版，第43页。

③ 参见叶林：《证券法》，中国人民大学出版社2013年版，第219页。

严重损害投资者信心、破坏证券市场公正性和秩序性的不正当交易行为,[①] 其侵害的法益是善意投资者的财产所有权及股东权益,[②] 同时也侵害了证券市场的公平与健康发展。

（二）内幕交易、泄露内幕信息罪的司法认定

前述行为情节严重的，根据《刑法》第 180 条，得构成内幕交易、泄露内幕信息罪，亦即本罪系选择性罪名，实际上包括内幕交易罪与泄露内幕信息罪。其中，前者系一种受禁止的证券交易行为，后者则是一种受禁止的泄露行为。但在实务中，知情人往往是既自己（或控制他人为自己）进行交易，又故意向他人泄露内幕信息，对此以成立内幕交易、泄露内幕信息罪的选择一罪论处。知情人向他人泄露内幕信息的，则仅构成泄露内幕信息罪（参见《刑事审判参考》第 735 号指导案例“李某红内幕交易、泄露内幕信息案”[③]）。

问题 47 内幕信息知情人建议他人买卖与内幕信息有关的证券，但没有获利的行为，成立何种类型犯罪？

本罪曾历经二次修订。其中，《刑法修正案（七）》在《刑法》第 180 条中增设了“明示、暗示他人从事上述交易活动”的规定，解决了实践中对建议他人买卖证券行为是否构成犯罪的分歧。从该规定分析，内幕交易、泄露内幕信息的行为方式有买卖证券、泄露该信息和明示、暗示他人从事交易，是三种并列的行为方式。但对建议他人买卖与内幕信息有关的证券行为是构成泄露内幕信息罪还是构成内幕交易罪，存在不同观点。对此，司法判决认为，首先，泄露内幕信息的行为所指向的对象是内幕信息本身，即使行为人在泄露时对内幕信息进行了加工、增加、缩减，其内容也必须与原信息基本一致；而建议他

① 参见王保树主编：《商法》，北京大学出版社 2014 年版，第 329 页。

② 参见最高人民法院民事审判第二庭编：《金融案件审判指导》，法律出版社 2015 年版，第 314 页。

③ 参见中华人民共和国最高人民法院刑事审判第一、二、三、四、五庭主办：《刑事审判参考》（总第 83 集），法律出版社 2012 年版，第 8 页。

人买卖证券的行为，已不再是仅向他人提供内幕信息本身，因此不构成泄露内幕信息罪。其次，根据刑法关于共同犯罪的规定，内幕信息的知情人员建议他人买卖证券，极有可能是内幕交易实施者的犯意提起者、教唆者，建议者和交易者属于内幕交易的共同犯罪，均构成内幕交易罪。由此而论，无论建议人是否实际获利，或者建议人是否自己进行内幕交易，其建议行为均构成内幕交易罪。①

二、关于知情人范围及其认定

所谓内幕信息知情人，是指由于其地位或职务关系而可以接触内幕信息的人（2019 年《证券法》第 51 条）。依其来源方式，通常可将之分为公司内幕人员、市场内幕人员（商人内幕型）和政府内幕人员（政府内幕型）。② 但实务中，系采用了下列更具可操作性的分类方式。

（一）公司知情人

公司知情人包括：一是发行人控股或者实际控制的公司及其董事、监事、高级管理人员。二是控制人。主要指持有一定比例股份的股东以及控制公司董事会的人。2019 年《证券法》规定的上市公司收购人或者重大资产交易方及其控股股东、实际控制人均属其列。三是 2019 年《证券法》规定的由于所任公司职务可以获取公司有关内幕信息的人员。四是发行人。

（二）公司外知情人

根据 2019 年《证券法》及《内幕交易行为认定指引》（试行）的规定，此类人员包括：

一是因与公司业务往来可以获取公司有关内幕信息的人员。2019 年的《证券法》第 42 条第 1 款规定，“为证券发行出具审计报告或者法律意见书等文件的证券服务机构”，“不得买卖该证券”。对此应作扩大解释，即不仅为证券发

① 参见中华人民共和国最高人民法院刑事审判第一、二、三、四、五庭主办：《刑事审判参考》（总第 83 集），法律出版社 2012 年版，第 7 页。

② 参见朱羿锟：《商法学：原理 · 图解 · 实例》，北京大学出版社 2014 年版，第 366 页。

行及上市公司出具审计报告、资产评估报告以及法律文件的证券服务机构（包括会计师事务所、律师事务所），而且所有参与到证券发行及准备活动以及为上市公司提供证券专业服务的证券服务机构，都应在义务人之列，即使相关机构不具备相应专业资质者亦然。①

二是根据法定职责对上市公司行使一定管理权和监督权的公务人员。2019年《证券法》第51条第6、7、8项规定，因职务、工作可以获取内幕信息的证券交易所、证券公司、证券登记结算机构、证券服务机构的有关人员；因职责、工作可以获取内幕信息的证券监督管理机构工作人员；因法定职责对证券的发行、交易或者对上市公司及其收购、重大资产交易进行管理可以获取内幕信息的有关主管部门、监管机构的工作人员。因此，即使国家工作人员也可因知情而成为“政府内幕型”知情人，如广东省中山市原市长李某红。

三是由于本人的职业地位，与发行人的合同关系或者工作联系可能获得内幕信息的知情人。如媒体工作人员、编排印刷人员。

值得讨论的，在行为人辩称其是“利用专业知识判断重组对象”而非是知悉该内幕信息进行交易的场合（参见《刑事审判参考》第757号指导案例“杜某库、刘某华内幕交易、泄露内幕信息案”②），其问题是：

问题48 对“利用专业知识判断重组对象”的人员能否认定为内幕信息的知情人？

司法判决认为，对于具有专业知识的人员，不论其是否利用专业知识掌握了内幕信息的内容，原则上只要其判断时依据了因其职务或工作获取的信息，就应当认定为内幕信息的知情人员。③

① 参见范健、王建文：《证券法》，法律出版社2020年版，第134页。

② 参见中华人民共和国最高人民法院刑事审判第一、二、三、四、五庭主办：《刑事审判参考》（总第85集），法律出版社2012年版，第9页。

③ 参见中华人民共和国最高人民法院刑事审判第一、二、三、四、五庭主办：《刑事审判参考》（总第85集），法律出版社2012年版，第13~14页。

（三）非法获取者

内幕交易的行为主体不限于知情人，非法获取内幕信息的人亦在此列。对于公司内部人和公司外知情人以外的任何非法获取公司内幕信息的人员，虽与公司及股东之间不存在任何关系，但是由于他们获取内幕信息而实施的行为为非法行为，而利用该信息进行交易的行为，本身即为对公司无形财产和投资者合法利益的不法侵害，理应承担法律责任。2014 年《证券法》第 76 条（2019 年《证券法》第 53 条）规定的非法获得内幕信息的其他人员，往往系通过盗窃、窃听、贿赂等方式获得内幕信息。如“肖某庆受贿、内幕交易案”（参见《刑事审判参考》第 756 号指导案例[①]）中，肖某庆受“申尔”指使刺探光大证券拟借壳中石化下属上市公司“北京化二”上市信息的准确性，从光大证券财务总监胡某某处获取光大证券正在与中石化就借壳事宜进行谈判的信息后，遂指使肖某英等人利用其控制的多个账户买入“北京化二”股份，故属于非法获取内幕信息的人员。

（四）内幕信息受领者——以及对内幕交易者究竟打到第几手的思考

所谓内幕信息受领者是指由于掌握内幕信息者的泄密而知悉内幕信息的接受者。由于内幕信息的受领者与泄密者存在一种信赖关系，内幕信息受领者获得内幕信息之后，应当继续负有对上市公司及其股东的诚信义务，如果滥用应承担法律责任。泄密者虽未直接从事交易，但其以泄密或建议的方式通过他人间接从事了交易，违反了其与公司及股东之间的诚信义务，也应承担法律责任，防止内幕信息知情人规避法律，从事名为他人实为自己的内幕交易。[②]

当前，对于内幕交易者特别是内幕信息受领者究竟打到第几手的问题，国内各地法院认识不一，世界各国对此也做法各异。如日本仅处罚第一手、第二

---

① 参见中华人民共和国最高人民法院刑事审判第一、二、三、四、五庭主办：《刑事审判参考》（总第 85 集），法律出版社 2012 年版，第 1~2 页。

② 参见沙玲：《证券内幕交易民事赔偿问题初探》。转引自最高人民法院民事审判第二庭编：《金融案件审判指导》，法律出版社 2015 年版，第 315 页。

手，美国则处罚所有利用内幕信息从事与之相关交易的人员。对此，本书倾向，只要行为人具有从事与其所获内幕信息所对应性的交易行为，无论其处于第几手，在情节严重的场合，即应受刑事处罚。

（五）对法定知情人泄露内幕信息是否进行刑事追诉不影响对内幕交易行为人的认定和处罚——对于对偶犯单向处罚认定规则的总结①

在辽宁抚顺“马某内幕交易无罪抗诉案”中，鉴于法定知情人花某一直否认其在与马某接触过程中曾泄露有关“某药业”股票“高送转”的内幕信息，而马某在侦查阶段后期也翻供否认。此后，公诉机关也未认定花某泄露该信息，故一审判决马某无罪。检察机关抗诉后，二审法院改判马某构成内幕交易罪。②关于马某无罪的观点主要基于内幕交易与泄露内幕信息应系对偶犯的立场，认为作为泄露内幕信息者的花某既未被追诉，因此作为其对偶犯的马某也不构成内幕交易罪。但是，这种认定显然没有充分遵循证券犯罪内在运行规律，且未能认识到从事证券违法犯罪活动行为人因具有该领域专业知识从而能够规避打击。为此，在有确切证据能够证明内幕交易的行为人与内幕信息法定知情人在内幕信息敏感期内曾进行密切接触，且结合其双方密切接触的时空紧密性、行为人获取该信息来源的唯一可能性以及行为人在内幕信息敏感期内的相关交易行为明显异常等因素，能够综合分析认定行为人实施了内幕交易行为的，即使行为人与法定知情人均不供认，对内幕交易行为人也应定罪处罚。对法定知情人泄露内幕信息是否进行刑事追诉不影响对内幕交易行为人的认定和处罚。

三、内幕信息特征及其真实性判断的“二元标准”

所谓内幕信息，是指证券交易活动中，有关公司的经营、财务或者对该公司证券的市场价格有重大影响的尚未公开的信息。

根据《证券法》的规定，内幕信息主要有两大特征：一是重要性；二是秘

① 参见李晓智：《解读〈关于办理证券期货犯罪案件座谈会议纪要〉》，载人民法院出版社编：《刑事法律文件解读》（总第207辑），人民法院出版社2023年版，第65页。

② 参见辽宁省高级人民法院（2021）辽刑终428号刑事判决书。

密性。重要性即重大性（参见本章第 3 节）；秘密性是指该信息尚未公开，尚未被证券市场的投资者所知悉。

问题 49　应如何认定内幕信息敏感期？

内幕信息具有敏感期。根据《最高人民法院、最高人民检察院关于办理内幕交易、泄露内幕信息刑事案件具体应用法律若干问题的解释》第 5 条第 1 款，内幕信息敏感期是指自内幕信息开始形成之时起至内幕信息公开时止的期间。因此对此尚须加以其始（信息形成时间）、终（信息公开时间）两个时间节点的判定。司法实践中，一般是将《证券法》规定的重大事件、计划、方案等正式形成的时间认定为内幕信息形成之时。然而，对于影响内幕信息形成的决策者、筹划者、推动者或执行者，其决议、筹划、推动或者执行行为往往影响内幕信息的形成，足以影响证券交易价格，所以上述人员决意、决策、动议或执行之时应认定为内幕信息形成之时（参见“李某红案”）。

问题 50　应如何认定内幕信息的真实性？

在“肖某庆受贿、内幕交易案”中，对于肖某庆通过刺探所获取的信息能否被认定为内幕信息存在争论。因为尽管肖某庆获取的行为具有非法性，但最终借壳“北京化二”上市的却是另一单位“国元证券”，因此肖某庆所获信息是否真实是该案焦点。对此，司法判决认为，内幕信息以真实性为构成特征，但对真实性的认定应持“二元标准”：对于最终公开的内幕信息，应当以相对真实为认定标准；对于因谈判失败或者公司高管人员故意违规不予披露等因素最终未在指定报刊、媒体公开的内幕信息，应当以客观真实为认定标准。所谓相对真实，是指相对于证券监管机构指定的报刊、媒体首次公开的信息是真实的，只要信息与指定报刊、媒体公开的信息基本一致，就应当认定其具有真实性。至于指定报刊、媒体公开的信息是否准确或者是否失实在所不问。即便该种信息不准确，甚至失实，在尚未公开前，也应被禁止用来从事证券交易，因为利用这种相对真实的信息所带来的社会危害未必小于客观真实的信息。无论后来肖某庆的股票交易是利好还是利空，只要肖某庆获取光大证券与中石化谈判有关借壳的信息，并从事该具体股票的交易，就完全齐备内幕交易罪的构成要件。①

四、相关交易行为明显异常的认定

问题 51 应如何认定相关交易行为明显异常？

《最高人民法院、最高人民检察院关于办理内幕交易、泄露内幕信息刑事案件具体应用法律若干问题的解释》第 3 条规定了对于交易行为人“相关交易行为明显异常”的判断，应综合以下情形，从时间吻合程度、交易背离程度和利益关联程度等方面予以认定：“（一）开户、销户、激活资金账户或者指定交易（托管）、撤销指定交易（转托管）的时间与该内幕信息形成、变化、公开时间基本一致的；（二）资金变化与该内幕信息形成、变化、公开时间基本一致的；（三）买入或者卖出与内幕信息有关的证券、期货合约时间与内幕信息的形成、变化和公开时间基本一致的；（四）买入或者卖出与内幕信息有关的证券、期货合约时间与获悉内幕信息的时间基本一致的；（五）买入或者卖出证券、期货合约行为明显与平时交易习惯不同的；（六）买入或者卖出证券、期货合约行为，或者集中持有证券、期货合约行为与该证券、期货公开信息反映的基本面明显背离的；（七）账户交易资金进出与该内幕信息知情人员或者非法获取人员有关联或者利害关系的；（八）其他交易行为明显异常情形。”如在证监会下属的研究所从事上市公司并购重组研究工作的洪某，在“弘信电子”拟收购“弘汉光电”的敏感期内陆续将其账户中原有的大量股票“割肉”卖出，并在短时期内购买了大量“弘信电子”股票，即被判决认定属于相关交

① 参见中华人民共和国最高人民法院刑事审判第一、二、三、四、五庭主办：《刑事审判参考》（总第 85 集），法律出版社 2012 年版，第 4 页。

易明显异常亦即前述规定中的第 4 种情形。[①]

五、证监会认定意见的法律效力与证据性质归类

证监会就内幕交易有关问题出具的认定意见能否作为刑事诉讼证据的争议由来已久。一种观点认为，证监会出具认定意见是依据行政处罚法而非刑事诉讼法作出的，作为行政主管机关，证监会无权收集刑事诉讼证据，因此其出具的认定意见不能作为刑事诉讼证据。另一种观点认为，证监会应司法机关的需要，基于其专业知识、经验的把握而出具的认定意见，可以作为刑事诉讼证据使用。这一问题主要基于行政执法机关根据行政法规合法收集的证券材料，是否可以直接作为刑事诉讼证据而引发。2011 年《最高人民法院、最高人民检察院、公安部、中国证监会关于办理证券期货违法犯罪案件工作若干问题的意见》第 4 条规定："证券监管机构可以根据司法机关办案需要，依法就案件涉及的证券期货专业问题向司法机关出具认定意见。"《刑事诉讼法》第 54 条（2012 年《刑事诉讼法》第 52 条）第 2 款也明确规定："行政机关在行政执法和查办案件过程中收集的物证、书证、视听资料、电子数据等证据材料，在刑事诉讼中可以作为证据使用。"据此，对于行政机关依据上述实物性证据作出的检验报告、认定结论等，经司法机关审查，具有客观性、真实性和合法性的，可以作为定案的证据。在"肖某庆受贿、内幕交易案"中，司法判决认为，证监会关于同意公安部发函中的认定意见的回函意见，实际是对公安机关收集的书证、电子数据、证人证言、行政相对人（刑事诉讼中的被告人）陈述等证据作出的综合性、专业性的意见材料，可以作为刑事诉讼中的证据使用。还须注意的是，证监会出具的认定意见在内容上虽然具有鉴定意见的性质，但因主体不具有鉴定资质，所以在具体证据类别上不能归类为鉴定意见。目前，实务比较倾向的观点是将该认定意见作为一种准书证予以使用。[②]

---

① 参见辽宁省沈阳市中级人民法院（2019）辽 01 刑初 91 号刑事判决书。

② 参见中华人民共和国最高人民法院刑事审判第一、二、三、四、五庭主办：《刑事审判参考》（总第 85 集），法律出版社 2012 年版，第 7 页。

六、本罪与其他关联犯罪成立想象竞合、牵连犯与数罪的适用规则①

就被告人朱某海长期制作并使用“木马”病毒实施非法侵入并控制他人计算机信息系统，非法获取多家基金公司计算机系统内存储的相关数据，以及利用从中非法获取的多条内幕信息，在相关内幕信息敏感期内从事相关股票交易的行为，究竟是构成一罪还是数罪，曾产生争议。②

尽管朱某海实施非法侵入并对计算机信息系统非法控制的行为系为获取内幕信息，以实现其不法目的，在此意义上，前者可谓手段行为，后者可谓目的行为，但认定成立牵连犯仍须坚持手段行为与目的行为、方法行为与结果行为之间具有可类型关联性这一原则标准。由于朱某海前述行为之间不具有该可类型关联性特征，为实现罪责刑相一致，所以不能对之按牵连犯原则从一重罪处理，故而对朱某海应数罪并罚（参见《刑事审判参考》第1501号指导案例“朱某海非法获取计算机信息系统数据、非法控制计算机信息系统、内幕交易案”③）。

第五节　操纵市场型证券犯罪：操纵证券市场罪的认定及其处理规则

一、操纵市场的实质及其案件变异新态势

正如苏珊·夏皮罗在其《白领犯罪——证券交易中的黑色内幕》一书中所揭示的，“一些投资者的决策是建立在公开招股公司及其上市公司股票的有关信息的基础之上的。这样一来，信息如被歪曲或隐瞒，则这些投资者将很容易

---

① 参见李晓智：《解读〈关于办理证券期货犯罪案件座谈会议纪要〉》，载人民法院出版社编：《刑事法律文件解读》（总第207辑），人民法院出版社2023年版，第66页。

② 参见辽宁省高级人民法院（2016）辽刑抗字第4号刑事判决书。

③ 参见最高人民法院刑事审判第一、二、三、四、五庭编：《刑事审判参考》（总第133辑），人民法院出版社2023年版，第77~79页。

成为金融大鳄下手的目标。在决定投资前，投资者通常要查看股票的前期交易记录及其价格涨跌情况，于是，只要人为操纵股票的交易价格就可以对投资者的决策施加影响"①。随着我国证券市场不断发展，操纵市场类案件在证券领域也日益猖獗（见图 10-3），持续保持多发态势、居于案发数量前三位，并出现了信息操纵、跨市场操纵、跨境操纵等多起首例案件（参见辽宁抚顺"吴某东操纵期货市场案"②），呈现了加速演变（变异性）、更趋复杂的特点。近年来，此类案件还表现出其已从此前的"长线"操纵向"短线"操纵演变，以及"金主"通常隐身于幕后、由"操盘手"居于台前进行操纵以规避打击，或者采用集中资金优势连续交易、对倒、虚假申报、尾市拉抬等多种方法操纵证券等新征象（参见辽宁本溪"刘某力等操纵证券市场案"③）。

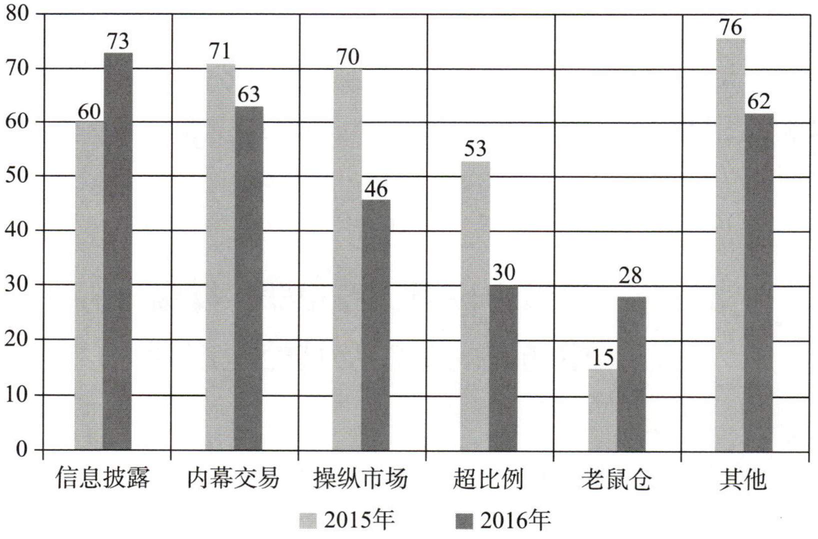

图 10-3 2015—2016 年证监会立案案件类型分布

---

① ［美］苏珊·夏皮罗：《白领犯罪——证券交易中的黑色内幕》，孙宁译，江苏人民出版社 2002 年版，第 19 页。

② 参见辽宁省抚顺市中级人民法院（2018）辽 04 刑初 55 号刑事判决书。

③ 参见辽宁省本溪市中级人民法院（2019）辽 05 刑初 18 号刑事判决书。

二、操纵市场的相关禁止性规定

所谓操纵市场亦称操纵行情，是指利用资金优势、信息优势或滥用职权，影响证券市场，人为地制造证券行情，诱使投资者买卖证券的行为。操纵市场实际上也是一种欺诈行为，旨在人为地影响证券市场的价格，欺骗广大投资者，自己从中渔利。行为人通过虚构供求关系，误导资金流向，使股票价格与上市公司的经营状况脱离，损害广大投资者的利益，破坏市场竞争机制。① 此类案件往往涉案数额惊人，破坏力巨大。如 2016 年“徐翔操纵证券市场案”：徐翔在 2010 年至 2015 年，先后与 13 家上市公司的董事长或实际控制人合谋操纵上市公司的股票交易，通过控制 139 个证券账户，非法获利 93 亿余元。而“德隆事件”揭露后，在一夜之间也导致了 156 亿元的股市市值蒸发。因此，禁止操纵市场乃各国通例，我国亦概莫能外。

根据 2014 年《证券法》第 77 条第 1 款，下列四种情形是操纵证券市场的行为：第一，单独或者通过合谋，集中资金优势、持股优势或者利用信息优势联合或者连续买卖，操纵证券交易价格或者证券交易量；第二，与他人串通，以事先约定的时间、价格和方式相互进行证券交易，影响证券交易价格或者证券交易量；第三，在自己实际控制的账户之间进行证券交易，影响证券交易价格或者证券交易量；第四，以其他手段操纵证券市场。2019 年《证券法》第 55 条除对上述第一种情形后段中的“操纵证券交易价格或者证券交易量”以及第二、三种情形后段中的“影响证券交易价格或者证券交易量”等规定整合为该条第 1 款规定中的内容，还在“影响”之后增加了“意图影响”这一主观性规定，并另增加规定了三种新类型的操纵证券市场行为：不以成交为目的，频繁或者大量申报并撤销申报；利用虚假或者不确定的重大信息，诱导投资者进行证券交易；对证券、发行人公开作出评价、预测或者投资建议，并进行反向证券交易。

上述前三种行为类型主要是连续买卖型、串通相互买卖型以及自我洗售型即交易型操纵，后面新规定的最后两种行为类型则主要是信息型操纵。事实上，

---

① 参见朱羿锟：《商法学：原理 · 图解 · 实例》，北京大学出版社 2014 年版，第 369 页。

早在2015年实务部门即已将其细化为对各种实际交易行为操纵、虚伪交易行为操纵、信息优势操纵、信息误导操纵、跨市场操纵，以及上述方式的组合方式。① 以上情节严重的，成立操纵证券市场罪（《刑法》第182条）。针对日益猖獗的操纵市场行为，2019年7月施行的《最高人民法院、最高人民检察院关于办理操纵证券、期货市场刑事案件适用法律若干问题的解释》（法释〔2019〕9号）即提及了信息操纵、媒体操纵等新类型犯罪，并特别明确了"不以成交为目的，频繁申报、撤单或者大额申报、撤单，误导投资者作出投资决策，影响证券、期货交易价格或者证券、期货交易量，并进行与申报相反的交易或谋取相关利益"的行为（第1条第5项），属于操纵市场犯罪（参见"吴某东操纵期货市场案"）。鉴于本罪系行政犯，为此《刑法修正案（十一）》根据2019年《证券法》的规定对本罪行为构成进行了全面调整。

三、操纵证券市场犯罪的认定

根据《刑法》第182条，所谓操纵证券市场罪即操纵证券市场，影响证券交易价格或者交易量的行为。本罪曾历经二次修正。② 第一次即《刑法修正案（六）》修改了本罪的处罚标准，并增设了"操纵证券交易量"作为行为构成，系完善了操纵行为，罪名亦由操纵证券交易价格罪相应地调整为操纵证券市场罪。第二次即《刑法修正案（十一）》对本罪的修订，并因应于2019年《证券法》的修正，同时增设了上述三种新的操纵类型。考虑到2019年《证券法》在《刑法修正案（十一）》正式实施（2021年3月1日）之前即已施行，因此，在该"空白"期间内实施由2019年《证券法》新规定的三种操纵类型行为的，宜将其解释为《刑法》第182条第1款原第4项（修正后的为第7项）所规定的"以其他方法操纵证券市场"。但根据法不溯及既往的原则（《刑法》第12条），基于体系解释的理由，对之还应考虑以有无"影响交易价格或者交

① 参见杨临萍：《积极回应市场关切，努力开创证券商事审判新局面》，载最高人民法院民事审判第二庭编：《商事审判指导》（总第42辑），人民法院出版社2017年版，第43页。

② 《刑法修正案》系增设了操纵期货交易价格罪，故本条罪名相应地变更为操纵证券、期货交易价格罪。但严格言之，期货并不属于证券市场领域中的金融产品，故不计入修正本罪（操纵证券市场罪）之列。

易量”以及“情节严重”作为定罪的限定要素。须注意的是，《刑法修正案（十一）》并未将“意图影响交易价格与交易量”的主观性违法要素作为刑法规制的对象。而事实上，2019年《最高人民法院、最高人民检察院关于办理操纵证券、期货市场刑事案件适用法律若干问题的解释》即将蛊惑交易、“抢帽子”交易、控制信息交易等操纵行为归类于“以其他方法操纵证券市场”的行为之中，并从交易金额、交易占比、违法所得金额等方面规定了七种情节严重的认定标准，系降低了入罪门槛。并且，上述司法解释规定多已为《刑法修正案（十一）》所实际吸收。

客观而言，投资证券本就是一种商业投机的经济行为，只要在不违反法律法规的前提下，都是一种市场行为。而且，投资证券还要承担较大风险，这也是由市场因素所决定的。但是，证券市场是一种建立在诚信体制基础之上、贯彻公平交易的场所，广众投资者的利益与对市场投资信心是建立在公平、法治健全的市场环境之下的，由于证券市场存在信息不对称性，就给予了投机者某种机会。其中，对于是否成立非法操纵，并且是否会因为情节严重进而成立操纵证券市场罪，需严格遵守上述《证券法》的管理规定与《刑法》的禁止规定加以判断。

（一）操纵市场行为的主要特征

操纵市场主要是行为人通过影响证券交易的价格或者成交量来实现其不正当利益。因此，操纵市场亦称影响证券行情行为。其行为主要特点是行为人人为操纵市场价格或交易量，操纵者通常实施建仓、洗盘、拉升、派发等活动，从而达到其操纵目的，[①] 或通过公开信息实现其“抢帽子”。与内幕交易罪的行为主体主要是作为内部人不同，操纵市场罪的行为主体多以投资人的面目出现，如“徐翔操纵证券市场案”。但不排除上市公司基于不正当交易的目的自洗售的行为，如下述“丁某根操纵证券市场案”。近年来，则又呈现出行为人采用信息操纵、蛊惑交易操纵、“抢帽子”交易操纵等多种操纵手段并用实施联合操纵的特点。

---

① 参见叶林：《证券法》，中国人民大学出版社2013年版，第228页。

（二）“倒仓”行为已使股票所有权发生了名义上的转移属于“自买自卖”

丁某根等人利用己方所开设的多个证券交易账户和股东账户，联合、连续对“0048”股票进行操纵，系属于“倒仓”行为，司法判决也认定其是“不转移证券所有权的自买自卖的行为”（参见“上海华亚实业发展公司、丁某根等操纵证券市场案”①）。这是由于该股票所有权尽管在外观上发生了名义上的转移，引起了证券权利的变动，但上述账户均为丁某根等人所实际控制，通过这些账户进行“冲洗”买卖，并未引起证券权利的事实转让，故其实质上仍属于“自买自卖”行为。就此而言，“洗售”与在自己实际控制的账户之间进行证券交易基本上为同一意义。

（三）利用信息优势并串通联合公司内部人操纵的认定

在“徐翔操纵证券市场案”中，徐翔与多家上市公司实际控制人、董事长串通，利用信息优势，操纵上述上市公司证券交易价格，符合2014年《证券法》第77条（现为2019年《证券法》第55条）第2项“与他人串通，以事先约定的时间、价格和方式相互进行证券交易，影响证券交易价格或者证券交易量”及《刑法》第182条的禁止性规定，也符合根据《刑法修正案（六）》制定的2010年《立案标准规定（二）》第39条第6项规定的情形：“上市公司及其董事、监事、高级管理人员、实际控制人、控股股东或者其他关联人单独或者合谋，利用信息优势，操纵该公司证券交易价格或者证券交易量。”② 故

① 参见中华人民共和国最高人民法院刑事审判第一、二、三、四、五庭主办：《中国刑事审判指导案例2·破坏社会主义市场经济秩序罪》，法律出版社2012年版，第980~990页。

② 2022年《立案标准规定（二）》第34条第1款第6项已修改为：“通过控制发行人、上市公司信息的生成或者控制信息披露的内容、时点、节奏，误导投资者作出投资决策，并进行相关交易或者谋取相关利益，证券交易成交额在一千万元以上的。”而与原《立案标准规定（二）》第39条第6项规定相近的则还有2022年《立案标准规定（二）》第34条第2款第1项规定的，影响证券、期货交易价格或者证券、期货交易量，获利或者避免损失数额在五十万元以上，同时涉嫌发行人、上市公司及其董事、监事、高级管理人员、控股股东或者实际控制人实施控制操纵证券、期货市场行为的情形。而与“徐翔操纵证券市场案”本身近似的，则是2022年《立案标准规定（二）》第34条第2款第2项规定的“收购人、重大资产重组的交易对方及其董事、监事、高级管理人员、控股股东或者实际控制人实施操纵证券、期货市场行为的”情形。

徐翔操纵证券市场的行为，虽未达到原《立案标准规定（二）》第 39 条前 5 项所规定的定量要求，但因其情节特别严重，故仍应予严惩。在串通型操纵市场案中，双方必须具有共同的意思联络，无意思联络的尽管可能会成立共同民事侵权，但并不能成立共同犯罪。

（四）“名嘴”及“抢帽子”交易的入罪分析

司法实践中，“名嘴”通过公开媒介操纵的活动比较普遍。部分“名嘴”依托其专业优势、信息平台，作出虚假陈述或者信息误导，实行“抢帽子”交易［《证券市场操纵行为认定指引（试行）》第 37 条，（已失效）］，该行为本身就是一种违规行为［2014 年《证券法》第 78 条（2019 年《证券法》第 56 条）第 2 款］，情节严重的，得成立犯罪。如曾被称为中国“操纵股市第一案”的“汪某中案”。[①] 近年来，则又表现出“名嘴”与操纵者相互勾结、联合操纵的新态势。“名嘴”“抢帽子”的实质在于其“咨询”行为并非直接作用于证券交易价格或交易量，而是作用于影响证券市场投资者，进而引发相关证券交易或交易量达到一定水平。如果抽离出其公开发布的信息，相关市场参与者就不会从事与该信息有关的证券交易。因此，该行为是一种典型的信息操纵，具有刑事可罚性。

（五）对于幕后“金主”操纵证券期货市场的犯罪认定

实践中，对于幕后“金主”雇佣操盘手进行幕后操纵市场行为的认定经常存在一定的困难，致使往往只能打击居于幕前、被雇佣的操盘手，而难以打击那些幕后“金主”。对此，应根据双方协议的具体内容安排，审查是正当投资行为还是不法操纵行为、“金主”是否实施了幕后操纵或教唆、账户控制关系、“金主”账户资金的走向、“金主”提供的资金账号是否异常等多重因素，综合分析认定“金主”是否构成共同犯罪，是否符合教唆犯、帮助犯等狭义的共犯

---

① 汪某中担任北京首放投资顾问有限公司负责人期间，使用由其实际控制的 10 余个沪深证券账户用于证券交易。汪建中采取先买入“工商银行”“中国联通”等多只股票，后利用首放公司名义通过“新浪网”“搜狐网”等媒介向社会公众发布咨询报告，对外推荐其先期买入的股票，并在股票交易时抢先卖出，人为影响上述股票的交易价格，累计非法获利 1.25 亿余元。北京市二中院以汪某中犯操纵证券市场罪，判处其有期徒刑 7 年，并处罚金 1.25 亿余元。

或者间接正犯的行为特征，以准确认定其行为构成。

（六）利用计算机修改系统信息实现其操纵的行为认定

在“赵某操纵证券交易价格案”中，赵某为拉高“兴业房产”和“莲花味精”股票价格，以便本人及朋友能在抛售股票时获利，利用计算机侵入上海新闸路证券交易营业部的计算机信息系统，对该营业部待发送的委托数据进行修改，以致“兴业房产”和“莲花味精”两种股票的价格被拉至涨停价位。赵某及其朋友乘机抛售股票获利数万元（其中赵某违法所得仅7277.01元），而新闸路证券交易营业部因此遭受295万余元的经济损失。对于该种基于实现操纵证券市场的目的，即使认为其与以破坏计算机信息系统为手段之间成立牵连犯关系，也应从一重罪论处。尽管本案的判决理由是作同样认定，但同时又认为赵某侵犯的客体是刑法所保护的证券管理制度和投资者的合法权益，因此构成的是操纵证券价格罪。这应该是将操纵证券市场罪作为特殊法条而优先适用了。如果考虑到非法侵入他人计算机信息系统特别是对之进行了非法控制的场合，这本身就是独立的行为构成，而后罪并不能完全对前一行为进行评价，因此二者之间成立的是想象竞合犯关系而非法条竞合关系，故应从一重处。此与前述适用数罪并罚的朱某海案（参见本章第4节）系属二事。事实上，操纵市场行为往往与内幕交易、利用未公开信息交易、诱骗投资者买卖证券以及编造、传播虚假证券信息罪之间会产生想象竞合关系。对此，均应从一重处。

（七）盗买盗卖股票的行为性质

就钱某在证券交易大厅，通过偷窥和推测先后获得多人的股票账户账号及交易密码后，在上述他人的股票账户上高买低卖某一股票，同时通过自己在证券营业部开设的股票账户上低买高卖同一股票从中获利的行为，对此，实务倾向认定成立盗窃罪而非成立操纵证券市场罪（参见《刑事审判参考》第325号指导案例“钱某盗窃案”[①]）。尽管该行为也符合本罪的行为构成，但是，毕竟本罪的实质是对广众投资人的一种欺诈，并且是通过资金、信息等优势影响证

① 参见中华人民共和国最高人民法院刑事审判第一庭、第二庭编：《刑事审判参考》（总第41集），法律出版社2005年版，第44页。

券价格市场之后实现其获利，本案行为人钱某却是对特定的投资人的股票账号进行控制而实施的，并且投资人亦即账号的所有人在钱某非法控制股票买卖的过程之中处于失控的状态，钱某的上述行为直接造成了上述被害人的资金损失，而钱某却因此而直接对应获利，二者之间不但具有“素材的同一性”，且还具有直接性因果关系，因此判决是正确的。

第六节 欺诈客户型证券犯罪：诱骗投资者买卖证券罪、背信运用受托财产罪的认定

欺诈客户型证券侵权是指证券公司及其从业人员违反法律、行政法规和交易规则的规定，在其业务活动中违反客户的约定或违背诚信义务，损害其客户利益的行为。[①] 具言之，是上述行为主体在证券发行、交易及其相关活动中，诱骗投资者买卖证券以及其他违背客户真实意思，损害客户利益的行为（2019年《证券法》第57条第1款）。部分欺诈客户的行为可能会构成诱骗投资者买卖证券罪（《刑法》第181条第2款）和背信运用受托财产罪（《刑法》第185条之一第1款）。该类罪究其实质是一种背信罪。

一、证券经纪关系：欺诈客户型证券侵权及其衍生犯罪的解释机理与法益

客户是相对于服务提供者而言的，通常就是投资者，客户关系就是服务提供者和客户之间的权利义务关系。其中最重要的就是证券公司与投资者之间的关系[②]即证券经纪关系，也是一种营业信托关系。证券公司应当诚实、尽责、善意地为投资者服务，如果违背客户真实意思、损害客户利益，即构成欺诈。

基于证券经纪关系具有信任度高、对称性差、保密性强等特点，证券公司必须向投资者承担忠实和谨慎义务，即“受人之托，忠人之事”。如果背离投

① 参见王保树主编：《商法》，北京大学出版社2014年版，第331页。

② 参见叶林：《证券法》，中国人民大学出版社2013年版，第232页。

资者的信赖与委任而滥用权利，就会对投资者利益造成重大损害。“为了充分发挥证券市场的功能，必须适当合理地形成市场价格；而为了合理地形成市场价格，让投资者各自基于自己责任的原则，进行投资判断是必要的前提。”① 因此基于该证券经纪关系而对投资者利益的特殊保护，以及对资本市场健康稳定发展的公正性维护，就是欺诈客户型证券侵权的保护法益（系双重法益），也是由该侵权行为所衍生犯罪的保护法益，这也是该类犯罪何以是背信犯罪的解释机理。

二、诱骗投资者买卖证券罪的司法认定

2019 年《证券法》第 57 条（2014 年《证券法》第 79 条）规定了五种禁止证券公司及其从业人员从事损害客户利益的行为（原规定第 6 项“利用传播媒介或者通过其他方式提供、传播虚假或者误导投资者的信息”已被分别归入 2019 年《证券法》第 55 条以及第 56 条的规定之中）。其中第 57 条第 4 项（2014 年《证券法》第 79 条第 5 项）规定的“为牟取佣金收入，诱使客户进行不必要的证券买卖”，即不当劝诱行为，在造成严重后果的场合，还有《刑法》第 181 条第 2 款规定的诱骗投资者买卖证券罪适用的余地。

所谓诱骗投资者买卖证券罪，是指证券交易所、证券公司的从业人员，证券业协会或者证券管理部门的工作人员，故意提供虚假信息或者伪造、变造、销毁交易记录，诱骗投资者买卖证券，造成严重后果的行为。本罪系身份犯。诱骗包括使投资者产生认识错误的欺骗，但不限于欺骗。在投资者原本基于某种原因不打算买卖某种证券，行为人通过提供虚假信息等手段使投资者买卖该证券的，当然属于诱骗。在投资者虽有买卖某种证券的念头，但心存犹豫时，行为人通过提供虚假信息等手段使投资者买卖该证券的，也属诱骗。②

三、背信运用受托财产罪与挪用资金罪的区分界定

作为一种典型的背信罪，背信运用受托财产罪是指证券交易所、证券公司

① ［日］河本一郎、大武泰南：《证券交易法概论》，侯水平译，法律出版社 2001 年版，第 297 页。

② 参见张明楷：《刑法学》，法律出版社 2011 年版，第 695 页。

或者其他金融机构，违背受托义务，擅自运用客户资金或者其他委托、信托的财产，情节严重的行为（《刑法》第 185 条之一第 1 款）。该罪是针对金融机构委托理财出现的问题，由《刑法修正案（六）》增设的。

背信运用受托财产罪与《刑法》第 185 条所规定的前述金融机构的工作人员挪用本单位或者客户资金所成立的挪用资金罪，具有行为外在表征的相同性。其区别主要在于：一是本罪是单位犯罪，而挪用资金罪则是个人犯罪。二是本罪主要是基于证券经纪关系，受委任而负有忠实、勤勉义务的证券公司等金融机构针对客户的投资资金所实施的一种背信行为（参见《刑事审判参考》第 1388 号指导案例“兴证期货大连营业部背信运用受托财产案”[①]），从而具有外部性（对外性）。而挪用资金罪则是作为单位内部的工作人员利用职务上的便利，对其因受委任所保管的资金使用权实施的侵犯，虽然也是一种背信行为，但仅具有内部性（对内性）。所以在客户起诉上述金融机构赔偿其损失的场合，挪用资金者的单位首先应负返还责任，之后可对作为其内部人的挪用者予以追索（参见“中信证券与重庆华能石粉有限公司证券经纪合同纠纷案”[②]）。这正是背信运用受托财产罪与挪用资金罪区别的根本所在。

第七节 不正当交易行为及对“老鼠仓”的惩治：利用未公开信息交易罪的认定及其处理规则

一、长城基金原经理韩刚“老鼠仓”受重罚案及问题的提起

自我国首例“老鼠仓”案[③]即“韩刚案”（参见中国证监会证监函〔2010〕353 号“关于韩刚等人涉嫌利用未公开信息交易案有关问题的认定函”）入罪

① 参见最高人民法院刑事审判第一、二、三、四、五庭编：《刑事审判参考》（总第 125 辑），人民法院出版社 2020 年版，第 14~15 页。

② 参见最高人民法院民事审判第二庭编：《金融案件审判指导》，法律出版社 2015 年版，第 298 页。

③ “老鼠仓”是指基金从业人员在使用公有资金拉升某只股票之前，先用个人资金在低位买入该股票，待用公有资金将股价拉升到高位后，其率先卖出个人仓位进而获利的行为。

以来，利用未公开信息交易案件层出不穷，其与内幕交易、操纵市场犯罪刑事案件数量已呈三足鼎立之势。事实上，其应归属于证券欺诈类型中的“其他不正当交易的行为”。

但问题是，韩刚作为基金经理，所利用的并非是证券法、期货条例所规定的内幕信息，而且作为受客户委托管理投资资金的基金公司，使用客户资金买卖何种证券本是商业秘密，而韩刚系使用自己的资金买卖证券，而非运用受托客户资金，亦非单位行为，其买卖证券的行为何以也会成立犯罪?

二、利用未公开信息交易罪的流辨

（一）本罪法益及其行为构成要件

“老鼠仓”是我国目前资产管理和代客理财市场的一大顽疾，在基金证券市场比较普遍。它严重破坏金融管理秩序，损害资本市场的公平、公正和公开，严重损害客户投资者的利益以及金融行业的荣誉，从而影响投资者对金融机构的信任，也损害从业人员所在单位的利益，严重影响了资产管理和基金、证券、期货市场的健康发展。为此，《刑法修正案（七）》增设了利用未公开信息交易罪（《刑法》第180条第4款）。[①]

据此，本罪法益主要是客户投资者利益以及资本市场健康稳定发展等社会公共利益，其中也涵盖对所任职金融机构忠实义务的背信。为进一步严密法网、协调刑商案件法律适用衔接问题，切实落实本罪作为行政犯的行政违法性之由来，2019年《证券法》新增对利用因职务便利获取的内幕信息以外的其他非公开信息，违反规定，从事与该信息相关的证券交易活动，或者明示、暗示他人从事相关交易活动的禁止性规定（2019年《证券法》第54条第1款）。

本罪行为主体是特殊主体，即必须是证券交易所、期货交易所、证券公司、期货经纪公司、基金管理公司、商业银行、保险公司等金融机构的从业人员以及有关监管部门或者行业协会的工作人员，实务中以基金公司经理为常见。如光大证券红利基金经理许某茂（最高人民法院典型案例[②]）、施罗德基金经理李

① 参见黄太云：《刑法修正案解读全编》，人民法院出版社2011年版，第124页。

② 参见《最高人民法院公报》2012年第10期。

某利（《刑事审判参考》第941号指导案例[①]）、博时精选股票证券投资基金经理马某（最高人民法院第61号指导案例）以及中邮创业基金经理邓某新［参见“邓某新等利用未公开信息交易案”[②]］。根据2019年《证券法》第54条第1款，证券登记结算机构、证券服务机构的工作人员也属禁止从事该交易活动之列，但鉴于罪刑法定原则，故该类人员在刑法对本罪修订之前不是本罪的行为主体。

本罪的构成要件是，行为人需实施了“利用职务便利获取的内幕信息以外的其他未公开的信息，违反规定，从事与该信息相关的证券、期货交易活动，或者明示、暗示他人从事相关交易活动”等行为。司法实践中，其具体表现多为，资产管理机构的从业人员在用客户资金买入证券等金融产品前，自己先行买入，此后卖出。但在卖出的时间性要素上，是否必须仅是指在资产管理机构“卖出前，自己先行卖出”[③]即“先买先卖”，或买卖得具同时性，实务对此系采取了不同立场。例如，许某茂案判决认为，许某茂在担任基金经理期间，利用其掌握的未公开的信息，从事与该信息相关的证券交易活动，先于或同期买入或者卖出相同个股，情节严重，其行为已构成利用非公开信息罪。而马某案判决认定，马某虽系属“同期或稍晚于其管理的‘博时精选’基金账户买卖相同股票”，但也成立本罪。邓某新案则兼具“先于”“同期”“稍晚”等特征，但正如李某利案的判决所指出的，“构成利用未公开信息罪不以‘先买先卖’同时具备为要件”，因为“老鼠仓”行为只是构成利用未公开信息罪的形式之一而非全部，只要行为人利用因职务便利获取的未公开信息，违反规定从事与该信息相关的证券、期货交易活动，达到情节严重的程度，就构成本罪。[④]该观点无疑是适正的。因此，即使对于开始只被其入职的基金管理公司授予一定额度的投资决策权、参与某行业精选混合型证券基金传媒板块的工作的行

---

① 参见中华人民共和国最高人民法院刑事审判第一、二、三、四、五庭主办：《刑事审判参考》（总第96集），法律出版社2014年版，第7页。

② 参见辽宁省葫芦岛市中级人民法院（2019）辽14刑初51号刑事判决书。

③ 黄太云：《刑法修正案解读全编》，人民法院出版社2011年版，第127页。

④ 参见中华人民共和国最高人民法院刑事审判第一、二、三、四、五庭主办：《刑事审判参考》（总第96集），法律出版社2014年版，第15页。

为人，而后利用其职务之便掌握某行业精选投资股票的名称、数量、价格等未公开信息，伙同其配偶通过操控以他人名义开立的账户进行股票交易，也构成本罪。[①]

（二）关于“其他未公开的信息”

根据《最高人民法院、最高人民检察院关于办理利用未公开信息交易刑事案件适用法律若干问题的解释》（法释〔2019〕10号）第1条，所谓其他未公开的信息主要是指资产管理机构代客投资理财即将用客户资金投资购买某个证券、期货等金融产品的投资决策、交易执行信息，以及证券持仓数量及变化、资金数量及变化、交易动向信息和其他可能影响证券、期货交易活动的信息。因其不属于法律规定的内幕信息，也未要求必须公开，故称“内幕信息以外的其他未公开的信息”。现实中因该类信息多属商业秘密，故不要求披露。行为人尽管也利用该商业秘密实施了不正当交易行为，但未对“拥有”该商业秘密的所任职机构造成实害，故不以侵犯商业秘密罪论处。

（三）“情节严重”内含的两种不同情形与两种不同量刑档次

就马某在任职期间利用其掌握的未公开信息，从事与该信息相关的证券交易活动，先于（1—5个交易日）、同期或稍晚于其管理的“博时精选”基金账户买卖相同股票76只，累计成交金额10.5亿余元，非法获利1800余万元的行为，一审判决认为，马乐的行为已构成利用未公开信息交易罪，但刑法中并未对利用未公开信息交易罪规定情节特别严重的情形，因此只能认定属于情节严重。检察机关以“应认定为情节特别严重，一审判决适用法律错误”为由逐级抗诉至最高人民法院。最终最高人民法院认定马某的行为属于情节特别严重，并依法改判。[②] 最高人民法院针对《刑法》第180条第4款中“情节严重的，依照第1款的规定处罚”的规定，认为该款援引法定刑的情形，应当是对第一

---

① 参见辽宁省葫芦岛市中级人民法院（2023）辽14刑初21号刑事判决书。

② 参见董朝阳、吴光侠：《〈马某利用未公开信息交易案〉的理解与参照——利用未公开信息交易罪有情节严重和情节特别严重两种情形和量刑档次》，载《人民司法（案例）》2017年第23期，第14~19页。

款全部法定刑的引用，即本罪应有情节严重与情节特别严重两种情形和两个量刑档次，从而消解了对本罪适用法律的激烈冲突。该理由具有文义解释的适正性。

为避免出现此种不必要的争议，《最高人民法院、最高人民检察院关于办理利用未公开信息交易刑事案件适用法律若干问题的解释》第 7 条特别规定，《刑法》第 180 条第 4 款规定的“依照第一款的规定处罚”，乃“包括该条第一款关于‘情节特别严重’的规定”。并且，“利用未公开信息交易，违法所得数额在一千万元以上的”以及“违法所得数额在五百万元以上，或者证券交易成交额在五千万元以上，或者期货交易占用保证金数额在一千万元以上，具有本解释第六条的规定的四种情形之一的”，均为“情节特别严重”。

三、利用未公开信息罪与其他犯罪的界限

（一）利用未公开信息罪与内幕交易罪的区别

利用未公开信息罪与内幕交易罪的区别在于，一是从信息的内容上。内幕信息主要是围绕上市公司本身的信息，如公司重组计划、公司营利情况等对公司证券的市场价格有重大影响、按照有关规定应及时向社会公开但尚未公开的信息。而利用未公开信息交易罪所利用的信息主要是所在资产管理机构的投资交易信息，一般属于单位内部的商业秘密，法律上并未要求此类信息应当公开，不属于内幕信息的范围，而属于“内幕信息以外的其他未公开的信息”。二是从犯罪行为损害的利益上。内幕交易则更多是损害不特定的社会公众投资者和股民的合法权益，“老鼠仓”交易则更多是损害资产管理机构客户的利益。

（二）利用未公开信息罪与操纵证券市场罪的关系

有人认为，“老鼠仓”行为主要是通过受托管理的客户资金来承担更多的市场风险从而减少行为人的自身风险，其行为的目的是利用机构即将用客户资金购买证券的信息来抢先建仓、提早撤仓从中获利，主观上并没有操纵证券交易价格的目的；而操纵证券市场主要是通过资金优势、信息优势或者对倒、对敲来影响证券交易价格或者成交量，从而达到获利的目的。因此，“老鼠仓”

无论从目的还是行为上，都无法构成操纵证券市场罪。[①]

但对此还不能完全作如此判断。首先，在解释犯罪成立时，必须要遵照从客观到主观的分析方法，上述第一种分析理由系属逆之而动，从而违反司法认定规律，且易予行为人以出罪的理由；其次，关于成交量的影响上，如果说动用数百万元或者几千万元去操纵某只蓝筹股特别是一线股，该见解似乎具有一定合理性，但对于动用的资金多达 10.5 亿元的行为人而言，恐难如此。事实上，利用未公开信息交易行为与操纵市场行为之间也可成立想象竞合关系，对此应从一重处，而非进行非此即彼的割裂式判定。

（三）利用未公开信息罪与背信运用受托财产罪的区别

背信运用受托财产罪是单位犯罪，其行为主体是金融机构，主要是指金融机构擅自运用客户资金和受托财产的决策本身与受托义务相违背，因而有可能使其受委托管理的客户财产陷入极大的风险之中；而利用未公开信息交易罪则是个人犯罪，其行为主体主要是从事资产管理机构的从业人员，资产管理机构作出的投资购买证券、期货的决策本身并不违背受托义务，不属于擅自运用受托财产，打击的主要是资产管理机构的从业人员利用机构内部信息通过提前建仓等方式谋取非法利益的行为。[②]

第八节 关于行刑衔接机制完善和刑民交叉案件赔偿路径选择

为更好地实现全面从严惩治证券犯罪与保护投资者合法权益，对于证券犯罪必须要实施行政处罚、民事赔偿、刑事惩治三位一体的处理机制，即贯彻既打又罚、行民刑三责并举原则。其中下面两个问题因涉及行刑衔接与刑民交叉，在实务中是备受关注且亟须明确的法律适用问题。

---

① 参见黄太云：《刑法修正案解读全编》，人民法院出版社 2011 年版，第 128 页。

② 参见黄太云：《刑法修正案解读全编》，人民法院出版社 2011 年版，第 124 页。

一、关于职业禁止措施与行刑衔接机制建立健全

职业禁止措施作为一种保安处分，原则上人民法院与行政机关均可依法作出。但对于人民法院能否依照《刑法》第 37 条之一的规定，对已被判处刑罚的证券犯罪被告人实施职业禁止措施，还存在不同认识。本书认为，2019 年《证券法》第 221 条所规定的是国务院证券监督管理机构可以对有关责任人员（违法行为人）采取证券市场禁入的措施，包括终身禁业。其适用主体显然是指国务院证券监督管理机构，而未明确及于人民法院。而《刑法》第 37 条之一第 3 款规定，“其他法律、行政法规对其从事相关职业另有禁止或者限制性规定的，从其规定”。因此，如果人民法院迳行对被告人判决终身禁业，可能并不合适。即使人民法院依照该条第 1 款关于“可以根据犯罪情况和预防再犯罪的需要，禁止其自刑罚执行完毕之日或者假释之日起从事相关职业，期限为三年至五年”的规定，在对行为人判处 3—5 年的职业禁止措施后，再转由证券监管机构对行为人再次作出职业禁止包括终身禁业措施，莫不说是否有悖“一事不再罚”即禁止重复处罚原则，在实践中也会由于缺乏其实际可操作性，从而造成处分不力的局面发生。反之，如果通过建立健全执法司法工作协调机制，由证券监管部门作出相关禁业措施可能会更为合适，亦即人民法院在对证券犯罪案件作出判决、裁定后，应当及时向证券监管部门送达裁判文书，由证券监管部门依照相关法律法规规定对行为人采取后续措施。这种“反向移送”方式既能更为全面地实现行刑衔接，也能最终真正全面落实从严惩治证券犯罪的政策要求。

二、关于刑、民案件分立的审判机制建立

由于证券犯罪通常都会侵害投资人的合法权益，并造成投资人的损失，从而产生民事侵权赔偿责任，因此投资人在证券刑事案件审理过程中对被告人提起附带民事诉讼似乎并无法律适用上的障碍。但本书认为，投资人的损失可能并不限于直接物质损失，还会涉及其他经济损失乃至惩罚性赔偿金等问题。而根据 2021 年《刑诉法解释》第 175 条第 2 款的限缩解释规定，对后者则很难为

刑事附带民事判决所保护。这显然并不利于全面保护被害人的合法权益，也没有充分体现落实赔偿责任要求。同时考虑到一起证券犯罪刑事案件往往会涉及成千上万个被害人，由此也可能会相应地产生成千上万个民事案件，如果均准予其提起刑事附带民事诉讼且由同一刑事审判部门一并审理，恐非刑事审判部门之所能，也不利于刑事案件审判质效的提升。为此，针对投资人在刑事诉讼中对被告人（单位）提起附带民事诉讼的，原则上不宜由刑事审判部门直接受理，但应告知其可向有管辖权的人民法院另行提起民事赔偿诉讼，以合理化解刑事司法中不宜直接判决赔偿投资人经济损失这一实务疑难节点，同时也为今后更全面的保障投资人合法权益开辟了一条“绿色”通道。

第十一章 | 票据纠纷案件与票据白领犯罪

——涉商行为型经济犯罪案件的刑商审判衔接（二）

据司法统计，近年来人民法院受理的票据纠纷案件数量呈上升态势，且案件类型多样。特别是 2021 年以来，房地产等行业部分企业资金链紧张甚至断裂，出现债务违约情况，部分大型企业商业承兑汇票兑付逾期频发，影响面广，引起有些地方法院新收票据纠纷案件骤增。同时，一段时期以来以金融创新为名进行违规融资放贷等现象时有发生，如实际用资人、直贴行、出资银行工作人员涉嫌违法犯罪行为高发的票据清单交易、封包交易多有引发民事诉讼，因其中涉及金融风险化解、金融腐败惩治等事项，舆论关注度持续居高。有的还因行为人涉嫌骗取贷款、票据承兑、金融票证罪或者违规出具金融票证罪等引发刑事案件，相关票据商事案件因涉及刑民交叉问题更为疑难复杂。① 票据纠纷案件数量与经济发展状况、经济发展速度、企业数量呈正相关。由于票据具有极强的技术性，且往往同时交织叠加多种法律关系，使票据案件的审理变得更为复杂。实务之中，也多认为票据纠纷案件的审理难度在所有的商事审判案件之中位居前二位，② 这一认知同样存在于对票据刑事案件的审判之中。例如，对因票据诈骗犯罪相关的赃款赃物追及与所涉票据的具体归属，在判定上也产生了争议（参见《刑事审判参考》第 387 号指导案例“王某清票据诈骗、刘某

---

① 参见江苏省高级人民法院民五庭课题组：《江苏法院 2021 年票据纠纷案件审判情况及其应对》，载《人民司法》2022 年第 16 期。

② 参见郭武强、姚鹏：《票据交付转让引发票据纠纷的裁判思路——以票据行为二阶段论为依据》，载《人民司法》2015 年第 17 期。

挪用资金案"[①])。甚至，就使用虚假票据抵偿债务并已经结算的场合，因被对方发现票据虚假而要求退票，行为人对所欠债务重新予以确认，也被实务部门以"抵扣货款并没有遭受实际损失"为由未予认定,[②] 则多少有混淆犯罪未遂与犯罪既遂的倾向。

究其原委，多是由于实务人员未能很好把握，对票据案件的审理不但要贯彻文义性、要式性原则，更要贯彻与民法理念所截然不同的无因性、独立性原则，以及上述票据具体原则实则均在贯彻权利外观主义这一商事基本原则，其目的乃衡平票据流通与安全之间的利益冲突，从而产生过于重视"基础交易关系对于票据效力及追索权的影响",[③] 甚至还将票据质押与物权法上的权利质权予以混同。[④]

第一节 票据的性质及其审判适用原则

一、票据的性质、职能及其观念指导下的裁判规则

所谓票据，是指出票人依票据法签发的，由本人或委托他人在见票时或者在票载日期无条件支付确定的金额给收款人或持票人的一种有价证券。[⑤] 据此，只有票据法所规定的汇票、本票、支票，才是票据法意义上的票据（《票据法》第2条第2款)。票据有即期支付与到期（日）支付之分，特别是后者是判断商业汇票第一债务人（付款人）与第二债务人（出票人、承兑人、保证人、背书人）的关键。并且，在票据当事人的区分上，就有权利主体、义务主体、关

---

① 参见中华人民共和国最高人民法院刑事审判第一、二、三、四、五庭主办：《刑事审判参考》总第49集，法律出版社2006年版，第10~12页。

② 参见楼炯燕：《以虚假银行承兑汇票支付货款的诈骗数额认定》，载《人民司法（案例）》2019年第14期。

③ 参见邹宇：《基础交易关系对于票据效力及追索权的影响》，载《人民司法（案例）》2015年第8期。

④ 参见施天佑：《论票据质押的生效要件》，载《人民司法（案例）》2015年第8期。

⑤ 参见王小能编著：《票据法教程》，北京大学出版社2001年版，第14页。

系人三种不同分类。[①] 这一点在对票据付款请求权、追索权的两个层次票据权利判断上，具有重要意义。

与前面第10章讨论的最狭义性的证券系属金融产品不同，票据是可以代替现金流通的有价证券。因此，票据又称完全证券、设权证券、货币证券。并且，就其性质而言，票据还被称为文义证券、要式证券、无因证券、提示证券、缴回证券、流通证券，这是由票据的汇兑、信用、支付、结算、融资等经济上的职能所决定的。[②] 在上述诸经济职能之中，票据的支付职能最为重要，并决定了其与证券、银行、保险等三大金融行业的不同。因之，票据本身是一种支付结算的金融工具。[③] 而具有增强票据信用的背书行为，也为票据所独有。

票据之所以特殊，是因为其实质在于作为法律行为的票据行为仅止于出票、背书、承兑、保证等四种票据法所规定的要式行为。此外，参加承兑、保付也是为法律所承认的票据行为。因此，根据票据法定原则，与票据行为密切相关的付款行为就不是票据行为，提示承兑、提示付款也不是票据行为，而仅是票据辅助行为。其中，出票行为又称为发票行为、发行行为，是基本的票据行为，票据上的权利义务都是根据票据行为而产生的。换言之，出票行为有效与否，决定着票据是否有效存在。而出票行为以外的背书、承兑、保证等其他三种票据行为，系以出票行为为前提，在已经作成的票据上所为的票据行为，属于附属的票据行为。[④] 作为基本的票据行为与附属的票据行为的区别还在于，对于票据，必须要有出票行为，否则就只能是普通的票据用纸而非票据法意义上的票据。并且，对于没有签章发行的票据，即使后来也进入流通环节，同时也存在背书转让行为，但因其欠缺要式性，因此其自始就是无效的票据，至多仅产生民法上的权利义务关系。这与伪造签章所发行的票据，其后其他人在该票据上背书、承兑、保证的法律后果并不同。因为，在后一场合下的最后持票人对这种形式要件齐备的票据在善意、无过失的前提下，仍得对具有其他票据行为

---

① 参见王小能编著：《票据法教程》，北京大学出版社2001年版，第22页。

② 参见王小能编著：《票据法教程》，北京大学出版社2001年版，第17页。

③ 参见姚强、王丽平：《汇票被冻结不影响善意持票人的票据权利》，载《人民司法（案例）》2015年第8期。

④ 参见王小能编著：《票据法教程》，北京大学出版社2001年版，第33页。

的背书人、承兑人、保证人行使票据权利。而被伪造签章之人之所以并不承担票据责任，是由于其未有票据行为，这是由票据的独立性所决定的。

正是由于上述票据行为的特殊性，才决定了在审理票据纠纷案件时，必须区分：票据关系（法律关系）、票据法上的非票据关系、民法上的非票据关系（票据基础关系）三种不同的法律关系。① 从而也决定了实务之中对于票据纠纷案件所存在的：票据关系与票据基础关系、票据普通程序诉讼与票据特殊程序诉讼、票据民事法律关系与票据刑事犯罪等三组相互交织关系的认识。② 尽管在实务之中对于票据关系与其基础关系往往是合并审理的，但这只是基于票据的“相对无因性”，而且也仅限于直接前后手之间的抗辩关系。

由于在票据上伪造他人签章即构成伪造票据，在无权限的场合下对票据所记载的必要事项更改又构成变造票据，以及使用上述伪造、变造后的票据进行诈骗的行为，不但会成立票据侵权行为，通常还会构成《刑法》所规定的伪造、变造金融票证罪（《刑法》第 177 条）以及票据诈骗罪（《刑法》第 194 条），因此，票据责任也有刑事责任、民事责任之分。其中，就民事责任而言，还有票据债务（付款请求权、追索权）与民事权利纠纷（票据返还请求权与票据损害责任纠纷）的区分。这一点，对于票据诈骗案件的票据归属判断非常重要。

二、就票据被冻结后善意持票人的票据权利认定——兼论票据的无因性、独立性原则及其适用

在“天津凯盛船舶服务有限公司（以下简称‘凯盛公司’）诉南京君汇创岳贸易有限公司（以下简称‘君汇公司’）、天津物资招商有限公司（以下简称‘物资公司’）支付汇票金额案”③ 中，就君汇公司以出票人、付款人的双

① 参见最高人民法院民事审判第二庭编：《金融案件审判指导》，法律出版社 2015 年版，第 552 页；王小能编著：《票据法教程》，北京大学出版社 2001 年版，第 71 页。

② 参见郭武强、姚鹏：《票据交付转让引发票据纠纷的裁判思路——以票据行为二阶段论为依据》，载《人民司法》2015 年第 17 期。

③ 参见姚强、王丽平：《汇票被冻结不影响善意持票人的票据权利》，载《人民司法（案例）》2015 年第 8 期。

重身份向收款人物资公司分别开具甲、乙两种商业承兑汇票，其中甲种汇票背书顺序依次为：物资公司、案外人 R 公司、案外人 D 胶带厂、案外人 L 公司、凯盛公司；乙种汇票背书顺序依次为：物资公司、案外人 R 公司、案外人 L 公司、凯盛公司。汇票到期后，凯盛公司委托其开户行 A 支行向付款人君汇公司的开户行 B 分理处提示付款，B 分理处未付款，并转交君汇公司出具的止付申请函："根据 C 市公安局通知，我单位开具的商业承兑汇票因已涉及他人经济诈骗案件，故同意对涉案票据进行到期止付。"在距本案两张汇票到期日前 10 天，C 市公安局向 R 公司出具立案告知书，告知 D 胶带厂刘某某涉嫌合同诈骗罪，依法立案侦查。距本案两张汇票到期日前 5 天，C 市公安局向 B 分理处送达协助冻结财产通知书，要求冻结君汇公司开具的包括本案所涉票据在内的 49 张商业承兑汇票。嗣后凯盛公司诉至法院，要求被告君汇公司、物资公司支付汇票金额。对此，一审法院认为：第一，原告凯盛公司持有的票据形式完备、必须事项齐全、背书连续，且其提交的结算单等证据可以证明系通过合法手段取得票据，尚无证据证明凯盛公司存在恶意或重大过失，因此，凯盛公司享有汇票权利。第二，本案所涉汇票未背书记载"质押"，且物资公司提交的证据不能证明汇票系 R 公司质押给 D 胶带厂。第三，汇票的出票人、背书人、承兑人和保证人对持票人应承担连带责任，持票人可不按照汇票债务人的先后顺序对其中任何一人、数人或者全体行使追索权。君汇公司作为出票人在签发汇票后，即承担保证该汇票付款的责任，在汇票得不到付款时，应当向持票人清偿被拒绝付款的汇票金额及其他费用。物资公司作为第一背书人，应当与君汇公司连带承担给付票款的票据责任。第四，君汇公司、物资公司抗辩涉案票据涉嫌刑事案件，因公安机关是以 D 胶带厂刘某某涉嫌诈骗立案，而刘某某并非票据关系当事人，根据《票据法》第 32 条第 1 款，以背书转让的汇票，后手应当对其直接前手的真实性负责，因此原告只需对其前手 L 公司的签章真实性负责。票据具有文义性和无因性，票据关系以票据为载体，虽以基础关系为前提，但票据关系又与其赖以建立的基础关系相分离。本案所涉汇票均为定日付款的汇票，均已经由付款人承兑，不得附有条件，付款人承兑汇票后，应当承担到期付款的责任，公安机关对汇票的冻结措施并不是已作出承兑承诺的付款人拒绝付款的法定条件和理由。因此，C 市公安局的刑事立案决定并不影响本案的审理，并据此判决君汇公司、物资公司连带给付凯盛公司票款。

二审法院维持了上述判决，并就第四点争议“本案是否遗漏当事人和应当中止”补充认为，本案票据虽涉及刑事案件，但与本案并非同一法律关系。根据《票据法》第 32 条第 1 款“以背书转让的汇票，后手应当对其直接前手背书的真实性负责”、第 13 条第 1 款“票据债务人不得以自己与出票人或者与持票人的前手之间的抗辩事由，对抗持票人”的规定，凯盛公司只对 L 公司向凯盛公司的背书真实性负责，物资公司关于 R 公司和 D 胶带厂涉嫌诈骗的抗辩不能对抗凯盛公司享有的票据权利。

判决虽明示系以票据无因性原则，而肯定了即使本案存在 D 胶带厂的刘某某涉嫌诈骗，但由于原告在取得涉案票据之时系善意且无过失、对价有偿，因此，就不受该抗辩理由约束。作出本案最终判断的，实则是根据票据的独立性原则，从而肯定了善意持票人对出票人、背书人有付款请求、追索的权利。因为，根据该无因性、独立性原则，就“票据基础交易关系对于票据效力及追索权的影响”，也仅应止于直接的前后手之间，而不应以此对抗其他持票人。而且，“根据票据行为无因性原理，在合法持票人向不具有贴现资质的主体进行‘贴现’，该‘贴现’人给付贴现款后直接将票据交付其后手，其后手支付对价并记载自己为被背书人后，又基于真实的交易关系和债权债务关系将票据进行背书转让的情形下，应当认定最后持票人为合法持票人”（《九民会议纪要》第 101 条）。

所谓票据的无因性是指票据关系的无因性，即票据权利仅依票据法的规定而产生、变更或消灭，无须考虑其发生的原因或基础。作为独立的法律关系，票据关系与票据基础关系是两种不同的法律关系，票据关系的有效、无效及其效力内容，仅依据票据行为的形式和内容，而票据基础关系的有效、无效及其效力内容，对票据关系一般不产生影响。票据关系与基础关系相分离，即为票据关系的无因性。① 这是因为，票据系信用工具，其效力只能依外观予以确认，而不问其取得是否有因、基于何因，也不问引起票据签发、背书、保证、承兑

① 参见王保树主编：《商法》，北京大学出版社 2014 年版，第 389 页。

行为的原因关系是否有效，或是否被撤销。纵然票据的取得无任何原因、票据基础关系无效或被撤销，票据的效力亦不应受到影响。

与无因性连接在一起的是其独立性。本来，我国民法并不承认物权的独立性与无因性，但是，票据关系作为一种特殊的商事法律关系，基于技术性、保障市场交易安全的稳定性，而特别肯认票据的无因性与独立性。其中，无因性是就票据关系而言，独立性则是针对票据行为而言的。只有采用无因性，才能肯定独立性。由于票据具有无因性是世界通论，因此，我国《票据法》也采用了无因性的原则。

由于各国对票据法的价值取向的认识不同，即对是将流通性还是安全性作为票据法的首要价值目标的认识不同，因此对票据无因性的规定也有所不同：有的是采绝对性原则，有的是采相对性原则。我国系采后一模式，亦即根据我国《票据法》第 12 条，这种无因性是相对的，即还具有取得票据但不得享有票据权利的两种除外情形：（1）恶意取得。以欺诈、偷盗或者胁迫等手段取得票据的，或者明知有前列情形，出于恶意取得票据的，不得享有票据权利。恶意取得又分三种情形：其一，直接恶意取得，持票人直接以欺诈、偷盗或胁迫等非法手段取得票据的，为直接恶意取得；其二，间接恶意取得，虽然不是以自己的非法行为，但是明知他人非法取得票据，仍然从他人处取得票据，为间接恶意取得；其三，准恶意取得，拾遗取得票据并非直接恶意取得，但依《民法典》第 314 条的规定，拾遗不能取得遗失物的所有权，因此，拾遗取得票据也不能取得票据权利，为与恶意取得相区别，称之为准恶意取得。（2）重大过失取得。持票人因重大过失而取得不符合本法规定的票据时，也不得享有票据权利（《票据法》第 12 条 2 款）。基于此，对票据形式要件未尽审查义务，取得无效票据的，为重大过失（系形式上的，与实质上的有所区别）。[①] 因此，实务之中有人认为，我国票据法无因性呈现两个特点，一是在直接前后手之间，基础关系影响票据行为效力；二是在非直接前后手之间，票据关系的效力认定

① 参见王保树主编：《商法》，北京大学出版社 2014 年版，第 406 页。

的票据实用性为准则。[①] 并且，在票据承兑合同无效的情况下，有无发生的票据行为也仍然可能导致债务发生，基于合同无效而产生的债务也很可能属于最高额担保合同的担保范围。对此，最高人民法院的有关裁判案例中明确阐述了票据基础关系无效不必然导致票据无效的法律逻辑。[②] 而且，《九民会议纪要》仍维持了这一立场，要求正确理解票据行为的无因性的立法目的，在维护票据流通性功能的同时，依法认定票据行为的效力，依法确认当事人之间的权利义务关系以及保护合法持票人的权益，防范和化解票据融资市场风险，维护票据市场的交易安全（《九民会议纪要》第 9 部分）。

三、权利外观原则在票据法上的适用

上述票据的文义性、要式性以及无因性、独立性原则，均系权利外观原则在票据规则中的体现。所谓权利外观原则，是指行为人对于成文法规或交易观念上的一定权利、法律关系和其他法律视为要素的外部事实要件予以信赖，从而进行法律行为时，其信赖利益应予保护。简言之，在存在一个虚假权利外观的情况下，为保护交易的安全，法院在具体裁判时应将其认定为真实，赋予其发生真实权利存在的法律效果。这是因为，在有些情形下，法律还保护另一种信赖，即对于那种在正常情况下由法律行为而发生的有效的拘束或授权的发生或者存在的信赖，这种信赖的根据并不是或不仅仅是某项可归责的意思表示，其所依据的只是由其他方式产生的、存在某种相应的权利状态表象。在这种情况下，那个必须承认这个既存的权利状态的表象之存在（并对之负责）的人，通常是以可归责于他自己的方式引发了这一权利表象的人，或者是具有消除这一表象的能力而未去消除这一表象的人。而在受益人（应予保护的人）这方面，他必须是信赖了这一表象的人，而且在通常情况下，他还是尽到了交易上应有的注意义务之后仍信赖这一表象的人。结果就是，对于这个应予保护的人，

---

① 参见曹海燕等：《票据关系与基础关系合并审理的举证责任分配》，载《人民司法（案例）》2016 年第 23 期。

② 参见苏家成、鲁勇睿：《银行承兑商业汇票的审查义务及其担保权利实现》，载《人民司法（案例）》2015 年第 14 期。

有关的法律后果视为已经发生或者继续存在，因而他就“处于与他所认为的情况相符的地位”。①

由此可见，票据权利外观原则，实则是在票据的流通性、设权性、要式性、绝对性等特征的基础上并加以参酌了文义性、无因性等票据特征的一种综合审查判断票据的原则。为此，在《票据法》上的适用权利外观原则，应遵循如下判断规则：

第一，必须存在权利外观。权利外观与真实权利的某些因素相符，使得相对人足以对其产生信赖。当然并不要求权利外观是无可挑剔或足以乱真的，只要求社会一般成员根据权利外观，依据社会常识可推导出真实权利的存在即可。

第二，署名人对权利外观的形成具有归责性。归责性的判断属于社会价值的评价范畴，对于票据进入流通的可能性必然是有所预见的，如果因其过失导致票据的非正常流通，就具有可归责性。

第三，票据债权人对票据取得无恶意或重大过失。依据《票据法》第 12 条，以欺诈、偷盗或者胁迫等手段取得票据的，或者明知有前列情形，出于恶意取得票据的，不得享有票据权利。持票人因重大过失取得不符合《票据法》规定的票据的，也不得享有票据权利。这是现行法的明确规定，不得逾越。相关规定还有《最高人民法院关于审理票据纠纷案件若干问题的规定》② 第 8 条（原第 9 条）、第 14 条（原第 15 条），也应严格适用。权利外观原则是和票据法促进流通的本旨相一致的，都倾向于对待持票人的保护。但为利益平衡，也为了制度的公平性要求，也应要求票据债权人取得票据是善意无过失的。而且权利外观本身具有客观性，相应的法律效果仅为合理信赖权利外观的第三人而存在，该原则是在维护法律一般原则的基础上对实体法律适用运用规则的微调，当然不能维护非善意票据债权人的利益。③

---

① 参见［德］卡尔·拉伦茨：《德国民法通论》（下册），王晓晔等译，法律出版社 2013 年版，第 886 页。

② 2020 年 12 月 29 日经《最高人民法院关于修改〈最高人民法院关于破产企业国有划拨土地使用权应否列入破产财产等问题的批复〉等二十九件商事类司法解释的决定》修正。

③ 参见最高人民法院民事审判第二庭编：《金融案件审判指导》，法律出版社 2015 年版，第 490 页。

综上所述，外观主义是兼顾交易安全和交易便利的法律安排，其意义“并不仅仅在于隔断票据实质性行为与票据行为之间的联系”。正是基于外观主义的归责功能、裁判功能以及法律推定功能，票据当事人对票据交易的外观审查义务才构成了他们享有相应权利的基础。①

四、关于票据质押效力的认定——票据法与物权法的冲突及物权与债权效力区分

票据质押是票据流通过程中常见的债务担保方式。然而，既往由于涉及票据质押的法律（《物权法》第224条、《票据法》第35条）以及《最高人民法院关于适用〈中华人民共和国担保法〉若干问题的解释》第98条）在票据质权设立、生效等问题的规定上存在不相一致的情况，从而产生认识上的争议，导致司法实务中认定标准不一，对票据质押这一票据功能的有效实现造成一定影响。特别是在仅有票据交付进行质押，但未在票据上背书“质押”字样的，其行为究竟能否产生质押效力或发生何种效力，是有争议的问题。对此，实务中有观点认为，认定“票据质权的设立应同时具备合意和交付两个要件”。② 该说显系贯彻的是票据行为系属契约行为说。但是，就票据行为仅因单方行为即可成立而言，还是应肯定系属单方法律行为说这一大陆法系的共识通说，③ 特别是在《民法典》业已肯定单方法律行为的场合（《民法典》第134条），这也符合票据系属作成证券的性质。由此看来，对于票据质权的设立，应贯彻的是债权与物权效力相区分原则，从而对于在票据上作“质押”背书（单方法律行为、债权行为）以及交付（物权行为）票据的，乃发生票据质押效力。

相对复杂的是另一种情形：并未在票据上作“质押”背书，但将票据作质押担保并交付的，其行为效力应如何认定？就此而言，由于行为人未作票据行为的意思表示，欠缺票据的要式性，因此，其既不形成票据质押，也不发生票

---

① 参见苏家成、鲁勇睿：《银行承兑商业汇票的审查义务及其担保权利实现》，载《人民司法（案例）》2015年第14期。

② 参见周荃、王益平：《票据质权的设立应同时具备合意和交付两个要件》，载《人民司法（案例）》2015年第22期。

③ 参见王小能编著：《票据法教程》，北京大学出版社2001年版，第34页。

据质押效力。行为人移转票据进行质押担保的行为，系属设定权利质押，所发生的是物权法上的质押效力，此与票据法意义上的票据质押仍属二事。因为，票据法系属商法亦即特殊法，而民法（包括《物权法》）系属一般法，故在判定上仍应适用特殊法优先于一般法的原则。至于《最高人民法院关于适用〈中华人民共和国担保法〉若干问题的解释》第 98 条规定，即使在《民法典》出台之前，基于后法（《物权法》第 224 条）优于前法（《票据法》第 35 条）的适用原则，在与后法冲突的前提下，即已无适用的余地，更何况在其法律位阶（司法解释）本就低于法律的场合。对于此种情形，最终所适用的，乃是《民法典》的规定，并据此判定其行为效力、民事责任的承担。需要指出的是，2000 年《最高人民法院关于适用〈中华人民共和国担保法〉若干问题的解释》已于 2020 年 12 月 31 日被《最高人民法院关于适用〈中华人民共和国民法典〉有关担保制度的解释》（法释〔2020〕28 号）所替代。其第 98 条关于“以汇票、支票、本票出质，出质人与质权人没有背书记载‘质押’字样，以票据出质对抗善意第三人的，人民法院不予支持”的规定，已被新的司法解释第 58 条规定为：“以汇票出质，当事人以背书记载‘质押’字样并在汇票上签章，汇票已经交付质权人的，人民法院应当认定质权自汇票交付质权人时设立。”亦即，新的司法解释系贯彻了《民法典》对于动产物权变动以交付为生效要件的原则。

第二节　票据犯罪核心问题的认定

一、票据犯罪概述

正是基于票据的无因性、独立性，从而使票据在具有了流通的便捷性之外，由此也会导致票据与其票据基础法律关系发生分离后并产生一定的不安全性。且由于票据又是一种完全的、某种场合下等同于金钱的有价证券，因此，就产生了一些独有的犯罪类型。其中最值研究的，主要是伪造、变造票据犯罪，以及使用伪造、变造的票据进行诈骗所形成的票据诈骗罪，及其罪数认定问题。

二、伪造、变造金融票证罪的认定

所谓伪造、变造金融票证罪，是指伪造、变造汇票、本票、支票、委托收款凭证、汇款凭证、银行存单及其他银行结算凭证、信用证或者附随的单据、文件以及伪造信用卡的行为（《刑法》第177条第1款）。其中前三种是与票据有关的犯罪行为。

伪造又包括两种情况：一是有形伪造，即没有金融票证制作权的人，假冒他人（包括虚无人）的名义，擅自制造外观上足以使一般人误认为是真实金融票证的假金融票证。至于采取何种方法，虚假金融票证是否具有法律上的有效形式与要件、其记载的内容与事实是否相符合等，都不影响伪造的成立。二是无形伪造，即有金融票证制作权的人，超越其制作权限，违背事实制造内容虚假的金融票证。如银行职员制作虚假的银行存单交付他人。变造，是指擅自对真正的金融票证进行各种形式的加工，改变数额、日期或者其他内容；票据的变造，是指无更改权的人在票据上变更除签章以外的其他记载事项的行为。[①] 行为人伪造、变造其中一种票证的，便会成立违法犯罪行为（根据《立案标准规定（二）》第24条的规定，伪造、变造汇票、本票、支票，或者伪造、变造委托收款凭证、汇款凭证、银行存单等其他银行结算凭证，或者伪造、变造信用证或者附随的单据、文件，总面额在1万元以上或者数量在10张以上的，应当追诉）。

在认定使用伪造与变造的票据所实施的票据诈骗犯罪中，须强调的是，伪造是针对签章的行为，由于当事人意思自治的奉行，签章意味着当事人自己的意思表示，从而对签章的伪造就是对票据的根本性伪造。而变造只是对内容如日期、数额的变动，因此变造签章的，也是伪造行为。

伪造、变造票据所成立的伪造、变造金融票证罪与票据诈骗犯罪之间往往是手段与目的的牵连关系，这是由于二者具有可类型性关系。因此，通常认定成立一罪（参见《刑事审判参考》第4号指导案例“曹某莎金融凭证诈

---

① 参见朱羿锟：《商法学：原理·图解·实例》，北京大学出版社2014年版，第433页。

骗案”[①])。

三、关于票据诈骗犯罪的核心认定

所谓票据诈骗罪，是指以非法占有为目的，利用票据进行诈骗活动，骗取数额较大财物的行为（《刑法》第194条第1款)。

所谓利用票据进行诈骗，是指：(1) 使用伪造、变造的汇票、本票、支票骗取财物。使用，是指按照票据的功能及其通常使用方式，将伪造、变造的票据作为真实票据予以利用，从而骗取财物。如使用伪造、变造的票据汇兑，使用伪造、变造的票据支付货款以骗取财物，转让伪造、变造的票据，使用伪造、变造的票据结算等。(2) 使用作废的汇票、本票、支票骗取财物。作废的汇票、本票、支票，是指根据法律和有关规定不能使用的票据，包括作废的票据、无效的票据与依法宣布作废的票据。(3) 冒用他人汇票、本票、支票，这是指擅自以合法持票人的名义使用自己没有支配权利的他人票据的行为，冒用的对方必须是不明真相的人。行为人所冒用的票据来源不影响他人票据的性质，但行为人所冒用的必须是他人真实有效的票据。重复使用支票提取现金的行为，应认定为冒用他人支票。(4) 签发空头支票或者与其预留印签不符的支票，骗取财物。与空白支票不同的是，空头支票是指出票人所签发的支票超过其付款时在付款人处实有的存款金额。签发空头支票，是指行为人制作并交付空头支票。因此，对该行为应作实质的认定，即系“付款”而非“签发”支票时有无对应的存款。并且，开始制作空头支票时，也并不是本罪的着手；以非法占有为目的，将空头支票交付给他人时才是本罪的着手。签发空头支票不是为了骗取财物，而是为了延缓债务履行的，不成立本罪。先骗取他人货物，事后将空白支票交付给对方的，不应认定为本罪，只能认定为（合同）诈骗罪。签发与预留印签不符的支票，一般是指票据签发人在其签发的支票上加盖与其预留于银行或者其他金融机构印签不一致的财务章或者支票签发人的名章。但是，对“印签”是否应作扩大解释，即对于签发与预留签名不同、与预留密码不同的

---

① 参见中华人民共和国最高人民法院刑事审判第一、二、三、四、五、庭主办：《中国刑事审判指导案例2·破坏社会主义市场经济秩序罪》，法律出版社2012年版，第155~158页。

支票，骗取财物的，也认定为本罪，是值得争议的。这一点也仅能从刑法的独立性作合理解释，而肯定扩大解释的合理性。（5）汇票、本票的出票人与签发无资金保证的汇票、本票或者在出票时作虚伪记载，骗取财物。签发汇票、本票的行为人有无资金保证，不能单纯从时间上作形式的认定，而要从实质上考察签发行为是否足以造成持票人、承兑人、付款人财产损失。在出票时作虚伪记载，仅限于汇票、本票的出票环节，而不包括票据的背书记载、提示承兑、付款以及保证环节，而且只有作影响汇票、本票效力的虚假记载，才成立票据诈骗罪。

认定是否成立票据诈骗犯罪，必须要把握其核心实质。

首先，使用票据必须是属于出票、背书、承兑、保证等票据行为，就是遵照了票据的固有功能与流通方式而使用的行为。换言之，认定票据诈骗罪必须是根据出票及其附属票据行为（背书、承兑与保证）加以认定。而付款行为只是辅助票据行为，从而就不是票据行为。因此，仅发生在付款阶段的诈骗行为不是票据诈骗，而仅成立诈骗罪。

其次，使用票据的行为只有具有法益侵害性，并且符合刑法规定的构成要件该当性的，才能成立犯罪。如果仅系违规行为，而没有造成刑法保护的票据法益危害的，不具有刑事可罚性（参见《刑事审判参考》第 574 号指导案例“杨某珍挪用公款案”①）。

最后，成立票据诈骗罪必须是符合诈骗罪基本构造的犯罪，即被害人因之而受有经济损失。尽管票据诈骗罪还侵犯了金融秩序，但是在未非法占有他人财物、被害人也未受有实际损失的场合，至多仅能成立犯罪未遂。

四、内外勾结使用伪造、变造的票据的行为认定

对此需根据诈骗罪的构造予以认定。票据诈骗罪的成立，要求有受骗者，受骗者要么是占有财产的人，要么是虽然没有占有财产却对财产具有处分权限或地位的人。如果在一个案件中根本没有受骗者，就不可能成立票据诈骗罪。

① 参见中华人民共和国最高人民法院刑事审判第一、二、三、四、五庭主办：《刑事审判参考》（总第 69 集），法律出版社 2009 年版，第 86~87 页。

因此，一般公民与银行内部具有处分权限的人相勾结，使用伪造的票据从银行取得财产的，由于没有受骗者，不能认定为票据诈骗罪，而应认定为贪污罪或者职务侵占罪的共同犯罪。一般公民与银行内部不具有财产处分权限的人相勾结，使用伪造的票据从银行取得财产的，由于存在受骗者，成立票据诈骗罪。在该行为同时成立贪污罪或者职务侵占罪的共同犯罪的场合，根据想象竞合犯处理的原则应以重罪论处。

实务中，有一种主张认为，票据诈骗罪并不关心谁是被欺骗的对象，谁最终承担财产损失；并且还对金融机构（包括信用社）的内部工作人员相互勾结，在没有处分权限与地位的情况下，欺骗存款人并取得存款人（贷款人）的印鉴后，以贷款人的名义填制支票，伪造贷款人的个人签名，最终使柜台会计和出纳陷入错误认识而取得资金的案件，得成立盗窃罪与票据诈骗罪竞合，应从一重处故以后罪论。如“颜某票据诈骗案”（《刑事审判参考》第861号指导案例①）。但是，欺骗处分权人，并使处分权人陷入错误认识，从而使处分权人将存款人（贷款人）专用账号内的资金交付给作为金融机构工作人员的行为，无论就何种角度而言，也不是一种窃取手段。因此，二者之间并无想象竞合成立之余地。此外，上述观点之所以认为在票据诈骗罪中被害人与受骗者均“无关紧要”，想来还在于未能深刻领悟票据诈骗罪作为诈骗犯罪的特殊种类，仍不能摆脱诈骗罪的固有基本构造模式。因此，颜某的行为只能被认定为成立票据诈骗罪。至于颜某是否会成立检察机关所起诉的贪污罪以及属于牵连触犯伪造金融凭证罪，则是另一回事。

五、骗取票据承兑罪与贷款诈骗罪、合同诈骗罪想象竞合关系认定——同一行为同时构成不同种想象竞合与同种想象竞合的处理规则

在“曹某合同诈骗案”（《刑事审判参考》第645号指导案例②）中：曹某

---

① 参见中华人民共和国最高人民法院刑事审判第一、二、三、四、五庭主办：《刑事审判参考》（总第92集），法律出版社2014年版，第31~38页。

② 参见中华人民共和国最高人民法院刑事审判第一、二、三、四、五庭主办：《刑事审判参考》（总第76集），法律出版社2011年版，第17~23页。

以伪造的A、B公司签订的购销合同，和Y信用社签订银行承兑汇票承兑合同，约定由Y信用社为A公司办理500万元银行承兑汇票，A公司按承兑金额60%即300万元作为履约保证金存入Y信用社指定的保证金专户。C担保公司为保证人，负连带责任。D信用担保公司为A公司向Y信用社申请银行承兑汇票差额200万元提供反担保。在Y信用社为曹某出具了两张共计500万元的汇票后，曹某将其中30万元的汇票背书到B公司，将另一张470万元的汇票通过他人贴现归还保证金、借款等。汇票到期后曹某逃匿。Y信用社从保证金账户扣划300万元，并扣划保证人C公司本金200万元及利息。后C公司将D公司诉至法院，法院（民事）判决D公司偿还C公司200万元。最终法院（刑事）判决曹某成立对D公司的合同诈骗罪。

问题52 同一诈骗行为同时构成不同种类诈骗犯罪（分别形成不同种想象竞合与同种想象竞合关系），应如何处理？

此案中，曹某以虚假的合同向Y信用社申请办理银行承兑汇票，且Y信用社因此陷入错误认识并为其办理了汇票承兑业务，最后曹某也实现了票据贴现。作为资金证券，银行承兑汇票等同于银行的贷款。因此，曹某对Y信用社申请办理承兑汇票的行为符合《刑法》第193条第2项“使用虚假的经济合同”的规定，故其对Y信用社成立的是贷款诈骗罪。之所以在外观上作为金融机构的Y信用社并没有遭受损失，只是因为通过对C公司的资金进行及时扣划，从而“填补”了自己的损失而已。

当前，实务部门对已经“填平”或“弥补”了损失的侵犯财产罪的刑事案件基于被害人“未遭受财产损失”这一事实而通常不以犯罪进行评价，故本案未论及曹某对Y信用社以及C公司的欺骗行为是否成立犯罪的问题。但这种观念曾遭受学界激烈争议。而张明楷先生在其第六版《刑法学》教科书中，则基于此类行为之间因具有通行性、可类型性，转而认为可以同类牵连犯论处为一罪，从而改变了其既往成立数罪的主张。[①]

① 参见张明楷：《刑法学》，法律出版社2021年版，第652页。

根据本书所持的竞合论观点，曹某使用虚假的经济合同、骗取金融机构为其出具承兑汇票，这是一种独立的骗取行为。同时，曹某尽管向金融机构（Y信用社）提供了担保（自己提供的300万元保证金除外），但其伊始就具有非法占有该笔贷款的目的，而非仅是骗取Y信用社对其放贷，更非是骗取Y信用社承兑。这符合贷款诈骗罪的行为构成。因此曹某的行为构成的是贷款诈骗罪而非骗取票据承兑罪。另外，曹某基于非法占有目的，对保证人C公司、反担保人D公司也均实施了欺骗行为，并使该二公司均陷入了错误认识，如果保证人C公司不及时起诉、反担保人D公司即使接受了判决也没有可以给付的资金或可供执行的财产，C公司就必然会遭受损失（200万元），因为对财产性利益奉行的是经济的财产中间说，仅有法院的一纸承认债权的判决（法律的财产说）并不能消弭这种损失。反之，如果反担保人D公司有可供执行的财产，就必然会遭受财产损失（200万元），从而曹某的上述行为就分别构成了两个不同的合同诈骗罪。据此，曹某系分别实施了三个诈骗行为，并且是通过订立三个合同——一个贷款合同、两个担保合同而实施的。尽管其行为对象都是针对该同一笔贷款中的200万元，但是，三个被骗者又是三个不同的被害人，并且均实际受有经济损失，只不过是由于Y信用社及时扣划、担保人C公司及时起诉执行反担保人D公司而使自己所受损失在外观上被“填平”而已。由于曹某的三个诈骗行为系分别侵犯了三个不同的具体法益，因此，就会分别构成贷款诈骗罪以及两个合同诈骗罪。以上是在犯罪行为构成这一法规范的意义上而言的。从法律效果的视角出发，就应对上述三个诈骗行为重新评价。因为，认定行为构成仅是解决了犯罪（行为）论的问题，判处刑罚则是刑罚论所要解决的问题。根据刑法的体系流程，法律效果论的处理范围必然系以犯罪行为论作为前提条件，亦即法律效果论必须衔接在犯罪行为论之后，并且以犯罪行为论所认定之可罚性作为处理法律效果的前提条件。[①] 而作为联系对多个行为构成与如何实现行为之可罚性两者之间纽带的，则是竞合理论或罪数理论所要解决的法律效果问题。在此环节中，所考虑的是法律效果系以解决具有刑事可罚性的行为构成认定为其目的基础（构成行为的认定）。在此意义上，基于前述曹某的

① 参见柯耀程：《刑法竞合论》，中国人民大学出版社2008年版，第20页。

三个诈骗行为构成均是在其同一意志决定之下所实施的，且三个行为构成之间具有时间、空间上的紧密联系性与不法亲缘性以及行为对象具有素材的同一性，由此就在自然的意义上形成一个整体行为，即“夹扣”成一个被刑法评价的行为单数（构成行为单数）。该一个构成行为系同时侵害了三个刑法法益或三次破坏了刑法规定（一个是关于贷款诈骗罪的，其他两个均是关于合同诈骗罪的），从而三者之间均成立想象竞合关系。这符合对竞合问题的考察逻辑：在认定符合行为构成（符合构成要件的违法行为）之后，再进行自然意义上的行为认定，最终落实行为构成单复数的认定问题（想象竞合与实质竞合或数罪）。[①] 回到本案中，贷款诈骗行为构成与合同诈骗行为构成之间系不同种想象竞合（同一个行为损害了不同的刑法规定），而两个合同诈骗行为构成则为同种想象竞合（多次损害了同一个刑法规定）。首先评定的是同种想象竞合的竞合问题（由于C公司的财产损失已经“弥补”，因此只认定成立一个对D公司的合同诈骗犯罪既遂即可），其次再与贷款诈骗罪进行不同种想象竞合之间的竞合。由于曹某针对D公司的合同诈骗为犯罪既遂，而Y信用社的贷款损失已被“填平”，因此，可以以对D公司的合同诈骗罪对曹某进行处罚。

六、勾结银行内部工作人员使用已贴现的票据质押贷款的行为性质及其票据归属认定

就A公司董事长W某勾结B银行业务部主任L某，由L某利用职务上的便利（系与另一名工作人员共同保管B银行装有银行承兑汇票的保险箱），盗取了A公司已经向B银行申请贴现的3张银行承兑汇票，并将其中2张交给W某，W某即安排A公司会计到C银行办理质押贷款1900万元一案，一审法院认定W某成立合同诈骗罪、L某构成挪用资金罪，并判决2张银行承兑汇票追缴后发还给B银行，W某合同诈骗的赃款赃物追缴后发还C银行。二审法院则认为，W某的行为成立的是票据诈骗罪，并改判赃款赃物追缴后发还B银行，亦即肯定了C银行已对该2张涉案银行承兑汇票善意取得（参见“王某清票据

① 参见［德］克劳斯·罗克辛：《德国刑法学总论》（第2卷），王世洲主译，王瑎、劳东燕等译，法律出版社2013年版，第603~636页。

诈骗、刘某挪用资金案”）。本案引发的争议问题有二，一是W某的行为构成的是合同诈骗罪还是票据诈骗罪？二是该2张已经由B银行贴现（但在票据上未标注“已贴现”）、由B银行持有的银行承兑汇票究竟应当归谁所有？这两个问题实际上是相互交织、名二而实一的问题，故应综合评价。

首先，评价L某的行为构成。本案中，L某系受W某欺骗并利用其职务上的便利（与他人共同管理B银行的保险箱）而窃取了B银行的票据，故一审、二审判决均认定L某成立挪用资金罪。但是，在与他人共同管理钥匙的前提下，基于共同占有的关系，对于这种行为应当认定成立的是盗窃罪而非职务侵占罪或挪用资金罪等职务犯罪（参见《刑事审判参考》第52号指导案例“高某有盗窃案”①），而成立盗窃罪的场合必须是因该盗窃行为而使财物丧失。由于银行承兑汇票是必须通过承兑等票据行为才能实现其价值，因此该盗窃行为在此场合下为不可罚（利益盗窃不可罚），而仅能作为其后续所实施的冒用他人票据骗取财物的手段。由此意义上，L某盗窃汇票所成立的应是后续的W某以该票据申请银行贷款的诈骗犯罪。尽管L某系受W某的欺骗而实施，即L某是作为间接正犯为W某实施后续金融诈骗犯罪的工具，但是正如张明楷先生所指出的，“贷款诈骗罪中的受骗者的认识错误与违法发放贷款的故意，完全可能并不冲突地同时存在于金融机构工作人员的心理中”②，这一论述同样可推及于对本案的认定。因此，L某所构成的是W某的帮助犯（而教唆犯与间接正犯也有成立竞合的余地）。

其次，评价W某的行为构成。本案中W某使用其公司已向B银行贴现过的银行承兑汇票向C银行申请贷款，并签订了质押合同。由于该票据已非A公司所有，所以W某的行为既符合贷款诈骗罪的构成要件，也符合票据诈骗罪的行为构成，系一行为侵害了数法益，故成立想象竞合关系，③ 应从一重罪论处。但由于W某以涉案票据与C银行订立了质押合同并取得了贷款，C银行在善意

① 参见中华人民共和国最高人民法院刑事审判第一、二、三、四、五庭主办：《中国刑事审判指导案例4·侵犯财产罪》，法律出版社2012年版，第271~274页。

② 张明楷：《诈骗罪与金融诈骗罪研究》，清华大学出版社2006年版，第441页。

③ 即使A公司也构成贷款诈骗罪，但由于《刑法》第193条并未规定单位犯罪，所以也不能以合同诈骗罪对A公司进行追诉。因此W某也就不会构成合同诈骗罪。

无过失的场合取得了对该 2 张银行承兑汇票的票据权利。这是基于对票据系属一种具有流通性的货币证券，体现着几乎与货币同等的价值属性的特殊认定。所以，套取银行承兑汇票然后转让他人进行贴现在实质上就属于套取了银行的信贷资金（参见《刑事审判参考》第 487 号指导案例“姚某高利转贷案”[①]）。由于银行承兑汇票具有其特殊性，因此在其尚未退出流通领域之前仍具有支付与信用的功能，并等同于资金，特别是在本案中基于涉案票据在其权利外观上所体现的仍是 A 公司（W 某的公司）的正常背书而取得（B 银行虽贴现但未标注“已贴现”字样）且尚未到期的场合。由此意义上，尽管涉案票据系由 W 某指使 L 某以盗窃手段所取得，但不能因此而切断善意无过失的持有人向票据义务人（包括付款人）申请兑付的权利，即票据的持有人仍得向 A 公司申请贴现之前的诸前手请求实现票据的权利。这正是由票据的无因性、独立性所决定的。

第三节　票据失权的程序救济——票据犯罪所涉刑商审判程序适用衔接

一、因票据诈骗犯罪造成损失的救济程序限定

实务中还存在因被票据诈骗被害人另行提起民事诉讼的情形，但是根据 2021 年《刑诉法解释》第 176 条（2012 年《刑诉法解释》第 139 条），对此类本质上属于诈骗犯罪的案件，所应适用的是追缴、责令退赔等非刑罚处理方式。并且，即使对于因该犯罪行为造成损失的，如并非属于“不同法律事实”或“有牵连的法律关系”的场合，也不得提起附带民事诉讼或另行提起民事诉讼（参见第 14 章第 1 节）。

① 参见中华人民共和国最高人民法院刑事审判第一、二、三、四、五庭主办：《刑事审判参考》（总第 62 集），法律出版社 2008 年版，第 4 页。

二、除“被盗、遗失或者灭失”三种情形之外的丧失票据救济

票据丧失，是指持票人非出于自己的本意而丧失票据占有的客观形态。[①] 2022年《民诉法解释》（2015年《民诉法解释》第444条）规定了票据被盗、遗失或者灭失三种得提起公告催促程序的情形，但在司法实务中，还存在因被抢劫、抢夺、欺诈、胁迫而丧失票据的情形。该几种类型是否可以适用公示催告程序？

就因被抢劫、抢夺而丧失票据的，实务中的倾向意见主张，在上述情形下，由于票据持有人并非基于本意而丧失对票据的占有，存在其将所抢票据或股票非法转让他人损害失票人权利的可能性，且相对于持票人而言，抢劫、抢夺人具有不特定性，符合公示催告程序利害关系人不特定的特征，所以在该情形下，可以申请公示催告。

就因被胁迫票据持有人丧失对票据占有的，票据持有人可否申请公示催告问题，实务中则存在两种截然不同的观点。第一种观点认为，票据持有人因被胁迫而交付票据，则因明显违反权利人的意思构成票据丧失，票据权利人可以申请公示催告。第二种观点认为，票据持有人因被胁迫而交付票据，票据丧失确非其本意，但在实施胁迫的当事人为特定当事人且票据并未被转让的情形下，其完全可以通过提起返还票据之诉的方式救济自己的权利，而无须申请公示催告。如果欺诈、胁迫、抢夺、恐吓等行为不构成犯罪，也应当赋予当事人以救济手段，允许当事人以请求返还票据为由提起民事诉讼。当事人因此类纠纷起诉的，人民法院应当作为“票据返还请求权纠纷”予以受理。

关于因被诈骗票据持有人丧失对票据占有的，票据持有人可否申请公示催告问题，实务中乃存在三种观点。第一种观点认为，由于双方的身份关系都较为固定，且利害关系人一般来说是明确的，原持票人在被骗过程中都是自愿交付，并未违背其意志，原票据的合法持有者本身即存在一定的主观过错，故其提出的公示催告申请不符合公司催告的法定条件。即使在认定构成诈骗的情形

① 参见朱羿锟：《商法学：原理 · 图解 · 实例》，北京大学出版社2014年版，第433页。

下，交付票据行为并非持票人的本意，但由于流动性是票据的一个重要特征，票据行为具有外观性，不问转让票据的原因（在适用有因性情形的除外），故对于买票人或贴现人之后受让票据的善意第三人而言，如果允许卖票人或申请贴现人申请公示催告并持除权判决行使票据权利的，则有损于票据的流通性，不利于保护善意第三人的权利。第二种观点认为，由于票据持票人系被诈骗交付票据，所以其在交付票据之时并非出于本意，且票据被诈骗人取得后，存在被流转给不特定的利害关系人的可能性，故应允许失票人申请公示催告。第三种观点认为，应区分情况进行分析。在被诈骗丧失对票据的占有，且知道票据被特定的当事人占有的情形下，票据持有人提起票据返还之诉即可。在不知道票据下落的情形下，票据持有人得申请公示催告。

与上述问题相关的是，如果票据持有人已因存在抢劫、抢夺、胁迫、诈骗等事实向公安机关报案的，是否还得申请公示催告？有观点认为，票据持有人通过向公安机关报案、希望通过刑事手段追回票据、追究犯罪嫌疑人刑事责任的方式救济自己的权利是其自由行使权利的方式，在票据作为赃物被追缴或者票款作为赃款被返还的情形下，票据权利人的权利可以得到救济。但由于刑事责任和民事责任的价值取向、归责原则、责任形式以及救济主体的不同，在当事人之间同时存在刑事法律关系和民事法律关系的情形下，票据持有人也有权通过民事程序、依据民事实体法和程序法的规定来实现救济。因此，在符合申请公示催告条件的情形下，票据持有人也有权申请公示催告。①

实际上，在刑法观念上，“盗”有强盗与盗窃之别，前者是我国《刑法》中规定的抢劫罪，所以可将之归入属于违反最后持票人的意志以外的原因导致可背书转让的票据脱离其有效控制、下落不明的情形。抢夺具有轻微抢劫罪的行为特征与本质，因此在因被抢劫、抢夺而票据下落不明的情形下，被害人得提起公示催告程序。但是，在公安机关已经查清、正在进行刑事诉讼之中的，则不宜启动该程序。

欺诈与盗窃不同，其是使用欺骗手段使被害人或被骗者陷入错误从而交付

① 参见最高人民法院民事审判第二庭编：《金融案件审判指导》，法律出版社 2015 年版，第 535 页。

了票据。在票据交付之时，被害人或被骗者并未有意志以外的原因，亦即就交付这一处分行为而言，仅是意思瑕疵，而非违反其意思（此与侵害被害人的意思自由系属二事）。在此场合，如果该票据尚未被欺诈者作背书转让，被害人可就此提出票据抗辩，但诈骗者业已背书转让、被背书人并无恶意且支付合理对价的，则不受此理由抗辩，这是由票据关系的无因性、票据行为的独立性所决定的，亦即凡是由行为人自己表示的意思，不管其意思表示是否真实，都属于有效行为，应当对善意持票人负相应的票据义务。① 因此，对此种情形不应肯定被骗者或被害人得提起公示催告程序，否则就会赋予恶意抗辩人一种得行使虚假诉讼的权利，并最终使票据的流通功能受到阻遏，这有违票据法的主旨。

① 参见王小能编著：《票据法教程》，北京大学出版社 2001 年版，第 41 页。

第十二章 | 针对银行业的白领犯罪及相关商事案件的法律适用

——涉商行为型经济犯罪案件的刑商审判衔接（三）

第一节　针对融资的白领犯罪：非法集资刑事案件的认定及其实务检讨

所谓融资，即货币资金的融通，通常是指货币资金的持有者和需求者之间直接或间接地进行资金融通的活动，其具体表现为资金在供给者与需求者之间的流动。这种流动是一个双向互动过程，既包括资金融入，也包括资金融出。融资的常见方式主要有银行贷款、股票筹资、银行承兑等形式。基于金融的特殊性、重要性、风险防范的必要性，我国对金融业一直采取审慎经营（《银行业监督管理法》第 21 条）与审慎监管（《银行业监督管理法》第 34 条）的政策，并对金融业的经营资质、经营范围实行许可主义。即使在 2013 年《公司法》再次修订后对从事金融业的公司仍施行实缴制，这也是未获依法许可（或实质性的）的融资行为，被界定为非法集资的原因。

一、非法集资刑事案件产生的经济、社会原因

近年来，由于受国家实行宏观调控以遏制过度投资和央行适度从紧货币政策的影响，加之银行体系仍无专门针对中小企业提供融资的金融机构，致经济运行中社会资金的供需矛盾突出；反之，随着改革开放四十余年来，民间已积累了巨大的资本财富，但由于可供投资增益的金融产品相对单一、门槛较高，

银行利率偏低，股市又长期持续低迷，从而在高息利诱之下，导致民间资本大量流向了那些难以通过正当渠道获取融资却对货币资本需求较大的单位或个人之中。“民间借贷的兴起是政府、正式金融机构、市场主体和社会公众相互博弈的结果”①，这就是非法集资案件产生的经济、社会原因。

但是，由于非法集资行为缺少必要的金融监管，加之信息具有不对称性与不透明性，不但扰乱金融秩序，造成大量社会资金失控，形成吸收公众存款上的不正当竞争，影响币值稳定，还因集资者经济实力不足，缺少承担风险的能力，一旦经营失败，往往形成巨额资金亏空，引发大量群体性事件，严重破坏经济秩序和社会安定（参见《刑事审判参考》第 488 号指导案例“惠某祥等非法吸收公众存款案”②）。因此，非法集资历来也是刑法重点惩治、打击的对象。

二、“非法集资”及法益实质揭示

就非法集资刑事案件而言，非法集资并不是一种具体、独立的犯罪罪名，而只是一种罪状，并仅见于《刑法》第 192 条对集资诈骗罪的规定之中。

1996 年《最高人民法院关于审理诈骗案件具体应用法律的若干问题的解释》（已废止）第 3 条第 3 款规定，非法集资是指法人、其他组织或者个人，未经有权机关批准，向社会公众募集资金的行为。此后《中国人民银行关于取缔非法金融机构和非法金融业务活动中有关问题的通知》（银发〔1999〕4 号）第 1 条规定，非法集资是指单位或者个人未依照法定程序经有关部门批准，以发行股票、债券、彩票、投资基金证券或者其他债权凭证的方式向社会公众筹集资金，并承诺在一定期限内以货币、实物及其他方式向出资人还本付息或给予回报的行为。可见，非法集资是指非法向社会公众募集资金的行为，亦即非法吸收公众存款。因此，传统意义上的民间借贷以及公司法、证券投资法等法律规定的私募资金、委托理财等融资行为，并不是非法集资。

① 郑云瑞：《民间借贷合同纠纷裁判价值和准则》，载《人民司法》2015 年第 12 期。

② 参见中华人民共和国最高人民法院刑事审判第一、二、三、四、五庭主办：《刑事审判参考》（总第 62 集），法律出版社 2008 年版，第 12~13 页。

商业银行法等金融管理法律法规、刑法之所以将“非法吸收公众存款”或“变相吸收公众存款”均界定为扰乱金融秩序并予以取缔的行为，是因为，首先，该行为会造成大量社会资金失控，不利于国家集中有限的资金进行必要的宏观调控；其次，行为人任意提高利率，形成在吸收公众存款上的不正当竞争，破坏利率统一，影响币值稳定，从而扰乱金融秩序；最后，吸存人经济能力不足，一旦经营失败，易致被吸取人的财产损失（参见“惠某祥等非法吸收公众存款案”）。但是，“抢了本是银行的活儿（业务）”，即“越俎代庖行使了本应由金融机构行使的职能，形成资金在银行外循环，影响银行信贷扩张能力，破坏社会资源合理配置，扰乱金融秩序”[①]，才是非法吸收公众存款罪所保护的法益实质，其更深层次的根源实质是国家金融垄断。因此，非法吸收公众存款罪系扰乱金融秩序的犯罪，由此也决定了以之作为基本犯的非法集资刑事案件，均须具有这一实质的法益侵害性。

问题 53 金店业主以高利吸收黄金并以黄金返利的，是否成立非法吸收公众存款罪？

实务中，就金店经营者既向其员工、社会不特定对象吸收现金，又吸收上述人员的黄金的，有人认为对于后者不宜作同于对前者的非法集资犯罪的罪质认定。[②] 但是，黄金系一种特殊种类物，尽管在现代社会，黄金早已退出流通领域，不再充当一般等价物，但黄金仍是主要的国际储备手段和国际支付手段，[③] 因此在该场合黄金就与货币具有同质性，故对吸收黄金的行为也应以非法吸收公众存款罪论处。

① 魏东、白宗钊主编：《非法集资犯罪司法审判与刑法解释》，法律出版社 2013 年版，第 276 页。

② 参见辽宁省高级人民法院刑二庭专业法官会议 2019 年 11 月 20 日《关于张某某犯非法吸收公众存款罪请示一案讨论纪要》。

③ 参见强力主编：《金融法教程》，中国政法大学出版社 1995 年版，第 221 页。

三、非法集资刑事案件具体组成之考问

2022年《集资案件解释》第1条第1款规定："违反国家金融管理法律规定，向社会公众（包括单位和个人）吸收资金的行为，同时具备下列四个条件的，除刑法另有规定的以外，应当认定为刑法第一百七十六条规定的'非法吸收公众存款或者变相吸收公众存款'：（一）未经有关部门依法许可或者借用合法经营的形式吸收资金；（二）通过网络、媒体、推介会、传单、手机信息等途径向社会公开宣传；（三）承诺在一定期限内以货币、实物、股权等方式还本付息或者给付回报；（四）向社会公众即社会不特定对象吸收资金。"也就是说，非法集资犯罪应同时具备非法性、公开性、利诱性、社会性四个特征。① 据此，实务中关于非法集资犯罪系涉及欺诈发行证券罪（《刑法》第160条），擅自设立金融机构罪（《刑法》第174条第1款），非法吸收公众存款罪（《刑法》第176条），擅自发行股票、公司、企业债券罪（《刑法》第179条），集资诈骗罪（《刑法》第192条），组织、领导传销活动罪（《刑法》第224条之一）以及非法经营罪（《刑法》第225条）等七种具体犯罪罪名，② 其中关于非法吸收公众存款罪与集资诈骗罪系两种典型的基本罪名的观点，是一种非常有力的主张。此外，还有观点将合同诈骗罪、虚假广告罪也归类为非法集资刑事案件。③

但是，非法集资刑事案件只是一种类罪的集合，其主要包括的应当还是非法吸收公众存款罪，集资诈骗罪，欺诈发行股票、债券罪以及擅自发行股票、公司、企业债券罪四种具有利诱性的"非法""吸收资金"型犯罪。其中，非法吸收公众存款罪具有基础性意义，集资诈骗罪则系加重罪名，二者共同成为

---

① 参见刘为波：《〈关于审理非法集资刑事案件具体应用法律若干问题的解释〉的理解与适用》，载中华人民共和国最高人民法院刑事审判第一、二、三、四、五庭主办：《刑事审判参考》（总第79集），法律出版社2011年版，第135页。

② 参见刘为波：《〈关于审理非法集资刑事案件具体应用法律若干问题的解释〉的理解与适用》，载中华人民共和国最高人民法院刑事审判第一、二、三、四、五庭主办：《刑事审判参考》（总第79集），法律出版社2011年版，第138页。

③ 参见魏东、白宗钊主编：《非法集资犯罪司法审判与刑法解释》，法律出版社2013年版，第3页。

非法集资犯罪或非法集资刑事案件的基本犯。这或许就是《刑法修正案（十一）》何以对该二罪的刑罚设置一并予以调整（将非法吸收公众存款罪法定最高刑从有期徒刑 10 年上调至有期徒刑 15 年，而对集资诈骗罪的起刑点则从“五年以下有期徒刑或者拘役”提升至“三年以上七年以下有期徒刑”，并取消了“数额特别巨大或者有其他特别严重情节的”才能被判处 10 年以上有期徒刑直至无期徒刑的量刑限定①）的主要动因。而欺诈发行股票、债券罪与擅自发行股票、公司、企业债券罪，则是作为非法吸收公众存款罪特别法条规定的非法集资犯罪。

因此，就上述第一种即涵括七种具体罪名的主张之中，认为“擅自设立金融机构可以视为非法集资的准备行为，或者说是广义上的非法集资行为；非法吸收公众存款，欺诈发行股票、债券，擅自发行股票、债券，组织、领导传销活动，非法经营证券、基金中的非法经营五个罪名属于刑法上处理非法集资犯罪的主体罪名；在五个主体罪名中，非法吸收公众存款罪具有基础性意义，属于非法集资犯罪的一般法的规定，其他四个罪名则属于特别法规定；集资诈骗罪是非法集资诈骗犯罪的加重罪名”的观点，② 基本上是妥当的。并且，作为特殊类型的（金融）诈骗罪，属于非法集资犯罪加重罪名的集资诈骗罪仍应符合诈骗罪的基本构造，即以非法占有为目的。而且在其具体表现形式上，主要是分为股权式与债权式两种融资模式，在此也有提示的必要。但是，组织、领导传销活动罪作为一种“骗取财物”的诈骗行为，仅在具有非法占有目的且是“通过传销手段非法筹集资金”的场合下，③ 才会与集资诈骗罪发生想象竞合关系（参见 2022 年《集资案件解释》第 13 条）。因此，若不具有非法占有目的，在《刑法修正案（七）》出台之前，实务中也系以非法经营罪论处［参见

① 根据《刑法修正案（十一）》对本罪的修正，本罪现在只有二个量刑档次，即“数额较大”与“数额巨大”。基本刑即就“数额较大的”的刑罚而言，新法重于旧法；而就加重刑即对“数额巨大的”刑罚而言，新法又轻于旧法，因为“数额巨大”实际上系涵盖了旧法关于“数额特别巨大”的刑罚适用情形。

② 参见中华人民共和国最高人民法院刑事审判第一、二、三、四、五庭主办：《刑事审判参考》（总第 77 集），法律出版社 2011 年版，第 138 页。

③ 参见周洪波、田凯主编：《破坏市场管理秩序犯罪司法适用》，法律出版社 2005 年版，第 278 页。

2007年北京“赵某运等非法经营案（‘亿霖木业案’）”]。并且，由于该罪实质是扰乱市场秩序而非破坏金融管理秩序，即其通过“击鼓传花”所推销的往往是具体的商品、服务而非股权等金融产品，承诺的是参与人缴纳“入门费”后获得“拉人头”返利的机会，隐瞒的是“庞氏骗局”不可持续、随时崩盘的风险，尚不是对核心承诺内容的隐瞒。从实质角度看，传销实控人承诺的对价（赚钱机会）存在交付事实，只不过这种对价具有瑕疵性（不确定性），①所以不宜将之简单归类为非法集资刑事案件（另参见《刑事审判参考》第167号指导案例“袁某、欧某湘、李某集资诈骗案”②）。而在《刑法修正案（七）》施行之后，即便是认定成立非法经营罪，也应仅限于因“非法买卖证券、投资基金”等系属融资的场合。

就上述第二种观点关于本类罪还涵盖合同诈骗罪的主张，或许是针对多众的以订立、履行合同为欺骗手段的诈骗犯罪，从而与集资诈骗罪也会发生竞合关系而言的。但是，这多少有未能厘清集资诈骗罪的真正构造之嫌，或许也是受限于《集资案件解释》对非法集资刑事案件所归纳的系具有公开性特征，以及“社会公众”是指不特定对象所致。然而，必须是具有吸收公众存款，亦即向社会公众募集资金的行为特征，仅此一点，作为特殊法条的集资诈骗罪就已将合同诈骗罪排除在非法集资刑事案件之外。此外，该观点还主张虚假广告罪也包括在其中。但是，该罪只有在作为非法集资犯罪帮助犯的场合[2022年《集资案件解释》第12条第2款（2010年《集资案件解释》第8条）]，或其行为本身就是以吸收公众存款为目的的情形下，才会因与非法吸收公众存款罪发生想象竞合关系而被归类为非法集资刑事案件。

四、非法集资刑事案件四个特征之检讨

上述类罪组成的争议产生，主要在于对非法集资刑事案件基本特征的认识

① 参见最高人民法院刑事审判第一、二、三、四、五庭编：《刑事审判参考》（总第130辑），人民法院出版社2022年版，第257页。

② 参见中华人民共和国最高人民法院刑事审判第一、二、三、四、五庭主办：《中国刑事审判指导案例2·破坏社会主义市场经济秩序罪》，法律出版社2012年版，第186~190页。

分歧上。

在2010年《集资案件解释》出台之后，关于非法集资犯罪应同时具备非法性、公开性、利诱性、社会性四个特征的观点可谓是实务的通说共识，但是并未使司法实务中对于非法集资刑事案件的罪与非罪的界定争议有所消弭。此后，虽然为此又相继出台了2014年《集资案件意见》与2019年《集资案件意见》两个规范性文件，但也主要解决了对于豁免例外情形（2010年《集资案件解释》第1条第2款规定“在亲友或者单位内部针对特定对象吸收资金”“不属于非法吸收或者变相吸收公众存款”）的除外规定（2014年《集资案件意见》第3条针对2010年《集资案件解释》又增设：“下列情形不属于《最高人民法院关于审理非法集资刑事案件具体应用法律若干问题的解释》第一条第二款规定的‘针对特定对象吸收资金’的行为，应当认定为向社会公众吸收资金：（一）在向亲友或者单位内部人员吸收资金的过程中，明知亲友或者单位内部人员向不特定对象吸收资金而予以放任的；（二）以吸收资金为目的，将社会人员吸收为单位内部人员，并向其吸收资金的”）以及关于“非法性”认定依据的扩张（2019年《集资案件意见》针对2010年《集资案件解释》“违反国家金融管理法律”的规定而扩张为“违反国家金融管理法律法规”）。而对于争议极大的“公开性”系“公开宣传”与“社会性”是针对“不特定对象”的认定，并未作实质改变。值得提及的是，2022年《集资案件解释》对此也未予变更。由于上述问题涉及罪与非罪、民间借贷合同的效力认定、刑民交叉案件的程序处理走向，因此有检讨的必要。

（一）非法性特征之检讨

非法性是非法吸收公众存款（是指未经有权机关批准/依法许可，向社会公众吸收资金，出具凭证，承诺在一定的期限内还本付息的活动）与变相吸收公众存款（是指未经有权机关批准/依法许可，不以吸收公众存款的名义，向社会公众吸收资金，但承诺履行的义务与吸收公众存款性质相同的行为）的共同特征，也是非法集资刑事案件的本质特征。根据2019年《集资案件意见》第1条，“认定非法集资的‘非法性’，应当以国家金融管理法律法规作为依据”，并且“对于国家金融管理法律法规仅作原则性规定的，可以根据法律规定的精神并参考中国人民银行、中国银行保险监督管理委员会、中国证券监督管理委员会等行政主管部门依照国家金融管理法律法规制定的部门规章或者国家有关金融管理的规定、办法、实施细则等规范性文件的规定予以认定”，从而改变了2010年《集资案件解释》系仅违反“国家金融管理法律规定”的限缩认定。就位阶而言，金融管理法律是指商业银行法、银行业监督管理法、证券法、保险法等法律规定。金融管理法规则是指由国务院制定的行政法规、规定的行政措施、发布的决定、命令。这符合《刑法》第96条对“国家规定”的规定，也符合对白领犯罪作为行政犯系具双重违法性的认定。据此，非法性应是指违反了国家金融管理法律法规的规定吸收资金，其本身即具有扰乱金融秩序这一违法性，从而与仅扰乱市场秩序的组织、领导传销活动罪有所不同。须提及的是，对这一点认知在2022年《集资案件解释》出台之后仍应如此理解。

对非法性的认定应作两个不同维度的判定。一是其既包括形式的非法性（违反《商业银行法》的禁止性规定），又包括实质的非法性。因为，非法性既是非法集资犯罪成立的前提，又是非法集资犯罪的本质。二是其既包括主体的非法性，即集资者并“未经批准（依法许可）”，又包括行为的非法性，即未经国务院银行业监督机构批准（依法许可）而集资或变相集资。其中，所谓未经批准（依法许可）的“批准（依法许可）标准”，原本就是对非法性判断的一个具体化规定，其与非法性之间是一种位阶关系，而非全部。还须指出的是，该非法性仅存在于扰乱金融管理秩序的集资人一边，而不能落实在集资参与人身上。因此，对于非法吸收公众存款刑事案件中的赃款，仍应及时返还集资参与人。而在集资诈骗犯罪案件中，集资参与人实则是被害人，因此应当对犯罪分子违法所得的财物予以追缴或者责令退赔①（另参见第14章第7节）。

既往，实务部门根据国务院1998年制定的《非法金融机构和非法金融业务活动取缔办法》（已失效）第3条关于“本办法所称非法金融机构，是指未经中国人民银行批准，擅自设立从事或者主要从事吸收存款、发放贷款、办理结算、票据贴现、资金拆借、信托投资、金融租赁、融资担保、外汇买卖等金融

① 参见辽宁省高级人民法院（2023）辽刑终60号刑事判决书。

业务活动的机构。非法金融机构的筹备组织，视为非法金融机构”的规定，认为所谓非法，是指任何向公众集资或吸收存款的行为，都必须经过批准，凡未经批准从事存款业务，缺少法定的特别授权，即为非法，亦即系采取了单纯的批准（依法许可）说作为非法性认定的判定标准。并继之认为，金融机构或其工作人员不能成立非法吸收公众存款罪［参见《最高人民法院刑事审判第二庭关于刘某某等人的行为如何认定罪名的复函》（刑二函字〔2001〕35号）、《最高人民法院研究室关于认定非法吸收公众存款罪主体问题的复函》（法研〔2001〕71号）］。但是，根据2003年《商业银行法》第47条规定，即使是金融机构，也不得采取擅自提高利率或降低利率等不正当竞争手段吸收存款或发放贷款，亦即金融管理法律法规对非法性的规定系兼采形式非法性与实质非法性说。因此，上述结论并不合适。嗣后实务部门也通过判决承认，该非法性具体包括“行为人虽然具备吸收公众存款的资格，但其吸收公众存款的方法是非法的，即某些金融机构虽然具有吸收公众存款业务经营权，但采取非法方式进行吸收存款的行为。如有些商业银行为争揽客户，违反国家关于利率的规定，以擅自提高利率或在存款时先支付利息等手段吸收公众存款”的情形（参见“惠某祥等非法吸收公众存款案”），从而消解了前述关于主张金融机构及其工作人员不能成立非法吸收公众存款罪的不适正性。

（二）公开性特征之检讨

实务认为，所谓公开性特征，是指通过媒体、推介会、传单、手机短信等途径向社会公开宣传。其中，“公开宣传”是公开性的实质。对于通过“口口相传”进行宣传的行为，实践中可以结合集资人对此是否知情、对此态度如何、有无具体参与、是否设法阻止等主客观因素予以认定。[①] 2014年《集资案件意见》对此基本予以认同，只是增加了“明知吸收资金的信息向社会公众扩散而予以放任等情形”的推定规定。但是，这种观点值得商榷。

因为在现实生活之中，很多集资人为规避打击，并未采取上述“向社会公

① 参见中华人民共和国最高人民法院刑事审判第一、二、三、四、五庭主办：《刑事审判参考》（总第77集），法律出版社2011年版，第136页。

开宣传”的行为。如浙江“吴某集资诈骗案”中，吴某就仅向 11 人借款，而未通过“向社会公开宣传”的方式融资。尽管其可能存在“明知吸收资金的信息向社会公众扩散而予以放任的情形”，但是这也只是一种很容易就被推翻的刑事推定。正如张明楷先生所正确指出的，“从实质上考虑，在出资者具有多众性或不特定性的情况下，公开与否，并不是决定非法吸收公众存款行为是否破坏金融秩序的关键因素。由此看来，非法吸收公众存款行为的公开性，也只是意味着其行为对象的公众性”①，亦即公开性特征并不是非法集资犯罪的基本特征，而只是对“社会公众性特征”的一种外观描述。或许，上述“公开性”是对公募股权或公募基金的概念援引。根据《公司法》的规定，发行股份超过 200 人以上的系公开发行（2019 年《证券法》第 9 条第 2 款第 2 项规定对实施员工股持股计划发行的豁免），且须经批准。《投资基金管理法》对公募基金也有相似规定。该公开发行又称公募，是相对于私募而言的融资行为。但是，其本质仍是对融资行为非法性的界定，而非公开宣传。由此看来，2022 年《集资案件解释》关于存款对象超过 150 人的规定（第 3 条第 1 款第 2 项），只是对此类行为外在特征的一种限定，而非全部。

（三）利诱性特征之检讨

利诱性并不是非法集资的本质特征，而是其行为特征。正是基于利诱性，才会吸引集资参与人的资金，才会扰乱金融秩序。这符合货币资本趋利性。

有实务部门认为，利诱性特征是指集资人向集资参与人承诺在一定期限内以货币、实物、股权等方式还本付息或给予回报，包含有偿性和承诺性两方面内容。因此，非经济领域的公益性集资就被排除在外。至于给付回报的方式，包括实物、消费、股权等形式，除了利息、分红，还有所谓的“工资”“奖金”“销售提成”等。② 该观点整体上是妥当的。但是，就以实物作为回报而言，并不符合融资系以资换利的特征，这多少与系以资易货的组织、领导传销罪有混淆之嫌。

---

① 张明楷：《刑法学》，法律出版社 2016 年版，第 779 页。

② 参见中华人民共和国最高人民法院刑事审判第一、二、三、四、五庭主办：《刑事审判参考》（总第 79 集），法律出版社 2011 年版，第 136~137 页。

此外，承诺性是指集资人仅具有允诺回报即可，而非要求必须给付现实的回报。并且，集资人允诺时是否具有真实回报能力与回报意思（集资后是否用于正常的生产经营或用于生产经营的筹集资金规模是否具有预期的允诺支付能力），是区分非法吸收公众存款罪与集资诈骗罪的关键。同时，也决定了对于非法吸收公众存款罪的数额认定，系包括所有筹集资金，而不能将已返还的本息排除在外。对于集资诈骗罪的数额认定，2022 年《集资案件解释》规定系“以行为人实际骗取的数额计算”，就“案发前已归还的数额应予扣除”［第 8 条（原 2010 年《集资案件解释》第 5 条）第 3 款］，即系持实际所得数额说。① 但须明确的是，返还参与人部分本金，仍然只是集资人对已被其所实际控制、参与人业已失控的财产作事后的处分而已，并不能就此否定其非法性。现实中，集资诈骗人之所以返还部分本金乃至高息，无外乎是为了虚构其具有高额回报能力的假象，或为避免尽早被发现其事实真相，以为骗取更多参与人的资金制造条件，这符合集资行为针对社会公众所致的边际延展效应、资金运作规律。因此，对于行为人在初始阶段仅具有非法吸收公众存款的故意，不具有非法占有目的，但在发生经营失败、资金链断裂等问题后，明知没有归还能力仍然继续吸收公众存款的，这一时间节点之后的行为应当认定为集资诈骗罪，此前的行为应当认定为非法吸收公众存款罪（参见《最高人民检察院关于办理涉互联网金融犯罪案件有关问题座谈会纪要》（高检诉〔2017〕14 号）第 15 条第 1 项），即以非法吸收公众存款罪与集资诈骗罪数罪并罚。当然，也可以作为包括的一罪，以集资诈骗罪处罚（但不能将非法吸收公众存款的数额计入集资诈骗数额），② 但其前提必须是在能够实现罪责刑均衡的场合之下。

（四）社会性特征之检讨

所谓社会性特征是指向社会公众吸收资金。作为非法集资的构成特征，社会性既是非法集资的又一本质特征，也是非法集资的对象特征。由于非法集资违法犯罪活动与民间借贷、单位内部筹资、私募基金、委托理财等合法融资行

① 参见张明楷：《诈骗罪与金融诈骗罪研究》，清华大学出版社 2006 年版，第 511 页。

② 参见张明楷：《刑法学》，法律出版社 2021 年版，第 1027～1028 页。

为还往往具有外观上的混同性，而且现实中非法集资人基于规避法律的目的，也往往会以上述合法行为作为掩饰，因此该特征对于认定非法集资罪与非罪、融资合法与否的边界也具有决定意义。对此应从以上两个边界分别出发、作正反两面的探讨。

认为社会公众就是指不特定对象，是一种比较通行的观念。并且，实务中还有人主张，社会性特征系包含两个层面的内容：一是指向对象的广泛性；二是指向对象的不特定性，并应结合公开性特征进行分析。[①] 但是，该观点具有局限性。如“吴某集资诈骗案”中，一共只有 11 名集资参与人，就难谓其指向“对象广泛”，且指向对象亦属特定，但不能就此否定吴某成立集资诈骗罪。因此，社会公众是一个开放性概念，其既包括不特定人，也包括特定多数人。由此所带来的问题如下。

问题 54 社会公众是否不包括亲友与单位内部工作人员？

根据 2010 年《集资案件解释》第 1 条第 2 款，“亲友”与单位内部工作人员系特定对象，属于成为非法集资所豁免的情形。2010 年《集资案件解释》之所以对以上两种集资对象特定化、将针对其的集资的行为豁免化，实则是由于法律（《公司法》《证券法》）的规定，亦即在特定场合下向以上两种特定对象融资因具有正当化事由，从而阻却了非法集资的违法性，而并非非法集资的行为对象一律不包括该两类人员。所以，2014 年《集资案件意见》第 3 条对之进行了修正，“（一）在向亲友或者单位内部人员吸收资金的过程中，明知亲友或者单位内部人员向不特定对象吸收资金而予以放任的；（二）以吸收资金为目的，将社会人员吸收为单位内部人员，并向其吸收资金的”，“应当认定为向社会公众吸收资金”。当然，2019 年《证券法》第 9 条规定了因“实施员工持股计划的员工人数不计算在内”，可谓是作了部分消解。其中，就向亲友融资而言，实则是真正意义上的民间借贷，对此若一律予以非法化，不但不符合现

① 参见中华人民共和国最高人民法院刑事审判第一、二、三、四、五庭主办：《刑事审判参考》（总第 79 集），法律出版社 2011 年版，第 137 页。

实国情，也与民法相关规定（《民法典》第667条）相冲突。因此，在对亲友融资豁免的规范上，仍然并只能是基于民间借贷具有合法性、为法律所承认的习惯的正当化事由。

就“向单位内部人员”融资豁免而言，实则是根据《公司法》《证券法》等法律规定。如有限责任公司的股东人数不得超过50人（《公司法》第42条），股东既可以用货币出资，也可以用实物、知识产权、土地使用权、（股权、债权）等可以用货币估价并可以依法转让的非货币财产出资（《公司法》第48条），并可将股权相互转让（《公司法》第84条）；股份有限公司有发起设立与募集设立之分（《公司法》第91条第1款），由于作为设立发起人的人数不得超过200人（《公司法》第92条），向上述规定人员融资且人数不超此限的，即属向单位内部人员融资，以上情形均具有合法性。并且，2019年《证券法》第9条第2款第2项就对公开发行证券“向特定对象发行证券累计超过二百人”的，还增设了“但依法实施员工持股计划的员工人数不计算在内”的豁免性规定，但该前提是实施“员工持股”计划的行为实质化。此外，合伙企业法也有类似融资豁免性的规定。而且，普通合伙并没有人数的上限限定，这一点就与有限合伙不同（50个人以下）。因此，当前实务中出现的通过“互联网+”融资的“有限合伙”，也是应当被取缔的非法集资行为。

五、非法吸收公众存款罪与集资诈骗罪之间的界分及转化关系认定

非法吸收公众存款罪与集资诈骗罪之间，就其形式外观上并无不同。但是，后者因具有非法占有目的这一“超主观”的责任要素，所以其行为人对于非法所吸收的资金，本就具有不法所有的意图，故成立集资诈骗罪。实践中，不乏伊始确系为非法吸收公众存款，但由于后续投资失败等原因，加之仍须不断支付高额利息导致资金链断裂，行为人在明知已不能再支付所允诺的高额利息的场合而仍然向公众吸收存款，即实际上系采取“拆东墙补西墙”的方式以维系其外观，成为“庞氏骗局”，就会因之而转化成立集资诈骗罪（参见2017年辽宁大连“荣某豪、田某玲集资诈骗、荣某豪、冯某、荣某鹏等非法吸收公众存款案”）。对于这种罪质转化认定，必须坚持责任与不法同在的原则。而对于非法占有目的的认定，根据《金融犯罪座谈会纪要》的规定，应当坚持主客观

相一致的原则，既要避免单纯根据损失结果客观归罪，也不能仅凭被告人自己的供述，而应当根据案件具体情况具体分析，即应将明知没有归还能力而大量骗取资金等七种具体情形作为认定具有非法占有目的的判定基础。事实上，对于行为人资金使用成本过高、生产经营活动的盈利能力不具有支付全部本息的现实可能性的，以及作为返利资金所对应的生产经营活动本身根本无盈利可能的，也均应属之。例如，W 某以销售其已在美国 OTC 注册并即将上市的公司股权的名义非法集资，而事实上该公司系小额增值税纳税人，并未有实际运营，且其到境外上市未经证券监管机构许可，加之美国 OTC 市场仅系一个会员报价系统而基本上不具有融资功能，难以保证股民的投资利益，从而就应属于得为判定具有非法占有目的的情形。① 当然，对此仍应结合行为人在取得集资款后有无变一时占有为永久所有的目的予以判定。若行为人确仅出于非法吸收公众存款的意思，且将集资款主要用于公司的运营之中，特别是被中介机构欺骗其公司可在 OTC 上市的，则难以肯定其具有非法占有目的。对于证据达不到确实、充分程度的，应按照“就低不就高”有利被告原则认定。

基于行为共同说，即使居于顶端的组织者基于集资诈骗的目的，而其下属确系仅基于非法吸收公众存款这一认知的，对于后者就仅能认定成立非法吸收公众存款罪（参见 2019 年辽宁大连“刘某集资诈骗、杨某等非法吸收公众存款案”）。与此相反，如果位居顶端的组织者确仅出于非法吸收公众存款的意图，而在其被有关部门取缔之后，与其失去联络的第二层人员，仍继续向社会公众非法集资，且对已产生怀疑并进而要求兑现本金与利息的集资参与人进行欺骗，致使后者维持了错误认识，并将所筹集的资金以高额的工资或酬劳的名义予以私分的，则应构成集资诈骗罪（参见 2022 年辽宁大连“张某杰等非法吸收公众存款案”② ）。这符合不法与责任同在的原则。

六、非法集资刑事案件的数额认定及其证据收集审查判断

作为涉众型经济犯罪，非法吸收公众存款罪与集资诈骗罪的数额认定问题（前者系以实际吸收的数额总体认定，后者则以被害人遭受的实际损失认定），

① 参见陕西省西安市中级人民法院（2007）西刑二初字第 122 号刑事判决书。

② 参见辽宁省大连市中级人民法院（2022）辽 02 刑初 54 号刑事判决书。

历来是司法实践中的难点。其主要原因是非法集资案件中的被害人人数众多且分散或匿名，部分案件被害人还抱有希望犯罪嫌疑人继续经营以拿到其预期收益的心理，而不愿参加到刑事诉讼之中，从而在人数统计特别是实际受害数额统计上难以准确认定。此外，鉴于犯罪嫌疑人往往并无正规财会统计账目及单立的专用资金账户，以及有时还以打折或奖励等变相返利方式向下层级的集资参与人吸收资金，从而在具体数额认定上与被害人的陈述之间也会产生较大偏差。

对此必须认识到，作为一种白领犯罪，非法集资刑事案件特别是集资诈骗犯罪案件，其与普通诈骗犯罪案件乃至与合同诈骗犯罪案件具有根本不同之处，正在于其广众性、波及展延性的特征，因此上述情况不仅只是一种常态而是一种应然的状态。从而在证据的收集审查判断上，基于其案件特点，在确因客观条件限制无法逐一收集集资参与人的言词证据的，2014 年《集资案件意见》第 6 条规定，可结合已收集的集资参与人的言词证据和依法收集并查证属实的书面合同、银行账户交易记录、会计凭证及会计账簿、资金收付凭证、审计报告、互联网电子数据等证据，综合认定非法集资对象人数和吸收资金数额等犯罪事实。在审计报告所认定数额具有一定的资金收付凭证、互联网电子数据对应支持的，如被告人无相反证据推翻，应予认定。甚至在前后数份审计报告存在矛盾的场合，如果公诉机关结合已收集的集资参与人的言词证据和依法收集并查证属实的书面合同、收款收据并结合已生效的同案犯刑事判决等证据，综合认定本案集资参与人的人数和非法吸收公众存款的数额，符合客观事实的，也可认定。[①]

七、关于 P2P 网络集资行为的刑事规制

近年来，科技在金融领域的渗透越来越深入，以人工智能为代表的新兴科技掀起了新一轮互联网金融领域的创新革命。金融科技是金融与科技的结合，其打破了传统金融固有的技术壁垒，但同时也给金融监管带来了新的挑战。正如有学者指出的，金融科技使资金的提供者与需求者之间的连接费用大幅下降，在实现高效率低成本的同时，金融风险隐蔽性、突发性、传染性和负外部性等

① 参见辽宁省沈阳市中级人民法院（2023）辽 01 刑初 40 号刑事判决书。

特征依然存在，并且技术和网络风险产生的叠加效应使风险传递得更快、波及面更广。金融科技在为金融市场带来创新机会的同时也蕴藏着新型刑事风险。[①]这特别体现在以 P2P[②] 网络集资行为的性质认定上。

根据 2015 年 7 月中国人民银行等十部委《关于促进互联网金融健康发展的指导意见》的规定，P2P 是指“个体和个体之间通过互联网平台实现的直接借贷”，并首次明确了“网络信贷”的含义以及网络平台的中介性质，个体网络借贷机构要明确其信息中介性质，主要为借贷双方的直接借贷提供信息服务，不得提供增信服务，不得非法集资。但是，以 2016 年 E 租宝案的“庞氏骗局”爆发为契机，P2P 网络集资行为所引发的集资诈骗、非法经营等刑事案件层出不穷，为此，就网络集资行为的刑事规制问题也引起实务界与学术界的广泛热议。

首先须明确的是，作为行政犯，就 P2P 网络集资行为是否涉嫌刑事犯罪以及应构成何种刑事犯罪，必须以违反国家有关禁止性规定作为判断其是否具有违法性的前提。其次才是刑事规制的路径问题。为此，对于以 P2P 网络集资名义而向社会公众集资，乃至归集、沉淀资金的，就有成立非法吸收公众存款罪的可能；对于超越了网络平台其中介性质，乃至为借贷人提供担保等增信服务的，就有非法经营罪适用的余地；而对于以非法占有为目的，通过 P2P 网络进行集资行为的，则无疑构成集资诈骗罪（参见辽宁大连“荣某豪等集资诈骗案”）。

第二节 针对贷款的白领犯罪：骗取贷款罪与贷款诈骗罪及其民事赔偿责任认定

一、贷款及其保护法益

发放贷款是银行等金融机构的又一主要业务（《商业银行法》第 2 条）。贷款一词具有两个含义：一是指银行或者其他金融机构即贷款人根据法律法规以

---

① 参见刘宪权：《互联网金融犯罪研究》，上海人民出版社 2022 年版，第 29~30 页。

② 英文 peer to peer lending 或 peer-to-peer 的缩写。

及与借款人之间的约定，按照一定的期限和利率，并以偿还为前提，向借款人提供货币资金的一种信用活动；二是指贷款人向借款人提供的并按约定的利率和期限还本付息的货币资金。① 因此，针对贷款的犯罪，如骗取贷款罪与贷款诈骗罪，既侵犯了信用活动的法益，也侵犯了金融机构作为所有权人对货币资金占有的法益。前一法益的破坏，需有引发金融系统风险的可能，从而体现为对金融秩序的破坏，所以就有排除将小额贷公司等地方性金融组织也作为骗取贷款罪与贷款诈骗罪保护对象的必要。对于有关刑法规定的"金融机构"的认定，应是指与银行相当的经国务院金融管理部门依法批准设立的金融机构，而不应包括小额贷公司等经地方金融监管部门批准设立的金融机构，从而与民事法律规范（主要是指《最高人民法院关于新民间借贷司法解释适用范围问题的批复》（法释〔2020〕27 号）规定的小额贷公司等七类地方性金融机构）不同。而后一法益的破坏，则是以行为人"非法占有"信贷资金为表现形式的，只不过就骗取贷款罪对于信贷资金的"非法占有"而言，系属行政法或民法意义上的，是对金融机构的货币资金在空间、时间上的一时性的不法占有，其本身具有返还同等数额货币资金的意思与真实能力；而成立贷款诈骗罪的非法占有，则是刑法意义上的，系永久占有亦即不法所有并兼具排除与利用的意思。就与骗取贷款罪相近似的、客观表现为"套取"信贷资金的高利转贷罪而言，并不要求具有放贷处分权限的金融机构的工作人员受骗才能成立本罪。这一点也启示了在对骗取贷款罪的认定上，如果金融机构工作人员系明知行为人在骗取贷款而仍对之发放信贷资金，就不能成立该罪，而仅能对金融机构或其工作人员以违法发放贷款罪处罚。在此场合，贷款人可能会成立后罪的教唆犯。

二、骗取贷款罪的流变及其认定

既往，《刑法》针对银行贷款业仅规定了高利转贷罪（《刑法》第 175 条）与贷款诈骗罪（《刑法》第 193 条）。但是，以"吴某丽贷款诈骗（无罪）案"（《刑事审判参考》第 95 号指导案例②）等为契机，基于贷款人虽在贷款过程之

① 参见强力主编：《金融法教程》，中国政法大学出版社 1995 年版，第 170 页。

② 参见中华人民共和国最高人民法院刑事审判第一庭、第二庭编：《刑事审判参考》（总第 15 辑），法律出版社 2001 年版，第 12～17 页。

中隐瞒事实真相而具有对金融机构贷款的欺诈，如果行为人并无非法占有目的，也未转贷牟利，尽管造成贷款无法收回的重大损失，也仅能判处无罪。为此，《刑法修正案（六）》针对以欺骗手段取得银行或者其他金融机构贷款，给银行或者其他金融机构造成重大损失或者有其他严重情节的行为，增设了骗取贷款罪（《刑法》第175条之一）。但是，《刑法修正案（十一）》又取消了“其他严重情节”作为本罪的行为构成，而仅在“有其他特别严重情节”的情形下，作为加重处罚的情节。

实务中，其具体表现类型主要有：采用签订虚假循环内贸合同、提供虚假财务报表、隐瞒收取预付款等欺骗手段骗得被害单位的贷款（参见“周某进骗取贷款案”①）；冒用他人名义贷款，或冒用他人名义担保，私刻他人印章，以虚假担保方式贷款（参见《刑事审判参考》第963号指导案例“陈某国骗取贷款案”②）；通过提供与他人虚假签订的供销合同，虚报公司财务状况，骗得贷款（参见《刑事审判参考》第962号指导案例“江某昌骗取贷款案”③）；使用虚假资料骗取银行保理资金（参见《刑事审判参考》第1208号指导案例“钢浓公司、武某钢骗取贷款案”④）。可见，骗取贷款罪与贷款诈骗罪就其外观表现上，均具有：编造引进资金、项目等虚假理由，使用虚假的经济合同，使用虚假的证明文件，提供虚假担保等行为方式。因此，二者之间是一般与特殊关系。与非法吸收公众存款罪和集资诈骗罪之间的关系一样，其主要区别在于有无非法占有目的（参见“钢浓公司、武某钢骗取贷款案”）。但是，基于刑法对于成立骗取贷款罪还受有“造成重大损失”的要件限制，从而在判定上，还应充分考虑行为人财产的充盈程度，是否具有足以归还贷款的能力。此外，基于行为共同说，对于共同骗取贷款的行为人，基于其是否具有非法占有

---

① 参见上海市第一中级人民法院（2009）沪一中刑初字第314号刑事判决书。

② 参见中华人民共和国最高人民法院刑事审判第一、二、三、四、五庭主办：《刑事审判参考》（总第97集），法律出版社2014年版，第41~43页。

③ 参见中华人民共和国最高人民法院刑事审判第一、二、三、四、五庭主办：《刑事审判参考》（总第97集），法律出版社2014年版，第34页。

④ 参见中华人民共和国最高人民法院刑事审判第一、二、三、四、五庭主办：《刑事审判参考》（总第111集），法律出版社2018年版，第25页。

目的，而分别成立贷款诈骗罪与骗取贷款罪。[①]

基于骗取贷款也是一种欺诈行为，其主要是对相对人意思自由的欺骗，因此骗取贷款行为也应符合欺诈的基本构造（参见第 4 章第 3 节）。从而骗取贷款人在实施骗取的过程之中，如果其相对人（贷款人）系属明知乃至造意造假的场合，因为并没有被骗者，所以还难以肯定借贷人成立骗取贷款罪，而仅有对之适用违法发放贷款罪的可能（此时借贷人属于教唆或者帮助的"狭义的共犯"）（参见《刑事审判参考》第 825 号指导案例"刘某新等违法发放贷款案"[②]）。当然，作为该相对人的，应是金融机构中具有相应权限或地位的代理人或代表。但是，该欺诈必须是停留在不法损害贷款人（金融机构）的财产之前，否则就具有了不法损害他人财产的目的。而这里的不法损害，与不法牟利、不法所有，基于货币"占有即所有"的性质，和非法占有是同一意思，从而就属于贷款诈骗罪的规范范围了。

三、贷款诈骗罪的非法占有目的认定

非法占有目的是取得财产罪的"超主观"的责任要素。如果只是一时性的占有，而不具有永久性与持续性的排除意思，其对财产的占有并不具有非法性（即使具有非法性，也不具有刑事违法性）。只有具有永久性或持续性（超过规定期限）的排除意思时，才能认定行为人具有涉及刑事可罚的法益侵害的意思。所以，贷款诈骗罪的非法占有目的中的占有，并不等同于民法中的占有，否则根本不能说明贷款诈骗罪的非法占有目的。[③]

由于非法占有目的具有很强的主观性，很难通过客观事实直接证明，对此 2001 年《金融犯罪座谈会纪要》第 3 条明确规定对于金融诈骗罪中的非法占有目的的认定，应当坚持主客观相一致的原则，并列举了包括肆意挥霍骗取资金等七种具体的情形。实务还主张，行为人获取贷款后的用款方式、有无擅自改

① 参见辽宁省葫芦岛市中级人民法院（2021）辽 14 刑初 68 号刑事判决书。

② 参见中华人民共和国最高人民法院刑事审判第一、二、三、四、五庭主办：《刑事审判参考》（总第 90 集），法律出版社 2013 年版，第 10~13 页。

③ 参见张明楷：《诈骗罪与金融诈骗罪研究》，清华大学出版社 2006 年版，第 409 页。

变贷款用途的行为可以在一定程度上反映行为人的主观状态。对于严格遵守贷款协议约定的贷款用途，真实诚信地使用所借款项，确因正常经营风险无力偿还贷款的，即使在申请贷款时使用了虚假资料或有其他民事欺诈行为，亦应首先考虑为贷款纠纷，确实给银行等金融机构造成重大损失，可以结合案情事实以骗取贷款罪论处，不能简单采取客观归罪的方式直接以贷款诈骗罪处理。对于擅自改变贷款用途，导致贷款资金脱离银行等金融机构所能预期的经营状况，后因正常经营风险无能力偿还的，既要考虑实际用款项目的正常盈利可能，也要结合行为人贷款前的实际经济状况、申请贷款时有无欺诈行为等具体情节，结合证人证言、被告人供述等言词证据准确界定行为人是否具有非法占有之故意。对于获取贷款后，将资金用于偿还个人债务、赌博、挥霍，后又实际未能偿还贷款的，除有证据证明行为人确有可靠资金来源保证偿贷能力，后因不可抗力或者意外事件等难以预料的因素导致偿贷资金灭失的，一般可以推定其主观上具有非法占有目的。[①] 这种观点基本上是适正的。对此仍应以借贷人申请贷款时的欺诈行为是否具有重大性（主导或支配了金融机构因此作出发放贷款的决定并遭受财产损失）及使用贷款有无“异常性”作为第一层的判定资料（参见第7章第4节），并遵循从客观到主观这一认识规律，并特别考虑借贷人贷款时是否具有真实还贷意思、真实还贷能力的场境以及是否为还贷进行了积极的努力，综合予以判断。因为，行为人“借贷当时的偿债能力与意愿，才是法律上及诉讼上让人伤脑筋的争点”。[②] 对于证据难以达到确实、充分程度的，也应按照“就低不就高”有利被告原则认定。

四、贷款诈骗罪的数额认定

贷款诈骗罪是一种数额犯，贷款诈骗的数额不仅是定罪的重要标准，也是量刑的主要依据。2001年《金融犯罪座谈会纪要》规定，在具体认定犯罪数额时，应当以行为人实际骗取的数额计算。对于行为人为实施诈骗活动而支付的

---

① 参见中华人民共和国最高人民法院刑事审判第一、二、三、四、五庭主办：《刑事审判参考》（总第111集），法律出版社2018年版，第29页。

② 参见林钰雄：《刑法与刑诉之交错适用》，中国人民大学出版社2009年版，第299页。

中介费、手续费、回扣等，或者用于行贿、赠与等费用，均应计入犯罪的数额，但应当将案发前已归还的数额扣除。2022年《集资案件解释》第8条第3款承继了该规定。值得讨论的是，该“实际骗取的数额”应以哪一个时间点作为其认定的界标？即应以行为人实施贷款诈骗行为时，还是应以案发（包括审计评估）时？特别是在行为人以房产抵押诈骗贷款的，由于贷款抵押时的房产价格与案发时的房产价格往往又会出现较大反差，应如何认定？本书倾向于应以行为人实施贷款诈骗时而取得的贷款数额作为其实际骗取的数额，而后其在案发前归还部分则应从中扣除（因为被害人没有因此而遭受实际损失），亦即应以贷款诈骗行为实施时而非以案发时作为认定其骗取财物的时间点。这也是由责任与不法行为同在原则所决定的。对于放贷人行使抵押权而言，实则是作为一种追回保障机制，而落实于有无刑罚客观可处罚条件这一节点之上，亦即如果贷款诈骗行为人虽事先基于非法占有目的而骗取了贷款，但届期后其抵押物已经足以补偿贷款损失的，可不作为刑事案件评价（基于市场投机原则不具有刑罚处罚客观条件）。对于抵押物尚不足以补偿的，则可以将之作为被害人最终实际遭受的财产损失而评价于案件的整体构成之中。此与行为人是否成立贷款诈骗犯罪（责任成立范围）以及实际骗取的数额（损害范围）并不属一事。

因此，就行为人以欺骗手段先后向多家不同的金融机构骗取贷款，并连续以“倒贷”方式依次以倒贷资金向其他金融机构作“击鼓传花”式的偿贷，最终致使其中部分金融机构遭受重大损失，其诈骗行为还是应成立于其实施贷款诈骗行为时而非本案案发时（参见辽宁沈阳“吴某廷贷款诈骗案”① ）。

五、贷款诈骗罪与其他犯罪之间的牵连、竞合关系认定

实务中，基于贷款诈骗活动会经常存在多种行为，即目的行为与手段行为，或者一个贷款诈骗行为却触犯了不同罪名，对此应根据牵连犯、想象竞合犯关系理论判断。

就行为人“以非法侵占物进行抵押贷款”的，有判决认为系属职务侵占罪的后续行为，故不成立贷款诈骗罪（参见《刑事审判参考》第192号指导案例

① 参见辽宁省高级人民法院（2023）辽刑终20号刑事裁定书。

"潘某、王某职务侵占、虚报注册资本、贷款诈骗案"[①]）。但是，即使是职务侵占之物，由于行为人缺少正当的占有权源，因此行为人以此为担保向金融机构申请贷款，不但是隐瞒事实真相，而且也导致了这一权属存在瑕疵之物，使与之订立贷款合同的金融机构的设立目的也因此不能达成，从而该后续行为应单独成立贷款诈骗罪。只是由于被害人遭受的损失只有一个，所以可以考虑以吸收的一罪论处。

而在欺骗银行机构工作人员，将业已贴现的他人的银行承兑汇票窃取后向其他金融机构质押贷款的场合，系属于一行为触犯数罪名，即既符合票据诈骗罪又符合贷款诈骗罪（隐瞒系他人之物的事实真相进行质押）。对此应以成立想象竞合关系而对之从一重处（参见第 11 章第 2 节）。

当前实务中存在争议的往往是这种案件：甲以非法占有的目的并以伪造的虚假买卖合同向银行申请贷款，银行董事长乙在明知甲并无真实交易且无任何偿贷能力的情形下要求其下属支行为甲办理贷款（"点贷"），甚至还要求对甲提供的抵押物进行评估的中介机构故意虚增其数倍价值，以达致放贷要求，并主导了该行贷款审查委员会的同意，最终造成该笔贷款无法追回。对此判决对甲以贷款诈骗罪、对乙则以违法发放贷款罪定罪处罚。[②] 此在"两行清收"案件中已为常例。但是，基于贷款诈骗罪系一种特殊的诈骗罪，而根据诈骗罪的基本构造（参见第 7 章第 3 节），在具有处分权限与居于处分地位的人均未被骗且同意（允诺）的场合，认定甲构成贷款诈骗罪是存有疑问的。因为，作为被害人的银行在同意其财产被甲所不法损害的情形下，也就排除了甲的行为构成贷款诈骗罪的实现，而仅能以贪污罪或职务侵占罪对甲定罪处罚（具体视乙有无国家工作人员身份而认定）。[③] 乙则视其与甲有无事前的通谋，而分别成立贪污罪或职务侵占罪的共同正犯或片面的帮助犯（狭义的共犯）。当然，在后一场合（无事前通谋），若甲对乙实际上的同意并不知情，则甲还成立贷款诈

---

① 参见中华人民共和国最高人民法院刑事审判第一庭、第二庭编：《刑事审判参考》（总第 27 辑），法律出版社 2002 年版，第 3~41 页。

② 参见辽宁省葫芦岛市中级人民法院（2021）辽 14 刑初 68、17 号刑事判决书。

③ 参见张明楷：《刑法学》，法律出版社 2021 年版，第 1033 页。

骗罪（未遂），从而也存在贷款诈骗罪与前述职务犯罪适用想象竞合的空间。

此外，由于《刑法》第193条并未规定处罚单位的贷款诈骗行为，基于罪刑法定原则，既往实务部门关于对单位以合同诈骗罪进行定罪处罚的意见［参见《金融犯罪座谈会纪要》“（三）”］就已被当前实务部门所见弃。[①]

六、违法发放贷款罪、吸收客户资金不入账罪及金融机构过错责任认定

骗取贷款、贷款诈骗以及高利转贷犯罪活动实施的过程之中，往往存在发放贷款的金融机构工作人员的过错，一旦后者具有“违反国家规定发放贷款数额巨大或者造成重大损失”的情形，就有成立违法发放贷款罪（《刑法》第186条）的可能（参见《刑事审判参考》第305号指导案例“马某方等贷款诈骗、赵某增违法发放贷款、挪用资金案”[②]）。这多少有些对向犯的意味，甚至不排除骗取者或转贷人与金融机构的工作人员内外勾结诈骗贷款、套取贷款的行为，乃至有金融机构的工作人员造意借贷的现象（参见“刘某新等违法发放贷款案”）。尽管对此系根据后者是否具有处分的权限与地位而判定是成立贷款诈骗罪或骗取贷款罪还是成立贪污或者职务侵占等职务犯罪，但在没有通谋的场合，金融机构作为专业办理贷款业务的人员，应负有更为严格的审查注意义务，在民事过错责任上系负抽象轻过失责任。这一点也及于对其工作人员是否成立犯罪的有责性认定。[③] 如此一来，尽管学界多数主张行为人的主观责任要素应是故意，[④] 而且也似乎契合《刑法》对于违法发放贷款罪的最高刑罚系为有期徒刑15年的设置。但是，对于具有严重刑事过失的行为人因此而不予刑事处罚，还难以肯定其具有妥当性。[⑤] 因为，对于故意违反《商业银行法》等有关信贷管理的法律法规，仅是行政违规性的判断问题，此并不能完全及于对刑事

---

① 参见辽宁省高级人民法院（2023）辽刑终20号刑事裁定书。

② 参见中华人民共和国最高人民法院刑事审判第一庭、第二庭编：《刑事审判参考》（总第39集），法律出版社2005年版，第7页。

③ 参见辽宁省高级人民法院（2023）辽刑终31号刑事裁定书。

④ 参见张明楷：《刑法学》，法律出版社2021年版，第1016页；周光权：《刑法各论》，中国人民大学出版社2021年版，第314页。

⑤ 参见刘宪权：《金融犯罪刑法学原理》，上海人民出版社2017年版，第236页。

主观责任要素的当然延及。当然，对于仅由于严重违规而成立过失犯罪的场合，对其刑罚的适用与对故意犯本罪的罪责评价，必须应有所区分。

在此值得讨论的，还有关于吸收客户资金不入账罪的认定及其民事赔偿处理问题。该罪实际是针对存款而非贷款的犯罪，如某银行支行营业经理金某以高息名义揽储，并将购买某理财产品的多名客户资金不入账，并通过偷看客户密码或骗取客户密码，在自己的工作电脑中将客户已购买成功的理财产品撤单，并转入其本人的银行卡中用于投资某资产管理公司从中赚取差额利息，后因该管理公司资金链断裂，金某未归还客户资金1000余万元。案发后，金某被以吸收客户资金不入账罪判处了刑罚。[①] 上述遭受损失的客户遂将该银行起诉至法院要求赔偿其经济损失。金某实施的上述行为实际上还构成挪用资金罪（参见《金融犯罪座谈会纪要》第3条第2款），二者之间成立的是想象竞合关系，应从一重处。当然，学界也有观点认为，对此行为即行为人利用不入账的资金实施其他犯罪的，如个人侵吞、非法拆借、私自发放贷款的，应当同时成立本罪与贪污罪、挪用资金罪，故原则上应予数罪并罚。[②] 但虑及此类行为具有后述行为类型的通常性，且本罪最高刑设置为有期徒刑15年（在《刑法修正案（十一）》对挪用资金罪修订之前，挪用资金罪的起刑点是3年以下有期徒刑或者拘役，其最高刑是10年以下有期徒刑），且从历史解释的角度，将资金用于非法拆借、发放贷款曾系其原有罪状，故以牵连犯从一重处或以想象竞合犯从一重处，是合适的。此外，由于上述客户资金已经进入该银行的控制范围之内，此与是否入账系属二事（因为吸收客户资金入账是金融监管要求），因此该银行应对金某的行为所致被害人的经济损失在追缴不能的范围内承担赔偿责任。

七、骗取贷款罪及贷款诈骗罪的合同效力及其民事赔偿责任区分认定

就骗取贷款的场合，由于系出于欺诈的意思，行为人与金融机构之间订立的贷款合同属于可撤销的民事法律行为。并且，由于申请撤销权只存在于被欺

---

① 参见辽宁省沈阳市和平区人民法院（2019）辽0102刑初1225号刑事判决书。

② 参见周光权：《刑法各论》，中国人民大学出版社2021年版，第314页。

诈者一方，该合同效力不宜轻易被否定（尽管实务之中，对成立骗取贷款罪的，多数是依刑事程序并以追缴方式来救济金融机构的经济损失）。问题的争议多在于成立贷款诈骗罪的场合。

问题55 行为人在私刻公章或仅具有公司董事、总经理等高级管理人员身份与地位的场合，公司是否负用人失察的过错责任？

在“兴业银行广州分行与深圳市机场股份有限公司借款合同纠纷案”① 中，某机场公司总经理崔某先是使用公司公章以机场公司名义与民生银行签订了1.3亿元的银行承兑合同，贷出的1.3亿元被其转入×公司后由×公司开出汇票在其他银行贴现。此后崔某又使用机场公司公章与浦发银行签订了贷款1.6亿元的合同，以该1.6亿元贷款偿还了前笔向民生银行的借款本息。在此笔贷款到期时，崔某又指使×公司人员李某以私刻的机场公司印章与兴业银行签订最高限额为3亿元、有效期为1年的基本授信合同，之后又与兴业银行分别签订了贷款2亿元与2500万元的合同。在2.25亿元贷款发放后，李某按崔某授意将其中的1.6亿元偿还浦发银行借款，余款转入×公司。就其贷款诈骗行为所致兴业银行的财产损失，作为民事案件一审法院的广东省高级人民法院认为，崔某等人诈骗贷款的行为与本案所涉的基本授信合同、贷款合同所产生的民事赔偿关系，是两种不同法律关系的案件。由于崔某是机场公司总经理，造成兴业银行有理由相信其上述行为是在履行职务，机场公司对此负有失察的重大过错，因此机场公司应对兴业银行的贷款损失承担相应的民事责任。本案所涉2.25亿元贷款中，有1.6亿元用于偿还了浦发银行的贷款债务，因此机场公司应将这1.6亿元赔偿给兴业银行。由于兴业银行未尽谨慎的注意义务，对损失也负有重大的过错责任，应当分担贷款损失。故判决：（1）本案所涉授信合同、贷款合同全部无效；（2）机场公司赔偿兴业银行贷款损失19，250万元本息。针对机场公司所提的并无过错、不应承担赔偿责任等上诉理由，最高人民法院认为，本案不成立表见代理，因为兴业银行存在一定过错，非属善意。机场公司作为

① 参见《最高人民法院公报》2009年第11期。

单位有明显过错，且该过错行为与被害人的经济损失具有因果关系，因此应当承担赔偿责任。但兴业银行未尽审慎注意义务，在贷款的审查、发放、贷后跟踪检查等环节具有明显疏漏，反而还与其签订了借新还旧的新合同，因此应根据其过错程度承担相应的民事责任，并维持了原判。此案判决结果无疑是正确的，其关于民事赔偿责任的落实方式应及于对此类案件的思考。

该案事实上系存在三个骗取贷款的行为构成。第一个即崔某使用机场公司真公章向民生银行贷款 1.3 亿元并转给×公司的行为；第二个系崔某使用机场公司真公章向浦发银行贷款 1.6 亿元的行为；第三个则是崔某以假公章向兴业银行先后贷款 2.25 亿元的行为。由于崔某其第三个行为中具有非法占有目的，因此成立贷款诈骗罪。

就上述三个涉及骗取贷款与贷款诈骗犯罪的合同效力，对此有三种解决方案：一是认定全部有效；二是均认定无效；三是区分认定。本书倾向第三种方案。因为，虽然前两个合同系为骗取贷款所订立，但由于崔某系使用机场公司真公章订立，其本人又系总经理、董事长，本人意思即公司意思，若认定无效，并不符合合同认定效力的规范目的，特别是在债务业已清偿的情况下，这是由民事法律规范与刑事法律规范的意旨不同所决定的。而且，并非只要成立诈骗犯罪，该民事法律行为就一律无效，这取决于行为人的行为是否存在损害社会公共利益、国家利益或恶意损害第三人利益的场合，即使侵害金融管理制度的贷款诈骗犯罪也依然如此（参见第 14 章第 5 节）。贷款合同本质上仍是一种民事合同，其首先体现的仍是一种私的法益，之后才反射出作为其次位的金融管理制度这一社会法益，而后者最终又必然还原于其私法益，从而就难以将利用贷款合同进行诈骗的犯罪行为评价为系一种损害社会公共利益的行为。此与非法集资行为根本上即属扰乱金融秩序并具有引发重大金融风险的危害性，以及证券犯罪首先侵害的是资本市场的健康稳定发展与广众投资人的合法权益这一社会公共利益，不属同一价值评价的层面。同时，这也是一种基于权利外观而必须从法律上予以维护的信赖。因此，就崔某使用假公章所订立的第三个贷款合同，也应肯定其合同效力（参见《九民会议纪要》第 41 条）。

第十三章 | 白领非法营业犯罪

——涉商营业型经济犯罪案件的刑商审判衔接

第一节 非法经营罪的司法认定

一、非法经营罪的流变

所谓非法经营罪，根据《刑法》第225条，是指违反国家规定，扰乱市场秩序，情节严重的行为。《刑法》除规定了“（一）未经许可经营法律、行政法规规定的专营、专卖物品或者其他限制买卖的物品的”“（二）买卖进出口许可证、进出口原产地证明以及其他法律、行政法规规定的经营许可证或者批准文件的”“（三）未经国家有关主管部门批准非法经营证券、期货、保险业务的，或者非法从事资金支付结算业务的”三种具体非法经营情形，还规定了“（四）其他严重扰乱市场秩序的非法经营行为”作为兜底条款。其中，第3项是1999年《刑法修正案》增加的内容，并且《刑法修正案（七）》又增添了“非法从事资金支付结算业务”的规定，亦即本罪曾作二次修改。这与本罪系由1979年《刑法》所规定的三大“口袋罪”之一的投机倒把罪分解而来，而且也是作为现行《刑法》涉经济犯罪的唯一“口袋罪”（主要是指第4项，而第1项中规定的“其他限制买卖的物品”也存在这一问题）有关。并且，“该口袋罪也仅仅是受到刑法罪刑法定原则限定的‘口袋罪’，而仍然无法摆脱其作为‘口袋罪’的本质”①，可以说真正契合了本罪的本质。

① 张军等：《刑法纵横谈（分则部分）》，北京大学出版社2008年版，第114页。

尽管作为“口袋罪”规定在现行《刑法》之中似乎有违罪刑法定之嫌，但就该条款所规定的前三项的具体类型与其对于最后一项的限定关系而言，《刑法》已尽可能地予以了规范化。但是，由于“口袋罪”的天然消极属性，在司法实践中仍有所显露。如对于行为人搭建违章建筑并未经许可对外招商的行为，也认定为构成非法经营罪（参见《刑事审判参考》第1042号指导案例“翁某喜非法经营案”[①]），则存在径行仅将具有行政违法性的行为扩张为具有刑事违法性的疑问。

为尽量避免出现这种司法适用过程中不合理的解释现象，立法机关已尽可能地通过对相关行为的类型化，从而限缩了本罪的扩大适用。如对于传销以及变相传销的非法经营行为，尽管在《刑法修正案（七）》之前是以非法经营罪论处的［参见2007年北京“赵某运等非法经营案（‘亿霖木业案’）”］，但此后对传销活动不再以非法经营罪论处（参见《刑事审判参考》第865号指导案例“曾某坚等非法经营案”[②]）。并且，2011年4月最高人民法院也通过了《关于“国家规定”的通知》，明确要求就“其他严重扰乱市场秩序的非法经营行为”，在有关司法解释未作明确规定的情况下，“应当作为法律适用问题，逐级向最高人民法院请示”，以从司法层面上避免本罪“口袋”的滥用。

二、本罪的法益实质揭示

若要很好地把握关于非法经营罪的罪质认定问题，首先应对本罪的保护法益进行实质性揭示（而非仅是“解释”），这也是司法认定的关键。

非法经营罪系被规定在《刑法》分则第3章破坏社会主义市场经济秩序罪第8节扰乱市场秩序罪之中，结合该罪所规定的三种具体形态以及最后一款“口袋罪”特征，其所破坏的法益外在表现应该是“国家对某一产品的专营专

① 参见中华人民共和国最高人民法院刑事审判第一、二、三、四、五庭主办：《刑事审判参考》（总第101集），法律出版社2015年版，第62~66页。

② 参见中华人民共和国最高人民法院刑事审判第一、二、三、四、五庭主办：《刑事审判参考》（总第92集），法律出版社2014年版，第65页。

卖等经营制度”① （但如后所述，这还不是本罪法益的真正实质）。尽管其与“本罪侵犯的客体是市场管理秩序”的观点②似乎并无区别，但却更直接地指示出本罪的具体法益，从而也有助于对本罪实质的把握。例如对于有偿讨债行为，由于其社会危害性主要体现在对公民个人隐私和正常工作、生活秩序的破坏和干扰，对于正常的市场秩序虽有一定的危害，但并非其主要方面，所以“就非法经营罪的构成要件的规定来说，其法益保护的侧重点在于市场经济秩序，因此有偿讨债行为并不符合非法经营罪的危害实质”（参见《刑事审判参考》第1077号指导案例“李某生、胡某龙非法经营案”③ ）。

唯所疑问的是，作为市场经济，其本质就是竞争经济，本身就允许一定的投机行为，何以还要设立非法经营罪？

首先，不能肯定所有的市场投机行为都是合法的、所有的倒卖活动都是正当的、所有的交易都是不受管理与约束的，即使在当今市场“最为自由化”的美国，其《模范刑法典》第224.7条（不当交易）也规定，关于营业，为下列所揭行为者，即轻犯罪：1. 使用或意图使用而持有不正之秤、尺及其他不正当地表示或记录物之量工质之计器④时……4. 贩卖、提供或意图贩卖而陈列不纯的或虚伪标记之商品时……这与市场经济本身就是法治经济息息相关，市场经济并不是无序的、无任何约束的经济，而是受法制规范的经济（法治经济）。

其次，对于涉及国计民生的事业，任何国家也不会一放到底而不加以任何限制与干预。例如，就证券、期货而言，尽管国家鼓励国民参与投资，但其行业要受到证监会的严密监控，为此不允许非上市股份公司股票“场外交易”，以防破坏金融市场秩序（参见《刑事审判参考》第489号指导案例“陈某纬等

① 参见中华人民共和国最高人民法院刑事审判第一、二、三、四、五庭主办：《刑事审判参考》（总第78集），法律出版社2011年版，第183页。

② 参见周道鸾、张军主编：《刑法罪名精释：对最高人民法院最高人民检察院关于罪名司法解释的理解和适用》，人民法院出版社2003年版，第397页。

③ 参见中华人民共和国最高人民法院刑事审判第一、二、三、四、五庭主办：《刑事审判参考》（总第103集），法律出版社2016年版，第36页。

④ 所谓“不正当地表示或记录物之量工质之计器”，根据笔者与北京大学法学院江溯教授的交流意见，其对原文所作的翻译是：“虚伪地确定或记录质量或数量的工具。”

非法经营案”[①] ）。再如，对药品而言，由于涉及国民生命健康，国家不会对此放弃监管，故在未获得经营许可的情况下，即使是“挂靠”或“借用”有经营资质者的名义经营药品的行为，也会成立非法经营罪（参见《刑事审判参考》第864号指导案例“王某平非法经营案”[②] ）。并且，即使在《刑法修正案（十一）》增设了妨害药品管理罪（《刑法》第142条之一）之后，非法经营罪依然有适用的余地，而关于如再适用非法经营罪“将会造成量刑体系不均衡，也与立法初衷相悖”的观点（参见《刑事审判参考》第1492号指导案例“蒋某先、陈某辉等妨害药品管理案”[③] ）并不妥当。因为，对于涉及重大国计民生的药品行业而言[④]，国家绝不容许仅在其具有“足以严重危害人体健康”的具体危险犯的场合，才谦抑地动用刑法。从而根据《刑法》第142条之一第2款规定，妨害药品管理罪与非法经营罪还可能成立想象竞合关系（即使认为两者之间是法条竞合关系，作为一般法条的非法经营罪对于作为特殊法条的妨害药品管理罪也有截阻作用）。而通常情况下，对于挂靠型经营行为，如挂靠有建筑资质的建筑企业而施工的，原本并不受刑法约束与调整（除非有重大生产安全事故问题）。又如，就烟草行业的生产、销售而言，由于涉及巨额税费收入，国家一直坚持“烟草专卖制度”，故对非法经营烟草专卖品的，以本罪论处（参见《刑事审判参考》第378号指导案例“郭某元、肖某梅非法经营案”[⑤] ）。即使对于获得经营许可即有经营许可证件，但违反了相关法规，超范围地经营合格的烟草专卖品的，也会触犯本罪（尽管实务对此系持反对主张，[⑥] 但也仅

---

① 参见中华人民共和国最高人民法院刑事审判第一、二、三、四、五庭主办：《刑事审判参考》（总第62集），法律出版社2008年版，第20~24页。

② 参见中华人民共和国最高人民法院刑事审判第一、二、三、四、五庭主办：《刑事审判参考》（总第92集），法律出版社2014年版，第60页。

③ 载最高人民法院刑事审判第一、二、三、四、五庭编：《刑事审判参考》（总第133辑），人民法院出版社2023年版，第9页。

④ 2019年《药品管理法》第6条中明确规定：“国家对药品管理实行药品上市许可持有人制度。”显然系严于对其他行业的许可控制。

⑤ 参见中华人民共和国最高人民法院刑事审判第一、二、三、四、五庭主办：《刑事审判参考》（总第48集），法律出版社2006年版，第3页。

⑥ 参见李晓：《〈关于办理非法生产、销售烟草专卖品等刑事案件具体应用法律若干问题的解释〉的理解与适用》，载中华人民共和国最高人民法院刑事审判第一、二、三、四、五庭主办：《刑事审判参考》（总第76集），法律出版社2011年版，第84页。

能理解为系刑事司法政策对本罪的“水闸”限定适用)。就电信行业、铁路、公路交通运输而言，均仍在奉行这一基本政策与制度，是显而易见的。还如，就彩票而言，尽管当前发行的福利彩票、体育彩票不是商品，其发行、销售与国家对烟草、酒类等商品进行专营专卖有所不同，但作为政府批准和管理下的一种公益性博彩行业，彩票发行销售也应当认定为一种经营行为（参见《刑事审判参考》第291号指导案例“章某新破坏生产经营案”[1]），从而未经国家、政府批准而擅自发行销售的，也应成立非法经营罪。

再次，基于“市场经济对于我们来讲有许多过去未知的问题和挑战，因此，国家有时候为了应付一些紧急的情况和一些非常严重的行为，规定了一些口袋性的条款”[2]，所以国家会根据实际需要，对某些曾经放开的领域，适时加以政策性调控，以实现国家利益与全体国民利益的最大化。如在2003年“非典”时期，就“医疗器械、医用卫生材料”的哄抬物价、囤积居奇的行为，国家采取了积极的应对政策，也适时出台了《最高人民法院、最高人民检察院关于办理妨害预防、控制突发传染病疫情等灾害的刑事案件具体应用法律若干问题的解释》，规定对该类行为依照非法经营罪定罪处罚。在2020年之后近3年的新冠肺炎疫情防控期间也是如此。

最后，出于惩治制售内容反动的非法出版物（包括音像制品）及某些行为已经具有刑事违法性而法律尚未明确对之规定的政策需要，也有本罪适用之余地。由于内容具有反党等严重政治问题的非法出版物并不受我国著作权法的保护，故不能对该制售行为以侵犯著作权罪处罚，从而以本罪论处（参见《刑事审判参考》第1211号指导案例“马某中、王某平非法经营案”[3]），就实现了“严密法网”。

综上所述，尽管本罪的保护法益表面形式上是国家对某一产品的专营专卖

---

① 参见中华人民共和国最高人民法院刑事审判第一庭、第二庭编：《刑事审判参考》（总第37集），法律出版社2004年版，第60页。

② 参见中华人民共和国最高人民法院刑事审判第一庭、第二庭编：《刑事审判参考》（总第37集），法律出版社2004年版，第126页。

③ 参见中华人民共和国最高人民法院刑事审判第一、二、三、四、五庭主办：《刑事审判参考》（总第111集），法律出版社2018年版，第52页。

等经营制度（专营专卖制度），但其更深层次的保护法益实质则是国家对涉及国计民生的经营行为的控制或对之保护的制度与（为保护全体国民利益的）目标设定。

三、非法经营罪行为构成的本质揭示

经营就是营业活动，营业资格是从事营业活动的前提。因此，非法经营就是无经营资格而从事营业的行为。但是，作为犯罪，非法经营罪具有自己的本质特征，从而与商法、行政管理法规所界定的非法经营行为也具有一定的区别性。

司法实践中，有人认为，非法经营罪的本质特征是违反国家有关许可经营的规定，不具备法定资格而非法从事某种经营活动或者滥用经营资格的经营行为。① 非法经营罪所体现的规范、指引、教育功能在于从事某种经营应当按照国家规定事先获取经营许可资格，或者遵守特定行业的特定规则。如果行为人未获取相关许可违反特定行业的特定规则，就应当认定为非法经营，情节严重的即可构成《刑法》第225条规定的非法经营罪。②

就上述主张，可以认为，非法经营行为的主要表现形式为两种方式：一是不具备法定资格而非法从事某种经营，此为未经许可型。二是滥用经营资格，此为滥用型。尽管实务中对于持有烟草专卖零售许可证者多次实施批发业务以及从非指定烟草专卖部门渠道进货的行为采取的是不认定为犯罪的立场［参见《最高人民法院关于被告人李某华非法经营请示一案的批复》（〔2011〕刑他字第21号）］，但如前所述，这应该理解为只是刑事司法政策的限缩表现。二者前提都是违反国家有关许可经营的规定，破坏了国家对某一产品的专营专卖等经营制度，这既是本罪的本质特征，也是判断本罪形式违法性的前提所在。而其实质的违法性则仍然并且只能是，对国家在涉及国计民生控制制度方面的侵害。

---

① 参见中华人民共和国最高人民法院刑事审判第一、二、三、四、五庭主办：《刑事审判参考》（总第78集），法律出版社2011年版，第127页。

② 参见中华人民共和国最高人民法院刑事审判第一、二、三、四、五庭主办：《刑事审判参考》（总第92集），法律出版社2014年版，第51~52页。

四、关于国家规定的认定及其类型化

（一）对国家规定的认定及其解释

除了未经许可而非法经营的构成要素，本罪还必须具有符合“违反国家规定”的要件该当性。

根据《刑法》第96条，所谓违反国家规定，是指违反全国人民代表大会及其常务委员会制定的法律和决定，国务院制定的行政法规、规定的行政措施、发布的决定和命令。

对于立法机关的“法律”和“决定”以及国务院的“行政法规”“规定”“决定”“命令”不难认定，但是，对于国务院各部委所制定发布的“决定”“办法”，作为行政规章是否一概不属于行政法规、从而不属于国家规定，或者在“经国务院同意”后的场合，以及“由国务院办公厅所转发”的情形下，则须深入探讨。

对于国家部委所制定的“法律”，在《立法法》上是被称为行政规章的（《立法法》第4章第2节），并且其法律效力也要低于由国务院所制定的行政法规（《立法法》第99条），故其并不属于国家规定。唯所争议的是对于由国务院各部委、直属机构制定的，以国务院名义下发的决定、规定的效力等级的认定问题，这种情况又可分为以下两个层次：

第一，根据立法实践，第一种情况是，国务院“有关部门认为需要制定行政法规的，应当向国务院报请立项”（《立法法》第73条第2款），业经审查、决定之后，“由总理签署国务院令公布”（《立法法》第77条第1款）的；第二种情况是，各部委受国务院委托起草，业经审查通过之后，以国务院令形式公布。两者究其实质，都是国务院所制定的行政法规。辨别其不同，在于发布者的主体究竟是国务院还是各部委。第三种情况则是，对于国务院办公厅制发（“国办发”）的部分文件，虽然其法律位阶低于以国务院的名义发布的规范性文件，但只要有明确的法律依据或者不与行政法规的规定相抵触，经国务院同意并公开向社会发布，其效力和适用范围通常情况下应当高于地方性法规和部门规章，可视为国务院“规定的行政措施、发布的决定和命令”。对此，2011

年《关于“国家规定”的通知》第1条也明确规定：“以国务院办公厅名义制发的文件，符合以下条件的，亦应视为刑法中的‘国家规定’：（1）有明确的法律依据或者同相关行政法规不相抵触。（2）经国务院常务会议讨论通过或者经国务院批准。（3）在国务院公报上公开发布。”

因此，对于经营“有偿讨债业务”是否属于《刑法》第225条规定的非法经营行为，作为原国家经贸委、公安部、原国家工商行政管理总局联合发布的《关于取缔种类讨债公司严厉打击非法讨债活动的通知》，尽管“经国务院同意”，但是，司法判决认为，“该规范性文件未经国务院常务会议讨论通过，也未以国务院的名义发布，并未以‘国办发’文件的形式通过国务院公报面向全社会公开发布，不符合《关于“国家规定”的通知》关于‘国办发’文件的规定，因此不属于‘国家规定’。因此，该通知亦不足以作为认定经营有偿讨债业务的行为‘违反国家规定’的法律依据”（参见“李某生、胡某龙非法经营案”），就从反面彰显了司法机关对其实质把握的观念。

第二，关于对商务部2006年发布的原《成品油市场管理办法》等部委文件属性的认定。该办法是由商务部所颁布的，属于部门规章（行政规章），从而并不属于国家规定。但是，它是根据《国务院对确需保留的行政审批项目设定行政许可的决定》（国务院令第412号）的授权而制定的。① 因此，基于“授权”的合法性，该办法仍属于国家规定，而在2019年8月16日之前成品油也因之属于《刑法》第225条第1项规定中的“法律、行政法规规定的专营、专卖物品”。②

（二）关于违反国家规定的类型化

由于非法经营罪不可避免地带有“口袋罪”的特点，因此有必要予以类型

---

① 该文件业经二次修订，应以2016年规定为准。

② 2019年8月16日《国务院办公厅关于加快发展流通促进商业消费的意见》第17条规定，“取消石油成品油批发仓储经营资格审批，将成品油零售经营资格审批下放至地市级人民政府，加强成品油流通事中事后监管，强化安全保障措施落实”，因此，对无证经营成品油的行为已不再以非法经营罪论处。

化。实务中，对于下列行为认定为属于违反国家规定的具体表现：[①]

1. 非法经营烟草买卖的（2015 年修正后《烟草专卖法》第 35 条第 1 款、第 36 条）。

2. 非法经营彩票的［《彩票管理条例》（国务院令第 554 号）第 38 条］。

3. 非法经营化肥、农药、种子、艺术品的（《种子法》《艺术品经营管理办法》等）。

4. 以营利为目的，经常性地向社会不特定对象发放贷款，扰乱金融市场秩序，情节严重的（2019 年《最高人民法院、最高人民检察院、公安部、司法部关于办理非法放贷刑事案件若干问题的意见》第 1 条）。

5. 在国家规定的交易场外非法买卖外汇，情节严重的（《全国人民代表大会常务委员会关于惩治骗购外汇、逃汇和非法买卖外汇犯罪的决定》第 4 条），包括实施倒买倒卖外汇或者变相买卖外汇等非法买卖外汇，扰乱金融市场秩序，情节严重的［《最高人民法院、最高人民检察院关于办理非法从事资金支付结算业务、非法买卖外汇刑事案件适用法律若干问题的解释》（法释〔2019〕1 号）第 2 条］，如非法从事外汇按金交易的（参见《刑事审判参考》第 330 号指导案例“高国华非法经营案”[②]）。

6. 非法经营证券、变相期货交易的（2006 年《国务院办公厅关于严厉打击非法发行股票和非法经营证券业务有关问题的通知》，2008 年《最高人民法院、最高人民检察院、公安部、中国证券监督管理委员会关于整治非法证券活动有关问题的通知》等），以及未经依法核准擅自发行基金份额、募集基金的（2022 年《集资案件解释》第 11 条）。

7. 利用信用卡非法套现的（2010 年《最高人民法院研究室关于〈关于办理妨害信用卡管理刑事案件具体应用法律若干问题的解释〉溯及力问题的复函》），实际上属于《刑法》第 225 条第 3 项规定的“非法从事资金支付结算

---

① 参见冯江编著：《刑法适用指导与疑难注解》，中国法制出版社 2022 年版，第 827～876 页；张明楷：《刑法学》，法律出版社 2021 年版，第 1097～1100 页。

② 参见中华人民共和国最高人民法院刑事审判第一庭、第二庭编：《刑事审判参考》（总第 42 集），法律出版社 2005 年版，第 29 页。

业务的”行为（参见《刑事审判参考》第863号指导案例“张某飙等非法经营案”①）；以及使用受理终端或者网络支付接口等方法，以虚构交易、虚开价格、交易退款等非法方式向指定付款方支付货币资金的；非法为他人提供单位银行结算账户套现或者单位银行结算账户转个人账户服务的；非法为他人提供支票套现服务的［《最高人民法院、最高人民检察院关于办理非法从事资金支付结算业务、非法买卖外汇刑事案件适用法律若干问题的解释》（法释〔2019〕1号）第1条］。

8. 未经批准，擅自设立出版物的出版、印刷或者复制、进口单位，或者擅自从事出版物的出版、印刷或者复制、进口、发行业务，假冒出版单位名称或者伪造、假冒报纸、期刊名称出版出版物的（2020年修订后《出版管理条例》第61条）；出版、印刷、复制、发行非法出版物，情节严重的（1998年《最高人民法院关于审理非法出版物刑事案件具体应用法律若干问题的解释》第11~17条）。如“制售有严重政治问题的非法出版物”的（参见《刑事审判参考》第663号指导案例“梁某涛非法经营案”②）。

9. 租用国际专线、私设转接设备，擅自经营国际电信业务或者涉港澳台电信业务进行营利活动，情节严重的（2000年《最高人民法院关于审理扰乱电信市场管理秩序案件具体应用法律若干问题的解释》第1~5条）。

10. 在国家预防、控制突发传染病疫情等灾害期间，哄抬物价、牟取暴利的（2003年《最高人民法院、最高人民检察院关于办理妨害预防、控制突发传染病疫情等灾害的刑事案件具体应用法律若干问题的解释》第6条、2020年《最高人民法院、最高人民检察院、公安部、司法部关于依法惩治妨害新型冠状病毒感染肺炎疫情防控违法犯罪的意见》第2条第4款）。

11. 非法生产、经营烟花爆竹的（2012年最高人民法院、最高人民检察院、公安部、原国家安监总局《关于依法加强对涉嫌犯罪的非法生产经营烟花爆竹

① 参见中华人民共和国最高人民法院刑事审判第一、二、三、四、五庭主办：《刑事审判参考》（总第92集），法律出版社2014年版，第51~52页。

② 参见中华人民共和国最高人民法院刑事审判第一、二、三、四、五庭主办：《刑事审判参考》（总第78集），法律出版社2011年版，第1页。

行为刑事责任追究的通知》)。

12. 未经许可，非法经营药品的（2019 年《药品管理法》第 115 条）。

13. 未经许可采集、收购麻黄草的（2013 年《最高人民法院、最高人民检察院、公安部、农业部、食品药品监管总局关于进一步加强麻黄草管理严厉打击非法买卖麻黄草等违法犯罪活动的通知》)。对于非法买卖、运输盐酸氯胺酮等行为，也可归入本类型（参见《刑事审判参考》第 448 号指导案例“古某群非法经营案”[①])。对于药品生产、经营企业或者委派的药品销售人员，在没有签订药品销售合同的情况下，带麻黄碱类复方制剂（新康泰克）药品现货以流动的方式在其他地区向药品经营、使用单位或者病患者、消费者销售药品的，视为异地经营，按无证经营处理，也成立非法经营罪（参见《刑事审判参考》第 803 号指导案例“解某英等非法买卖制毒物品、张某明等非法经营案”[②])。

14. 采取不正当手段垄断种苗市场，或者哄抬种苗价格的［《退耕还林条例》(2016 年国务院令第 666 号）第 59 条］。

15. 未经许可，私自设立生猪定点屠宰厂（场）的（2021 年《生猪屠宰管理条例》第 2 条）。

16. 未取得道路运输经营许可，擅自从事道路运输经营的［《道路运输条例》第 63 条至第 65 条（2023 年国务院令第 764 号）］；非法从事进出中国港口的国际海上运输经营活动以及与国际海上运输相关的辅助性经营活动，扰乱国际海上运输市场秩序的（2023 年《国际海运条例》第 41 条）。

17. 以提供给他人开设赌场为目的，违反国家规定，非法生产、销售具有退币、退分、退钢珠等赌博功能的电子游戏设施设备或者其专用软件的（《最高人民法院、最高人民检察院、公安部关于办理利用赌博机开设赌场案件适用法律若干问题的解释》第 4 条第 1 款)。

18. 以营利为目的，通过信息网络有偿提供删除信息服务，或者明知是虚

---

① 参见中华人民共和国最高人民法院刑事审判第一、二、三、四、五庭主办：《刑事审判参考》(总第 57 集)，法律出版社 2007 年版，第 10 页。

② 参见中华人民共和国最高人民法院刑事审判第一、二、三、四、五庭主办：《刑事审判参考》(总第 87 集)，法律出版社 2013 年版，第 99 页。

假信息，通过信息网络有偿提供发布信息等服务的（《最高人民法院、最高人民检察院关于办理利用信息网络实施诽谤等刑事案件适用法律若干问题的解释》第7~10条）。

19. 无危险废物经营许可证从事收集、贮存、利用、处置危险废物经营活动，严重污染环境的［《最高人民法院、最高人民检察院关于办理环境污染刑事案件适用法律若干问题的解释》（法释〔2023〕7号）第7条第1款］；

20. 以提供给他人生产、销售食品为目的，违反国家规定，生产、销售国家禁止用于食品生产、销售的非食品原料，情节严重的；以及以提供给他人生产、销售食用农产品为目的，违反国家规定，生产、销售国家禁用农药、食品动物中禁止使用的药品及其他化合物等有毒、有害的非食品原料，或者生产、销售添加上述有毒、有害的非食品原料的农药、兽药、饲料、饲料添加剂、饲料原料，情节严重的［2021年《最高人民法院、最高人民检察院关于办理危害食品安全刑事案件适用法律若干问题的解释》（法释〔2021〕24号）第16条］。

此外，对于此前非法经营成品油（根据2019年8月16日《国务院办公厅关于加快发展流通促进商业消费的意见》的规定已废止原限制规定），以及食盐［根据2020年1月2日国家市场监督管理总局《食盐质量安全监督管理办法》（国家市场监督管理总局23号令）的规定已取消专营专卖限制，另参见2020年3月《最高人民检察院关于废止〈最高人民检察院关于办理非法经营食盐刑事案件具体应用法律若干问题的解释〉的决定》］、工业盐［根据1995年《关于改进工业盐供销和价格管理办法的通知》的规定已取消专营专卖限制，另参见《最高人民法院关于被告人缪绿伟非法经营一案的批复》（〔2008〕刑他字第86号）］和黄金业务［根据国务院2003年第5号文件规定已取消专营专卖限制，另参见《最高人民法院研究室关于非法经营黄金案件移送起诉期间国务院出台〈国务院关于取消第二批行政项目和改变一批行政审批项目管理方式的决定〉如何适用法律问题的答复》（法研〔2005〕80号）］、未经许可擅自从事粮食收购或倒卖陈化粮（根据2021年《粮食流通管理条例》第5条、第43条的规定已取消该经营许可制度）并曾被认定为非法经营罪的行为，根据相关国家规定，现在均已无罪化，体现了本罪在逐渐走向限缩，这符合市场化、法治化的发展要求。

事实上，对于未经许可擅自从事粮食收购或倒卖陈化粮的行为，早在2017年，即使根据当时的《粮食流通管理条例》的规定，作有罪化处理也是存有疑问的。因为对于违反国家规定而收购粮食的行为，若以非法经营罪论处，其本质是对已被废止的粮食统购统销政策的恢复，有违现行国家经济政策，故在司法实务中对此予以了无罪化的消解（参见最高人民法院2018年12月第18号指导案例“王某军无罪案”）。当然，这还涉及审判实践中应如何运用刑事政策这一“水闸”对此类犯罪进行调控的问题。实务中，充分发挥刑事司法政策的“水闸”功能，对于未影响到国计民生的行政犯（法定犯）作无罪化处理，本身就是对市场经济的良向促动。例如，在对向其他癌症患者代购少量的国外生产的治癌药品的“陆某销售假药案”被无罪化后［参见湖南省沅江市人民检察院（2015）1号不起诉决定书］，就直接催化了我国对相关进口药品作零关税制度的有益变革。“王某军案”也是如此，“用个案推动了以良法善治为核心的法治进程”。

五、许可的界分

非法经营罪的另一个构成要件是“未经许可”。其中的许可，究其实质是国家对公民自由权利的恢复或让渡，故行政许可（系广义上的，乃包括行政管理法规与经济管理法规，下同）的前提是“法律的一般禁止”，取得许可就是阻却非法经营罪构成要件符合性的事由。

在行政法上，许可乃分为控制性许可与特别许可两大类。前者（控制性许可）并不是因为该行为一律都不能实施，也不是该行为本身侵犯其他法益，只是因为需要行政机关在具体事件中事先审查是否违反特定的实体法的规定，因此，只要申请人的行为符合实体法的规定，就应许可，该许可的作用主要是提高公信力证明和合理配置资源。后者（特别许可）主要是国家对具有法益侵害性的行为予以普遍禁止，但在例外的场合，赋予当事人从事禁止行为的自由，其许可的作用主要是控制危险，[①] 是国家对非法行为或状态进行控制过程中所

---

① 以上参见张明楷：《刑法分则的解释原理》，中国人民大学出版社2011年版，第554页。

作的个别让渡。如彩票经营，其实质是一种赌博行为，本为国家所禁止，但国家基于福利政策需要，乃准允个别发行，故未经许可擅自发行彩票的行为，就属于对特别许可的违反，从而为非法经营罪所调整。

就控制性许可而言，其情况可能还要更为复杂一些。即使受到控制的行为可能不会侵害其他法益，但是，国家基于重大政策、国计民生的需要，基于国家利益与全体国民利益的考虑，对一些重大的、涉及国计民生的事项不会因公民个人的申请而全面放开限制，这也是判定非法经营罪成立与否的关键所在。从而，其也可进一步分为作为取缔性的管理规定的许可与作为效力性的管理规定的许可。作为效力性的管理规定的许可尽管与特别许可的性质已经十分接近，但区分标准仍是以恢复公民自由权利与个别权利让渡为基础。并且，作为前置法的管理规定的规范性文件必须是具体、明确的。例如，对于行为人生产、销售系列生物能量仪的行为，虽经国家食品药品监督管理总局复函认定该能量仪“应作为第二类医疗器械管理”，但由于“应作为第二类医疗器械管理”与“已纳入”（医疗器械名录）是两个不同的概念，而涉案物品只有在被列入医疗器械名录，由国家食品药品监督总局明确其定义，并将相应的规范性文件公之于众后才能对行为人追究相应的法律责任，故因证明涉案器械属性的证据不足，司法判决遂因此认定行为人无罪（参见“上海市闵行区人民检察院诉卞某非法经营案”① ）。

对于违反取缔性的管理规定而未经许可的经营行为，通常是难以被刑法所评价的。如无照经营瓜果蔬菜的小商小贩，而且即使是违反城建规划的设立“商业城”的行为，由市场监管部门予以取缔，就足以消弭其对市场秩序的“扰乱”，而无动用作为保障法的刑法的必要。因此，对于违反效力性的管理规定而未经许可的经营行为，原则上也要视其实质的法益侵害性加以判定，即只有违反了涉及国计民生领域的，才应以本罪论处。

---

① 参见最高人民法院办公厅编：《最高人民法院公报》（2022 年卷），人民法院出版社 2023 年版，第 445~449 页。

六、行政管理法规中“追究刑事责任”的规定对于行政犯的认定作用

实务中，曾有人提出，“法律法规如果规定情节严重构成犯罪的追究刑事责任，法官就可以适用刑法第225条第3项①的规定追究刑事责任。如果没有规定构成犯罪追究刑事责任，说明法律法规在制定的时候，立法者就认为这类行为最重也就是民商事处罚”②。

但是，非法经营罪作为行政犯，须具有双重违法性。而且行政违法性是第一层的违法性，对于行政犯的判定具有基础作用（参见“卞某案”）。亦即无行政违法性的行为，不具有刑事违法性。行政管理法规中的“构成犯罪的，依法追究刑事责任”，只是一种原则规定，其所表示的内容实质是，行政机关在处理行政违法案件的过程中，如果遇到情节严重构成犯罪的案件时，应当交由司法机关依法追究刑事责任，而不能仅由行政机关追究行政责任。这种规定所规范的对象不是司法机关，而是行政机关。③ 因此，实务中关于“行政法规写上依法追究刑事责任，‘依法’是指依刑法”的观点，与“行政法规规范行政行为，刑事犯罪由刑法调整”④ 的主张具有相同的意趣，都符合对行政犯适用法律的意旨。

第二节 针对“舌尖针尖上”的危害食品药品安全犯罪认定

一、危害食品药品安全犯罪案件特别启动的原因及其对策

“人民健康是民族昌盛和国家富强的重要标志。”但近些年来，针对“针尖上舌尖上的”食品药品安全问题层出不穷。继2008年“三鹿奶粉事件”爆发

---

① 现为《刑法》第225条第4项。

② 张军等：《刑法纵横谈（分则部分）》，北京大学出版社2008年版，第116页。

③ 参见张明楷：《行政刑法辨析》，载《中国社会科学》1995年第3期。

④ 张军等：《刑法纵横谈（分则部分）》，北京大学出版社2008年版，第116页。

之后，“苏丹红”“地沟油”接连曝光，2016 年“山东疫苗事件”、2018 年“长春长生劣质疫苗事件”再度刺激国人神经，并接连挑战国民底线。食品药品安全因直接关涉每一个人民群众的生命健康与切身利益，早已引起立法机关、司法机关的高度重视。2011 年全国人民代表大会通过《刑法修正案（八）》修订危害食品、药品安全犯罪的构成要件，降低了危害食品、药品安全犯罪入罪门槛，并将生产、销售假药罪由具体危险犯变为抽象危险犯，从而与生产、销售有毒、有害食品罪的性质一致。因应于 2019 年《药品管理法》的修正，《刑法修正案（十一）》对《刑法》第 141 条、第 142 条也进行了修订，即取消了“形式假药”（“按假药论”）、“形式劣药”（“按劣药论”）的规定，并分别增设了提供假药罪（第 141 条第 2 款）、提供劣药罪（第 142 条第 2 款）以及妨害药品管理罪（第 142 条之一）。为指导司法实践，2013 年、2014 年最高人民法院、最高人民检察院相继出台了《关于办理危害食品安全刑事案件适用法律若干问题的解释》《关于办理危害药品安全刑事案件适用法律若干问题的解释》。[①] 须特别强调的是，2015 年 5 月国家主席习近平对食品安全监管问题作出“用最严谨的标准、最严格的监管、最严厉的处罚、最严肃的问责”即“四个最严”要求的批示，基于“举轻以明重”的原理，其也应及于对药品安全的监管与处罚。2017 年党的十九大报告更将食品安全上升为健康中国战略的新高度。2019 年 5 月，中共中央、国务院作出《关于深化改革加强食品安全工作的意见》，明确要求：“严厉打击违法犯罪。落实‘处罚到人’要求……”因此，从国家政策对刑事政策指导的层面上，对危害食品药品安全犯罪应坚决贯彻从严惩治的方针。[②]

二、危害食品药品安全犯罪的类罪组成及其法益实质揭示

（一）危害食品药品安全犯罪的具体组成及其类罪归属判断

所谓危害食品药品安全犯罪，主要是指生产、销售、提供假药罪（《刑法》

① 该两个司法解释已分别于 2021 年 12 月 30 日、2022 年 3 月 3 日进行了修订。

② 2021 年《最高人民法院、最高人民检察院关于办理危害食品安全刑事案件适用法律若干问题的解释》第 22 条第 1 款中规定：“对实施本解释规定的犯罪分子，应当依照刑法规定的条件，严格适用缓刑、免予刑事处罚。”

第 141 条)，生产、销售、提供劣药罪（《刑法》第 142 条)，妨害药品管理罪（《刑法》第 142 条之一)，生产、销售不符合安全标准的食品罪（《刑法》第 143 条)，生产、销售有毒、有害食品罪（《刑法》第 144 条）等五种针对食品、药品安全的犯罪。由于本类罪系归属于《刑法》分则第 3 章破坏社会主义市场经济秩序罪中的第 1 节生产、销售伪劣商品罪，因此，根据《刑法》第 149 条的特殊规定，作为本节罪一般法条的生产、销售伪劣产品罪（《刑法》第 140 条）也有适用余地。此外，本章罪中的走私国家禁止进出口的货物、物品罪（《刑法》第 151 条第 3 款、第 155 条第 1 项)、非法经营罪（《刑法》第 225 条)、逃避商检罪（《刑法》第 230 条)、侵犯知识产权罪（《刑法》分则第 3 章第 7 节中的第 213 条假冒注册商标罪、第 214 条销售假冒注册商标的商品罪、第 215 条非法制造、销售非法制造的注册商标标识罪)、虚假广告罪（《刑法》第 222 条)、提供虚假证明文件罪（《刑法》第 229 条第 1 款)，乃至《刑法》分则第 2 章中规定的以危险方法危害公共安全罪（《刑法》第 114 条、第 115 条)、第 6 章中规定的非法行医罪（《刑法》第 336 条)、妨害国境卫生检疫罪（《刑法》第 332 条)、非法采集供应血液、制作、供应血液制品罪（《刑法》第 334 条)、非法猎捕、收购、运输、出售陆生野生动物罪（《刑法》第 341 条第 3 款）等也有适用的余地，这由来于想象竞合犯的适用理论。

（二）本类罪的保护法益及其实质揭示

实务通说认为，作为本节罪的一般法条，生产、销售伪劣产品罪所侵犯的犯罪客体（保护法益）是国家对产品质量的管理制度和消费者的合法权益，而生产、销售假药罪，生产、销售劣药罪，生产、销售不符合安全标准的食品罪，生产、销售有毒、有害食品罪等八种特殊的生产、销售伪劣商品罪所侵犯的客体（保护法益）则是国家的药品、食品以及其他特殊产品的管理制度和消费者的生命安全与健康权利。[①] 实际上，本节罪的保护法益实质是对消费者的欺骗，亦即价格欺诈行为。并且，正是基于对消费者的欺诈以及消费者因之陷入错误

① 参见周道鸾、张军主编：《刑法罪名精释：对最高人民法院、最高人民检察院关于罪名司法解释的理解和适用》，人民法院出版社 2013 年版，第 176~202 页。

认识而买受伪劣的食品、药品后，才会继之产生对消费者的生命安全、身体健康以及财产权利所造成的危害。易言之，价格欺诈也是该八类特殊生产、销售伪劣商品犯罪的实质，从而对消费者权益的保护就必然包括对消费者生命安全与身体健康的保护。

三、关于“伪劣”“产品”的认定与实务主张辨析

就作为一般法条的生产、销售伪劣产品罪中的“伪劣”应如何认定，在学界与实务中均产生了争议。学界认为，所谓“伪”产品主要是指“以假充真”的产品，“劣”产品是指掺杂、掺假的产品、以次充好的产品及冒充合格的产品的不合格产品。[①] 实务中也有人认为，“伪而不劣”的产品会涉及本罪和假冒注册商标罪，择一重处，有可能按照生产、销售伪劣产品罪追究责任。[②] 但这种将“伪劣”产品区分为“伪”与“劣”两种不同性质产品的观点，与实务的通行观念并不尽同。

实务通说主张，对生产、销售伪劣产品罪中的“伪劣”二字应当作为一个整体而不能分割理解。凡是“伪”的，必须同时是“劣”的，才能构成生产、销售伪劣产品罪；如果只伪不劣，则不构成生产、销售伪劣产品罪。[③] 如假冒商品的，它所侵害的主要不是消费者的权益，而是知识产权即品牌或商标所有人的利益的，应定假冒注册商标罪。[④] 这一限缩的“整体性解释”观念还直接影响实务部门对《伪劣商品解释》第 1 条第 3 款规定的理解与适用，认为根据该解释对“以假充真”“以次充好”“不合格产品”的解释，构成生产、销售伪劣产品罪，行为人必须要有以不具有某种使用性能的产品冒充具有该种使用性能的产品，或者以低等级、低档次产品冒充高等级、高档次产品的行为，二者之间应达到足够的差距，且低等级、低档次产品应近似于残次品，生产、销售伪劣产品罪中的“伪劣产品”指的是“伪且劣”产品，“伪而不劣”产品不

---

① 参见张明楷：《刑法学》，法律出版社 2016 年版，第 735 页。

② 参见张军等：《刑法纵横谈（分则部分）》，北京大学出版社 2008 年版，第 65 页。

③ 参见中华人民共和国最高人民法院刑事审判第一、二、三、四、五庭主办：《刑事审判参考》（总第 78 集），法律出版社 2011 年版，第 179 页。

④ 参见张军等：《刑法纵横谈（分则部分）》，北京大学出版社 2008 年版，第 65 页。

在本罪对象之中。① 考虑到刑法的谦抑性，以及发展商品生产与促进市场活跃的政策，如即使是次等品根据规定在明确标明质量状况的情况下也可以销售的场合，这种整体性认识论具有合理性。申言之，就“伪劣”的整体判断而言，“伪”与“劣”二者之间的区分之处实则在于，伪是（生产、制造、销售的）行为或状态，而劣则是（生产、制造、销售的）后果（残次乃至不可用）。从而，“以假充真、伪而不劣”的产品在符合国家标准、地方标准或行业标准的情况下，只有假冒注册商标罪、销售假冒注册商标的商品罪适用之余地，而不构成本罪，就成为实务的共识通说。②

但例外的是，药品则存在假与劣的区别。出于对人的生命安全与身体健康的绝对尊重与保障，《药品管理法》对二者明确予以了区分［《药品管理法》第98条（修订前为第48条、第49条）］，并主要是体现在成分与含量的界分之上。而生产、销售有毒、有害食品罪也不能以食品兼具伪劣性一概而论，因为作为行政犯，生产、销售伪劣产品罪实则是以《产品质量法》作为违法性的判断基准，而生产、销售、提供假药罪则是以《药品管理法》作为违法性的判断基准，生产、销售有毒、有害食品罪以《食品安全法》作为违法性的判断基准。由于《产品质量法》在对产品质量的行政管理意义上处于一般法的地位，而《药品管理法》与《食品安全法》则属于特殊法，因此对于假药、劣药以及有毒害性或不符合食品安全标准的食品的认定，就不应适用《产品质量法》而应适用特殊法。但《产品质量法》对于《药品管理法》与《食品安全法》等特殊法同样也有截阻的功能。

---

① 参见刘晓虎：《试论“以假充真”和“以假卖假”行为在定罪和销售金额认定上的区分》，载中华人民共和国最高人民法院刑事审判第一、二、三、四、五庭主办：《刑事审判参考》（总第78集），法律出版社2011年版，第205页。

② 参见刘晓虎：《试论“以假充真”和“以假卖假”行为在定罪和销售金额认定上的区分》，载中华人民共和国最高人民法院刑事审判第一、二、三、四、五庭主办：《刑事审判参考》（总第78集），法律出版社2011年版，第205页；张军等：《刑法纵横谈（分则部分）》，北京大学出版社2008年版，第65页。

四、生产、销售伪劣产品罪与危害食品药品安全犯罪之间的法条适用关系——兼论《刑法》第 149 条的具体适用

（一）生产、销售伪劣产品罪的犯罪构成

根据《刑法》第 140 条，生产者、销售者只要具有“在产品中掺杂、掺假”、“以假充真”、“以次充好”和“以不合格产品冒充合格产品”等四种表现形式之一，并且销售金额达到 5 万元以上，就成立生产、销售伪劣产品罪。从而本罪是数额犯。① 学界与实务有所争议的是，对于单一生产伪劣产品而尚未销售的行为，是否也要求这一限定？

考虑到经营或营业的特点，即使作为单纯的生产伪劣产品罪，也必须是以销售为目的，从而仅是生产了伪劣产品而不用于销售的，根据《刑法》规定，无论其金额价值多少，也不会成立本罪，这一点应无异议。对此，《伪劣商品解释》第 2 条规定销售金额是指“出售伪劣产品后所得和应得的全部违法收入”，从而消解了对“销售”重复规定所造成的实务误解。但是，《伪劣商品解释》第 2 条第 2 款对于仅是生产了伪劣产品但尚未销售，在金额达到 15 万元以上的场合，也会成立本罪（未遂）的规定（参见《刑事审判参考》第 677 号指导案例“杨某君销售假冒注册商标案”②），则存在疑问。如前所述，即使在作为单一的生产伪劣产品罪的场合，其销售的伪劣产品金额也应是达到 5 万元以上的，才具有刑事可处罚性。而在仅仅生产了伪劣产品但尚未销售，或虽销售了产品但销售金额未达到该规定的场合，即使以犯罪未遂论，似乎也有违罪刑法定原则。如此看来，《伪劣商品解释》上述规定所体现的应是一种刑事司法政策，是基于在现实中办案单位通常难以对制假售假的案件收集有力的指控犯罪证据所作的妥协。

（二）危害食品药品安全犯罪侵害法益的类型判断

本类罪主要是行为犯或结果犯。若以结果无价值论的视角，生产、销售、

① 参见张军等：《刑法纵横谈（分则部分）》，北京大学出版社 2008 年版，第 72 页。

② 参见中华人民共和国最高人民法院刑事审判第一、二、三、四、五庭主办：《刑事审判参考》（总第 78 集），法律出版社 2011 年版，第 116 页。

提供假药罪与生产、销售有毒、有害食品罪是抽象危险犯，生产、销售、提供劣药罪是实害犯，而妨害药品管理罪与生产、销售不符合安全标准的食品罪则为具体危险犯。这种区分对于该各特殊罪的行为构成认定非常必要。

尽管孤立地看，以上具体犯罪作为危险犯（抽象危险犯与具体危险犯）或结果犯（实害犯），与作为数额犯的生产、销售伪劣产品罪在定罪标准上有根本不同，但是基于《刑法》第 149 条对本节罪的特别规定，使得数额犯也成为了以上危害食品药品安全犯罪成立的又一构成条件（《刑法修正案（十一）》增设的第 142 条之一妨害药品管理罪在此场合为例外），从而使本节罪的认定变得更为复杂。

（三）对于《刑法》第 149 条的理解与具体适用

根据《刑法》第 149 条，生产、销售伪劣产品罪与生产、销售、提供假药罪，生产、销售、提供劣药罪，生产、销售不符合安全标准的食品罪，生产、销售有毒、有害食品罪（以下统称生产、销售特殊伪劣产品罪）之间，存在两种以上不同的法条适用关系。

1. 关于生产、销售特殊伪劣产品罪在“不构成各该条规定的犯罪，但是销售金额在五万元以上的，依照本节第一百四十条的规定定罪处罚”的理解适用

由于本节罪在修正之前，主要是具体危险犯或实害犯，即只有具有“足以对人体健康造成严重危害”或“造成严重后果”、“使生产遭受损失”等法益危害结果的才构成该各罪，而在尚未发生上述危害法益后果的情况下，不构成该各罪。但是，根据《刑法》第 149 条第 1 款的特殊规定，如果销售金额达到了 5 万元以上，就会成立本是作为一般法条的生产、销售伪劣产品罪，从而使该各罪（行为犯或结果犯）在事实上也就成为数额犯。

2. 关于生产、销售特殊伪劣产品罪在“构成各该条规定的犯罪，同时又构成本节第一百四十条规定之罪的，依照处罚较重的规定定罪处罚”的理解适用

法条竞合适用的原则是，特殊法条应优先适用于一般法条。但是，作为其例外，还存在如《刑法》第 149 条第 2 款规定的重法条优先适用于轻法条即想象竞合犯的特殊情形。这是罪责刑相一致原则所决定下的结果。如在 2018 年锦州“袁某志等生产、销售伪劣产品案”中，袁某志等八名被告人对待屠宰的生

猪注水同时注射盐酸肾上腺素，销售金额达8400余万元，尽管因未能在注水肉内检测出含有盐酸肾上腺素这一有毒害的物质而难以认定其构成生产、销售有毒、有害食品罪，但可以认定该行为既具有不符合食品安全标准的“足以造成严重食物中毒事故或者其他严重食源性疾病”的具体危险，也符合生产、销售伪劣产品罪的规定，因此择一重罪以生产、销售伪劣产品罪对之论处。①

3. 本节罪竞合关系之下的具体适用

综上所述，在生产、销售伪劣产品罪与生产、销售特殊伪劣产品罪之间，实则存在以下三种法条适用关系：

一是在销售金额没有达到《刑法》第140条规定的标准的情况下，生产、销售特殊伪劣产品的就只构成该各特别法条所规定的生产、销售特殊伪劣产品罪；

二是虽不具备该各特别法条规定的特殊情节、后果，但如果达到了《刑法》第140条所规定的销售金额的，对该各生产、销售特殊伪劣产品的行为就只能定生产、销售伪劣产品罪；

三是该各生产、销售特殊伪劣产品的行为对两个罪的构成要件都实现了满足，即既符合该各特别法条所规定的特殊情节、后果，同时又达到了《刑法》第140条所规定的“五万元以上”的销售金额的，就应从一重罪论处。

《刑法》第149条所规定与要适用的，主要是针对后两种情形。并且，客观上多属于成立想象竞合关系这一法条关系的例外情形。就上述第二种情形，由于不能成立危害食品、药品安全罪，因此对一般法条的适用是基于想象竞合关系。就上述第三种情形，其更为特殊之处还在于，对危害食品、药品安全罪还采用了以一般法条即《刑法》第140条作为该各罪入罪条件的补充法条，即作为特别规定之外的特殊规定，这是在处理成立法条竞合关系时基于“由下而上视”的截阻规范所决定的补充关系下的一般法条作为补充法条的适用。② 但在生产、销售假药或有毒、有害食品，不但销售金额均在200万元以上，还具有致人死亡或者有其他特别严重情节的，就仍应否定成立该补充关系，而回复

① 参见辽宁省锦州市中级人民法院（2018）辽07刑初字31号刑事判决书。

② 参见柯耀程：《刑法竞合论》，中国人民大学出版社2008年版，第142页。

至仅成立想象竞合犯的关系之下。

五、生产、销售有毒、有害食品罪，生产、销售、提供假药罪与以危险方法危害公共安全罪的界分

生产、销售有毒、有害食品罪是指在生产、销售的食品中非法添加有毒、有害的非食品原料，或者销售明知掺有有毒、有害的非食品原料的行为（《刑法》第144条）。其中，毒是其性质，害是其后果。在审判实践中，对于生产、销售含有淋巴、伤肉的膘肉碎等“新型地沟油”的（参见《刑事审判参考》第1004号指导案例“张某新、郑某芹生产、销售有毒、有害食品案”[①]），以及生产、销售含有盐酸丁二胍的保健食品的（参见最高人民法院指导案例70号“北京阳光一佰生物技术开发有限公司、习文有等生产、销售有毒、有害食品案”[②]），均以生产、销售有毒、有害食品罪论处。

问题56 向生猪注水的同时注射盐酸肾上腺素针剂的，应如何认定其罪质？

实务中对于生产、销售有毒、有害食品罪与生产、销售不符合安全标准的食品罪之间的区别，一般争议不大，即如果掺入的物质具有毒害性，但其本身是食品原料，其毒害性仅是由于该食品原料污染或腐败变质引起的，应以生产、销售不符合安全标准的食品罪论处。而且，生产、销售不符合安全标准的食品罪还须具有存在足以造成严重食物中毒事故或者其他严重食源性疾病的危险才得构成。[③] 如就“超限量加入食品添加剂的刑法评价”，实务部门认为亚硝酸钠并不属于法律、法规禁止在食品生产经营活动中添加、使用的物质，也不是《食品中可能违法添加的非食用物质名单》上的物质，故不属于有毒、有害的

① 参见中华人民共和国最高人民法院刑事审判第一、二、三、四、五庭主办：《刑事审判参考》（总第99集），法律出版社2015年版，第15页。

② 参见《最高人民法院公报》2017年第6期。

③ 参见中华人民共和国最高人民法院刑事审判第一、二、三、四、五庭主办：《刑事审判参考》（总第81集），法律出版社2012年版，第5页。

非食品原料，因此，对行为人应以生产、销售不符合安全标准的食品罪论处。[①]同样问题主要发生在为增重而向生猪、活牛等动物体内注水并同时注射盐酸肾上腺素针剂等抗休克药物的案件中。如“袁某志等生产、销售伪劣产品案”，尽管袁某志等人向生猪体内所注射的盐酸肾上腺素针剂药量尚无证据证实达到了有毒害的抽象性危险的程度，但是，由此生产加工出来的“注水猪肉”还难以肯定其并不具有足以造成严重食源性疾病的危险。当然，就该类“注水猪肉”的认定问题主要是发生在检测结论上。由于通常无法在猪肉或生猪体内检出含有肾上腺素等抗休克药物，所以有的实务部门提出了无须进行检验鉴定即可认定为生产、销售有毒、有害食品罪的主张，[②] 而且有的判决即据此参照认定该行为构成生产、销售有毒、有害食品罪（参见 2019 年最高人民检察院“检察机关打击侵犯消费者权益犯罪典型案例六：‘王某团、张某强生产、销售有毒、有害食品案’”[③]）。但对此还不能一概而论。因为这有违刑事案件认定的证据适用规则。毕竟，对于有毒、有害的认定，仍需通过鉴定、检验等科学方法认定，而不能以普通人的经验予以推定。对此，还是以采取降阶式的认定规则判断为宜。即，若在“注水肉”中或者待屠宰的猪、牛等动物体内检出含有肾上腺素等抗休克药物的，应当认定为系属含量高即属于掺入有毒、有害的非食品原料，可以认定成立生产、销售有毒、有害食品罪。若未能检出该药物，但有证据证实行为人注射过的，可以认定成立生产、销售不符合安全标准的食品罪。因为，生产、销售有毒、有害食品罪与生产、销售不符合安全标准的食品罪之间，不是非此即彼的对立关系，而是一种位阶或等级关系。[④] 在此基础上所考虑的才是其与生产、销售伪劣产品罪之间的竞合认定问题。这种认定，

---

① 参见万亿：《超限量加入食品添加剂的刑法评价》，载《人民司法（案例）》2016 年第 11 期。

② 参见《山东省高级人民法院、山东省人民检察院、山东省公安厅〈办理危害食品安全刑事案件会议纪要〉》第 2 条第 2 款，载最新法律文件解读丛书编选组编：《刑事法律文件解读》（总第 168 辑），人民法院出版社 2019 年版，第 9 页。

③ 参见最新法律文件解读丛书编选组编：《刑事法律文件解读》（总第 168 辑），人民法院出版社 2019 年版，第 9 页。

④ 参见《辽宁省高级人民法院、辽宁省人民检察院、辽宁省公安厅关于办理危害食品药品安全犯罪案件证据审查与法律适用的指导意见》第 21 条，载最新法律文件解读丛书编选组编：《刑事法律文件解读》（总第 181 辑），人民法院出版社 2020 年版，第 65 页。

在2021年《最高人民法院、最高人民检察院关于办理危害食品安全刑事案件适用法律若干问题的解释》第17条的规定中也得到体现。①

实务中的另一争议焦点系集中在生产、销售有毒、有害食品罪以及生产、销售（及提供）假药罪与以危险方法危害公共安全罪之间的区别上。实务中，认为“生产、销售有毒、有害食品罪与以危险方法危害公共安全罪是一般与特殊的关系，在具体认定时一般是根据特别法优于普通法的原则，以生产、销售有毒、有害食品罪定罪，二罪属于法条竞合而非想象竞合的关系，其本质区别在于具体行为方式不同”（参见《刑事审判参考》第715号指导案例“王某超等生产、销售有毒、有害食品案”②）。这是一种非常有力的主张。作为以危险方法危害公共安全的犯罪侵犯的法益是不特定或多数人的生活安宁，并兼及不特定或多数人的生命、财产安全，从而是一种破坏公共法益的犯罪。而生产、销售伪劣商品罪，其所侵犯的法益主要是市场经济秩序与消费者的权益，但生产、销售有毒、有害食品罪以及生产、销售、提供假药罪，除了具有上述双重法益侵害性的特点，对于因其生产、销售了伪劣产品所导致的对不特定或多数人的生活安宁乃至生命、健康造成侵害的后果而言，也具有可谴责性。就此而言，上述观点具有合理性。但是，考虑到以危险方法危害公共安全罪是规定在《刑法》分则第2章危害公共安全罪中，而生产、销售有毒、有害食品罪系被规定于第3章破坏社会主义市场经济秩序罪里，故二者的具体法益仍有不同。尽管二者的手段与目的、原因与结果之间存在牵连关系，但在仅仅承认想象竞合犯的场合，认定二者之间存在的是想象竞合而非法条竞合关系，就更具有合理性。因为，想象竞合犯系一个行为侵犯了不同法益从而触犯了数罪名，法条

① 最高人民法院刑一庭相关起草人在对该解释所作的《理解与适用》一文中明确提出，“鉴于阿托品和肾上腺素均属允许使用的兽药，不是禁用药物，故不能（对该类‘在屠宰相关环节对畜禽注入阿托品和肾上腺素’的行为）以生产、销售有毒、有害食品罪定罪处罚”［参见最高人民法院刑事审判第一、二、三、四、五庭编：《刑事审判参考》（总第135-136辑），人民法院出版社2023年版，第304页］。但是，由于待屠宰的动物在被注射该抗休克药物之后即遭致屠宰，故该药物并不能及时得到代谢，从而就存在郁积的可能，而该类药物对于人体的泌尿系统是具有损害性的，并且“允许使用”与“禁用”对于药物的使用而言，都是具有相对性的，因此该主张并不合适。

② 参见中华人民共和国最高人民法院刑事审判第一、二、三、四、五庭主办：《刑事审判参考》（总第81集），法律出版社2012年版，第4页。

竞合则是一个行为触犯了不同法条但仍属侵害同一法益（或同类法益）的场合。将生产、销售有毒、有害食品罪与生产、销售、提供假药罪理解为是以危险方法危害公共安全罪的特殊规定，并不符合刑法规范的体系设置。

实际上，二者之间的关键界分之处在于，以危险方法危害公共安全罪的行为人对其行为所致不特定或多数人的生命、健康的危害结果，其内心不但是明知的，而且就其意志因素而言还是追求或放任的。而生产、销售有毒、有害食品罪的行为人对其所致不特定或多数人的生命、健康的危险或侵害后果，其内心意志因素则是反对的，从而表现为仅是一种过失的责任形式设置。例如，在对生产、销售含有“三聚氰胺”的“三鹿奶粉案”的处理中，实务部门对于制售含有“三聚氰胺”奶粉的行为人就是以以危险方法危害公共安全罪而处罚的，因为行为人对造成不特定或多数人的生命、健康的危害结果，其内心属于既明知且放任。而对于生产含有“三聚氰胺”奶粉的三鹿企业主管人员及其责任人员，则认定其所追求的主要还是基于其经营（生产、销售）行为所获取的利润（由价格欺诈而来），因其对于生产、销售的有毒、有害食品所致不特定或多数人的生命、健康的危险或侵害后果内心是反对的，所以成立的是生产、销售有毒、有害食品罪。再如，对于在明知二甘醇不能作为药用，而以二甘醇冒充药用丙二醇向药品生产企业销售假冒的药品辅料（工业产品用于药品中）的，二审法院认为，行为人“知道二甘醇被用于加工药品否则会危害他人身体健康，但为了牟取非法利益，放任危害结果的发生，具有以危险方法危害公共安全罪的间接犯罪故意”，并维持了一审法院以危险方法危害公共安全罪对被告人定罪处罚的判决（参见“王某平以危险方法危害公共安全、销售伪劣产品、虚报注册资本案”①），也体现了上述区分性。

六、关于生产、销售假减肥药与假性药的处理规则及其认定机理

当前，就生产、销售含有毒害性物质的保健品的案件，在司法实践中判决各异，有以生产、销售有毒、有害食品罪论处的，也有以生产、销售假药罪处

---

① 参见中华人民共和国最高人民法院刑事审判第一、二、三、四、五庭主办：《刑事审判参考》（总第 64 集），法律出版社 2009 年版，第 1~7 页。

罚的。并且，主要集中表现为生产、销售含有西布曲明的减肥药与生产、销售含有西地那非的假性药。

实际上，保健品是具有单独批号即“健”字号的一类产品，原则上既非食品亦非药品。但在刑法中，并无生产、销售有毒、有害保健品罪或生产、销售假保健品罪之设。因此，我们只能回到《食品安全法》或《药品管理法》的规定之中，寻找对其处罚的依据。根据《食品安全法》第150条第1款的规定，食品是指各种供人食用或者饮用的成品和原料以及按照传统既是食品又是中药材的物品，但是不包括以治疗为目的的物品。而2019年《药品管理法》第2条第2款则规定，药品是指用于预防、治疗、诊断人的疾病，有目的地调节人的生理机能并规定有适应症或者功能主治、用法、用量的物质，包括中药、化学药和生物制品等。可见，《食品安全法》为此特别排除了药品属于食品，而《药品管理法》则又坚决主张用于防治诊断疾病的物质才是药品。此外，《食品安全法》还规定了对于保健食品的管理要求。但问题是，对于生产、销售以减肥或者以“增强”或“治疗”、“性机能”为噱头的保健品的行为，究竟应如何落实处罚要求？

本书认为，原则上，对于生产、销售保健品特别是以“入口”为主要外在表现形式的保健品，应属于生产、销售有毒、有害食品罪的行为对象。因为，在实践中，行为人以保健食品为名目进行宣传的保健品并不以食用为目的，但往往系以增强人的某种身体机能为其宣传噱头而实施制作、销售。如果行为人未向消费者宣传其产品系能够治疗某种疾病或者能够调节人的生理机能并对应于某种病症、功能的，均可以视之为食品。因此，无论是制作、销售含有西布曲明成分的假减肥药还是含有西地那非成分的假性药的，如无上述行为，就均具有这一实质犯罪特征，所以应以生产、销售有毒、有害食品罪对之定罪处罚（另参见《刑事审判参考》第1531号指导案例“钟某本销售有毒、有害食品案”[①]）。但是，如果行为人本人认为该“性药”能够治疗疾病并对外也是如此宣称的，这属于抽象的事实认识错误，依照法定符合说，就应将制售假性药

① 参见最高人民法院刑事审判第一、二、三、四、五庭编：《刑事审判参考》（总第135、136辑），人民法院出版社2023年版，第39~43页。

的行为认定为构成生产、销售、提供假药罪。因为，在实践中，制售含有西地那非的假性药如假“伟哥”的行为人，并不一定具有专业知识，而很可能确实是以为性药就是能够治疗某种身体机能缺陷如治疗男士阳痿、早泄功能的药品，而非认为是保健品更非保健食品。在这一点上应与制作、销售含有西布曲明的假减肥药的行为人的认知有根本不同（参见 2017 年辽宁丹东“郭某照等 18 人生产、销售假药案”）。

当然，在对行为人主观认识真假判断不明的场合，则应根据想象竞合犯的原理，对之从一重处罚，即选择生产、销售有毒、有害食品罪与生产、销售、提供假药罪中刑罚设置更重的规定予以处罚。同时根据刑法原理，虽因成立想象竞合犯关系而排斥掉轻罪规定的适用，但关于保安处分等措施并不因此而被排除，亦即如果行为人是药品经营者而销售含有药品的保健品的，虽然依据想象竞合关系而成立生产、销售有毒、有害食品罪,[①] 但仍应对之适用《药品管理法》所规定的从业禁业措施（《刑法》第 37 条之一第 3 款)。

七、关于对“死因不明的禽、畜、兽、水产动物肉类及其制品”行为构成的限缩界定

《食品安全法》第 34 条、2021 年《最高人民法院、最高人民检察院关于办理危害食品安全刑事案件适用法律若干问题的解释》第 1 条第 3 项均明确规定禁止生产、销售“死因不明的禽、畜、兽、水产动物肉类及其制品”。并且，后一规定还是认定成立《刑法》第 143 条生产、销售不符合安全标准的食品罪的行为构成之一。但是，作为行政法的《食品安全法》基于从加强社会管理、防控食品安全风险的机能出发，作出这种命令式的禁止规定无疑符合法律保留的原则，因其有利于从更前端加强保护国民的生命、身体健康权益。但是，作为以谦抑性为其固有属性的《刑法》，也对此进行相同的规制则涉嫌并不严谨规范，乃至有违罪刑法定原则。对此，仅能从限缩解释的刑罚目的出发，只有

---

① 参见《辽宁省高级人民法院、辽宁省人民检察院、辽宁省公安厅关于办理危害食药安全犯罪案件证据审查与法律适用的指导意见》第 26 条，载最新法律文件解读丛书编选组编:《刑事法律文件解读》(总第 181 辑)，人民法院出版社 2020 年版，第 65 页。

在该“死因不明”具有了与该禁止规定中的“病死”情形具有等价性的场合，才能予以刑罚的责难。因为，“一个刑法上的构成要件，有疑问时，应该被解释成保护具体可被掌握的法益（通常是个人法益）之抽象危险犯，而非解释为保护集体制度性法益”。[①] 因此，其前提应是在该类动物肉类及其制品中检出能够足以引起人体疾病病菌的，才宜归置于《刑法》第143条乃至第140条生产、销售伪劣产品罪的规制之中。

① 参见［德］许迺曼：《从下层阶级刑法到上层阶级刑法在道德要求中一种典范的转变?》，陈志辉译，载许玉秀、陈志辉合编：《不疑不惑献身法与正义——许迺曼教授刑事法论文选辑》，台北，新学林出版股份有限公司2006年版，第105页。

第四篇 刑民案件审判程序衔接及刑事附带民事案件审判

本篇所讨论的主要是刑事附带民事诉讼制度（第 15 章）以及刑、民案件审判程序的法律适用衔接问题（第 14 章），亦即类型化的刑民交叉案件与准类型化的刑民交叉案件。作为本篇的全部主旨，以下两个问题是首先应当明确的。

一、准类型化刑民交叉案件与刑事附带民事诉讼制度之间的关系：决定了附带民事诉讼制度既解决实体问题又解决程序问题

本书对刑民交叉案件的最终定型为：(1) 未类型化的刑民交叉案件，即既具有刑事法要素又有民事法要素的案件，主要是涉及实体法上的衔接适用问题；(2) 类型化或制度化的刑民交叉案件（主要包括刑事附带民事诉讼制度）；(3) 介于二者之间的准类型化的刑民交叉案件，主要是解决实务中刑、民案件的程序衔接与法律适用问题（参见第1章第5节）。

但即使是以附带民事诉讼制度所代表的已类型化的刑民规范竞合部分，也绝非只限于程序法上的竞合。因为，作为公诉与私诉的竞合（聚拢汇合），附带民事诉讼制度不仅在形式上是刑事诉讼法与民事诉讼法在程序法上所竞合的结果，并主要表征其为刑事附带民事诉讼程序，也有发生在实体法上的，并主要表征其为刑罚与损害赔偿在制度上的衔接，亦即刑事附带民事诉讼制度。这由来于在本体上为刑、民事法所共同规范从而产生竞合的诸实体之中，被法律所强行规范了的部分，才构成了真正制度意义上的刑民交叉案件。其不仅包括《刑事诉讼法》第7章规定的刑事附带民事诉讼制度，还有《刑法》第64条关于违法所得追缴与责令退赔的规定。因此，刑事附带民事诉讼制度作为由法律所设定并被制度化了的部分，其与本书所界定的类型化的刑民交叉案件之间实则是包容与被包容、整体与局部的关系。并且，如果从更为广义的涉及范围上理解，也可以认为准类型化的刑民交叉案件涵盖了类型化的刑民交叉案件。因为，作为“准法”的司法解释主要是对法律适用所作的解释，所以准类型化的刑民交叉案件部分也就能够当然地覆盖附带民事诉讼制度。由此意义上，准类型化的刑民交叉案件的外延不但大于附带民事诉讼制度的范围，又决定了附带民事诉讼制度的本质必然是既要解决刑、民实体法的衔接适用，又要解决刑、民程序法的衔接适用问题。

二、刑民程序法律规范竞合案件的内容：消解民商部类与刑事部类规定之间法律适用冲突的衔接路径与对策

刑民交叉案件规范竞合的本质在于不同法律规范对共同所保护的法益在遭

受同一不法行为侵害下的反射效果。不法侵害在实务中主要表现为非法占有型与损害型不法行为，对不法行为（民事侵权行为与刑事犯罪行为）所侵害的法益应如何实现救济，是实务所必须面对也是最终要解决的问题。其中，对于损害型不法行为的处理机制，《刑事诉讼法》第7章（刑事附带民事诉讼制度）已明确作出规定，不会产生多少异议。而对于非法占有型不法行为是否可以单独提起民事诉讼，或者说可否由民事部类予以解决，则产生了激烈争议。

非法占有型刑事案件不仅表现为诈骗、合同诈骗与金融诈骗犯罪，以及非法吸收公众存款等涉众型案件，同时还表现为盗窃、抢夺、抢劫与侵占、职务侵占以及贪污犯罪案件。受《刑法》第64条以及《刑事诉讼法》第101条对于附带民事诉讼范围的限定、2021年《刑诉法解释》第176条对于非法占有、处置财产救济程序的规制，从而排除了民事程序法的适用。但是，鉴于社会现实的复杂性以及特殊不法案件的高度技术性、烦琐性，如证券侵权，以及对未被刑事判决追缴与责令退赔的财产如何实现救济等问题，又使这些规定备受质疑，从而造成了实务中的争议。尽管最高人民法院民商部类一直在着力解决这一难题（《九民会议纪要》第12部分），但迄今为止，尚没有完全实现具有适正性的统一与类型化。因此，在对非法占有型不法案件中的被害人的经济损失应如何实现救济，体现在刑事程序与民事程序的法律衔接适用方面，实务中还急需一种妥当的且合乎法律适用规则的切实解决方案。

这是由于，“衔接”必须是并且也只能是在尊奉现行基本法律制度框架之下对法律规定应如何适用的司法对接，“适用”必须是并且也只能是在现有法律规则之下对案件所展开的司法认定。在此前提下，任何过于限缩或者突破现有法律制度框架的解释，都只能是追偏逐末。为此，以同一事实与不同事实作为区分经济犯罪与经济纠纷案件以及应适用何种程序予以解决程序问题的思路基本上是正确的，尽管其解决方案还是略显简单一些。而基于刑法、民法规范竞合原理确定何种情形得为法益保护救济聚合，又在何种场合下刑事法得为排斥作为一般法的民法适用，并基于私法关于物上请求权优先于侵权损害赔偿请求权的检索顺序原理进行规范，对于解释何以非法占有型不法行为在成立犯罪的场合一般不得适用附带民事诉讼制度或另行提起民事诉讼，则是具有适正性的救济通道。

第十四章 | 刑民交叉案件的审判程序衔接

——关于准类型化刑民交叉案件有关程序问题的解决

本书认为，刑民交叉案件究其实质不过是同一枚“硬币”（案件实体本身）的不同两面（刑事法要素与民事法要素），在作“镜像透视”考察之下所产生的不同反射效果而已（参见第1章第4节）。其核心归宿点是，案件事实作为“硬币”本体，之所以在实务中产生适用争议，是由于刑事、民事法律共同规范下的对冲结果。并且，就法律所规范的行为自由边界，现代法律所尊奉的圭臬是，“权利须止于他人的权利”。基于不同法律不同的规范意旨，其判断方法有别、审判思维各异也是必然的。以是在对同一案件事实（实则正是法律所共同规范的不法行为）作以民事法与刑事法等不同视角的“透视”考察后，会出现并不相同的解释结果，实属正常。因之，回到本书主旨之下，对于权利边界亦即法益保护范围的判定，以及如何解决法益在遭受不法行为侵害下的不同救济方法的衔接适用，正是本书所主张的“镜透考察法”所能贯穿的通道（详见第1章第4、5节及第4章第3、4节）。因此，对于不能被刑事附带民事诉讼制度所制度化或类型化解决的刑民交叉案件，特别是有关非法占有型不法行为的程序适用问题，作为准类型化的刑民规范竞合案件或刑民交叉案件中的主要部分，就有探讨的必要。首先该问题的根本落脚点在于，为何非法占有型刑事案件不得由民事诉讼解决。其次才是应如何对同一案件事实进行判断与处理。在此基础上，最后解决与此相关的所谓有牵连的案件事实的判断以及应如何适用追缴与没收违法所得问题。这种分析、判断、解决问题的思路方法，较之所谓“先刑后民”“刑民并行”“先民后刑”等程序适用孰先孰后的机械解释，无疑会更具有合理性。

第一节 非法占有、处置他人财物案件的处理机制与刑民程序分立的坐标——《刑法》第 64 条及 2021 年《刑诉法解释》第 176 条的解释机理与侵害物权请求权顺序检索原理规制

一、关于非法占有型不法行为的处理程序争议

对财产权、人身权的不法侵害即侵权行为，其严重者即为犯罪，并主要分为非法占有（财物）型侵权行为与损害型侵权行为两种类型。由于《刑事诉讼法》第 101 条（对于刑事附带民事诉讼）的限定（只赔偿物质损失），从而对于人身权被不法侵害以及财物因被毁损遭受物质损失的损害型侵权案件，在成立犯罪的场合，可归由刑事附带民事诉讼程序一并处理，也可由被害人在刑事诉讼终结之后另行提起民事诉讼。但是，对于非法占有型侵权案件，如非法集资、诈骗、窃取行为，在成立犯罪后，就非法占有之赃物，被害人（权利人）究竟能否对之提起附带民事诉讼以要求返还、赔偿，或者能否对之单独另行提起民事诉讼，是极有争议的问题，这特别表现在对于非法集资刑事案件、诈骗类犯罪案件中的被害人的集资款、被骗款物在退赔不完全的场合。

对此，无论是实务界（主要是民商事审判部类）还是学界（主要是民法界），都有认为另由民事诉讼解决的非常有力的主张。① 但是，这种观点是值得商榷的。

① 参见最高人民法院民一庭：《刑事案件的被害人经过追缴或者退赔不能弥补损失，向人民法院另行提起民事诉讼的处理问题》，载最高人民法院民事审判第一庭编：《民事审判指导与参考》（总第 61 辑），人民法院出版社 2015 年版，第 189 页。

二、非法占有型不法行为的处理机制

2021年《刑诉法解释》第176条（2012年《刑诉法解释》第139条）规定，被告人非法占有、处置被害人财产的，应当依法予以追缴或者责令退赔。被害人提起附带民事诉讼的，人民法院不予受理，亦即对涉财产犯罪的返还占有请求不得进入民事审判程序。实际上，这由来于《刑法》第64条前段关于“犯罪分子违法所得的一切财物，应当予以追缴或者责令退赔；对被害人的合法财产，应当及时返还”的规定。

因此，对于诈骗、合同诈骗、金融诈骗等诈骗类刑事案件以及盗窃、抢夺、抢劫、非法集资类刑事案件中的被害人财产，就只能以追缴与返赃的方式予以解决，而不能由被害人（权利人）对此提起附带民事诉讼或单独提起民事诉讼请求救济。

三、关于非法占有型犯罪案件处理机制的机理解释——《刑法》第64条：刑、民得否分诉的程序路标

对于非法占有型犯罪案件不得提起民事诉讼的规制，主要系取决于以下两个法律基本原理的限定。

（一）关于民法上的物上请求权优先的限定机理

在民法上，对于非法占有他人财产这种侵害他人物权的侵权行为，其侵害之结果乃发生物权的请求权或损害赔偿请求权。[①] 因此，该侵权行为就能够既归属为无权占有并得依权利人请求而返还原物的情形（《民法典》第235条），同时在造成损害时也产生侵权损害赔偿之债（《民法典》第238条、第1165条）。由同一侵权行为所产生的两种法律后果继而分别产生的物权请求权与损害赔偿请求权两种请求权，还发生请求权竞合与请求权顺序检索的法律效应——物上请求权位于侵权行为损害赔偿请求权之前。[②] 刑法规定的以非法占

① 参见史尚宽：《债法总论》，台北，荣泰印书馆股份有限公司1978年版，第130页。

② 参见［德］迪特尔·梅迪库斯：《请求权基础》，陈卫佐等译，法律出版社2012年版，第13页。

有为目的的取得财产罪，如诈骗犯罪、金融诈骗犯罪、盗窃犯罪以及非法集资犯罪，在民法上也能够被分别评价为上述无权占有与侵权行为。因之，前者在物权法保护上所对应产生的是返还原物请求权，后者所对应产生的是损害赔偿请求权。同时，基于物上请求权优先于侵权损害赔偿请求权的检索适用的法律原理，在原物尚存的场合，就应当首先适用原物返还请求权或占有返还请求权（《民法典》物权编第460条）等物上请求权去排除不法行为对物权、占有的侵害与侵夺（《民法典》第236条、第462条），而侵权损害赔偿请求权只有在造成损害后果的场合才得请求恢复原状、无法恢复原状的才得请求赔偿损失（《民法典》第238条、第179条第8项“赔偿损失”）。[①] 由此其所分别对应的是，《刑法》第64条前段（“违法所得的一切财物，应当予以追缴或者责令退赔”）对于“违法所得的财物”“责令退赔”中的“退”即返还原物，“赔”即赔偿经济损失的规定。根据前述对该第64条规定的文义解释，赔偿损失这一债权性救济规定本身正位于该条“追缴”后“退”即“及时返还”的物权性救济规定之后。而追缴即根据物权的追及效力原理所设定，返还则正是基于物权在排除他人妨害后自动恢复权利人行使其支配权的物权效力或自然产生物权回转的效果（参见本书第3章第4节）。换言之，非法占有作为在民法上是一种对侵害物权行为的物权性的否定评价（无权占有），对其侵害后果的排除是直接性的；侵害物权造成损害或造成物质损失的才产生侵权行为损害赔偿之债，从而归属于民法上的债权规范内容，这是一种间接迂回的救济方式。[②] 因此，这种民法上关于请求权顺序检索优先的法律效果，当然地及于对赃物的返还适用。由此可见，即使在民法的评价上，对于非法占有财物的处理原则，也是以返还原物为其首要选择的。

（二）关于刑法作为特别法得优先适用的解释机理

《刑法》第64条以及作为对其适用规则解释的2021年《刑诉法解释》第176条关于非法占有、处置他人财物的不得提起民事诉讼的规定，进一步排除

① 参见史尚宽：《债法总论》，台北，荣泰印书馆股份有限公司1978年版，第99页。

② 参见曾世雄：《损害赔偿法原理》，中国政法大学出版社2001年版，第4页。

了权利人对非法占有型不法行为在成立犯罪的场合得提起民事诉讼。一方面，在刑事诉讼中，对于赃物的返还无须受害人（权利人）请求即应予发还的，[①]亦即国家在根据有关法律提供具有救济性质的给付时，是作为公权主体而不是私权主体出现的。[②] 另一方面，对于作为权利救济的一般法的民法而言，刑法是作为特别法而存在的。而《民法典》第12条后段也规定，法律另有规定的，依照其规定。因此，在对非法占有、处置他人财物处理的机制上，应按照《刑法》及有关司法解释的规定进行解决。

由此可见，立法机关在法律（《刑法》第64条、《民法典》第12条）的统一适用上早已解决了这一问题路径。这正是区分非法占有型刑事案件得否提起民事诉讼或刑事附带民事诉讼的第一座坐标。

四、刑事案件被害人经过追缴或者退赔仍不能弥补其损失向人民法院另行提起民事诉讼的处理

就实务中相对集中的因诈骗犯罪产生的赃物返还之诉问题，2012年《刑诉法解释》第139条[③]即规定："被告人非法占有、处置被害人财产的，应当依法予以追缴或者责令退赔。被害人提起附带民事诉讼的，人民法院不予受理。追缴退赔的情况，可以作为量刑情节考虑。"对此，2013年作出的《最高人民法院关于适用刑法第六十四条有关问题的批复》（法复〔2013〕229号），"根据刑法第六十四条和《最高人民法院关于适用〈中华人民共和国刑事诉讼法〉的解释》[④] 第一百三十八条、第一百三十九条的规定，被告人非法占有、处置被害人财产的，应当依法予以追缴或者责令退赔""被害人提起附带民事诉讼，或者另行提起民事诉讼请求返还被非法占有、处置的财产的，人民法院不予受理"。综上所述，对于因被害人盗窃、诈骗、侵占、非法集资等行为所非法占有的被害人的合法财产，在经过追缴、责令退赔仍不能弥补损失的前提下，被

① 参见陈朴生：《刑事诉讼法论》，台北，正中书局1970年版，第113页。

② 参见［德］卡尔·拉伦茨：《德国民法通论》（上册），王晓晔等译，法律出版社2013年版，第6页。

③ 现为2021年《刑诉法解释》第176条。

④ 指2012年《刑诉法解释》。

害人既不能提起附带民事诉讼，也不得依民事诉讼程序另行请求保护，亦即对于取得财产罪不适用刑事附带民事诉讼，也不得另行提起民事诉讼。

但是，民事实务部门乃至最高人民法院的民事部类，最迟至2015年8月仍然倾向主张，就“刑事案件的被害人经过追缴或者退赔仍不能弥补其损失，向人民法院民事审判庭另行提起民事诉讼的，人民法院应当予以受理”①。这无疑导致了刑民程序衔接法律适用上的复杂。对此，《九民会议纪要》第12章“关于民刑交叉案件的程序处理”指出“在审理案件时，应当依照《最高人民法院关于在审理经济纠纷案件中涉及经济犯罪嫌疑若干问题的规定》《最高人民法院关于审理非法集资刑事案件具体应用法律若干问题的解释》《最高人民法院、最高人民检察院、公安部关于办理非法集资刑事案件适用法律若干问题的意见》以及民间借贷司法解释等规定，处理好民刑交叉案件的程序关系”，并在第128条列举了得分别审理的五种情形（详见本章第4节）。本书认为，上述规定可谓是消解了最高人民法院其民事部类前述基于对私权保护而过于激进的主张（得民事审理），具有适正性。尽管2020年公布的《修改民事司法解释决定》对《经济犯罪若干规定》第8条予以保留，并肯定了对单位合同诈骗以及擅用单位公章犯罪的被告人得提起民事诉讼，但其在适用解释上应限于单位虽构成合同诈骗但未被刑事追诉，以及由于作为个人的行为人借用或者盗用单位的公章等实施诈骗活动，单位具有民事过错的场合，否则在根本上就有违《刑法》第64条以及《刑事诉讼法》第101条的规定原旨。因为，对于非法占有、处置的财物，仅能适用物权返还请求权这种本质是作为物权追及效力体现的《刑法》第64条的规定去实现救济（在刑事诉讼中无须被害人请求即应主动追缴并返还被害人，返还不能的责令退赔），而《刑事诉讼法》第101条则仅限于在造成物质损失的场合权利人才得以民事诉讼去请求保护（反面限定）。换言之，由于作为特殊法的公法（刑法）的规定，从而就排斥了作为一般法即民法的适用。

---

① 参见最高人民法院民一庭：《刑事案件的被害人经过追缴或者退赔不能弥补损失，向人民法院另行提起民事诉讼的处理问题》，载杜万华主编、最高人民法院民事审判第一庭编：《民事审判指导与参考》（总第61辑），人民法院出版社2015年版，第190页。

第二节 同一法律事实与不同法律事实的流变

一、准类型化刑民规范竞合案件界定的联结点：同一事实

本书所定义的准类型化的刑民规范竞合案件，亦即所谓的准类型化刑民交叉案件，是指介于不能被类型化的（主要是刑民实体法方面的衔接适用部分）与已被类型化（主要是刑事附带民事诉讼制度）之间的，由于存在某一共同联结点，从而被司法解释即“准法律”所覆盖的部分。并且，在此其所涉及与要解决的，主要是刑事与民事审判程序如何衔接的法律适用问题。而决定或限定其衔接的共同联结点，就是同一（案件）事实或同一法律事实。

二、同一事实限定说的由来

之所以认为同一事实是限定准类型化刑民交叉案件亦即准类型化刑民规范竞合案件的根本所在，从外观上看，似乎只是实务部门的一种约定俗成。如最高人民法院在 2019 年全国法院第九次民商审判工作会议上对此明确指出，刑民交叉案件的一个基本规则是：刑事案件与民事案件涉及“同一事实”的，原则上应通过刑事诉讼方式解决。[①]《九民会议纪要》也对“民刑交叉案件的程序处理”专门作出规定（第 12 章第 128 条~130 条）。究其原委，实则根据 1998 年《经济犯罪若干规定》第 1 条：“同一公民、法人或其他经济组织因不同的法律事实，分别涉及经济纠纷和经济犯罪嫌疑的，经济纠纷案件和经济犯罪嫌疑案件应当分开审理。”并且，最高人民法院相关撰稿人在对《〈经济犯罪规定〉的理解与适用》中首先提出“司法实践中，人民法院之间以及人民法院与公安机关、检察机关之间在处理经济犯罪嫌疑案件与经济纠纷案件过程中常在以下几方面存在认识上的分歧，甚至发生争议：一是在定性方面，对同一法律事实，

① 参见刘贵祥：《在全国法院民商事审判工作会议上的讲话（2019 年 7 月 3 日）》，载最高人民法院民事审判第二庭编著：《〈全国法院民商事审判工作会议纪要〉理解与适用》，人民法院出版社 2019 年版，第 89 页。

有的认为是利用签订经济合同进行诈骗……"，并分别以"二、关于不同的法律事实引起的民事责任问题"与"三、关于同一法律事实引起的民事责任问题"进行了正反两方面阐述。[①] 可以认为这是最高人民法院对同一事实案件所持的处理意见，也可以认为是对同一法律事实的最早提出。值得提及的是，最高人民法院2020年《修改民事司法解释决定》对《经济犯罪若干规定》第1条仅将"同一公民"改为"同一自然人"，其余行文则完全一致。

考虑到《经济犯罪若干规定》的由来，实则系源于1985年8月下发的《最高人民法院、最高人民检察院、公安部关于及时查处在经济纠纷案件中发现的经济犯罪的通知》（已失效）："各级人民法院在审理经济纠纷案件中，如发现有经济犯罪，应按照1979年12月15日最高人民法院、最高人民检察院、公安部《关于执行刑事诉讼法规定的案件管辖范围的通知》，将经济犯罪的有关材料分别移送有管辖权的公安机关或检察机关侦查、起诉，公安机关或检察机关均应及时予以受理。"而且，在同年12月最高人民法院又下发了《关于审理经济纠纷案件必须严肃执法的通知》，重申了人民法院在审理经济纠纷案件中，发现经济犯罪，特别是严重经济犯罪，必须追究刑事责任，不能只当作经济纠纷案件来处理，放纵犯罪分子。根据历史解释，上述规定可谓一脉相承，都是为解决针对实务中出现的同一事实既涉及刑事法律适用又涉及民事法律适用时，即就同一事实涉及刑、民不同程序对冲时，其审判程序应如何衔接适用、案件如何处理所作的规定。

三、对同一事实的认定

所谓同一事实，亦即同一法律事实，是指由法律规定的能够产生一定法律后果的同一客观情况。由于刑法只评价严重的不法行为（犯罪行为），如基于非法占有目的所实施的欺诈（诈骗犯罪）、窃取（盗窃犯罪）以及故意杀人等行为，因此，为民法所评价的自然事实、人的适法行为等法律事实，如人的出生乃至合同迟延履行，就不是为本处所评价的同一事实。但是，对于人的死亡

① 以上参见最高人民法院刑事审判第一庭编：《现行刑事法律司法解释及其理解与适用》，人民出版社2010年版，第690~693页。

与精神异常这种自然事实（事件、状态），一旦与人的严重不法行为相牵连，也会成为刑法评价或覆盖的法律事实，从而也成为同一事实。由是言之，制约准类型化刑民程序规范竞合案件成立的法律事实，必须是既为民法所肯认，同时也为刑法所评价的法律事实。而且，二者必须又是同一的，这才最终决定了本类案件的程序走向。

就同一事实的认定，最高人民法院民商部类近来提出了要从行为主体、相对人（法律关系）以及行为本身（要件事实）等三个方面认定。[①] 但是，鉴于刑民交叉案件的本质是同一侵权（不法）行为对受刑法与民法所共同保护的法益实施的侵害，特别是在行为主体与相对人通常还惯于隐身的场合，还是以不法行为本身为基点进行评判为宜。

四、同一法律关系与同一事实关系的思辨

就刑民交叉案件或民刑交叉案件亦即刑民规范竞合案件发生的基点上，还存在一种认识，那就是，约束其程序上问题走向的，除了同一事实，还有与之价值位阶相同的所谓同一法律关系。该观点也是源于 1998 年《经济犯罪若干规定》，其第 10 条规定："人民法院在审理经济纠纷案件中，发现与本案有牵连，但与本案不是同一法律关系的经济犯罪嫌疑线索、材料，应将犯罪嫌疑线索、材料移送有关公安机关或检察机关查处，经济纠纷案件继续审理。"（2020 年《修改民事司法解释决定》对该条系完全保留。）而且，陈兴良教授认为，这一司法解释明确了处理刑民交叉案件须区分同一法律关系和不同法律关系这两种情形。所谓同一法律关系，就是指竞合关系。在这种案件中，刑民难以两立：如果构成犯罪，则否定民事法律关系；如果成立民事法律关系，则否定犯罪。对于此类案件，应当采用"先刑后民"原则。陈兴良教授还提出了刑事法律关系和民事法律关系的交织问题。[②] 须指出的是，以刑事法律关系和民事法律关

---

① 参见刘贵祥：《在全国法院民商事审判工作会议上的讲话（2019 年 7 月 3 日）》，载最高人民法院民事审判第二庭编著：《〈全国法院民商事审判工作会议纪要〉理解与适用》，人民法院出版社 2019 年版，第 89 页。

② 参见陈兴良：《刑民交叉案件程序与实体处理规则》，载《检察日报》2019 年 8 月 19 日；陈兴良：《刑民交叉案件的刑法适用》，载《法律科学（西北政法大学学报）》2019 年第 2 期。

系存在交织即同一法律关系作为本类问题处理思路的，还有其他学者与实务的有关人员，且大有以同一法律关系替代同一法律事实作为解决刑民案件程序对冲问题基点的倾向。

但是，上述关于以同一法律关系系为竞合关系而作刑事、民事案件相互否定的观点并不具有说服力。因为，即使在成立刑事犯罪的场合，也仍然会存在民事法律关系。如在涉及房屋买卖的合同诈骗犯罪案件中，其受害人（多是买受人）通常会认同该买卖合同有效，因为合同约定的内容往往有利于其自身(特别是在房价升值的情形下)，这也是《民法典》将之确立为一种可撤销的民事法律行为的立法动因。因此，以构成犯罪就应否定成立民事法律关系的观点并不符合民法的规定。反之，在存在该买卖合同民事法律关系的场合，也并不能因之而否定合同诈骗罪的成立，因为是否成立合同诈骗罪主要在于该欺诈行为是否符合刑法的规定以及是否侵害了刑法保护的法益。这与民法主要是调整平等主体之间私的关系，刑法的任务主要是为落实刑罚的主旨有关，而与竞合关系无关。刑法、民法规范之间的竞合关系只能存在于刑法、民法对法益共同保护的场合之下，并且，作为竞合的法律概念，其第一层的法律含义首先是聚拢，其第二层含义才是相互排斥。

值得讨论的还有不同法律关系。在本书看来，不同法律关系也只能是在犯罪行为人实施犯罪的场合，基于与该犯罪行为已经具有某种民事法律关系的定在，从而被牵连引入民法评价的视野之中，并因之须负相关民事责任的义务主体与刑事案件被害人之间所成立的一种新的民事法律关系。如在“兴业银行案”中，作为机场公司总经理的崔某因对兴业银行实施贷款诈骗，机场公司即因其董事会严重失责这一重大过错与兴业银行的贷款损失具有直接因果关系，而因此对兴业银行负担与其过错相适应的（部分）民事侵权赔偿责任（参见本书第 12 章第 2 节）。

此外，刑事法律关系在刑法学说与实务中，只是一个过剩的概念。因为，所谓刑事法律关系，无非是指国家与犯罪人之间的刑罚关系。由于刑罚的目的就是落实刑罚权的实现，所以刑事法律关系就与基于私法规范所产生的民事法律关系原本为二事。因此，与民事法律关系几乎决定了所有民事案件问题与程序走向不同的是，刑事法律关系概念在刑事法中的地位与作用远远不如犯罪构成要件重要。这是由于近代法治文明与黑暗中世纪相诀别的黎明曙光，就是罪刑法定主义。从而也决定了国家在刑事审判中评价犯罪人的，并不是所谓的刑事法律关系，而是刑法所规定的犯罪构成。

因此，以同一法律关系为切入点去探讨或解释刑民案件的程序规范对冲问题本身并不合适。决定该类案件程序走向的，只能是同一事实或同一法律事实。与之相对的，则是不同法律事实，不同的法律关系只有在只能去落实民事责任而不能被刑法规范的场合才有其适用的余地。

五、关于存在有牵连的事实的认定

介于同一事实与不同的法律事实之间的，还有所谓的有牵连的法律事实。与前两者不同，有牵连的法律事实并非是一个泾渭分明的概念，而是由于案件事实彼此之间存在种类束的关系，或者是此事实与彼事实之间存在案件的关联性，而被实务所提出。例如，就非法吸收公众存款的涉众型案件中，有的吸收存款行为已经系属或转化为集资诈骗犯罪，而有的则纯属提供了担保物的民间借贷行为。又如，就虚开增值税发票的刑事案件，由于可能还存在与之相关买卖合同是否真实存在的民事案件，而后案尚未被确定为无效或可撤销的场合。

值得肯定的是，这个概念对于可能被民事诉讼所准允立案的案件而言十分必要。因为，即使由于同一事实因被刑事法规定所排斥而不能进入民事诉讼程序之中，但是，由于关联关系主要是民法上的关系，在相关关联主体自身并不成立犯罪的场合，也能够进入民事诉讼之中。其较具典型意义的，就行为人以所在单位名义与他人签订经济合同，给他人造成经济损失构成犯罪的，最高人民法院正确地认为，除依法追究行为人的刑事责任外，其所在单位也应对给他人造成的经济损失承担相应的民事责任（参见“中国远大集团有限公司与中国轻工业对外经济技术合作公司进出口代理合同纠纷案”① ）。

---

① 参见《最高人民法院公报》2016 年第 2 期。

第三节 “先刑后民”“先民后刑”“刑民并举”的程序规制

一、问题的提起

当前，实务部门特别是人民法院民商部类就刑民交叉案件的讨论，仍集结于究竟是“先刑后民”还是“先民后刑”抑或“刑民并举”的程序讨论之中。这是因为，在刑事法律人看来，其主要任务只是如何解决对犯罪行为的追诉问题，并且这种公权力的行使，通常也不受民事程序干预或民事案件最终结论的限定。反之，民商事审判部门由于受非属民事案件不得受理的程序法限制（2023 年《民事诉讼法》第 122 条），而且即使是民间借贷合同或者买卖合同也会存在非法吸收公众存款犯罪或合同诈骗犯罪，甚至普通民间借贷纠纷案件可能还会存在虚假诉讼的情形，从而就更为关注应如何正确选择适用程序。

二、程序选择的本质

须重申的是，刑、民案件之间之所以会存在竞合现象，是由于刑事法、民事法对私法益的共同保护，从而决定了刑、民两种不同程序法为实现对被害人的救济而在程序上产生了衔接或对冲问题，此即实体关联性理论。因此，决定刑民案件程序对冲下路径选择的，是法律对私法益的保护规定，而非取决于是刑事优先还是民事优先。换言之，正是由于法律的规定，才最终决定了“刑事优先”“民事优先”“刑民并举”的程序路径选择。

三、“先刑后民”“先民后刑”“刑民并举”均非法律原则

所谓“先刑后民”，通常是指案件涉嫌犯罪的，就交付刑事程序处理，民

事审判程序退居其后，这种服从体现为刑事致民事原状等待原则。[①] 顾名思义，“先民后刑”是指民事程序优先于刑事程序，而“刑民并举”则是刑事程序与民事程序并行。

须明确的是，无论是“先刑后民”还是“先民后刑”或“刑民并举”，均不是法律原则，[②] 不过是司法机关根据程序法规定，所奉行的司法规则而已。

实务中之所以更倾向于认可“先刑后民”，首先，是由于早前的司法性文件的限定（《经济犯罪若干规定》，参见本章第2节），但归根结底是由于民事法的规定。如2023年《民事诉讼法》第122条（2012年《民事诉讼法》第119条）第4项对于民事案件起诉条件仍明确限定为应“属于人民法院受理民事诉讼的范围”。2023年《民事诉讼法》第127条（2012年《民事诉讼法》第124条）第3项还对特殊情形处理规定：“依照法律规定，应当由其他机关处理的争议，告知原告向有关机关申请解决。”结合《经济犯罪若干规定》第1条可以得出如下结论：对于属于刑事犯罪的案件，人民法院（民事部类包括立案庭）不应受理；在受理后发现涉嫌犯罪的，应将案卷材料移送侦查机关。这是由于犯罪行为是最严重的侵权行为（不法行为），其虽具有对私法益的侵害性，但同时也达到了刑法难以容忍的程度，刑法就必须对之作出评价并惩罚。而刑法的评价内容，是民法所不能作出的。这就是“先刑后民”规则的由来。

其次，对已经具有刑事违法性的不法行为，只有刑事法才能对被不法行为破坏的法益实现更为周延的救济。因为，立法机关赋予侦查机关对犯罪行为的侦查权，其侦查手段包括查封、扣押等多种强制措施，这是私力救济所不能比拟的。而人民法院的民事部类即使根据2023年《民事诉讼法》的规定，原则上也仅应在当事人提出申请后采取保全措施（2023年《民事诉讼法》第103条第1款），而在“当事人没有提出申请”的场合，只有在“必要时”，才可以裁

① 参见［法］卡斯东·斯特法尼等：《法国刑事诉讼法精义》，罗结珍译，中国政法大学出版社1999年版，第261页。

② 参见最高人民法院民事审判第二庭编著：《〈全国法院民商事审判工作会议纪要〉理解与适用》，人民法院出版社2019年版，第658页。

定采取保全措施（2012 年《民事诉讼法》第 100 条及此前的规定对该被动性的限制条件则更为严格，通常不得在原告未申请且未能提供相关线索的前提下依职权主动查询，更遑论主动查封、扣押）。因此，民事审判的被动性职能较之侦查行为的主动性无疑具有劣后性，这也正是刑事致民事原状原则所决定的。

据此，上述两项因素综合决定了“先刑后民”这一司法准则。

但是，并非所有案件都必须遵照“先刑后民”这一准则。如就银行卡被盗刷案件，即使在犯罪人未能查实的情况下，只要原告没有过错，作为被告的银行就应予以赔偿，而无须民事部门在受理案件后因发现存在犯罪线索而移交侦查机关（参见“宋鹏诉中国工商银行股份有限公司南京新门口支行借记卡纠纷案”① ）。这正是《九民会议纪要》第 128 条第 5 项关于“受害人请求涉嫌刑事犯罪的行为人之外的其他主体承担民事责任的”规定内容。而且，《九民会议纪要》还对“在上述情形下，有的人民法院仍然以民商事案件涉嫌刑事犯罪为由不予受理”的司法现象予以批评。由此可见，在对此类案件处理的问题上，最高人民法院所奉行的乃是“刑民并行”的规则。

总而言之，所谓“先刑后民”“先民后刑”“刑民并行”的司法准则，无非就是司法机关为了对受害人因犯罪行为所受经济损失实现救济，而根据刑事诉讼法与民事诉讼法的规定，就该救济途径在两种不同程序的规制下应如何实现合理衔接所作的具体规定而已。在此意义上，若将所谓的刑民交叉案件上升为一种法律学科，确实是一个“伪命题”。

四、准则的具体适用

由于“先刑后民”“先民后刑”“刑民并行”并非是法律所确定的原则，因此在审判实践中应当根据案件不同的具体情况区分适用。例如，被害人因诈骗行为提起民事撤销之诉后又到公安机关控告被诈骗的，在有确切犯罪线索的情形下，就应根据“先刑后民”这一准则中止民事案件的审理。又如，在检察机关提起违法所得没收程序之后，债权人（《刑事诉讼法》第 300 条第 2 款规

① 参见《最高人民法院公报》2017 年第 12 期。

定的利害关系人）提出涉案财产属于自己所有，并申请参加诉讼的，由于其中所涉财产属于私权范畴，国家本不应直接介入，故又涉及如何适用民事法认定的问题。因此，就应在适用“先民后刑”准则确认之后再继续没收程序的审理。当然，如果该债权人与被提起没收违法所得案件的犯罪嫌疑人、被告人的近亲属存在恶意串通，则属于妨害诉讼（可能触犯虚假诉讼罪），若人民法院因此而作出了错误的生效判决并且财产也因之而被行为人转移，还可能成立（诉讼）诈骗罪。

第四节　同一法律事实与不同法律事实的路径规制与程序选择

对同一法律事实与不同法律事实的界定，其目的无非是最终解决程序方面的路径选择问题。并且，最高人民法院也是如此规定的（《经济犯罪若干规定》第 1 条、《九民会议纪要》第 128 条）。尽管其最初是以“不同的法律事实引起的民事责任”与“同一法律事实引起的民事责任”进行的划分，但是在司法实践中，刑事、民事审判部门基于各自的立场，即使最高人民法院内部也会分别作出不同规定。为此就须仔细甄别，并在法律统一的框架下，以奉守法律规定、尊重审判事实为原则，分别处理。

一、关于不同的法律事实引起的民事责任的路径规制

就不同的法律事实引起的民事责任，即对同一公民（自然人）、法人或其他经济组织因不同的法律事实，分别涉及经济纠纷与具有经济犯罪嫌疑的，1998 年《经济犯罪若干规定》第 1 条明确规定：“……经济纠纷案件和经济犯罪嫌疑案件应当分开审理。”即使在经济纠纷案件已被现行民法类型化为民商事案件，经济犯罪案件已被刑事实务部门确立为主要是《刑法》分则第 3 章罪的场合，这一规定也仍具有规范的现实意义（2020 年《修改民事司法解释决定》对该条予以保留）。2015 年 12 月最高人民法院在第八次全国民商事审判工

作会议上就“关于商事审判与刑事、行政诉讼等交叉的正当法律程序问题”也提出，“如果商事案件法律事实与刑事案件法律事实不同，那么原则上商事案件应当与刑事案件分别审理。在这方面，《经济犯罪若干规定》第1条即作出明确规定。审理商事案件的法院不能以涉嫌刑事犯罪为由当然中止对案件的审理。但是，如果法院在商事审判中发现犯罪线索的，应将掌握的犯罪线索材料移送给公安、检察等机关。此时的移送是犯罪线索材料的移送，而不是全案移送。移送后商事案件也不能中止审理。对此《民间借贷解释》第6条进一步强调了民事、商事案件继续审理的原则”①。必须明确的是，此中的犯罪线索，并不是指的构成犯罪且与民事案件系同一事实的法律事实。可见，在对此类案件问题的处理上，刑、民实务部门所奉行的均是“刑民并行”规则。

上述规则为《九民会议纪要》第128条第1款所重申：“同一当事人因不同事实分别发生民商事纠纷和涉嫌刑事犯罪，民商事案件与刑事案件应当分别审理。”并明确规定了以下五种具体情形：（1）主合同的债务人涉嫌刑事犯罪或者刑事裁判认定其构成犯罪，债权人请求担保人承担民事责任的；（2）行为人以法人、非法人组织或者他人名义订立合同的行为涉嫌刑事犯罪或者刑事裁判认定其构成犯罪，合同相对人请求该法人、非法人组织或者他人承担民事责任的；（3）法人或者非法人组织的法定代表人、负责人或者其他工作人员的职务行为涉嫌刑事犯罪或者刑事裁判认定其构成犯罪，受害人请求该法人或者非法人组织承担民事责任的；（4）侵权行为人涉嫌刑事犯罪或者刑事裁判认定其构成犯罪，被保险人、受益人或者其他赔偿权利人请求保险人支付保险金的；（5）受害人请求涉嫌刑事犯罪的行为人之外的其他主体承担民事责任的。

当然，就上述第2、3种情形，严格而言并不是真正意义上的不同法律事实，充其量只是不同的法律关系而已。对此，下面还要专门予以论及。

二、关于同一法律事实引起的民事责任的路径规制

就同一法律事实引起的民事责任，《经济犯罪若干规定》第2条规定：“单

---

① 杨临萍：《关于当前商事审判工作中的若干具体问题》，载杜万华主编、最高人民法院民事审判第二庭编：《商事审判指导》（2016年卷），人民法院出版社2018年版，第41页。

位直接负责的主管人员和其他直接责任人员，以为单位骗取财物为目的，采取欺骗手段对外签订经济合同，骗取的财物被该单位占有、使用或处分构成犯罪的，除依法追究有关人员的刑事责任，责令该单位返还被骗取的财物外，如给被害人造成经济损失的，单位应当承担赔偿责任。”该规定为《九民会议纪要》第 128 条第 1 款第 3 项事实上所沿袭，亦即法人或其他经济组织因该项同一法律事实要承担民事责任的法律后果。而该责任与行为人构成犯罪须承担的刑事责任并不等同。

就对同一法律事实引起的民事责任的救济程序，《经济犯罪若干规定》第 8 条规定，“被害人或其法定代理人、近亲属对本规定第 2 条因单位犯罪行为造成经济损失的，对第 4 条（个人借用单位的业务介绍信、合同专用章或者盖有公章的空白合同书，以出借单位名义签订经济合同，骗取财物归个人占有、使用、处分或者进行其他犯罪活动，给对方造成经济损失构成犯罪的）、第 5 条第 1 款（行为人盗窃、盗用单位的公章、业务介绍信、盖有公章的空白合同书，或者私刻单位的公章签订经济合同，骗取财物归个人占有、使用、处分或者进行其他犯罪活动的）、第 6 条（企业承包、租赁经营合同期满后的原企业承包人、租赁人以原承包、租赁企业的名义签订经济合同，骗取财物占为己有构成犯罪的；单位聘用的人员被解聘后，或者受单位委托保管公章的人员被解除委托后，单位未及时收回其公章，行为人擅自利用保留的原单位公章签订经济合同，骗取财物占为己有构成犯罪的）应当承担刑事责任的被告人未能返还财物而遭受经济损失提起附带民事诉讼的，受理刑事案件的人民法院应当依法一并审理。被害人或其法定代理人、近亲属因被害人遭受经济损失也有权对单位另行提起民事诉讼。若被害人或其法定代理人、近亲属另行提起民事诉讼的，有管辖权的人民法院应当依法受理”。该规定与《九民会议纪要》第 128 条第 1 款第 2 项的规定似乎具有相同的旨趣，但是，仔细甄别就会发现二者的指向实则并不一致。

这是因为，《经济犯罪若干规定》关于被害人在刑事案件处理过程中得向行为人提起附带民事诉讼及另行提起民事诉讼的规定，本就受到 2021 年《刑诉法解释》第 176 条（2012 年《刑诉法解释》第 139 条）除外规定的规制。根据

2021年《刑诉法解释》第176条的规定，对于此类因被告人非法占有、处置被害人财产的刑事案件，应当采取依法追缴或者责令退赔的方式，而不得由被害人提起附带民事诉讼或另行提起民事诉讼。并且，在《最高人民法院关于适用刑法第六十四条有关问题的批复》（法〔2013〕229号）中再次重申了这一立场。尽管对于非法集资刑事案件，民事审判部门曾遵循就个案效力判定的规则（参见"吴某军诉陈某富、王某祥及德清县中建房地产开发有限公司民间借贷、担保合同纠纷案"①），但如后（本章第5节）所述，这一规则已为《九民会议纪要》的无效意见所实际否定。而且，最高人民法院与最高人民检察院、公安部就此问题即针对同一事实案件，仍明确贯彻民事诉讼不予受理、适用追缴的主张（参见2014年《集资案件意见》）。由此可见，《经济犯罪规定》的相关规定（第8条）内容实际上应仅限于有关单位具有民事上的过错但不构成（合同）诈骗犯罪的场合。

就针对此类案件程序设计的合理性而言，2021年《刑诉法解释》第176条的规定也更为合适。这是因为，就该程序路径的立法选择设计，其目的无非是更为全面、便捷地实现对被害人经济损失的救济。而《刑诉法解释》的规定，无疑系肯认了侦查机关在侦查阶段得有介入财物处理的权力。正是由于侦查机关被立法机关赋予了该项公权力，才使这种救济手段变得更为及时、强大。即使在侦查、公诉环节未能完全实现追缴、退赔的情形之下，最终也仍然会落入法院的执行之中。这种制度设计安排，无疑符合现行《刑事诉讼法》第101条关于刑事附带民事诉讼只解决物质损失这一规定的实质内涵，同时也更为符合《刑法》第64条规定的意旨。在此意义上，作为特别法的刑法就已排斥了作为一般法的民事法的适用。对此，最高人民法院商事审判部门也承认："如果商事案件与刑事诉讼所涉事实完全相同，而且案件事实在根本上也属于刑事案件，那么在立案阶段就不应受理，受理后在商事审判中发现的，应当裁定驳回起诉。"②

---

① 参见《最高人民法院公报》2011年第11期。

② 杨临萍：《关于当前商事审判工作中的若干具体问题》，载最高人民法院民事审判第二庭编：《商事审判指导》（2016年卷），人民法院出版社2016年版，第41页。

综上所述，就《经济犯罪若干规定》所列第 2 条情形，仍应适用分案处理原则，亦即“刑民并举（行）”准则。但对于因行为人非法占有、处置被害人的财产的同一事实，则应仅适用刑事程序，亦即仅能以追缴、责令退赔的处理方式实现救济。只有在某些特定场合，如单位虽构成合同诈骗但未被刑事追诉，以及由于作为个人的行为人借用或者盗用单位的公章等实施诈骗活动，该单位具有民事过错的，或者除刑事被告人之外的其他人虽未参与刑事犯罪，但基于合同关系或法律规定而处于特定的地位，从而对刑事被告人或犯罪行为人所造成的经济损失也具有民事过错的，才得有对之适用另行提起民事诉讼的余地。

三、关于有牵连事实案件的路径规制及程序处理

如前所述，所谓有牵连事实的案件，只是一个性质比较模糊的概念，通常是指在民事审判中与第三人所涉刑事案件存在某种牵连关系的案件。如 A 诈骗了 B 的房产，之后 A 又转卖给了善意的 C，法院在处理 B 请求撤销 A 与 C 的房屋买卖合同之诉时，与 A 诈骗 B 的刑事案件之间就是彼此有牵连事实的关系。

对此类案件，人民法院民事审判部类在 A 的诈骗刑事案件尚未被侦查机关立案侦查、尚未确定其涉嫌犯罪时，根据民事诉讼法的规定迳行判决。因为，根据民法规定，在 C 善意且支付了合理对价并办理了产权移转登记的场合，就可以肯定 C 已善意取得该房产所有权（《民法典》第 311 条）。但在 A 已因涉嫌诈骗犯罪而被追诉的场合下，对 B 的撤销之诉应如何处理？在尚难以判定 C 与 A 是否具有通谋的场合下，对此案应中止审理，以等待对 A 诈骗刑事案件的最终裁判结果，可能才是最佳的路径选择。因为，若 C 并非善意取得，那么该房产就属应予追缴的赃物范畴。在此场合，即使 C 已对该房屋更名过户，该物权也是无效的。因为民法对无权处分，只例外地保护善意第三人的信赖利益。若经刑事审判认定 C 确实出于善意且支付了合理对价，就不能予以追缴，民事部类也可恢复审理案件，并根据刑事案件查明的事实判决驳回 B 的请求。

最高人民法院民事审判部类对此曾提出，商事案件与刑事诉讼涉及的法律事实部分相关时，判断商事案件是否继续审理的标准应当是《民事诉讼法》第153条第1款第5项“本案必须以另一案的审理结果为依据”的规定。据此，如果审理商事案件必须以另一刑事案件审理结果为依据，那么在刑事案件尚未审结时，应当中止商事案件审理。反之，如果商事案件审理无须以刑事案件审理结果为依据，则商事案件不得中止审理。[①] 并且，《九民会议纪要》第105条就对“票据清单交易、封包交易案件中的民刑交叉问题”再次重申了上述规则。事实上，实务部门对于因银行卡被盗刷而起诉银行履行储蓄合同的案件（参见“宋某诉中国工商银行股份有限公司南京新门口支行借记卡纠纷案”），以及因银行卡被他人通过网上银行转移支付的案件（参见“伊某军与中国工商银行股份有限公司盘锦分行银行卡纠纷案”[②]），均采用了分案审理的原则。

在刑事案件久拖不决的情况下，或者为规避财产执行而恶意诉讼的场合，对已经受理案件的民事审判程序也应予甄别、分别裁判，这并不违背法律规定。关键在于，即使是事实完全相同的案件，也要贯彻区分原则，而不能一概而论。如在非法集资刑事案件中，就其中个别存在担保，且就该个别借款合同双方均出于“真实意思”的“吴某军诉陈某富、王某祥等民间借贷、担保合同纠纷案”，一审裁判要旨即认为，民间借贷涉嫌或构成非法吸收公众存款，合同一方当事人可能被追究刑事责任的，并不当然影响借贷合同以及相对应的担保合同的效力。如果民间借贷纠纷案件的审理并不必须以刑事案件的审理结果为依据，则民间借贷纠纷案件无须中止审理。尽管该案所确立的“民间借贷涉嫌或构成非法吸收公众存款罪，合同一方当事人可能被追究刑事责任的，并不当然影响民间借贷合同以及对应的担保合同效力”这一裁判规则因系奠基于非法集资涉及扰乱金融秩序的刑事案件，如下面（本章第5节）所述，已为2019年《九民会议纪要》的无效意见所实际否定，但是该审判思路仍值借鉴。

---

① 参见杨临萍：《关于当前商事审判工作中的若干具体问题》，载最高人民法院民事审判第二庭编：《商事审判指导》（2016年卷），人民法院出版社2018年版，第41~42页。

② 参见《最高人民法院公报》2017年第8期。

第五节 非法吸收公众存款案中民间借贷行为的效力认定——金融管理规定是管理性强制性规定还是效力性强制性规定

一、问题的提出

在“吴某军诉陈某富、王某祥及德清县中建房地产开发公司民间借贷、担保合同纠纷案”中，借贷一方因触犯非法吸收公众存款罪，所致争议就是其中个别借贷行为是否无效？因其涉及此类刑民交叉案件的民事案件效力认定问题，且实务中存在重大争议，故有讨论的必要。

该案一审裁判要旨系肯定了原告主张，并认为：“单个的借款行为仅仅是引起民间借贷这一民事法律关系的民事法律事实，并不构成非法吸收公众存款的刑事法律事实，因为非法吸收公众存款的刑事法律事实是数个‘向不特定人借款’行为的总和，从而从量变到质变。《合同法》第52条规定了合同无效的情形，其中符合‘违反法律、法规的强制性规定’‘以合法形式掩盖非法目的’两种情形的合同无效。当事人在订立民间借贷合同时，主观上可能确实基于借贷的真实意思表示，不存在违反法律、法规的强制性规定或以合法形式掩盖非法目的。非法吸收公众存款的犯罪行为与单个民间借贷行为并不等价，民间借贷合同并不必然损害国家利益和社会公众利益，两者之间的行为极有可能呈现为一种正当的民间借贷关系。根据《合同法》第12章[①]规定，建立在真实意思基础上的民间借贷合同受法律保护。”二审法院系维持了该判决的有效主张：“合同效力的认定应尊重当事人的意思自治原则，只要订立合同时各方意思表示真实，又没有违反法律、行政法规的强制性规定，就应当确认合同有效。司法解释对‘强制性规定’解释为是指效力性强制规定，本案原审被告触犯刑律的犯罪行为，并不必然导致借款合同无效。因为借款合同的订立没有违反法律、

---

① 现为《民法典》合同编第12章。

行政法规效力性的强制性规定。效力上采取从宽认定，是该司法解释的本意，也可在最大程度上尊重当事人的意思自治。因此原判正确。”① 该关于触犯刑律的犯罪行为并不必然违反强制性规定、对强制性规定应作效力性强制性规定与管理性强制性规定的区分原则，曾确立了人民法院民事部类审理此类关涉非法吸收公众存款犯罪案件的一项司法规则，也是当前民事审判实践中的主流倾向，亦即作为组成非法吸收公众存款罪的诸单一民间借贷行为，并不必然损害国家利益和社会公众利益，而仅系违反管理性强制性规定，故该借贷合同有效。

但是，《九民会议纪要》就近年来审判实践中出现的认为凡是具有行政管理性质的强制性规定都属于管理性强制性规定的极端化倾向提出批评（第30条），并改变了既往对于效力性强制性规定与管理性强制性规定的区别认定略显刚性的要求。

对此，尚应准确厘清二者之间的区分本质，以裨益对民事案件在触犯刑法的场合下是否具有法律效力的认定。

二、民法关于控制法律行为效力的三种机制

王泽鉴先生认为，法律行为具备成立要件及生效要件时，即发生当事人所欲实现的法律效果，成为有效的法律行为，乃称为完全法律行为。法律行为不具备成立要件的，不能成立。具备成立要件，而不具备生效要件时，民法所采的原则为：其欠缺的要件，如属有关公益，则使之无效。如仅关私益，则使之得撤销。如仅属于程序（如未得他人同意）的欠缺，则使之效力未定。②

因此，判定不完全法律行为是否无效的评判标准，其根本点在于是否损害了社会公共利益（违反公共政策）或国家利益。

三、效力性强制性规定与管理性强制性规定区分由来

《合同法》第52条③第5项就“违反法律、行政法规的强制性规定”所规

---

① 参见《最高人民法院公报》2011年第11期。

② 参见王泽鉴：《民法概要》（第2版），北京大学出版社2011年版，第107~108页。

③ 已为《民法典》第153条第1款规定所吸收。

定的，系属合同无效。可谓维持了民法关于违反公共政策或有害公益的民事法律行为无效的通说观念。但是，由于该强制性规定的范围过宽且难于把握，故《合同法解释（二）》第 14 条对此作出效力性强制性规定与管理性强制性规定的区分，并为《民法典》第 153 条第 1 款所实际体承（最高人民法院 2023 年《合同编通则解释》第 16 条、第 17 条事实上也隐含着这一区分）。该规定实则本于王泽鉴先生的上述论断。须指出的是，就对应于效力性强制性规定的管理性强制性规定而言，王泽鉴先生系称之为取缔性管理性规定。

所谓效力性强制性规定是指违反关于国家利益、社会公共利益（公共秩序或公共政策）或善良风俗的规定，故该法律行为自始无效。所谓取缔性强制性规定是指政府对某事项禁止并予以强制取缔的规定。管理性强制性规定与取缔性强制性规定的意义原本一致，但就当前对之适用的判定立场而言，前者范围显系大于后者。此从《九民会议纪要》对之范围重新界定即可看出。

无论是管理性强制性规定还是取缔性强制性规定，都强调违反法律法规管理或取缔规定的行为并非自始无效，而应尊重当事人意思自治原则。这种观念因有助于促进市场交易、维护交易安全，防止获利者以之恶意抗辩，已为民事审判部门所广为接受，并已扩张至即使触犯了刑法，其民事法律行为也仍然非属当然无效的场合。① 吴某军案即其例示。而且，当下刑法学说与实务部门也多持这一主张。

四、吴某军案究竟系违反管理性强制性规定还是效力性强制性规定再认识

但是，就上述过于激进的主张，遭到《九民会议纪要》的批评。《九民会议纪要》第 30 条第 2 款进而提出：要依据《民法总则》第 153 条第 1 款和《合同法解释（二）》第 14 条的规定慎重判断强制性规定的性质，特别是要在考量强制性规定所保护的法益类型、违法行为的法律后果以及交易安全保护等因

---

① 参见杨宜中：《对私诈骗下民商事合同及担保合同依然有效》，载《人民司法（案例）》2015 年第 6 期。

素的基础上认定其性质。为防止继续产生认识上的歧义，《九民会议纪要》第30条第2款还将部分强制性规定类型化为效力性强制性规定："强制性规定"涉及金融安全、市场秩序、国家宏观政策等公序良俗的；违反特许经营的，如场外配资合同；交易方式严重违法的，如违反招投标等竞争性缔约方式订立的合同；交易场所违法的，如在批准的交易场所之外进行期货交易。反之，关于经营范围、交易时间、交易数量等行政管理性质的强制性规定，一般应当认定为管理性强制性规定。此外，《九民会议纪要》第31条还就违反规章的性质予以明确：违反规章一般情况下不影响合同效力，但该规章的内容涉及金融安全、市场秩序、国家宏观政策等公序良俗的，应当认定合同无效。人民法院在认定规章是否涉及公序良俗时，要在考察规范对象基础上，兼顾监管强度、交易安全保护以及社会影响等方面慎重考量。如果结合《九民会议纪要》第52条"高利转贷"、第86条"场外配资合同的效力"及其他相关规定，可以认定，包括高利转贷的民间借贷、非法吸收公众存款、场外配资等行为，均因违反公序良俗、国家金融政策，有害金融安全、市场秩序，故自始无效。

如此看来，吴某军案就有重新讨论之必要。

本书认为，尽管《民法典》、原《合同法》均规定违反公序良俗、法律的强制性规定的民事法律行为自始无效，但是，仍应坚持区分效力性强制性规定与取缔性强制性规定。这是《合同法解释（二）》基于对市场交易内在规律、法律规范目的实质的深刻认识。2023年《合同编通则解释》第16条虽然未对"强制性规定"作出前述区分规定，但就结合其与第17条规定的内容来看，系隐含着这一区分性规定，故有维持的必要。唯就该案借贷行为所涉金融秩序是否为公共秩序，值得反思。金融秩序是国家为规范金融活动所设定的秩序，与通常公共秩序所涉多系多众性的市民生活安宁并不完全一致。但是，由于国家对金融市场系采审慎政策，加之"P2P""E租宝案"等非法集资案件所致的极大社会危害性，因此，基于维护金融安全，防控重大金融风险的发生，最高人民法院从公共政策出发，认为非法集资有害公共利益，系属违反效力性强制性规定故自始无效的观点具有适正性。事实上，《合同编通则解释》第17条第1款第1项关于"合同影响经济安全"而"应当认定合同无效"的情形中即包含此意义。而吴某军案的真正实质正如该案一审判决所述，实则在于，是由于“贷款人出借自己合法所有的货币资产，借款人自愿借入货币，双方自主决定交易对象与内容，既没有主观上要去损害其他合法利益的故意和过错，客观上也没有对其他合法利益造成侵害的现实性和可能性”。事实上，刑法学界也一直主张，对于正常的贷款与民间借贷不应认定为非法吸收公众存款。① 这充分体现了法律在适用上的统一。因此，就该种提供了担保的单一民间借贷行为，与其他因受利诱所形成的、仅徒具民间借贷形式外观但究其实质系参与非法集资的行为，其本质并不一致。所以，就提供了担保且并无规避损害公共利益意思的单一民间借贷行为而言，仍应肯定其具有合同效力。而对于其他参与非法集资的“借贷”行为，由于属于作为构成非法吸收公众存款罪的组成部分，则仍属扰乱金融秩序，从而就应自始无效。此与该判决所谓的“非法吸收公众存款罪和合同的效力问题是两个截然不同的法律问题”，以及由此所推导出的，“民间借贷涉嫌或构成非法吸收公众存款罪，合同一方当事人可能被追究刑事责任的，并不当然影响民间借贷合同以及对应的担保合同效力”的效力认定规则非属一事。正是在此意义上，《九民会议纪要》明确后种集资行为自始无效，亦即该认定规则实际已被否定。

从吴某军案判决确立的规则到被《九民会议纪要》事实上所否定，其间历经了 8 年。这是司法政策针对当前金融秩序混乱现状所作的调整应对，也为今后同类案件的民事审判提供了程序路径：不予受理，而由刑事追缴、返赃。这一点就与单纯损害私益所成立犯罪的法律行为效力认定有根本不同。

五、涉嫌诈骗犯罪的合同效力认定——因私犯罪的民事法律行为并不必然无效

就因私犯罪案件，特别是对诈骗刑事案件中的合同效力判定，不能仅因合同当事人一方实施了涉嫌犯罪的行为，而当然认定合同无效。对此仍应根据《民法典》等法律、行政法规规定对合同效力审查判断，以保护合同中被欺诈

① 参见张明楷：《刑法学》，法律出版社 2021 年版，第 1003 页。

一方当事人的合法权益，维护交易安全和交易秩序。因为，“刑法的规定仅禁止实施那些应受到刑罚处罚的法律行为。就此而言，它们对于那些其实施构成犯罪行为的法律行为而言仅属于间接禁止性法律。相关刑事法律仅可以适用于那些构成犯罪行为的法律行为的实施，而不能适用于那些业已实施的且已经成为规则的法律行为。刑法规定的法律效果仅直接涉及那些其行为依据刑法构成犯罪的本人”，“只有当所有参与法律行为的当事人都触犯刑法规范，或明知或者能够预见到其中一人的行为触犯刑法规范，却仍然为自己的利益实施法律行为时，才能够将禁止实施某一行为的刑法规范作为禁止性规范适用于该法律行为本身”①。所以在合同约定本身不属于无效事由的情况下，合同一方当事人实施的涉嫌犯罪的行为并不影响合同的有效性（参见 2015 年最高人民法院“上海闵路润贸易有限公司与上海钢翼贸易有限公司买卖合同纠纷案”），亦即在对私诈骗的场合民商事合同及担保合同依然有效。② 这一认定也及于在担任法人之法定代表人的自然人，以该法人的名义，采取欺诈手段与他人订立民事合同，从中获取的财产被该法人占有的场合，由此产生的法律后果是，该自然人涉嫌合同诈骗犯罪，同时该法人与他人之间因合同被撤销而形成债权债务关系，人民法院仍应依照《经济犯罪若干规定》第 10 条，将自然人涉嫌犯罪部分移交公安机关处理，同时继续审理民事纠纷部分（参见“广东黄河实业集团有限公司与北京然自中医药科技发展中心一般股权转让侵权纠纷案”③）。因此，就以非法目的所订立的合同，对其无效的认定还是应当在违反效力性的强制性规定或违背公序良俗（《民法典》第 143 条第 3 项）这一限缩场合，而不及于“当多名参与法律行为的当事人中仅有一人的行为因法律行为的实施而构成犯罪时，法律行为的实施尚不足以构成犯罪”④ 的情形。

---

① ［德］维尔纳·弗卢梅：《法律行为论》，迟颖译，法律出版社 2013 年版，第 406 页。

② 参见杨宜中：《对私诈骗下民商事合同及担保合同依然有效》，载《人民司法（案例）》2015 年第 6 期。

③ 参见《最高人民法院公报》2009 年 1 期。

④ ［德］维尔纳·弗卢梅：《法律行为论》，迟颖译，法律出版社 2013 年版，第 406 页。

第六节 刑民案件的证明标准及相互事实认定关系

一、问题的提出

问题 57 为何民事判决得援引已经生效的刑事判决确认的事实，而刑事判决却不必然援引民事判决所确认的事实。二者证据规则是否排斥？

在 2013 年辽宁阜新“李某刚等抢劫案”中，就被害人宁某的死亡时间（2000 年 1 月），刑事判决并未采信此前法院依宁某妻子请求所作的宣告死亡判决中认定的时间（2004 年 7 月）。[①] 因为，民事判决所认定的，系一种死亡拟制，并不符合刑事案件的证据要求与证明标准，从而难为刑事判决所采信。问题是，二者证据规则是否排斥？

二、刑事法、民事法不同的证明标准及其相互适用关系

刑事法与民事法的不同规范意旨决定了二者程序设计上的区别及其运行规则的根本不同：犯罪构成要件、法益保护决定了犯罪事实的认定，民事法律关系构成则与此不同；对被告人人权保障的刑事诉讼价值观念，也决定了其证据规则与民事诉讼盖然性的证据规则具有本质区分。正因如此，由于刑事与民事证据规则所固有的价值区别，导致刑事案件追求的是证据确实、充分的证明标准，并要求对非法证据予以排除，因此其事实认定十分严格；而民事证据规则一般采用优势证据规则或所谓高度盖然性的证明标准（2022 年《民诉法解释》第 108 条第 1 款），其认定的法律事实并不一定具有真实性。因此通常前者可以确认后者，而后者却不能确认前者。这就是民事判决通常会援引刑事判决所认定的事实，而刑事判决却并不会援引民事判决认定事实的原因。当然，审判实

---

① 参见辽宁省高级人民法院（2013）辽刑一终字第 76 号刑事附带民事裁定书。

践之中也并非完全如此。在生效刑事判决依据的证据已被推翻的场合，民事案件事实也会被自行认定。并且，在可能存在欺诈、胁迫、恶意串通等特殊场合，民事案件也被要求采用排除合理怀疑的证明标准（2022 年《民诉法解释》第 109 条）。而在“没收犯罪嫌疑人违法所得”的刑事特别程序中，则也采用了盖然性标准。

如此一来，民事与刑事案件的证明规则所依据的证明标准之间，并非彼此排斥，仅是一种递进式的等级关系而已。居于更高等级上的，是刑事案件的证明标准。但是，也有相反的例外。如民事案件的当事人或其工作人员被公安机关依法传唤，其在公安机关形成的询问笔录在民事诉讼中就其证据属性而言，最高人民法院认为仍为证人证言，不能认为“由公安机关依法根据一种比民事诉讼更为严肃的刑事诉讼程序获取的证人证言，只要取证程序合法，即具有证据能力”。询问笔录在民事诉讼中采信同样应当适用证据规则的有关规定。根据证据规则，与当事人一方有利害关系的证人证言不能单独作为认定案件事实的依据（参见最高人民法院“广州市商业银行越秀支行与农行岳阳市云溪支行等侵权纠纷上诉案”[①]）。

三、刑事案件与民事案件的证明标准不同，可基于同一事实作出不同的判定结果

由于证明标准不同，决定了就同一事实，刑事案件与民事案件也可作出不同的判决结果（参见“孙某与南通百川面粉有限公司不当得利纠纷案”[②]）。这是基于，刑事案件与民事案件的证明标准不同，不应以刑事案件的高标准取代民事证明标准。民事证明标准已从刑事证明标准中脱离出来，建立了自己独立的体系。民事案件采行高度盖然性规则，可在一定证据基础上根据日常生活经验综合判断推定。相对而言，民事证明标准一般要低于刑事证明标准。

此外，限于当前法院内部业务部门之间的分工，刑事审判中对于附带民事

① 参见最高人民法院（2008）民二终字第 3 号民事判决书。

② 参见《最高人民法院公报》2015 年第 7 期。

诉讼之外的其他民事纠纷，一般不能作出处理。但是，当某一民事争议的基础事实严重影响到量刑时，则有必要尽可能查明。需说明的是，刑事审判中对上述民事争议基础事实的审查与认定，仅属查明案情的需要（参见《刑事审判参考》第 1012 号指导案例“关某艺盗窃案”[①]）。

四、关于违法所得没收程序的民事案件证明标准

为解决犯罪嫌疑人、被告人逃匿或者死亡情形下涉案财物的处理问题，2012 年《刑事诉讼法》专门规定了违法所得没收程序。该程序所采的乃是高度盖然性标准，[②] 即适用的是民事案件的优势证据证明标准。即使不考虑国际刑事通例设计，仅就违法所得没收程序只是一种对“物”的诉讼而言，亦即该诉讼标的只是涉案财产的权利归属问题，并不以认定被告人的刑事责任即并非以对“人”为前提，与刑事诉讼的客体、标的等具有截然不同性，而与民事诉讼相类似，[③] 这种理念也是适正的。因此，该程序不但赋予了犯罪嫌疑人、被告人近亲属以及利害关系人的上诉权，且在特别代理的场合下，辩护人也得上诉。在利害关系人有确切书证足以证实被检察机关扣押的银行卡内资金系自己所有的情况下，也被肯定（参见 2016 年辽宁沈阳“韩某奇受贿违法所得没收案”[④]）。但是，如果以为该程序就是民事程序，则混淆了该程序设置的基本实质：系针对犯罪嫌疑人、被告人在逃匿或死亡这种特殊情形下的刑事案件当事人。

---

① 参见中华人民共和国最高人民法院刑事审判第一、二、三、四、五庭主办：《刑事审判参考》（总第 99 集），法律出版社 2015 年版，第 79 页。

② 参见裴显鼎、王晓东、刘晓虎：《〈关于犯罪嫌疑人、被告人逃匿、死亡案件适用违法所得没收程序若干问题的规定〉理解与适用》，载《人民司法（应用）》2017 年第 16 期。

③ 参见韩晋萍：《对我国违法所得没收程序中若干问题的思考》，参见中华人民共和国最高人民法院刑事审判第一、二、三、四、五庭主办：《刑事审判参考》（总第 100 集），法律出版社 2015 年版，第 259 页。

④ 参见辽宁省沈阳市中级人民法院（2016）辽 01 刑没 1 号违法所得没收决定书。

第七节 违法所得没收、追缴、责令退赔法律适用检讨——关于《刑法》第64条后段规定的理解适用

一、问题的提出：违法所得没收程序与《刑法》第64条没收之适用冲突

在“没收姚某违法所得案”（《刑事审判参考》第977号指导案例[①]）中，系依照《刑法》第64条、2012年《刑事诉讼法》第281条[②]、第282条[③]的规定，裁定没收被告人违法所得。但是，《刑法》第64条规定的是，“犯罪分子违法所得的一切财物，应当予以追缴或者责令退赔；对被害人的合法财产，应当及时返还；违禁品和供犯罪所用的本人财物，应当予以没收。没收的财物和罚金，一律上缴国库，不得挪用和自行处理”，亦即该前段规定对于犯罪分子的违法所得，所应适用的是予以追缴或责令退赔；只有对于违禁品和供犯罪所用的本人财物，才能适用后段规定的没收。从而就该没收的适用，发生了刑事实体法与程序法规定的冲突。此后在对“任某厚贪污、受贿、巨额财产来源不明违法所得没收案”[④] 及2016年辽宁沈阳“韩某奇受贿违法所得没收案”的裁定中，则均未引用《刑法》第64条，可谓是有意对此进行了消解。但是，由于后二案的裁定仅引用了《刑法》关于贪污罪、受贿罪、巨额财产来源不明罪的具体规定（《刑法》第382条、第385条第1款、第395条第1款）以及《刑

① 参见中华人民共和国最高人民法院刑事审判第一、二、三、四、五庭主办：《刑事审判参考》（总第97集），法律出版社2014年版，第130~133页。

② 现为2018年《刑事诉讼法》第299条。

③ 现为2018年《刑事诉讼法》第300条。

④ 参见江苏省扬州市中级人民法院（2016）苏10刑没初1号违法所得没收决定书，载中华人民共和国最高人民法院刑事审判第一、二、三、四、五庭主办：《刑事审判参考》（总第111集），法律出版社2018年版，第271页。

事诉讼法》及其司法解释的相关规定，而上述刑法具体规定并未规定得适用没收，故也难谓妥当。由此所带来的问题是，在对违法所得没收时，应如何正确理解《刑法》第64条及应否适用该条规定？

二、对《刑法》第64条后段规定内容的解释

（一）关于《刑法》第64条后段规定的实务争议

就《刑法》第64条后段规定，实务中还存在如下争议：

一是该规定的性质，究竟是刑事处罚方法还是非刑罚处罚方法；二是该规定具体内容之间是何关系。该条乃规定了追缴、责令退赔、返还、没收等四种方式，该四种方式之间系何种关系，是递进式的还是彼此互不连属的相互独立关系？

因上述两个问题涉及对违法所得如何处分的走向，且二者之间具有一定内在关联，故有统一检讨的必要。

（二）就《刑法》第64条后段规定的性质检讨

当前，多数人认为该条款后段所规定的系属非刑罚处罚方法①的认识基本上是妥当的，尽管究其实质是一种保安处分。② 唯就“没收的财产和罚金”中的没收而言，因其系与罚金一起被规定“应当上缴国库”，所以对此还不能一概而论。考虑到罚金系属刑法所规定的附加刑，而附加刑中也有没收财产刑，因此该条后段中的“没收”就应包括，既有因适用没收财产刑而对被告人合法财产的没收，也有因适用违法所得没收程序而对犯罪分子违法所得的没收以及对违禁品和供犯罪所用的本人财物的没收，亦即该没收既应包括作为刑罚的一般没收即没收财产刑，也应包括作为非刑罚方法的特别没收。

（三）就《刑法》第64条前后段规定内容彼此关系的检讨

就《刑法》第64条前段关于“违法所得的一切财物，应当予以追缴或者

---

① 参见樊凤林主编：《刑罚通论》，中国政法大学出版社1994年版，第264页。

② 参见张明楷：《刑法学》，法律出版社2016年版，第637页。

责令退赔”规定中的追缴与责令退赔之间，认为二者系一种递进关系，在当前实务中也是一种有力的主张，亦即对于犯罪分子因违法所得的财物，如果该赃物还存在的（包括用于投资房地产的情形），应适用追缴；而对于财物已被犯罪分子挥霍或追赃不能的，则适用责令退赔。但责令退赔并不适用于受贿罪等并无被害人的刑事案件。对于受贿后为规避处罚又将财物退返行贿人的，宜向行贿人追缴。[①] 对于受贿后将贿赂款给予他人以“跑官”并因此而被诈骗的，仍应向受贿人追缴，至于诈骗犯的诈骗款被追缴后则应予没收，上缴国库。[②]因该诈骗款系属不法原因的给付，且货币系奉行“谁占有即谁所有”原则，此与对赃物一追到底原则系属二事。

就该前段“予以追缴或责令退赔”的项别规定与其后“对被害人的合法财产，应当及时返还”及“违禁品和供犯罪所用的本人财物，应当予以没收”两项规定之间，也是一种递进关系，亦即就所追缴的财物，如果系属被害人的合法财产，就应当及时返还被害人；如果系属违法物，如枪支、毒品、赌资以及用于犯罪的工具，无论其持有人是否构成犯罪，则均应予以没收。就“违禁品和供犯罪所用的本人财物，应当予以没收”中的没收而言乃是指特别没收，也称刑事司法没收，是与行政没收性质相同的国家没收，均系针对违禁品和供犯罪所用的违法物所实施的一种行政处分[③]或保安处分。[④]

问题 58 就四个高层管理人员共同贪污国有公司财产 1000 万元但分赃比例不同的场合，应如何追缴其违法所得？

2004 年，某国有企业四名高管甲、乙、丙、丁在国有企业改制过程中共同贪污单位财产（评估价值 1000 万元），并以之作为改制后企业的股份（分别为 50%、20%、20%、10%），嗣后又均将股权转让给他人，并分别取得 500 万元、

① 参见辽宁省营口市中级人民法院（2022）辽 09 刑初 16 号刑事判决书。

② 参见辽宁省沈阳市辽中区人民法院（2023）辽 0115 刑初 45 号刑事判决书。

③ 参见樊凤林主编：《刑罚通论》，中国政法大学出版社 1994 年版，第 257 页。

④ 参见张明楷：《刑法学》，法律出版社 2016 年版，第 642 页。

200 万元、200 万元、100 万元对价款。丙用该笔资金以其女儿名义在市郊购买一套房产。2016 年案发后四人被判贪污罪并判决继续追缴违法所得。丙在服刑期间上缴 200 万元，其他三人尚未全部缴纳。法院在执行过程中因发现丙所购房产，遂将该房产查封。就四人共同贪污单位财产 1000 万元但分赃比例不同的场合，应如何执行追缴？

本书认为，对此应根据责任自负原则予以追缴或者责令退赔，因此丙不应对其他三人未被追缴的赃款负返还责任，这是基于追缴与责令退赔系属两事。严格而言，共同贪污犯罪也是一种共同侵权行为，且上述四人系基于共同的意思联络而实施，因此对于损害后果应当承担连带赔偿责任。但是，《刑法》第 64 条规定的责令退赔应限于，对违法所得的财物退还与赔偿损失的责任承担的场合，因为系属于对不法状态的褫夺与追征，所以还是应本着各自追及的原则予以消除为宜。就共同贪污犯罪而言，上述四名被告人均应对贪污的 1000 万元财物负刑事责任，即共同承担对贪污 1000 万元国有财产的罪责。但因分赃系属共同犯罪之后对不法所得的处分行为，此与共同犯罪行为构成及其罪责承担系属不同评价的范畴，对此仍应以责任自负原则予以规制。因此，就不宜以民事连带损害赔偿责任对丙所未违法取得部分负继续退赔其他三人未能被追缴的部分。即作为债权性的规范方法不能落实到对物权的追及之中。在此情形下，刑事法与民事法的适用应有所区分。

（四）就《刑法》第 64 条与《刑事诉讼法》“违法所得没收程序”规定之间的调和解释适用

如果仅对表面的构成要素进行文义解释，似乎还难以得出《刑法》第 64 条所规定的“违法所得”与《刑事诉讼法》规定的“违法所得没收程序”中的“违法所得”系属一事的结论。这或许也是任某厚案、韩某奇案裁定中未引用《刑法》第 64 条规定而迳行适用《刑法》第 382 条（贪污罪）、第 385 条 1 款（受贿罪）规定的原因。但是，程序法在具体适用时，必须要依托实体法的有关规定，否则就难以体现其所适用的功能与价值，这是由程序法与实体法之间是“皮”与“毛”、“血”与“肉”的关系属性所决定的。因此，《刑事诉讼法》“违法所得没收程序”所要适用的没收违法所得，就必须要与刑法的相关规定相匹适。而且，该相关规定绝非是刑法对于贪污罪、受贿罪等具体罪罚规范的规定。因为，《刑法》分则对于贪污罪、受贿罪并无适用没收违法所得的具体规定，因此，只能是由《刑法》总则中所规定的处理方法与处罚方式，这是由刑法适用规则所决定的。考诸刑法，就与违法所得相关的规定，仅有《刑法》第64条与之相符。因此，在对犯罪嫌疑人、被告人裁定没收违法所得时，就应适用《刑法》第64条。如此看来，任某厚案、韩某奇案的法律适用还有商榷之余地。

问题在于，在两个法律规定并不统一的前提下，应如何协调解释二者之间的适用关系？

首先需肯认的是，就《刑事诉讼法》“违法所得没收程序”中所规定的违法所得而言，其与《刑法》第64条规定的违法所得应属一事。因为犯罪是具有刑事违法性的行为，[①] 所以违法所得也就是犯罪所得或不法所得。在此意义上，《刑事诉讼法》与《刑法》的规定并无冲突。问题仅在于就《刑事诉讼法》对“违法所得没收程序”中的没收与《刑法》对“违法所得”的追缴之间的关系应如何合理解释协调。根据文义解释，《刑法》第64条所规定的追缴应系包括追征（追及与褫收）与缴纳。缴纳既有犯罪分子本人退缴或其近亲属代为缴纳，以及司法机关通过采取查封、扣押所实现的控制，同时还应包括追缴后将违法所得上缴（国库）这一结果。根据目的解释，追缴实则是指对违法所得的追征缴纳过程及所适用的刑事强制措施、手段，如查封、扣押、冻结等。因此，有人认为该追缴性质是刑事诉讼过程中的司法行为，依附于审判又有自身显著特点，是一种实体权力。[②] 而《刑事诉讼法》“违法所得没收程序”中所规定的没收，无疑也是一种刑事强制措施，因此作出的只能是裁定而非判决。申言之，刑法“追缴”主要是指该司法行为实施的过程，并贯彻对赃物一追到底原则，也包括结果；《刑事诉讼法》“没收”也是既指过程也指结果，二者之间并无实质冲突。而且，《刑法》第64条所规定的“没收”不仅包括一般没收，还包括特别没收。故此，《刑法》第64条乃涵盖《刑事诉讼法》对于违法所

① 参见张明楷：《刑法学》，法律出版社2016年版，第107页。

② 参见苏斌等：《涉众型经济犯罪案件财物追缴的判决主文表述》，载《人民司法》2015年13期。

得“没收”这一措施的适用。这也是有人将该条统称为刑事司法没收的原因。

综上所述，对于《刑事诉讼法》“违法所得没收程序”的适用，应当引用《刑法》第64条的规定。在此意义上，“没收姚某违法所得案”的裁定是适正的。

三、对供犯罪所用的本人财物应如何适用没收？

在审判实践中，就实施故意杀人、抢劫所使用的凶器如尖刀等犯罪工具，判决予以没收，并无疑问。但在驾驶车辆实施上述犯罪的场合，就应界定其是否属于本人财物，若系属他人车辆且该他人事先并不明知而借给行为人的，就难以对之适用没收。

此外，就驾驶本人车辆盗窃他人财物或走私普通货物、物品的场合，亦即供犯罪所用的本人财物，是否应当没收该车辆，是存有争议的问题。对此就应适用比例与罪罚相当原则决定是否没收（参见《刑事审判参考》第1302号指导案例“郗某非等盗窃案”[①]）。并且，从有利于防止相关财物再次用于犯罪，有利于剥夺犯罪分子再犯的物质基础等社会预防目的出发，在充分考虑比例对等、罪罚相当原则及公正司法理念的基础上，对于恶意第三人或者有重大过失的第三人所有的以及共同所有的用于犯罪行为的财物，也可以没收（参见《刑事审判参考》第1089号指导案例“杨某林滥用职权、受贿案”[②]）。

四、对非法集资犯罪、贷款诈骗犯罪等占有型犯罪违法所得的追缴退赔处理问题

在当前的司法实践中，对于非法集资犯罪、贷款诈骗犯罪等占有型犯罪违法所得的追缴退赔处理显得非常混乱，主要体现在一案之中，往往判决居于下层的行为人与位居上层乃至顶层的行为人就所吸收的资金、骗取的贷款部分共同承担连带退赔责任，[③] 而未贯彻责任自负以及追缴系对不法状态予以褫夺的

---

① 参见中华人民共和国最高人民法院刑事审判第一、二、三、四、五庭主办：《刑事审判参考》（总第120集），法律出版社2020年版，第38~39页。

② 参见中华人民共和国最高人民法院刑事审判第一、二、三、四、五庭主办：《刑事审判参考》（总第103集），法律出版社2016年版，第102页。

③ 参见辽宁省朝阳市中级人民法院（2021）辽13刑初30号刑事判决书、辽宁省葫芦岛市中级人民法院（2021）辽14刑初68号刑事判决书。

原则。非法集资犯罪中吸收的社会公众资金、贷款诈骗犯罪中骗取的贷款属于违法所得，对行为人实际获取的违法所得，依法应予追缴。对于尚未到案的可以继续追缴,[①] 对于无法追缴的财物，则可以责令退赔。追缴应以行为人实际获取的违法所得为限，退赔亦应以实际获取的违法所得为限，行为人不应承担连带退赔责任。这是因为，追缴是一种针对侵害占有型犯罪的物权性的追及行为，而连带责任承担则是一种债权性的落实方式，二者不能混同，不能以债权性的落实方式落实对物权的追及之中。行为人同时承担刑事责任、民事责任，其财产不足以支付的，退赔被害人的损失优先于一般的其他民事债务。这是基于刑事致民事原状原则。因此，在具体执行中，根据《最高人民法院关于刑事裁判涉财产部分执行的若干规定》（法释〔2014〕13号）第13条的规定，对于违法所得的追缴、退赔应优先于对于一般的其他民事债务、罚金以及没收财产的执行，但应位于因人身损害所致的医疗费用之后，因为法律对于人身权益的保护优先于对财产权益的保护。此外，对于行为人有欠缴国家税款的，基于税收系为全体国民谋取福祉的考量，故也应处于优先的顺位。但是，前述的追缴、退赔优先顺位，是针对赃物尚存或其具体流向相对明确的场景之下，即须与违法所得具有直接的对应性。而在对于行为人仅有其合法财产以供赔偿的场合，该优先权顺位安排是值得商榷的。此与刑事致民事原状原则无关，从而也就与一般的其他民事债务居于平等的地位了，但仍然是处于罚金、没收财产之前。

另外还须讨论的是对于非法集资犯罪案件中的离场获利人的利得追缴问题。如在大连“王某升集资诈骗案”中，王某升与向某华（在逃）以诈骗方法共非法集资41亿余元，二人共同诈骗犯罪所得14亿余元，而共有1.5万名离场人员共非法获利达27亿余元。虽然绝大多数离场获利人并未构成犯罪，但仍须对其违法所得予以追缴，以返还遭受经济损失的其他集资参与人，这符合不得因违法行为而获利的法律原则。[②]

---

① 参见辽宁省高级人民法院（2023）辽刑终60号刑事判决书。

② 参见辽宁省高级人民法院（2023）辽刑终60号刑事判决书。

第十五章 有关刑事附带民事诉讼的审判问题

——类型化的刑民交叉案件的法律适用

第一节 刑事附带民事诉讼制度的法律演进及其相关规定

一、刑事附带民事诉讼概念的流辨

所谓刑事附带民事诉讼，也称附带民事诉讼，指在刑事诉讼过程中，人民法院在依法追究被告人刑事责任的同时，一并审理因犯罪行为遭受物质损失的被害人或者在国家财产、集体财产由于犯罪行为遭受损失时人民检察院提起的有关赔偿损失的请求而进行的诉讼活动。① 尽管学界通说认为公安机关、检察机关在刑事诉讼过程中，也得为“附带解决”该赔偿问题，② 而且《刑诉法解释》也确认了公安机关、人民检察院的调解权［2021 年《刑诉法解释》第 185 条（2012 年《刑诉法解释》第 148 条）］，但是虑及刑事责任与赔偿损失的裁判结果须均由人民法院作出，因此，其审理主体就只应是人民法院，而不能包括公安、检察机关。

二、刑事附带民事诉讼制度的由来与分化

现代意义的刑事附带民事诉讼制度肇始于 1808 年的《法国刑事诉讼法》。

---

① 参见陈建国主编：《刑事诉讼制度的改革与完善》，红旗出版社 2007 年版，第 248 页。

② 参见陈卫东主编：《刑事诉讼法学研究》，中国人民大学出版社 2008 年版，第 337 页；王利明主编：《民法·侵权行为法》，中国人民大学出版社 1993 年版，第 661 页。

此后德国等大陆法系国家也纷纷建立了该项制度。基于法律传承的原因，我国1979年《刑事诉讼法》也规定了刑事附带民事诉讼法律制度（第53条、第54条）。

英美法系国家在刑事诉讼中对民事赔偿则采取了与大陆法系国家不同的制度。特别是美国完全采用排除规则，被害人只能在刑事案件终结后，依据民事诉讼程序单独提出损害赔偿诉讼。但二者的判决结果可能并不一致甚至截然相反，这是由刑事诉讼与民事诉讼制度与证据规则不同所决定的。

三、现行法律规定及其诉讼制度

现行《刑事诉讼法》总则编第7章规定了刑事附带民事诉讼制度。《刑事诉讼法》第101条规定，“被害人由于被告人的犯罪行为而遭受物质损失的，在刑事诉讼过程中，有权提起附带民事诉讼”，“如果是国家财产、集体财产遭受损失的，人民检察院在提起公诉的时候，可以提起附带民事诉讼”；第104条规定，“附带民事诉讼应当同刑事案件一同审判，只有为了防止刑事案件审判的过分迟延，才可以在刑事案件审判后，由同一审判组织继续审理附带民事诉讼”。上述两个条款是界定我国刑事附带民事诉讼制度的基本依据。需指出的是，我国《刑事诉讼法》虽历经三次修改（1996年、2012年、2018年），但该规定内容自1979年以来并未有任何实质变化。

四、刑事附带民事诉讼性质解析

陈朴生先生认为，刑事诉讼以实行公法上刑罚权为目的，民事诉讼以实行私法上之请求权为目的，其性质本不相同，原无附带提起之可能。唯刑事诉讼与民事诉讼之发生原因相同时，如利用刑事诉讼之程序，在公法上实行国家刑罚权，同时实行私法上之请求权，既可免裁判抵触之虞，亦可减轻讼累。是附带民事诉讼之提起，以刑事诉讼程序之存在为前提。刑事诉讼未起诉或已终结者，自无提起附带民事诉讼之余地。且附带民事诉讼之本质，仍系民事诉讼，纯为顾及因犯罪而受损害致人请求赔偿及审判上之便利，附于刑事诉讼程序中而提起。故附带民事诉讼之裁判确定后，仍与一般民事诉讼同，应由为裁判之法院将该附带民事诉讼裁判正本移付该管法院民事执行处依照民事执行程序办理。[①] 对此，应从以下两个方面进行理解。

第一，刑事附带民事诉讼，既包括实体意义上的内容，也包括程序意义上的内容。前者由刑法规定，后者由刑事诉讼法规定。刑事附带民事诉讼是由于法规竞合所致。当一种行为既被刑法规定为犯罪行为，又被民法规定为侵权行为时，就使刑事法律与民事法律的规范竞合在一起。为避免出现裁判上的矛盾和减少当事人讼累，允许司法机关根据被害人及其他有关人的申请，适用刑事诉讼程序，对这两种诉讼合并加以解决，同时确定被告人的刑事责任和民事责任。由于这种民事诉讼是由刑事诉讼派生的，带有附带解决的性质，所以称之为附带民事诉讼。[②]

第二，《刑事诉讼法》关于附带民事诉讼应同刑事案件一同审判、由同一审判组织继续审理的规定（《刑事诉讼法》第104条），实际上肯认了附带民事诉讼是一种特殊的、具嫁接性的诉讼。在诉讼作为一种活动时，它是一个由两种不同的法律规范竞合后而成立的刑事诉讼活动（大而言之），而不是公诉（刑事诉讼）与私诉（民事诉讼）两者的简单叠加；从其所要解决的实质内容而言，附带民事诉讼本质上是一种民事诉讼（小而言之），主要是解决赔偿问题（《刑法》第36条）。由于是由同一法律事实（以刑事法而言系犯罪行为、以民事法而言系侵权行为）所引发的，所以在审理该类案件时对二者的研判系在一个刑事程序中整体进行。“其乃源自于实体关连性之思想：即当因为一犯罪行为而致生财产法上之请求权时，为了避免双重的工作负担，也为了避免产生矛盾之裁判，因而在刑事诉讼程序中即已许可被害人提起补偿请求权，如此即可同时兼顾到使被害人获得迅速的补偿”[③]（指附带民事诉讼的制度设计既有减少被害人讼累、便利被害人诉讼的考虑，也有避免同一法院就同一案件作出自相矛盾的裁判的意味）。

---

① 参见陈朴生：《刑事诉讼法论》，台北，正中书局1970年版，第311页。

② 参见王利明主编：《民法·侵权行为法》，中国人民大学出版社1993年版，第661页。

③ ［德］克劳斯·罗科信：《刑事诉讼法》（第24版），吴丽琪译，法律出版社2003年版，第509页。

其特殊性、嫁接性则主要表现为：其一，诉讼性质的特殊。附带民事诉讼不是基于一般的民事侵权行为，而是由犯罪行为所产生的。其二，法律依据具有复合性。附带民事诉讼是在刑事诉讼中处理的，对犯罪行为必须依据刑事法的规定调整，对赔偿问题则要依据民事法的规定调整，即既要遵循刑事法，还要遵循民事法处理。其三，程序处理上具有依附性。附带民事诉讼以刑事案件的成立为前提，其程序上必须要依附于刑事诉讼法的规定。只有在刑事诉讼法规定可适用或不禁止适用民事法时，才可适用民事法的规定。

五、2012年《刑诉法解释》主要规定与2021年《刑诉法解释》的承继关系

因应于2012年《刑事诉讼法》的修正，最高人民法院也出台了新的司法解释（2012年《刑诉法解释》）。在2018年《刑事诉讼法》第三次修正后，2021年最高人民法院也对司法解释进行了修改。但是，由于第三次《刑事诉讼法》修正并未涉及附带民事诉讼部分，因此，2021年《刑诉法解释》对于2012年《刑诉法解释》有关内容仅作部分调整，基本上是一种体承关系。

2012年《刑诉法解释》系解决了下述原有审判实践中的争议问题。

第一，排除了“两金三费”即死亡赔偿金、伤残赔偿金与抚养费、赡养费、扶养费的保护（只有交通肇事案件例外，2012年《刑诉法解释》第155条第3款）。

但是，就死亡赔偿金是否属于物质损失的范围，在此后的实务中仍有不同意见（参见“尹某军诉颜某奎健康权、身体权纠纷案”[①]）。而且，按实际能力赔偿的意旨，也与现行民法损害赔偿的规定并不统一，单纯以判处刑罚是对被害人以更大抚慰的观点，多少带有“家父主义”刑法观的残余。

第二，明确了在逃同案犯的附带民事诉讼被告人主体身份地位不适格问题（2012年《刑诉法解释》第146条前段）。

第三，明确了后到案的共犯被告人的民事责任承担问题（2012年《刑诉法解释》第146条后段规定）。

---

① 参见《最高人民法院公报》2019年第3期。

第四，明确了对于赃物的追及，只能适用追缴、责令退赔，而不能提起附带民事诉讼，包括另行提起民事诉讼（2012年《刑诉法解释》第139条）。

第五，规定了保全措施（2012年《刑诉法解释》第152条）。

第六，调解可以超出法律规定的物质损失范围（2012年《刑诉法解释》第155条第4款）。

上述规定为2021年《刑诉法解释》所体承。尽管其中部分文字内容有所修改，特别是在案件受理的审判程序规定方面，其修改带有实质性。例如，对应于2012年《刑诉法解释》第138条第2款“因受到犯罪侵犯，提起附带民事诉讼或者单独提起民事诉讼要求赔偿精神损失的，人民法院不予受理”的规定，2021年《刑诉法解释》将后句修订为“人民法院一般不予受理”（2021年《刑诉法解释》第175条第2款）。但何为“一般”，抑或反之又何为“特殊”，有待明确。本书认为，该“特殊”应是针对侮辱罪、诽谤罪（《刑法》第246条），包括《刑法修正案（十一）》新增的侵害英雄、烈士名誉、荣誉罪（《刑法》第299条之一），以及故意损坏他人价值较大且具有重要纪念意义（主观价值）之物的犯罪（《刑法》第275条）。

六、实务中应把握的原则及注意事项

（一）判定原则：行为符合犯罪构成外在该当性是刑事附带民事诉讼确立的前提

对于被告人的行为给他人人身权利、财产权利造成损害时，首先要确认被告人的行为是否具有符合犯罪构成要件的外在该当性。这既是提起公诉的前提，也是附带民事诉讼（私诉）存在的基础。其次要确认被告人的行为是否成立犯罪，这是正确解决附带民事诉讼案件的前提。因为，民事赔偿责任的有无和大小与被告人的犯罪行为密切相关。

在此原则指导下，民法规范的内容才可以被援引、适用。但其在何种情况下被禁止，则是由刑事法的规定所决定的。这是由于，刑事法系保障法，对于侵权案件而言属于一种特别法的定在，因此就排斥了作为一般法的侵权行为法（民法）对于侵权行为进行否定评价与制裁的适用（《民法典》第12条后段）。

而后者仅在填补领域内才得有并行（聚合）适用的余地。

（二）实务中应注意的事项

第一，关于管辖。刑事案件管辖是受该当于犯罪构成要件的行为所制约的。主要是犯罪行为地，包括犯罪行为发生地、结果发生地。这一点与民事案件主要以被告住所地、居住地为管辖原则且可协议管辖，甚至在被告人身被羁押的场合，原告得以自己住所地、居住地告诉的制度不同。

第二，关于审判组织。同一审判组织应对刑事部分和附带民事部分一并作出（刑事附带民事）判决。若因特殊原因未能一并作出的，可分别制作刑事判决书与（刑事）附带民事判决书，但两份判决文书案号应当相同。如果被害人在公诉案件审理期间不提起附带民事诉讼，嗣后另行提起民事诉讼的，由于刑事部分判决已经生效，则该案件就已成为一个纯粹的民事诉讼案件，但可由原同一审判组织继续审理或由民事部门审理。需要注意的是，即使在由后者所审理的场合，就其赔偿范围与数额判处，仍应受《刑事诉讼法》及其司法解释规定的严格限制，因为该不法行为在其性质上仍系属犯罪行为，从而就可以避免有的原告人为规避刑事法对于赔偿范围的限制而故意到民事部门起诉，以请求得到与民事赔偿数额标准相同的判决。这也是由法律适用的统一性所决定的。

第三，关于诉讼时效。对于附带民事诉讼案件的审理时效仍应当遵照刑事追诉时效的规定，因为民法观念上的“赔偿请求权之时效限制与刑法追诉权的时效无关”。① 对此，实务部门在“张某故意伤害案”（《刑事审判参考》第418号指导案例②）中即持相同的主张。同时认为，对于附带民事诉讼案件来说，被告人的行为构成刑事犯罪，同时又构成民事侵权，附带民事诉讼本质上属于损害赔偿之债，但它的成立是以刑事诉讼为前提的，刑事附带民事诉讼实际上就是刑民合并之诉。所谓“附带”民事诉讼主要体现为程序的从属性，在这种程序中，必须遵循刑事程序优先原则。对此应当理解为：如果刑事法律有规定的，首先应适用刑事法律；只有在刑事法律没有作出相关规定时，才能适用民

---

① 参见史尚宽：《债法总论》，台北，荣泰印书馆股份有限公司1978年版，第217页。

② 参见中华人民共和国最高人民法院刑事审判第一、二、三、四、五庭主办：《刑事审判参考》（总第53集），法律出版社2007年版，第32~35页。

事法律的有关规定。在诉讼时效存在冲突的场合，应当优先适用刑事法律的规定。上述观点可谓是学界与实务的共识通说。因为刑事案件有其特殊性，即其犯罪行为必须先经国家确认、评价，才能裁判民事赔偿部分。同时有些罪犯在犯罪后逃离现场，甚至时隔多年才到案，由于犯罪事实受“先刑后民”的确认条件限制，如果适用民法关于诉讼时效3年的规定（《民法总则》施行前为2年），就会损害被害人的权利，也会损害法律的公平。

第四，民事债务优先抵偿。被告人的财产不足以全部支付的，先承担民事赔偿责任。对同一行为，在被告人同时要承担刑事责任与民事侵权责任且都是财产性责任的场合（如被告人被判处了罚金刑或没收财产刑），当被告人的财产不足以全部支付时，被告人应当先以其财产承担民事赔偿责任，以弥补受害人所受损害（《刑法》第36条第2款、2021年《刑诉法解释》第527条），此即私权保护优先原则。此在《民法典》中亦得体现：“民事主体因同一行为应当承担民事责任、行政责任和刑事责任的，承担行政责任或者刑事责任不影响承担民事责任；民事主体的财产不足以支付的，优先用于承担民事责任。”（《民法典》第187条）。此外，在没收财产以前犯罪分子所负的正当债务，需要以没收的财产偿还的，经债权人请求，应当偿还①（《刑法》第60条）。

第五，二审全案审查原则。一是对刑事部分已经生效、附带民事部分提出上诉的，二审法院对刑事部分亦应审查。一审判决刑事部分并无不当的，只就附带民事部分做出处理；发现一审判决刑事部分确有错误的，依照审判监督程序对刑事部分进行再审，并将附带民事部分一并审理（2021年《刑诉法解释》第409条）。就后一情形，其解决程序是：二审法院应当终止对附带民事部分的审理，并依法启动审判监督程序，通过指令下级人民法院再审或者依法提审，就刑事部分和附带民事部分一并进行审理并作出裁判。这是由于，附带民事诉讼对于刑事诉讼而言具有附随性，即附带民事诉讼必须以刑事诉讼的成立为前提，如果刑事诉讼不成立，则附带民事诉讼就失去了存在的基础。因此，一旦

---

① 2012年《刑诉法解释》第441条第2款也曾规定：“判处财产刑之前被执行人所负正当债务，需要以被执行的财产偿还的，经债权人请求，应当偿还。”但该规定因规定的时间系在“判处财产刑之前”从而与《刑法》第60条规定的“没收财产以前”不符，已被2021年《刑诉法解释》取消。

发现刑事部分的判决确有错误，在没有得到依法纠正之前，对附带民事诉讼的判决进行纠正就失去了依据和基础。[①] 二是对附带民事部分已经生效、刑事部分上诉的案件，二审法院发现附带民事部分确有错误的，应依照审判监督程序据前述原则对之予以纠正（2021 年《刑诉法解释》第 407 条）。

第二节　附带民事诉讼当事人主体范围的讨论

附带民事诉讼究其本质仍是一种民事诉讼。因此，与刑事诉讼中的当事人往往只有被告人不同，原告（被害人及其近亲属）在附带民事诉讼中成为不可或缺的基本要素。此外，在特殊案件如交通肇事案件中，由于保险关系的牵连，保险公司也会参与其中，并被列为无独立请求权的第三人。

一、原告人的范围

原告人是附带民事诉讼程序的启动者，通常是指《刑事诉讼法》第 101 条第 1 款前段所称的由于被告人的犯罪行为而遭受物质损失的“被害人”。但在被害人死亡或者丧失行为能力的场合，《刑事诉讼法》第 101 条第 1 款后段规定，被害人的法定代理人、近亲属有权提起附带民事诉讼。上述人员，在民事诉讼中系称为原告，而在刑事诉讼中则称为附带民事诉讼原告人。此中差异，盖依习惯。此外，根据《刑事诉讼法》第 101 条第 2 款，在国家财产、集体财产遭受损失的场合，人民检察院在提起公诉时，可以提起附带民事诉讼。因此，被害人及其法定代理人、近亲属以及人民检察院均可作为附带民事诉讼的原告人。但是，以下问题需要厘清。

（一）因生命权被剥夺的原告人身份确定准据

侵害生命权，以受害人死亡为其结果。受害人既已死亡，该损害赔偿法律

① 参见江必新主编：《最高人民法院刑事诉讼法司法解释与适用》，载人民法院出版社编：《司法解释理解与适用全集·刑事诉讼卷 1》，人民法院出版社 2018 年版，第 751 页。

关系缘何而生，历来有不同主张，都认为侵害生命权的损害赔偿请求权存在一个继承的问题，即侵害生命权的受害人享有损害赔偿请求权（或地位），在其死亡之后，由其继承人继承。这些学说忽视了一个客观事实，就是在侵害生命权的法律关系中，实际上存在双重直接受害人。所谓双重直接受害人，是指侵害生命权的行为，既造成了生命权人生命丧失的损害事实，又造成了生命权人近亲属财产损失的损害事实，生命丧失的直接受害人是死者，而财产损失的受害人则是死者的近亲属，这两种受害人均为侵害生命权的直接受害人，由于受害的生命权人已经死亡而由死亡人的近亲属承受该损害结果。正因如此，死者在死亡的间隙中享有的损害赔偿请求权实际上与死者近亲属所享有的损害赔偿请求权内容是同一的，因死者死亡而并合成由死者近亲属一并行使的损害赔偿请求权。依照这种理论，侵害生命权的损害赔偿请求权实际上不存在继承的问题。同时，作为加害人，其负有的损害赔偿义务，实际上存在两个权利人，其中死者死亡以后，还存在另外一个权利人，因而加害人的损害赔偿义务并未发生任何变化，只是向仅存的受害人履行赔偿义务而已。确立这一理论，侵害生命权的间接受害人原理是一个有力的佐证。因侵害生命权行为而丧失扶养请求权的人，称为间接受害人。间接受害人因死者对其负有扶养义务，当行为人致该死者死亡时，即丧失扶养的来源，因而侵害生命权的行为造成了间接受害人财产利益的损失，故而间接受害人享有损害赔偿请求权。同理，死者近亲属因生命权人死亡而造成财产损失，当然也享有损害赔偿请求权。①

（二）受损害人范围的扩增

受损害之人得提起附带民事诉讼，本是刑事诉讼法规定之意旨，唯对于被害人并无相互扶助之关系，但救助过被害人或花费过医药费、丧葬费的，得否以原告人身份提起附带民事诉讼？

在此场合，实则成立无因管理之债（《民法典》第 121 条、第 979 条）。②由于无扶助义务人为救助被害人支付了医疗费、丧葬费，属于代位取得了该部

---

① 参见王利明等：《民法学》，法律出版社 2015 年版，第 182 页。

② 参见王泽鉴：《为被害人支出医药费、无因管理及代位》，载王泽鉴：《民法学说与判例研究》（第 4 册），中国政法大学出版社 1998 年版，第 184 页。

分费用的请求权人的地位。以另一视角解读，该无扶助义务人也确实因此而遭受了财产上的损失，所以就有请求得受赔偿的权利。因此，《民法典》第1181条第2款规定，被侵权人死亡的，支付被侵权人医疗费、丧葬费等合理费用的人有权请求侵权人赔偿费用，但是侵权人已经支付该费用的除外。

(三) 死亡受害人身份不明时的原告人范围

在受害人已确认死亡但其身份不明的场合，不得由检察机关代替其或其近亲属提起附带民事诉讼。这是由于，自然人死亡后其诉讼权利能力和诉讼行为能力均归于消灭，因其身份不明，其近亲属无法确认，这种损害的救济权就无法行使（参见《刑事审判参考》第26号指导案例“于某森故意伤害案”[①]）。在对因交通肇事致不明身份人死亡的案件中，道路交通事故社会救助基金管理机构或肇事地公安机关交通管理部门可否作为原告人代为提起诉讼，也曾引发争论。但是，由于上述单位并不是适格的原告人，故应予以否定。当然，若上述单位为被害人提供过救治或支付过丧葬费，则另当别论。

(四) 检察机关作为原告人起诉案件之检讨

《刑事诉讼法》第101条第2款规定，如果是国家财产、集体财产遭受损失的，人民检察院在提起公诉的时候，可提起附带民事诉讼。2021年《刑诉法解释》第193条也据此规定：“人民检察院提起附带民事诉讼的，人民法院经审理，认为附带民事诉讼被告人依法应当承担赔偿责任的，应当判令附带民事诉讼被告人直接向遭受损失的单位作出赔偿；遭受损失的单位已经终止，有权利义务继受人的，应当判令其向继受人作出赔偿；没有权利义务继受人的，应当判令其向人民检察院交付赔偿款，由人民检察院上缴国库。”

但是，由于当前国家财产、集体财产均有其管理人，且均为特别法人（《民法典》第99—101条），从而就并无检察机关作为原告人主动提起附带民事诉讼的余地。

因此，检察机关只应对：第一，危害公共利益的犯罪，如破坏生态环境和

① 参见中华人民共和国最高人民法院刑事审判第一庭编：《刑事审判参考》（总第4辑），法律出版社1999年版，第13~19页。

资源保护的环境污染犯罪以及故意侵害英雄烈士名誉、荣誉的犯罪；第二，被害人分布广、人数众多、取证困难的犯罪，如危害食品、药品安全犯罪；第三，利用网络信息系统实施的侵害公共利益的犯罪，得基于维护公益而主动提起附带民事诉讼（公益诉讼）。上述第一、二种情形，正是《最高人民法院、最高人民检察院关于检察公益诉讼案件适用法律若干问题的解释》第 20 条规定的由来。由此意义上，《刑事诉讼法》第 101 条第 2 款规定的内容应仅限于国有财产、集体财产管理人因怠于行使其诉权并将致使国有财产、集体财产遭受损失不可逆的场合。此外，对于发生在缅北地区的电信诈骗案件，不得适用附带民事公益诉讼。因为该类案件本身不应适用附带民事诉讼程序（参见第 14 章第 1 节），且不涉及公共利益。

二、附带民事诉讼被告人的范围

根据 2021 年《刑诉法解释》第 180 条的规定，依法负有赔偿责任的人包括下列人员。

（一）刑事被告人及没有被追究刑事责任的其他共同致害人

被告人是被指控实施了犯罪行为并应当追究其刑事责任的人，因此也就成为了附带民事诉讼被告人（《刑事诉讼法》第 101 条第 1 款）。

所谓没有被追究刑事责任的其他共同致害人，是指如参与共同危险行为，或机动车肇事、负事故次要责任，以及由于不具备刑事责任能力而不能被追究刑事责任的人。由于共同致害人属于必要共同诉讼中的诉讼参加人，故均应被追加为附带民事诉讼被告人。但是，在逃的共同犯罪人除外（2021 年《刑诉法解释》第 183 条）。

（二）无行为能力或限制行为能力的刑事被告人的监护人

通常，无行为能力人因其并无刑事责任能力故不会受到刑事追诉，而只会成立民事侵权行为（无过失侵权责任）。但是，在刑事审判中也不可避免地出现，辩护人提出被告人属于完全无辨认与控制能力的精神病人，而后经调查取证、鉴定也证实了该种情况。因此，就会出现由其监护人替代负担赔偿责任的判决。

在限制行为能力的被告人被起诉的场合，也分为是否年满十四周岁（在极端的场合下则为十二周岁）以及是否年满十六周岁两个刑事责任年龄阶段。在被告人犯罪时已经年满十六周岁（被告人应对所有犯罪承担刑事责任，仅因其尚未满十八周岁而对其减轻处罚），以及尽管已经成年但在辨认或控制自己行为时能力尚未完全丧失的，在上述相对负刑事责任能力的被告人被起诉的场合，其监护人被起诉参加，或者人民法院依职权追加其监护人参加附带民事诉讼，这一点并无异议（参见《刑事审判参考》第348号指导案例“耿某红故意伤害案”①）。因为《民法典》第1188条规定，限制行为能力人造成他人损害的，由监护人承担监护责任。监护人尽到监护责任的，可以减轻其责任。有财产的未成年人造成他人损害的，由本人财产中支付赔偿费用；不足部分，由监护人赔偿。

问题59 年满十六周岁、以自己的劳动收入为主要生活来源的未成年被告人，其监护人应否承担附带民事赔偿责任？

根据《民法典》第18条第2款：十六周岁以上的未成年人，以自己的劳动收入为主要生活来源的，视为完全民事行为能力人。此所谓劳动成年者，系承继《民法通则》第11条第2款之规定。其要件为：其一，须为年满十六周岁的未成年人；其二，须已就业，有固定的劳动收入；其三，该收入须足以维持相当于当地民众一般水平的生活（参见《民通意见》第2条）。但在审判实践中，对于年满十六周岁、并以自己的劳动收入为其主要生活来源的未成年被告人，在犯罪的场合，其监护人应否承担民事赔偿责任，曾存有争议（参见2013年辽宁阜新“李某刚等抢劫案”②）。尽管民法系将之“视为成年人”，但也只是以其具有劳动能力（劳动能力权是自然人以其脑体功能利益为内容的物质性人格权。劳动能力权与健康权紧密相连，原是健康权的重要方面，不过因其在实务上颇具重要意义而被独立）、能够独立参加民事活动、其民事法律行为具有法

① 参见中华人民共和国最高人民法院刑事审判第一庭、第二庭编：《刑事审判参考》（总第44集），法律出版社2006年版，第65页。

② 参见辽宁省高级人民法院（2013）辽刑一终字第76号刑事附带民事裁定书。

律效力而被单独评价的结果。民法以上规定，实在于对其劳动能力的一般性判断与肯定。但是，我国刑法关于年满十八周岁的人在罪行极其严重的情形下才能被判处死刑，以及在其他犯罪案件中也要对未成年人予以从轻、减轻处罚的规定，均系基于对未成年人的特殊保护政策。这源于对其意思能力的拟定欠缺判断的规定，是一种有利于未成年人被告人的保护制度。故在民事赔偿责任等对被告人不利的问题上，其意思欠缺要件的拟制就仍应被肯定，从而关于监护责任等基于亲权而设置的诉讼权利制度，不得因民法的特殊规定而被废弃。在涉及财产制度中，由于附带民事诉讼实系由犯罪行为所引发的，所以附带民事诉讼制度就仍具有其独立性与特殊性，以是其监护人仍应承担相应的侵权责任，也有利于被告人。这与实务部门在“倪某刚等聚众斗殴案”（《刑事审判参考》第 350 号指导案例①）中所提出的“即使是在被告人的侵权行为发生时被告人不满十八周岁，但在诉讼时已满十八周岁，并有经济能力的，应当承担民事责任，行为人没有经济能力的，应当由原监护人承担民事责任”的观点，仅系程序法与实体法观察视角的不同，而无实质上的区分。

（三）已被执行死刑的罪犯的遗产继承人或案件审结前已死亡的被告人的遗产继承人

其中的遗产，必须是积极性的财产。如果上述罪犯、被告人并无个人财产，甚至仅有消极性的负债，那么其继承人就可不负担赔偿责任。否则，就有违罪责自负原则而株连无辜。

（四）其他对刑事被告人的犯罪行为依法应当承担民事责任的单位和个人

此主要涉及单位侵权与雇主责任问题。因该问题相对复杂，故拟在本章第 5 节专门讨论。此外还有，基于法律规定，虽未参与犯罪，且与犯罪人也无意思联络，甚至并无聚合、累积关系，仅因受益或负安全保障义务而负担赔偿责任的单位或个人（参见本书第 3 章第 5 节“五月花案”）。此与民法注重填补的规范意旨有关。

---

① 参见中华人民共和国最高人民法院刑事审判第一庭、第二庭编：《刑事审判参考》（总第 44 集），法律出版社 2006 年版，第 83 页。

三、附带民事诉讼第三人的有关问题

（一）附带民事诉讼第三人的列明

审判实践中，由于交通肇事等犯罪而引起的刑事附带民事诉讼，通常还会涉及保险人即第三人的问题（参见 2005 年辽宁锦州“赵某柱等交通肇事附带民事上诉案”）。

附带民事诉讼当事人与民事诉讼当事人一样，有广义与狭义之分。广义的当事人中应当包括共同诉讼人与第三人。民事诉讼法中所规定的第三人与民事实体法中的第三人并不尽同。就程序法中的第三人而言，是指与原告、被告之间的诉讼争议存在利害关系的第三方，并具有有独立请求权第三人与无独立请求权第三人之分。其中，有独立请求权第三人实际上是居于以原告与被告为被告的地位，故在判决后可提起上诉。而无独立请求权第三人仅因与案件事实有某种牵连而加入到案件的审理程序之中，在判决未对其作出不利益处分的场合下，其无权上诉。民事实体法中的第三人则是在民事法律关系之外与之具有密切利益关系的第三方，如履约指向的第三方，以及造成环境污染、生态破坏或动物伤人的第三人（《民法典》第 1233 条、第 1250 条）。在交通肇事刑事案件中，由于肇事车辆车主往往会与保险公司订立保险合同，在保险事实发生后，该公司就多被遭受侵权的被害人在起诉时列为无独立请求权第三人。

（二）对附带民事诉讼第三人的审理原则

对于附带民事诉讼第三人的审理，原则上应当依照《民事诉讼法》第 59 条关于第三人的有关规定判别、处理，但在被害人乘坐某客运公司大巴车时，因遭遇罪犯抢劫致死，被害人的近亲属在提起附带民事诉讼时一并以该客运公司作为无独立请求权第三人提起告诉的场合，司法判决系驳回了原告人的请求。由此带来的问题是：

问题 60 第三人客运公司对乘客因抢劫致死的应否承担赔偿责任？

在刑事审判中，基于审判重心主要为落实对犯罪行为人的刑事处罚，故仅

对交通肇事等刑事案件如审理民事案件一样，将相关责任人乃至保险人等第三人也牵连列为当事人并落实其赔偿责任的具体归属。但在上述抢劫杀人重大刑事案件中，因审判主要关注的是对证据审查，故往往不可能充分考虑第三人的责任问题，这或许是受国家司法资源有限原则所限。但是，作为经营者的客运公司，其对乘客应当负有安全保障义务（《民法典》1198条第2款），在劫犯实施抢劫的场合，司机作为客运公司的代理人应具有积极阻止的义务，即使不能阻止，也应及时报警或将车辆驰往公安机关，此对客运公司及其雇员而言，并非不具有期待可能性。故上述案件判决尚难谓妥当。

第三节 刑事附带民事诉讼案件的审理（受案）范围

尽管《刑事诉讼法》一直明确规定被害人只能对因犯罪行为而遭受的物质损失提起附带民事诉讼，但该物质损失究竟是否包括间接损失、死亡赔偿金，在多年的司法实践中曾引发诸多争议，并几经变化，以至于在2012年《刑事诉讼法》修正时产生了争论。当时立法机关考虑到附带民事诉讼赔偿问题比较复杂，各方的观点很不一致，短期内难以达成共识，故该次《刑事诉讼法》修正对现行附带民事诉讼的赔偿范围未做修改，并建议实践中司法机关可就此问题继续进行探索。① 为此最高人民法院在2012年《刑诉法解释》中明确规定了如下事项，并为2021年《刑诉法解释》所沿用。

一、关于物质损失的理解

根据2012年《刑诉法解释》第138条第1款“被害人因人身权利受到犯罪侵犯或者财物被犯罪分子毁坏而遭受物质损失的，有权提起附带民事诉讼”及

① 参见黄太云：《刑事诉讼法修改的主要内容介绍》，载中华人民共和国最高人民法院刑事审判第一、二、三、四、五庭主办：《刑事审判参考》（总第84集），法律出版社2012年版，第188~190页。

第 2 款“因受到犯罪侵犯，提起附带民事诉讼或者单独提起民事诉讼要求赔偿精神损失的，人民法院不予受理”的规定，就会据此得出如下结论。

（一）只保护物质损失，而不保护精神损失

将物质损失解释为并不包括非物质损失在内，更不能保护精神损失，是最高人民法院一以贯之的司法政策（参见 1999 年最高人民法院《全国法院维护农村稳定刑事审判工作座谈会纪要》第 3 条第 5 项），实际系源于刑事诉讼法（现行《刑事诉讼法》第 101 条）的规定。因此，即使在刑事案件审判终结后，被害人另行提起民事诉讼要求赔偿精神损失的，亦应不予保护。但在 2021 年《刑诉法解释》第 175 条的规定中，又将第 2 项后段更改为人民法院“一般不予受理”。对此，应结合法律规定作限缩解释，仅及于侮辱、诽谤型等犯罪特别是侵害英雄烈士名誉、荣誉罪的场合。

（二）物质损失须是直接而非间接的损失

2000 年《最高人民法院关于刑事附带民事诉讼范围问题的规定》（已失效）第 2 条规定：“被害人因犯罪行为遭受的物质损失，是指被害人因犯罪行为已经遭受的实际损失和必然遭受的损失。”并且，实务部门在“李某强故意毁坏财物案”①“于某森故意伤害案”中，均明确了该范围应当限定为被害人因犯罪行为遭受的直接经济损失。须注意的是，损失与损害的意思并不等同，前者范畴小于后者。如某人自行在某小区高楼上悬挂广告牌，小区业主并未受有损失，但受有损害（权益遭受不利益），因此成立非给付型不当得利之债。在刑事审判中，通常只保护直接经济损失，对于间接损失只保护已为法律所明确定型化的部分，如误工费等，但对于营养费等一般不予考虑，这是防止因对纯粹的经济损失作过于扩大的保护而对市民行为的自由权益边界造成侵犯。

（三）财物须系被毁坏而致物质损失

实务部门进而肯定了附带民事诉讼所保护的范围必须是造成人身损害以及财物须是因犯罪行为被损坏所致损失，从而就排除了因非法占有、处置被害人

---

① 参见《最高人民法院公报》2007 年第 4 期。

财产的，被害人得提起附带民事诉讼的权利［2012年《刑诉法解释》第139条（2021年《刑诉法解释》第176条）规定：“被告人非法占有、处置被害人财产的，应当依法予以追缴或者责令退赔。被害人提起附带民事诉讼的，人民法院不予受理。追缴、退赔的情况，可以作为量刑情节考虑。”］。据此，对于因被告人盗窃、诈骗、侵占等行为所非法占有的被害人合法财产，在经过追缴、责令退赔仍不能弥补损失的前提下，被害人既不能提起附带民事诉讼，也不得依民事诉讼程序另行请求保护。这正是区分附带民事诉讼路径的坐标（参见第14章第1节）。

二、具体赔偿范围的界定

2021年《刑诉法解释》第192条又明确作出以下四项关于赔偿范围的具体规定。

一是该条第1款规定：“对附带民事诉讼作出判决，应当根据犯罪行为造成的物质损失，结合案件具体情况，确定被告人应当赔偿的数额。”此系据实判决原则的规定，从而就否定了死亡赔偿金等进入判决事项之中。

二是该条第2款规定：“犯罪行为造成被害人人身损害的，应当赔偿医疗费、护理费、交通费等为治疗和康复支付的合理费用，以及因误工减少的收入。造成被害人残疾的，还应当赔偿残疾生活辅助器具费等费用；造成被害人死亡的，还应当赔偿丧葬费等费用。”系明确了物质损失部分范围为医疗费等为治疗和康复支出的合理费用以及丧葬费等，从而在反面对前述第1款内容进行了申明。

三是该条第3款规定：“驾驶机动车致人伤亡或者造成公私财产重大损失，构成犯罪的，依照《中华人民共和国道路交通安全法》第七十六条的规定确定赔偿责任。”系明确排除了对死亡赔偿金、伤残赔偿金、扶养费等的保护，但是交通肇事犯罪案件处理除外（因为机动车辆多有强制险）。

四是该条第4款规定：“附带民事诉讼当事人就民事赔偿问题达成调解、和解协议的，赔偿范围、数额不受第二款、第三款的限制。”系强调了调解与和解可突破前述规定的数额限制，但实践中应注意防范“花钱买刑”的违法适用。

三、关于死亡赔偿金、残疾赔偿金保护的流变

《刑事诉讼法》第101条系明确排除了对精神抚慰金的保护，但由此带来：死亡赔偿金、残疾赔偿金是否属于精神抚慰金的问题。《刑诉法解释》在司法层面上的“准立法”技术上似在刻意回避这一问题，但2012年《刑诉法解释》第155条（2021年《刑诉法解释》第192条）又明确规定应予保护的事项中并不包括死亡赔偿金与残疾赔偿金，似又将其解释为精神抚慰金。

所谓精神抚慰金又称慰抚金。王泽鉴先生认为，损害赔偿应专指财产上损害之赔偿，而慰抚金则专对非财产损害而言。[①] 既往，2001年《最高人民法院关于确定民事侵权精神损害赔偿责任若干问题的解释》（法释〔2001〕7号）第9条规定死亡赔偿金、残疾赔偿金属于精神损害抚慰金，[②] 但此后又修正了这一规定，并通过2003年《人身损害赔偿解释》第17条第2款、第3款以与第18款单独规定的“精神抚慰金”并列而区分的方式明确了死亡赔偿金、残疾赔偿金系属物质损失。[③] 这一认定此后在《侵权责任法》《民法典》（第1177条、第1183条）的相应规定中均以同样的方式被肯定。

对应于最高人民法院民事部类上述认识的转化，最高人民法院刑事部类对附带民事诉讼范围的规定也出现了数度变化，即从既往仅保护实际损失，到2004年5月后又明确须判决保护死亡赔偿金、残疾赔偿金，但也产生了很多实际问题：一是由于判决数额空高，远非普通家庭所能承受，且在判决生效后，罪犯本人已被羁押日久或已决，致无法执行财产的案件丛积堆生，严重损害了法院公信力。二是由于赔偿数额起点偏高，使附带民事部分调解工作无法轻易达成，也损害了双方利益。三是由于常常无法满足受害人的合法要求，部分法

---

① 参见王泽鉴：《民法学说与判例研究》（第1册），中国政法大学出版社1998年版，第49页。

② 根据《最高人民法院关于修改〈最高人民法院关于在民事审判工作中适用《中华人民共和国工会法》若干问题的解释〉等二十七件民事类司法解释的决定》修改后的该解释已无该条规定。

③ 根据《最高人民法院关于修改〈最高人民法院关于在民事审判工作中适用《中华人民共和国工会法》若干问题的解释〉等二十七件民事类司法解释的决定》，该第17条、第18条规定已被2020年《人身损害赔偿解释》取消。这因为其相关内容已成为《民法典》的规定，从而完成了其历史任务。

院为防止被害人、近亲属与被告人之间的矛盾激化，会将一些并非属于罪大恶极的被告人也判处了死刑立即执行，既导致矛盾并未解决，也不利于少杀、慎杀政策的贯彻。鉴于此，最高人民法院在制定2012年《刑诉法解释》时明确规定不保护残疾赔偿金、死亡赔偿金。

但在2019年第3期《最高人民法院公报》刊登的“尹某军诉颜某奎健康权、身体权纠纷案”中，其裁判要旨认为，残疾赔偿金应属于物质损失的范畴，应予赔偿。故因刑事犯罪行为受到身体伤害，未提起刑事附带民事诉讼，而另行提起民事诉讼的，得判决赔偿保护。此无疑系颠覆了2012年《刑诉法解释》第138条（2021年《刑诉法解释》第175条）的规定，而非如该裁判摘要所说的“刑事诉讼法及司法解释没有明确规定”。此不啻于业已平息7年之久的对于因犯罪行为所产生的残疾赔偿金、死亡赔偿金是否保护的争议，又掀起轩然大波。客观而言，尹某军案判决有违司法解释规定之嫌，但就整个法律体系而言，由于附带民事诉讼本质上仍是一种民事诉讼，是以填补损害为其目的，因此该判决也难谓完全失其正当。但是，由于刑罚本身具有慰抚功能，所以对所附带解决的民事损害赔偿数额予以一定的限制，并区别于纯粹的民事侵权案件的赔偿范围，是妥适的。

四、国家赔偿被排除在受理范围之外

2021年《刑诉法解释》第177条规定，“国家机关工作人员在行使职权时，侵犯他人人身、财产权利构成犯罪，被害人或者其法定代理人、近亲属提起附带民事诉讼的，人民法院不予受理，但应当告知其可以依法申请国家赔偿”。既往，《民法通则》第121条规定的国家机关及其工作人员的职务侵权责任，无疑系属民事侵权责任之一种。但随着《国家赔偿法》的颁布，国家赔偿责任是否为特殊的民事侵权责任，曾备受质疑。[①] 但是，认为国家赔偿责任法是公法的观念，多少有计划体制思维的残余。即使在20世纪90年代初，也有学者认为，就道路管理瑕疵的赔偿责任，系属国家赔偿责任的范畴，应由受委托管

① 参见最高人民法院侵权责任法研究小组编著：《〈中华人民共和国侵权责任法〉条文理解与适用》，人民法院出版社2010年版，第43页。

理的国家机关或公共团体对受害人承担赔偿责任，并适用民事诉讼程序。[①] 因此，国家赔偿责任是一种特殊侵权责任的观点，具有合理性。

需明确的是，只有国家机关工作人员实施的此类犯罪行为，才受该条规定的调整。而对于国有企业、事业单位的工作人员，以及国家机关工作人员并非在行使职权时的犯罪行为，则不受国家赔偿的受理范围限制。但是，由于我国管理机构的特殊性，对于依照法律行使行政管理职权的国有企业、事业单位，以及受委托依法从事公务的人员，由于侵犯他人人身权利、财产权利构成犯罪的，也应根据上述规定予以赔偿。

第四节　共同侵权与共同犯罪的关联与界分

一、共同侵权与共同犯罪之间的联系

共同犯罪（《刑法》第25条）与共同侵权行为（《民法典》第1168条）之间，既具有紧密联系，又具有重大区别。一方面，由于犯罪是最严重的侵权行为，因此很多共同犯罪如共同实施的故意杀人、诈骗、盗窃、抢劫，均是共同侵权行为。另一方面，由于共同犯罪具有严格的主观要素限定，即须是二人以上共同故意的犯罪，因此就排除了共同过失成立共同犯罪。同时，基于“共同实施”的客观行为要件的限定，使共同犯罪的范围更为限缩，共同侵权行为因之也受到一定限定。

当前无论是民法学说还是实务中最值争议的，仍是关于共同侵权行为应如何界定的问题。因其涉及侵权责任分担，且交互不同犯罪类型，虽然《民法通则》、《侵权责任法》以及《民法典》均予明确规定，但是由于受债法体系与英美侵权法等不同外来法观念的影响，对侵权行为特别是共同侵权行为的概念应当如何解释，于今为止仍然悬而未决、未能形成统一定论，故有明辨的必要。

① 参见梁慧星：《道路管理瑕疵的赔偿责任——大风吹断路旁护路树砸死行人案评释》，载《民法学说判例与立法研究》，中国政法大学出版社1993年版，第288页。

在此须重申的是，由于本书系持维护债法逻辑体系原则，故对侵权行为的界定仍奉守传统的债法体系民法观（参见《民法典》第118条），且坚持以损害（按侵害乃有侵击与损害的双重意思）为侵权行为的构成要件（参见《民法典》第120条）。因此，由此所推及的结论或许就与持“大侵权责任法观”即破除债法体系而以合同法为债法基础、侵权责任编系保障法而独立成编的主流学说观念，① 以及受其深刻影响的实务认识②并不一致。

二、共同侵权行为的界定及其类型

所谓共同侵权行为，是指数人共同不法侵害他人权益造成损害的行为。③按史尚宽先生的解释，“共同侵权行为，谓数人共同不法对于同一之损害与以条件或原因之行为。侵权行为，由违法行为及损害事实之发生二个主要事实而成立。此两个要件，俱有数人之共同行为，固不待论，仅就其中之一，有数人为之者，亦有共同侵权行为之成立。违法行为之共同，无须为事实行为，苟对于结果可认为与以相当之条件或原因者，纵仅教唆、帮助，亦为共同侵权行为。然共同危险行为人中，不能知其中孰为加害人，严格言之其中有行为对损害并无相当因果关系，法律为保护被害人，仍使之负共同侵权行为之责，可称为准共同侵权行为”。④ 因此，共同侵权行为的成立要件应为：(1) 侵权人的人数须为复数，即二人以上（数人）；(2) 共同行为人之行为，须各为违法（不法）；(3) 须是“共同”实施，至于何为“共同”，则是下面还要解释的问题；(4) 侵权人须有故意或过失；(5) 受害人须受有损害，且损害不可分割；(6) 共同侵权行为与损害之间须具有因果关系（条件或原因）。《民法典》第1168条、第1169条、第1170条规定的均是共同侵权行为（广义上的），其特殊性在于行为

① 参见王利明等：《民法学》，法律出版社2015年版，第736页。

② 参见最高人民法院民法典贯彻实施工作领导小组主编：《中华人民共和国民法典侵权责任编理解与适用》，人民法院出版社2020年版，第7页。

③ 参见最高人民法院民法典贯彻实施工作领导小组主编：《中华人民共和国民法典侵权责任编理解与适用》，人民法院出版社2020年版，第50页。

④ 参见史尚宽：《债法总论》，台北，荣泰印书馆股份有限公司1978年版，第166页。

人人数为多数，须负连带责任，规范内容在处理因果关系问题。[①]

根据《民法典》上述三条规定，共同侵权行为系分为三种类型：

第一，共同加害行为，即狭义的共同侵权行为，指数人共同不法侵害他人的权利，系典型的共同侵权行为（《民法典》第1168条）。所谓“共同”，不以共同侵权人之间有意思联络为必要。数人因过失不法侵害他人之权利，苟各行为人之过失行为均为其发生损害之共同原因，即所谓行为关联共同，亦足成立。[②] 因此，其又分为：（1）主观的共同侵权行为，即有意思联络的共同侵权行为。如甲乙共谋共同实施的故意杀人；（2）客观的共同侵权行为，即虽无意思联络但行为客观关联的共同侵权行为，是指数个行为人实施的行为是损害发生的共同原因，造成同一损害结果，且该损害结果为不可分割。[③] 如甲、乙、丙各驾车违规，发生车祸，撞伤路人丁，其加害部分不明，因具行为关联共同，虽无意思联络，亦成立共同侵权行为。

第二，共同危险行为，又称准共同侵权行为。是指数人共同实施有侵害他人权利危险的行为，并且已经造成损害结果，但不能判明其中谁是具体的加害人（《民法典》第1170条）。[④] 此应就造成危害行为的时空关联加以判断，其规范目的在于处理因果关系难以认定的困境。其典型案例为数人狩猎，各人开枪，其中一枪击中路人，击中者究为何人，不能确知。[⑤]

第三，造意及帮助，又称视为共同侵权行为，主要是指教唆、帮助行为（《民法典》第1169条）。

三、最高人民法院关于共同侵权行为认定的立场嬗变及其评价

就共同加害行为型共同侵权行为的共同性的判断标准，最高人民法院从最

① 参见王泽鉴：《民法概要》（第2版），北京大学出版社2011年版，第169页。

② 参见王泽鉴：《民法概要》（第2版），北京大学出版社2011年版，第169页。

③ 参见王利明等：《民法学》，法律出版社2015年版，第811页。

④ 参见王利明等：《民法学》，法律出版社2015年版，第812页。

⑤ 参见王泽鉴：《民法概要》（第2版），北京大学出版社2011年版，第170页。

初在其2003年《人身损害赔偿解释》第3条规定[①]中所持的“意思关联共同”兼与“行为关联共同”均可成立的“兼指说”，到《侵权责任法》出台后，又转回到对《民法通则》“意思共同说”的立场，即只认可有意思联络的主观共同侵权行为，[②] 从而将客观的共同侵权行为即行为客观关联共同排除在共同侵权行为之外。但是，这种过于限缩的观点并未贯彻当前学说与实务就民事侵权行为过错的认定业已走向客观化立场这一实际，而且也混淆了其与共同犯罪之间在主观要素方面原本泾渭分明的区分关系（参见本书第4章第2节）。因此，在《民法典》出台之后，虽然该条法律规定内容没有任何改变，但最高人民法院又回到其初始“兼指说”的立场之上。[③] 这是正确的。虽然2020年《人身损害赔偿解释》已取消了该第3条规定的具体内容，但在适用上仍应作同样的解释。

四、共同犯罪与共同侵权之间的对应关系

所谓共同犯罪，是指二人以上共同故意实施的符合同一行为构成的犯罪（《刑法》第25条第1款），即不法行为人彼此之间须具有共同的犯意联络。《刑法》第25条第2款仅是作为限定共同犯罪最终成立的责任性要素方面的规定（责任），从而将共同过失的犯罪排除在对于共同犯罪的最终认定之外而已（归责），而非根本否定共同过失犯罪系共同犯罪（不法）。并且，在刑法理论上，系将教唆犯、帮助犯称为狭义的共犯。如此一来，共同犯罪所能对应于共

---

① 2003年《人身损害赔偿解释》第3条规定：“二人以上共同故意或者共同过失致人损害，或者虽无共同故意、共同过失，但其侵害行为直接结合发生同一损害后果的，构成共同侵权，应当依照民法通则第一百三十条规定承担连带责任。二人以上没有共同故意或者共同过失，但其分别实施的数个行为间接结合发生同一损害后果的，应当根据过失大小或者原因力比例各自承担相应的赔偿责任。”根据《最高人民法院关于修改〈最高人民法院关于在民事审判工作中适用《中华人民共和国工会法》若干问题的解释〉等二十七件民事类司法解释的决定》，2020年《人身损害赔偿解释》取消了该第3条规定的内容。

② 参见最高人民法院侵权责任法研究小组编著：《〈中华人民共和国侵权责任法〉条文理解适用》，人民法院出版社2010年版，第67页。

③ 参见最高人民法院民法典贯彻实施工作领导小组主编：《民法典侵权责任编理解与适用》，人民法院出版社2020年版，第53页；最高人民法院民事审判第二庭编著：《〈全国法院民商事审判工作会议纪要〉理解与适用》，人民法院出版社2019年版，第420页。

同侵权行为的，一是共同加害行为之中的主观的共同侵权行为，且是主观上须为有意思联络的共同侵权行为；二是因教唆、帮助所成立的视为共同侵权行为。

五、共同侵权与共同犯罪的界分

综上所述，共同侵权行为与共同犯罪之间有时是重合的关系，这是法规竞合的主要表现。但更多的则是二者之间并不重合的关系——不是共同犯罪，但仍构成民法上的共同侵权关系。这是因为，民法上之共同侵权行为，与刑法之共犯不同，苟各自之行为，客观的有关联共同，即为已足。盖数人之行为皆构成该违法行为之原因或条件，行为人虽无主观之联络，以使就其结果负连带责任为妥。尤其在不作为之时，有此必要。[①] 这除了在行为关联共同被认定为共同侵权行为之外，还表现在对共同危险行为以及虽无意思联络但具有竞合（叠加）因果关系的分别侵权行为（《民法典》第1171条）的规定上。[②] 并且，在虽无意思联络但具有部分（复合）因果关系的分别侵权行为的例外场合，即使不负连带责任而是按份责任，但也被民法规定为一种特殊的数人侵权行为[③]（《民法典》第1172条）。与竞合（叠加）型分别侵权行为不同，部分（复合）型分别侵权行为仍是一种各个独立的侵权行为而非共同侵权行为。

但是，如本章前面（第3节）所述，尽管作为共同侵权行为与共同犯罪之间具有联系的行为类型，须是因侵害他人合法权益造成损害的侵权行为，从而就使非法占有型的共同不法行为如共同诈骗、盗窃、职务侵占与贪污犯罪，也能够进入二者之间规范关联的评价之中，但由于《刑事诉讼法》第101条的限缩规定，就使这些犯罪行为不得被提起附带民事诉讼。

六、共同侵权与共同犯罪在审判实践中的关联认定——得提起附带民事诉讼的案件类型

在审判实践中，其具体表现是下面几种情形。

---

① 参见史尚宽：《债法总论》，台北，荣泰印书馆股份有限公司1978年版，第166~167页。

② 参见王利明等：《民法学》，法律出版社2015年版，第812页。

③ 参见王利明等：《民法学》，法律出版社2015年版，第818页。

（一）共同犯罪导致的共同侵权责任

这是共同抢劫、故意杀人、故意伤害等共同犯罪案件中最为常见的形式。如后面将要介绍的“张某瑞等故意杀人案”。在此情况下，各被告人成立最为狭义的、主观的共同侵权行为，从而就应承担共同侵权责任且是连带责任。

（二）共同侵权行为与共同犯罪中意思联络的关系

当今民法通说对于共同侵权行为系采客观化的立场。“准此以言，数人有意思联络者，故得成立共同侵权行为，行为关联共同者亦应连带负损害赔偿责任。如甲、乙、丙三人驾车违规超速撞伤丁时，已经成立共同侵权行为，连带负损害赔偿责任。不得依各加害人过失的轻重定其赔偿责任。”① 亦即民法上的共同侵权行为系采客观说。然而刑法上的共同正犯必须以行为人具有共同的主观意思而判断，且不得为事后之意思有联络。该客观化立场与共同犯罪的行为共同说已十分接近，区别仅在于前者乃涵盖后者以及虽无意思联络但行为有客观关联的情形。

（三）共同危险行为导致的共同侵权责任

在共同伤害他人或共同过失的犯罪案件（如相互飙车致人伤亡）中，有的行为人因情节显著轻微并不构成犯罪而未被起诉，但因其与构成犯罪的被告人有共同故意或共同过失或者有意思联络，因此构成民事部分的共同侵权行为，应当成为共同附带民事诉讼被告人，并承担连带赔偿责任。对此应采用兼指说，以给予受害人充分合理的救济。

（四）共同侵权与司法实践中过失的共同正犯之间的联系

我国刑法并不承认共同过失犯罪。但在实践中，过失的共同正犯是存在的。例如甲乙二人“对赌”而分别持枪射击树干上的瓷瓶所致他人死亡结果的案

---

① 王泽鉴：《民法思维：请求权基础理论体系》，北京大学出版社2009年版，第124页。

件。唯有承认过失的共同正犯，才能追究甲、乙的刑事责任。《交通肇事解释》第5条第2款也规定：“交通肇事后，单位主管人员、机动车辆所有人、承包人或者乘车人指使肇事人逃逸，致使被害人因得不到救助而死亡的，以交通肇事罪的共犯论处。”这表明实务部门事实上已承认共同过失可以成立共同犯罪，该主张体现了行为共同说的立场，具有适正性，且并非是对《刑法》第25条规定的立法颠覆（唯在最终判决上，认定为过失犯罪）。该情形与民法上的共同侵权行为也会发生规范竞合关系。由于甲、乙二人之间存在意思联络，故应就损害后果承担连带赔偿责任。

（五）无意思联络行为导致的分别侵权责任之界分

与行为关联共同侵权行为相近似的，是行为人在并无意思联络而分别侵权并造成同一损害的责任认定问题。二者的区分节点在于，行为关联共同侵权行为系侵权行为相互直接结合而致损害，故属于共同侵权行为。而分别侵权虽造成同一损害，但属分别实施，仅在特殊场合（间接结合）就损害后果有所关联而已，故仅在原因上发生竞合而在行为上并无竞合的并不属于共同侵权行为（可能仅会及于侵权责任的连带）。因此，无意思联络的分别侵权行为分为复合（原因竞合）、叠加（行为竞合）两种类型：

第一，部分（复合）因果关系型（原因竞合）。有的案件中，由于介入的因素，共同致人损害的（二人以上没有共同故意或者共同过失，但其分别实施的数个行为间接结合发生同一损害后果的），应当根据过失大小或者原因力比例大小承担各自的赔偿责任。此在刑法理论上系被称为二重的因果关系或择一的竞合。[①] 如某人被A砍成重伤，在被医院抢救的路上，被超车的B开车撞死，A、B二人无共同犯罪的主观故意，故不构成共同犯罪，只对各自的犯罪后果承担刑事责任。二人在民事上虽无意思联络，但根据民法的规定，乃构成无须负担连带责任的无意思联络的分别侵权责任（按共同侵权责任处理），此在民法上又被称为复合因果关系下的责任承担：能够确定责任大小的，各自承担相

① 参见张明楷：《刑法学》，法律出版社2016年版，第187页。

应的责任；难以确定责任大小的，平均承担责任（《民法典》第 1172 条）。但在特殊场合下，民法也承认竞合的侵权行为为负不真正连带责任的共同侵权责任。如产品责任中的销售商和生产者（《民法典》第 1203 条第 2 款）。

第二，竞合（叠加）因果关系型（行为竞合）。在虽非共同犯罪，但二人以上分别实施犯罪行为造成同一损害，每个人的犯罪行为都足以造成全部损害的场合，行为人承担连带责任（《民法典》第 1171 条）。如甲、乙分别持枪同时射杀丁，同时击中头部，两枪均为致命伤，且甲、乙事先并无共谋，彼此也不知道对方的存在，仅偶然同时实施犯罪行为，造成丁死亡后果，虽各自成立故意杀人犯罪，但损害后果不可区分，二人应对丁的死亡后果承担连带赔偿责任——此在民法上系谓无意思联络数人侵权在叠加因果关系下的责任承担，在刑法理论上则被称为重叠的因果关系，[①] 并对甲、乙均得认定为犯罪未遂。

（六）教唆、帮助犯的损害赔偿连带责任

教唆、帮助他人实施犯罪（侵权）行为，造成损害的，应当承担连带赔偿责任，且系单向的不真正连带责任（《民法典》第 1169 条）。民法学说上系将教唆、帮助行为作为视为共同侵权行为而为广义上的共同侵权行为。

（七）间接正犯与“工具”的监护人的共同侵权责任

现实中，被告人利用无识别能力的未成年人或者无行为能力人实施故意伤害等犯罪的，后者及其监护人应否承担赔偿责任？

因为前者系刑法理论中的间接正犯，后者则只属于“工具”，本身并无刑法意义上的责任，所以当后者的监护人如已尽充分注意义务的，就不应承担监护不善的侵权责任。如未尽到监护责任的，就可以承担相应的（补充赔偿）责任（《民法典》第 1169 条第 2 款）。

---

① 参见张明楷：《刑法学》，法律出版社 2016 年版，第 187 页。

第五节 如何审理共同犯罪中在逃犯的民事赔偿问题——刑民法律无法衔接下的司法困惑及其克解方案

一、从一起案件谈起

（一）基本案情及第一次判决

1993 年 9 月 8 日，张某瑞纠集孙某新、安某华、庞某文、张某春等人伺机报复被害人李某。9 月 10 日 13 时许，杨某告知张某瑞等人李某所在地点。张某瑞遂率安某华、张某春、庞某文及孙某新等人携带 4 支猎枪乘车赶到李某所在地点，张某瑞与安某华、庞某文、张某春各持猎枪下车，安某华、庞某文、张某春先向室内连开数枪，张某瑞再开一枪，致李某当即死亡、王某于送往医院途中死亡、张某重伤。案发后张某瑞、孙某新、杨某相继被抓捕到案，安某华、庞某文、张某春三人在逃。

1999 年 12 月辽宁省锦州市中级人民法院经审理对本案作出刑事附带民事判决：以故意杀人罪，判处张某瑞死刑，对附带民事诉讼原告人潘某某（李某之妻）的经济损失免予赔偿；以故意杀人罪判处孙某新、杨某有期徒刑，并分别赔偿潘某某经济损失人民币 1000 元、1500 元。

（二）第二、三次判决简介

2004 年 7 月安某华到案，并被锦州中院判处无期徒刑及赔偿附带民事诉讼原告人潘某某经济损失人民币 12，000 元。该判决生效后，庞某文被抓获，亦被该院判处无期徒刑并赔偿潘某某经济损失人民币 12，000 元。

（三）其他相关事实链接

另一共同犯罪人张某春仍在逃。

(四) 问题的提出

1. 为何张某瑞等人所负担民事赔偿责任与后到案的安某华、庞某文不同?为何不在张某瑞案中处理在逃犯的民事赔偿问题?

2. 若张某春在2005年1月至2013年1月1日前落网，对其民事责任应如何判决?若张某春在2013年之后到案，对其民事责任又应如何判决?

二、共同犯罪案件中在逃的同案犯(共同侵权人)不应列为附带民事诉讼被告人之法律原因

最高人民法院早在1999年《全国法院维护农村稳定刑事审判工作座谈会纪要》中即提出，在逃的同案犯不应列为附带民事诉讼的被告人。2012年《刑诉法解释》第146条进一步明确了这一原则，并为2021年《刑诉法解释》第183条所体承。

初视之下，刑事案件与民事案件最大的外观区分就是不能仅仅根据被告人的自认而径行认定刑事案件事实，这是由于刑事诉讼法与民事诉讼法之间的证明标准（刑事诉讼法要求实现确实充分并排除合理怀疑，民事诉讼法要求达致高度盖然性或优势证据即可）、证明体系（刑事诉讼对于犯罪成立的证明责任仅在于国家即公诉机关；民事诉讼则贯彻“谁主张，谁举证”，特殊场合下乃要求举证责任倒置）、价值追求（刑事诉讼法要求保障人权与发现实体真实并重，乃至更倾向于前者；民事诉讼法则注重法律真实）不同。因此在司法实践中，即使刑事案件中的被告人自认其罪、但无其他证据证明的，乃至定罪的主要证据系非法取得的，仍不能认定犯罪事实。基于刑事证据规则与证明标准的特殊性，在逃的同案犯不被列为共同的被告人具有现实的合理性，这符合刑事法谦抑性与人权保障原则。

在共同犯罪的同案犯未到案的场合，检察机关得对到案的被告人提起公诉，这是由“刑事案件之单一性”（意味着该案件是一体的、具有不可分的关系）所决定的。“刑事案件之单一性，主要指在确定审判之范围，与起诉之效力，直接有关”，“对于数人犯罪的案件，法院只能就已经被起诉的人展开审判，起

诉效力不及于检察官提起公诉或者自诉人提出指控的被告人以外的人”。[①] 在此意义上，法院不得对未到案的被告人判处刑罚。由于刑事附带民事诉讼具有程序上的依附性，因此，也限制了法院不得采用民事诉讼中缺席审判的方式对在逃的同案犯作出民事赔偿判决。须提及的是，这一限定并不及于本不应被落实刑罚、仅具有民事责任负担的人。

三、对共同犯罪中后到案的被告人应如何判定民事赔偿责任？

如何解决共同犯罪对在逃同案犯刑事附带民事诉讼案件中后到案的被告人民事赔偿部分问题，一直为司法界所困惑。

2021 年《刑诉法解释》第 183 条（2012 年《刑诉法解释》第 146 条）后段规定：“逃跑的同案犯到案后，被害人或者其法定代理人、近亲属可以对其提起附带民事诉讼，但已经从其他共同犯罪人处获得足额赔偿的除外。”据此可知：一是对于物质损失的判决结果，前期到案的被告人未履行的，对后到案的被告人仍应判处且不属于重复判决（评价）；二是对于前期到案的被告人已经部分履行但尚未履行完毕的，对后到案的被告人仅判决不足部分；三是全部履行的，驳回原告人的诉讼请求。此另还涉及先到案者与原告人达成调解、和解协议后，后到案者的赔偿问题解决。由于先到案者给予赔偿而被谅解，如果足额给付的，不再判决后到案者负担；如果先到案者只对部分赔偿、履行了的，应判决后到案者对不足部分予以赔偿（另参见《刑事审判参考》第 1171 号指导案例“庞某浑等故意伤害案”[②] ）。

四、刑民法律不能衔接适用的原因

上述规定造成了刑事法与民事法关于共同侵权责任不能重合的情形——民法关于共同侵权责任的要求是连带责任承担方式，而《刑事诉讼法》的司法解

① 参见储剑鸿：《刑事诉讼法论》（上册），台北，商务印书馆 2001 年版，第 462 页。转引自陈卫东主编：《刑事诉讼法学研究》，中国人民大学出版社 2008 年版，第 59 页。

② 参见中华人民共和国最高人民法院刑事审判第一、二、三、四、五庭主办：《刑事审判参考》（总第 108 集），法律出版社 2017 年版，第 51～53 页。

释规定是就实判决。从而造成刑、民法律不能衔接适用的结果。

这是由于刑事法与民事法的规范目的并不相同。刑事法侧重主观的罪责评价，注重惩罚，以实现积极的一般预防，并且由于其责任承担方式的严苛性，必须要求其谦抑性。民事法则侧重客观行为的评价，注重补偿，其责任承担方式主要是赔偿经济损失，因此其更多体现出客观化倾向。

第六节　故意杀人案件中的用人单位（雇主）责任认定

在司法实践中，交通肇事刑事案件的车辆所有人、管理人，通常对肇事司机的犯罪行为不负刑事责任，但根据《民法典》1191条，仍应承担用人单位即雇主赔偿责任。而就故意杀人犯罪等案件，以及在订立合同过程中盗窃他人财物，如果行为人是在执行职务期间所实施的，用人单位应否承担雇主责任，则颇存争议。兹举二案为例说明。

一、两起案情相似但判决结果相异的故意杀人案

【案例1】2011年辽宁沈阳“李某故意杀人案”①：被告人李某系某矿业公司工作人员，案发当日李某在公司矿坑采矿点未按照顾某所派司机要求装运山石，顾某的雇员、被害人熊某广到现场与李某发生口角，李某遂驾驶挖掘机杀害熊某广。一审法院判决该公司对熊某广的死亡结果负担赔偿责任。

【案例2】2008年辽宁大连“张某亮故意杀人案”②：被告人张某亮与被害人刘某夜均系某厂工作人员（刘某夜系班组长）。二人因工作产生嫌隙。案发当日张某亮在交接班过程中与刘某夜又发生争执，张永亮遂以铁扳手等将刘某夜杀害。但一审法院并未判决某厂承担赔偿责任。

---

① 参见辽宁省高级人民法院（2011）辽刑一终字第96号刑事附带民事裁定书。

② 参见辽宁省大连市中级人民法院（2008）大刑一初字第149号刑事附带民事判决书。

两起案件的案件事实基本相似，但就附带民事诉讼部分的判决结果则颇为迥异。

二、二审裁判理由及其问题的提起

“李某故意杀人案”的关键问题是，李某是否属于在从事受公司雇佣的正常活动中而致死被害人，或其行为虽超出授权范围，但其表现形式是执行职务或者与执行职务有内在联系，此是确认矿业公司能否承担雇主的侵权连带责任的基础。对此，二审判决认为，李某与熊某广的纠纷系源于执行受雇佣的职务行为、在从事雇佣活动中而引发。尽管李某的终极目的是由于害怕熊某广对其殴打而故意杀人，但其先前的行为是为执行所受雇佣业务，其后期杀人的犯罪故意系源自先前的职务行为。故李某故意杀人行为的表现形式与其执行职务具有内在联系，即其是在执行职务过程中亦即从事雇佣活动中引发了本案，作为其雇主的矿业公司应当承担赔偿责任。

“张某亮故意杀人案”中由于被害人的近亲属未起诉该厂，故一审法院亦未评价本案是否涉及用人单位侵权责任（雇主责任）问题。但即使该厂被起诉，是否应承担雇主赔偿责任，也存有疑问。此亦是当前审判实践中最为人所困惑的问题。

问题 61 在何种故意犯罪情形下用人单位（雇主）得负赔偿责任，即在何种情况下用人单位（雇主）应为其故意犯罪的雇员承担雇主责任？

设被告人的行为与业务本质无关，如司机以单位汽车为犯罪工具撞死被害人、医生在手术中发现患者是其仇人而故意延缓手术时间或以其他手段杀死被害人的，用人单位即雇主（司机单位、医院）是否应当承担赔偿责任？

三、雇主替代赔偿责任认定的法理依据

《民法通则》第 43 条规定：“企业法人对它的法定代表人和其他工作人员的经营活动，承担民事责任。”第 121 条规定：“国家机关或者国家机关工作人

员在执行职务，侵犯公民、法人的合法权益造成损害的，应当承担民事责任。”对此，2003 年《人身损害赔偿解释》第 8 条中进一步明确规定：“法人或者其他组织的法定代表人、负责人以及工作人员，在执行职务中致人损害的，依照民法通则第一百二十一条的规定，由该法人或者其他组织承担民事责任。”[①] 此种法人或者其他组织责任在学说上系被称为雇主替代赔偿责任或雇主转承替代责任。《侵权责任法》出台后，乃沿袭了该雇主转承替代责任的规定，仅将“法人或者其他组织”统称为用人单位，将“执行职务”改为“执行工作任务”，以及将“民事责任”限定为“侵权责任”（《侵权责任法》第 34 条）。《民法典》第 62 条第 1 款虽沿袭了《侵权责任法》第 34 条前述“用人单位的工作人员因执行工作任务造成他人损害的，由用人单位承担侵权责任”的规定，但在其第 2 款则又规定，“法人承担民事责任后，依照法律或者法人章程的规定，可以向有过错的法定代表人追偿”。《民法典》第 1191 条也增设了“用人单位承担侵权责任后，可以向有故意或者重大过失的工作人员追偿”的规定，从而与第 62 条一起闭合了法人得向具体侵权人追偿的权利设定。由此可见，受雇人因执行职务而致人损害，是雇主亦即用人单位承担赔偿责任的基础。而《民法典》新增法人或用人单位得向有过错的人员行使追偿权的规定也与我国台湾地区民事有关规定关于雇主替代责任的意旨（所不同的是，后者系规定为连带责任）有所接近。

就雇主替代责任的法理依据，王泽鉴先生认为，其在于役使他人，享受利益，雇用人在经济上具有较佳负担能力，得借商品或劳务之价格或保险以分散其损失。[②] 这是由于民法讲求利益兼顾原则，在价值衡量的基础上，受益人在其受益的情形下应当承担责任。此外，王泽鉴先生还就受雇人的认定基准提出一般原则标准：受雇人的特征在于受雇用人的监督，纳入其组织，服从其指示。并且，受雇人的范围并非仅限于雇佣契约所称之受雇人，凡客观上被他人使用

① 根据《最高人民法院关于修改〈最高人民法院关于在民事审判工作中适用《中华人民共和国工会法》若干问题的解释〉等二十七件民事类司法解释的决定》修改后的 2020 年《人身损害赔偿解释》已取消了 2003 年该解释第 8 条规定的内容。

② 参见王泽鉴：《民法学说与判例研究》（第 1 册），中国政法大学出版社 1998 年版，第 22 页。

并为之服劳务而受其监督者均系受雇人,[①] 即须具有权限或地位的外观。

四、雇主责任认定的两项标准：行为人的行为与职务之间的内在关联与利益归属

就受雇人执行职务、雇主责任承担的认定，关键在于判断以下两点：一是职务行为与职务之间的关联紧密度，亦即认定雇主责任的节点在于执行职务与受雇人的行为需具有内在关联性。二是两者之间是否存在利益归属关系。如果两者之间关联紧密，即行为人是为了雇主利益而实施，即使是故意犯罪，由于其行为的利益归属于雇主，则雇主就应当承担赔偿责任。根据拉伦茨的观点，只要代理人从事与机关职权范围有关的工作，“执行其日常事务”的行为就开始了。[②] 如“高某故意伤害案”（《刑事审判参考》第 371 号指导案例[③]）中，就 L 电信支局外线组长高某因电信话盒一事与成某发生争吵并致成某受伤，法院认为，法人或其他组织的工作人员在执行职务中致人伤害的，应由该法人或组织承担民事责任，故判决 L 电信支局赔偿成某经济损失。反之，如果行为人虽是在执行职务中，但其故意犯罪系为个人利益，则其与职务之间已经发生了脱离关系，就不宜认定行为人的单位承担雇主责任。这就是犯罪行为与职务之间的距离远近关系的判断基准。

五、执行工作任务的客观关联及其边际判断标准

为进一步判定用人单位的侵权责任，还需明确职务行为与执行职务（执行工作任务）及其边际问题。

所谓职务行为，是指与法人的工作职责范围密切相关的行为。凡是法律规范明确规定和法人章程、条例中明确设定的应当由法人行使的以及为了实现法人生产经营活动的目的和维护法人自身管理及基于社会活动需要而实施的行为，

---

① 参见王泽鉴：《侵权行为》，北京大学出版社 2009 年版，第 424 页。

② 参见［德］卡尔·拉伦茨：《德国民法通论》（上册），王晓晔等译，法律出版社 2013 年版，第 219 页。

③ 参见中华人民共和国最高人民法院刑事审判第一庭、第二庭编：《刑事审判参考》（总第 47 集），法律出版社 2006 年版，第 19~26 页。

都属于职务行为。

执行职务亦即执行工作任务，梁慧星教授认为，有人解释为“依法人章程或总会决议应办之事务”，似嫌过狭。《民法通则》第43条规定使用“经营活动”一语，似应解释为凡从事法人经营活动及与经营活动有关的行为，无论法律行为、准法律行为或事实行为，均应属于执行职务。同时，此所谓执行职务，应限于积极行为（作为）。消极行为（不作为）仅产生应办事务不完成的结果，不可能加损害于他人，因此不应包括在内。[①] 2003年《人身损害赔偿解释》第9条第2款也规定：雇员的行为超出授权范围，但其表现形式是属于履行职务或者与履行职务有内在联系的，应当认定为从事雇佣活动，亦即为职务行为。此规定系提出了两个要素标准：行为外观的形式与内在联系。但须明确的是，行为外观的形式与内在联系二者之间并不是择一的关系，而是并存的关系。[②] 因此，2003年《人身损害赔偿解释》第8条第1款还规定，雇员实施与职务无关的行为致人损害的，应当由行为人承担赔偿责任。[③] 由此可见，其中职务的关联性是认定此类案件赔偿责任的关键。

就职务的关联性即职务范围边际的具体判断，王泽鉴先生认为，所谓职务范围，应指一切与雇用人所命执行之职务通常合理相关联的事项。此种事项与雇用人所委办事务，既具有内在之关联，雇用人可得预见，事先可加防范，并得计算其损失于整个企业之内而设法分散。至若受雇人擅凭己意，从事与职务毫无关联之事务，雇用人对其行为自不必负责。就职务范围的确定，实系斟酌各种情况所为之价值判断。在从事此项判断时，必须认识法律所以规定，雇用人仅就受雇人因执行职务而生的损害负赔偿责任，系折中于两项原则：一是增加被害人求偿之机会。二是避免过分加重企业经营者之负担。因此在具体案件

① 参见梁慧星：《民法总论》，法律出版社2004年版，第141页。

② 参见王泽鉴：《侵权行为》，北京大学出版社2009年版，第432页。

③ 根据《最高人民法院关于修改〈最高人民法院关于在民事审判工作中适用《中华人民共和国工会法》若干问题的解释〉等二十七件民事类司法解释的决定》修改后的2020年《人身损害赔偿解释》已取消了2003年该解释第9条规定的内容。

中，应参酌各种因素，使此两项原则获得最大之调和，达到合理妥当性。① 对此王泽鉴先生还提出履行辅助人之行为须与债务履行具有直接内在之关联说。② 对于内在关联的判断标准，应以外观行为的客观上判断为基准，并分为两个基本类型：受雇人执行雇用人的命令等及滥用职务。③ 最高人民法院在论及此问题时，也提到应"与用人单位职务有相当关联"，显系参酌该说。④ 上文"李某故意杀人案"中李某的杀人行为即系一种滥用职务的侵权行为，且系积极作为。因此，李某的行为可以解释为与执行职务具有内在的关联。

对此类案件另需判断的是，行为人是否在执行职务时出现了犯罪故意或者犯罪过失的类型性转化。如"李某故意杀人案"中，李某虽系在执行职务，但其使用抓钩机杀死被害人的行为，是产生了一种杀人故意，这种责任要素可以说与重大生产事故的责任要素无关，而是一种责任要素的转化。而在转化的责任要素与前者的责任要素之中，其责任要素内容还须具有内在关联性。因就雇主责任的承担，凡起初系为雇主利益的，该责任要素的转化并不因此而排除雇主的责任负担。因此，由于李某的行为动机系执行职务，故判定其单位负担责任就是妥当的。对此，最高人民法院也倾向认为，工作人员在执行职务中，以执行职务的方法故意致害他人，以达到个人不法目的，虽然其内在动机是基于个人目的，但其行为与职务有着内在联系，因此也应当认为是执行职务。⑤

六、关于利益归属的判断方法

所谓利益归属判断方法，于实践中须审查行为人在实施行为时，其行为的终极目的须为谁、得为谁而实行之。如果代理人在社团活动中利用职务之便办

---

① 参见王泽鉴：《民法学说与判例研究》（第 1 册），中国政法大学出版社 1998 年版，第 22 页以下。

② 参见王泽鉴：《民法学说与判例研究》（第 6 册），中国政法大学出版社 2003 年版，第 80 页。

③ 参见王泽鉴：《侵权行为》，北京大学出版社 2009 年版，第 432 页。

④ 参见最高人民法院侵权责任法研究小组编著：《〈中华人民共和国侵权责任法〉条文理解与适用》，人民法院出版社 2010 年版，第 249 页。

⑤ 参见最高人民法院民法典贯彻实施工作领导小组主编：《中华人民共和国民法典侵权责任编理解与适用》，人民法院出版社 2020 年版，第 240 页。

理了对己有利而又不属于他受托的事务，则不属于这种情况。[①] 在“李某故意杀人案”中，李某在实施杀人行为时，是在执行职务的工作时间之中，然而其使用单位的铲车击打被害人时，其目的虽不是排除被害人对于其执行职务的妨害与侵害，而是基于个人的目的，但起因却由此而产生，其利益就当然地归属于用人单位。就此而言，其与“张某亮故意杀人案”中行为人的犯罪动机不同。张某亮的犯罪目的是基于个人恩怨，其动机也难谓是由于执行职务，更非为单位的利益，因此该用人单位原则上就不应承担侵权责任。这一方法也及于代理人为社团谈判时盗窃了对方财物，或者作为社团代理人活动时利用其所知道的内部消息，敲诈他人的，社团不承担责任的判断。[②]

七、对于工作场所的判定

根据2020年《人身损害赔偿解释》第3条（2003年《人身损害赔偿解释》第12条）规定：“依法应当参加工伤保险统筹的用人单位的劳动者，因工伤事故遭受人身损害，劳动者或者其近亲属向人民法院起诉请求用人单位承担民事赔偿责任的，告知其按《工伤保险条例》的规定处理。因用人单位以外的第三人侵权造成劳动者人身损害，赔偿权利人请求第三人承担民事赔偿责任的，人民法院应予支持。”同时，根据《工伤保险条例》第14条第1项，职工在工作时间和工作场所内，因工作原因受到事故伤害，应当认定为工伤。对该规定中的“工作场所”“因工作原因”应作全面、正确的理解。“工作场所”是指职工从事职业活动的场所，在有多个工作场所的情形下，还包括职工来往于多个工作场所之间的必经区域；“因工作原因”是指职工受伤与从事本职工作之间存在因果关系，即职工系因从事本职工作而受伤。除了《工伤保险条例》第16条规定的因犯罪或者违反治安管理伤亡、醉酒导致伤亡的、自残或者自杀等情形外，职工在从事工作中存在过失，不影响该因果关系的成立（参见“孙某兴

---

① 参见［德］卡尔·拉伦茨：《德国民法通论》（上册），王晓晔等译，法律出版社2013年版，第220页。

② 参见［德］卡尔·拉伦茨：《德国民法通论》（上册），王晓晔等译，法律出版社2013年版，第220页。

诉天津园区劳动局工伤认定行政纠纷案”[①])。

在“陈某菊不服上海市松江区人力资源和社会保障局社会保障行政确认案”中，对于原告之夫因被同事在浴室内杀害，司法判决正确地否定了其属于《工伤保险条例》第 14 条第 3 项“在工作时间和工作场所内，因履行工作职责受到暴力等意外伤害的”情形。[②] 这一判决结果与“张某亮故意杀人案”也有相同的旨趣。

① 参见《最高人民法院公报》2006 年第 5 期。

② 参见《最高人民法院公报》2013 年第 9 期。

实务问答索引

主要参考文献

一、综合类主要参考书目

1. ［日］佐伯仁志、道垣内弘人：《刑法与民法的对话》，于改之、张小宁译，北京大学出版社 2012 年版。

2. 何帆：《刑民交叉案件审理的基本思路》，中国法制出版社 2007 年版。

3. ［美］本杰明·卡多佐：《司法过程的性质》，苏力译，商务印书馆 2005 年版。

4. ［美］理查德·波斯纳：《法官如何思考》，苏力译，北京大学出版社 2009 年版。

5. 张文显：《法哲学通论》，辽宁人民出版社 2009 年版。

6. ［德］黑格尔：《法哲学原理》，范扬、张启泰译，商务印书馆 2012 年版。

7. ［德］拉德布鲁赫：《法学导论》，米健译，商务印书馆 2013 年版。

8. 卓泽渊：《法学导论》（第 2 版），法律出版社 2014 年版。

9. 黄茂荣：《法学方法与现代民法》，中国政法大学出版社 2001 年版。

10. 郑永流：《法律方法阶梯》（第 3 版），北京大学出版社 2015 年版。

11. ［德］卡尔·拉伦茨：《法学方法论》，陈爱娥译，商务印书馆 2003 年版。

12. ［美］斯蒂文·沙维尔：《法律经济分析的基础理论》，赵海怡、史册、宁静波译，中国人民大学出版社 2013 年版。

13. ［美］威廉·詹姆士：《实用主义》，李步楼译，商务印书馆 2012 年版。

二、刑事法学类主要参考书目

1. 张明楷：《刑法学》（第 3、4、5、6 版），法律出版社 2007 年版、2011 年版、2016 年版、2021 年版。

2. 张明楷：《罪刑法定与刑法解释》，北京大学出版社 2009 年版。

3. 张明楷：《诈骗罪与金融诈骗罪研究》，清华大学出版社 2006 年版。

4. 张明楷：《法益初论》，中国政法大学出版社 2003 年修订版。

5. 张明楷：《刑法格言的展开》（第 3 版），北京大学出版社 2013 年版。

6. 张明楷：《外国刑法纲要》（第 2 版），清华大学出版社 2007 年版。

7. 张明楷：《刑法分则的解释原理》（第 2 版），中国人民大学出版社 2011 年版。

8. 陈兴良：《判例刑法学》（教学版），中国人民大学出版社 2012 年版。

9. 陈兴良：《刑法哲学》，中国政法大学出版社 1992 年版。

10. 陈兴良主编，周光权、车浩副主编：《刑法各论精释》（上、下），人民法院出版社 2015 年版。

11. 周光权：《刑法总论》（第 4 版）、《刑法各论》（第 4 版），中国人民大学出版社 2021 年版。

12. ［日］小野清一郎：《犯罪构成要件理论》，王泰译，中国人民公安大学出版社 2004 年版。

13. ［日］山口厚：《刑法总论》（第 2 版），付立庆译，中国人民大学出版社 2011 年版。

14. ［日］山口厚：《从新判例看刑法》（第 2 版），付立庆、刘隽译，中国人民大学出版社 2011 年版。

15. ［日］西田典之：《日本刑法总论》（第 2 版），王昭武、刘明祥译，法律出版社 2013 年版。

16. ［日］西田典之：《日本刑法各论》（第 6 版），王昭武、刘明祥译，法律出版社 2013 年版。

17. [德] 克劳斯·罗克辛:《德国刑法学总论》(第 1、2 卷), 王世洲译/主译, 法律出版社 2005 年版/2013 年版。

18. [德] 克劳斯·罗克辛:《德国最高法院判例: 刑法总论》, 何庆仁、蔡桂生译, 中国人民大学出版社 2012 年版。

19. 柯耀程:《刑法竞合论》, 中国人民大学出版社 2008 年版。

20. 许玉秀、陈志辉合编:《不疑不惑献身法与正义——许迺曼教授刑事法论文选辑》, 台北, 新学林出版股份有限公司 2006 年版。

21. [意] 贝卡里亚:《论犯罪与刑罚》, 黄风译, 中国大百科全书出版社 1996 年版。

22. [美] E. H. 萨瑟兰:《白领犯罪》, 赵宝成、徐静磊等译, 中国大百科全书出版社 2008 年版。

23. 周密主编:《美国经济犯罪和经济刑法研究》, 北京大学出版社 1993 年版。

24. 王世洲:《德国经济犯罪与经济刑法研究》, 北京大学出版社 1999 年版。

25. 毛玲玲:《经济犯罪与刑法发展研究》, 法律出版社 2017 年版。

26. 刘宪权:《金融犯罪刑法学原理》, 上海人民出版社 2017 年版。

27. [德] 克劳斯·罗克辛:《刑事政策与刑法体系》(第 2 版), 蔡桂生译, 中国人民大学出版社 2011 年版。

28. 汪明亮:《刑事政策研究新视角》, 法律出版社 2008 年版。

29. 赵秉志主编:《中国刑法案例与学理研究》(第 1 卷), 法律出版社 2004 年版。

30. 蒋熙辉:《单位犯罪刑事责任探究与认定》, 人民法院出版社 2005 年版。

31. 张国轩:《商业犯罪的定罪与量刑》, 人民法院出版社 2008 年版。

32. 魏东、白宗钊主编:《非法集资犯罪司法审判与刑法解释》, 法律出版社 2013 年版。

33. 周道鸾、张军主编：《刑法罪名精释：对最高人民法院、最高人民检察院关于罪名司法解释的理解和适用》，人民法院出版社 2007 年版。

34. 张军主编，胡云腾副主编，最高人民法院研究室、最高人民法院“刑法、刑事诉讼法”修改工作小组办公室编著：《〈刑法修正案（八）〉条文及配套司法解释理解与适用》，人民法院出版社 2011 年版。

35. 最高人民法院研究室、最高人民法院刑法修改工作小组办公室编著：《〈刑法修正案（九）〉条文及配套司法解释理解与适用》，人民法院出版社 2015 年版。

36. 杨万明主编：《〈刑法修正案（十一）〉条文及配套〈罪名补充规定（七）〉理解与适用》，人民法院出版社 2021 年版。

37. 张军、陈兴良等：《刑法纵横谈［总则（增订版）、分则］》，北京大学出版社 2008 年版。

38. 储槐植、江溯：《美国刑法》（第 4 版），北京大学出版社 2012 年版。

39. 锁正杰：《刑事程序的法哲学原理》，中国人民公安大学出版社 2002 年版。

40. 陈卫东主编：《刑事诉讼法学研究》，中国人民大学出版社 2008 年版。

41. 陈朴生：《刑事诉讼法论》，台北，正中书局 1970 年版。

42. ［德］克劳斯·罗科信：《刑事诉讼法》（第 24 版），吴丽琪译，法律出版社 2003 年版。

43. 熊选国：《刑法刑事诉讼法实施中的疑难问题》，中国人民公安大学出版社 2005 年版。

三、民商事法学类主要参考书目

1. 史尚宽：《民法总论》，台北，正大印书馆 1980 年版。

2. 史尚宽：《债法总论》，台北，荣泰印书馆股份有限公司 1978 年版。

3. 王泽鉴：《民法学说与判例研究》（一至八册），中国政法大学出版社 1998 年版。

4. 王泽鉴：《侵权行为》，北京大学出版社 2009 年版。

5. 王泽鉴：《民法总则》，北京大学出版社 2009 年版。

6. 王泽鉴：《民法概要》（第 2 版），北京大学出版社 2011 年版。

7. 王泽鉴：《民法思维：请求权基础理论体系》，北京大学出版社 2009 年版。

8. 王泽鉴：《债法原理》（第 2 版），北京大学出版社 2013 年版。

9. 王泽鉴：《不当得利》，北京大学出版社 2009 年版。

10. 王泽鉴：《民法物权》（第 2 版），北京大学出版社 2010 年版。

11. 王泽鉴：《人格权法》，北京大学出版社 2013 年版。

12. 王泽鉴：《损害赔偿》，北京大学出版社 2017 年版。

13. 曾世雄：《损害赔偿法原理》，中国政法大学出版社 2001 年版。

14. 梁慧星：《民法学说判例与立法研究》，中国政法大学出版社 1993 年版。

15. 梁慧星：《民法学说判例与立法研究（二）》，国家行政学院出版社 1999 年版。

16. 梁慧星：《民法总论》（第 2 版），法律出版社 2004 年版。

17. 梁慧星、陈华彬编著：《物权法》（第 2 版），法律出版社 2003 年版。

18. 王利明等：《民法学》（第 4、6 版），法律出版社 2015 年版、2020 年版。

19. 王利明主编：《中国民法案例与学理研究》，法律出版社 1998 年版。

20. 徐国栋：《民法基本原则解释——成文法局限性之克服》，中国政法大学出版社 1992 年版。

21. ［德］迪特尔·梅迪库斯：《请求权基础》，陈卫佐等译，法律出版社 2012 年版。

22. ［德］迪特尔·梅迪库斯：《德国民法总论》，邵建东译，法律出版社 2013 年版。

23. ［德］卡尔·拉伦茨：《德国民法通论》，王晓晔等译，法律出版社 2013 年版。

24. ［德］维尔纳·弗卢梅：《法律行为论》，迟颖译，法律出版社 2013

年版。

25. 朱羿锟：《商法学：原理 · 图解 · 实例》（第 4 版），北京大学出版社 2014 年版。

26. 王保树主编：《商法》（第 2 版），北京大学出版社 2014 年版。

27. ［德］C. W. 卡纳里斯：《德国商法》，杨继译，法律出版社 2006 年版。

28. 李建伟：《公司法学》（第 3、5 版），中国人民大学出版社 2014 年版、2022 年版。

29. 朱慈蕴：《全球化与本土化互动中的公司制度演进》，法律出版社 2015 年版。

30. 叶林：《证券法》（第 4 版），中国人民大学出版社 2013 年版。

31. 范健、王建文：《证券法》（第 3 版），法律出版社 2020 年版。

32. ［日］河本一郎、［日］大武泰南：《证券交易法概论》，侯水平译，法律出版社 2001 年版。

33. ［美］莱瑞 · D. 索德奎斯特：《美国证券法解读》，胡轩之、张云辉译，法律出版社 2004 年版。

34. 王小能编著：《票据法教程》（第 2 版），北京大学出版社 2001 年版。

35. 杜万华主编：《中华人民共和国民法总则实务指南》，中国法制出版社 2017 年版。

36. 最高人民法院侵权责任法研究小组编著：《〈中华人民共和国〉侵权责任法条文理解与适用》，人民法院出版社 2010 年版。

37. 最高人民法院民事审判第二庭编：《金融案件审判指导》，法律出版社 2015 年版。

38. 最高人民法院民事审判第二庭编著：《〈全国法院民商事审判工作会议纪要〉理解与适用》，人民法院出版社 2019 年版。

39. 最高人民法院民法典贯彻实施工作领导小组主编：《中华人民共和国民法典总则编理解与适用》，人民法院出版社 2020 年版。

40. 最高人民法院民法典贯彻实施工作领导小组主编：《中华人民共和国民

法典物权编理解与适用》，人民法院出版社 2020 年版。

41. 最高人民法院民法典贯彻实施工作领导小组主编：《中华人民共和国民法典合同编理解与适用》，人民法院出版社 2020 年版。

42. 最高人民法院民法典贯彻实施工作领导小组主编：《中华人民共和国民法典人格权编理解适用》，人民法院出版社 2020 年版。

43. 最高人民法院民法典贯彻实施工作领导小组主编：《中华人民共和国民法典侵权责任编理解适用》，人民法院出版社 2020 年版。

后 记

此书撰写前后共经历了整整六年的时光。在此首先感谢我大学时代的老师张明楷先生。特别是近年来，先生除了将其历年心血之作赠我，还针对我的思维特点推介其他刑法学大师的著作，以增进我对刑法学的全面理解。先生开拓了我全新的刑法视野，使我确立了结果无价值论的立场，并将之适用于司法实务之中，部分所思已转化为三个由我负责撰写的省级司法规范性文件中的主要内容。所谓“遇经师易，遇人师难”。先生于我，恰是人师，这是我此生最大的幸事。

我也非常感谢我的同事们。特别是姜阳（原辽宁高院审委会委员暨刑二庭庭长）、谭弘（原辽宁高院民二庭综合组组长）、唐学峰（原辽宁高院民一庭副庭长暨全国审判专家）等三位业已离职的资深法官，他们把自己多年来对经济犯罪、票据、传统民事案件的审判经验、感悟与我毫无保留地交流，使我深受启迪。在我写作最为困苦茫然之际，梁恩福博士给予了本书以极大肯定，使我终有勇气坚持完成。同时，也至为感谢最高人民法院的赵俊甫法官，十几年来他一直赞誉我对实证研习的精神，特别是在得知此书即将完成之际，还主动担承联系出版事宜。所谓君子之德，宛如玉润。在此一并对尊贵的法律出版社的李群社长与陈熙编辑致以真挚的谢意，正是在他们热忱而又无私的帮助之下，本书终于得以付梓面世。

最后，我要把此书献给我的哥哥！尽管他已离我多年，但他的正直果敢、坚强不屈、宽厚仁慈，是我一生中最可宝贵的财富，并仍时时在鞭策我一路向前。

沈阳，2024 年 6 月